番禺吳道鎔原稿
番禺張學華增補
順德李棪改編

廣東文徵

廣東文徵編印委員會校刊

第四册
卷十五至卷十八

南方出版傳媒
廣東人民出版社
·廣州·

廣東文徵改編本第四册目次

卷十五　　　　頁次

明十

林培

區大樞

蔡存仁

袁應文

唐伯元

卷十六

明十一

卷十七

明十二

温玉振

卷十八

明十三

陳邦彦

王鳴雷

屈大均

附註：右明文二十六篇，乃第二冊排版後，核與作者考列目查對有遺者，當時以本書原藏稿本外假未歸，補錄不及，迫得留待明文最後刊出。

明十

林培 字培之・東莞人・萬曆元年癸酉舉人・知湖廣新化縣・徵授南京御史・以言事謫福建鹽知事・告歸・天啓初・贈光祿少卿・培以直諫與通州馬經綸同時得罪・其疏劾誠意伯劉世延及江東之等・與論徐維濂不當謫官・及織造擾民諸事・明史皆附載馬經綸傳中・當時京師人語有南林北馬臺省增價之謠・身後優被恤贈・所著閩中遊記・阮志注未見・詩集不著錄・

廣儲教搜逸才疏

臣聞國之有元良・猶家之有嫡裔・所以承宗祧・啓後昆・而衍無窮之福澤也・故庶人有子・教以義方・不納於邪・非苦之也・欲其成德而保家也・況天子之子・所保者宗廟社稷之祀・所係者四海九州萬衆元元之命・而教之可不詳乎・頃者皇上特出睿思・詔皇長子出閣・提調則用輔臣・講讀則選髦士・官至備也・自初出以至日御・自誦讀以至溫習・儀至具也・禮式則斟酌于東宮親王之間・規至愼也・行見儲德日新・儲聰天啓・駸駸乎宗社萬年之庥矣・臣復何言哉・

但臣聞帝王之學・不在尋常章句之中・而在方寸本源之內・教忝之方・不在講讀斯須之頃・而在朝夕浸漬之間・臣見禮官所定儀注・辰而讀・巳而講・至午則退矣・不知旣退之後・與皇長子居處者何人哉・得無賢士大夫之講讀未幾・而中官內侍復忝錯於其間乎・臣謂元儲出閣・正曠典創舉之日・九廟神靈降鑒之時・宜大破拘攣・一修三代故事・令講讀官六人・更番直存・毋辰讀巳講而後罷・如謂皇長子深居內庭・非臣下所可到・卽文華殿東廂・爲皇長子燕寢之處・亦無不可・講讀諸臣・皆作養多年・素負格心之學者・慮無不攄蘊蓄以裨諭教・但節儀繁則情意難孚・體統歧則規誨難入・宜將從前所定儀注・畧爲減省繁文・俾皇長子之於諸臣・畧崇高之勢・藹然師保之相親・諸臣之於皇長子・忘堂陛之尊・油然精神之相貫・又令閣部大臣・選天下有道術之士・與皇長子居處・所選者不論顯晦・不分朝野・務得學問淵源制行端方之士・以弼成儲德・國家有道之長・將賴於此乎・

臣又見掌詹事府事禮部尚書陳於陛・奏修本朝正史・此表列聖經綸・以示憲章於四海・垂彝則於萬世也・豈不稱巨典哉・顧國家有一二典禮・先朝未見舉行者・宜及時釐定之・太祖臨御天下三十一年・建文則四年也・今以建文之行事・而附之太祖之年號矣・景泰帝當國家多難之時・能遏强虜於直北・回鑾馭於沙漠・非大有功於宗廟哉・君臨天下七

年・不得列羣宗而安廟祀・獻皇帝誕育皇祖・爲我朝中興之主・立世廟於宮中・祀以天子之禮・情文旣允愜矣・惜當時在事諸臣・不能通達國體・未嘗君天下也・而列九廟之中・嘗北面武宗也・而躋武宗之上・夫史以傳信・建文年號不復・非所以示信也・史以成功・景帝廟謚不修・非所以昭功也・史以正分・獻皇廟祀不釐・非所以明分也・三者關係非小・昔年布衣譚清海曾言之・給事中駱問禮曾言之・浙江鄉闈又曾舉以策士矣・豈非四海臣民・日望釐正・實有待於今日哉・

臣又見每次纂修・所用中書儒士・率臨期考選・實啓幸竇・以臣愚見・與其考之臨期・啓營刺之門・孰若搜之巖穴・廣旁招之路・故秉筆諸臣・天祿石渠之間・彬彬濟濟・無容議矣・韋布博雅之士・所用搜尋典故者・代不乏人・莫若令廷臣各舉所知・併行兩直隸十三布政司・各舉一二人・或三四人・起送赴部・量授試中書職銜・使分局執事・俟編摩既成之後・方准實授・苟非其人・必不强舉・庶弓旌之招・及於藪澤・而一得寸長之士・要皆有裨于實錄矣・夫從前而觀・勤直宿・招俊乂・爲儲德之資・由後而觀・釐缺典・搜逸才・爲編摩之助・乞敕部議・如果臣言可採・斟酌次第施行・宗社幸甚・典章幸甚・

東臣蔑旨啓釁疏

近見邸報・該總督顧養謙・爲早決倭酋封貢之計・以從長便等事・大率謂沈惟敬初入倭營・卽以封貢並許關白・而要朝廷以必從・臣讀之・不勝悲憤・怒髮上指・何彼養謙之敢蔑視明旨・擅啓邊釁一至此也・昔我太祖平定天下・梯航之國・莫不來王・而獨絕倭貢・載在祖訓・豈不欲明示聖子神孫世守無斁哉・厥後貢於永樂・而有松門金鄉平陽之犯・貢於正統・而有大嵩海寧之犯・貢於成化・而有寧夏之犯・此當時在事諸臣・不能恪遵祖訓・貽禍中國之明驗也・頃者關白反易天常・圖爲不道・殘我與國・破我藩籬・皇上命將徂征・期在必克・宋應昌以失策召還・顧養謙以夙望遣代・誓必滅此而後朝食可也・方養謙受代之初・卽貽書本兵・今日未遽縛養謙手足・使得展布・養謙決不致疑畏失機・欺君誤國・言何壯也・乃自受代至今・一兵不出・一籌莫展・惟催促表文是務・封貢是議・夫曰封曰貢・則宋應昌足矣・安用彼顧養謙爲哉・况許封不許貢・已奉明旨・不得因封求貢・又經部議・養謙置若罔聞・而沈惟敬一言・則信如金石・奉若蓍龜・是赫赫綸音・曾不當一市井無賴之口・養謙豈有無心哉・

國家自欵虜以來・物力日疲・帑藏日竭・司國計者・蒿目隱憂・誠已事之殷鑒・養謙不以爲鑒・而以爲法・何瞶瞶至此・開貢寧波・實悖祖訓・厲階爲梗・何忍蹈之・本兵不云乎・倭盡退而一無別求・則斷然與封以示信・倭不退而別有要求・則斷然罷封以示威・如此則許之有據・絕之有名・疏墨未盡乾也・以今情景・可謂別無要求乎・可謂非因封求貢乎・所謂絕之有名者・此非其時乎・夫在昔封則必貢・貢則必市・猶出廷臣億度之詞・今不封不可・不貢市不可・盡形督臣章奏之內・張倭勢以挾朝廷・肆狂言以箝衆口・何養謙之無忌憚至此・倭衆不過五萬・養謙亦旣知之矣・以中國

之大・不能殲彼五萬之衆・而必用封貢以媚倭・臣竊耻之・

且關白新叛若主・徒以區區强力・脅從六十六州之衆・彼六十六州・蓋未必人人帖服也・連兵朝鮮・亦已疲甚・有如率羣不逞之健・涉千里不測之波濤・與吾爭一旦之命・是自求敗也・何足畏哉・養謙謂不許封貢・倭發怒朝鮮・則朝鮮不保・朝鮮不保・則我與倭鄰・薊遼天津之間・靡然騷動矣・臣謂關白卽得朝鮮・豈能守哉・何也・關白叛臣也・彼將自守朝鮮乎・則六十六州之內變・方在不測也・將另委腹心乎・安知腹心之不叛關白也・此正吾中國行間之秋也・又謂不許封貢・則山東浙直閩廣之間・必滋多事・夫倭之殘害中國也・甚於嘉靖之季・彼時蓋因中國承平日久・港門之守禦未設・水寨之卒伍未充・故倭能得志焉・比年以來・當事者懲於嘉靖之禍・閩廣浙直一帶海門・各有重兵扼塞矣・誠使防倭如防虜・倭從某港門入內地・則失事將官殺無赦・不獨專責將領・卽海防兵備等・亦分其責焉・申飭主將不固守之律・俾沿海防倭水寨文武將吏・一體遵行・則軍令嚴而人有固志・倭豈能肆螫內地哉・

夫倭之多內釁也如此・中國之守禦漸有次第也又如此・養謙不察彼己之情形・而惕於嘉靖之往事・有釁而莫之乘・有力而莫之奮・畏倭太深・自視太怯・至欲以煌煌冊命之重・加夷狄叛亂之人・借來王來享之名・釀蜂蠆無窮之禍・臣竊惑之・尤最可恨者・欲朝廷使親捧寶冊以至朝鮮界上・待倭盡歸則往・不盡歸則返・是以天朝冊命・爲買倭之資也・是市井貿易・成則彼此兩交・不成則各執而退也・輿言至此・養謙辱國之罪・卽擢髮莫數矣・養謙昔任嶺東・擒朱良寶之功・最爲奇偉・其一時謀畫之詳・臨軍斬獲之勇・嶺東童孺・至今人人能言之・充其平日氣魄・卽呑倭非難・乃一代經畧之後・大喪平生・論者謂養謙宜不至此・至有疑本兵厭苦兵事・密授和議於養謙・養謙奉而行之者・此其說雖未必然・而在養謙既因封求貢・於本兵不能因貢絕封・亦無怪乎人言之藉藉矣・夫人之勇怯何常・惟上鼓舞之耳・

曩者哱承恩陷沒・寧夏震動・京師在事諸臣・泄泄罔功・陛下赫然震怒・賜上方之劍・繫督臣之頸・于是逆黨成擒・皇靈丕振矣・此非陛下一怒之効哉・願陛下以詰西師者詰東師・何師不武・以督西臣者督東臣・何臣不力・宜亟下明詔・詰問本兵石星・爾言關白因封求貢・則罷勿封・今何不罷絕封貢・一意戰守・詰問顧養謙・爾既不欲本兵縛爾手足・何不展布四體・撻伐倭衆・何故弁髦明旨・主封主貢主市・損威啓釁・今朝廷決意絕倭・詰爾戎兵・脩爾戈矛・若能一鼓而前・令釜山之倭・片甲不留・朝廷不靳封爵之賞・不然・則退守鴨綠・乘釁而動・猶未失策・若始終以封貢釀禍・則械赴闕廷・明正爾罪・決不爾貸・勅山東浙直閩廣一帶海門守禦將領・及海防兵備等官・方今倭事孔亟・防守全在若屬・若倭從某港門入內地・則該信地將官・以失機論斬・海防兵備・褫職勿敍如例・仍乞皇上奮然宵衣・惕然旰食・日親朝講・與二三輔臣・圖安攘之策・求兵食之方・則精神所鼓・薄海內外・必有謀勇忠義之豪傑起而應上命者・島夷聞之・亦且褫魄竄伏之不暇・況敢逆我師之顏行哉・若養尊處優・深居簡出・以關係安危之大計・而決於懦怯督臣之一策・天下事不至潰裂大壞不已也・語曰・殷憂啓聖・天

以倭事啓陛下也・惟聖明留意・宗社幸甚・生靈幸甚・

杜亂萌疏

臣以一介草茅・荷蒙聖恩・拔居言路・夙夜兢兢・勉效涓埃・以副任使・從前條議・畧見施行・近爲兵都黃選擅濫・內臣恣溢・臺諫諸臣未言・臣亦未言・皇上於諸臣・斥逐謫降有差・臣得及于寬政・薄罰供職・是臣今日以往之官・陛下所賜也・臣一日未死之身・陛下所留也・陛下不奪臣官・臣何敢愛官以負陛下・陛下全臣之身・臣何敢愛身以負陛下・況陛下旣罪臣等不言・臣復有言不盡・是益其罪也・臣之所言・不出愼喜怒・審好尙・辨忠邪・節採織之四端・或匡救於聖怒方殷之中・或條議於聖心未回之日・彊之以所不爲・止之以所不能已・逆耳批鱗・罪當萬死・臣不難一死以悟君心・言行身死・死有餘榮・言不行而生・生有餘愧・請盡言無諱・而陛下留神終覽焉・

天子喜怒・上通於天・喜怒當・則天地之和氣至・喜怒不當・則天地之乖氣至・國家承平二百年・佞倖不敢有所播弄・奸雄不敢有所睥睨者・以一線言路・足摘姦險而防壅蔽耳・自陛下有宥言官之言・雖不盡納・然一事失錯・罪止一事・少者一二人・多者三四人・未有一事而波及三四十人者・閣臣揭救・雖不盡行・然必畧寬一二・未有因閣臣之救・而反加重者・頃爲軍政內臣之事・陛下赫然震怒・斥吳文梓劉仕瞻未已也・因而斥區大倫張同德・又因而斥兪价強思・又因而斥南北臺省耿隨龍等二十三人・挫折亦太甚矣・閣臣救之不聽・九卿救之不聽・閣臣再救・而邊方之旨下矣・九卿再救・而削籍之旨下矣・中外臣民・轉相疑惑・謂陛下平日敬禮大臣・胡然一旦咈忤若是・言官職司耳目・胡然一旦挫折若是・意者陛下意有所欲・爲恐諸大臣諸言官之防己也・先示以必不可犯之威・杜大小臣工之口・然後惟吾所爲而莫予違乎・且區大倫張同德・固曾論徐文璧者・兪价强思・固曾論沈思孝江東之者・陛下不加罪於抗疏建白之時・而加罪於當言不言之日・中外臣民・又轉相疑惑・謂耿隨龍等二十三人・必其平日有他論列・不當聖心・特借不言以去之・使進不蒙直諫之名・退甘受竄斥之辱・於是人人以言爲戒・恐人主不聞其過・非社稷之福也・夏之臣等五人・以搜贓被斥・人將謂天子貴貨而賤耳目之臣・非所以令百姓見四夷聞也・不崇朝而斥逐臺省三十四人・非明盛之世所宜有也・臣願以一身性命・贖諸臣之官・夫諸臣止於去官・而臣願以性命續之者・誠見各部大臣累疏爭之不足・惟一死可以悟君心・臣死而君心悟・國體全・賢於生也・然臣雖死矣・詎敢一日而忘陛下之恩哉・

審好尙・辨忠邪・節採織三事・請畢其詞焉・臣謂好尙之當審者・蓋有感于刑部司屬之以搜贓獲譴也・夫費甲金隱匿逆豎贓物・皇上追究之・爲正法也・非貨之也・刑部連日比併・未有實跡具疏上請・其中蓋有不得已矣・彼司屬獨不見巡城之五御史乎・蓋其不愛一己之官・而苦爲費甲金囘護・情固可推也・陛下於司屬・則降級調外・不諒其不得已之情・於堂官・則姑且不究・不全其大臣之體・恐其足以傷於明而累於德也・且追究不已・必至賠贓・賠贓不已・必至

株連・京城內外・纍纍桁楊・以足原數・將無令輦轂百姓・歸怨于陛下乎・傳播四方・將掩陛下明法懲姦之美・而昭其違・不類之徒・妄爲揣摩・必有以某人當沒・某人當抄・惶惑聖德者・流禍可勝道哉・所損聖德・不既多哉・臣願陛下宥司屬徐維濂之官・以明上意之爲法不爲貨・使聖德光昭・不失顯明於天下・臣以觸犯獲罪・雖死不憾・

臣謂忠邪之當辨者・蓋有感於沈思孝因諸臣罷斥・而揚揚見朝也・夫沈思孝江東之李植・剛狠小人・傾危變詐・天下之人皆知之・臺諫交章彈之・臺諫論疏・十不一下・思孝東之反唇而論・十疏十下・陛下得非以思孝東之可用・而欲重用之邪・夫正人必與正人爲朋・以丁北呂之大姦大貪・而思孝東之曲爲庇護・至與尚書孫丕揚相訐也・則思孝東之固姦之魁・而貪之首也・又不觀進退之難易乎・難進易退者・必君子也・蒙面厚顏・不知人間羞恥事・甘進不止者・必小人也・今丕揚杜門半年・辭疏十上・必得去而後已・思孝則欣欣於兪价强思鄒廷彥黃運泰馮從吾等之去・謂皇上不難罷言官五六人・以安我心・此從前相臣所未有之殊眷也・朝廷之上・惟吾所爲・無不如意矣・於是揚揚見朝・廣侈得意・明示天下・莫敢誰何・使沈思孝江東之李植柄用・必將去其所憎・而拔其所愛・去其恬靜而方正者・援其陵鑠而荼毒者・凡逆理亂常・不利社稷・不利民生之事・皆導陛下爲之・以竊威權而固祿位・此三人手段也・只今議論繁多・國是靡定・惟是忠邪未辨耳・正人指邪人爲邪・邪人亦指正人爲邪・非陛下超然朗照・獨斷宸衷・則無以別忠邪而定國是・陛下試取丕揚思孝東之累疏讀之・丕揚一意求去・別無撫拾・惟恐上意之不允・思孝東之則兇悍排擠・妄逞狂鋒・惟恐上意之或允・人品心術・一覽自見・古稱爵人刑人・必稽之國論而始定・今四人之中・孰爲國論之所共擯乎・孰爲國論之所共與乎・稽是數者・君子小人之品定矣・君子進・而天下之爲君子者雲附而影從・小人進・而天下之爲小人者朋呼而類集・此世道升降之機・國家治亂興衰之故・宗社休戚生靈安危之漸・皆決於此也・願陛下留意熟察・於君子而任之不疑・於小人而退之必遠・以自爲社稷計・毋兩賢而兩全之・以釀無窮之害・臣以觸犯獲罪・雖死不憾・

臣謂採織之當節者・蓋有感於撫按之爲織造罰欵也・陛下織造芋羢・撫按以地方災疲・請而不納矣・採買囘青・部科以事干外夷・請而不納矣・湖廣撫按・以魚鮓罰俸矣・蘇松撫按・以織造罰俸矣・通判以織造削藉矣・應天織造分四運・而費至十萬矣・夫撫按爲陛下肅清百僚・澄清天下・豈飲食衣服之是司・通判雖職有司存・然民社攸寄・非止段匹一事也・爲一服食之故・而令撫按蒙罰・通判褫職・是陛下所用以彈壓地方者・日奔走以供御服之需而不足・郡邑之官・親民之吏・舍其職業・竭民膏脂・惟求上供無負・以逭己罪・非所彰陛下卑服卽功約己厚民之休美也・況陝西外逋强虜・百姓疲困不支・必折而入於虜・撫按控請之辭・備悉艱危困苦之狀・囘青原非中國所有・應天一年而加至二萬五千餘兩・雖所費者工部之料價・而舊京民力已殫・嗷嗷之聲・盈滿道路矣・爲芋羢而令邊鄙之民甘心以淪於夷・爲囘青而令好奇之聲交騰於外國・爲段疋而令簡書之臣不安其職・郡邑之吏・莫必其命・竊爲陛下不取也・庶人必保其

家・然後飲食衣服・有所取而不竭・天子以天下爲家・糜外府之財・竭百姓之力・以供服玩之奇・年復一年・極斂不支・恐室家自是不完・天下嘖嘖多事矣・飲食衣服・豈曰可缺・臣不言停而言節・誠不敢望盡如國初之舊・但遇撫按陳請・部科執奏・必令查陛下卽位初年之數・過溢則損之・復錄鎭默之官・罰俸之令・毋及於撫按・生靈受福無量・臣以觸犯獲罪・雖死不憾・

抑臣又有隱憂出于四端之外者・陛下設立閣臣・非以託腹心乎・設立六卿・非以寄股肱乎・設立臺諫・非以通耳目乎・設立撫按・非以示彈壓乎・陛下初年・信任大臣・優容言官・撫按條議・間有施行・天下想望太平之福・邇年以來・宰執難售造膝之譚・臺諫難追犯顏之規・撫按爲百姓請命・任哀鳴而不恤・執法而抑豪强・則逮繫隨之・是陛下視大小百工・無一可言也・不信宰執・不信六卿・不信臺諫・不信撫按・陛下所信者誰乎・天下無事則已・有事臣見陛下孤立於朝也・臣以嶺海疎賤・待罪言官・憫時事之日非・恐皇心之未察・又見諸臣連篇累牘・陛下置若罔聞・反覆思維・非剖心無以明忠・非捐軀無以悟主・陛下操生殺予奪之權・雷霆之所擊・無不摧折者・萬石之所壓・無不糜滅者・敢以死之一嘗試於陛下哉・憫時憂國・觸目激衷・耿耿丹心・不容已矣・伏乞聖明少加裁察・下閣部覆議・如果臣言可採・將一時斥謫南北臺省三十四人・併搜贓司屬・織造府佐・各復原官・或量加罰治・以示懲創・孫丕揚・沈思孝・江東之・李植・分別忠邪・定其去留・毋或疑貳・各處採買織造・查萬曆初年數目施行・而後治臣冒犯天威之罪・死不足爲臣患・亡不足爲臣憂・投諸四裔・以禦魑魅・不足爲臣辱・言官死言・死其職耳・皇天后土・鑒照臣心・臣無所悔・若悚惕於雷霆之威・震悸於死亡之誅・緘口結舌・上負天子・以隕生平・臣死不敢・臣不勝隕越待命之至・

南港分司記

昔者先王建國・辨方正位・設官分職・以爲民極・必有治所・故廉遠堂高・匪以彌文・時曰辨分・前朝後寢・匪以飾觀・時曰修政・詩云・約之閣閣・君子攸芋・又曰・如夫斯棘・君子攸躋・爰自成周以至於今・未之有改也・閩故山海陬區哉・厥氓煑海爲鹽・設都轉運司統之・以利民生・以經國費・於是乎在・分署而治者三・其西則通延建邵三郡之鹽・而水口爲之樞・其東則通福寧寧德福安各州邑之鹽・而黃崎爲之樞・其南則權省城內外南臺洪塘一帶居民火食之鹽・而南港爲之樞・水口黃崎・故有專官・南港設判・旋廢・代署者率蘧廬視之・始則公署儼然・莫有至者・久之鞠爲茂草・任其傾圮陵夷・而莫之振起也・匪朝夕之故矣・

丁酉冬・常熟徐君署港事・見分司之圮而不復也・謀於不佞曰・閩之鹽政・南港其細也・然歲而幫者六・分引於大司農三百三十有奇・輸課餉於公家者千有奇・緡算出入之間・不無事矣・前人刱分司於斯・夫豈無見・謂南港距會城二十里・朝夕戴星非便・故建署居之・俾夙夜在公・勉修職業・入其署・而政可思也・乃今靡所托足矣・將坐會城而遙治於二十里外也・吾惡乎能將任弊之叢・而不爲之身親釐革

也．吾惡乎不敢失前人之規．不溺今日之職．則分司不可不亟復矣．其若經費何．余曰．修廢舉墜．固因仍者之所退托．而盡節者之所勉也．君其請於當道．謀於商衆．必有應者．於是鹽道高公．轉運周公．屠公．張公．報可．高公發鍰助費．商衆子來．君又捐俸繼之．不三月而告成．堂不及數仞．而噲噲噦噦．足以布法．室不能百堵．而實實枚枚．足以燕處．門不必重．而伉伉如也．將將如也．足嚴防範而肅觀視．且也財無過費．役無後時．君之苦心．於是乎見矣．夫乃左乃右．周爰執事．始事者之殫厥心也．於時處處．於時語語．後至者之踵先武也．徐君行矣．後徐君者．考政於斯．課餉於斯．早夜以思．思以惠商而翊國．則先事之不墜．非後事者之資乎．乃若司其任不履其庭．或履其庭．匪軍國商氓是務．而身圖是便．不亦有愧斯室哉．徐名允孝．吳之常熟人．

重修嵩陽射圃記

禮曰．天子之制．諸侯歲獻士于天子．試之于射宮．中多者得與於祭．中少者不得與於祭．又曰．天子之大射．謂之射侯．射侯者．射爲諸侯也．夫射．六藝之一耳．天子選士於斯．建侯於斯．若舍是．則無以修明禮樂．興致太平者．則其義何居．先大夫解之曰．上下一於恭敬．夫惟不恭不敬．則忒於威儀．貢於非幾．而天下不治．一於恭敬．則非心妄念不生．悖逆爭鬬不作．而天下治．三代盛王．所以建學明倫．戈矛不用．而日臻綦隆之理者．率繇斯路也．明興．我太祖斟酌三代．國學鄉學．必立射圃．崇禮讓．以三代之所以治天下者治天下．督學使者．亦時時頒之條約．而設誠致行者貳寡．

嘉靖乙丑．先大夫貳閩鹺政．分署水口．維時倭變甫平．不逞之徒．因倭煽虐者．猶然未戢也．時有覯釁倡亂之心焉．念惟禮可以已之．于是卜地于嵩山之陽．闢射圃一區．明雍容揖讓之節．修升歌耦射之文．以訓廸其子弟．而化導其父兄．水口之民．始而疑．終而信．久而安．向之有亂心者．且漸消于禮陶樂淑中．絃誦之聲．洋洋乎嵩山淵水之間矣．三十三年來．遺敎寖衰．射圃以潦廢．奸民乘機牟利．昔之設弧矢布犧樽者．今且鞠爲蔬畦．

歲丁酉．西蜀張大夫篆淵關．清其地．執其人罪之．方圖所以修復者而未逮．會東甬屠大夫從都中來．曰．自吾之視篆分司也．見俗之趨于靡．而士之競于文．欲反其朴而示之禮．兢兢然越俎是懼．乃林大夫先行之．夫移風易俗．使天下囘心而嚮道．則宜自鄉射始矣．于是白于兩臺開府金公．直指徐公．發帑助費．二大夫各捐鏹繼之．經始十二月辛未．落成于三月壬子．屠大夫率生徒習禮其間．其賓主則肅肅在庭．雝雝在列．不愆于儀．其耦射．則父中父鵠．子中子鵠．不過于物．其儐相．則濟濟蹌蹌．升降上下．咸式于度．其聲歌．則鹿鳴讌喜．采蘩節奏．不奪于倫．其器數．則縣鼓西序．應鼓東陳．不忒於節．一時環堵而觀者．咸謂三代遺響．于今再振也．

夫爲國以禮．則夫子嘗言之．自武健功利之習興．于是論治者趨於儇而昧於禮．至有病其迂而詆之者．非獨行貢俗不與世推移者．惡能修禮教于既廢之餘．而挽頹風于隆古之盛哉．不佞培．少侍先人於茲．數登觀德之堂．覩揖讓之容．今以罪謫來．方奉開府檄．與諸生校射于其學院中．適屠丈夫興典禮于嵩陽．而樂觀其盛也．不揣爲之記．以彰往昔．告將來云．

區大樞　字用環．高明人．萬曆癸酉．與弟大相同舉於鄉．謁選得郡丞．辟內閣中書．皆不就．晚年令安遠．愛民守潔．轉岳州通判．卒於官．不贏一錢．有振雅堂廉江岳陽稿．

燈頌

重明佐麗．永夕須焕．九枝爛熳．七寶崔嵬．燭龍掩照．冬雪辭皚．深宮嚮息．萬幾攸該．何其問夜．東方未晛．君子至止．鸞聲噦哉．煌煌帝業．賴爾弘恢．高堂列宴．萬舞宵來．主賓歡洽．參橫木回．摩肩按袵．絕纓起猜．赫赫豪舉．賴爾諧詼．芸窗誦讀．羲行告隤．惟日不足．行且莫催．心游墳索．起坐徘徊．勉勉士人．賴爾稱才．子人行役．妾撫嬰孩．聞戍狐嶺．或陟龍堆．錦字就桃．化剪向裁．沉沉思婦．賴爾寫哀．有昏必耀．無暗不開．功配二曜．用弘九垓．爾膏既沃．爾焰既財．以引以續．（下闕）

蔡存仁　番禺人．萬曆癸酉舉人．官處州府通判．按存仁別建昌諸父老．中有句云．雞犬可無驚歲月．牛羊曾已遍巖扉．是亦曾官建昌也．

欽州守宋公獲象記

余讀范至能虞衡志．知象能尋香破壁．所過害稼．又知欽州人能捕．象行觸機．則下刃擊其要害．非要害．則肉淸而刃脫．信志言．則象能害物．而未必能傷人．欽民能捕象．而未必多獲．是象之害未甚．而處象之術未竟也．夫象產日南．力服重．能解人言．每秋成．則羣子母渡海而至．所過．禾稻倉庾一空．民無完居．知人形聲．則奔趨之．歲必傷數命．故論者謂夷狄爲中國患．匪直其人爲然．卽物亦如是甚也．欽人捕象者．曾設陷穽於要路．然其性靈而慮患．熟邇皆以鼻探地而行．審聲虛實．以爲趨避．況夫機械陷阱．僅可一獲．然或利其牙而誅求之．是民除物害．以罹官害．故寧避官害．而甘物害也．噫．可勝言哉．

載恆所宋公來守是邦．在民利病．知象爲害甚鉅．又知民受害狀．越數月．整齊振刷．百廢具興．乃下令曰．吾民苦象害不休．以未有所制．今與諸人約．能計殺象者受上賞．牙聽民自利．官司期在除害安民．毫無所取．令下後．民有獲一象報者．公如令．民欣然曰．令信矣．於是思勒峝新民張琦等．各以知獵謁公．公授以方略．使之索象來路．及所潛往處．爲之伐木於山．排柵數重．有象十八爲羣．入其中不能出．約十日所．度象饑餒．衆乃鳴皷驅逐．象奮向．欲與人角．衆皆登排柵．攀高樹．以所造大鎗傷之．羣無一存者・報至・公甚喜・捐俸以賞・除母象乳象無牙者不計・其有牙者・聽獵衆取之・時己丑某月某日也・是歲・象不爲災・民無破屋害稼死傷之苦・諸父老欲勒石以頌功・公力止之・曰・昔劉琨守郡・虎北渡河・吾不能使象遠遁・胡以獲象邀功於天下後世爲・父老曰・昔姬公相武・惟是驅犀象而遠之・豈姬公之功之德・出劉下哉・而未聞犀象之自遠者・大抵聖賢爲治・歸於除害安民・不必求符其迹・且夫公輸運巧以成方圓・不遺之規矩・則無以徧天下及後世・欽民賴公力・得免害於象・而良法信令・不托貞珉以傳・後將奚賴・雖然・公勤民之事・而又軫民之病・除象之害・而不私象之利・以其功及於民・而不自有其功・公之過人也遠・再三請而公不允・父老知公持之力・而不忍違也・直相率托余記其事・若曰垂之規矩云爾・公諱某・字某・號某・鄉進士・蓋餘姚科甲世家云・

袁應文　字仲奎・一字聚霞・東莞人・萬曆癸酉舉人・知福建沙縣・以治最擢御史・出爲貴州僉事・迭平緬甸滇黔各匪・剿撫得宜・全活以萬計・蠻夷震懾・境內肅然・年七十致仕・八十二卒・

舒令應龍去思祠碑

自余爲弟員見舒公於堂也・迹公所示・一退然吶然者耳・比論事・抑何淵遠連絕也・邑四履遼・又瀕山海・萑苻戎莽多出不斥・雖精捕不得滿品・訟牒無主名・以其寃委令者・與雖有主名其勢爲負隅虎者・月率數十百輩・令懦卽皆爲無告矣・公一切治辦・邑有盜亦逃・民安於鳴吠・以視獄・多片言而折所不折・有聞公神明・大畏而解如虞芮者・卒戍海・饑而歸・官捕之促・遂寇劫・且傳邑郊逐之・黎數萬・走城郭邑・衞帥持其鑰不肯入外人・外人狼顧號呼・公謂衞帥曰・賊幸未卽抵吳城下・而軍兵已瞷然登陴・不至不虞・且此數萬人・吾人也・不可棄也・乃開門・而公獨以單騎踰橋・部分諸欲入者・男女無譁・所全活不可計數・既入・賊始舍舟趨城・公勉所募兵・懸重賞・令得賊級者立與十金・賊及門而敗矣・卒俘諸酋也・

公令邑未三年而遷・然其人思公・幾以爲數十年有功德於其土者・既不可諼・乃始爲生祠祠事公・久而圮・今翁侯新之・余惟今之天下・亦古之天下・守置則令從之・古縣大夫・令也・民生治亂・非異人任・所求諸吏如單父・可數數得見乎・其次卽密縣中牟之事也・今物論如卓公・初至立條教・爲鄰邑所笑・郡且至守令如是・而民不輕・久而從服・至使一亭長還牛不可得・立而求去・乃僅能使之慙・聽其言・移此當嚚頑之巖・不可以卒歲・況敢望久次悅安成俗乎・魯恭以蝗不入邑・未能信於太守・至椽吏親往廉・則又得二異焉・卽所稱童子或教諸父師・弱不好弄・以爲雉不當取是也・雉知愛人耶・而馴又何理也・賢者之在古昔・無虛得名之理・是自其德有之・而才不與焉・今吏豈無才・顧懦張而好自見・無問懦者・能懦張自見矣・所行諸民・非必有纖芥愛利也・潔以自爲高・理以自爲績・凡皆以自爲也・一値艱難重大・或卒然不可知之事・無益於自爲・而生死利害之變・出乎其間・則雖才必敗・不敗而去爲他官・其民視

之・如遺迹耳・人情亦莫不欲功名之時成而惡其敗也・又令始至・輒以得名爲喜・誠不能如卓褒德使郡置守令爲獲乎・上無道也・然何以矯僞而取之・取之非其實・露可覆乎・則何敢望舒公・

公去邑且三十年・民思而祠・祠圯不十年而新・今或誇艷公所鋪張・理効爛然・則曰才過人・然余獨及見公於堂・是退然吶然者也・平居不見喜怒於顏色・所論治・或其人有犯終不變・蓋其德如此・德不足以御其才・則必出於憍張自見之路・是圯將不祠・祠圯或不修・余猶記在邑時・有嫗鬻其猪・得贗金・不知其人也・以委公・公思久之・謂嫗明當來・既明而之學宮・有猪當車前・雀鳴簷瓦間・顧謂市行者諸衆人曰・此中得無有朱爵乎・曰・有之・召詰朱爵・何爲以贗欺嫗・示嫗其人也・此豈有才識思索可學而能哉・德不充・誠不結・不足以及人・況神明乎・士必有積德而後神明相之・用之以理人・融液浸泌・如肌理肝腸之不可解・子賤之全小魚・卓魯之成久道・皆此物也・方舒公開門納外人時・豈獨知賊行期耶・賊傳警急・舟在河壖・使騾登陸・殺諸城外人・或使城外人爭門・不可復閉・則有失城守之憂・以是自爲計・不可謂完・然公卒爲之而效・是豈獨才・天下不可以無吏治・治率論才而不及德・則亂不足怪・舒公祠既新・翁侯屬余以碑・余怪夫論舒公者多不循其本・故其言公治理之才所以然者如此・翁侯將繼續公爲政・而寄遺思於數十年之後者也・其必有取於余言・

唐伯元

唐伯元　字仁卿・澄海人・萬曆甲戌進士・知萬年泰和二縣・薦擢南京戶部主事・晉郎中・伯元受業於永豐呂懷素・嫉王守仁新說・及守仁從祀・上疏爭之・爲南京給事中鍾宇淳所駁・謫海州判官・遷尙寶丞・値吏部尙書楊巍雅不喜守仁學・疏薦伯元爲吏部員外郎・歷考功文選郎中・佐孫丕揚澄清吏治・秩滿・推太常少卿・命未下・而伯元以吏部推補諸疏皆留中・賢愚同滯・引爲擬議不當所致・乞賜罷斥・帝不懌・允其去・其後吏部甄別諸郎・帝識其名・命改南京別部・而伯元已前卒・其爲人淸苦淡泊・人所難堪・咸推爲嶺海士大夫儀表云・

按伯元之學・崑山顧亭林・番禺陳東塾皆極推重・明史列儒林傳上卷・亦極寓推重之意・惟所著書・明志皆未著錄・據阮藝文畧所載者・有禮編二十八卷・二程年譜注存・又有易注・二程語錄・醉經樓・太乙堂・采芳樓稿・皆注未見・然醉經樓集・今潮郡尙有刊本・顧氏日知錄卷十八所采答人書一條・即在集中・阮畧注未見・蓋采訪偶遺耳・

請告疏

爲奉職無狀・憂官成疾・乞恩俯容回籍調理・以全微生・以圖補報事・伏念臣受氣原薄・攝生又乖方・及於中年・血氣大損・廬居三載・疾病纏綿・臣當是時・甘爲聖朝廢物・不復萌仕進之念矣・詎意服制方滿・忽接邸報・伏蒙皇上起臣原官・旋改今署・疎賤遭逢・均屬曠典・斯臣至榮之遇・不敢言病者一・舊事・銓臣計資序轉・臣科第雖深・資俸實後・伏蒙皇上不次點擢・大破常規・又臣至榮之遇・不敢言病者二・皇上神聖・卓越千古・大小羣工・莫及先時・五六銓臣・多一時海內名士・爲臣畏友・猶不足以佐其下風・往往得罪以去・故此一銓曹也・昔爲要津・今爲畏府・臣之才不及諸臣遠甚・而戆不通方過之・荷蒙皇上一切

優容・一切不問・蓋從前諸臣所不能得者・又臣至榮之遇・不敢言病者三・自是感激・竭力馳驅・受事以來・日與堂官計議・如何一清銓法・如何一洗積蠹・凡利在百代害在一時者必行・不敢少貶以徇浮議・凡利在部內害在部外者必革・不敢姑息以市恩私・幸有堂官主持於上・臣與二三僚衆得以執持於下・若弛若張・若緩若急・其初不免吸吸・久而方定・蓋人情難與慮始・積弊難以頓除・其或思有未合・行有未通・晝夜籌維・寢食都廢・有日月乃粗就緒・方將與堂官計議・盡舉天下賢才・以登皇途於上理・少效犬馬於萬一・不自知其勞且病也・奈之何寵厚而福薄・心長而智短・每遇內外員缺・臣度量註擬・具呈堂官・請自上裁・間有奉旨點陪者・知上意獨斷也・有奉旨另推者・知上意愼重也・乃至數月以來・則有一概留中不答者矣・臺省郎署方面赴部候補者・動至經歲・多至盈庭・內外官俸・多至逾期不得遷轉・各邊道事情緊急・無可代庖・賢愚同滯・朝野咨嗟・莫知其解・竊維皇上勵精化理・求賢若渴・豈不自愛國家・臣等幸奉奔走・務竭精白・豈敢有所朦朧・然而擬不當聖心・封章不蒙批答・以致遠邇驚疑・儒紳摧氣・臣等逢人則面赤・捫胸則內愧・上負主眷・下負初心・每與堂官言及此・未嘗不相對而涕零也・

臣又惟銓曹不職・堂官總其成於上・臣實專其責於下・今之堂官孫尚書丕揚者・乃舉世所推爲正人君子・而皇上所深信者・蓋已爛漫於奏牘・而鄭重於温綸・斷斷無復可疑・倘有不公不明之罪・非臣而誰・蓋不惟世責臣無以自白・卽皇上恕臣・亦難自解・以是主恩日深・臣罪日積・曠官之咎愈多・憂官之病愈重・自前月以來・飲食無味・形神枯槁・每懇堂官代臣奏請・而堂官責臣以大義・諭臣以調攝・又見堂官尚在註籍・不敢言去・不得已扶病進署・勉完選事・至於近日・則暑溼交攻・脾胃愈弱・精神恍惚・足力不支・備詢醫家・必非旦夕可效・而堂官之留臣未已也・痛念臣精誠不足以孚主・進退不足以闡忠・際此千載一時之遭・徒令後代有有君無臣之嘆・負恩誤國・罪其何贖・方其未病・尚費支持・今在醫藥・安能自效・不得不自陳於君父之前・伏乞皇上俯從臣請・容臣回籍・得以一意調理・苟延餘息・倘遂生全之幸・敢忘啣結之私・況今堂官已出視事・而臣之選例已滿・是臣乞身之會而請命之秋也・伏乞勅下本部・恩賜放臣・別簡賢能・早充是選・以贊太宰知人之哲・弼皇上平明之治・臣不勝懽躍瞻竚之至・

上太倉相公書

頃幸叨侍・未旣所請・偶有末議・竊比芻蕘・伏惟相公察焉・恭惟相公負華夷具瞻之望・際千載一時之遭・而元也疏頑晚進・自謂無比數・乃過辱殊知・私自慶幸・謬圖爲報・不知所出・竊惟方今事勢・內而有掖庭之隱憂・外而有邊疆之大患・天變於上・人危於下・主上誠明且斷・乃其傾心付委在相公・而天下人士・亦僅僅恃相公以無恐・竊計相公密勿論思・塞違昭德・精誠所至・必有銷患微渺・鞏固皇圖・而外人不及聞知者・蓋近讀籌邊一疏可想已・卽願效一得之愚・又何能居相公之意・外而仰贊其萬一・惟是李中丞爲蘇侍御論逮一節・久未得白・雖有台省交章累牘・與夫撫

臣之重・布衣之微・夷使之無知・皆能同聲爲中丞陳乞・而終無以回主上之聽・此亦明時一闕事・聞相公維護・亦盡心至矣・主上亦豈忍一中丞・而顧遲回若爾者・其說有二・一則未知中丞處滇南事・正可行於今日・一則匿名帖子一節・難于自明・以致上疑未解・非有他也・試借邊事言之・

我兵乏久矣・彼衆我寡・難以慮敵・今土番怨虜入骨・三娘子與虜王失驩・虜王因聽火酋勾引・失事失賞・華人爲人爲虜王謀・妄意天朝・而其計不售・凡此皆可疏間・竊爲我用・誠得中丞以夷攻夷之策行之・必有如孟養蠻莫者出・而縶大酋之頸・制虜王之命・此其經畧可法也・虜騎長驅入我內地數千里・殺戮大將而下・不可勝計・而當事者猶傳捷・上首功・則無怪課功罪者紛紛之論也・夫莽揑二川延袤一帶・皆吾故地・今虜雖出境・尙盤据爲己物・首功何論哉・誠能下明詔以肅清二川・驅虜盡歸巢穴・然當事諸臣・得以報命・果能如中丞在滇南・克復我邊地・則其後先罪過・有無首功・俱在所畧・庶當事者知上意向・必思得當以報・而不敢懷苟且一時之安・此其律令宜定也・以夷攻夷・故不血刃而揚威萬里之外・一淸邊境・故不課首功而邊臣之績着・然則中丞滇南之事・可謂奇勳・而赦一中丞・爲邊臣之勸甚大・主上或能釋然於中丞也・

至於匿名帖一節・但得相公一言可辨・蓋前此諸疏・上皆疑其有因而至・前雖以撫臣之言最爲可據・未免置之一例・自非相公平生一介凜凜・素結主知・其誰能無纖毫之疑・故回天之力・似相公又不得不專任其責也・方侍御議論中丞時・詎意至此・一陷不測・而救章日至・雖侍御心亦不安・爲今日計・姑請照例發遣・以待論定・則侍御之言旣行・而中丞亦可免獄中意外之虞・以累聖世・似爲兩得之・元于侍御・往同官誠厚・于中丞雖無舊職・而偶承道義之雅・然其所以區區若是・非敢爲私于侍御與中丞・在聖明當及此時以勸邊臣・在相公當身任所難以對天下・冒黷尊嚴・惶恐無已・

答孟叔龍書

山居三載・切懷足下・每誦蒹葭之句・未嘗不嘆伊人在中州也・旣抵都門・亟圖裁寄・久未得便・良用耿耿・忽辱翰教・恍然如醒・比開緘・又獲讀其手鈔述作若干種・則又若見几席而奉儀顏之爲快・乃知足下之眷眷者・猶夫元也・足下力學篤行・已逼古人・乃其論學也・猶今人也・生今而今・雖賢者不能免也・嗟夫・人與言俱失者無論矣・人與言俱至者又稀矣・與其言過乎人・孰若其人可敬可慕・而言有所未至也・則足下是也・況其皇皇不欲自安・雖以元之不肖・猶下問而督之言也・殆顏子若無若虛・擇乎中庸之意乎・元也雖非其人・何敢無詞以對・伏讀鈔中解格物・有曰・通天地萬物而我爲主・推此義也・可以知本・可以格物矣・贈友人曰・自求見本體之說興・而忠信篤敬之功緩・遂令正學名實混淆・而弄精魂者藉爲口實・又曰・今人好高・只不安分・爲斯言也・雖賢聖復起・不可易已・乃其要歸・在明心體・其語心體曰・此心自善・安得有欲・而於程子善惡皆天理與惡・亦不可不謂之性・二者反疑其僞・此混心與性而一之・蓋近代好高者之言而尊信心學之過也・竊嘗讀大易

至咸艮二卦・而見聖人諱言心・讀魯論・至子貢贊夫子・而見聖人罕言性命・惟書有之・人心惟危・言心也・既曰危・安得盡善・道心惟微・言性也・既曰微・安得無惡・故曰・操則存・舍則亡・出入無時・莫知其鄉・則危之至也・曰性相近也・曰人之所以異於禽獸者幾希・近且幾希・則微之至也・信斯言也・性猶未易言善・況心乎・然此心性之說也・而未及道也・心性不可言・道可言乎・道與心性・至孟子言始詳爲告子也・今之天下・不獨一告子矣・惜乎世無孟子也・然不可不爲足下一言矣・惟裁敎焉・

蓋聞之・言學者惟道・道陰陽而已矣・言道者惟天・天陰陽而已矣・陽主始・陰主生・陽多善・陰多惡・天且不違・人猶有憾・孰謂善惡非天理乎・陽必一・陰必二・一則純・二則雜・氤氳蕩焉・人物生焉・孰謂惡不可謂性乎・然則書言繼善・孟子言性善者何也・其本然也・有始而後有生・有一而後有二・此書所謂惟皇降衷・程子所謂人生而靜・以工不客說者也・既始矣・焉得不生・有一矣・焉得不生・有一矣・焉能無二・此書所謂惟天生民有欲・程子所謂纔說性・便已不是性者也・然則學何爲・爲善也・陽統陰・陰助陽・則內陽而外陰也・故中・故善・陰敵陽・陽陷陰・則內陰而外陽也・故偏・故惡・此書所謂精一・執中・程子譬之水有淸濁・而人當澄治者也・然則烏在其能善也・天地間一切覆載・而必有以處之・以人治物・以華治夷・以賢治不肖・以大賢治小賢・天於是爲至敎・君子一身・萬物咸備・而必有以處之・以已及之・以親及疎・以貴及賤・以多及寡・以先知覺後知・以大知覺小知・以有知覺無知・人於是爲法人・此書所謂天生聰明時人・程子所謂天理中物有美惡・但當察之・不可流於一物者也・是故惡亦性也・是有生之性・是纔說性之性・性之所必有也・雖物而無異・性必善也・是天命之性・是不容說之性・性之所自來也・雖人而難知・故孟子曰・聲色臭味安佚・性也・烏可謂無惡也・有命焉・君子不謂性也・烏得不性善也・性所同也・君子所獨也・學爲君子謀・不爲衆人謀・衆人者・待君子而盡性者也・君子者・天生之以盡人物之性・參天地而立三才者也・如何而可・不知所自也・是以不謂性也・是以道性善也・言性之精・莫如孟子・繼孟子者程子也・吁・亦微矣・微故難言・雖然・性猶形而上者・形而上者・雖善猶微・心則形而下矣・形而下者・敢槩之以善乎・性具於心・而心不皆盡性・性達諸天・而人不能全天・天人合・心性一・必也大聖人乎・故曰・堯舜性之也・其次致曲・必反而復・故曰・湯武反之也・復必自身始・故又曰・湯武身之也・又曰・不遠之復・以修身也・性之者不可得矣・得見復焉者可矣・復焉者不可得矣・得見頻復者可矣・位祿壽昌・孰不榮羨・食色利名・孰非斧斤・繼之不能・中焉不易・適而好忘・動而多悔・倏忽晦明・毫毛人鬼・夫是以謂心明・是之謂明其心體・

答李中丞

程子表章大學・有功聖門・固矣・然格物解誤・則是書雖存・反增一障・可有也・亦可無也・程子雖以窮理爲解・而其心不安・是以其說屢變・而往往有得之言外・故雖可以

觀其至・而大義隱矣・自我高皇帝諭侍臣・謂大學要在修身・而古本以修身釋格致・然後直接千載不傳之緒・自是儒臣如蔡蒙引・林存疑・蔣道林・羅文恭・王布衣・及先師呂先生・往往能通其義・然徒曰解之云耳・其自學教人之旨不存焉・就中破的者・無如布衣・然不免爲新學所陷・觀其以心齋自號自命・又烏在其修身爲本也・總之・張子厚所謂釋氏以心法起滅・天地不免凝冰者・無怪其相率而陷於新學也・近讀孫淮海講章・亦既明乎其解・視諸家較備矣・乃其緊要歸明心體・是本其所本・而非大學之本也・是解一人・而學又一人也・

嗟夫・新學横・正傳息・不肖之身・又岌岌乎不敢當也・當此之時・乃有先生者・不由師授・不由註解・默契遺旨・先得所同・既揭正修・又標性善・其於學問源流・昭昭乎白黑分・而新學不能混矣・而元又以爲先生設科太廣・門徒太盛・自反自修之實尚寡・立人達人之意過多・未免以憧憧感人・猶難語知止而定也・易以咸言感・貴其無心・以艮言止・惟止諸身・知止在身・則身以內・身以外・皆無汲汲焉可也・彼謂明明德・在親民者・以其昏昏・使人昭昭・既以末而爲本・謂誠己誠物並切者・方邃己田・遽耘人田・又未免於本末雜施・均之不知本焉耳矣・世未有不知本而能誠其意者也・天之未喪斯文也・既賦先生以明學之獨智・而今又置之於孑孑獨處之居・納之於妖壽不貳之地・刋其華・挫其鋭・使之反初觀・復深根固本・殆夫子所謂尺蠖屈・龍蛇蟄藏・自安身・將駸駸於德盛化神歟・不然・何期所遇之窮至此也・蓋昔者文王周公窮而演易・夫子窮而絕韋編・吾道至今賴之・理以屈而伸・道以晦而明・天之與吾者不偶・其窮我又豈偶哉・因讀淮海而重惜諸君之陷也・故有所願於先生・不審於是爲本之意當否・惟察而教之・幸甚・

又

得差後滿擬一會・緣前此君出京稍遲・而諸老中有言者・以是行期欲早・避嫌欲深・自見堂辭朝辭部而外・爲日無暇・坐爽前約・計先生能原也・行時篋中檢出大教・謂格致誠正・總是修身工夫・有一無二・是也・但先生之意・猶指格物爲凡物之物・而鄙意則指爲身與家國天下之物也・雖凡物之物不出身與家國天下・而大學所指・則專以身對家國天下分本末・而凡物不暇言也・故曰・物有本末・又曰・其本亂・而末治者否矣・格此之謂格物・知此之謂知止・先生所謂萬物皆備・一物當幾者是已・所謂知修身爲本・卽知本・卽知止・卽知所先後是已・而正修雙揭之說・猶二也・格致義中所謂物者・又不覺其愈遠也・蓋知知本之卽知止・而不知知本知止之卽物格知致也・羅布衣反己之說・大與鄙見合・而於先生有功・獨其指物・亦爲舊說所纏・不知本文明甚・先生姑就其是者推之可得也・嗟夫・反己至矣・孟子曰・行有不得者・皆反求諸己・必如大舜號泣旻天・負罪引慝・而後可言乎・反己者・天必祐之・況於人乎・況於鬼神乎・

又

論語大意道性善編二書・中多到語・能發前人所未發・其有功於孔孟甚大・大學本修身・止脩身・的矣一矣・其於格物・猶若二之・何耶・伏承尊督・妄有請正・會欲移居・

來書暫歸記室・幷此謝教・

答周時甫

時文與古文原別・近皆反而一變矣・尺寸左馬・雕刻字句・以爲古文而索之・無謂也・是古而時者也・刊陳詞・究旨歸・機軸縱橫・必由己出・雖猶存方體・而意常在員也・是時而古者也・與其古而時・無寧時而古也・此吾有取於今日之時文也・顧其出之無本・而才或有限・不免極力於迎合之工・而亦往往有售者・君子不貴也・讀足下所謂時文・則誠古矣・其形神合而華實俱・倏乎其變・而沛然有餘也・意不獨其才則然・非養之深不易至是・信足下之奇於文也・然吾觀古今才士能文章者・多嘆簿書民事以爲俗・則不宜於官・其小者・自視常出古人上・恥與塵世爲偶・則不宜于人・其粗者・將曰・天之所以與我・盡在是矣・則不宜於學・則是文章之爲累亦不少・可有也・亦可無也・足下深沉而警頴・厚蓄而寡露・友朋推重・在彼不在此・則前所言者・皆非所以慮足下・然猶願足下若無之也・

夫生人易・生才難・生才易・成才難・成才易・大成難・大成非學不可・學則知天與我者如何・方無愧・學則見天下之人・皆勝我者如何・方無怍・學則知見在職業難脩如何・方盡分・其於大成・亦不遠矣・茲有小啓・附敝鄉王甌寧君往・内有爲令四要・鄙見以爲足下今日學□此不審到否・又不審足下能不以爲迂否・來書謂意外呶呶有言・此何足論・君子有終身之憂・無一朝之患・行有不得・反求諸己・夫仁者在己・爲仁由己而已矣・一切毀譽・助我進脩・不怨不尤・自有知我・若初至歡虞・其終多吝・此仲尼子産頌聲・所以久而後作也・京中往承寄貺・茲復稠疊・故人何不相知・情深且文・毋乃過歟・需次之苦・初仕之難・夙昔旣經之矣・但願一意民事・簡畧世情・名世事業・發軔在茲・倘有相聞・素緘爲愛・甌寧君書倘未到・幸從遞中覔之・大抵州縣甚難・大耗罰贖・是最易染者・士民未相信・當路未相知・是最易怨者・不染不怨・自責自脩・山川之靈且佑之・况於人乎・惟自萬萬・

答顧叔時季時昆仲書

諸儀部至・得拜二足下手書・惓惓於心性之旨・而疑心學悞人之說・夫學非說可明・而足下所求於元者・猶說也・元能爲其說・而不能身有焉・故雖以足下之高明・且謬承夙契・而猶不能無疑・况多望於今世乎・然今世學者・則誠希矣・不有足下・更望之誰・聊申其說・可乎・元舊有身心性命・大約謂性一・天也・無不善・心則有善不善・至於身則去禽獸無幾矣・故自性而心而身・所以賢聖・自身而心而性・所以凡愚・是故上智順性・其次反身・故曰・堯舜性之也・湯武身之也・身之者・反之也・故又曰・湯武反之也・反身而誠・所以復性・夫學爲中人而設・非爲上智而設也・與修身而已矣・然則心居性與身之間・顧不可學歟・曰・性可順・心不可順・以其附乎身也・身可反・心不可反・以其通乎性也・性乾而身坤・性陽而身陰・性形上・而身形下・獨心居其間・好則乾陽・怒則坤陰・忽然而形上・忽然而墮形下・順之不可・反之不可・如之何可學也・危哉心乎・判

吉凶・別人鬼・雖大聖猶必防乎其防・而敢言心學乎・心學者・以心爲學也・以心爲學・是以心爲性也・心能具性・而不能使心卽性也・是故求放心則是・求心則非・求心則非・求於心則是・我之所病乎心學・爲其求心也・知求心與求於心・與求放心之辨・則知心學矣・夫心學者・以心爲學也・彼其言曰・學也者・所以學此心也・求也者・所以求此心也・心果待求・必非與我同類・心果可學・則以禮制心・以仁存心之言・毋乃爲心障歟・彼其源始於陸氏・悞解仁人心也一語・而陸氏之悞・則從釋氏本心之悞也・足下謂新學悞在知行合一諸解・非也・諸解之悞・皆緣心學之悞也・會其全書・則自見耳・然則大學言正心・孟子言存心・何也・曰・此向所謂求放心也・正心在誠意・存心在養性・此向所謂求於心也・心之正不正・存不存・從何用力・修之身・行之事・然後爲實踐處・而可以竭吾才者也・嗚呼・此子思格物・必以修身爲本・孟子立命・歸於修身以俟・程子謂鳶飛魚躍・與必有事焉而勿正・心意同・寥寥千載・得聖人之傳者・三子也・

又

季時有心學質疑一卷・承寄未到・而叔時來教曰・墨氏談仁而害仁・仁無罪也・楊氏談義而害義・義無罪也・新學談心而害心・心無罪也・此說似明・不知悞正在此也・仁義與陰陽合德・離之則兩傷・然非仁義之罪也・至於心・焉得無罪・人心惟危・莫知其鄉・此是舜孔名心斷案・足下殆未之思耳・

答友人書

自新學興・而名家著其冒焉・以居之者不少・然其言學也・則心而已矣・元聞古有學道・不聞學心・古有好學・不聞好心・心學二字・六經孔孟所不道・今之言學者・蓋謂心卽道也・而元不解也・危微之子在也・雖上聖而不敢言也・今人多怪元言學而違心・誰若執事責以不學之易了・而元亦可以無辭於執事・子曰・有能一日用其力於仁矣乎・又曰・一日克己復禮・又曰・終日乾乾・行事也・元未能也・孔門諸子・日月至焉・夫子猶未許其好學・而况乎日至未能也・謂之不學可也・但未知執事所謂學者・果仁邪・禮邪・事邪・抑心之謂邪・外仁・外禮・外事・以言爲心・雖執事亦知其不可・執事之意・必謂仁與禮與事・卽心也・用力於仁・用力於心也・復禮・復心也・行事・行心也・則元之不解猶昨也・謂之不學可也・又曰・孳孳爲善者心・孳孳爲利者亦未必非心・危哉心乎・判吉凶・別人禽・雖大聖猶必防乎其防・而敢言心學乎・心學者・以心爲學也・以心爲學・是以心爲性也・心能具性・而不能使心卽性也・是故求放心則是・求心則非・求心則非・求於心則是・我所病乎心學者・爲其求心也・心果待求・必非與我同類・心果可學・則以禮制心・以仁存心之言・毋乃爲心障・

立後說

友人蕭曰階・有弟婦以守節終・而議後者不果・爲著此說・

禮・爲人後者爲所後父斬衰三年・傳曰・何以三年也・受重者必以尊服・服之何如而可以爲人後・同宗支不可也・又曰・爲人後者・爲其父母服期・傳曰・何以期也・不貳斬

也・爲人後者孰後・後大宗也・大宗者尊之統也・收族者也・不可以絕・故族人以支子後大宗也・適子不得後大宗・夫惟大宗乃後・惟支子乃後大宗・古禮之不輕後者如此・何後代言後者之紛紛也・得無與古禮悖歟・夫子與門人習射・令司馬出爲人後者・得無曰・悖禮之夫不可與觀德歟・蓋必有說矣・

按記禮者曰・大夫之庶子爲大夫・則爲其父母服大夫服・其位與未爲大夫者齒・士之子爲大夫・則其父母弗能主也・使其子主之・無子則爲之置後・解曰・父貴可以及子・故大夫之子・得用大夫之禮・子貴不可以及父・其父士・則不得主也・信斯言也・則置後者以尊父也・然非大夫則不必後・又以尊君也・在君而君・在父而父・其義一也・一置後而忠孝兼焉者也・禮記者又曰・丈夫冠而不爲殤・婦人笄而不爲殤・爲殤後者以其服・服之解曰・不言男子女子・而曰丈夫婦人・則以冠而宜有丈夫之道・笄而有婦德故也・自童汪踦觀之・苟無其道與德・雖殤可也・信斯言也・其人誠賢・雖殤勿殤・仲尼之所與也・婦人許嫁・方笄誠堅婦守・賢者之尤難也・生爲女婦・身繫綱常・何啻執干戈以衞社稷之爲烈・勿殤可也・殤而猶可以勿殤・其不殤者又可知也・是故非大宗不後・禮也・貴而後・賢而後・義也・禮以義起者也・自周公仲尼以來・未之有改也・非後代之謂也・然則凡貴與賢皆必後歟・曰・貴有大小・而貴貴者差・賢有大小・而賢賢者等・禮所生也・賢而無關於世教・雖賢抑末也・而況乎不賢也・貴而不足以重輕・雖大猶小也・而況乎不貴也・不貴而貴之者・猶之乎不貴貴・不賢而賢之者・猶之乎不賢賢・於義何居・則利而已矣・利則爭・爭則亂・亂則夷狄禽獸而已矣・是尙可與觀德乎・執斯罪禮・是尙可與議禮乎・有能知夫子命司馬之意・又能知夫子進童汪踦之意・然後通於立後之說・然後知禮之不可一日不明於世也・

生母服說

先王制禮・首重天綱・婦人從夫・夫死從子・女子之嫁也・母命之・無違夫子・從夫之義也・丈夫之冠也・見于母・母拜之・從子之義也・從夫者・貴不敢以敵夫・從子者・賤不得以施子・故禮・父在爲母期・父沒然後齊衰三年・凡言母者・嫡母生母也・繼母如母・尊父之匹也・慈母如母・貴父之命也・曰繼母・則嫡母已不待言・曰慈母・則生母又不待言也・然則孟子謂王子母喪・其傅爲之請數月・何也・諸侯禮也・而王在也・請者請于王也・禮曰・公子爲其母・練冠麻衣縓緣・既葬除之・諸侯在・則禮然也・又曰・大夫之庶子・爲母大功・大夫在・則禮然也・公子除于既葬・大夫庶子大功・貴賤之等也・然則諸侯大夫不在・皆得三年歟・吾聞之也・禮有餘尊所壓之文・爲諸侯也・諸侯君也・尊也・大夫之庶子・不言得擬于士也・若公子與庶子・皆繼世而爲諸侯大夫・則禮所謂父母之喪・無貴賤一也・何者・禮有壓父無壓母・律之以從子之義・雖嫡母不得以其尊臨諸侯大夫也・然則禮曰・庶人爲父後者・爲其母緦・何也・諸侯禮也・何以知其諸侯也・有死於宮中者・則爲之三月不舉祭・故緦・是以知其諸侯也・不爲後・則公子而已・猶不得緦也・諸侯在・以爲後而緦・則諸侯不在・不

止于緦・又可知也・然而諸侯之禮・先王不議・蓋慎之也・非所以論于大夫士也・大夫以上・漸貴貴則尊尊・大夫以下・賤賤則親親・貴貴親親・其義一也・然則祔可乎・吾聞之矣・士大夫不得祔於侯儲・祔於諸祖・父之爲士大夫者・其妻祔於諸祖姑・妾祔於妾祖姑・亡則中一以上而祔・祔必以其昭穆・又曰・妾無妾祖姑者・易牲而祔於女君可也・祔以仁至・易牲則義盡・仁人孝子之至情也・言士與大夫・禮可通也・然則今世士大夫禮宜何如・曰・今之上卿・視古諸侯・其次視大夫・然非世爵也・則簪纓累代・不失爲士・庶人家酌畧而用士禮可也・然則適子在・宜何如・禮・士爲庶母緦・爲有子之妾緦・大夫爲貴臣貴妾緦・在夫且然・而況于子・適子有服・何疑于祭・夫禮古今共之者也・今之祭也以別室・如何・曰・似也・父在可也・上卿可也・不然・非易牲之意・而僭擬國君・且使子爲母壓也・壓則無父・僭則無君・無父母君・不可以訓・

醉經樓會序

友必賢與仁歟・其志愈高・其合愈寡・借千載而上・萬國而遙・不可以數數遘・借遘矣・不知我當其人・又未也・以彼遘之難・而我當之・又難也・將孑孑而已乎・非也・無羡知音・無憂寡與・隨吾所處・蓋有難遘與當者矣・曾子有言・親戚不悅・不敢外交・近者不親・不敢求遠・常誦其言・以爲交遊之法・友人南城王惟一氏・與余相期遠・相得深也・蓋自同舉進士時・概十年餘・而來丞吾郡也・廼會余謫官海外・其明年・幸蒙召還・又明年・始得告省覲・於是復獲與惟一旦夕持觴相遇如往時・每及出處沉浮之概・大都惟一猶余也・則又勉勉以勿忘交警之誼・惟一曰・吾吏於茲・日跂子不至也・吾好與博士李君遲談・其鄉縉紳中・則毛公紹齡・蔡公汝漢・鄒君廸・蔡君德璋・鄭君育漸諸君子者・吾樂親焉・惟茲城東鳳凰塔稱勝最・子記在石・吾將以公暇會諸君子及其他勝處・諸君子辱許余矣・子其毋後・余謹諾・

自是會或城市・或郭外・或飛閣層樓・或浮屠梵宇・或臺榭臨流・或洞巖秉燭・或密林間幽徑・或平湖上廻峯・或下或登・或方舟・或倚檻・惟其所適・期或旬餘・或逾月・或經時不舉・或五七月再舉・値景物之旣妍・但公私之有便・未嘗辭免・席坐三人・止于四果六肴・湯飯再之・或三之・惟時蔬酒名・必具座中・談論品藻・止於經史文章・孝子廉夫・貞臣烈婦・及乎英童樸叟・方外羽客之儔・或雜酒令戲謔・不及時事・飲或巨觴・或小酌・或興劇而頹然・或席罷而矜莊・不必其醉・至其寓意・或要眇寄興・或元孤名・說之不可竟・秘之不能者・則每於會後題詠焉發之・蓋雖不敢慕昔賢之風流・亦可謂極其情之所至者・夫丞吾郡者衆矣・如惟一者・今所稱賢大夫也・博士斌斌哉・國人所喜得師也・毛蔡二公・余爲生時習遊也・鄒君與余・並領鄉書・蔡鄭二君・有早歲筆研之雅・旣近又戚也・孔子曰・居是邦也・事其大夫之賢者・友其士之仁者・余誠愧賢與仁・亦何敢過譽今日之同遊以爲高後代・若曰・近也戚也・吾願悅且親焉・誠悅且親・吾道庶矣・而未易言也・夫所謂悅且親・非其外之謂也・竊懼吾不足以當諸君子也・因諸君子見吾不

足・孰謂仁賢不在茲乎・不在茲乎・會起丁亥十有二月・至戊子秋・而惟一有校士省闈之行・博士且上春官・値余醉經樓成・諸君子廼會餞於是・而屬記於余・其樓在城西小西湖・上有小景・見詩中・故不著・

銓曹儀注序

余初識人事・則聞京師有一千八百江東子弟之謠・葢當是見銓曹臺省・相與乞官柄國・其値如此・則未嘗不怪世俗之過於貴銓曹也・夫銓曹・貴人者也・貴人者無値・凡有値者・皆貴於人者也・使無値而爲有値・貴人者而至貴於人也・可以觀人・亦可以觀世・其失葢自禮始矣・自余承乏至署・則已不聞世俗之所貴・而又未敢其自貴・一爲廊廟喜・一爲職守憂・頗疑國家之制・未曾盡以貴人之柄畀銓曹・而竊焉者冒爲利藪・則又何怪乎人之貴之・而至於失其貴也・居久之・搜出掌故・而考據於諸司職掌・然後仰見我聖祖建置之意・深長之思・無論太宰禮體・殊絕百僚・即以郎官之微・寄之以進退人才大柄・贊太宰而肅羣工・如彼其重也・奈何其不自貴・而令人之貴之也・

葢自嘉靖以來・幾於盡棄其籍・官以天名・而體統之褻・至與諸司等・其不至以値上下於時・亦其遭逢之幸耳・嗟夫・國初儀文之盛・不可復考矣・聊摭其未盡去者・約畧而存・俾同曹君子・是訓是程・相與以無忘自貴・而不至貴於人也・庶幾其不負國・若曰貴官也・非我也・未有我不貴而能貴官者・我則不官而貴・而況官也・是又所以不負于天者我也・知天在我・而後能貴我・能貴我・而後能貴官・能貴官・而後能貴人・傳曰・思知人・不可不知天・是謂以天事君・是謂天官・

寄聲集序

學何爲・曰・爲道・詩何爲・曰・爲學・詩與學方乎・曰・否・學北方・而詩南方・今之詩與學猶古歟・曰・惜也・古兩得・而今兩失也・然則可得聞歟・葢吾夫子・年十有五・而志於學・其論志・曰志於道・曰興於詩・至於贊詩・往往曰・爲此詩者・其知道乎・興言志・道言學也・故學不至道・不如勿學・詩而無關吾學也・不詩可也・斯道也・何道也・堯舜周孔之道也・古初大聖多出北方・禀扶輿之正氣・以君師天下・立極萬代・陳良楚産也・能悅周孔之道・北學於中國・孟子至以豪傑士歸之・葢北方之學・有自來矣・

若夫詩・則不然・昔者舜操五絃琴・奏南風以薰六合・夫子删王國之風・名曰二南・南者南風之義也・關雎寤寐淑女・鵲巢于歸百兩・均之舍己求賢・則二南之義・其最著者・故有關雎而後有螽斯・有鵲巢而後有小星・而麟趾騶虞應焉・說者謂唐虞太和・在成周宇宙・則二南爲之也・斯義也・可以治心・樂善不倦・可以酬物・不忮不求・可以相天下・休休好彥聖・君子得之解慍・小人得之阜財・故子謂伯魚曰・學詩乎・又曰・汝爲周南召南矣乎・學先詩・詩先二南・其益宏遠矣・解者不得・從而爲之辭曰・南者・自北而南也・其序關雎・則又附會於不淫不傷之旨・其義旣湮・其詞又下・遂啓儒者矯枉之過・至以后妃之德・爲文王求后妃

唐伯元

焉·知其流·不爲導淫·爲長怨·愈失而愈遠也·此夫子所謂面牆也·

夫學中而詩和·學禮而詩樂·學乾健而詩坤順也·學之弊也·剛不勝慾·宜北而南矣·詩之衰也·温不勝厲·宜南而北矣·南北偏勝而中和·道亡矣·故北人宜南聲也·而學必北·南人宜北學也·而聲必南·吾夫子之惜子路·不云乎·先王制音·奏中聲以爲節·流入於南·不歸於北·夫南生而北殺也·及子路懼而悔·靜思不食·至於骨立·夫子則又喜之·曰·過而能改·其進矣·夫其惜之也·惜其不南於聲也·其喜之也·喜其能北於學也·

夫道有相反而相成者·學與詩是也·郡侯靳水徐公·楚人也·雖不在南聲·生同文之代·家周孔而戶詩書·雖亦不在北學·顧侯以早歲登第·居相里·出相門·初仕令尹·而民爭尸祝之·既方且雋·竟不甘受其識拔·沉浮中外二十餘年·而後守吾郡也·或者處此·無論聲不能平·即宿昔所持·幾何不改·乃獨能凝乎其氣·粹乎其容·不見有幾微戚戚於天與人之意·世謂楚人深於怨·而侯無之·今其寄聲集可考也·斯不亦兩難乎哉·夫聲生於人心·而妙於感人·歸在和樂而已矣·和樂者·無憂無怨之謂也·無憂者·憂在天下國家·無怨者·反求諸已·故無憂無怨者聲也·有憂有怨者學也·學不改南·而聲不易南·夫是之謂中和·中和者道也·吾未敢論侯之學·而能知其政·世人未能知侯之政·則請聽其聲·其和樂感人一也·孟子曰·仁者愛人·又曰·仁言不如仁聲之入人深也·愛人者·學道者也·仁聲者·南聲也·茲侯之所由寄也·

龔刺史文集序

文惟古·剽陳言而矜其似·古乎·文惟新·互難字以飾其奇·新乎·夫文·傳而已矣·不古且新則不傳·如是而爲古且新也·亦不傳·蓋必有所以傳者·顧未易論耳·成宏以來·言文者·爭治左國史漢·以取榮譽於時·至嘉隆尤甚·余少時·偶讀一二家而喜之·間有論著·人稱能焉·久之·知其文之所謂古且新者·非然也·必如是而後古且新·甯不古不新也·既悔恨·不復爲·而亦不復有能文之譽矣·

歲庚辰·移官留曹·得從今嘉興刺史龔大夫後·未幾·而大夫擢嘉興以行·同曹君子謬屬贈言·予謝不敏·大夫至嘉興·及期政成·爲江南第一·而同曹之申督猶未已·然余竟未有言·余之意·謂大夫雅擅作者·余其好尚·出於今人·則余言無當也·同曹之督·蓋知余少時之能·而不知今之不能也·以是竟負同曹·而亦無以自白於大夫·

今年夏·余以得請南旋·道出大夫治所·承枉江干·坐語移日·因出其生平文集若干卷示余·余拜受而竟業之·撫今追昔·掩卷欷噓·於是乎甚愧而無以自解·蓋余居留曹·既餘四載·始謫海外·已乃稍遷畿輔司理·尋還闕下·遲回郎署·又且逾年·乃大夫以政績尤異·天子錫宴特嘉·不欲奪郡人之嬰兒慕也·懸殊畀以待大夫·暫歸之郡·當是時·大夫之爲嘉興滿六載·而余辱游於大夫七載矣·竊念大夫化行東海·實加於上下·爲當今名刺史一人·而余獨偃蹇·無益於時·既不能不慨於歲月之邁·及讀其集·則又獨有契於余所云·古且新而能·不爲古人·必爲今人·而甯不古不新

也・何大夫知余・而余不知大夫也・余於是雖欲有愛於言・而不可得已・大夫之文・無意於傳・而又以屬於非其能如余者・恐愈令今人不好・願大夫自有所以傳者・無待余言・余之不量而承命・則以明今昔之愧云爾・

讀炎徼紀聞

今讀炎徼紀聞而嘆曰・副憲史才・即司馬子長不足多也・田爲王新建里人・叙田洲事失策・曲護新建・而歸誤于桂學士・已甚所不能諱者・但曰・岑猛實伏誅・而疏言病死・蘇受大憝漏網・而盛稱其功・此不可解・二語而已・而世之訕新建者・尙以田爲臆詆・恨不火其書・吁・亦過矣・田洲自新建後・兵戈枕藉者十餘年・夷人歸咎官家・至翁襄敏以監軍討安南之故・乃次第剷平諸夷・而兩廣始靖・田與監軍同年同官同事・記載詳核・一一如畫・今按其事・新建有大失三・而縱孽幸納賄不與焉・

一曰負友・西廣自韓襄毅公後・土官岑猛雄梗一方・都御史潘蕃陳金共養其驕・盛應期陶諧爭啗其貲・獨姚鏌抗疏征猛・梟首軍門・即欲乘破竹之勢・郡縣田州・何其壯也・乃御史謝汝儀石金拾小憾・陰壞其事・而監司嚴紘張邦信輩・曲阿御史・遂以守仁代鏌・爲守仁者・即滅其功・而可甚其罪乎・今疏岑猛病死・而猛之土目盧蘇王受挾其子邦相反・反貸而官之・將爲猛報復乎・爲謝石嚴張報復乎・何以見鏌于九原之下也・

二曰釀亂・蘇受擁兵降・不欲受杖・兵譁・守仁幾於不免・賴方伯林富下庭慰止・蘇受乃帶甲受杖・杖者又田州人也・夷人駭・莫測意指・已又盛稱其功・盧蘇遂號布伯弑其主邦相・而潘旦蔡經相繼督府・大率效尤守仁・反誣邦相當殺於西江・上官咸撫膺嘆曰・殺人不抵・弑主無刑・吾輩手足腎腸・皆懸僕妾矣・斷藤峽之役・盧蘇命在翁監軍・日中而徑逸之・倘非斷藤之爲烈於爍・仁夫剪削禍本・不知西廣至今作何狀也・

三曰欺君・鏌友可負・而君不可負・蘇受杖可假・而功不可假・張桂二學士可欺・而肅皇帝英明不可欺・守仁平生大率類此・當守仁之垂沒也・語翁曰・田州事非我本心・後世誰諒我者・即守仁已自度其不容於淸議・而田之記與其徒・尙責張桂・何其誤也・乃疵守仁者・輒以幸客王佐岑伯高索賄一節疑守仁・抑又過矣・謂守仁之智・失之幸客可也・謂守仁掩耳于幸客・則守仁何至於是・惟伯高徼蘇受萬金丐命・蘇受力不暇給・倉卒間幾致大變・有十四歲侍兒者・夜告守仁・守仁大驚・達旦不寐・爲守仁者・即斬伯高以徇衆・豈不琅琅・不然・逐之已晚・顧未幾・而土目趙楷謀弑主如蘇受然者・伯高又納楷賄・從諛守仁・竟遂其弑・復官楷・一方大亂・州人恚恨曰・禍我家者天官也・凡弑主者皆得官・凡與官者皆索賄・此則尤不可解・豈夷人耳目盡可塗乎・會安南莫登庸篡主自立・朝議征之・登庸笑曰・中國土官比比・弑逆數十年・無能正法者・而獨慮反吾・何哉・則守仁經畧田州之明效也・守仁畏蘇受如虎・孽伯高如兒・不武莫甚・奈何盛談武事・

由茲而觀・宸濠之功・或謂賞當亞于伍文定・信矣・余考翁監軍定安南事時・仇咸寧鸞麾下王洪王瀕文通三人者・

槊登庸賄・翁發其姦・竟不得逞・咸寧以故啣翁・翁晉本兵・幾爲咸寧所中・賴肅皇帝之明・得免・嗟夫・一監軍而能發主帥之姦・爲督府而隱忍以悅嬖幸・孰剛孰怯・孰忠孰回・必有能辨之者・

壽安寺記

釋氏無壽者相・若爲言壽・釋氏宗苦行・若爲言安・吾聞之矣・有生不生・不生生生・夫壽與安・亦復如是・然則儒之道・固有漏歟・易之坤言生也・徇生者殃・乾言始也・知始者慶・易爲逆坤而作・逆坤者・順乾也・於是乎生生・故曰易・逆數也・又曰・生生之爲易・然則儒亦釋歟・非也・儒生中州・推其道治天下・釋生西土・脩其道化彼國・治之者・以禮樂文章・化之者・以清靜寂滅・如必捐我以就彼・何啻鳥潛而魚飛之反其類也・雖然・安見清淨寂滅之非吾禮樂文章也・吾儒談・尙之者過・而諱之者亦過也・王者如天・以容以育・譬之昆蟲草木・各若其性・而又各盡其用・大哉聖祖之制・所以統一萬羣・而獨高千古也・

潮之西湖山・舊有寺・名淨慧・圯且蔓・不知其年・萬歷癸巳夏・湖山妖起・白日溺人無數・郡縉紳士以白太守・率父老禱於神而誓之曰・應且祠汝・未幾・妖熄・擬就其所祠之・及基・而淨慧舊址隱隱可辨也・則又白太守曰・神一也・可以祠・亦可以寺・寺守以僧・祠守以役・僧易而役難・從其易・便・維茲北去數百武・有巖名壽安・莫知所始・意者待今日乎・請仍寺之・而更其名・以明君侯之賜・太守曰・善・歲之九月・諏吉興事・蠲穢翦萊・語太守祈神・

與諸縉紳告遷義塚所撰文字・一時文武官吏・士庶商賈・助貲以千計・越二載・始告工成・是爲乙未冬季・中有殿・殿居曹溪者釋而儒・又鄉人也・吾不得諱寺・何諱曹溪・況曹溪後爲堂・扁道當堂・曹溪語也・其前門・其旁廊・廊之後右爲僧舍・左爲講堂・講堂者・講經堂也・敞而面南・稱勝最・經・儒經也・釋而弗詭吾儒・釋・亦經也・山麓飛泉二道・紆迴而繞寺・凡寺中・廚者不汲・濯者不臨・沼者不追・來遊來觀者・日常百千人・不復聞有言妖者・而唐宋以來・巨公卿紀載篆勒・與夫科甲題名・畢露巖壁間・鬱鬱而岡松・青青而堤柳・湖山競麗・人物欣覩・不知神福人歟・人福神歟・將吾所謂禮樂文章・而生之道歟・太守欲禁民樂而不可得・欲不與民同之又不可得也・遂爲之記・而祝之旣壽且安・利我邦人・

平湖記

夫名・其生於不得已乎・意而附之・不如勿名・夫事・其成於不得已乎・意而因之・不如勿事・生焉成焉者之謂聖・附焉因焉者之謂賢・聖吾師也・賢吾友也・百工於大匠・射於羿・御於王良造父・七十子之於仲尼・禹・稷・契・皐陶・伊・呂・周・召之於堯舜湯文武・亦各事烈而名高矣・而吾以爲不必然者・何哉・則得已與不得已之說也・彼果不得已・則吾亦不得已・如肌膚性命・然其信且從・彼與己皆不得而知也・其不然者・猶意之也・子使漆雕開仕・開曰・吾斯之未能信・夫信之風已下・況未信耶・雖然・茲其所以爲信也・未有不自信而能信人者・彼急於因附者・將

以求信天下・而不覺其已・已可欺・天下其可欺乎・

吾湖爲郡・左江右湖・而鳳凰山峙其北・當宋盛時・實應鳳噦湖平之讖・湖與鳳之爲靈・昭昭也・及於國朝・人文雖朗猶稍不逮・湖在城西・僅容杯水・若無足爲郡之重輕者・自泰和王公持憲節・開府在郡・旣政行・人和歲登・每於公暇遊憩焉・謀諸郡守徐侯・嚴籍淸界・捐貲募工・擴之疏之・橋之堰之・滙其瀰漫・而洩其洋溢・出古石・刻平湖二大字於湖山之下・自是郡人始知郡西有名湖・然猶疑公寄興云爾・未幾復市城南汙澤二頃・闢爲南湖・復濬西南之濠・深廣倍舊・而東接於大江・夏秋水漲・江與平湖・如虹如帶・冬春之際・江流稍下・獨此西南湖常滿・其餘流足可灌田數十萬頃・而烟波之浩渺・城郭之雄麗・風氣之淳厚・囘有鳳山・人間天上・蓋非郡人心思所及・亦非所敢望於公者・殆若或啓之・而若或相之・即公亦不自知歟・公嘗開雙美堂於城北金山絕頂・以收江湖之勝・而方舟日裊娜湖上・郡縉紳士常獲從公登臨・題詠盈卷・余雖不得從・然有以知公俯仰之間・無往而不樂民之樂也・郡人亦能知公之樂在民・而不知其非公得已也・余是以觀公矣・

方上仲年・權相用事・其自置門生・朝齒錄・暮要津・有未經識面者・公獨以棘闈拔士・甘處疏逖・其時爲令・竟以高第六載・僅入爲西曹郎・而公無不意得也・余頗竊異公・而猶其細也・新學之行・吉州爲盛・以羅文莊之辨且脩・而不能迴狂瀾於萬一・今余更令吉州・見州之褒然領袖諸君子・未有不極口新學者・顧獨與公入計・及其里中往還數歲・不聞公出一語也・但論吉州人物・必推文莊爲第一人・余雖不欲人失其所因附爲公惜・而亦未敢以卓然者爲公賀・竟未有以定公・由今而觀・殆漆雕開之旨歟・余於是乎慚負公矣・

余嘗謂吉州爲天下望郡・此風不止・如吾道何・今觀於公・猶幸而吾言不中也・公謬過信余・常命籌郡政之宜與罷者・至於或行或否・必出其中自信・斷新不苟徇余・嗟夫・此乃公所以信余也・於是公晉參知兩浙・行矣・縉紳士謂余知公・首宜有贈・並記盛美・會余抱病者經歲・且禮不在言・山居之戒尙新・而媚人之慊猶避也・蓋余之不能言有四・烏得贈公・然猶曰・無已・則記可乎・記亦言也・不規不頌・而郡事徵焉・余與士民之情・各有所寄焉・似欲已之不得已也・公不苟徇余・余其敢徇公乎・嗟乎・孰能信吾言果不得乎・公名一乾・徐侯名一唯・俱辛未進士・郡人唐伯元記・

南巖記

名山勝水之間・果足以當儒者之樂乎哉・陋巷可居・牆東可隱・必名山勝水而樂・是樂棄我也・外也・未有待於外而能樂者也・且吾聞之・儒者身都宇宙・瞬息千古・居則憂道・出則憂時・惟恐絲毫墮落・有負此生・其於一切外至窮通奇醜・若浮雲之往來・若寒暑晦明之代謝・尙不自知有憂・况知有樂乎・彼名山勝水之間・諒非其所汲汲也・然今天下稱聖蹟耀簡編者・孰非自名公碩夫幽人羽客之所棲處・得意寄嘯傲而振風騷・傳曰・賢者而後樂此・由茲以觀・謂儒者所樂不存焉・不可也・

吾郡西湖山之有石屋舊矣・蓋上而砥・下可筵・席坐數十

人・大江東來・適與湖會・城中烟樹萬象・郊原之外・蘼蕪千里・其環而山者・則獅子鳳凰諸峯・錯落天外・一一可枕而窺也・屋在山南・又面南也・故曰南巖・倭夷之亂・屋爲邱莽・古篆苔蘚・多不可辨・余與友人章日愼汝淑氏嘗携觴其處・徘徊嘆息・至不能禁・約曰・孰先投閑者主之・其後應舉需次・各服一官在四方・余又沉浮中外・不及茲巖者三十餘載・獨時時於懷也・比汝淑乞歸自滇南・會余新解母喪在里・語及茲巖・汝淑曰・敬如約・卽日啜址剪蕪・鳩材諏吉・重瓦屋於前・畧如石屋制・闢其前而門之・雜植松竹花卉與山花・掩映左右・一時聞而喜助者・自謝太學紹訥以下・各捐貲有差・不逾月訖工・顏其額曰・襟江帶湖・郡侯徐公一唯大書南巖其上・時與僚佐燕憩焉・乃汝淑又穿一徑通絕頂・爲讀易山房・有天門・天池・最高亭・四望臺諸處・語具汝淑自爲記與詩中・發巖谷之幽光・賡考槃之餘響・自是遠邇聞之望之・不啻神仙窟宅矣・余竊祿日久・謬懷儒者之憂・既無寸補于時・乃依違不欲舍去・甘讓汝淑以賢者之樂・是汝淑先得之・而余將至于兩失也・于其成也・不可無記・

潛龍鯊記

南海有巨魚焉・曰潛龍鯊・一曰金龍鯊・魚種而□□也・戊子春三月・海山魚人網得之・長五尺許・重百斤・其小魚從者數千・至不可網・魚人載潛龍歸・識者過而求貿焉・價一金・弗與也・剖其肉・食之甘・諸骨皆柔脆・盡食之・惟鱗堅不可食・嘆而藏焉・其鱗大者如掌・可爲帶或酒器之飾・小者中雜佩・脊一行・片一十三・腹二行・片如之・而翅而行・各片三十・漁人囊其鱗・遊閩粤間・莫售者・屬余里人見予・予解其囊・諦觀焉・禮欵而遣之去・已而思之・蓋有起予者乎・脊一行・腹與翅行各兩者・五行也・天地之數各五也・脊單腹倍・陽奇陰偶・天一地二也・十者天地之成數・天十而餘三・三三則爲九・乾元所以用九也・地數十而餘六・陽進而陰不能也・坤元所以用六也・翅三十者・一月之數也・兩翅合而甲子一周・龍德之九十九片・羣龍所以無首・河圖所以虛中・大衍之用・所以不滿五十也・嗟夫・易敎也・

義阡記

帝王之世・賢而貴且富者・合爲一人・故常位乎上・不賢而賤且貧者・合爲一人・故常處乎下・上者爲天地・爲父母・下者爲赤子・爲羣生・兩相習而兩相忘也・後世賢者不必貴・貴者不必富・富與貴者・又不必賢・於是乎賤貧不賢者・不得沾有餘之賜・而天下始不足・聖人憂之・而逆帝王之世・不可復也・則設爲敎曰・凡貴貴人・凡富富人・凡聖賢淑人・夫天非獨厚我而已也・厚我者・厚人者也・我何以能厚人推人也・故自一命以上・皆可以貴人・自一金以上・皆可以富人・自一德一藝以上・皆可以淑人・量力而思之・篤近而舉之・隨分而足之・如是而已矣・吾獨怪乎今之世不然也・貴者不聞下士・但聞訑訑之聲・富者日高蓄貲・或至骨肉爲路人・惟是機慧辯給之夫・剽竊幻空・往往自居於賢聖・以號天下・其說既無益於愚不肖之徒・而其術歸於私利其身・而益以與夫徒然富貴者・夫使聖人之數不明

不行也．則世所稱賢者有責焉．

今天下至愚不肖者莫如余．獨竊有憂世之志．而謬爲維世之說．願賢者一意爲己．自然淑人．願貴與富者一意及人．自益貴富．經曰．貧而樂．富而好禮．樂者足乎已．至貴而富之說也．好禮者惟推於人．賢賢而親親之謂也．斯二者．兩相成者也．夫賤貧固士之常．貴富亦時有之．特不能推耳．推出則賢矣．推廣則大矣．推盡則聖矣．孟子曰．人皆有不忍之心．苟能充之．足以放四海．夫人之所以異於禽獸．與聖賢之分量大小．其不在茲乎．

義阡．固及人之一也．不出於時制．而有力者得自爲之．此可推者也．古無義阡．人生則上長養而上終之．後世自長自養．故多不長不養．夭折於非命．歿而無所歸．藏者處處有焉．則義阡不可無于今日也．都人梁鴻臚材．許太醫珊．能爲之．買其地在京城之西關十里許．廣四畝有奇．界之樹之．表曰．香山社義阡．以宅歸人．而詔遠邇．蓋可謂有士君子之美行．而得吾推世之說之意者．彼其所尚如此．其無所聞而興起如此．不賢而能之乎．況于聞聖人之教者乎．嗟夫．二君之爲．吾所謂量力者也．二君之力．固未可量也．世之力有餘而有愧于二君者多矣．於其賢也．不可以無記．

平遠縣儒學文廟記

元鳥降．司徒出．收八卦六書之精華．敷教遜品．以翊唐虞中天之運．與巨人司農同功．司徒資始．司農資生．詩曰．天命元鳥．降而生商．天命．乾道也．又曰．思文后稷．克配彼天．配天．坤道也．乾統坤者也．此教之所自來也．三代之盛．賢聖之君．敦龐之俗．惟商最著．蓋教化之效如此．周之代商也．箕子陳洪範于武王．開八百年之天下．周公繫易．至以明夷六五當之．五．君位也．若曰．道在亦位也．說者謂商周之際．道在箕子．近矣．吾夫子生於晚周．酌百代．潤六籍．世皆知其集帝王之大成．而不知其家法固爾也．知其爲後王後學慮至遠．而不知天命之也．春秋一書．自處以天．而不遑恤罪我．畏天命也．其曰．某也．殷人也．茲生平之微意也．孟子曰．自有生民以來．未有盛於夫子．天非厚一姓．厚夫子也．非厚夫子．厚吾道也．語曰．不斑白．語道失．又曰．醫不三世．不服其藥．嗟夫．毋惑乎天生夫子之難也．孟子之賢．能修其業．尚以地世之相邇自賀．則董仲舒．楊子雲．徐偉長．文中子．韓退之數君子者．生于漢隋唐之間．皇皇羽翊吾道．其功顧不偉歟．又況于尋墮緒．出遺經．若宋之二程與周張邵朱諸君子．不尤偉歟．間嘗爲之論曰．孟子至矣．知孟子者韓子也．伯淳至矣．知伯淳者正叔也．其于吾道．又功之功．韓子亞于孟子．亦猶正叔亞于伯淳．其餘可推已．甚哉．任道難．而知道亦不易也．

國朝京都郡邑．必有儒學．必有文廟．人士誦法必夫子．其誦法夫子也．非六籍不程．非制書不訓．似乎斯道大明．而求其通大義．知向往．以進于夫子之道．即畿輔以下．通都大邑儒紳學子．或未敢當．況五嶺之外．草昧新造之邑乎．

平遠新造邑也．邑成．即廟．因材於山．未三十年且圯・萬歷壬辰冬・署博士事何君文偉至・卽以白令尹王侯嘉忠・侯慨然爲立・剳牘上請・而先下其材之可用者・既再請・始得報可・則出公帑所賦・賈鐵金百餘新之・不踰時告成・而博士馳使者走千里來索一言・以諗多士・二君子之于斯舉・何其果而善成也・夫學猶射也・其望以標・其至以彀・其中以巧・標與彀具・則巧存焉・余既叙夫子之所以師萬代・與後儒之擅其傳者・樹之標・而又卽二君之果以成者・導之彀・至于巧・則吾不能言・在善學者自得之耳・十室之邑・必有忠信・其如好學不如夫子・惟平新造・忠信未漓・其尚知所好哉・望之至之・必自程子始矣・

周宗禮 澄海人・萬曆甲戌進士・廣西副使・按潮州志・宗禮海陽人・

築南堤新涵記

澄邑凡七都・附邑西北・爲都者三・曰上外・中外・下外・自横隴抵海岸・皆接壤地也・南北有二隄・爲三都保障・韓溪水東注・夾流隄左右・堤內田數萬計・咸取給玆水・以資灌溉・上外一都居上游・去海稍遠・鹹潮非所虞・惟溪流不通・泛溢之患・時或有之・次而中外・又次而下外・漸薄於海矣・海潮時漲・非引淡無以禦鹹・故利賴於溪尤切・舊于南隄冠隴・設新溪涵・引流溉田・涵廣七尺許・入水不多・且建立無法・未幾・沙淤水塞・涵遂廢・上外慮水溢・以涵塞爲喜・而中下二都・乾涸日甚・戚戚然憂之・于是利害相持・互訟不已・惟時制府檄郡守與鄭侯相地・徙于上流・爲溝涵一丈二尺・石砌其旁・中用水閘・以時啓閉・旱則啓之・紓中下外之憂・澇則閉之・免上外之溢・民稱便・請余爲言・余曰・三都事勢・水旱不同憂・欲惡不同情・今頻年之訟・一朝息之・而三都並受其福・信哉・仁人之政・其利溥也・

祁衍曾 字羨仲・東莞人・順之曾孫・萬曆丙子舉人・不仕・性通脫・居羅浮・自號羅浮山人・嘗由朱明入閩・訪武夷・自鵝湖之白鹿・困於南昌・從二僮行乞於市・著有綠水園集・

與龐弼唐書

西樵山中別後・忽易歲矣・兵戈日急・不能時候左右・獲道德之原・臘月倭寇僅百人・雖殲於瞬息間・官民死者五之・今倭則自正月初旬來・九江水人殊死戰・寇憾其相拒・入而盡殺之・當是時・使有外援・可無敗已・寇從鐵岡過圓頭・復由石灣過九江水・止一二小舟・餘乘牛以渡・此可要而擊也・覘其往來罔聞・黃家山於石灣・限以長江之險・寇離石灣十里許・而官兵止泊黃家山二矛重喬逍遙河上・日剿良民爲功・又掠其婦子・婦子啼苦・縛而付諸海濱・當事者悉置不問・故有寧賊至毋兵來之謠・已而據九江水圍居焉・圍出入一門・可困而取也・喘息竄伏不敢近・玆去圍之虎峒・又之田心之大瓶之周家村・列營數十・謂虛張聲勢・實縱肆横行也・督府移文・使之遁海而走・軍心益懈・當事者得以有詞矣・郭同府王參戎兩不相能・天下豈有內修怨而外奏功哉・戰既不可・猶當議守・守也者・富供其食・貧任其

勞・不易之經也・爲之令者・方歌舞晏遊城中・畧無聚積・惟役居民晝夜廵邏其間・作自無期・復竣以法・益之盜耳・徒屢屢然于客兵奚爲哉・往歲瀰閩之警・嘗徵兵于廣・廣兵以吾莞爲雄・簡而習之・豈無可用者・惡蛇・村名也・三人往探動定・途遇四倭・雖不能得之於倭・獲免而歸・而石灣所獲一功・亦鄉間守屋者・青竹符不百家・牢不可破・田心人則置穽待之・至或陷之穽中・又伏銃于隘・傷其數十輩・此四者足以觀矣・嗟嗟・古有驅市人而成大功・矧窮寇也・是在豪傑夫・是在豪傑夫・

答龐㬎庵

昔人潭山人清海以三典禮于莊皇帝也・足下手援於朝・已乃與之遊・禮貌之・豈不有國士恩耶・夫秉鈞大臣下交草莽之士・汲汲如不及・此豪傑所以望風奔走・惟恐後時靡獲也・況鄙人則山人友哉・念少年好談當世之務・聞有賢士大夫・輒傾心向往焉・時足下按節吳越・吳越人尸祝之・謂鋤强植弱・不負聖天子使・及擁旄邊鎮・開府維揚・所區畫屯鹽・如運籌掌工・奈之何功棄垂成・徒令志士咨嗟長涕也・

嗚呼・自朶顏撤衞・河套失守・北虜擾攘・日不可支・而今之財力既竭矣・蘇秦言燕薊天府之國・粟支數年・有棗栗之饒・胡盡給於東南漕運耶・鹽一變而折色・屯田竟成虛談・足下所云法之不行是也・天下有治人・無治法・甕牖繩樞之夫・藉呫囁之餘・僥倖一旦・知者名爲亂常・勇者目爲干進・因循掩飾・無與昭姦・勢不至於淪胥以溺不止・足下身繫社稷安危・而九邊要害・古稱百聞不如一見・則駕跡所至・目擊而心計之稔矣・可使杞人與知否・差人速・不能多致・聊口授數語・何日泛孤舟・登危樓・把酒放歌・罄平生所欲言者・與足下商之・

乞食書

羅浮山人祁衍曾再拜首・衍曾廣東東莞人也・雅居羅浮・遂呼爲羅浮山人・虛生碌碌・材能不逮凡庸・亦無他好・好遊・去冬由朱明謁考亭・迄于武夷・茲自鵝湖之白鹿・蓋先賢遺跡在焉・且勝地宜偉人・或有所觀・感而興起爾・古人行千里不賫糧・誠私心慕之・無能焉・途中食盡矣・衣且典既再矣・而莫之繼也・嶺海之人吏茲土者日有・彼有周之之責・不以聞・麋鹿性成・望公門而奔突也・城中豪家鉅賈・非短於財・又不能俛首作哀憐之狀・雖然・朝饑迫之矣・奈之何守株待斃哉・江以西・素稱多賢・豈無我一二同志君子・君子念之哉・夫恤災者・彰身之仁也・通財者・敦交之義也・舍仁義何志矣・嗚呼・孔子絕糧・陶生乞食・聖賢且爾・況其下乎・故曰・緩急人所時有也・敢布腹心・君子其念之哉・其毋嘑蹴我也・

董令公應詔序

董公之令吾莞也・惠而不傴・簡而無傲・順而有章・一約束・明彰癉・防民以信・馭吏以則・接士以儀・承上以經・度交有程・平允靡冤・越四載・莞八邑大治・郡使者上其績・天子嗟異・召之還・將以畀風憲之司・儲宰執之寄也・于時鄉之士大夫・若父老子弟・若僚屬・相率造庭賀

公・賀者欽其行而惜其去云・

先是海邦多事・盜賊擾攘・居無甯宇・公以運籌功・天子馳萬里・再錫之金矣・茲召也・豈其忠勤而槩于皇之心歟・昔者漢昭之立也幼・大將軍光秉政・一時守土吏・嚴核相尚・黃霸獨用寬和爲名・迄于今述之・公之政・孰與霸・夫居官無赫赫之譽・而民陰受其福・史堅所謂德讓君子也・當霸時・漢天子賜黃金車蓋・下詔褒異・公卿缺選補之・然功名損於治郡・則何以稱焉・漢法・守令擅予奪生殺・兢兢所爲理・今邑非不百里・令之權眇如矣・上而府・而臬・而藩・而按・而撫・動有所縶・設欲紓己志・能不獲上以治民哉・靡者隨・亢者折・匪器罔受・匪才曷通・器緣體立・才以用顯・顯用而立體・德之徵也・其惟公夫・其惟公夫・

我天子聰明天授・聖德光昭・即夏啓周成王遠邁之・臣工懍懍・懼無以將矣・謹身奉法・思與民休息且不暇・公歸矣・出入禁闥中・上下佛仔・拾遺備顧問・何先・夫持一命於遐陬僻地・不有負我民・矧負君哉・公亡諉・曰・元首股肱・德澤沃乎九州・堯舜維聖・佐以五臣十二牧・猶懸旌建鐸招言者・他未論・海濱遺黎・連年困於兵戈・潦旱頻仍・征輸日急・老稚轉溝壑矣・此仁人所憂也・公何以副主上軫念元元之至意耶・憶嘗與公泛扶胥之濱・波濤拍空・魚龍出沒・風來東從・蓋橫噓焉・張帆迎風・捷於星火・公起而指之曰・嗟哉海乎・其川澮之滙乎・三老之徒・使船如馬・低昂盈縮・惟其所欲・神矣神矣・因斯以談・寧猶茲哉・天下之事・各有體而用以殊・是固巨小者器也・編兼者才也・淺中則受有限・通其變・與時宜之・公之外而縣・內而朝廷・主張移易・厥有本因・予不能知・而知其器其才・所謂德以基之・因體而效用者也・斯其人也・無往不利矣・會公屬官張金炤鄭騰蛟輩過予・曰・子於公最深・知公莫若子・敢以言請・予不佞・無能言・第次其所云云者如此・

邑父老送楊令公內召序

今之仕宦者・凌風鼓翅・振厲於九天之衢・是遵何術哉・務在矜己張聲・徇曲而督責・然身修者官未曾亂也・則太史氏記之矣・漢室良吏爲盛・嘗讀文翁翁卿次公諸傳・豈不斌斌質有其文武乎・迹厥行事・初無赫奕建錯非常可喜之功・他如武捷威嚴・勝任愉快・猥云章法・非所論於清濁之源也・國家承平日久・吏治弊於因仍・聖天子奮志勵精・綜核名實・以邑令數更易・則民無所守・詔久任之・而泰和楊義叔先生來令吾莞蓋八年於茲・始膺臺省之召云・

當是時・天下之網密矣・先生正以一・內公以布・外寬以惇・體兼以餘威・其爲政也・非不修令而明刑・怵然如傷・與民休息・所謂謹身師先・鞠躬君子之遺風者歟・夫志以忍堅・盤錯別利・有容乃大・積久斯孚・至誠而不動者・未之有也・主上軫念元元・思得法從之臣備顧問・茲召也・舍先生奚適哉・

邑有祁生者・往從諸生後・受知於先生・又先生埸中所取士・先生行矣・諸父老攀留之而莫得也・生遂揚言於衆曰・語有之・不爲諫官・當爲縣令・豈以令於民最親・而諫官與天子上下其議論乎・夫令・先生優之矣・行將垂紳正

務・列於青瑣之前・特高亢好名・甘隱忍於澤・先生毅然自信・一稟於中和・異日者從容登對，曷嘗須臾忘莞哉・親民雖莫如令・然動有所羈・寧無志之未行・行之未盡者・歸而告諸吾君・四方均割榮焉・父老無勤維持・某某等謂祁生宜叙・叙曰・

方天子之召先生也・民數千輩詣部使者請留・不可矣・驟田留兩月・可之・於是作攀轅圖・於是作脫靴亭・已乃謀立祠俎豆之・祠費出於民・不踰月・計千餘金・而老者扶節・少者稽首・聲徹於天・輿不能進・各號泣而別・

譚山人疏序

山人者何・見日山人譚清海也・疏者何・典禮也・一曰復建文・二曰正景廟・三曰議獻廟是已・盧君唐憲持自禮闈・適予讀書西樵山中歸・命梓焉・肅皇帝時・山人上十事・爲當路者阻撓・長嘯入羅浮・羅浮東粵鎮山也・宵中見日・有見日菴・山人翱翔其間・候日出觀焉・呼爲見日山人云・

肅皇帝崩・遺詔至南海・山人捧讀感泣・淚淋淋數行下・今上卽位・山人捧讀新詔・復感泣・復淚數行下・歎曰・此千載一時也・於是毅然萬里・不戒僕・不齎糧・直馳京畿・疏上・旨下・飄然齊魯吳越之間遊焉・嘻・若山人何如人哉・俛仰天地・蟬蛻溫蠖・卽所造詣・予莫之究竟矣・今睹其疏・溫雅以闡詞・雄暢以達氣・正直以彰義・微婉以導忠・備矣・然于獨愛其以布衣之徒・建國家大計・所謂處湖江而憂廟廊非耶・

嗟夫・嗟夫・世之尊官達人・受朝廷恩至渥・睢睢于于・漫無建白・士之論列天下務・不目爲病・輒以爲狂・間有砥礪自樹立者・亦靡急斯禮而迂之・所談毛瑣之迹耳・反曰切中時病・夫病也者・未有腹心受蠹而四體理也・禮・辟腹心也・刑政者體也・是故國莫要於禮・禮莫重於祭・祭莫大於分・分莫先於名・不易之道也・古今善言治者・誰過仲尼哉・則曰・明乎郊社之禮・禘嘗之義・治國其如視諸掌乎・其爲政也・必也正名・山人謂法孔子・世有病之狂之迂之者・任之矣・或曰・易刻而布也・曰・漢興・孝文號令主・誼以洛陽書生・條陳治安・迄於今・策雖存・攙截無理緒・嗣後布衣上書者不尠・鮮覿其全文・甚者失厥名氏・可慨已・茲刻也・故今天下後世・曉然知一代名分所在・燦若江河・不可淹沒・明天子廣思集益・一介之士・皆得自靖自獻・山人隱矣・非果不忘吾君・具於此矣・憶去秋山人別予樵山・李君敬可與焉・登大科・瞻薊門白日中天・片雲不動・把袂慷慨・躍如欲飛・已乃出疏所讀・讀將竟・予嘖嘖未及有言・而李遽呼曰・眞疏哉・雖與日月爭光可也・聞龐中丞稱爲當今奏議第一云・二君非無見者・斯不佞矣・

廬山紀行記

白鹿洞書院在五老峯下・旁有鹿鳴塲・溪流旋繞・其左爲枕流橋・前卓爾山・亭臺石不能紀・始於於李賓客・至朱子而益顯・我朝設主者・曾大父參江藩時・聘胡公居仁・御史唐龍奏起蔡宗亮・其著也・陟嶺東行・上十里・爲水簾洞・洞口一罅・人傴僂入・八里許・飛湍背五老峯・懸崕而下・三級而後至地・故又名三級泉・卽朱子所圖新瀑者・李

獻吉指爲白鹿洞．過矣．書院西北數里．至白鶴觀．觀西里許．至顏家山．傳言顏魯公所居．又數里．至棲賢橋．橋跨三峽澗．下金井．孤危淜湃．水蓋自玉淵來．由棲賢橋西行．至萬杉寺．宋仁宗所建．又西．至開先寺．有昭明太子讀書臺．陳後主納涼亭遺址．西行數十步．爲青玉澗．則瀑布所注．澗石鮮不刻者．自開先西數里．至歸宗寺．王右軍有養鵝池．又有洗墨池．墨池水盡黑也．何故．過此至靈溪觀．觀西有栗里橋．然陶公栗里在柴桑．去尙數里．所謂通書院者是已．柴桑橋畔有心遠亭．其上有巨石．言陶公醉臥此．又上．有濯纓池．棋盤石．緣橋而下數百步．有溫泉．泉東有謝靈運繙經臺．俗呼爲經臺山．過此二十里．至康王坂．爲景德觀舊址．沿谷而入．石壁上刻谷簾泉三大字．然谷簾泉尙由白龍潭入數里．潭有石船．傳言許旌陽發跡之地云．又烏龍潭有白樂天草堂．今廢．出谷西北數里．至鹿子坂．爲陶公墓．自祭文曰．不封不樹．然耶否耶．墓側有祠．祠西二十餘里．至圓通寺．黃山谷曾寓此寺．側有西亭．歐陽永叔與僧居訓談笑處．又一翁二季亭．則老泉父子．故皆不存．前爲石耳峯．馬耳峯．爲猴江．自此十里至石門澗．澗有橋．並澗半里爲雲封寺．迺上天池寺路．五亭至天池．過第四亭．有廬山高坊寺．蓋在山頂．奉敕建也．池水仰出不竭．其右文殊臺．瞰絕壑．夜閃閃有光．謂之佛燈．又古松一．團蓋葱鬱．千餘年間物．東行一里．至白鹿臺．高皇帝製周顚傳碑．碑陰御詩二．御祭文一．又東佛手巖．巖同堂異室．天成石室．水從石下．百餘僧徒皆食之．僧言．下爲竹林寺．寺有影無形．其後門在巨石中．廬山高坊下．誕哉．又爲東南訪仙亭．循白鹿臺東折．至大林寺．寶樹二．亦千年物．西至赤脚塔．太祖葬赤脚仙處．踰重嶺．至黃龍潭．陟嶺西行．至淨一堂．登漢陽峯．峯．廬山西北之最高也．東下爲擲筆菴．廻龍菴．月宮菴．月宮在五老峯背上．五老東南最高者．下臨無地．巖石奇絕．不可名狀．浮雲冉冉．半空中皆足下．吞江帶湖．眞天下壯觀也．傳言有李白讀書堂．今不知所在．自此東北下三十餘里．至蓮花峯．周子卜居於此．而路仍自擲筆菴出．峯去太平宮甚近．予則先往謁周子墓．墓蓋面蓮花云．太平宮者．高皇帝物色周顚處也．有寶石池．北數里．至東林寺．遠公所居．有冰壺聰明卓錫三泉．又桂樹四．棗樹一．皆千餘年物．前有虎溪．有香爐峯．而靈運講經臺．則與香爐峯並峙．石山似臺．故名．然開先亦有香爐峯．經臺山亦對之．不可識矣．東村之西數百步．爲西林寺．有隋帝塔．稍爲虎溪橋．予渡橋．復道石門澗．轉于圓通出山．時隆慶六年二月十七日．距始至乃正月二十九．山中凡十八日．第述其往來蹤跡如此．

遊武夷記

冲佑萬年宮．在幔亭峯下．宮在爲常菴．宋理宗賜江師隆者．幔亭峯竝大王峯．大王峯有張仙巖．仙不知何許人．或曰漢人．趺坐而囘其首．皮胃完．巖之下爲止菴．又下爲王陽明．湛甘泉．鄒東郭．唐荆川四公祠．稍前爲題詩巖．刻朱子棹歌一首．棹歌曲曲各刻．此其第一也．過溪．則九峯先生南山草堂．又厥孫仲節咏歸堂．今皆廢．而建九峯書院・奉先生焉・書院面玉女峯・峯臨粧鏡臺・自虎嘯峯入數里・爲靈巖・兩巖相距中・有徑可通・風泠泠襲人從中來・故又名風洞・却視一罅・長數十丈・洩天光如線・故又名一線天・此武夷第一奇觀也・東出小藏峯・隱隱二小舟頓半崖上・轉大藏諸峯・絕壁間皆木板・如棧如杆又如盤・無慮數百所・舊志云・秦始皇時・玉帝與天姥爲武夷君魏王子騫輩設幔亭綵屋・架虹橋以宴・故峯以幔亭稱・橋板飛插各縫中云・又金雞諸巖・貯仙蛻數函・歲旱奉以禱・輒應・其東・石隆隆起・蜿蜒盤據・溪流隨之・謂之小九曲・過此五曲・則紫陽精舍・有坊・有樓・有堂・有廡・有室・皆後人爲之・其仁知・止宿・隱求・石門・柴扉・觀善・寒棲・鐵笛・晚對・非舊題矣・是曲也・隱屛・天柱・茶竈・釣磯・諸勝森列・視他曲爲最・且上下各四曲・此居其中・其天造地設乎・由伏羲洞上・接筍峯・峯險如削・路堿堿無可着足・以梯以鐵索援之・上有劉道人汪道人居之・汪死而劉尙存・下峯數百步・仙掌蒼屛諸峯・一望石壁萬仞・眞壯觀也・其上爲天遊峯・有天遊觀及一覽臺・嘯臺・仙掌亭・梅竹葱鬱・三十六峯・環拱如城郭・從峯數里許・爲山當菴・菴上又數里・爲三仰峯・此武夷之最高者・其巖洞最多・有白玉蟾丹灶・東下十數里・則水簾洞・洞外一石門・方正寬敞如搆入・洞中樓閣林林・依石壁上・水自天而下・飛絲搖颺・聲如琴瑟・注於龍池・亦一勝也・三仰之西・其下爲陷石堂・堂外亦一石門・羣石恣撐交加・人傴僂穿之行・又間以間橋渡之・更進爲天壺峯・玉柱峯・爲鼓樓巖・爲魚磕石・神龜石・仙笠石・九曲盡處・則齊雲峯聳焉・余登覽止此已・他未足跡者・弗論著也・按晉鴻漸洞天記曰・昔有神人・自稱武夷君・山由是得名・又宋白玉蟾記止止菴・言籛鏗隱此・二子曰武曰夷・因以名・其言不雅馴・余讀漢郊祀志・祠武夷君・令祠官領之・朱子謂上古夷落所居・而漢祀即其君長・豈其然歟・其品以乾魚何故・唐宋因之日隆・溺於仙之過也・我朝正祀典・中秋日・有司具牲磕山川之神宜爾・與前代者異矣・夫幽林巨壑・怪誕不經之事・在在有之・縉紳先生不道也・是山也・溪九曲・峯三十有六・斯足奇矣・又諸賢藏修之地・何必仙哉・何必仙哉・隆慶壬申正月既望記・

山海關題名記

自古言府有題名・唐以來・或記諸壁・或刻于石・皆非徒作也・即歲月而稽遷代・因姓名以知賢否・勸懲之義・於斯在焉・山海關密邇京師・爲東北重鎭・所以限華夷・察來往・防奸暴而固疆域也・關設於洪武十有四年・厥初擇武臣子弟・同山海衞官軍守之・宣德甲寅・有上言是關要衝・宜選文職老成廉幹者守鎭・以杜邊弊・上可其奏・乃命兵部官來涖事・每三歲一代焉・其後十年・復設都守指揮守備于此・蓋益重其事矣・夫承天子命以鎭是關・惟廉且勤・可稱任使・廉則公・公則生明・勤則敏・敏則有功・政令之孚・惠澤之流・胥此焉出・彼昏墨蠹政者・乃吾儒之罪人・而竊祿苟全莫之建明者・亦非所取也・自宣德迄今・更代凡十餘人・而題名之舉未立・予恐其久將湮晦・遂命工礱石・取前任人名氏歲月歷書之・且虛其左・以俟來者・於戲・司馬公記

諫院題名・謂凡曲直忠詐・後人將歷指而議之・爲可懼也・然則後之觀是刻者・得無亦指其廉汚勤惰而議其賢否歟・

哭兄女貞文

萬歷十一年九月廿二日・鍾氏婦祁女卒・越十月十又三日・爲生女之辰・叔父羅浮先生撫棺哭曰・嗟嗟・此吾兄之女之柩也・痛哉・吾嫂首孕女・產難・落地面赭幾絕・時吾父在也・越明年冬・父卒・家人旁徨奔號・置女廚亂草中・中風・索艾・急不可得・越又明年春・疹災流行・吾季弟季妹連夭・女瘡甚・目閉・十餘日不食・穢外聞・生兩期有奇・二死不死・今死耶・女身不勝衣・言不出口・氣不充體・日食僅撮許・屛息獨坐・吾母憐之・患死女也・今死耶・吾姊適於鍾・女姑女嬸姊死・女亦死耶・女歸餘一年・兄嫂挈家宦於外・吾母老不事事・余好遊・繼從計偕吏・即家居・賓客出入奪其什七八・幾何視女舍・雖從居茅溪・余課之嚴・占在抱・幾何省女・姑孀無他子・晨昏盥櫛需焉・幾何歸寧・女十年六產・隨產隨折・加以家務多端・頗費周旋・幾何休息・女數者其概諸縷縷難明・惟余知之・惟女自知之・吾母吾兄嫂恐未竟也・先是・余自燕都被逐・留滯淮揚之間・念初冬五日・母七十・歸・女病踰歲・屢請余不往・比往・女據几弗克起・曰・爹・前熟視・爹・寧再見・爹爹自愛・又曰・婆壽古稀・毋以我故謝賀筵・語畢・垂首長涕・余袖出巾・手拭之授之・是夕亟返・命舍延醫・詎意永訣哉・嗟嗟痛哉・母誕期・余率占含拜堂上・淚淋淋雨集・不能掩也・仰慶俯弔・歸壽而喪・徒傷母心・何忍言・何忍言・吾父於諸孫・始見女・常內於懷摩弄之・九原其相見乎・舅先亡・舍姑而舅是將・有斯六殤・嗟嗟痛哉・女蓋棺不瞑・余亟呼女・女三頷之・如有靈・當祈女姑・鞠女夫・如有靈・當護女夫・奉女姑・如有靈・當啓女後人・昌女胤・慰女夫女姑・余無恨矣・

謁葉退齋先生墓文

夫友其人・思見其人之父母・情也・東莞祁衍曾與惠州葉春及友・蓋自隆慶丁卯歲・廼春及永憾矣・嗟・何忍言・嗟・何忍言・越辛未十月丁巳・衍曾遊武夷・取道惠州・禮宜謁其先人之墓・於時束帛炷香致詞焉・詞曰・

予讀大明思齊之章・有味哉・其言之也・夫以文武之聖・詩人稱之・詳其所自出・況其他乎・我退齋先生・所謂古君子者非耶・二配相之・前黃後方・均與有內助焉・春及誠賢・不能過文武・先生所燕翼・足觀矣・豈易言哉・予不類・兄視春及・則先生爲父・予少孤・瞻拜先生・益動終天之感・嗚呼・立身行道・期見先人於地下・此春及志也・亦予志也・先生其默佑之・

陳衷素孝廉墓銘

陳君名絢・字衷素・素庵其號也・今春・衷素與祁子試

春官弗第．祁子策馬而南．而衷素問舟于張家灣．執手言別．祁子曰．不佞兄之子含漸長．失學．今就兄于宦邸．願以托君．答曰．過金陵．當挈含敎之．不敢負君之託．乃祁子先過金陵．含從之還茅溪．悵悵然望君歸托含也．不旋踵．訃音至矣．於是祁子爲位于江之濱哭之．已而作歌．歌曰．謂天冥冥兮．君胡生．謂天明明兮．君胡傾．予媿乎君之振振兮．胡不死予死君．嗟松柏其爲薪兮．胡不死予死君．世紛紛誰與並爲仁兮．胡不死予死君．歌竟復哭．數日食不甘．坐不安．夢凄凄永歎也．是時衷素旅櫬未返．其門人百餘徒．擁櫬環哭．無不涕泗交頤者．於是議葬事．而祁子銘其墓焉．

按陳氏．其先閩之同安人．曰儻．徙居東莞亭頭塲．至宋．清溝先生諱應辰者．俎豆于鄉賢．清溝生益新．以儒顯．益新二子．曰庚．曰紀．皆舉咸淳間進士．皆入元不仕．父子祖孫．學行濟美．語具郡邑志中．紀生宜祖．宜祖生復慶．復慶生虞德．虞德生英順．復徙于城之康廟前．故稱康廟前陳．英順生總．總生榮．榮生以賢．以賢生行可．是爲懷旗公．懷旗公生椿．椿娶周氏．生衷素．衷素身長不逾中人．面短而方．峭眉巨鼻．耳如懸珠．目燗燗如電．常仰視輒閉．口闊吃．唇鬚上指．無項．爪勁如鷹．坐如泥塑．行如象步．自少敦篤．不嬉羣兒．學歌詩．能協聲律．歌時聽者或懈．正色呵之曰．欲從梨園濮上耶．方在丱角．凜不可犯矣．弱冠補邑諸生．莞之俗．丁祭諸生不肯告殺．衷素請于庠師告殺．其鄉歛酒禮也．又不肯以歌詩．衷素出所習聲律．載歌于賓筵之前．或叩之．不應．而私謂祁子曰．國家之典．莫大于尊師．亦莫大于養老．斯禮行而弗厠其間．予且恥焉．孰勞孰佚．孰得孰失．祁子頷然之．家貧．出就學．飯或有肉．必請所從太夫人．大人先嘗否．曰．從某所太夫人．大人嘗矣．猶逡巡未敢下咽也．性不能容人過．人有過．勃勃不平．若將浼焉．過者謝曰．將自改．遂張口而笑．嘗偕友人盧堯典袁應文周之翰十餘輩讀書于道家山．足不窺戶數年．晨聞雞起．手持燈徧燈諸友．于夕也亦然．諸友書聲少歇．曰．若其倦歟．而爲若歌．會文或先就請益．目需未就者．其樂於相成類如此．邑中子弟相率及門師事之．辭曰．温故知新．師之質也．絢碌碌無所見聞．師人敢云人師．而請事者益力．於是慨然歎曰．師之不見于天下久矣．諸君不以予爲不肖．相從于斯．務予言是聽．衆曰諾．衷素曰．自功利襲人．世之學者．役役于詞章呫嗶之末．曰．吾將魁鄉．吾將魁天下．吾志足矣．諸君豈其然乎．衆相顧莫以應也．衷素曰．祖宗設科以來．名世碩輔皆由此出．舉業之文．誰能廢乎．雖然．有本焉．衆曰．願承教．衷素曰．善學者因文見道．不善學者離道求文．歉慊之幾．毫釐千里也．於是談經考課之外．敘齒有錄．紀善紀過有簿．四方之士．聞風而來．有自惠者．有自韶者．有自雄者．而南都陸生進階折節執弟子禮．彬彬興於文行矣．

隆慶庚午．衷素以禮經中鄉試第五人．赴宗伯．每食．食僕以其精者．曰．彼固人耳．履雪曳舟之勞．不精不飽不勝．坐而操觚弄管者．胡以爲也．歸與其徒誦說不輟．歲以爲常．居惟緼袍布履．僅足蔽體．蓬室蕭然．風雨不蔽．登薦及五六年矣．其妻被無綿也．私語之曰．妾任寒．女幼．

盍綿諸・曰・日者二三子亦有束修之遺・吾奉吾母・爲吾妹治奩・言之晚矣・平生誓不以私干謁有司・政有利病・事有寃直・挺然入告之・有司或未盡然・喋喋弗置・得白而後已・雅慕鄉先達張公鵬之爲人・立傳垂久遠・尤慕范龍圖贍族之舉・則貽書于其族人曰・哲士視宇宙爲度內・匹夫不獲時・予之辜・況完族乎・夫一人之身・螫足則手至・曷故哉・血氣之脉通也・族雖繁・一身所分也・奈之何坐視之・篤親周給・其列爲三・曰講習・曰窮無告・曰寃抑不平・講習者謂其家聲賴以不隤也・將責望此身爲先世顯揚・皇皇無資身之策・此與枵烏獲之腹・而畀千鈞何異・窮無告者・存奚以養・死奚以殮也・寃抑不平・謂擇地循法之夫・禍生於叵測・溺而不援・其豺狼乎・族人感其義・隨有無多寡捐祠中・衷素則籍諸祠中・登其名・稽其數・願收者出息二分・擇公而能者統之・葢井井矣・且云・他日息饒入厚・義田義宅・可次第圖焉・豈意其遽死哉・

嗚呼衷素・以一介不取爲行・以安貧守道爲賢・世之人皆知之・以不欺爲本・以寧靜爲功・以範我馳驅爲的・交遊中庸亦知之・乃其心恥獨爲君子・欲與斯人同歸於善・返之乎先進之風・此殆難以測識也・大抵其節堅故疑於苦・其術正故疑於固・其老大故疑於迂・孰知乎衷素之自有眞耶・門人有問于祁子曰・夫善人天所親乎・先生積學砥行如此・而困約終其身・年僅四十夭矣・雙親垂白在堂也・無兄弟・矧又弗子・天道之謂何・祁子曰・陳君之學・求諸已不求諸天・外是予惡知哉・衷素娶何氏・女一・許聘湖廣參議鍾公雲瑞之孫斂也・諸同儕之治葬也・門人治之・而縣令楊公寅秋查演武場右地監舍凡十・令管業邮其家・而南雄陳駐孤身走千里奔師之喪・因併書焉・銘曰・

彼岡且洋・彼・桑且桑・於女其何傷・女親弗遑將・女抱終天之恨・何時忘乎・

高爲表

字正甫・番禺人・萬曆丙子舉人・選滄州學正・遷國子博士・晉刑部主事・讞獄多所平反・以憂去・服闋・改戶部・歷員外郎中・出知袁州府・時嚴嵩黨誘潘璫開採銀礦・爲表力陳利害・事遂寢・舉先正陳重祠以風世・設秀江文社以課士・三年・政通人和・尋乞休・年僅五十・褐衣疏食・詩文自娛・泊如也・屢薦不起・著有檢枋齋集・田間彙稿・嘗修番禺縣志・卒年八十一・兄爲儀・萬曆十年舉人・

番禺縣志序

序曰・温陵鄭公宰番邑之二年・康民阜物・百廢具修・以番爲鉅邑・而志乘獨闕・喟然久之・因奏記兩臺藩臬守郡・敦聘薦紳賢良文學・鼎修曠典・余不佞・解組南歸・貿苞靡取・身既隱矣・焉用文之・辱公雅意至再・遂拜羔雁之及・廼得黽勉從事・夫志・紀載之書・郡志畧而邑志詳・體固然耳・今杞宋有徵・夏殷之禮・胡不足之是虞・故邑詎可無志・番雖附會省之邑乎・葢古侯國也・禮樂刑政・錢穀兵甲・戶口貢賦・均此焉出・惟是邑中簿領期會・有午不遑遄・逞狃夙習・以爲有郡掌故在・曾未顧及於是者・我公毅然狎主齊盟・與薦紳賢良文學・窮搜博采・芟穢翦蕪・或錄舊聞・或收新見・纚纚千萬言・匪地閎裕之才・踔異之識・

惡能以經術飭吏治而惲心於紀載也・昔者公孫僑相鄭・國事叢脞・而一切詞令・藉之潤色・鄭監門在宋・蒿目時艱・而圖繪流民・青苗罷法・公方下車・適島寇烽烟・元莫旱魃・相繼爲祟・公順治威嚴・調停週賑・不遺餘力・抑亦監門世胄哉・胡軫恤乃爾・至邑乘之修・手自竄定・沿革予奪・衮鉞是嚴・布令著規・足爲後事師率・即鄭國僑又何以遜・因知才有兼全・故文章經濟・較二公不翅逾矣・况標奇評藝・延接青衿・問俗觀風・蔚爲歌詠・公餘及此・其政可知・往歲南邑平湖劉公纂修邑志・十五城視爲嚆矢・番與南・二邑雄峙・公踵美以成是書・一時方策・實華世文獻所資・鴻模鉅範・不至泯沒無所見・厥功甚宏・甯直藻裁之麗而已・

表不佞・濫竽是役・其割榮何可勝道・脫草日・公以同事者宜有言・授不佞簡・自惟薦紳二三公・皆南順耆碩・才德俱長・不以不腆敝邑・儼然臨之・是識大之賢也・不佞忝邑人・借光東壁・已溢分涯・謬後薦紳後・識其小者・何敢以康瓠與商鼎竝肆而列乎・其爲顏滋厚・聊綴數語于末・少塞明命・以附貂續云・

龐一德 字與虔・南海人・萬曆丙子舉人・官嘉魚知縣・秩滿・改揚州教授・一德爲嵩次子・久從官吳浙楚滇・諳達治體・著有雙瀑堂稿・阮藝文畧注未見・

尊經閣記

夫羽衣霓裳・豹袖狐白・其於飾豈不偉・而布帛爲之嘗・猩唇燕脾・耆炙枸醬・其於味豈不珍・而菽粟爲之嘗・夫經之言嘗也・吾夫子所以爲異焉者・立之防也・是故其性仁義禮智信・其倫君臣父子夫婦・長幼朋友之交・而其書則易書詩禮樂春秋・天地聖人之所不盡・而實愚不肖夫婦之所能知能行・無以異也・聖人不作・聃尹莊列四十二篇之書行・於是有老氏之經・有佛氏之經・厭嘗者率趨之竟之・其室居・其服食・自非有聖人者覆幬之・持載之・能一日生息我土哉・况其所爲偉且珍者・悉聖人之緒餘也・故天下莫尊於六經・亦彰明較著矣・

方今學校徧海壖・尊經之閣亦隨之・恩平有學・肇自成化間・志載・尊經閣日久圮壞・舊址無所考・前教諭車君來任・會作學宮・諸學子則取堪輿者說・謂先師廟艮隅窪陷・無以妥神靈而昌地脈・閣之以尊經宜・車君以謀之縣令蔡侯・侯曰・可哉・議定而地主梁瀾願以其地效・諸生若好義之士馮明德鄭國一梁維棟輩・羣而趨之・始工丁亥歲正月・迄除歲告成・爲費一百三十餘兩・率取之勸募・蔡侯車君捐俸助之・民間不知有役・董其事者鄭乾元梁以絢也・車君徙去・余踵後塵・因周所未備・定爲期・偕諸學子肆習其中・他日・二三子謂閣當有記・偕來以文請・夫昔之記尊經者衆矣・予則安能有加・雖然・間有感于言尊親者・夫人子尊親・即繼志述事・爲兢兢然・而桑梓必敬・中饋厠牏必敬・非以其物也・入室而僾然・出戶而愾然・非以其地也・夫然後子之精神與親之精神・相爲流貫・而稱其爲尊親者・吾夫子未泯之精神・宜莫若六經・而世儒動曰・是註脚也・是記籍也・此不亦戾其所爲尊・而與蘧蒢仁義・悟轉法華

者・立之赤幟哉・然則尊六經・奈何・曰・聖經自尊也・曲爲援附・以文異說・是不父其父・父他人者也・經不尊也・藉口門第・甘心盜蹠・是犬馬其養者也・經不尊也・庋閣是束・以飽蠹魚・不省亥豕・是塗路其親者也・經不尊也・易書詩禮樂春秋・其呫嗶・君臣父子夫婦兄弟朋友・其惇叙・仁義禮智信・其操存・敬其祖無混其宗・而又優而游焉・使自得之焉・厭而飫焉・不見異物而遷焉・夫然後爲能養志・能終身慕・稱聖門之孝子・如布帛菽粟被天下也已・尊經宜莫大於是・二三子唯唯・

賈說贈吳子待銓

余罷春官試・而得嘉魚放舟南下・時則中表青達吳子需次北上・邂逅于淮之陰・吳子亟過余談・縱說之以經術・衡說之以法家言・莫逆也・已而別・而吳子謂余曰・某茲行・天官氏且以一命處我・願子之有言韋弦我矣・龐子敬諾・既舟次無營・遂屬毛生爲使・將以報吳子・乃言・豈亦有以齊魯之賈爲子告者乎・昔齊賈居翡翠・以售國之王公貴人・價十倍・嚣嚣然有驕人之色・魯賈居縕・售里之貧者・價不一倍・黯然有赧色・他日・齊賈再居翡翠・魯賈再居縕・會天久雨・翡翠敗・售之・人無問者・本用折閱・其冬盛寒・縕乃騰踊・魯賈亦十倍・

夫世人右經術・而經術不必顯・左法家者言・而法家言不必不顯・則何以異於爲賈者乎・善者因之・次者利道之・最下而與之爭矣・是在審所處哉・毛生請曰・公以經術起家・亦始爲縕耳・何得弁髦經術・且明形弼教・不爲經哉・書亡而詩作・甘棠聽誦角誦詩・不少法家也・君子反經而已・烏用法家之言・嗟夫・生猶然嘐嘐道古・何知時變・竊聞上古之世・其治純白・故典謨興焉・中古之世・其治斧藻・故詩春秋繩焉・近晚之世・其治貝錦・而法令徵焉・賤之徵貴・窮之徵通・屈伸循環・莫之予奪・生必以經術可以經世・則繩果可復結・而斗果可剖・而衡果可折乎・吳子之於經術深矣・一旦俯而從事・固秦越人之爲小兒醫者・時偃時仰・不入得喪・時權時經・與世重輕・甯法家鳴・毋甯與經術爭・非善之善者哉・齊賈珍翡翠而薄縕・敗無足怪・藉令縕一不售・改而居翡翠・魯賈之困・豈有極乎・生病我重縕・而輕翡翠・曾不知縕居者之無庸改玉改度也・毛生唯唯・

楊起元　字貞復・歸善人・萬曆丁丑進士・選庶吉士・授編修・歷官至吏部右侍郎・起元慕羅汝芳之學・嘗奉命策封崇藩・取道盱江・就汝芳論道・乃大悟性命之旨，其學以知性爲宗・而不離日用・直窺大原・非世儒矯強義襲者比也・性至孝・以母喪哀毀卒・年五十三・天啓初・謚文懿・著有文集十一卷・明史四庫皆著錄・阮志注存・又有識仁編二卷・諸經品節二十卷・並見四庫書目・阮志注未見・又著有天泉會語・亦未見・

勸講聖學疏

爲敬陳修實之要・以崇聖德以應天心事・昔人有言曰・應天以實不以文・夫由太虛有天之名・而顧應之以實・何也・政本於心・心虛而政實・修其實者非遽於實乎・求之必思其本・思其本則不得不致其虛・致其虛者識吾心者也・識吾心

者識天心者也．天心惟虛也．故能以實應聖心．聖心亦虛也．故亦能以實應天心．邇者宮殿頻災．夷虜交警．皆天心仁愛之實也．皇上處此．安能不應以實哉．修實之道．人人言之矣．如大禮當以時舉．大工當以和會．威不可弛也．而不必勤於遠．財不可無也．而不必採於山．言路當開．遺言當用．皆實政也．所當亟修者也．然臣以爲此數者皆非皇上所難．惟慮聖心未嘗與太虛同體耳．故臣特以致虛之說爲獻．得其虛者而實自舉矣．

恭惟皇上繼天立極．二十有五年矣．始者承事郊廟．罔不祗肅．承懽聖母．罔不齋慄．卹民艱則不愛帑儲．遇雩旱則不難步禱．如此聖德．雖使堯舜處此．安能遠過．是孰爲之哉．聖心虛也．是心也．不以始而有．不以今而無．惟不自覺而已．昔孟子指齊宣王不忍一牛之心．足以保民而王．時百姓識其愛財者．孟子獨明其不然．齊宣曰．夫我乃行之．而不得吾心．子言之而我心戚戚焉．何也．孟子惟自識其心．故足以識齊宣之心．齊宣惟不自識其心．故替其保民之德．甚哉．誠心之所繫於理道者大也．皇上之心堯舜也．何論齊宣．臣今亦願皇上自識其心而已．皇上之學博矣．恭聞深宮之中．無書不讀．夫書有限之物也．皇上之聰明．無窮者也．以無窮而循有限．則厭而輟也固宜．倘以此聰明而求識聖心．是以無窮求無窮也．夫何厭耶．夫何輟耶．方今廷臣皆蒙道化．無不講於求心之學者．易曰．水流濕．火就燥．雲從龍．風從虎．聖人作而萬物覩．皇上儻有意於斯道．臣下必羣起而敬應矣．且以孔子至聖．自十五志學．三十而後立．遞至七十乃不踰矩．其學之不厭如此．敢謂聖上所學已至無所事學哉．但所學者乃作聖之大學．而非尋章摘句之末節．孟子曰．學問之道無他．求其放心而已．臣願皇上時御便殿．親就儒臣．假以溫言．示以無畏．如唐虞之際．都俞吁咈于一堂之上．藹然衆人父子之誼．而與之上下其議論．而所以議論者．或遠稽．或近述．惟以求識乎此心．孔子曰．心之精神是謂聖．故學以識心．乃所以作聖也．以皇上之大聰明．肯少留意於此．未有不得者也．一得之後．自然與天同運矣．孔子曰．唯天爲大．唯堯則之．則大之德也獨歸之堯．皇上一得此心．而與天同運．亦堯而已矣．千載一時．萬世之福也．此臣惓惓．願皇上之學．以求識此心也．後世稱堯舜之高行．能抵璧於山．投珠於海．夫貨寶．人情之所戀也．而堯舜能棄之．豈不謂難．然自堯舜爲之．乃易易者也．何也．吾之眞心．乃爲眞寶．而世上有形之寶．贋寶也．堯舜得眞寶而棄贋寶．何難之有．故心者萬行之所從出也．

方今災害並至．明主恐懼於上．羣臣修省於下．莫不思以實應天．而臣獨以學問爲言．近於迂矣．臣見漢儒董仲舒告其君以天人之際之可畏．亦惟勉强乎學問．而萬世未嘗以爲迂．臣雖愚．安敢出仲舒下哉．且仲舒知勉强之學問．而未知自然之學問也．如臣所謂求識此心者．乃不思而得．不勉而中．從容中道．聖人也．天道也．故應天之道．莫要於此．臣聞昔有野人．食芹而美．欲以獻之於君．後世傳其事以爲至忠．夫芹也而可以上獻．野人也而可以效忠．臣蒙恩作養．讀中秘書．洊歷清班．遞晉卿貳．則其分加於野人．臣少受父訓．壯習師傳．惟此學問．易知簡能．則其美亦自誤加於食芹也．臣敢以爲獻矣．伏惟天地之大．日月之明．鑒臣樸忠而少加之意．幸甚．

貞孝自天說

婦而堅從一之義者．古有之矣．堅於未及于歸者．未之前聞．而今聞有之．女能挺身急父之難者．漢之緹縈是也．而貞未聞也．貞而孝．如熙亭艾公所著胡氏事實．豈不偉歟．胡蓋少字張之子也．張死．胡僅十餘歲．且已能矢心之死靡他．竟使其父母諒之．斯已難矣．亡何失恃．父龍徽者．豪俠自喜．不問家人生事．女乃勤女紅．督家政．以裕其父．父與長者遊．則天下所稱海忠介公者．館校國朝奏疏．未幾．忠介公沒．而疑者中之．禍且不測．女乃截髮毀容．徒步上書當道．誓死必脫父厄．四方賢豪長者憐其志．共明其父．竟脫之．此緹縈之所得於漢者也．抑非獨如此而已．張之翁老且困．女竭力孝養．所居與翁家相去半百里．歲時伏臘．不曠定省．此又其所以孝也．或曰．貞且孝則然矣．而何以言而天也．楊子曰．斯則有二義焉．必其哀婿之死而矢心靡他也．孰爲之．蓋莫之爲而爲也．及其閔父之難．翁之貧．而赴之忘其身．事之忘其勞也．孰爲之．亦莫之爲而爲也．程子曰．良知良能．皆無所由．乃出於天．不繫於人．女其有焉．猶未也．兩髦之逝．無所可爲．而夫婦之綱．竟賴之以不泯者．尙可言也．至於克家以裕其父．舍生以急父之難．則男子事也．有夫而事翁．可能也．事翁而不以其夫．不可能也．是女也．能男於其父．又能男於其翁．天之生女也．而女之自爲男也．天不得而女之矣．故曰自天．其所自天也．其自爲天也．合是二義．而女之貞孝始備矣．武進儒學諸生某等若干人．諸部具呈胡女之實．是關於風化之大者也．其未及表也．蓋有待也．是以著其說．

仁解中

春而生．秋而殺．皆天地之仁也．而獨主於不殺．何也．曰．以生殺觀天地．此相沿之說．而非事理之實也．然植物者．春則榮．秋則悴．其榮其悴．特在於華葉之間．其根幹固自若也．當春夏而發洩．至秋冬而凝堅．安在其爲殺也．乃若飛者潛者動者．皆不以春秋爲榮悴也．豈天地之生殺．獨加於植物．而遺於飛潛動物耶．又豈植物之榮悴．獨足以見天地生殺之德．而飛潛動物可無論耶．然則天地一於生而無殺乎．曰．有焉．若雷霆之震擊．水火飢饉之凶災是已．此其殺也．乃眞殺也．其於飛潛動植無擇也．然天未嘗有意於其間．物之戾氣省召之者．然亦不嘗有．萬一有焉．羣聚而怪之矣．天地若此其大也．神明臨之若此其威也．萬一有焉．猶羣聚而怪之．況人與人同類．而以此施之．又當何如其爲情耶．

聖人有見於此．故惟以天地之大德．施吾並生之民．而不以乖戾之氣之間見者裁之駭之．若帝堯者．其仁如天．無得而名矣．舜之罪四兇也．止於放竄．其當時爲舜明刑者．則邁種德之臯陶也．臯陶之明刑以弼敎也．刑而期於無刑者也．其歸功於舜曰．好生之德．洽于民心．思用不犯于有司．蓋當是時．天下嘗無一人獄矣．舜欲化頑讒．而有否則威之之語．禹極言其不可．以爲如此．不惟不足以化．而且有敷同日奏罔功之患．又嚴其防．至比於丹朱之傲．及其治天下．出見罪人．下車而泣之曰．堯舜之民．皆以堯舜之心爲心．寡人之民．各以其心爲心．由此觀之．堯舜禹皐之相與仁天下之民可知也．天地以生爲德．聖人亦以生爲德．天地不以殺爲事．聖人亦不以殺爲事也．刑殺之濫．其後世地大物衆．教化陵夷．不能勝天下之亂．而姑隱忍以把待至此乎．學者習見其然．又不得乎挽回之術．遂舉生殺並言之．而誣於天道．夫謂後世不能如古可也．謂古者生殺亦猶夫後世．而爲天道之不可少者．則胡不引唐虞之事觀之．孔子曰．善人爲邦百年．亦可以勝殘去殺矣．殺之去．善人猶能之．矧聖人乎．後世君臣之論曰．有功不賞．有罪不誅．雖堯舜不能化天下．噫．何其視堯舜之淺．而敢於厚誣也．孔子以去殺與古人．而後世以不能去殺視堯舜．惟其以生殺誣聖．故又以生殺誣天也．夫苟一生一殺．皆天之道．則孔子亦何期於去殺．殺而可去．是殺非天道也．乃衰世苟且之用明矣．曾子亦曰．上失其道．民散久矣．如得其情．則哀矜而勿喜．可見上不失道．則民嘗協於彝倫之中而不散．不散則不訟．不訟則無刑也．無刑者．三代以上以爲常事而不難者也．而後世不之信．誠有願治之主．救時之相．一日赫然舉學問而明之．則敎由此立．刑由此措．不過十年．而唐虞之太和元氣在宇宙矣．

學說

非禮勿視．無其目也．非禮勿聽．無其耳也．非禮勿言．無其口也．非禮勿動．無其身也．無目則亦無色．無耳則亦無聲．無口則亦無物．無身則亦無事．我既不立．物亦不對．而一歸之禮焉．禮安在哉．天理而已．天理又安在哉．有在即非天理也．噫．此顏子之所屢空也．予天民之先覺．何也．曰．此伊尹以人性自任也．言民之先知先覺非他．即予身是也．伊尹是代天下之眞性．而顯露其形骸．天下是惜伊尹之形骸．以表出其眞性．分一身於天下．則人人有伊尹．合天上於一身．則伊尹有人人．蓋聖之任如此．以斯道覺斯民者．言人人皆先覺．而哀其不自覺也．故即以道覺之．非益彼所無也．

朱子以虛靈不昧訓明德．似也．若云具衆理．應萬事．則明德之贅．而非明德之訓也．猶言鏡之具衆影．而應萬形也．鏡果有衆影之具哉．蓋鏡一影不留．明德一理不有．奚虛靈之足言．且曰．氣禀所拘．人欲所蔽．有時而昏．亦非也．凡吾人終日舉心動念．無一而非欲也．皆明德之呈露顯發也．何蔽之有．吾人一身視聽言動．無一而非氣禀也．皆明德之洋溢充滿也．何物之有．即如聾瞽之人．不能視聽．若可以拘其明矣．然執聾者而問之曰．汝聞乎．必曰．吾不聞也．執瞽者而問之曰．汝見乎．必曰．吾不見也．不聞爲不聞．不見爲不見．一何明也．而謂之拘可乎．知明德之明．不拘於聾瞽．則知氣禀不能拘矣．不能拘．不能蔽．則無時而昏矣．天下之爭．皆起於自有善而自無惡．吾既有善．天下之人亦各自有其善．吾既無惡．天下之人亦各自無其惡．此天下所以多事也．長民者不知自反．而歸咎於人心之不古．豈非以邪形求正影．以細聲求巨響哉．故曰．藏身不恕而能喻諸人者．未之有也．

孝經之教・以不敢爲先・不敢者・有所畏也・有所畏者・敬之謂也・敬者人之眞性乎・夫身體髮膚・受之父母・不敢毁傷・自赤子下胎之初已然矣・馴致於不敢惡・不敢慢・不敢服・不敢道・不敢行・不敢遺・小國之臣・不敢侮鰥寡・不敢失於臣妾・皆此心爲之・是不敢之爲孝也大矣・乃若五刑之罪・莫大於不孝者・凡刑之所加・皆敢之所致也・故孝經之教行・四海之內可以無刑人・

戒愼不睹・恐懼不聞・聽天所命・而不敢以人爲參之也・不睹不聞安在・卽睹卽聞是也・故至隱至微・而實見實顯・此之謂獨・而必戒懼以愼之也・而有意於戒愼恐懼者・其爲不戒愼恐懼也大矣・

誠者天之道也・誠之者人之道也・故君子誠之爲貴・不能誠其心・則不能明乎善・不能明乎善・則不能誠其身・不能誠其身・則失其所以爲人・失其所以爲人・則失其所以爲貴矣・由此觀之・欲自貴於天地者・必得其所以爲人者也・得其所以爲人・必誠其身者也・誠其身者・必明其善者也・明其善者・必誠其心者也・誠其心者・孟子所謂立乎其大者也・大者立則人從之以大矣・大者則不立・則人從之以小矣・大小之分・貴賤之別也・學者可不察乎・天地之道皆誠也・獨以天道言者・天包地・地亦天也・其爲物不二・則其生物不測也・天地不一・則人之不二也・天地不測・則人之不測也・學也者・求以其不二之體而已・吾人一身寓于宇宙間・喜怒也・哀樂也・愛惡也・千態萬狀・生生而不已也・正明目而觀之・不可得而見也・傾耳而聽之・不可得而聞也・孰測其所以然耶・皆不二之所爲也・明乎不二之體・其不測猶是也・未嘗有所加也・昧乎不二之體・其不測亦猶是也・未嘗有所損也・然爲天地立心・爲生民立命・必明者能之・

止至善解

善而曷云乎至也・曰・是天之載也・古之極也・子思曰・上天之載・無聲無臭・至矣・是至善之所自來也・孟子曰・規矩方圓之至・聖人人倫之至・是至善之所取則也・然則有二至善乎・非然也・董子曰・道之大原出於天・天不變則道亦不變・自古以來・大聖至神・無不本天以爲學・而垂其則於後世・後世之學者・得徵而信焉・信古所以信天也・古者天之所寄也・天者古之所出也・譬之規自圓・矩自方者・天也・立圓以規・立方以矩者・古也・是至善也・止之云者・明德新民・皆本天以稽古・而準古以合天・如爲圓之止於規・爲方之止於矩・雖有離朱之明・目不敢自用・雖有公輸之巧・不敢自運也・何者・天之則・至古而極也・雖欲加之・不可得而加也・雖欲損之・不可得而損也・然則將事事擬古而爲之乎・非也・子不觀之規矩乎・以之作室・萬萬其室・則萬萬其形也・而規矩一也・以之制器・萬萬其器・則萬萬其象也・而規矩一也・明德新民・亦自有其規矩而已矣・明德新民之規矩何也・古之欲明明德於天下者・而各有求端用力之地是也・平天下・先於國・先於家・先於身・先於心・先於意・先於知・先於物・是其規矩之統論者也・物如何而格・知如何而致・意如何而誠・心如何而正・身如何而修・家如何而齊・國如何而治・天下如何而平・是其規矩

之細論者也・知意身心屬之乎明德也・而其體必涵乎民物・國家天下屬之乎親民也・而其用必根於身心・是其規矩之錯綜者也・而自天子以至於庶人・是皆以修身爲本・則運是規矩者也・圓則行・方則止・大學言矩不言規・寓止之義也・矩亦規也・故大學一書・皆至善之所寓也・由之則治・不由之則亂・由之則安・不由之則危・治亂安危・主之自天也・由與不由・徵之以古也・而其幾應流通有不爽者・以此見天之道寄之古・而古人之所爲・卽天之所爲也・董子曰・意者有所失於古之道・與有所悖於天之理歟・此之謂也・堯舜禹湯文武之不爲政久矣・然其道可考而知也・有目者所共見・有耳者所共聞・有心胸者所共記憶・有智識者所共由也・然有得焉・有不得焉・或以階治焉・或以召亂焉・何也・知不達天地・知不達天・則不知古人之精蘊・而所爲慕古者・徒啜其糟粕而已矣・故以知天之人・而不用治古之道・是造父而棄騏驥也・其棄而不用・是王良而徒步也・知不達天而希古・是學步之嬰・而蹬九折之坂也・必無幸矣・顧有不知天而慕古者矣・未有知天而棄古者・文武之政・布在方策・其人存・則其政舉・思知人・不可以不知天・此之謂也・是故欲止於至善・必明乎善者也・明乎善者・知止者也・知止者・明明德者也・明明德者・格物以致其知者也・格物者・會通古人之成法・以觀於物之本末者也・故博學之・審問之・愼思之・明辨之・篤行之・然後可以明乎善・由此言之・知天然後能知古・亦必知古然後能知天・如十二律・還相爲宮・非善學者其孰能一之・

且夫止之云者・果且有止乎哉・是無窮之論也・的立而射者赴焉・主乎的而止也・皇畿立而四方覲焉・至乎皇畿而止也・明德新民之學・惡至而有的・惡至而有畿・堯治天下・至於七十載・尙不知天下治與不治・乃之乎康衢・而聽乎兒童之謠・又之乎擊壤・而聽乎老人之歌・舜治天下五十載・亦不得自安・巡狩而至於蒼梧之野・孔子睹此・而知二聖之難窮・是以有其由病諸之歎也・觀堯舜・而其他可知也・此其心皆有所慕於至善也矣・

原古中

義之於君臣・仁之於父子・序別信之於兄弟夫婦朋友・自有書契以來・得失治亂之故・班班可紀・孔子刪述・垂之六藉・至明也・乃若佛氏之所演說・畧於此矣・而我高皇謂皆三綱五常之性理・何也・孟子曰・說詩者・不以文害詞・不以詞害意・以意逆志・是爲得之・而孔子亦曰・詩三百・一言以蔽之曰・思無邪・高皇葢得其志而蔽以一言者也・三綱五常皆性之所出・而人之處於日用彝倫之間・多苟且悖謬・不能盡其分者・有物以間之也・天性之於彝倫一也・非彝倫無以見天性・非天性亦無以見彝倫・而惟有物以間之・則天性彝倫判而爲二・而其漸逐至於大亂・言語有所不能化・刑罰有所不能懲・兵革有所不能除・若春秋戰國之世是也・幸先王遺澤未泯・其民猶可化誨・彼西方不經聖化・民頑而俗悍・佛生其土・則惻然有憂之・謂夫羣生所由失性・皆世俗紛華盛麗所汩沒・猶明月之珠・夜光之璧・而淪于重淵厚埃・無由呈露・今欲其咸見是性・非導以遠離世俗不可・昔太甲敗度縱欲敗禮・伊尹欲化之・亦曰無俾世迷此

佛意也・又思乎人生如彼其衆也・豈可家喩而戸說之・乃身自出家苦行而爲之倡・而其精誠之所極・天地鬼神果有相之者・是以人類翕然歸仰・謚爲世尊・無賢愚貴賤・皆爲其言是聽・彼土帖然・無有攘奪殘害之患・夫苟無攘奪殘害之患・則君臣相安・父子兄弟夫婦相保・此彝倫所以不墜・天性所以不泯也・蓋吾儒之言綱常也・言其實而使民由之・佛氏之言綱常也・言其本而使民知之・非故使民知也・聖人之術・窮於使由・故不得不通於使知也・孔子曰・作易者其有憂患乎・如佛氏者・殆有憂患之大者・春秋戰國之世・臣弑君・子弑父・列國相尋於于戈・明叛夫聖人之教・漢興・修復之・以爲可長治矣・大奸如莽・借六藝以文之・漢室旣東・而佛教乃入・天之愛民甚矣・所謂因其窮而通之也・締觀佛之所爲・其心潛之於綱常之中・而其迹若逃之於綱常之外・故豈猶後儒闢其不可以治天下國家・卽佛亦自處於出世之法・觀其日中一食・樹下一宿・斷髮而處・徒跣而行・持鉢而乞・壞色而衣・以爲吾旣不與國家之事・不分君臣之勞・自可如此而已・顧化誘愚民・開導人性・使之相安相保・乃其與勞之大者・而不可明言之・如吳太伯與仲雍爲採藥之行・而逃之荆蠻・不自明其讓也・當其背父母離兄弟之時・不爲名教之罪人無幾矣・不有孔子・孰知其至德哉・自至德之言出・然後知太伯之所存者大・然泰伯在當時・亦斷髮文身・裸以爲飾・未嘗處於有餘之奉・聖人之用心・自合符節也・若佛者・其大有所不得已者也・後世闢之者淺矣・卽有崇奉之者・而襲其迹以棄君親・漫爲猖狂不覊之言・而蔑棄聖人之禮法・亦可謂不善學矣・

蓋吾孔子之教・君君臣臣・父父子子・兄兄弟弟・夫夫婦婦・而友以輔之・禮爲之明・易爲之幽・詩爲之興・書爲之用・而嚴其防於春秋・故曰・春秋者禮義之大宗也・有國者不可不知春秋・前有讒而不見・後有賊而不知・爲人臣者不可不知春秋・處經事而不知其宜・遭變事而不知其權・爲人君父而不通於春秋之義者・必蒙首惡之名・爲人臣子而不通於春秋之義者・必蹈簒弑之罪・孔子道祖堯舜・禮學夏殷・而憲章從周者・兢兢然蓋亦先以春秋自律也・後之學者・其不離倫物・則學孔子者也・自宜尺尺寸寸・不踰於春秋・有歸佛者・離倫物者也・自宜深山窮谷・草衣木食・而不與夫人世・若夫駕言出世之法・而安享人世之樂・是兩無所成也・何則・天地一氣也・而自爲天地・自爲地不相借也・人物一性也・而人自爲人・物自爲物・不相假也・手足一體也・而手自爲手・足自爲足・不相奪也・各形其形・各事其事・所以並存也・其形不別・其事不分・所以交病也・天下有事有理・理主圓・事主方・佛之說法・可以通三界而不易其操・通者理・而不易者事也・高皇以綱常之性理與佛・而以綱常之紀法宗孔・正身正家・正朝廷・正百官・正萬民・純乎孔子之法・而佛不與焉・曰・吾自有王綱・彼亦陰爲吾助而已矣・此高皇所以統一聖眞・而開萬億年無疆之治者也・是事理之凖也・

贈郡守燮軒林公入覲序

公守吾惠四載・化行政成・而民有歌者曰・平原莫莫・可耕可鑿・浩浩江流・可方可舟・鴻雁翩翩・適彼中田・中

田有稻・與汝偕飽・野無罝・鹿不遮・溪無罛・魚不呴・於是史氏讀樂魁湖之上・或以告曰・民間新作此歌・何爲者也・史氏曰・蓋言其適也・

嗟夫・此殆都大夫之化也・夫始者予屏跡讀禮・罕接於大夫以與聞其政・顧例聞於人人・大夫仁者也・不沾沾於小惠・其導民也・不拂其宜・其齊民也・不易其俗・廉矣而未始覷也・明矣而未始察也・引大體而舍細苛・先教化而後刑罰・其於善也・不以佐喜賞・其於惡也・不以觸怒罰・哀鰥寡・恤孤獨・斷薄刑・出輕繫・獄無滯囚・民無寃情・非有不得已・不輕用民力・役之不違其時・愼於舉措・重於興革・不警民以樹怨・不駭世以取譽・譬之烹鮮・鹹酸惟其宜・譬之治紬・端繹惟其緒・而不以己與焉・虛而委蛇・與道合眞・夫萬物游於天地之宇而無所閡者・不惟以虛耶・室無虛空・則婦姑勃谿・野虛而獸走焉・淵虛而魚泳焉・心虛而萬物育焉・甚矣・虛之爲道大也・

古者大道之世・上無可名之功・下無可書之績・官長之子其民・若父母之于子・時其饑飽・適其寒燠・除其疾痛・搔其痒疴・非不薰然慈也・性之而已・而無慈之名・至於後世・數奏以言・明試以功・車服以庸・於是爭爲慈惠・飾爲仁恩以赴之・而性始漓矣・故考績者匪以敎僞・而爲僞之端・賞功者匪以勸飾・而爲飾之漸・世遂有僞增戶口以豪顯賞者矣・不惡之・而不知其作始有原也・藉令抱子食孩者・以賞罰爲慈否・卽孩之食有不時者矣・唐虞之法・其爲中人設耶・中人者可引而之上下者也・上智之士・率性而行・夫豈以聲名橫其念・爵賞滑其中・故常虛・爲虛故明・明則得萬物之情・已游於萬物之天也・適萬物游於己之天也・亦適夫平原固可耕鑿也・江流固可方舟也・中因固鴻雁之所止・而稻粱固其所偕飽也・還之以其固然而未或擾之・是飛走游泳之各遂其性也・故是歌也・民之自言其適也・而不知其所以適者・大夫實使之・大夫非有意於使之也・夫亦自適而已・此所以爲化・

昔者民德其上・則莫不形之詩歌・史起令鄴・潟鹵之謠興・郭賀刺荊・仁明之頌作・廉范以便民・流聲於五袴・岑熙以德化・播譽於生氂・然率指其事・著其名・指其事則不大也・著其名則不忘也・等而上之・其甘棠乎・然曰召伯所茇・召伯所憩・雖不能指其事矣・而猶名之・又等而上之・則康衢之謠・擊壤之歌・至矣・無事可指・無名可名・繼之者其惟此乎・於是公以朝典入覲聖天子・鄉士夫爲祖道・供張郭門外・而史氏與焉・爲諸士夫誦之・舊宅州刺史平宅劉先生爲祭酒・聞之而悅・乃曰・史氏之論甚善・吾聞公之學・本之其封翁・尙實而羞名・居今之世・志古之道・不欲如世俗觀示耳目・如畏壘之民欲俎豆庚桑楚・楚自以爲杓之民也者・是封翁之所爲心也・

往歲公嘗一覲矣・還也封翁俱來・察公之政・大當厥指・則懽甚・爲之加餐・又爲之徜徉於羅浮・高詠而東・玆便道歸省・有如封翁聞公大得民・民欲俎而豆之・尸而祝之・封翁玆不樂・以爲感物非情也・今民之歌・不事指・不名著・而第言其適而已・不有史氏推言之・莫有知吾民爲公而歌者・此果庶幾於康衢擊壤之聲而無愧也・封翁聞之・將謂吾兒能守吾敎・可偕之大道・夫上以助流唐虞之化・而述職

以紓主上南顧・忠也・下以承歡封翁・孝也・二德者均於公之此行乎舉之・而又均於史氏之論乎發之・請以此觴公・而遂書之祖帳・納之從者・史氏不能辭・乃稍理其語以授之・

守道吳公蕩平積寇序

惠潮稱太平無事・十餘年於此矣・而猶有號爲良民・而實負固梗之若岑崗者・蓋自正德間・王文成公平浰頭諸巢・爲其阻險・而酋長李鑑最黠・又首效順・故且撫焉以有待云・地介惠虔之間・饒竹木魚稻・李酋既擅其租賦・則官府之行李往來・時供其匱乏・至於賈客挾資出於其途時・或陰令人間道剽取・即有問者・陽應以他盜・而前是奉天子命臨鎮邊境者・上下一以虛文相蒙・莫敢控訴・縣懼激變獲罪・隱忍莫敢發・故李酋得逋天誅・父子孫相繼・其後復有江酋・竊李之半・相與盤據百年・名爲無動・而實吾惠潮不測之憂・

去歲・客有貿絹者・殺而奪之・一人逸・訴軍門・下縣捕殺絹客者・縣捕急・江酋怒・殺其左右二人・守道吳公初下車・聞其事・曰・此不可縱也・令縣具以實報軍門・府下檄暴江酋罪狀・諭其黨・縛酋出者受上賞・不者且加誅・令至・其黨喜愕・江酋知不免就縛・道中服斷腸草而死・李酋與其衆反・縣悉起鄉兵捕之・諸巢內應・賊逸・出定南界・公策其必走・急發戍城兵・乃自移鎮龍川・以便調度・於是官兵急追・及賊・戰於下拔・飛礮擊其前行・殺賊數十人・賊敗・乘之急擊・殺二百餘人・餘黨悉降・其諸巢脅從岑崗者・咸自諸軍前歸命・願離其險・處之各鄉・與良民伍・於是其中膏腴之壤・令民得占其業・蓋山谷之淪爲窟穴・幽昧百餘年・而一旦日月照臨矣・茲舉也・賊效倒戈之義・鄉有即戎之勇・不費斗糧・不傷一兵・以三旬之功・夷百年之寇・匪公高明凝定・文武爲憲・惡能動中機宜若此哉・始賊棄巢出・而公之初欲移鎮也・外議懼功未必成・且有潰冒衝突可畏之患・咎縣始捕賊・何急之反耶・予聞其言・不覺憤切曰・此復欲以往年激變之說・縶縣官手足也・如此則分符綰綬而來・必低首下賊・不敢出一氣乃可耶・吾意公必不然・嗟夫・公果不然・蓋公之所以成功者・非獨方畧奇・亦大體得也・

予生長於亂・能言往事・惠之山寇・初起甚微・蓋不過百餘人・而惠之各鄉堡丁壯甚殷完也・以殷完之丁壯・而驅初微之寇・如羣獵之於豕鹿・不待年而盡矣・彼肉食者・畏寇猖獗・則扑殺丁壯以悅之・甘言遜詞招撫之・惟恐其不肯爲岑崗也・招撫矣・則吾民束手以待其來・或與之敵・則官府數汝何事殺吾良民・扑殺之・如此幾二十年・賊之所殺與官所自扑殺・大抵相當・然後丁壯盡矣・十年之前・惠自一城之外・悉爲盜區・此何等時哉・今不同矣・如殺一絹客・則客得以訴於軍門・縣捕賊・賊反・而縣官得率鄉兵以與賊從事・至其所以收賊成功者・鄉兵之力・十居其七八矣・向使十年之前・其上下相通之情若此・奚至盜賊横行者二十年・又使今日之計・如十年前之計・則江本二酋潰冒衝突・不可收拾・或要我以無厭之求・挾我以難塞之請・皆未可知也・成敗之機・間不容髮・成也昔以爲易・敗也昔以爲難・非知計者也・愚以爲公之所以成功者・其機在於使縣官得伸其

氣・以予所聞・粤縣之內・以招撫名而實貣固梗化若岑崗者・蓋多有焉・其縣官不俯首下氣・惴惴然恐以激變取罪者・蓋無幾矣・公指日建旄持節・經營四方・入爲大司馬・統六師・一以此道施之・可使天下如人一身・血氣周流而無壅・書曰・其克詰爾戎兵・以陟禹之迹・方行天下・至於海表・罔有不服・此保泰之極思・而謀國之完計也・嗟夫・非公其誰與耶・

陰符經解序

陰符者・殺機也・殺也・是吾聖人向上事・庖犧氏以一畫象之・陰符古傳以爲黃帝之書・予無以知其然・所可知者・知其表裏復卦・復之爲卦・以陽之生者言之・而陰符以陰之殺者言之・合二書而亥子之間可測矣・有復卦不可無陰符・復・逆卦也・而不得陰符之說・適成其爲順而已矣・後世之言復者有二焉・專向生機・狥生執有・降本流末・靡所底止・復之失也・借用生機・表顯性靈・旋棄不用・亦不言殺・即以愛根化爲純氣・復之得也・是故陰符之理・聖人罕言之・而未始不用之也・德山棒臨濟喝・則其粗者也・雖然・亦可以證陰符之理矣・自古解陰符者多矣・予同志金陵翟秋潭氏・得吾師近溪羅先生仁孝生生之樂・以作此解・予亦無以知其然・而秋潭氏必有以也・讀者不得其所以解・亦安能知其解・不知其解・則謂秋潭氏已爲陰符作解・吾不信也已・

仁孝訓序

某聞之師曰・人生於父母・不可不知所以爲子・而父母所生者人也・不可不知所以爲人・以其所以爲子者爲人・是謂事天如事親・而不可言仁矣・以其所以爲人者爲子・是謂事親如事天・而可以言孝矣・此孔子之教也・孟子以一言盡之曰・大人者・不失其赤子之心・夫人而曰大・則與天地合德・不亦仁乎・赤子之心・知有父母而已・不亦孝乎・赤子之心不失・即可以爲大人・是孝固所以成其仁也・至於大人然後能不失赤子之心・是仁又所以成其孝也・然則仁與孝・一而已矣・□□舉而言之・其義始備・得於孝而不得於仁者・蓋有之矣・未有得於仁而不得於孝者也・得於孝者・天資之近可能・得於仁者・非知學莫之與也・古之欲明明德於天下者・必先格物以致其知・夫惟物格而知至・然後能不過乎物・能不過乎物・然後爲孝子・惟仁人而無忝所生矣・某不敏・自壯歲讀中秘書時・會近溪羅先生入都・因得請爲弟子・蓋聞先生之教如此・先生既沒而遺言在・某抱而讀之・其言仁言孝・燦乎若日月之明也・某謹集之爲孝經宗旨・爲識仁編・分爲兩卷・上卷曰孝訓・下卷曰仁訓・一以志傳習之省・一以公聲之同・

書俞貞女傳後

梅大夫某之傳貞女也・豈不偉哉・按貞女・蕪湖之移風鄉人・姓俞・年十二・字潘氏子・既而潘死・貞女欲往哭・而父以禮止之・遂矢志爲潘氏守節終其身云・貞女有弟曰

洽．昔遊太學時．與予同舍．爲予言貞女之居也．率禮不愆．諸兄弟婦嚴事之．若母姑然．乃貞女亦以諸兄弟婦事自任．攻苦茹淡．輯睦其不協．而調劑其不均．尊卑大小各適宜．而內外無異言．若是者四十餘年焉．嗟夫．難哉．含識之類．無不重生．故必欲有其伉儷與其嗣息．以爲不虧生也．豈知形骸爲寄宅．百年爲瞬息．一旦去之．卽軀榦非我有．而況其外焉者乎．非我有而欲有之．故貪生畏死．就利規害．無所不至．徒爲瞬息之寄宅計．然未必得完．而失所以生之本矣．若貞女者．字而未嫁．不謂未嘗有夫．故能終結心於夫氏．而貞德成焉．亦不謂未嘗有子．故經終勤身於父後．而女道至焉．殆能遺其生者也．世之營營以重生者．究之必死．此無以生爲者亦死．等死．而下協倫紀．上耀日月．亘宇宙而長存．則有不死者矣．洽也稱貞女將卒之日．以平所服用分諸婦．戒曰．勿以爲鬼物也．人死如燈滅．何鬼之有．可謂至言．此其所以無以生爲也．第推燈滅之義．則貞女之行．惡在傳不傳哉．吾獨悲夫名爲丈夫．而以重生之故．喪其神志．敗其檢匭者．故志而著之．

義倉記

樂昌縣之有義倉．縣大尹龍泉張祖炳創也．倉以義名也．何居．一曰．別乎預備也．一曰．宜也．尹以愛氏之心．而倡之乎上．民各以自愛．而應之於下．其於事也．不亦宜乎．故曰義倉．尹屬其耆老而詢之曰．百姓豐歉皆不足．爲何．耆老對曰．民等生聚．恃穀以活．歲歉．則田者之所入．盡輸於有田者．比其欲養也．富家得而騰其糶．歲豐．則田者之所入．悉遷之賈人．比其欲食也．富家又得而騰其糶．故豐歉皆不足也．尹於是屬其富民而告之曰．持汝之所餘．而操人之不足也．義乎．皆應曰．否．尹曰．有道於此．一推汝之有餘．而不足者永賴焉．則汝願之乎．皆應曰．願之．尹曰．然則爲義倉於是．上富者出粟百石以上．中富者五十石以上．下富者十石以上．不旬月而邑之致粟者七千餘家．爲義倉．然義倉之法．立保正一人主其籍．保副一人司其鑰．擇子弟之精敏有行者二三人．視收放焉．每歲季春朔．發倉聽貸．秋大熟．徵息二．小饑息一．大饑免．及本息之相權也．停其息．唯石收五升之耗．穀入．辨美惡．收無濫．濫收者坐之償．穀出．審斛秤．衡私者有罰．所以爲之可繼而勿壞也．貸．每十人連結．中推二人保．比其收也．徵諸保則民不擾．凡貸有三．無恆產而有恆心者貸．力耕者貸．有恆者貸．不貸者有三．游手游食者不貸．素無仁義而人未之結者不貸．一次負欠者不貸．所以寓旌別也．穀本四千五百石有奇．數歲息倍之．以其半貸．以其半平糶．貸以三月．糶以五月．毋先時而罄．所以待不虞也．小歉不賑．所以勵民事也．稽而不盤．所以寬文法也．建倉五．城內一．城南郭東郭西河南柏沙五都之穀貯之．土頭都一．土頭辛田二都之穀貯之．安口都一．榮村里田安口曲碣四都之穀貯之．羅家渡一．皈上皈下二都之穀貯之．所以度地之遠近以便輿發也．是舉也．可以廣王制之所未周．可以輔氣化之所不及．可以使富者得義而益榮．可以使貧者有所恃而不恐．尹之用心於民亦勤矣．天下有治人．無治法．後之繼尹茲邑者而加之意焉．則此法可以常行．而茲邑之幸厚

矣・此邑之父兄子弟所爲汲汲而求記於史氏意也・

見心堂記

惟國家以官聯會治・天子之卿一人督漕務・曰漕臺・命司寇之屬一人佐厥理焉・曰漕刑・厥惟治典・頃以微文議革・革二年・而漕務多弗庇・大卿請復・天子曰然・遴于司寇之屬・得羅子植樹以來・掇舊文・咨故實・毋作聰明・毋縱詭隨・廢者修・整者舉・犂然有當于漕臺王公之心焉・治維新・署維舊・燕居有堂・厥名陽春・實惟前政・仰承好生之德・以敬愼漕刑之意・

歲在乙酉・楊子北上過焉・羅子觴諸堂・謂楊子曰・茲堂也・不爲茲署有日矣・今而始復者也・予適其始復也・欲易茲名以識之・子其爲予易諸・楊子謝不敏・乃作而言曰・復哉復哉・有無堂・易曰・復・其見天地之心乎・天地生萬物・聖人生萬民・其心一也・方春時和・草木茂植・蟄蟲昭蘇・羽者嫗伏・毛者孕育・百姓皆曰固然・惟至于冰壯地坼・羣物剝極・陰凝之後・一陽始生・然後天地生物之心可見也・而聖人之心・亦奚以異於是・洪惟漕・國之大命也・粟數百萬石・舟數萬艘・役數十萬卒・經途數千・仰天政・俯地險・平人情・鉅卿體隆・郡邑職分・于是乎著漕刑聯之・至于河渠之蓄洩・淮海之間之不逞・多役多虞・凡經理于漕臺者・亦于是乎受事・其要在通上下之情・寬刑辟之用・歷年滋久・政輯民和・孰知其所由然哉・比其議革也・上欲有所爲而下昧厥嚮・不可以提耳也・下欲有所言而上邈不接・不可以造膝也・于是乎在上者・若身之廢其支體・在下者・若使之失其詔相・蚩蚩卒旅・又若乳稚之失其慈母也・翕翕然不便矣・

天子乃發德音・下明詔・僉漕臺之請・復漕刑之官・于是乎上下俱欲・懽然交欣・爲之舉手加額曰・天子至仁也・是不曰復其見聖人之心哉・夫刑秋官也・而堂爲春・厥有旨矣・春者三之日・而復者一之日也・三中息焉・由一以之三也・亦在乎見心而已矣・忠臣之事君・猶仁人之事天也・事天者・見天之心而養之・事君者・見聖人之心而宣布之・不行商旅・后不省方・所以養微陽也・今吾子詭隨不縱・則能杜其侮之在外者・是謂外者不入・其象爲商旅不行・聰明不作・則能僅其用之自內者・是謂內者不出・其象爲后不省方・吾子當復之初・用是道也・舉而措之可矣・非眞有見于天地聖人之心者・其孰能之・請易茲堂曰見心・羅子舉觴屬楊子曰・善哉・子其爲我記之・

副使鵬雲羅公墓誌銘

公卒於家三年矣・嗣子兆階以公遺命來丐銘・泣曰・先人有遺言・吾之學始吾族祖近溪・終粤東・楊子知吾平生行義者・吾生友也・知吾無心而來・無心而去者・吾死友也・楊子吾死友也・必得其言以銘吾墓・予聞言泫然涕下・因不得辭・

按狀・羅在周時・以子爵國江漢之間・其後子孫以國爲氏・散處豫章・而廣昌之族・宋時自南城徙入明・明資公以經術起家・仕有聲・三傳而至方石公・是爲公父・諱良俊・仕閩泰寧薄・行履温粹・以公封福清知縣・妣何氏賴氏・俱

封孺人・方石公男子五人・而公爲中子・公性至孝・幼慧悟異常兒・旣髫・輒能辨究古今之故・方石公奇之・曰・亢吾宗者必此兒也・弱冠・鐮縣官・年二十有五而舉於鄉・登萬曆庚辰進士・明年・天子命知閩之福清縣・在縣七載・以治行徵入爲刑科給事中・未幾・出爲廣東按察司僉事・提督學校三載・擢布司參議・分守惠潮兼伸威・明年・擢蘇松兵備・以湖廣按察司副使銜往・公聞命卽日離惠州・抵家・依戀子舍・上疏乞休・疏三上乃許・明年・方石公卒・公哀痛甚・未幾亦卒・

其知福清縣也・民好氣健訟・公一切恬愉柔之・不繩以法・久之訟自衰滅・乃日稔民間逋苦狀・退坐閤中・搜諸陳牘・究極善敗之故・條上施行之・歲大祲・公悉出贖鍰・賑佐尉下鄉・計口以貸・不復待申報矣・又講求考亭社倉法行之・郵吏無準・公稽丁產・定費出・始有經丈量・清欺隱二萬五千餘畝・賕胥無得插手・念郵吏困・奏記臺使者益之廩・閩中吏郵者盡歌其德・每徵收・令佐若簿公同秤驗・例羨悉革・無毫髮染槖者・邑之重興寺・有田若干畝・僧失其業・歸之官・公請得歸學宮以贍窶生・有二姓獰然固蒂・遂稱盜藪・公密偵渠魁・配遠方・其黨屛息・有積繫・燭其寃・立解之・婺而處者四人・奇節殊常・而子孫微・莫能請・公廉其狀列上・得具題旌之・其政大抵以温良愷弟爲本・輔以精敏・人無欺者・前後勞書薦剡擶至・

其給事刑科也・上疏言・萬曆十一年以後・罷謫諸臣・或失問安之節・而揣其意・發自忠誠・或昧投忌之嫌・而探其心・原無洩溷・或爲朝廷愼封典・而抗疏不以爲憚・或爲刑法求平允・而再黜不以爲憂・或援救言官而蒙顯斥之罪・或感觸時事而罹越職之條・何有不忠不直之事・可以久怒而不回者・願陛下以大舜之心・行仁宗召唐介故事・則大小臣工・誰敢以言爲諱・時論韙之・中貴人橫・伏闕數其罪・是歲灾異頻仍・道殣相屬・復請蠲䘏・陳瑣尾流離之狀・制下司農・民之存活者不可數計・初公之被選也・故事就政府謁謝・而公獨否・每有封事・輒密上之・不以藁白也・執政益信重公・方且罄平生所學・知無不言・在省中甫及一載・日淺・故所建白止此・然直聲信于天下・

其督學廣東也・慨然以廣勵學官・興起斯文爲己任・進諸生・申賤文貴行之意・戒庠師・以身爲模範・藉善否毋枉實・又念諸生貧・時斥諸屬縣羨金例輸道槖者買田・不足時以己俸益之・廣之番南・惠之歸博・俱有田・其田幾徧諸郡邑矣・取考亭家禮・抉煩摘要・爲易簡編・期以易俗・課試之文・必尙醇正・所許否輒爲士浮沉・其條簡・而法恕・雖所黜抑者寧再三試・至請托・雖顯要不能得也・是歲・武錄成於公・

其分守伸威惠潮也・惠迤北復嶺翳薈・多寇盜・公命行鄉約之法・遂用輯寧議・益碉石成以固惠之門戶・有梗之者・公曰・夫七百里聲援不接・脫寇來・如入無人之境・蟻穴不塞・將令成江河哉・從之・公爲計其錢穀之數・置營房・增招募・躬教練・具有實用・督府蕭公壯其猷・將以邊才薦・會卒・不果・然蘇松之命・猶以經畧惠潮・故云・

公初迎養太夫人於官邸・獨念封翁・甚欲請告・未得間・會蘇松命下蹴歸・而後喜可知也・日與兄弟承歡不輟・

及三乞骸骨・得允・又益喜・明年封翁臥病・朝夕侍不離側・憂形於色・封翁屢寬譬之・比不起・公晝夜啼號曰・孤不肖・三疏乞骨者・爲二人懽也・今長已矣・誰謂荼毒其如予・苦戚不可解・癥成於背・屬諸昆弟曰・吾今獲從先人於地下・吾之願也・惟是春秋窀穸之事・則階之屬・乃整襟危坐・誦仁孝之旨・凝然以逝・

公初師事族祖近溪先生・侍食寢・連語七日夜・遂盡其道・掇兩試以成名・其後暌隔有日・有以佛學疑先生者・公不能釋然・會予以先太史之喪還里・公伺其哭泣之間・溫然下問再三・予乃徵答曰・先生孤所從受業者也・孤聞先生仁孝之訓矣・不聞所云佛學者也・因出孝經宗旨識仁編以獻・公大然之・比歸・益尋舊學・大有所得・書來・津津自幸・予亦爲公幸・不知公竟抱仁孝以沒齒・公遺言許以死友者以此・

公爲人恂恂長者・謙退不伐・雖與萌隸語・無傲色・至遇事飈發・批患折難・正色山立・萬夫莫回・在縣七年不得調・人或迂之・終不爲意・在諫垣持正不屈・惓惓於扶持善類・有諷使從流者・笑曰・即撓我・而三旌之位我固去之・庸能以一官易我平生哉・爲文博古絕不作近語・然根據理要・其文不怯於幽貞・不輕於庸俗・嘗念同舍生多貧・勸封翁捐粟百石贍焉・封翁捐世・已復益之百戶・已又捐二百石以贍族・其他窶者有所貸・未嘗子其錢・時毀券焉・卒不幸而醫藥棺槥・於我乎取不厭・邑屠牛者・州郡懾之以兵・彌熾・公乃著戒牛編・屠者爲之釋刀以謝・官中外十餘年・時遣家僮問尊人安否・未嘗不流涕封題也・曰・兒不得侍膽左右・吾大兄弟眠食何似・諸弟謦・則以問・復謦則復問・悉應・不以身爲廉吏辭免也・公善狀不可更僕數・然其大者在仁孝・所著有青瑣遺編數卷・生嘉靖壬子・卒萬曆甲午・以某年某月某日・卜葬某山之野・銘曰・

律以九德・溫栗簡廉・騏驥方駕・莫邪比銛・羔羊之節・應龍之潛・大德庇民・小心事上・獻可不激・植善不黨・敎士以正・卽戎以壯・宦達而養・益琢其章・盱江指授・緝熙明光・惟仁惟孝・一德不忘・嗚呼純懿・而嗇於數・無心而去・托體山阿・全石永固・

明處士玉峯潘公墓表

嗚呼・此南海冲鶴鄉玉峯潘處士之墓・慨自眞儒之學不明於世・爲士者類以掇巍科・躋膴仕・銘功竹帛・著名春秋爲賢・一不得志・即無復之・曾不思吾人一身耳目聰明而心辨智・已足貴矣・行之一家・則父子兄弟妻孥之恩相聯義相持・莫非政也・何事于彼之羨乎・夫以至貴之身・而施必行之政・足乎己而無待於外・而士莫之圖・殊可惜也・今以觀於潘處士・乃得之・

處士諱桃・父蘭谷公・生五子・處士居長・其次曰李梅杞椿・兄弟五人・蘭谷俱敎之儒・惟處士與弟梅能成其業・補博士弟子・有文名・其後梅舉於鄉・而處士屢試弗利・乃歎曰・男子自有事可做・何必屈首待俯仰于人哉・且吾長子也・當任家政・吾弟得舉・已足酧父志・吾何求・於是以恬退請・而督學可之・遂服處士服・念孔孟之學・治國平天下・皆有本末次第・吾不得行之國・即當施之家・乃

先之以孝友．繼之以務本節用．又繼之以交遊名人長者．孝友．故和氣不乖也．務本節用．故財貨優裕也．交遊名人長者．故子孫不愚．而外侮潛消也．行之數年．家用益饒．乃以賑饑恤匱贈婚賻喪行其德．既而蘭谷公卒．處士襄大事畢．以千金搆祠宇．祀蘭谷公爲小宗．自小宗之祠成．處士率諸昆弟子姪歲時代謁．灌獻成禮．推處士爲宗子．處士於是乎有家也．是時蘭谷公以子梅貴．贈奉直大夫矣．其後處士欲有所赴人之急．長子養蒙請行．而陷於萑葦．處士哀之曰．蒙乎．而庶長也．而孝．夫孝天之經也．地之義也．而不足著代乎．蒙爲冢子．後冢者爲冢孫．以奉宗祀．世世勿替．諸子姪皆再拜曰．謹受命．以養正長子笈爲蒙後．處士配謝氏．生子養威．側室查氏馬氏．查氏生養蒙養正．馬氏生養忠．其正室能慈和．側室能婉娩．尤人世之最難者．非處士謹於內行．無親愛之僻．宜不足以致此．大學仰三詩以咏．歎齊家之難．求之處士．殆可以無愧乎．孔子曰．是亦爲政．奚其爲爲政．其處士之謂歟．彼有紆青拖紫．佩玉腰金．閭里榮寵矣．而閱墻反目．甚至棄孤不收．不可言者．卽無論其家．其如身何．而以較之處士孰得．處士蓋所謂善人也．成之以學．卽爲眞儒．爲大人矣．予未之能行也．表之以待後之學者．

王學曾　字唯吾，南海人．萬曆丁丑舉人，知醴陵縣．擢南京御史．疏救言官鄒元標等．直聲震朝野．時吏民有罪．輒遣官校逮捕，學曾疏諫．不報．光州牛產犢若麟．帝命禮部徵之．學曾抗疏請嚴斥邪妄．帝責其沽直．降興國判官．尋召爲光祿丞．復與少卿徐杰合疏爭三王並封．忤旨．削籍歸．泰昌改元．贈光祿少卿．著有入楚吟．西遊草．阮志惟稱王唯吾集．注未見．

敬陳法祖切要疏

臣嚮待罪留臺．以言獲譴．伏蒙皇上優容．拔置今職．仰荷皇上高厚之恩．雖捐軀何能爲報．倘值國家無事．共際昇平．臣亦可以相安於無言矣．今何時也．逆賊倡亂於寧夏．勾虜內援．倭奴雄據於朝鮮．志圖內犯．民窮盜起．十室九空．募船招兵．人心騷動．勢如累卵．機若潰防．正主憂臣辱之時．豈槃樂怠傲之日．嚮者大小九卿諸臣計無所出．共疏恭請皇上視朝勤講．臣亦逐隊列名上請．皇上留中不報．猶然端拱深宮．中外傳聞．咸謂皇上聖躬無恙．只欲法祖靜攝耳．臣愚以爲靜攝于太平之日．然且不可．而可靜攝於多事之際乎．軍國鉅務．機密重情．非面與臣工商搉．則不能盡．而萬一輕洩．必且害成．如往日全城塗僇之言可鑒也．況皇祖盛德大業．嘉言善行．其所當法者尚多．獨晚年靜攝元修一事．未免爲聖德之累．其後亦有輪臺之悔．皇上春秋鼎盛．聰明仁孝．正可以爲堯舜之主也．不法此而法彼何耶．臣旦夕思維．徒憂無益．仰就皇上法祖一念．請以皇明祖訓中摘其切要所當法而爲今日之急務者．敬爲皇上陳之．乞皇上少寬斧鉞之誅．誠一垂覽焉．

夫皇明祖訓．迺太祖高皇帝貽謀家法．誠國家萬世之成

規・聖子神孫所當遵承者・舍此不法・更誰法乎・

一曰敬天・其首章之要有曰・帝王得國之初・天必授于有德者・若守成之君・常存敬畏・以祖宗憂天下爲心・則能永受天之眷顧・若生怠慢・禍必加焉・可不畏哉・此我太祖祈天永命之道也・夫天子者・天之子也・爲天子而不克敬天・是爲子而不敬其父也・可乎哉・邇者天災地怪層見疊出・甚則假逆賊倭奴以示儆戒・未必非天心之仁愛也・皇上一切視爲常事・不加修省以回天意・且匹婦含寃・三年不雨・年來聞所選宮人・多被杖斃・付之煨燼・此道路傳聞之言・未敢盡信・萬一有之・或者上干天和・未可知也・豈所以畏天命乎・

二曰享祀・其嚴祭祀之要有曰・凡禮天地・祭社稷・享宗廟・精誠則感格・怠慢則禍生・故祭祀之時・皆當極其精誠・不可少有怠慢・其風雲雷雨師山川等神・亦必敬慎自祭・勿遣官代祀・此我太祖禮神敬祖之道也・夫風雲雷雨諸神・且猶不可代祀・況祖宗者・皇上之祖宗也・致其誠心・惟敬與孝・以皇上之祖宗而使臣下得以代祭・可乎哉・邇來無論天地社稷諸神・皇上不親致祭・即太廟一享・自去年孟夏躬祀・迄今一年餘矣・屆期傳旨稱疾遣官・夫違敬莫大乎廢祀・虧孝莫大乎瀆神・廢祀瀆神・豈所以格有廟乎・

三曰保身・其持守之要有曰・吾平日持身之道・無優伶近狎之失・無酣歌夜飲之歡・正宮無自縱之權・妃嬪無寵恣之專幸・此我太祖正心保身之道也・夫陛下一身・乃天地所篤厚之身・祖宗所付託之身・兩宮所倚賴之身・四海生靈所仰望之身也・所繫何重也・邇聞正宮日疎・貴妃日狎・酣歌流連・夜以繼日・起居失常・喜怒無節・精神耗損・莫此爲甚・此自古荒淫之君迺有之・諒皇上必不致此・萬一人言不虛・是浮慕靜攝之名・而內鮮調攝之實・豈所以保聖躬乎・

四曰公聽・其持守之要有曰・朝堂決政・衆論稱善・即當施行・一官之語未可以爲必然・或燕閒之際・一人之言・尤加審察・故朝無偏聽之弊・權謀與決・皆出於己・以故太祖高皇帝每遇大政・悉從府部官面奏區處・又召近臣如學士詹同給事中吳去疾等・相與講明・此我太祖留心決政之道也・近來一切奏章・輔臣編擬・祇聞內臣傳說・不得面陳・所見府部諸臣・亦不得面奏區處・或旨由中出・莫敢執奏・他如總督魏學曾之逮械・聞主于先入之言・又如侍郎韓世能之恩蔭・南京通政使楊廷相之徑留・湖廣僉事管志道罷任・皆不由廷議・不依部覆・而從中徑批・徒駭觀聽・且啓倖門者也・豈所以一政體乎・

五曰勤政・其持守之要有曰・察情觀變・慮患防危・如履淵冰・心膽爲之不寧・晚朝畢而入・清晨星存而出・此我太祖憂勤勵行之道也・夫自古人君・未有不以勤而興・以逸而廢者・矧好逸惡勞・人之情也・皇上朝・主勞而臣亦勞・皇上不朝・主逸而臣亦逸・爲臣子者・亦豈不好逸而貽皇上于勞哉・顧念主臣俱逸・名爲上下偷安・主臣習勞・方爲勵精圖治・而況一時之勞・固天下之逸・一時之舉動・固遠人觀望之所關也・臣自去春入都門・止於五月十三日恭覩皇上御朝一次・迄今年餘・視朝則久廢矣・經筵則久曠矣・親宦官宮妾之日多・接賢士大夫之時杳乎無聞矣・豈所以語勵精乎・

六日納言・其愼國政之要有曰・廣耳目・不偏聽・所以防壅蔽而通下情也・以故洪武初年・朝臣有上疏萬餘言者・太祖厭其迂衍・怒欲罪之・羣臣有阿意者・指其疏曰・此不敬・此詆謗・罪當誅・時上怒未解・宋濂對曰・彼應詔上疏・其心爲朝廷耳・烏可深罪乎・上乃覽疏・中有足采者・召阿意者罵曰・吾怒時・若等不能諫・乃激吾誅之・何異以膏沃火・向非宋濂之言・幾不誤罪言者耶・此我太祖虛懷止聱之道也・邇來言及乘輿・則一槩留中・間從斥譴・向者臺諫諸臣如孟養浩・張棟・鍾宇正・李獻可等・止因豫敎一事・杖者杖・斥者斥・臺諫一空・見者寒心・是使臣下獲直諫之名・而皇上蒙拒諫之失耳・又如近者吏部推陞鄒元標・姜應麟・孫如法・王麟趾・何選・李懋檜等・亦寢而不報・豈所以旌直臣而開言路乎・昔晋平公問於叔向曰・國家患孰爲大・對曰・大臣持祿而不極諫・小臣畏罪而不敢言・下情不能上達・此患之大者・此言誠爲痛切・皇上其誠思之・

七日知人・其首章之要有曰・人之奸良・固爲難知・知其良而不能用・知其奸而不能去・則誤國自此始・此我太祖愼於用舍之道也・夫知人則哲・惟帝其難・自古嘆之矣・大都秉正而公論所與・卽爲良・柔媚而公論所棄・卽爲奸也・邇來如原任大學士王家屏・立朝正直・不阿私人・侃侃讜論・匡扶君德・非公論所歸乎・止以一言不合・竟聽其去・舉朝惜之矣・如禮部尙書李長春・職司典禮・與時浮沈・臣未暇指摘其他・以傷雅道・卽如建儲大典・雖有成命・此去明春・爲時幾何・旣不及時預請舉行・以定國本・又不審己量力・以決引退・言者屢屢・終日杜門・非公論所棄乎・聞屬官亦有竊笑其無去志而以前事開示之者・皇上不令其去而反慰留之・國家焉用若人爲哉・舉動如此・無怪乎大學士王錫爵之屢疏而辭・雖有烏私情・恐亦見幾明決也・豈所以語任人乎・

八日馭下・其內官之要有曰・各監官職・各有職掌・不過內府飲食常用之物・並不干預他事・此我太祖謹御近侍之道也・夫內臣日侍皇上・最爲親近・貴有恩以畜之・威以肅之・庶幾不懷怨而亦不生事耳・邇聞日逐羞膳・俱責令賠辦・本衙門每月析膳銀四百餘兩・俱貯寄寺庫・年終類進・夫以萬方惟正之供・而置爲內庭贅積・以九重玉食之奉・而寄於暬御細人・各監職務・聞多收攬・甚則稍不如意・怒而撻之・殞命於杖・嘖有怨言・蕭墻之禍・臣竊憂之・豈所以清宮禁乎・

凡此祖訓格言・皆皇上所當法而又未見其能法者・太祖在天之靈・將謂皇上爲何如之主乎・皇祖在天之靈・何樂皇上獨法此乎・伏乞皇上將祖訓一書・常置目前・遠法太祖之貽謀・近法皇祖之懿行・在敬畏以承天戒・躬祭祀以格祖宗・愼喜怒以養天和・節酒色以防逸慾・時起居以葆聖躬・復朝講以親正人・公聽納以清政本・發章奏以防壅蔽・錄直臣以廣言路・審用舍以辨人材・宥細僁以謹防微・不竭物以充欲・務散殖以聚民・不朝令而夕改・務持信以馭下・至於督臣魏學會・功多罪少・賊多兵少・情委可原・宜從輿論而速免其逮問・督臣葉夢熊・忠誠任事・惟知有國・不知有身・宜重事權而勿責效旦夕・灌城坐困・功成有日・胡不再諭令城中縛逆首・宥脅從・以活此十萬生靈・若不應・則請

益兵益餉以守之．未有不收此釜中之魚也．倭奴兇狡．最忌浙兵．胡不及時多募於浙江．訪求原任總兵戚繼光部下名將．責令操練．分布要地．出李材獄．令立自贖．明示賞罰．以責其成功．庶於防倭有備耳．此皆救時之急．所出於祖訓之外者也．昔唐臣陸贄有曰．凡克敵之要．在乎將得其人．馭將之方．在乎操得其柄．又嘗勸德宗下詔罪己．因曰．知過非難．改過爲難．今赦文至精．止於知過．尤願聖慮更思所難．先儒目宣公精忠厚德．可爲人臣之式者．今之時勢．雖未至如唐之甚．然哱拜劉東暘關白諸賊奴．亦無異于朱泚李懷光輩也．仍望皇上速降省躬之詔．下罪己之言．與臣工更始．使耳目一新．仍諭當事大臣．開誠布公．集思廣益．以共濟時艱．庶幾上下之情．流通而不間隔．如是而天變不回．人心不一．逆賊不平．倭警不息．臣未之信也．臣所言者極知多觸諱忌．然竊忖平生所學．平日自盟．謂何而忍於緘默以負皇上．倘蒙垂納而用臣之言．宗社幸甚．四海生靈幸甚．臣愚幸甚．若不用而罪臣之身．臣死且甘之矣．臣無任惶恐待命之至．

懇乞聖明虛心疏

臣等連日竊見在朝諸臣．皆以册立一事．紛紛建言．屢瀆聖聽．致廑聖怒．昨讀聖諭．惓惓稍寬朱維京王如堅二臣之罪．而猶似以新命既頒．難于挽回．知聖上因此一事．焦勞已極．大小臣工．各欲殫愚畢慮．以備聖明採擇．臣等俱爲寺臣．昔在臺班．皆有耳目之寄．而臣杰起於田野．臣學曾拔于罪逐．荷錄用之恩．豈容默默而已乎．臣等繹思．建儲重嫡以防僭竊．皇上之恪遵是矣．然累朝多立長．未聞以待嫡而遂稽大典也．未聞以元子待嫡年至十二齡而猶未立也．又未聞卽位至二十一年而猶未立也．又未聞以元子待嫡權且封王以俟也．夫祖宗列聖家法相傳．昭如日星．豈慮不及此．而何爲早立元子乎．皇上待嫡一念．至公至仁．寧稽元子出閣之期．而遲以數年．不爲不久矣．豈又欲待數年而後立乎．立則恐中宮有出．不立則元子已長．宜乎皇上之有所未安於心也．乃今諭旨已曉然矣．而禮臣猶未奉行．諸臣相繼爭執．皇上何不深思其故乎．臣等非不知聖心之無他也．非不知中宮之無恙也．又非不知權且封王．將來可以待嫡而又無礙於立長也．不知元子與衆子．實難強同．册立與分封．自當兼舉．有册立而後有分封．分封之制．乃册立之餘也．是端其本而及其餘也．

夫禮有輕有重．立長爲重．則待嫡爲輕．孟子論禮．而以寸木岑樓較本與末．若舍册立之大典．而創分封之暫規．是不揣其本而齊其末也．以權且遷就之說．而欲強天下臣民之從．皇上以爲可乎．不可乎．宋臣胡銓有云．非惜夫帝秦之虛名．惜夫天下大勢有所不可也．以元子而封王．雖曰權宜．恐揆諸典制．萬無是理．且從此年年待嫡．年年無册立之期．恐諸臣之年年煩瀆未已也．皇上以爲可乎．不可乎．皇上英明天縱．高出千古．孜孜化理．事事可法．若新旨堅不可回．則將來聖子神孫皆將曰．立嫡以遵祖訓．必皆有嫡而後可立．若元子衆子雖長．必皆援暫且封王之例．是以皇上創行之制．亦猶夫祖訓也．皇上以爲可乎．不可乎．洪武朝．有給事中卓敬．因諸王在宮中服飾有擬太子者．乃曰．宮中朝廷視效．紀綱攸先．今陛下于諸王不早辨等威．而使尊卑無序．將何以令天下．上笑曰．此言良是．吾慮未及此耳．今若一併封王．則雖稍別等威．其威必至於此．將來隱憂蓋有不忍言者矣．皇上以爲可乎．不可乎．臣等日夜思維．豈能妄爲一說以滋煩瀆．惟冀皇上虛心法祖．早集廷議．而于一併封王之旨．似不得不收回．以決大計．以端大本．易曰．觀會通以行典禮．臣等翹望皇上于此一舉．必有大慰天下臣民之心者．又何幸躬逢其盛哉．臣等干冒宸嚴．無任惶懼俟命之至．

愼爵賞以遵祖制疏

臣聞爵祿者．天下之公器．而廉恥者．人臣之大節也．爵祿不重則名器褻．而何足以激勵乎人心．廉恥不重則名檢虧．而何足以身率乎僚屬．故古之明王惜而愼之．恒爲名器而重爵祿．古之大臣惜而愼之．恒爲名檢而重廉恥．用是而賞弗浮．爵弗濫．大臣法．內臣懼．上下相與以有成．雍熙之治也．矧祖制攸存．王言在耳．其可有違而濫賞哉．而濫賞之自．始於大臣．則大臣之責．實有不容諉者．是一舉而所失者多也．臣冒死爲皇上陳之．

頃者科臣王繼先條議．一謂清冗濫以裕國計．蒙敕部議．隨該兵部覆請．欲將錦衣衛傳乞陞賞冒濫各官．比照節年事例．通行清查釐革以省祿糧．荷蒙皇上俞允．委錦衣衛堂上官行查．一時臣工相慶．謂此舉也．遵祖制．惜名器．節財用．咸於此係焉．眞斷自宸衷．而爲大聖人之作爲者．旨意方新．奉行伊邇．近閱邸報．又該慈寧宮成．中官外戚

復蒙加恩陞賞．或廕其弟姪．或廕其親子者．或爲百戶千戶者．或爲冠帶總旗者．諸如此類．不一而足．臣豈不知皇上之心．謂慈寧宮爲聖母所居之所．工完大慶．各官勤勞．自大臣而下．俱有恩賞．吾何靳一左右．又何靳一外戚．即一酬之而不爲過．是皇上之賞賜．爲仰體聖母而設也．臣當祇承．復何敢贅．但臣考國初之制．武職非軍功不賞錦衣．非特功不除其職．亦甚重矣．夫曰軍功．必其冒失石．衝鋒鏑．出萬死于一生是也．曰特功．必其建奇績．衞國家．而爲人所不能爲是也．今諸近侍戚畹之賞廕也．將以爲軍功乎．則修造工成．似難比軍功之例．仰以爲特功乎．則因人成事．又難附特功之條．揆諸祖制則有違．質之人情則未協．以致諸內臣相繼請乞辭免．彼亦自知其不可輕受也．皇上爲一宮成而賞廕．獨不可爲祖制而一惜乎．且效勞趨事．正臣子盡職之時．皇上俯念其勞．即優以金帛可也．而何必賞官爵以壞名器爲也．官其弟何裨於其兄．官其姪何裨於其叔．不若稍從厚賞之爲得耳．古有寧賜數萬錢而靳一使相之請．意非無謂也．皇上爲一宮成而賞廕．獨不可爲名器而一惜乎．嚮無明旨清查冒濫．然且不可．矧行查之旨方頒．而陞賞之命又下．是猶欲止湯之沸而重加以薪也．前欲拒虎而後復進狼也．欲沸之止．虎之拒．其可得哉．非惟勢不可查．而皇上之旨意．祇見其窒碍而難行矣．方今之弊．最可恨者．在虛套相沿．牢不可破．朝廷之上．安可蹈之．而以虛套風天下也．皇上爲一宮成而賞廕．獨不可爲明旨而一惜乎．乞念祖制而思武職之匪輕．思行查而知王言之當重．特賜宸斷．敕下該部．從公參酌．其應廕與否．擬議上請．如

果於祖制有違・乞賜收回成命・仍從優賞金帛・以酬其勞・俾得享安靜和平之福・庶清查之明旨・不至虛文・朝廷之名器・不至濫及・而國家之財亦可節省于萬分之一耳・

然臣猶有說焉・論功行賞・固國家之彝典・而陟黜大臣・惟皇上得以主之・次之而薦賢糾邪・則臺諫事耳・內臣非所宜獻諛也・叙事記功・固部堂之職掌・而品騭內臣・惟皇上得以主之・次之而糾劾奸佞・則臺諫事耳・大臣非所宜獻諛也・近者督工內臣報工一疏・上自卿輔大臣以至科道部衛諸臣・各以近侍分配・溢詞美考・已駭見聞・而工部題覆一疏・猶于內臣各爲溢詞美考・極口褒贊・臣極駭之・如謂舊例當叙也・則論功乞恩・止當首叙其事・大臣內臣・止列銜列名以俟宸斷可也・而何必分析各自爲考也・若內臣而擅用考語・其失爲市恩・其流爲攬權・以大臣而褒揚近侍・其失爲結寵・其流爲無恥・內臣掌事・常慮人之議己・假此市恩・自是常態・已屬可恨・臣不意工部尚書某身爲大臣・而何寡廉鮮恥一至是也・使傳之四方・書之史冊・莫不曰・內臣之能薦大臣也如此・又莫不曰・大臣之濫薦內臣也如此・又莫不曰・內外互相標榜而起諂諛之風也如此・豈不爲清朝盛典之累哉・卽此一事之失・雖未敢概其生平・而亦足以見其生平矣・推其心・若謂不極爲褒美・則內臣之歡不結・內臣之恩廕不厚・則我之加官廕子・未可必得也・是內臣外戚之爵賞・皆一疏之薦有以成之・人之視之・如見肺肝・則亦何貴于大臣爲哉・臣不敢卽此一事遽爲皇上處分・以傷雅道・以妨盛典・但關係匪輕・此風實不可長・伏乞天諭叮嚀・戒諭內臣大臣・以後凡有興作・工完叙功・勿得仍前濫薦・以蹈諂諛之風・卽有舊套・尤宜速爲改正・止叙事列名・以俟上請・庶人心知所警惕・而邪媚之習可杜矣・臣言及此・知禍且不測・但臣視皇上・眞堯舜之君也・有君如此・何忍負之・使皇上爲私恩而妨祖制・大臣爲乞恩而賤名檢・而致天下萬世有遺議也・臣忝言責・貪位苟容之罪・其何以有辭于天下萬世・故觸冒天威・忘其狂躁・伏乞鑒察・原其無他・臣不勝隕越屛營之至・

乞停取麒麟疏

臣近接邸報・仰見皇上之意・不過以麟爲瑞物・向來未見・今止欲一見・似於聖德盛治無妨也・臣復何言・但捧誦綸音・一則曰・聞河南產有麒麟・撫按官如何不奏・一則曰・朕於罷瑞獻豈不知・惟欲一見耳・臣請自皇上之所謂聞者・願皇上之愼其所聞・而益進於所未聞也・請自皇上之所欲見者・願皇上之端其所見・而益進於所未見也・臣聞四方災異・水旱盜賊・日以奏聞・此撫按事也・矧麟之爲靈昭昭也・旣產於盛世・撫按敢不以奏聞哉・但竊聞此麟產於光山・托生於牛腹・卽斃於次日・旋產而旋斃・則祥者亦爲不祥矣・祥而不祥・撫按將以何者上聞哉・撫按旣未嘗奏聞・不知皇上之所聞者・果聞之三四輔臣乎・抑聞之部院大臣乎・抑亦聞之臺諫言官乎・三四輔臣未有聞・部院大臣未有聞・臺諫言官未有聞・皇上深居九重・雖聰明天縱・何由卽聞產於河南乎・臣遠在南都・雖不知其所自・但以臣意竊揣之・無亦左右小臣以奇怪取悅聖心・多方差人訪求於外・或傳聞於道路・或收買以繪圖・務爲鼓惑計耳・若此者非皇上之所

宜聞也・此端一開・日漬月淫・將來乘間竊發・潛聞於皇上曰・某省出有某物・某地產有某瑞可着禮部上緊取之・又其甚者則必曰・聞文臣某人可用・可着吏部上緊轉之・聞某項錢糧可用・可着戶部上緊進之・聞武臣某人可用・可着兵部上緊轉之・聞某人問某重辟・可着刑部之緊釋之・聞某處尚堪修造・可着工部上緊造之・聞某處某官可逮・可着錦衣衛上緊逮之・皇上將惟其言而聽之可乎・否乎・天下萬世謂皇上爲何如主乎・臣竊謂皇上英明獨斷・雖不可無・而從中傳旨・猶不可有・此關于理亂安危之幾・匪細故也・誠所謂始于微而成于著者也・易曰・履霜堅冰至・正此謂耳・矧四方災旱・老稚流離・啼饑號寒之聲・皇上猶有未及聞者乎・北虜驕橫・士卒困苦・呻吟嗟怨之狀・皇上猶有未及聞者乎・孤臣寡嫠・煢獨哀哀・哭泣悲嗟之情・皇上猶未有及聞者乎・宗室貧窮・飱饔弗給・愁苦涕洟之態・皇上猶有未及聞者乎・諸如此類・左右不以聞・而以麟聞・誠非忠於皇上者也・故臣願皇上之愼其所聞・而進於其所未聞者誠以此・

夫所謂罷瑞獻者・豈徒曰罷之云乎哉・乃其心則不欲見者也・苟心欲見之・則胡可言罷・亦胡可言知・臣嘗鏡之古矣・周武王却旅獒・漢文帝却千里馬・漢光武却寶劍・唐太宗却名鷹・此皆聖主賢君不以異物爲貴・誠却之而不欲見之者・垂之後世・遂爲美談・皇上德邁周武而陋漢唐・于不足言者・何爲既知宜罷而復欲見之乎・又嘗鏡之今矣・洪惟我太祖高皇帝・於蘄州進行竹簟・則却之曰・恐天下聞風爭進奇巧・仍令四方毋得妄有所獻・太原歲進蒲萄酒・則曰・朕飲酒不多・自今令其勿進・國家以養民爲務・豈可口腹累人・世宗皇帝卽位之初・珍禽奇獸・一切縱放・而淫巧異玩・罔干嗜好・是祖宗之所以結人心凝天命以培千萬年不拔之基者・其好尚恒端・舉動恒愼・典則具存・是固聖子神孫所當服膺而遵承之者也・

皇上御極・年來盛德大業・光昭祖宗・臣於以前仰承德志・一疏已經敘誦・茲不敢多贅矣・皇上今日爲一槁麟之故・必欲一見・令撫按官上緊進來・似比二祖之盛德不無少損乎・假使其麟至今尚存・皇上必欲一見・然產生遠方・臣猶以爲不可・矧麟已斃多時・其形枯槁・不堪進於丹陛之前亦明矣・或者左右小臣・以爲此希異之物・不可不見・或誑以爲其麟尚存在・遂鼓惑聖德・而必撫按進之乎・撫按聞命・徨徬無措・則責之道府・道府聞命・徬徨無措・則責之州縣・州縣下吏・徬徨無措・又不知何如而後可應皇上之命也・其中道途之費用・解官之科索・驛遞之騷擾・恐有不堪言者・當此物力凋疲之際・軍民困苦之時・兩河報災・比他省尤甚・皇上惓惓以軫恤小民爲念・何苦爲此無益之舉動・而勞民動衆爲也・

至於老稚啼號之聲・士卒呻吟之狀・孤寡哭泣之情・貧宗愁苦之態・皇上果欲見之否耶・臣愚以爲推此一念・欲見異物之心而廣之于所未見・斯爲大聖人之聰明耳・皇上睿哲・既知罷瑞獻之爲是・此正杜將來貢獻之漸・今必欲一見而不盡罷之・則傳之四方・咸以爲斃麟且見之・况生者乎・况出於斃麟之外者乎・將來聞風而進獻者接踵至也・書之史冊・寧不爲盛德一累哉・

昔舜造漆器・諫者七人・夫漆器用物也・造用物且諫・

則槁麟之取・寧忍於不諫耶・臣雖不敢以舜臣自待・而實不忍不以虞舜望皇上也・伏乞皇上俯察臣言・收回成命・速為停止・仍乞皇上自今以往・不邇聲色・終惟其始・不嗜玩好・久而勿替・不聞亦式・常存布衣祈禱之心・不見是圖・永堅停操減造之節・移此念以接賢人君子・則所聞皆正言・所見皆正行・移此念以就日講經筵・則所聞皆正典・所見皆王謨・至於內臣之語・有益身心者始聽之・凡涉于嗜欲者必斥之・一切從中傳奉旨諭・倍加詳慎・毋啓邪萌・如是則皇上之盛德格天・駿業亘古・不數年間・必有麒麟遊苑・鳳凰儀庭・以應聖明之瑞者矣・區區遠方一槁麟・奚足美哉・

嶺海名勝志

嶺海名勝志者何・余同鄉夢菊郭公所記吾嶺海之名勝也・公天資高邁・學識宏贍・凡天文地理墳典邱索暨野史稗官・靡不淹貫詳覈・宦跡所至・輒有紀錄題詠・嶺海為故土・名區勝地・耳而目之者舊矣・向圖記其盛而未遑・頃告假歸・招予結盟・談心性之學・亦時時談及山川人物相因而成者・非偶然也・業已刻粵大記三十二卷・傳於世矣・一日訪予洞中・出近紀嶺海名勝若干卷・將付剞劂氏・命不佞一言弁諸首簡・余謝不敏・且以臥病山中・學淺詞蕪而辭・公謂余曰・子非素喜談海內之勝者乎・茲所記吾粵大觀・邇者子不浪跡乎・遠者子不神遊乎・矧是刻也・匪直為觀美・中多名賢紀載・未必無裨於風教者・子安得執山中之約而固辭焉・余無以應・遂卒業而敘之・

嘗考宇內全圖・五嶽四瀆稱雄焉・嶺表僻在炎方・南海特其一耳・若論山川之名勝・五嶺控其北・巨浸匯其南・羅浮峙其東・蒼梧奠其西・會城宅其中・天地之精華萃於斯・山嶽之靈秀鍾於斯・名公鉅卿允於斯・而仙客鴻儒亦每每於斯乎寄之矣・以故仙境名山・奇巖怪石・比比呈露・如廣則有粵秀山・曰番山・禺山・曰坡山者・又有曰浮邱・曰西樵・曰白雲・曰海珠者・又有曰石門・曰靈洲・曰南海廟・曰飛來寺・曰厓門者・如潮有曰韓山・惠則有羅浮鶴峯者・如南如韶・則有曰梅嶺・曰曹溪者・如肇如瓊・則有七星巖・曰五指峯者・皆稱勝焉・餘悉難名・本之於天造地設・巧之乎鬼斧神工・寵之乎名賢題品・他無論矣・如梅嶺之文獻・海珠之文溪・石門之刺史・夔齋之士行・藍關之昌黎・靈洲之文忠・清風勁節・雅操精忠・勳名勒彝常・芳聲昭日月・將與山川并流峙・又非僅僅以名勝目之者・宮詹黃泰泉公所輯通省全志・紀述非不詳・而簡冊浩瀚・安得人人而家藏之・人人而遍覽之・致有生長茲土終其身・而扣之曰・某名勝若何・某名公之寄跡於某地若何・則茫然無以對者・非其識不足也・力不足也・公茲刻也・一邱一壑・首詳沿革也・次而圖之・寫形模也・次而謌咏之・抒性靈也・次而輯錄之・備考訂也・一編而衆美具・備几席展玩・不惟泉石巖洞之勝・恍在目前・而千載之高人・猶可想見其遺風・挹覿其丰采矣・生茲土者・閱梅嶺而仰止文獻・閱珠海而仰止文溪・閱江門而仰止白沙・閱奇甸而仰止邱海・官茲土者・閱石門而景行隱之・閱韓山而景行昌黎・閱珠池而景行孟公・閱羚羊峽而景行孝肅・閱靈洲而景行文忠・閱厓山而景行三忠・則是刻大有功於名教也・豈直與臥遊圖諸名山一覽並稱

而已哉。

卻金亭記

王子曰。周官之計吏有六。而首皆重廉。厥旨深哉。蓋慮其智昏於利而勤民以自封也。夫商亦吾民也。今之商率若橫征。而鹺販爲甚。以彼挾重貲以往。而舟行川涉之震驚。風霜瘴露之侵冒。蛟鼉虺蜴衝波隱泭之抵觸。出萬有一安。博什一以奉國課。而以其贏爲俛仰資也。既苦中涓之竭澤。苛吏復從而魚肉之。其能堪乎。吾廣鹽課。頃缺司官。當事者重番禺鄭侯之才且廉也。亟借署司務。侯力辭弗獲。迺投袂起曰。夫商獨非吾赤子乎。吾當寬其科條。核其敝垢。獨非吾內溝之恥之所寄乎。故視事來。周悉愛護。一以勸商裕餉爲念。若出熾焰而濯之清泠。凡利之當興。志在必舉。即諸商之條陳各欵。不難開誠布公以茹納之。害之當革。志在必釐。即違限之辜。情多可原。不難力爲申豁。而又陰行其德。多所建白于監司。俾法不傷嚴。手足易指。至於分斤河例免盤納堂諸科歛名目。第爲苞苴者藉耳。公一切謝絕。日坐堂皇。爰書立就。而奸胥猾吏無所厠其神叢。餒虎饑狼無所肆其赫毒。宜商人之不能一息忘棠蔭也。公既弛擔。諸商以德我者深。思欲以纂之心曲者纂之豐碑。輒於廠前捐貲築地。特建碑亭。而介紹於陳生朝文謁王子索一言以識不朽。

余惟國家所賴以康黔首興太平者。在長吏之良。而長吏之良。則在乎持廉秉公。如調琴瑟。和五味。庶萬彙蒙休。職是用舉。余觀鄭公以名進士起家。先宰吾省歸善有聲。嗣補番禺。循良益茂。大都性察而和。器閎而密。衷毅而慈。氣舒而整。故其爲政。一本之眞誠愷悌。而才之所負。守之所抵。如寒潭皎月。無所玷其操。蓋其施在一隅。其仁足以示四表。其行在一時。而其法足以垂將來。今天子惠養元元。務在成就全安。則自今日往。所以殫力攄志。佐國家修百姓之隱者。寧僅一鹽政之良美哉。昔者管仲佐霸。吳濞竊雄。宏羊心計。劉晏轉輸。何嘗不藉鹽之利以足用。明興。經制遠邁前籌。不虞今日之潰決萬端也。迺觀鄭侯之一意拊循。補偏救敝。倘所謂寬一分則受一分之賜乎。而又挺拔於流俗。蟬蛻於羶薌。斯固司牧者之高標也。叔度來暮。喬卿仁明。美則愛。愛則傳矣。人心之天。焉可誣也。不佞從人心而志之石。非獨以慰商人之思。將使後之嘉惠征商者。不忘前事之師。則公之爲澤彌遠矣。郡治之南舊有盤鹽廠。前逼珠江。今通省客商捐金築地若干丈。前豎碑亭。規制煥然矣。侯名鄭□。萬曆甲辰進士。閩之同安人。

曾象乾　榜作馮象乾。曾其本姓也。字體見。連州人。萬曆丁丑進士。選庶吉士。轉福建巡按御史。累官至都察院僉都御史。明志稱所著散佚。惟存中秘課卷。阮署注未見。

劾東廠太監張鯨疏

山西等道掌道事河南道御史臣曾象乾謹題。爲奸黨已明。元惡未去。懇乞宸斷。以彰法紀以光聖德事。先是臣等接得邸報。見貴州道御史何出光等交章論列東廠太監張鯨。續該刑部問明。復請奉旨。着鯨痛加省改。策勵供事。臣等竊謂張鯨身爲近臣。不能自靖。以致臺諫交章。中外切齒。即今問證已明。獨鯨得從寬宥。皇上之宥鯨。豈誠謂鯨無罪歟·據臣等所知與理官所勘·劉守有竊取馮保家財·藏匿者鯨也·邢上智冒領內府·主令者鯨也·李登雲挾詐孫銘財物·先事者鯨也·其他賄賂交通·十九入鯨之橐·聲勢恐嚇·大半藉鯨之威·今劉守有革任矣·邢上智論辟矣·李登雲等問戍矣·羣狐就縛·而嵎虎尚存·走狗已烹·而發蹤無恙·臣等誠莫測其故·以爲錄其勞·則鯨奔走役使乃其職事·非有翊戴之功也·功當錄勞·不當錄勞而見錄·人皆可以爲鯨矣·以爲冀其省改·則鯨之招權納賄·所謂大惡·非止詿誤之過也·過可宥·惡不可宥·惡而見宥·人皆欲爲鯨也·鯨不知有言官·不知有法司·所忌者在皇上之明·言官之敢言·法官之執法·所恃者在皇上之斷·去邪者嫌於疑·去惡者莫如盡·今鯨之惡已彰彰如是·卽不爲兩觀之誅·亦當示三苗之竄·乃使之依然就列·宴如供事·鯨將謂國法可以倖免·聖意可以轉移·將睥睨言官·以爲莫敢誰何·將號召黨羽·以爲不必畏忌·異時雄心再逞·故態復張·守有雖去·上智卽誅·爲守有上智者·豈其微哉·語有之·不見其形·顧察其影·鯨之罪惡貫盈·情狀暴露·人已目視手指之·不但影而已·皇上尚可匿其形乎·且人主整齊其下者·惟法與令·主持於上者·惟信與公·皇上令行於馮保·在鯨則舍而不行·非所以示天下之信也·法舉於外寮·內臣則偏而不舉·非所以示天下之公也·臣等待罪西臺·義不容默·伏乞皇上法行自近·獨斷乃心·勿憐其不足錄之微勞·以赦今日之顯惡·勿冀其不可必之後効·以啓將來之隱憂·將張鯨照馮保事例·按法正罪·遠加屛斥·上以昭法紀·下以快人心·臣等幸甚·天下幸甚·

擬正士風疏

臣聞飭躬而善俗者·哲士之懿行·起敝而維風者·明王之芳規·今海內賴皇上建極·賢公卿宣猷·中外百執事爭自濯磨·冋心嚮道·顧其間士風未盡淳·於盛治不無萬一之累者·杞人之憂·竊效區區·敬爲我皇上陳之·

夫天下莫病于尙同·亦莫病於好異·模稜首鼠·漫不臧否者同·釣奇炫譽·自爲標榜者異也·今之病·不在同而在于異·其始也·一二好奇之士·譁世取寵·其後則千百人從而和之·愈呼則愈熾·愈流則愈下·及今不爲之所·後將莫知所底止矣·請得而熟數於前·

臣惟六經註疏·語孟集解·學者童而習之·家而誦之·如著龜然·無異說也·乃一登仕籍·遂羣詆之曰·某儒某說妄也·某儒某說舛也·視之若仇讐·而棄之若敝屣·豈某儒之說·僅可以明經應舉·不可垂世立教乎·此所謂操戈入室·臣不願士有此風也·

濂洛關閩·爲世大儒·朝廷俎豆宮墻·示信後學·三尺童子聞而慕之·乃今士皆鄙夷之曰·彼其裒衣短步者僞也·彼其明道講學者迂也·有言及者·輒掩耳而不欲聽·稍知嚮者·則噤口而不敢談·何諸儒見信于童穉·而反不齒于士大夫乎·此所謂見影吠聲·臣不願有此風也·

老莊淸談·卒以禍晉·佛釋虛空·卒以禍梁·今乃縉紳名流·逃儒歸焉·有綜莊佛之書者·則以爲傳·有悟佛老之旨·則以爲高·昔猶勦襲其似·假儒說以文之·今則沒入其中·顯然推而尊之·吁可怪也·

曾象乾

六經之文明白・諸子之文艱深・乃今稱文字名家者・率捨經而宗子・厭易而喜奇・浮靡效六朝之眉顰・屈曲拾秦漢之唇吻・稍不如是・羣相訾笑・以爲理學頭巾・宋人氣格・是宋一代盡無文人・三百年間皆無文字也・是又可怪也・

甚至始皇之坑焚・漢武之窮黷・此足以爲人君戒者・而談者曰・萬古之英君・曹瞞之欺孤・安石之變法・此足以爲人臣戒者・而談者曰・百世之能臣・諸如此類・難以枚舉・大率喜於爲異說・而恥于襲衆見・厭于爲庸言・而敢于爲高論・人情厭常喜新・彼之名位又足以動人・其不相率而歸者無幾矣・

荀卿明王道・述禮樂・爲世大儒・惟其以堯舜爲僞・桀紂爲性・以子思孟子爲亂天下・李斯用之以禍秦・彼固戰國之習宜爾也・聖明之世・四海同文・此高談異說者・其風豈可使之一日長哉・夫是非在天下・如黑白薰蕕然・以黑爲白・則人異視矣・以薰爲蕕・則人易臭矣・今或厭六經之語・以濂洛關閩之說爲常・而老莊佛釋與平日所不齒于縉紳士者・今反得以揚眉吐氣焉・凡此皆臣所謂異也・

昔漢儒董子曰・春秋大一統・今百家異議・旨意殊方・諸不在六藝之科孔子之術者・請一切絕之勿使進・臣於今日亦然・請下明詔・示以意嚮・羣臣中有卑薄宋儒・浸淫佛老・喜爲異說・敢爲高論者・則有流放竄殛之刑・斯士風可淳・其於治道不爲無少補矣・

鹽法道陳公祠記

連城子家居已十年・不束帶見貴遊・不操觚爲文字・亦已十年・今晨有客踵門來告者曰・某皆粵商也・世業鹽・萬歷乙酉・前僉憲陳公專理廣之鹽法・有大造于商・我商人不能忘・祠而貌之有年矣・乃石尚未鐫・若有待也・敬徼惠於吾子・

連城子曰・異哉・祠爲鹽法立也・粵處海濱・其財賦所供・惟鹽爲利府・而狡獪所伏・亦惟鹽爲弊叢・朝廷重其事權・專理憲臣・地官無以法名・獨是稱鹽法・意有在矣・往陳公以臺御史出按宣大・兢兢持三尺法・所至肅清・其僉憲吾廣・以忤執政來也・公不能脂韋執政・何能呴沫諸商・誠當其時棘如束濕・若輩將重足側目・且夕惟覬公代去・尚能從去後尸祝之耶・公之德・與若輩之德公・是遵何術・願言其詳・客曰・某等爲國通海滷之利・資其貿易以佐軍興・食其贏餘・自給俯仰・用力甚勞・取息甚細・獲利什一・食苦什九・餉有餘羨・分納而羨多・鹽有常額・虛割而額減・罪有例罰・重科而罰濫・豪强承埠・則散折不通・水客爲商・則兌商失利・留難于西運・則守支曠期・候掣于海中・則風濤作祟・種種皆爲商病・上之人目曾不一瞬也・陳公獨能調劑・八議條行・三河受賜，無一切增羨虛賠重罰之苦・無土豪水客留難覆沒之虞・我商人如出烈焰・決以清冷・如出重淵・再見皎日・公德在世世・我商人德公亦將世世・

連城子曰・公爲粵鹽法而用法如是・宜其祀哉・法有然・有未必然・有必執・有不必執・載在令甲・奉若蓍蔡・此國法也・昔言便・今言不便・何可無執・一意裁抑・與商爭利・此文法也・官言便・商言大不便・何可膠執・公不抑法爲人噢咻・不苛法令人縶縛・去泰去甚・去商之病・而商悅矣・孟子論王政待商・曰法而不廛・是何嘗廢法・曰廛而

不征・又何常廢情・法之體方・情之用圓・勢若不相入・情以仁疾苦・法以禦奸萌・義各有攸當也・藉人之財以輸公・不恤其私・因人之力以爲我・不顧其害・亡論非人情・亦豈朝廷立法通商意哉・邇來兵興・多廢調度・不支・始議榷商・再議加稅・商病極矣・人情悲今則思昔・食苦則思甘・商至今日・又安得不愈思陳公・公名性學・號還冲・浙江紹興諸暨人・萬歷丁丑進士・連城子居粵・於公爲編氓・粵商不能言・粵人當代之言・誼不得以久不染翰爲辭・于是乎記・

三賢祠記

連舊有祠・祀唐昌黎韓公・中山劉公・宋紫巖張公・三公皆以擯謫至連・連人賢而祠之・故稱三賢祠云・客有問余者曰・昌黎之文章・魏公之相業・百世後願爲執鞭・中山非叔文黨耶・余曰・唯唯・請爲中山解之・

按唐史・順宗在東宮・欲諫宮市・叔文曰・太子職視膳問安・不宜言外事・陛下在位久・即疑太子收人心・何以自解・叔文日見親愛・遂多引朝士・知名者如柳子厚劉中山・以才名與焉・且謂某可將・某可相・幸備異日之用・是中山之進・雖緣叔文・所比肩事主者則東宮也・乃不幸叔文怙寵・順宗復無祿殞世・方得意時・一山陵使不可得・一旦失勢・同爲逐臣・命也如斯・奈之何哉・秦王開天策府・定策諸元勳・即府中所養士・房杜尉遲・異時俱稱名將相・事成爲秦府諸賢・不成爲叔文諸黨・爲虎爲鼠・何可以成敗論賢不肖也・爲朗州司馬十年・平日壯心銷磨已盡・奉召而還・再忤執政以出此・豈跼蹩轅下駒・泛泛水中鳧者・大中丁卯・連人劉知幾成進士・人謂前此未有也・自中山刺連始・斯人關鑰于是乎啓・有功于民則祀之矣・子厚居柳州・柳人祠之爲柳侯・迄今精爽宛然如在・劉于子厚其才名相埒・所遭不幸復相同也・柳人祀柳・連人祀劉・大都一代文人・其稱爲才者不數才矣・而竟能其用者亦不數才・如子厚中山・其殘篇遺唾・能使人膾炙・其幽魂餘魄・能令人尸祝・當其時・則去之恐不亟・竄之恐不遠・娥眉見妬・從古已然・何足怪哉・客曰善・問祀・劉得祀・祠在北山寺側・先是幷南軒張公爲四・後徙祀南軒于澤宮・遂爲三・日久祠圮・遂遷於寺・歲萬歷辛卯春・分巡游公行部至連・檄前太守陳君鼎新之・越明年壬辰・今太守鄭君復增創後祠・規制益邃・至是以游公命來徵言・余不佞・述嘗與客論中山者如此・若昌黎之起衰濟溺・魏公之浴日補天・人既曰賢矣賢矣・無容贅云・

金節

字持甫・南海人・萬曆丁丑進士・歷官至廣西參政・著有吳粵草・佁鳴集・阮志藝文畧注未見・

送王藩父守眞定序

眞定爲古趙地・所轄州五・縣治六十有七・其形勝臨滹水・倚桓山・左瀛海・右太行・其俗習文武・尙禮義・自昔記之・蓋京輔鉅郡也・王藩父治聲籍甚郎署間・丙戌春拜茲郡・來謁余請曰・不敏委命屬吏有年・今叨嶺大邦・爲翁桑梓地・願得言以藉・予聞之・郡當子午孔道・賚璽乘傳者・車馬輻輳・二臺院駐蹕其中・晨參往謁・候顏色・還坐郡・計三十州邑吏治・則日漏二刻矣・是守竭其精神耳目於外者十

九・其理郡事者十一・吾將□□□□廚糈・往來奔走・日過客以獵虛聲乎・然□□□□脂竭矣・將急簿書期會・役役於刑名錢穀間・以稱監司部使旨乎・然精力耗而實惠不究矣・將如古之循良龔黃卓魯者流・宣德達情・與民休息・無赫赫之政・希嘷嘷之治乎・然供億奏報稍遲・人將惟守側目而是尤・將如脂如韋以邀榮名而取世資乎・余椎魯質直又不任・是惟老先生命之・余扼腕而嘆久之・有味乎藩父之言也・漢世以武功扶風馮翊爲三輔近地・稱股肱郡・內以拱衞京師・外以控制諸藩・而河南南陽不可問・則以貴戚近臣在焉・今之眞定・何以異此・傳稱燕趙多慷慨悲歌之士・而鬬鷄走狗椎埋剽竊者亦不少・又多中貴戚畹里居・不可以法繩也・西連山西・北枕保定・界乎倒馬龍泉固關・爲戎馬供應之藪・寬之則視爲迂緩而無當・急之則視爲操切而不決・郡守亦重且難矣・

余讀史至趙京兆所治煩劇・不下眞定・其所揣摩摘發・中人之陰・以神其奇・張子高理郡・時趙冀州界大賊枹鼓白晝起・一聞刺史下車・輒引散・此二君者・令行如風・威行如馳・若神鬼不可測・海內咸推遜避舍・而班氏語亦津津不置・至其著循吏傳・則不以張趙易龔黃・謂其慘刻少恩・非所以養元元之命也・君所治近輦轂下・□□大鷙擊・治亦立辨・君盍衽席其民而振刷之・第無以藥石先粱肉・毋以精采剝元氣・忠愛允孚・積洽淪偏・易以治也・且世之詡詡爲名高者・有出於簿書期會奔走逢迎乎・其能者不過剔垢而任奇耳・此何足爲藩父重哉・聞之習於水者・不憚瞿塘三峽之險・習於陸者・不惴羊腸鳥道之難・君曾司理廣平・廉明忠信・果毅不可撓・聲名燁燁・膾炙人口・眞定距舊治相望・爲行部所習之地・循是以往・如輕車就熟路也・奚暇問道於余・然余謂天下大勢・如一家然・京師堂奥・眞保諸郡猶門庭也・善理家者・必固其門庭・而后堂奥可恃以無恐・脫或扃鑰不嚴・門庭不固・豪猾悍子得以觖法其間・堂奥未得安枕而臥也・司銓者以君爲能・選擇而使・北門鎖鑰・於焉是賴・其尚展乃心懋乃功以簡任・余將跂足而觀厥成矣・君適趣裝就道・同列祈余言爲別・余持是質之・后山楊公不以爲佞・因書以贈・

送范原因擢南昌守序

范君郎南比部・調度支・葢五年於茲矣・華聞蔚起・主爵者才范君・遂擢守南昌・往臺省薦剡・列諸舍郎文武才・備疆圉使・余見范君名褎然首牘中・及余來陪京掌度支事・而范君以期會旅進・望其人・玉立有矩矱・稍按其分曹治狀・事事精核中窾理・乃信夫往之奏記眞得人云・未浹旬・而范君以新命別余之南昌・遂問所嚮方于余・于后山楊公・公已有別稱說勉其行矣・余義不容已・乃綴之篇以贈范君・

夫南昌非咽阨吳越之大都會乎・其內則鎭撫大夫柱后惠文與行部□使者・節鉞冠蓋・鱗次相屬・而尺一方書・又不可以文陳也・其外則擁傳乘軺鳴騶珥節者・星馳雲逐・而供張治具于亭障臺隍・又若流也・良二千石・得不自馳驅于棨戟之間而贄謁修刺以爲恭乎・得不報謝軒輶而問遺于謁舍乎・得不戴星櫛沐而秉炬以治爰書乎・良已勞矣・又況夫枌榆之垂纓委珮・鳴呵于里・置笏于床者臚列也・或干撅闌

入・或赫䖀居間・順之則肺石弗平・逆之則飛語驟至・焉在其三尺不撓也・南昌不易・嘻吁艱哉・

由今而現于范君・亦既玉立有矩矱矣・貴倨不敢干以私・亦既事事精核中窾理矣・紛沓盤錯・可以懸解而卒辨・君何難于南昌乎哉・第其俗民纖嗇而喜爭・匹夫修飲食小忿・輒囂然起・奸人齮齕其間・而兩阸矣・國儉示之以禮・其在斯乎・其在斯乎・貴倨人固多持其鄉・而俠魁宵人亦多陰賊・貴倨人以爲武・受理者加意於窮簷而故過爲裁抑於華冑・見以爲鋤擊之彊・而實非中和之體矣・且也大江以西・條刺鑴令・其操下僚也急・急則捃拾小過・則易錮人于聖世・欲人祓濯其志意・乃毛舉鷹擊・以博名高・使邑之丞倅參幕縱跡如傳郵・而民亦弁髦之・惇大之體如是邪・南昌守日與當事者相酬對・固可以陰福奧深・而所益多矣・范君行矣・范君勉乎哉・余又聞君令南城時・以治行高等被徵召・茲其行輕車熟路也・擘擷風謠・則歌來何暮・奚讓焉・異日者用臺省之言・推轂君以疆埸之役・必尺組寸筆・傑然自建・余日望之・余日望之・君同舍郎以余言質之后山公・公以爲然・遂張之祖道爲君贈・

姚岳祥　字宇定・化州人・萬曆丁丑進士・選庶吉士・時鄒元標以劾張居正奪情・下詔獄・居正令獄吏來問元標者書名具報・岳祥坦然熟視書名・神色自若・既而歎曰・綱維潰裂・尙可吾行吾志耶・即謝病歸・著有元珠集・

嶺西大捷露布

竊惟春秋大一統・道在同仁・天子守四夷・威惟不殺・顧遏亂畧者利用武・而芟寇暴者實爲民・惟我熙朝・式宏明化・西北之腥羶既掃・東南之醜類咸歸・自甌駱以至交趾日南・莫不傾心效順・由閩粵以及桂林象郡・悉皆稽首遵王・第茲嶺嶠之區・猶雜蠻夷之種・昔尉佗爲七郡長・漢文帝馳一价之使・僅爾羈縻・曁何眞以全境來・我高皇憫萬里之窮・曲從全活・遂使無知餘落・日蕃衍於蕉林荔浦之間・轉加相煽爲奸・羣角逐於木兵竹馬之技・重以亡命・誘其逞兇・大則劫邑攻城・小則焚鄉掠市・据羅旁各峒之險・自矜天造地設以來・當嶺西一道之衝・不啻水深火熱爲甚・毒流下土・罪聞上天・方投共憤之人心・更値告終之寇運・九天赫怒・重命興師・大義霜嚴・責臣以勛勦之績・宏謨日煥・授臣以方畧之宜・期於一舉蕩平・必使萬民鼓舞・臣自膺成命・日夕兢惶・爰相事機・始終周悉・譴督諸藩臬將領・集挽弓之衆・而三令五申・誓戒乎南北東西・嚴信地之防・而肆征夾剿・提兵徑進・仰巢力攻・然我之熊旂雖臨・而彼之狼星猶燦・殫力深堅壁之守・希心爲逸檻之圖・迨夫進鼓益嚴・萬軍齊奮・伏王猷之充塞・算策無遺・將神武之奮揚・誅鋤殆盡・一戰而擒渠卒・再戰而拔重營・勢若建瓴・威如破竹・自去歲一陽迄于暮春之半・凡四閱月而羣醜悉殲・從我朝累葉洎乎今日之隆・餘二百年而諸兇一洗・計破巢則五百六十・語斬虜則四萬二千・魚海洗戈・雲簇龍蛇之陣・珠江歸馬・月臨草木之兵・上舒宵旰之憂・下雪神人之憤・謳歌載道・砧杵萬家・昔虞舜有苗之師・尙待七旬始格・乃商宗鬼方之績・亦必三年而成・試卽古以擬今・殆齊驅而並駕・自嶺海類百年用兵以來・誠未有若茲之盛者・師出萬全・宜傳宣於四海・功成一怒・實稱快於萬方・

吳國光　字觀可．新安人．萬曆己卯解元．

海道劉公祠記

新安．東官故壤也．舊去縣治一百餘里．川塗修險．民之稅者役者訟者咸苦之．正德間．伏闕請析縣．弗就．隆慶壬申．海道副使劉公以戎事來．惻念民隱．慨然有分邑之議．達於兩院．疏請于朝．遂卽東莞析邑焉．維時吳侯宰邑事．邑民相與謀祠劉公．詣侯以請．侯曰．在禮．有功德於民則祀之．祠之宜也．乃度地建祠．且捐俸以助之．邑人吳國光記．

重修赤灣天后廟記

廣之有天后廟．建自征南將軍廖永忠．赤灣地濱大海．永樂八年．欽差中貴張源使暹羅．始立廟．又行人某使外國還．捐金買田供祀．歲久傾圮．萬歷八年．貳守周公以海防事至．顧瞻祠宇．低徊久之．乃集父老爲更新計．逾四年．始告成．

陳光顥　字少敏．順德人．萬曆己卯舉人．官通判．

駐月臺集序

蓋先大父之言曰．士豈必其榮名厚實哉．方立衡石．要在自信．余伯子有所受之．方大父仕閩爲李官．多所平反．直指使者旣慕說延平．以爲才．會上徵南中治行．使者陽浮購書延平．大父第以書抵使者．所期物亡其中．卒用此罷歸．居久之．子若孫孝弟力田．不廢儒效．大父盡發嘗所藏書．更使環讀已．廼勞苦之．若曰．設吾他日毀正佹趨得當於使者．逆天媚人．庸鉅能有若屬乎．吾廼今知止足之分矣．

先是大父春秋六十又一．再頷孫而有伯子．伯子少受大父書．自其束髮爲諸生．不啻下帷卒業．經史百氏家言旁及星曆稗官．靡不欲究也者．里中梁何兩先生．起家作者．爲名高．伯子卽不自謂雁行兩先生．顧心遜其博云．伯子尙未攻詩．間出片語．人人相詫辟易．性頗峻執．不能頫首功令．會時政束濕．縛子之路．遽拂衣引養．慨然謂士所托於世．寧藉一第重．假令一第足重．士胡杜門著書者裒然千古也．所居掃炎軒．軒之上爲駐月臺．置遺書其中．覃思撰述．寄興觴詠．古詩法漢魏．近體駸駸盛唐．尤酷好杜氏少陵．其他論著．間一稟尤氏．餘不必斤斤程古．要以攄所獨得．絕不卸鞶帨之飾．諸未具論．卽分野律曆．世儒閣於大較．視猶爰居之駭鐘鼓．伯子臚析毫芒．摭其實而裁其哀．噫．亦閎眇矣．比余踧伏田間．謬以詩謁伯子．其言軼才．人之所時有．故或醇質而功不至．功至矣．而氣不昌．氣昌矣．而日有不暇給．蓋戛戛乎其難．伯子曰．此猶謂材中繩而寸朽．玉纖瑕而美璧．今其最下者．取歷下瑯琊尸祝之．剽其唾餘．挾以詡俗．厥風靡焉．吾屬者治業益力．琢彫還質．聞有喋喋持可否兩端．吾惟是立是衡．前而不卻．夫擴擴之往．與沾沾之趨．名若利等嗜耳．吾幸有先人之藏書．書在．夫非淸白之遺也．苟焉竄以奸時．此向者大父之所羞．

吾懼焉・於戲・大父自信而不涸於實行・伯子自信而不斷於耳觀・當其棄諸生時・豈復患名哉・於今睹伯子之志矣・集成・命藏之家・顧不敢佚昆弟之質言・謹述往今・以詔來者・

黃　淳　字叔化・一字鳴谷・新會人・萬曆庚辰進士・官寧海令・因事謝病歸・闢洞鳴山・搆定帆亭・醉吟其中・自號六柳先生・蓋以出處自比陶彭澤云・著有鳴山集・

秫坡先生傳

秫坡先生黎氏名貞・字彥晦・都會里人・生元季・少從父學正公學于外・既聞西菴贇・即往從之・銳然鞭策于古之人・當路以學行舉・署新會訓導・辭不就・築釣臺于所居前・日徜徉其間・澹如也・適救鄉之鬪・忤不直者・中飛語・戍邊遼・臨行告祖曰・貞習聖賢之行・讀聖賢之書・徒切救人・屈辱己軀・雖在縲絏・非貞之罪・居遼一十三年・艱險困厄・而學逾勤・識愈高・氣逾充・議論逾正・閫帥禮之如賓・西菴贇以事死于遼・抱尸哭・解衣裹之・殯殮如禮・復典衣營葬于安山・爲文以祭・聞者莫不墮淚・洪武丁丑赦歸・抵家方夜・明月滿空・呼舟中餘酒・登釣臺賦詩・久之乃扣戶入・四方學者踵至・悉依孝弟忠信・隨所得而爲之・誘成稱最・白沙先生曰・吾邑以文行誨後進・百餘年來・秫坡先生一人而已・乙卯・由薦辟至京・見館閣諸公・一以禮相抗・議論侃侃不屈・諸公相顧謂曰・國家禮文草創・彥晦積學・未可遽令遠去・廼留商酌禮文・兩越月始歸・諸公歎曰・堯舜在上・下有巢由・如彥晦者・可易得哉・相率餞于都門外・語見翰林掌院事豐城朱善備序中・

嗟乎先生學識甚大・故胸次瀟落・順逆不校・至履仁蹈義・則又確乎不可搖撼・如陳氏沆弟江戍遼・沆選妓佐宴・召不赴・作詩答之・沆得詩・江罷宴・從師贇・使高麗・不畏險難・收贇死・不畏罪及・所謂欲行天下獨者非耶・詩文一出自胸中・讀者知其所抱・論古今治亂興廢得失・人物臧否・多自得之見・所著有古今一覽全書・家禮舉要・秫坡集等書・

評曰・黃雲紫水間・代不乏賢・塵銖之視・以其有重也・白沙先生最著・秫坡釣台曰維先風云・論世者顧疑于俎豆・甚弗考故・附茲以俟後之君子・

謝與思　字見齋・一字方壺・番禺人・萬曆庚辰進士・官諸暨知縣・轉調大田・爲蜚語所中・貶秩・慨然曰・青山白雲・尚容傲吏・拂衣歸・築小樓於郊垧・著述自娛・著抱膝居存稿二卷・阮藝文略注存・

衞生編序

醫和有言・於文・皿蟲爲蠱・穀之飛亦爲蠱・在周易・女惑男・風落山・謂之蠱・其以爲蠱物者不經見・而世傳江以南殆然・蓋余讀直指公檄・始灼其狀云・天地大矣・何所不有・古者遠方圖物・使民知神姦・不逢不若・此亦何諱・而學士家・往往于聖人不語怪・夫匹夫纖嗇筋力所幾一金・使鬼賫貸・而藉子錢什倍・其誰不勉焉・乃性故甘人・得卽我以而卒絓三天・不得卽遷戮主者・取彼予此・仁者不爲・況於兵在其顯邪・其爲不祥大矣・惡中人而傷生・不能荒閟・而思有所及之・故著之編・俾自爲衞・夫能以道莅天下・其鬼不神・斯其能不語者乎・

赤巖記

方壺子屬天地之曠蕩量移于此也・飾臃腫之才・因曼衍之德・虫臂鼠肝・隨化則受・蜩甲蛇蚹・有待而忘・自以性同鱗羽・愛止邱壑・訴牒之暇・偶蹇裳躡屐・排幽攬勝・得城東赤巖焉・赤巖者・榛莽之所湮鬱・猿鼬之所窟宅・實乃軒邈靡迤・含雲蓄翠・四時粧綴緣其限・一溪清駛濱其足・于是方壺子庀徒闢土・擷林拓架・爲基址凡六所・其一曰水月軒・溪故可航・由溪抵軒不數十武・稽首大士前・嗒焉衆緣俱盡・已又斗折而上數十武・曰觀稼亭・每凴欄紓眺原隰・龍鱗黃綠・間錯若繡・爲一歌南風之詩焉・自是再上爲三元堂・堂之中・石磴劖削凹深・苔蝕蘚暈・元君像卽倚石・而龕復之・爲文昌閣・景益敞・旁竹竿數十个・樫櫸杉檜數本・葱蒨相糾可愛・稍蜿蜒而西・庋小閣・曰滌除元覽・則方壺子小甜所也・凉颸時襲衣襟・白鷗上下親人・遠矚橫坡・俯聽流水・固不知足趾之蹇矣・過是復上百武・爲淨樂界・又山椒構小浮圖・曰凌宵・終巖之勝焉・大都目力所至・雲屏萬疊・羣峯隱隱・如出足下・或鵰蹲・或虬伏・或釜覆・輕嵐暖靄・翕忽變幻・輒欣然會心・而應接不暇也・

爾乃霞朝月夕・夏燠冬寒・子大夫數同過・泛清波・浮綠醑・欵語轟笑・流連竟日・叙有爲之外・究無生之業・自是幽關洞開・亦復情瀾不渫・故其形勢・不必元圃瑤池也・其偕耦・不必偓佺羽人也・其飮食・不必石髓玉漿也・余知夫岌業而泰岱者形也・渾淪而毫末者亦形也・絕滄溟而至止者適也・寄一枝而棲息者亦適也・且也太空滓溟・物何從生・彼佐然而爲山・則寓也・我忽焉而爲人・則又寓也・以寓相寓・同一滓溟之塵滓・于乎・又惡至而倪大小・惡至而倪廣狹哉・方壺子弟趣觴而醉・咏而歸・

重建萬積洋公館記

去縣治百里而遙・爲萬積洋・舊有侯館在焉・歲久傾圮・尋燬於兵・前是蒞茲土者・卒卒未敢議興復也・余數以事蒲伏州郡・每過則低徊久之・曰・葺廢舉墮・詎非有司任邪・而先我者・豈故以遲我・毋亦謂磽确之區・蓄儲幾何・將坐課是懼・而胡眷眷多事爲・且無樂以征繕廛吾民也・又無樂以飾廚傳稱過使客之名塗吾身也・是則然矣・顧田何邑也・濱巉巖負谷之中・郡邑相望・非踰信宿不可至・卽權使其民無論諸從者趨・熱則蹁蜳而蹋・寒則皸瘃纍舍・重繭不以善息也・第昏莫而過・俯黮闇之深谿・支徑若綫・足二分外垂・火光不相接・是非以身爲戲乎・進退不可得・勢必弭節而託宿於民・夫民也・晝罷於銚鎒・夜鶩於供億・且倉皇而求所謂儲偫什器者・其可以待焉・卽余小子之不宴是甘・而奈何令過使者竭蹶而趨・重困於我土地也・我乃今取材於山・而未聞爲厲虞者・取力於民・而未聞爲囹農者・取費於嘉肺之羨緡・而未聞爲竭帑者・亦唯是過使者行李之往來・爲治一夕之衞・而以閑茲墟落之民・吾葦藩木揵不至委頓於涂・而一二從者・亦藉郵人越下之休也・奚爲不可乎・不然・今日之事我爲政・豈其蒞茲土者・還年而齷齪・不稍議興復・其若惰窳廢職何・然則是役也・吾無所敢冀德・亦無所敢造怨・苟以塞一日之責是圖・而他且奚計焉・首事於丁

亥春月。迄夏而竣。爲門五楹。爲堂三楹。堂之側。寢室各二楹。東西序如之。

張萱 字孟奇。博羅人。萬曆壬午舉人。屢上春官不第。考授內閣中書。歷官吏部郎中。嘗與纂修正史。入侍經筵。故得發秘閣所藏書讀之。著秘閣藏書錄四卷。秩滿。奉母還里。爲園榕溪之西。不入城市。人稱西園公。自天地陰陽以及兵農禮樂元乘韜鈐。無不探討淹貫。著有西園存稿三十卷。阮志注未見。今存。此外尚有疑耀七卷。今刻嶺南遺書中。又有彙雅初編二十卷。續編二十八卷。鈔本西園見聞錄一百八卷。阮志藝文畧並注存。西園彙史一百六卷。注未見。

瓦屋張氏小宗圖說

聞之嚴父故尊祖。尊祖故敬宗。敬宗故收族。夫大宗。小宗之本也。小宗譜而大宗闕焉。何也。噫嘻。我張氏之大宗邈哉。寡乎時矣。蓋起於田間云。十傳。而我東浦公始以儒業。十一傳。而我先府君始以儒亢。至於奈之身。則在椒聊之首章矣。五服不能具一乘。即衣冠不乏。其於諸任何敢齒焉。五服而外。有庶見素冠者矣。有范冠而蟬緌者矣。甚則有身爲陪隸。不敢自祖其祖者矣。余方愧夫葛藟之興嗟。而不能如葵之衞其足也。故大宗之譜。竊有志而未之逮也。

我張氏必曰瓦屋。何也。博羅之始基也。篳路藍縷。以啓山林。而爲民望者。我張氏也。明興而首登於版以受廛者。皆葺一間。我張氏則瓦之屋三間也。二百餘年於茲。邑人之凡是我張氏者。必曰瓦屋。故余譜亦曰瓦屋。不忘本也。先王之治天下也。未有不自族始者。周官。大冢宰以九屬拜國族。七曰宗。以族得民。貴同也。然易之言類族也。又曰。辨物則貴別也。夫同也。雖惡必同。夫別也。雖美必別。越之楊。隋煬帝之嫡系也。避而不譜。吳寗杜氏。踰千餘歲以宗漢之延年。晉之當陽。而淳安之汪。又且由其以上至於魯公之族。七十餘世。諱字卒葬。皆可按也。而不識者。已有遙遙華冑之誚矣。

昔者楊文貞公數好爲人作譜。楊文敏公高文大冊滿天下。而序人之譜者。不一見焉。其言曰。我不能如文貞之大也。夫譜何容易。譜贋則宗贋。宗贋則名不正。此大亂之道也。五嶺之南。十郡之間。有張氏焉。羅浮之陰。榕水之□。有張氏焉。閭之左右。衡宇相望。有張氏焉。余之譜而亦曰瓦屋張氏。以自別也。亦不忘本也。夫唯自別也。故本不忘。本不忘。故族收。族收故宗敬。宗敬故祖尊。祖尊故父嚴。余祠我先府君。而必譜小宗。志嚴也。必有以自別者。何也。本一也。二之。非本也。二矣而一之。贋本也。贋本忘本也。唯別故一。惟一故不贋。不贋故能自本其本。而本不忘。子輿氏曰。人人親其親。長其長。而天下平。此一之說也。圖牒弗徵。世系莫考。親人之親則親二。而其親忘矣。長人之長則長二。而其長忘矣。此又大亂之道也。收族者懼焉。然則我十五郎之上。不可得而譜乎。噫嘻。余又何敢譜也。

占之善於譜者。必曰歐陽氏永叔。蘇氏明允。而今則李氏獻吉。夫明允之譜蘇氏也。親盡不書。是五世以上疑與信半也。獻吉則三世以上且疑之矣。四世以上且闕之矣。余之先府君。自我十五郎也。信以傳信。蓋十一世也。幸也即起于田間。然皆以善始。亦皆以善終。至於余之身。瓦屋故瓦之屋也．葢二百餘年於茲矣．幸之幸也．永叔聞人也．奈何亦有遠祖之嫌乎．余之於十五郎也．卽遠無嫌也．又幸之幸也．語曰．百足不仆．夫世方以衆强相角．以貴相犄．瓦屋張寡且昧矣．不殆於仆乎．嗟嗟．彼百足者．余亦未嘗不虞其仆也．夫仆不在足也．語又曰．本之必先撥．余之譜小宗而必曰瓦屋張氏．衆而强不敢同焉．懼阻力也．阻力則寡且昧者先析也．貴而顯不敢同焉．懼執熱也．執熱則寡且昧者先焦也．故曰．瓦屋張氏．以自別也．不忘本也．葢虞仆也．爲小宗圖說．

嶺梅盟說

陵江梅圃之界曰庾嶺者．星經謂爲南戒門戶．五嶺鼻祖．漢書郡邑志名臺山．或曰．亦五嶺之一也．以其居五嶺之東徧．故曰東嶠．漢元鼎五年楊僕出豫章擊南越．部將庾勝城而戍之．遂名大庾嶺．時南越相呂嘉遣人函封漢使者節置塞上．卽此嶺．故又曰漢塞．余按古今地理志．秦初有梅鋗者．常帥兵度此以取南越．故亦曰秦關．今嶺名梅．實以鋗．猶嶺名庾．實以勝也．是漢之前．嶺已名梅．漢以後．乃名庾耳．後人不能詳考．遂謂梅嶺者．以陸凱折梅寄友得名．而所寄者范曄．足發一笑．凱遜族子也．吳赤烏中雖常守儋耳．然卒於吳建衡元年矣．曄乃南宋文帝時人．豈相及耶．余意凱所折梅．或寄它友．非寄曄也．詳其所折之梅．或嶺以南它郡．未必卽此嶺．是嶺名梅．於凱何與耶．甚矣盛弘之舛也．今寰宇志又言．漢梅福常隱此．故名．尤謬妄不足辨．夫福數上書．不見納．乃去之會稽爲吳門市卒．未嘗一躡此嶺．且嶺名梅．自秦始．何待於福耶．是梅嶺者以人得名．非以梅得名明甚．而唐六帖乃言庾嶺梅花．南枝已落．北枝未開．葢好事者傅會陸凱寄梅語．故植梅於嶺．然嶺分兩郡間．商旅輻輳．不無攀折．牛羊踐蹋．遂至凋殘．宋張子韶常登此嶺．實不見一梅．故賦詩曰．詩人常說嶺頭梅．往往秦春自北來．我到嶺頭都不見．却將春夢盡空回．後人又謂嶺本無梅者．此亦過也．宋淳熙間．知軍事管銳始復追蹤往跡．多植梅以實之．久之．梅亦萎絕．最後有英州司寇者．得代還．度嶺．其女獨徘徊嶺上．復植三十本而留以詩曰．英江今日掌刑回．上得梅山不得梅．輟俸買將三十本．淸香留與雪中開．詩雖不佳．而笄流亦自有致如此．今三十本亦不復存．豈冠葢中獨無一好事如此笄流者耶．奈何令騷人墨客載其名．而勝蹟佳談竟失其實也．余家居羅浮梅花村中．性故嗜梅．計偕往來嶺上．嘗與山靈爲約．弁繻而過．便當如管知軍爲嶺頭春色粧點幾分．今宦拙矣．凡兩度此嶺．皆坐困遊囊．不能如英州女郎輟俸．因念司馬温公居洛．爲牡丹會．士人薛君常者．破產植牡丹．此不過以供一時風景耳．而好事者且談之不置．庾嶺之梅．侈稱今古．傲雪數枝．臨風一嗅．亦南北軒輶所茇而憇也．

余官冗曹．無俸可輟．獨饘粥之產．尙堪一破．爲報山靈．叱馭再來．市梅數百本．植於凌江橫圃．而以山之僧守之．異日雪中淸香．不惟足挽子韶春夢．而先文獻尸祝具在．鼎實纍纍．不可爲籩豆一助乎．故稍正其訛舛．核其始末．爲梅嶺盟以書祠壁．山之靈實共聞之．凌江梅圃．亦有君常其人者乎．而一時司土羣公．爲政風流．又皆不減司馬・是役也・倘獲我心・稍相攝護・毋令往來有踰里折杞之歎・則梅花之國・恢復有期耳・棠之蔭永垂不朽・此尤管知軍所爲九頓地下者也・豈余小子實式靈焉・

論商契母

契母簡廸・有娀氏女・一作易廸・易與簡義通・易又作逷・則字之誤也・有娀在今蒲州・舊說在西周之北・淮南子曰・有娀在不周山之北・殊妄・張守節曰・桀嘗敗於有娀・則蒲州爲是・呂氏春秋曰・有娀氏有二使女・爲九成之台・飲食以鼓・天帝命燕往視之・其鳴隘隘・二女愛而爭搏之・覆以玉筐・少選・發而視之・燕遺卵而去・遂不返・簡廸因吞其卵・非行浴而得燕卵也・司馬遷鄭康成因之・皆謂簡狄行浴・燕遺卵而吞之・生契・與呂氏少異・高誘則曰・簡廸以春分元鳥至日・從高祀高禖・與二妹浴於元水之邱・鳥卵而遺之・五色俱好・覆以筐・簡廸得而吞之・余按古毛詩注・帝嚳於元鳥至日・以大牢祀高禖・蓋記其祈子之時日云爾・是古記猶未誤也・鄭康成輕信子長・朱考亭又輕信鄭康成・以天命元鳥降而生商之語・求其說而不得・遂謂簡廸吞燕卵而生契・是以不祥誣聖人・亦何待詞畢乎・

論皐陶

皐陶父曰大業・娶少典氏後人之女曰華・生皐陶・八凱之一也・皐一作咎・陶一作繇・班固鄭元皆云皐陶・字庭堅・杜預注左傳・及林堯臾皆從之・左傳文公六年・蓼與六滅・臧文仲曰・皐陶庭堅不祀・以蓼爲庭堅之後・六爲皐陶之後也・杜預林堯叟從班固鄭元・皆以皐陶庭堅爲一人・臧文仲之言・豈並舉其名與字耶・徐廣曰・或以英六爲皐陶之後・而史記止言英漢英布・卽其苗裔也・索隱曰・地理志・六卽安國之六縣・英地闕・不知所在・正義曰・英卽蓼也・括地志・光州固始縣・本春秋時蓼國・太康地志又云・蓼國先生南陽・故豫州偃縣界・卽故胡城・後徙於此・而楚滅之・或在許・亦未知孰是・春秋元命苞・堯爲天子・季秋下旬・夢白帝遺以馬喙子・其母曰扶始・升高邱覩白帝・上有雲如虎・感之而生皐陶・卽馬喙子也・馬喙・一曰馬口・淮南子作鳥喙・今獄中繪皐陶像・皆作馬首・又以皐陶生馬喙・故有疑虞廷之士師爲皐陶字者・既誤・世本又以高陽生大業・以大業之妻女垂爲大業之子・史記音義又以大業爲皐陶・以皐陶生伯益・更誤・宋祁新唐書亦從之・何也・皐陶嘗漁于雷澤・舜求而得之・以爲士師・乃立犴獄・造科律・封於皐・故曰皐陶・風俗通曰・咎陶造律・蕭何成九章・傅子曰・律者咎陶之遺訓・蕭何廣之・後漢張敏曰・咎陶造法律・原其意・皆欲禁民爲非・振褐而不仁者遠・世本謂咎陶作五刑・非是・淮南子曰・皐陶瘖而爲大理・天下無虐刑・有貴於言者矣・此卽夔一足之說也・蓋皐陶爲士師・其折獄不待言者・故曰瘖・皐陶陳謨以賡歌・謂之瘖可乎・荀子曰・皐陶色如削瓜・今姑布家謂人之面如削瓜者必寡恩・皐陶爲士師・豈寡恩者耶・王充論衡曰・皐陶時・有解廌者・如羊而一角・青色・四足・亦名神羊・性知曲直・能觸不直者・蘇氏演義云・毛青四足・似熊・性忠直・見鬥則觸不直・聞爭論則咋不正・神異經亦云・性忠・見邪則觸・困猶不止・東方之獸也・故立於獄堦東北・許氏說文云・如牛・一名任

法・黃帝時有以遺帝者・詳黃帝本紀・皐陶事之以治獄・有罪疑者・令神羊觸之・故天下無寃民・晉輿服志・御史法官・一名柱後・解廌者冠・以其能觸邪也・田俅子曰・堯時有解豸・緝其支毛以爲帳・豈亦辟邪之義耶・有謂解廌亦羊類・羊性亦知曲直・昔齊莊公之臣王國卑・與東里徼訟・三年不斷・乃令二人共一羊盟・徐之社・二子相從・刲羊以血灑社・讀王國之辭已竟・東里辭未畢・羊起觸之・齊人以爲有神・而謂羊性亦觸邪・未必然也・詳余疑耀第六卷・後世建尉寺・既尊皐陶爲獄神・後漢范滂入獄・請祀皐陶・不從常祀・以社日後改以孟秋・或曰・皐陶以壬辰日死・故壬辰日不可訊囚・余按書若稽古堯舜禹三聖・而皐陶與焉・孟子言道統之傳・亦曰・若禹皐陶則見而知之・又曰・舜以不得禹皐陶爲己憂・皐陶之德如此・唐天寶二年・尊皐陶爲德明皇帝・豈以是耶・堯禪舜・命之作士・舜禪禹・禹卽帝位・以咎陶最賢・薦之於天・將有禪之意・未及禪・會皐陶卒・而後薦益於天・易歸藏・夏后啓筮・享神於大陵・而上鈞台枚占・皐陶曰・卜吉・史記・夏后啓筮・乘龍以登於天・占於皐陶・皐陶曰吉・而必同與神交通・以身爲帝・以王四海・第禹初讓位皐陶・而皐陶已薨・是皐陶固未反事帝啓明甚・歸藏易誤・而司馬遷不考・何也・皐陶卒・葬于皐・謂之公琴・楚人以冢爲琴・謂公冢也・在今公安北十五里・安豐芍陂中大冢是也・括地志文云・咎繇墓在壽州安豐縣南一百三十里故六城東・卽今廬江縣・又今山西洪洞縣十三里有皐陶墓・西爲虞士師廟・元元統二年・朝命有司歲時致祭・亦以庭堅爲陶字・是皐陶之墓凡三說・不知孰是・皐陶有二子・長伯翳・卽大費・仲甄・封於偃・爲偃姓・後人或以伯翳爲伯益・又以偃作優・皆誤也・

論后夔

夔一作歸・國語曰・芊姓・歸越卽夔之後也・樂叶聲儀曰・昔歸典樂・尙書中候曰・禹拜稽首讓于益・歸汪歸堯臣讀爲夔・宋衷曰・歸・卽夔之歸鄉・乃秭歸縣地・有夔鄉・夔封于此・故秭歸縣十里有夔子城・高唐賦作秭歸・袁山松輩以爲女嬃歸・屈原喜・故曰秭歸・皆誤・山海經・東海中流波山有獸・狀如牛・蒼身無角・一足・出入水則必風雨・其光如日月・其聲如雷・其名曰夔・黃帝得之・以其皮爲鼓・橛以雷獸之骨・聲聞五百里・以威天下・山海經未必出於伯益・此因后夔之知樂而傅會之也・禮書云・堯命質倣山林溪谷之音以歌八風・何大帝之樂・質一作鄭・卽夔也・古文二字相近・八風詳高陽氏本紀・先是堯帝使夔效山林溪谷之音以歌麋輅・置缶而鼓之・詳堯本紀・

余按舜命九官・而八官皆讓・夔獨不讓・且復昌言曰・於予擊石拊石・百獸率舞・此夔之自期・且自喜得君可以自效也・及益稷篇・又自贊之曰・擊石拊石・百戰率舞・此又夔自敘其樂之成・且自喜得以報君也・劉薛王蘇林梅胡李諸君子・乃以前語十字爲益稷篇之脫簡重出・何其輕于議經耶・夔龍益稷・皆同德之賢・禮記仲尼燕居篇・謂夔不達禮・夫帝命夔典樂・亦命以教胄子・此非禮乎・不達于禮・而堯命之乎・況舜之命伯夷爲秩宗・伯夷且以讓夔矣・不達於禮・而伯夷讓之乎・

魯哀公問・書稱夔曰・於予擊石附石・百獸率舞・庶尹允諧・何謂也・孔子曰・此言善政之化乎物也・古之帝王・功成作樂・其功善者其樂和・樂和則天地猶且應之・況百戰乎・夔爲帝舜樂正・實能以樂盡治理之情・公曰・然則政之大本・莫尙樂乎・孔子曰・夫樂所以歌其成・功非政本也・衆官之長既咸熙熙・然後樂乃和焉・公曰・吾聞夔一足・有異於人・信乎・孔子曰・昔重黎擧夔・而又欲求人而佐焉・舜曰・夫樂天地之精也・唯聖人爲能和六律・均五音・知樂之本以通八風・夔能若此・一而足矣・故曰一足・非一足也・公曰善・蓋重黎之擧夔爲樂正・欲更求賢以佐夔・舜曰・一夔足矣・荀子曰・知樂者衆・夔獨以一人而足・後人不悟・謂有一足之獸・其名曰夔・詳莊周書・遂疑后夔爲一足・此惑於山海經者也・

益稷謨曰・戞擊鳴球搏拊琴瑟以詠・孔安國曰・球玉磬也・孔穎達曰・戞・戞敔也・擊・擊柷也・鳴・鳴其球也・蔡況以戞擊爲考擊・良是・如穎達之說・與下文柷敔・不重出乎・搏拊・孔安國曰・以韋爲之・實之以糠・所以節樂・孔穎達曰・擊搏拊・是搏拊一器也・蔡況以至訓搏・以循訓拊・第琴瑟非可以拊搏者・余亦不敢以況之說爲然也・沈括曰・鳴球非可戞擊和之・至有時而搏拊・不知其然而然・宜乎祖考之來格也・此又畫蛇添足也・世紀曰・舜作簫韶・有景星耀於房・鳳皇來儀・蘇子曰・古史曰・舜興九韶之樂・致異物・鳳皇來翔・天下明德・皆自舜始・故其歌曰・舟張辟雍・鶬鶊相從・八風囘囘・鳳皇喈喈・宋子京曰・鳳未必來・百獸亦未必舞也・樂作於朝廷郊廟・鳥獸何自而至耶・此又輕於議古者矣・羅苹曰・舜治成而鳳來儀・然後作簫韶九成以象之・此以麟獲而後春秋作以推之・余不敢從也・

余按黃帝與炎帝戰於阪泉之野・帥熊羆狼豹貙虎爲前驅・雕鶡鷹鳶爲旂幟・此以力使禽獸者也・堯使夔典樂・擊石拊石・百獸率舞・簫韶九成・鳳皇來儀・此以聲致禽獸者也・然則禽獸之心・豈異人乎・形音與人異・而人不知所以接之・聖人無所不知・無所不通・故能引而使焉・禽獸之智・有自然與人同者・其齊欲攝生・亦不假智於人也・牝牡相偶・母子相親・避平依險・違寒就溫・居則有羣・行則有列・小者居內・壯者居外・飲則相携・食則鳴羣・上古之時・卽與人同處・與人同行・中古之時・始驚駭散亂・逮於末世・隱伏逃竄・以避患害・今東方介氏之國・其人皆解六畜之語・蓋偏知之所得也・太古神聖之人・備知萬物情態・悉解異類音聲・會而聚之・訓而受之・同於神民・故先會鬼神魑魅・次達八方人民・末聚禽獸蟻蛾・言血氣之類・心智不殊遠也・神聖知其如此・故其所敎訓者無所遺逸焉・王充曰・鳥獸好聲音・其耳與人同也・匏巴鼓琴・鳥舞魚躍・伯牙彈琴・駟馬仰秣・師曠一奏淸角・元鶴二八・翔舞於廷・漢宣帝廟告・白鶴來集・昭帝寢祠・雁五色集廟・赤鶴繼至・皇甫政帥越・泛月鏡湖・有吹笛者・二龍輔舟而行・夏仲御刺水・爲鯔鳩之躍・鯆䱐之引・白魚躍舟・杜鴻漸夜月綿谷郵亭・羯鼓數曲・四山猿鳥忻然皆鳴・羣羊與犬亦皆躑躅・便旋而舞・疾徐高下・一如鼓節・李後主演樂記曰・鳥鳴嚶嚶・以其彙征・鹿鳴籚籚・以其類聚・卽常人且能以聲音感召異類・況聖人御天・賢臣考樂・笙管有鳥之音・鐘鼓

有祝敔・有獸之音・卽頑空跖實之物・且蹌蹌乎山谷椒薄之間・何必蹁躚虞廷・乃爲來儀率舞耶・王仲淹曰・虞氏之德・被動植矣・烏鵲之巢・可俯而窺也・鳳皇何不來・而鄭康成以百獸爲伏不氏之所養者・豈來儀之鳳・亦通禽言・孟氏之所馴乎・

余按舜時后夔調八音・用金石絲竹匏土木革・計用樂器凡八百・至周改用宮商角徵羽以製五音・樂器止五百・至唐又減至三百・太宗朝・三百樂器內・以絲竹爲胡部・止用宮商角羽・各分平上去入四聲・其徵音・有其聲無其調・詳余疑耀第十卷・時有仍之女・美而黰・厥澤可鑑・夔約之・是爲元妻・生伯封・貪惏無厭・忿戾無期・實有豕心・人謂封豕・后羿滅之・夔是以不祀・羅泌曰・禹命伯封叔及昭明作衍歷・歲紀甲寅・敬授人時・則伯封夏之天官也・仲康征羲和・而夷羿滅伯封・是與王室爭諸侯矣・金氏曰・伯封后夔之子・左傳所載伯封之事・似失之誣・信然・

論許由

許由字武仲・河南陽城人・爲人居義履方・邪席不坐・邪膳不食・隱於許澤之中・莊周謂許由與齧缺王倪爲友・堯從而問齧缺・可以配天乎・吾藉王倪以要之・許由曰・殆哉岌乎天下・齧缺聰明睿智・結數以義・其性過人・而又乃以人受天・彼審乎禁過而不知過之所由生・彼且乘人而無天・方且與物化而未始有恒・可以爲衆父・而不可以爲衆父・父治亂之率也・北面之禍也・南面之賊也・許由欲觀帝意・謂堯曰・帝坐華堂之上・面雙闕之下・君榮願已得矣・堯曰・予生於靈扉之內・霏然而害生・牖坐於華屋之上・森然生松生棟・雖面雙闕・無異崔嵬之經蓬萊・雖背城郭・無異迴巒之縈崑崙・予安知其所以下榮・故曰堯之有天下也・而不與焉・遂以天下讓許由・許由不受・逃而耕於潁水之陽・終其身無矜天下之色・詳莊周書・許由沒而葬于箕山・堯就其墓・號曰箕山公神・以配食五岳・世世奉祀不絕・後人數謂堯非以天下讓由也・欲以祿位而臣由耳・故由去之而隱於箕山・益都耆舊傳曰・堯優禮許由・非不宏也・而洗其耳・或問於楊雄・堯將讓天下于許由・由恥之・有諸・雄曰・好誇大者爲之也・顧由無求於世而已矣・允哲堯儃舜之重・則不輕於由矣・好夫累堯・巢父洗耳・不亦宜乎・魏子亦曰・許由立身守志・不甘祿位・此實錄也・

余按鄭莊公言・許太岳之後也・堯嘗遜於四岳・則由嘗仕堯朝矣・故有曰・許由諸侯也・余謂爲四岳・堯嘗遜之者・當是由族・未必卽由也・由隱箕山・後人卽以由爲箕山之神・不然・則有兩許由矣・故山今在山西平陸縣東北九十里・其狀類箕・下有水曰清澗・卽巢父洗耳處・張茂先稱司馬遷云・無堯以天下讓許由事・楊子雲亦謂好誇大者爲之・余嘗謂・世以莊周書皆寓言・此未深考耳・堯讓許由・非寓言也・申呂許甫・皆四岳之後・許由卽其一也・周見堯嘗讓四岳・遂借以爲堯讓天下耳・又高士傳・堯召許由爲九州長・而由不就・此周所以疑堯讓由以天下也・司馬遷稱箕山有巢由冢・是亦嘗固報爲無許由・而子雲謾言之・故晉石崇曰・聖人在位・羣材畢舉・量才任能・大小允宜・時稷播嘉穀・契敷五教・皐陶夔龍各已授職・大位已充矣・許由巢父

皆元凱之流．自宜敦廉讓以勵俗．然後動靜之敎備．隱顯之功著．故能成巍巍之化．民無能名．將何疑焉．宋呂正獻公謂堯讓天下於許由．不可謂無其人．楊誠齋詩曰．子雲到老不曉事．不信人間有許由．子雲之爲莽大夫．宜矣．

論傅說

傅說．孔安國曰．傅氏之巖．地里志八名．傅險在虞虢之間．通道所經．水經注．在沙澗水北．有澗水壞道．常使胥靡刑人築之．說賢．而代胥靡之築．以售食焉．韓非子曰．傅說輔轡．注云．轉次而傭．故曰轡也．括地志云．傅巖在陝西河北縣北七里．尸子曰．傅巖在北海之州．殊妄．帝王世紀．以其得之傅巖．故曰傅說．豈巖故名傅乎．或說．本姓傅．而北巖以說得名．亦未可知也．古今姓纂．北地傅氏．殷相說之後．因說築於傅巖．因以爲姓．漢末居於南陽．楚詞．說操築於傅巖兮．武丁用而不疑．皇甫謐曰．高宗夢天賜賢人．以胥靡之衣蒙之而來．曰．我徒也．姓傅名說．得我者豈徒也哉．武丁寤而推之曰．傅者相也．說者懽說也．天下當有相我說民者乎．明日審夢以示百官．皆非也．乃使二人寫其形像．求諸天下．果見築者胥靡衣褐．帶索執役于虞虢之間．傅巖之野．名說．以其得之傅巖．故謂之傅．山海經曰．傅巖．傅說隱處．俗人名爲聖人窟．故墨子曰．傅說居北海之洲．圜土之上．衣褐帶索．售築于傅巖之域．築者築室也．依巖築室．其隱者也．懷才抱道．應時而起．非役徒也．以士君子之身．何自苦而衣胥靡衣．爲刑人之事乎．蔡仲默亦以爲卜築之築．亦足據也．二孔注尚書．亦從之．孟子亦以爲說果代刑徒而事版築．楊公愼亦以孟子爲誤．莊子曰．夫道可傳而不可受．可得而不可見．傅說得之以相武丁．奄有天下．乘東維．騎箕尾．而比于列星．淮南鴻烈解注．傅說死．託精於辰尾星．一名天策．觀象賦曰．傅說登天而乘尾．注．傅說一星．在尾後．乘尾在龍駟之間．石氏云．傅說一名太祝．鄭樵通志云．謂之傅說者．古有傅母保母．傅而說者．謂傅母喜之也．偶商之傅說．與北同音．諸子家不詳．審其義則曰．說騎箕尾．專主後宮之事．故有傅說之佐焉．按在天爲星辰．在人爲聖賢．于理故有然者．乃變古而曲爲之說．則造父奚仲王良．亦皆古人也．又將何說乎．余意高宗之夢蓋有日矣．偏視羣臣．默加求訪而未得．故因羣臣之請而言之．乃審厥象以物色焉．鄭樵曰．高宗既得說．因巖以傅爲名．卽賜說以巖爲姓．若然．則傅說原有舊姓名．不可考矣．二孔又以爲巖傍先有姓傅者．亦不知何所據也．拾遺記云．傅說夢乘雲繞日而行．筮得利建侯之卦．歲餘．殷以玉帛聘爲阿衡．又云．傅說去其舂築．釋彼傭賃．應翹星而來相．可謂知機其神矣．同磻溪之歸周．異殷相之負鼎．龍蛇遇合．道會則通．楊公愼亦曰．武丁嘗居民間．已知說之賢矣．一旦欲舉而加之臣民之上．人未必帖然以聽之．故徵之于夢焉．蓋商俗質而信鬼．因民之所信而尊之．是聖人所以成務之幾也．荀子曰．卿也胥靡之人．俄而受天下之大器．文粹權論曰．高宗知傅說之賢．欲委之代天．取之皂隸之徒．儀於百辟之上．慮羣情不協．事難以濟．故稱夢得賢相．乃刻像而求之．商之中興．賴善權之主．說苑云．夫遇亦有時．昔傅說衣褐帶劍而築于枕傅之城．武丁夕夢旦得之．時王也．甯戚飯牛康衢．擊車輻而歌．顧見桓公得之．時覇也．百里自賣五羊之皮．爲秦人擄．穆公得之．時强也．時乎時乎．雖聖人不能違乎．

論百里傒

百里傒．傒作奚．字井伯．楚人也．或曰虞人．少而仕於虞．爲虞大夫．鄭樵氏族略．百里氏即百里奚之後．百里地名．家以百里．因以爲姓．是以地爲氏也．秦穆公四年．娶晉太子申生之妹．時晉獻公假道於虞以滅虢．因擄虞公及奚．遂以奚爲穆公夫人之媵．奚恥之而奔於楚．穆公以五羖羊皮贖於楚而得之．劉向說苑．繆公徵賈人鹽．賈人以五羊之皮買百里奚．將鹽車於秦．穆公觀鹽而見其牛肥．問曰．任重道遠以險．何以肥也．奚曰．臣飲食以時．使之不以暴．有險先後之以身．是以肥也．穆公知其君子也．令有司具沐浴．爲衣冠與坐．公大說．遂用之爲相．是以五羖羊贖奚者鹽賈人．非穆公也．吳張温自理表有曰．昔百里奚賢．秦穆公欲上之．穆公好牛．因賃官以養牛．蹄上乘肉三寸．公使禽息視牛．息入言之．公不信．怒．息復言之．公又怒．吏曰．再怒其主罪當刖．使守門．公出．禽息跪而請之曰．夫養牛者願君勿忽也．公乃問百里奚．曰．臣之長．非養牛者也．乃養民也．公視牛．察之則賢人也．遂與同車而出．謝禽息．息曰．所以不死者．君未知客也．今已知之矣．乃觸門而死．又奚妻歌扊扅．月令章句曰．扊扅鍵關牡也．所以止扉．或謂之剡移．當時貧困．以關牡木作薪炊耳．聲類作扊．又或作店．歌罷．奚尋問之．乃其妻也．豈奚亡於楚時．其妻亡於秦．抑妻聞奚已爲秦相．乃入秦耶．然殺之後．有孟明視者．奚之子也．豈有身爲秦相．子爲秦將．而不知其妻之在秦．妻乃爲人賃浣耶．余按秦詩有鴻彼晨風三章．中云．如何如何．忘我實多．朱考亭謂亦與扊扅之歌同意．蓋秦俗也．豈秦之俗．皆輕棄其妻者耶．穆公又以百里奚之言用蹇叔．詳司馬遷史記．奚之爲相也．勞不坐乘．暑不張蓋．行於國中．不從車乘．不揉戈戟．相秦六七年．東伐鄭．三置晉國之君．一救荆國之禍．巴人致貢．八方來服．功名藏於庫府．德行施於後人．奚死．秦國男女流涕．童子不歌謠．舂者不相杵．曰．此五羊大夫之德也．子孟明視．及蹇叔子西乞術．皆詳左氏秦晉戰於殽傳及秦穆公本紀．

論虞舜妃

娥皇女英．即堯之二女．與九男同事舜者．尸佼曰．妻以娥．媵以英．娥．娥皇也．或曰．妃以育．娙以罃．育．娥皇字．罃．即英也．罃與英聲相近．漢桓帝后曰文舜．以此．世紀．舜之妃女罃．生丹朱者．彼此有一誤．先儒謂舜不告而娶．不立正妃．娥皇女英．皆非后也．故古傳記皆不稱后．羅苹曰．皆妻也．舜即位乃立擇焉．不知何所據．或有謂娥皇女英．非堯之二女．乃取天下人女以充之．如漢公主下嫁龍庭者．皆非漢帝之女．故韓愈亦謂九男乃當時公卿族人之男．亦一說也．若謂舜與堯同姓．二女事舜．是舜娶同姓．此繆妄不足辨．詳舜本紀．大戴禮又曰．舜妻堯之女・女偃氏・舜同姓也・不知女偃卽娥皇女英否・若娥皇女英外・又有女偃・是三女也・今洞庭有君山・其上爲湘妃墓・相傳爲堯之二女以妻舜者・舜南巡・溺於湘江・二祀從征・偕溺而死・又云・舜南巡・二妃追之不及・聞舜死蒼梧・遂相與慟哭・投于湘江而死・神遊洞庭之湖・故湖有黃陵廟・以祀二妃・河圖玉版云・堯之二女爲舜妃・死葬洞庭・詳具秦博士之對始皇也・楚詞・帝子降兮北渚・王逸注・亦遂以二妃爲湘君與湘夫人・而劉向張華酈道元羅含諸人相承・爲萬世不解之惑・與樂史寰宇記・□□範陵零志・楊廷秀揮麈錄・吳洛甫九疑考古・並述其說・國朝嘗建舜廟於衡山蕭韶峯下・二妃墓在黃陵廟西云・乃漢荆州牧劉表所建者・命有司以六月六日致祭・然舜南巡溺死之說既爲謬妄・二妃又可疑爲舜妃乎・司馬光有時虞舜在倦勤薦禹爲天子・豈有復巡狩・迢迢渡湘乎・似爲得之・是舜之不死於南巡狩與不葬蒼梧明甚・彼洞庭又安得有二妃墓哉・山海經云・洞庭之山・帝之二女居之・然亦曰・帝之二女而已・未嘗明言爲堯女舜妻也・郭璞稍晰其妄曰・湘君湘夫人・自是二神・且既謂之堯女・安得復稱君・因引禮記・舜葬蒼梧・二妃不從・此亦足爲考古一快・獨惜舜不葬于蒼梧・璞未之辨也・羅長源復曰・虞帝晚年・已禪禹矣・南巡之舉・總之伯禹・則二妃必不從舜於蒼梧・沈存中繼其說亦云・舜陟方之時・二妃皆百餘歲・豈宜復稱女・信若二說・是舜且未嘗南巡狩・則尚書亦不足據矣・景純又云・卽令二女從舜・其靈達鑒通無方・尚能爲鳥工龍裳・以救井廩之難・詳舜本紀・豈不能自免風波・況二女乃帝舜之配・不應降附小水爲夫人・故當以此二女爲天地之女・夫鳥工龍裳・乃迂怪之談・既不足據・而帝妃不可降於洞庭小水爲夫人・而天之女又可降于小水爲夫人乎・此王逸韓愈所以力辨之・似得其情也・羅長源又爲之說・此二女者・當爲舜之第三妃癸比氏・所生者是舜之二女也・一曰宵明・一曰燭光・其說亦有所倣・山海經有言・舜妻癸比氏・所生二女・處河大澤・其靈能照萬里・然亦未明言處於洞庭也・長源豈以河大澤可爲洞庭耶・陳士元亦該博者・其江漢叢談・乃謂湘祠爲舜之二女・黃陵墓爲癸比所葬・此人信山海經之過也・

余按竹書紀年・舜卽位三十年而后育卒・后育者・娥皇也・葬于渭・帝王世紀又云・舜二妃・娥皇無子女・英生均・舜崩之後・曾隨其子徙封于商・故曰商均・郡國志・商州有女英塚・則從葬蒼梧・其謬又明甚・唐張建封牧宏農・鞫盜・有發商州堯女冢者・多得大珠璆金玉碗諸寶・建封疑其冢既不見於經傳・而又與茅茨土階之風不協・劉禹錫輩亦以爲疑・余謂舜固儉德・而商均以珠玉殉母葬・何足深怪・漢文勑治霸陵・一皆瓦器・不得以全銀銅鐵爲飾・魏晉間・諸陵爲羣盜所發・唯霸陵無恙・至元康間・三秦人尹桓解武始發霸杜二陵・金玉璀璨無算・劉向業爲成帝詳言之矣・均故喜歌舞・必喜金玉・其以金玉珠寶殉母之葬・情所必有・勢亦宜然・又何疑・商州所發之冢・非女英耶・今平陽府蒲州南十五里蒼梧谷者・亦有娥皇女英冢・宣室志・冢南去城十五里・卽舜耕處・有廟・靈爽甚著・開成中・有盧嗣宗者・入廟狎侮二妃神・怖死・又絳州鼓堆神祠・爲婦人像・祠中石刻・亦云舜之二妃・夫渭與商與蒲與絳・三者必有一

實・然非楚地・則岳之湘妃墓・非女英之冢又明甚・不待辯矣・韓退之嘗爲湘源二妃廟碑曰・父子夫婦・人道之大・二妃爲子而父堯・爲婦而夫舜・會極其盛・舜既野死・神亦不返・反爲娥皇廟碑・復云・舜死蒼梧・二妃從之不及而溺・其承訛而自相矛盾又如此・余謂考古者・當以聖經爲正・信漢儒不如信吾孟軻氏・故舜既葬鳴條・則雖南巡矣・斷非崩于蒼梧・二妃一葬于渭・一葬于商・或葬于蒲・洞庭湘妃・豈得云舜之二妃・楚辭所稱湘君・湘夫人・信如景純所核斷・非舜妃・亦非舜女・近代撰楚通志者・皆博古君子也・亦未及詳考是而正之・何也・

論夏桀妃

妺喜・列女傳・妺作末・蒙山氏女・桀嘗伐蒙山・得之蒙山・羅泌曰・夏世侯伯國・是爲岷山氏・卽宋之蒙州蒙山郡・非晉陽之蒙山也・洛書錄運法・孔子曰・昔逢氏抱小女以覲於帝・遂爲帝妃・卽蒙山氏・蒙與逢聲相近・又曰・覲於胤甲・以爲太子妃・則誤矣・桀乃胤甲之孫・非太子也・屈原天問曰・桀伐蒙山・何所得焉・妺嬉何肆・湯何殛焉・柳宗元對曰・惟桀嗜色・戎得蒙昧・淫處暴娛・以大啓厥伐・言非妺嬉・湯何由於伐桀也・葢本國語・謂妺喜比伊尹以亡夏・妲已比膠鬲以亡商・注・比同也・言妺喜妲已之亡夏商・與伊尹膠鬲同也・不知者以妺喜妲己比昵伊尹膠鬲・與亡夏商・亦謬妄矣・列女傳・顏師古劉恕外紀・以妺喜爲有施氏之女・未知孰是・妺喜姣而好男行・弁服帶劍・桀嘗置之膝上・以金簪貫玉蟕爲冠媚之・妺喜好裂帛聲・桀日令裂帛以希妺喜一笑・嗜珍味・必有南海之薑・北海之鹽・西海之菁・東海之鯨・又爲之作象廊玉林傾宮旋台瓊室・列女傳言・造作反常・若欹傾也・旋台登之・常若旋轉・一名搖台者非・晏子春秋曰・夏之衰也・其王桀作旋室・商之衰也・其紂作傾宮・其說互異・時大臣皆諫・妺喜乃請於桀・君之盛衰而行不行・皆以妾爲名・願賜妾死・桀怒・於是摘喜者誅・忤喜者死・諫喜者亡・譽喜者昌・而羣下杜口矣・時會于仍・有緡叛之・克有緡・又命扁伐緡山氏・以爲岷山者誤・緡山以二女女焉・一曰琬・一曰炎・受而無子・乃刻其名於苕華之玉・苕曰琬・華曰炎・飾瑤臺以居之・則琬炎之刻・非佳事也・今人以賢臣名刻於琬炎錄・亦不詳考矣・桀既嬖二女・遂棄元妃於洛・元妃卽妺喜也・時宮中女子化爲龍・俄爲婦人・甚麗・而嗜食人・桀命爲蛟妾・能告吉凶・亦見任昉述異記・後魏正光元年・首陽溪有虹化爲女子・宇文顯進之於帝・逼幸之不得・其聲如鐘・復爲虹而去・未幾帝崩・卽桀蛟妾之類也・湯既伐夏・桀遂與妺喜及諸嬖妾同舟・浮海奔于南巢之山・詳桀本紀・第妺喜既見棄于洛矣・又云與桀同奔於南巢・豈既棄而復還耶・

論三仁

微子名啓・史記作開・子爵也・・帝乙長子・紂之異母兄也・嘗爲太師・微・圻內國名・一統志・微子城在今潞州府潞城縣・比干・紂之諸父・箕子名胥餘・胥一作胥・鄭元王肅曰・亦紂之諸父也・箕・釆邑名・紂既卽位・淫佚日甚・韓非子曰・紂爲象箸而箕子怖・謂爲象箸必加於土鉶・必將

爲犀玉之杯・象箸玉杯・必不羹菽藿・則必旄象豹胎・旄象豹胎・必不衣短褐而食于茅屋之下・則錦衣九重・廣室高臺・吾謂其卒・故怖其始也・諫之不聽・或曰・可以去矣・箕子曰・爲人臣諫不聽而去・是彰君之惡而自悅於民・不忍爲也・乃披髮佯狂而隱・而鼓琴以自悲・後世遂有箕子操・韓詩外傳・比干諫而死・箕子曰・知不用而言・愚也・殺身以彰君之過・不忠也・二者不可・然且爲之・不祥莫大焉・遂披髮佯狂・詩曰・人亦有言・靡哲不愚・此之謂也・其說互異・其爲之奴・如漢法髡鉗・爲城旦舂論・爲鬼薪也・尸佼曰・箕子胥餘・漆身爲癩獲免・未言爲奴也・比干之死也・韓詩外傳劉向新序皆言紂爲炮烙之刑・王子比干曰・主暴不諫・非忠也・畏死不言・非勇也・見過卽諫・不用卽死・忠之至也・又曰・君有過而不以死爭・則百姓何辜・乃陳先生之艱難・天命之不易・國家將亡之明徵・請王洗心易行・伏於象魏之門・三日不去・紂問何以自持・比干曰・修善行仁・以義自持・紂怒曰・吾聞聖人心有七竅・信諸・遂殺比干・刳視其心・韓嬰曰・昊天太憮・子愼無辜・此之謂也・微子聞之曰・父子有骨肉・而臣主以義屬・故父有過・子三諫不聽・則隨而號之・人臣三諫・其君不聽・則義可以去矣・於是太師少師勸微子去・乃行・詳尚書微子篇・梁書本紀曰・玉馬駿奔・表微子之去・屈原天問曰・梅伯受醢・箕子佯狂・又曰・彼王紂之躬・孰使亂惑・何惡輔弼・讒諂是服・比干何逆而抑沉之・雷開何順而賜封之金・唐柳宗元對曰・醢梅箕奴・忠咸喪以醜厚紂・無誰使惑・惟志爲首・逆圖倒視・輔謬僇寵・詳王逸楚詞章句・楊公愼曰・史記・宋是家・武王克商・微子肉袒面縛・左牽羊・右把茅・是微子有四手也・無四手・何以旣面縛・而又左手牽羊右手把茅乎・此皆必無之事・葢肉袒面縛・出於左氏・乃楚人以誑莊王・以受鄭伯之降・借名於武王・而誣微子也・況史云・微子抱祭器而入周・旣入周矣・又豈待周師至面縛乎・究而言之・抱器入周・亦必無之事・劉敞曰・古者同姓雖危不去國・微子紂庶兄也・何入周之有・論語曰・去之者・去紂都也・雖去不踰國・斯可謂之仁也・若箕子比干俱以死諫者・比干偶逢紂之怒・故見殺・箕子偶不見殺・而因爲奴・又謂箕子之不死・以道未及傳也・夫道在當死・而曰吾將以傳道・則楊雄之美新擬易・可以自比於箕子矣・箕子豈知他日武王之訪也・而顧不死以待之哉・此皆二千餘載誣罔聖賢之論・不可不辨也・十有三祀・訪道於箕子・箕子陳洪範・詳尚書洪範及朱考亭皇極辨・文多不載・

余按書稱十有三祀・則知箕子未嘗臣於武王・武王訪於箕子・是武王亦未嘗臣箕子也・蘇氏曰・箕子之不臣周也・而誰爲武王陳洪範也・天以是道畀之禹・傳至於我・不可使我而絶・以武王而不傳・則天下無可傳者矣・故爲箕子者・傳道則可・仕則不可・洪範大傳又言・武王釋箕子囚・箕子不忍周之見釋也・乃走之朝鮮・武王因以朝鮮封之・箕子教其民以禮義田蠶織作・爲民設禁八條・相殺以當時償殺・相傷以當時穀償・相盜者・男沒入爲其家奴・女爲婢・欲自贖者人五十萬・雖免爲民・俗猶羞之・嫁娶無所讎・是以其民終不相盜・無門戶之閉・婦人貞信不淫辟・其田民飲食以籩豆・都邑頗倣效・吏往往不杯器食・郡初取吏於遼東・吏見民無閉藏・及

賈人往者．夜則爲盜．俗稍益薄．今犯禁者多至六十餘條．可貴哉仁賢之化也．范曄曰．箕子施八條之約於朝鮮．囘頑薄之俗．就寛畧之．流行數百十年．故東夷通以柔謹爲風．異乎三方．率皆土著．熹飲酒歌舞．或冠弁以錦．器用俎豆．□□□□□□□□□□□．其後通接商賈．從而澆異．若箕子之貴簡文條而用信義．蓋得聖賢作法之原矣．箕子既封於朝鮮．來朝．過殷故墟．作麥秀之歌．詳司馬史記．周成王之三年．成王既討武庚誅之．乃封微子啓於宋．以紹殷後．左傳曰．天子有事焉．有喪拜焉．詳尚書微子之命．及宋世家正義．曰．微子紂之同母庶兄．按同母庶兄者．先儒謂生微子時．母尚爲妾．及爲后．乃生紂．故微爲庶．豈有一母而以前後分貴賤爲嫡庶．不近人情．微子與紂．必異母也．尚書微子篇．微子啓父師箕子．少師比干．鄭元云．比干不答．志在必死．然則箕子本意．豈必求生乎．但紂偶不殺之耳．孔氏曰．微子以殷滅在近．我起受其滅亡．我二人無所爲臣僕．我教王子出合于道．子若不出．我殷家宗廟乃隕墜無主．蓋微子以宗國將亡．不勝其憂愁．無聊之心．而謀出處于箕子比干．故箕子爲言．我與受其敗不可逃免．當與宗國俱爲存亡．故雖商祀或至淪亡．我亦不屬他人．蓋將諫紂之不聽．亦不敢苟全逃死．而比干無言者．孔氏所謂心同不復重言是也．其後比干果以諫死．而箕子乃不死耳．比干初心．豈徒死以沽名哉．所以諫者．庶幾吾言得行而紂改焉．且紂既不改．而言益切．故紂遂殺之．比干亦不得而逃死耳．箕子初心．亦豈欲隱晦自全以苟生者．亦猶比干之諫．冀吾言得行以紂改也．紂既不改而囚人．偶不死耳．紂囚之而不致之死．則箕子豈故欲自經于溝瀆而爲匹夫匹婦之量乎．故遂佯狂而爲奴．蓋亦未聞卽死．庶幾猶得以周旋其間．彌縫其失．而冀其萬一之開悟焉．蓋諫行而紂改過者．二子之本心也．諫不行而或死或囚．則二子所遇之不同耳．使紂而囚比干．意比干亦未敢卽死．使紂而殺箕子．箕子敢求全乎．二子易地則皆然矣．至于箕子爲微子之計．其意以吾二人者皆宗國之臣．利害休戚．其義皆同．皆當與社稷相爲存亡．不可復顧明哲保身之義．然而微子國之元子也．往者紂未立．嘗言于帝乙而立子．帝乙不從而立紂．是以紂卒疑吾兩人．是吾舊所云者．足以害子．若起諫于紂．則紂益生疑．非惟不從．害必先及子而併我危矣．死分也．不足惜．未有毫髮益于紂．而遽死可惜也．子爲元子．但當遯逃而出．乃合于道．萬一全宗祀可也．我與比干則生死以之．畢吾事紂之分而已．朱子曰．此說得之史記．亦說箕子諫而見囚也．淮南子曰．今從箕子視比干則愚矣．從比干視箕子則卑矣．又曰．王子比干非不知箕子披髮佯狂以免其身也．然而樂於直行．盡忠以死節．故不爲也．夏侯元則曰．微子仁之窮也．箕子比干志之窮也．故或盡才而止．或盡心而留．皆其極也．致極斯君子之事矣．是以三仁不同．而其歸一揆也．魏徐幹又曰．殷有三仁．微子介于食不終日．箕子內難而能正其志．比干諫而剖心．君子以微子爲上．箕子次之．比干爲下．故春秋大夫見殺．皆譏其不能以智自免也．故唐賈至微子廟碑曰．覩其進思盡忠．則忤主以竭諫．退將保祀．全身以逃難．去就生死之途．沉吟出處之域．有以見聖達之情也．免身龍戰之郊．解縛鷹楊之帥．卒能恢復舊物．統承先祀也．

於呼．國之興亡．不獨天命．向使帝乙舍受而立啓．前箕子而後比干．則文王未可專征於諸侯．武王未可誓師於牧野．雖周公之聖．不過子產善相矣．太公之賢．不過穰苴之法矣．是太王立季歷而昌．帝乙舍微子而亡．成敗繫本．不其昭彰．余按微子之去．不過遯出而已．孔氏有知紂必亡而奔周之說．何微子叛棄其君親而求爲後之速也．必不然矣．左傳復有武王克商．微子面縛銜璧衰絰輿櫬之說．余竊疑之．夫武王伐紂．非討微子也．微卽不去．而面縛銜璧亦非微子之事．蓋武庚爲紂之嫡長子．父死子繼．則國乃其所宜有．故面縛輿櫬造門以聽罪者武庚也．是以釋其縛．焚其櫬．使奉殷祀．不欲絕紂之後也．故武王既釋箕子之囚．封比干之墓．百凡恩禮．舉行悉遍．而未及微子者．以微子時已遯于荒野．不可羅而致之．迨武庚叛．卒于就戮．始求微子以代殷後．微子於此義．始不可辭耳．此三仁之定論．雖聖人復起．不易吾言也．

羅浮漫草序

王元美司寇常序余鄉黎惟敬秘書詩．謂嶺南靈秀．偏鍾於物．獨漓於人．故空青丹砂文犀瓌象香璣．雕飾天下．而二三宏鉅．時或出其心學經濟之餘．著之於詩．皆一時才情偶合．所嗜未必權法衡古．卽國初五先生者．語亦不盡中程．時時操元音．何其輕言吾粵也．歲丙戌．余家金陵．元美適貳重樞．余獲以間請一奏所長．遂稱縞帶之好．卒驩甚．一日．笑謂元美．嶺南靈秀．果獨漓於人而偏鍾於物乎．元美遜謝．輒爲余序廣陵懷古詩．何相見晚也．余歸而自詬．元美輕言吾粵者．亦吾粵鮮所得當元美耳．計其時．與惟敬代興．有梁儀部公實．歐虞部楨柏．楨伯浮淮集．元美亦常序之．寥寥數語．而哭公實詩十章．一何篤摯也．是吾粵得當元美者三人．爲元美心折者公實一人．夫三公豈不皆嶺內冠冕．第少年窺人．惟公實五七言律始强人意．元美心折．誠非阿私．而寶安李如卿先生者．與三公生同時．仕同朝．竟不獲一當元美．何也．豈風馬牛不相及．抑先生時方以政事顯．不欲聾悅沾沾．與利齒兒因人熱．故元美見所見．妄謂空青丹砂文犀環象香璣．獨擅吾嶺南靈秀耶．

余生也晚．不及一奉先生咳唾．今耄矣．幸獲交先生象賢治中．以先生羅浮漫草見示．且屬爲序曰．行於世若而年矣．不敢暗投．西園公固千載子雲也．請授簡．余再拜卒業．嶺南乃復有如卿先生哉．萱不敏．居常竊歎．唐以詩取士之詩．以律爲彀．杜少陵豈非千古宗工．卽先生所註少陵五言律．亦豈不膾炙千古．第當其身．不能與錢劉高岑數公競一日之長．而數舉數躓．非三大禮賦自售．則浣花溪一老麻衣耳．殷璠論氣因律而生．節假律而明．才得律而清．故王仲宣流落荆南．名士多造問詩律．少陵亦曰．詩律羣公問．蓋至於老而詩律始漸細焉．當唐之時．以唐之律．衡唐之詩．且晚不及中．中不及盛．卽唐之盛也．亦朝不數人．人不數篇．篇不數語．律詩之難如此．今先生之詩．凡二百六十一者篇．爲四言二．五言古七言古者皆四．五絕十二．七言絕五十二．而五言律則五十有四．七言律則一百三十有三．何唐人乏而先生饒．唐人難而先生易耶．劉昭禹常謂五言律如四十賢人．著一屠沽兒不得．元美亦謂七言律如凌雲臺木．必銖兩悉配乃可．國初五先生及黎梁歐三公之律姑勿論・卽律之爲元美也・豈皆凌雲臺木耶・四十賢人之中・豈皆無一屠沽兒耶・今先生之律具在・横口所出・信手所拈・卽權法衡古・有片語操元音否・間者合浦之光未還・波斯之胡不至・雖幾弗耀於左藏・璠使乞淚於鮫宮・嘖嘖媄人・謂嶺南靈秀・誠如張生之言・已漓於物而獨鍾於人・故李先生特起・第敵國之寶・間世一見・識敵國三寶者・亦間世一遇・先生存而弗獲當元美・先生沒而後獲當孟奇・此非先生之幸・而孟奇之幸也・寶安故多韻士・先生誾左有鄧觀察玄度・陳計部儀翔・靈秀獨鍾・鬱爲國寶・皆能權法衡古・操唐音以摩五先生之壘・踏梁黎歐之乘・而奪元美之席者也・治中幸以余言相與一揚扢之・

南上草自序

金陵在粵北數千里・而鎬豐兩振・玉步重光・則南之號定于一・稱南上・志所尊也・又言南以別於北・志所感也・頃自季夏・初聞國耗・予奮衣就道・將獻廟言於闕下・中更疾病波濤之阻・經秋涉冬・始抵都門・梓里之所聞問・途次之所寤歎・沉痛惋惻・往往見之于詩・時日既久・積而成帙・嗟乎・海隅之士・聞見寡尠・盍觀于京師・未嘗不廢然自失也・古今泰茹宏開・羣材延引・高冠鳴導・意氣揚赫・以壯本朝・士稍有所挾持・皆能自致通顯・草茅寒賤・未皆一命・無賈生之才與薦・而效其痛哭・人之咄嘷目笑・直一絳灌云爾哉・顧獨抱此耿耿物而不化時・眡其奚囊・以篇帙爲富而已・此以駭里中兒不可得・廼欲以詫王公要人耶・而舍其所以通・從其所以塞・商聲曼歌・慨當以慷・亦各言其志也・昔司馬子長遊名山大川・文章益進・而吾鄉有李子長先生・爲江門高第・行方而迂・今里人憨愚相詬・必目之李子長・予之茲遊・於二子必處一焉・而足跡所及・不能當司馬之半・讀斯詩者・其謂予爲漢之子長而不足・爲明之子長而有餘・雖不能至・又敢辭乎・嗟乎・書生之於國家・處子耳・束髮以來・望燕雲如在天際・今領顱猶昨也・而國都則已近矣・予之不能已遊也・予詩也乎哉・

朱未央印畧序

自秦孫壽鐫秦璽・至勝國始有楊宗道遵印譜・豫章揭伯防泒序而行之・於是好事者競以印章名家・然鮮能合作・余少亦究心此藝・獨喜姑蘇文待詔父子・嘗得待詔自鐫徵仲二字・及其子自鐫壽承二字・玩弄久之・爲友人文孝廉從龍索去・曰・此停雲館中宗器也・余所佩服・則濟上于中丞文若若瀛・歷城邢太僕子愿侗・吳興董儀部伯念嗣成・新安布衣何長卿震・羅伯倫彝序・雲間周士・錢唐許士衡・皆能爲李丞相分研・孫藍田捉刀・而平康里中又有徐翩翩者・字驚鴻・亦稱合作・嘗自鐫驚鴻二字見貽・又爲予鐫九岳山人四字・名遂大噪・少年場中・謂笄流以文藝擅場固不乏・獨未有以印章擅稱六書者・此洛浦之珮也・予因戲言之・印章之藝・我明十人・有婦人焉・九人而已・惜皆逸去・未嘗不追恨於珠還璧合之爲難也・

日來嶺南諸人士・亦皆以印章相競・第惟問鐫鏤・不問六書・夫六書仰觀天・俯察地・取鳥獸之跡・故馬則冎・牛則歧・鷄則拳・鳥則膝・索其形・必按其跡・易其跡・必非其

形·故六書點畫·毫不可增減·象似毫不可參錯·位置毫不可移易·移易位置·是額髯而頰眉也·參錯形似·是方頂而圓趾也·增減點畫·是一手一足而三目三耳也·名人乎·名鬼乎·六書八體·三曰刻符·五曰摹印·六曰署·七曰殳·藉令以摹印刻符·以刻符摹印·以署署殳·以殳署·以符印殳署·以殳署符印·即李丞相復起·能不愕眙·故余著歷代玉璽辨·謂傳國寶·斷非丞相筆·夫丞相改古文爲小篆者·不以小篆篆璽·而璽魚蟲八體·亦起於秦·曰繆篆·以摹印也·秦之璽不爲繆篆·何也·漢興·尉律學童年十七·能諷誦籀文九十字·課以八體·始得爲史吏·民書式不正·輒舉劾之·字學之重如此·馬伏波工書·成皋令印·皋作白卜羊·丞印·四下羊·尉印·白下人·人下羊·一邑三印·其文互異·恐天下符印不正者多·夫符印所以示信·宜推擇通曉古文者·考正郡國印章·悉以觭重字學之·漢而印章尚爾差謬·至孔安國·以隸古易科斗·故漢人不識古字·開元中·以今文易漢隸·故唐人不識隸古·況六書不講八體不通之今日乎·

予嘗謂嶺南文藝·出其下駟皆可以走海內上駟·惟是六書之學·則虛無人·故梓行元戴侗六書·故復爲西園古韻·及西園古文·藏家塾以示兒輩·惟中表謝孟忠良言精其藝·獨得其解·此外若索一解人不可得·南海朱未央·數稱六書最晚出·而爲印章最著聞·四方購求·戶履常滿·丙寅秋來遊寶安·以其印畧介鄧觀察元度見訪·觀察曰·未央綵筆流麗·自是我輩行人·子之筆·元筆也·不能作未央輩行語·稍下數語如此·彼一二妄男子·既欲詭古·又欲詭今·鐫鏤雖工·問以六書·則瞠目張口·而沾沾自喜·豈自謂亦有四目·世人皆無一目乎·未央勉之·請以此數語復觀察·西園公亦可爲未央作揭廉訪否·

疑耀自序

三十年前·予爲疑耀·凡二十七卷·蓋未卒之業也·歲戊申·分司吳關焦太史竑·黃觀察汝亨·讀而嗜之·遂相與爲序以授梓·時榷事已竣得代·僅梓行七卷·余即奉先太安人還里·尚餘二十卷未授梓也·此七卷者頗行於世·海內知交往往貽書見索·謂二十卷當盡以梓行·既罷歸·耕鑿多暇·稍事繙閱·相次劄記·乃續十有餘卷·合舊稿當得四十餘卷·第舊二十三卷·年來又多割而歸於西園史餘·故此四十餘卷·尚須整比·不欲遽災木耳·丁卯秋·郡大夫義興徐公·博物君子也·還吳·以書見詢疑耀七卷·不知何人借爲閩禿李贄所著·亦大怪事·余疑信相半·戊辰初夏·余有事羊城·過友人李明府果卿·得疑耀閱之·徐公之言果不妄·謂余止校訂此書·復僞余譔一序·王伯穀書之·眞大怪事也·第此輩殊自賣破綻·七卷中尚有數十處未盡改削·即三尺之童讀之·亦皆知爲嶺南張某所著·不待辨也·余因自幸·嶺外老公車一再仕·輒令見放·讀此書者·能不以人廢言·今獲借他人以行於世·豈非此書之大幸耶·

嗟嗟·蜀才注易李蜀書·蜀才·范長生也·世以爲王輔嗣博物·如謝炅夏侯該以爲譙周·服虔譔通俗史·阮孝緒以爲李虔·葛洪譔西京樸記·世以爲劉歆·韓退之表諫佛骨·世以爲侍郎馮宿代筆·又何怪余之疑耀·借名李禿以行之也·余憶居西省日·禿以妖書株連繫詔獄·余偶偕同官好事

者往覘之・禿輒長跪頓顙數千・至破其額・余竊笑・誰謂禿能佞佛耶・爾時余方一覩其面・輒唾地去・今僞爲余序者・乃謂余青衿時・嘗負笈以從禿遊・一何誣也・余爲青衿・未嘗跬步出國門・禿自薙頂・卽從七觀音居黃州・亦未嘗跬步涉五嶺・余何繇而負笈從之・一旦横罹此誣・豈以余亦嘗合掌於七觀音耶・況焦黃二公・皆禿文字交・往來甚密・余疑耀果出於禿・能不覷破而肯爲余曲筆否・余忖度之・二公爲余梓行疑耀七卷・時王百穀數欲爲余譔一序・以雁行二公・余忽忽未及應・聞之友人・百穀微有憾焉・又余嘗有微言見於它籍・以禿所譔著・業爲朝廷焚禁・而行怪者復盛行其書・可以觀世矣・此語久已落在人間・又以百穀亦余文字交・可以取信於人・故有此破綻伎倆耳・因念余前梓行之書・道藏中宋張君房輯雲笈七籤一百二十卷・皆經摺・不便繙閱・秘閣中元戴侗六書故三十三卷・皆鈔本・未嘗公行・余皆梓而行之・今吳越間・二書皆已覆鐫・去余名氏・第二書非出余之手・卽名氏不存・又何問焉・若彙雅二十卷・則世人不能讀者・故世亦不能覆鐫・余之書行世而名氏幸留者・彙雅而已・今疑耀七卷外・尚有三十餘卷・及西園彙經一百二十卷・西園彙史二百卷・西園史餘二百卷・西園類林五百卷・西園聞見錄一百二十卷・西園古文六卷・西園古韻十卷・今耄矣・姓名不復挂人齒頰・異日有好事者盡以諸書災木・安知不皆爲蜀才易・爲通俗文・爲西京襍記・爲諫佛骨表乎・故復綴數語於七卷疑耀之簡端・非嘵嘵也・亦以自明西園公生平未嘗合掌七觀音而已・博羅張萱・

西園重編說郛序

余幸對公車・輒移家吳越間・從諸海內掌故先生・知有曾氏慥類說・陶氏九成說郛・古今稗官家一大觀也・惜二書皆未有梓行者・及官西省・編校秘閣藏書・乃獲類說鈔本・而陶氏說郛・又幸從長安藏書家獲假數本・亦皆鈔本也・彼此互異・或曰・此陶氏未成之書・後人飣餖而成・故參錯若此・或曰・類說說郛合之・並美者也・數欲補緝校讎・付諸梓以公海內・於是四方之藏說郛者・皆不遠而至・各以其本相視・卒無一本可以是正・久之・得吳與友人沈君潅太史說郛鈔本・視諸家稍稍可讀・然闕者十七・最後乃知古黃友人周君家楝侍御及古潤友人王君肯堂太史亦嘗手校・而侍御嘗詫余曰・吾與王太史之用心勤矣・當爲善本・復相卒爲帳中之奇・不以視余也・歲丁未・侍御卒官長安・其鈔本遂爲臺椽輩竊去・新都一孝廉購得之・余分司吳關・乃走急足捐重幣以假周本・又捐重幣假太史本至關署・令佐史數人鈔之・凡半載・而王周二本皆合併矣・一卒業・則帝虎芊羊・尚仍十七・而闕簡而複秩・顚倒錯亂・亦尚十三也・豈古人謂校書如掃落葉・愈掃愈多・抑周王二公名好博而志未逮耶・

余生平無他嗜好・竊嘗自附於傳癖書淫・又幸獲秘閣之藏・委蛇寓目・常採摭古今諸家名集中襍著之類・如稗官家言爲一書・凡一百卷・名曰說郛・不敢出以示人・一旦徙官版曹・于役吳關・還于舍・奉板輿就祿・取道石頭城・以說郛及長安所鈔諸書十餘篋・皆寓於舊館秦淮之上・館人弗戒於曲突・諸篋皆爲祝融氏負去・昔者余友王君百穀錢君功父

爲張孟奇詛祝融文・所爲作也・見放以來・晨昏多暇・稍理舊業・以尋初服・所編說郛・不可復問矣・不忍是書更留餘憾・故復以余所鈔諸本及王周二本・彼此是正・佐以它書・糾其繆・補其遺・而次第整齊之・卽不敢自信爲善本・然亦彼善於此矣・題曰西園重編說郛・亦西園大觀云爾・類說一書・余所手校者・不欲割裂・未遑合美・尙有俟於海內之好古而同志者・

心口語序

西園公多言人也・故數窮・然頗讀書・粗有所知識・於凡天地名物・古今事實・治亂興衰之故・及物情時態・得喪是非・自載籍以來所不必有與所不必無者・皆能通其意而持其說・每一鼓掌・輒令人膝前・亦往往令聞者掩耳・對者撟舌・故一再仕・輒以拙廢・終其身・則多言之效也・然窮日益甚・而言復日益多・世人皆以此病園公・園公亦以此自病・乃其口不可三緘・稍一緘之・胸腹間作車輪轉・隱隱如轆轆聲・有欲拄撐而出者・復覺咯咯然往來喉吭中・如嘔噦狀・不至披肝瀝腑盡傾瀉其所有不止也・故在堂哄堂・在室哄室・始而聽者十三・厭者十三・既而避者十七・羣起而詬罵之・而搏擊之・親者疏・恩者仇・亦十之七矣・

年來却掃息游・絕人間・惟與磨兜堅朝夕晤對・不相忘於相忘・而相語於不相語・顧天實生我・實有心・又實有口・夫身可廢・心與口其可廢乎・嗟嗟・雄心傲骨・久已銷磨・而慧業尙饒・心苗未萎・猶能窮探玄黃之要妙・宜搜海岳之精靈・以馳騁於千百載之前・千百載之後・爲人間世懸一未破之正的・而揭一未了之公案・故凡生平弗竟之志・身世無涯之感・耳聞目擊・可信可疑・可眙可駴・可笑可哭之事・或援昔以證今・或撫今以追昔・于時語語・于時唯唯・亦于時否否・心口相應之・心口相聞人不得聞・亦人不能聞・且人不欲聞・園公園公・何必不數窮哉・磨兜堅聞之・啞然而笑・以公之心・出公之口・管城子褚待制且屬耳於垣矣・名山不乏・知己非遙・與其以不語爲語・孰若以語爲不語・而口不負心・心不負公・公不負天・于遂請而聞於剞劂氏・無倫類・亦無詮次・日揮數紙・月結一編・編凡若干・以心語口・亦以口語心也・故曰・人不得聞・亦人不能聞・且不欲聞也・

此編始於甲寅春正月・蓋月編結一篇矣・至冬十一月・先太安人以一病委頓牀簀・禱天問藥・衣不解帶者四十餘日・十二月・太安人卒見背・草土餘生・形神俱悴・又日奔走以從形家者・豈復問及筆研耶・歲丁巳・大事既襄・巨痛稍定・境內外諸友人同志者・數以書來詢及此編・請援剞劂・寶安鄧玄度諫議又以書見沮・亦明哲之訓也・故復緘秘塵笥中・不復再加增輯・亦不復出以示人・何敢復聞於剞劂氏乎・宋儒張端義嘗著朝野樸錄・端平中・上書言事・得罪南遷・貽書於家・索樸錄以行・其婦報書曰・君之錄・非資治通鑑・何益於遷臣逐客・且以媒罪也・焚之久矣・端義悵悵・乃記憶舊聞・復成一書曰貴耳錄・余之是書・故非涑水先生之筆・安知異日予不以媒罪付祖龍也・既不必尙口・又何必復耳乎・戊午春日・偶檢塵笥・得此書・而復識數語於簡端・亦以心語口・以口語心云爾・

雲笈七籤序

張萱

歲乙酉・余移家金陵・時大司寇王公世貞・及先師大學士趙文懿公志臯・少宰趙公用賢・前後爲大司成・相繼館穀・一日・司寇公過少宰曰・國家右文・海內操觚・嘐嘐慕古・宛委之藏・即殘篇斷簡・無不流布人間・繡梓文梨・汗牛充棟・宋儒羅長源氏路史一書・至今尚皆鈔本・帝虎魯魚・不可句讀・不佞數欲覓一好事者梓而行之・惟此書奇僻・讎校實難・非胸羅四庫・腹飽五車・不得當也・今公門下士嶺南張孟奇・蓋庶幾焉・急之勿失・少宰唯唯・亟以屬余・余受而卒業・則金簡玉字之音・瓊笈銀題之旨・大居其半・二公乃謀諸文懿公・復相與館余於朝天之宮・出諸羽流所蓄道藏・徧讀之・始知有所謂雲笈七籤者・五老玉書之蕞薈・七聖紫文之津梁也・三公擊節二氏之書・與吾儒鼎立・第梵筴世皆家藏・而道藏則五千文黃庭陰符而外・鮮有窺者・路史之役告竣・即令七籤並梓・亦不朽之盛事也・孟奇勉之・時己丑冬十有一月也・皇天降割・庚寅春二月・先司徒之訃遽至・戴星而還・司寇公所授路史・束而歸之司寇・余之丹鉛所及・亦已十七矣・無何・三公相次萍散・復相次岱遊・不知司寇路史鈔本・竟落誰手・撫今追昔・愴然於懷垂二十年・戊戌之冬・幸通籍西省・冷曹多暇・偶過槐市・得七籤而厚價購之・因念三公路史之役・廢於半途・今錢塘所梓・不可句讀更十之七・倘七籤之梓先行・則路史可復校讎・必有實獲我心・以竟三公之志者・不意所購七籤・復非完書・久之・徙戶曹・抱關吳會・被命之日・竊爲三公色喜・司寇弇園有玄珠閣道藏・具算鞭稍暇・亟問七籤・則舉羣失矣・吳越間故多異書・比屋宛委・獨七籤一書・即載籍極博者未嘗寓目・今上大暢玄風・亦以是歲普給名山道藏・句曲之山・幸獲其一・不腆關吏・實密邇焉・乃亟往鈔補・機緣所值・亦不偶矣・惟是天災流行・恒暘恒雨・商不出途・算緡告詘・積纖累微・幸而中程・尚不能以公家之仂・供賓客之需・克胥役之餼・何暇問神僊字・爲脉望果腹・竊幸當事者以關吏堂食百金而進・乃盡付梓人・又不給・復走急足入長安・乞戶曹餐錢繼之・而梓始竣・三公所爲喜惠後學者・始獲以不腆關吏仰副其志於二十年之後・亦豈偶然耶・

語有之・聖人不師僊・其術異也・故神僊家言・縉紳先生不道・余謂神仙者・長生也・能養生故能尊生・能尊生故能長生・而養生之言・又皆原本於老氏・第老氏者・其道在齊生死・神僊家皆欲長生不死・先儒謂言長生者・貪生也・言不死者・畏死也・五千文具在・曾有片語貪生而畏死否・劉氏七畧・以五千文爲諸子・以神仙爲方技・余竊是之・彼秦之皇・漢之武・宋之眞徽二宗・終身之愚不解・於是徐福李少君張道陵寇謙之林靈素諸人・爭以其捕風捉影之說・藉口老氏・愚人主而取富貴・後世貪饕之民・復以其說自愚・殺身亡家・接踵駢首而不自悔・遂令猶龍者抱萬世不白之寃・亦足悲矣・是書也・晨燈虹影・玉珮金璫・泥丸赤子・神室嬰兒・三奔三景・九變十化之說・各居其半・撏撦老氏・令耳目不暇應・手足不暇措・爲書一百二十有二卷・讀之者疑與信亦居其半・余久居長安・偶得異人凝鴻飛丹之秘・試一

爲之・輒有奇驗・獨憶楊楷從吏祿・不願化金・竇舜卿祿足養親・何須糞汞・及蘇子由丹房舉火・忽見大貓據爐而溺・鼎敗火飛・與雕陽書生損福語・遂絕口不談・故余居常於神仙家言・不敢以世人之信爲信・亦不敢以世人之疑爲疑・況一物不知・君子以爲恥・神仙亦一物也・可不知耶・程子曰・神仙者・天地間一賊・故能竊造化之機以延年・蓋信而不疑・薛文清公曰・卽能延年・亦未有久而不散者・不然・自古及今・以僊名者衆矣・何無一人至今在耶・蓋疑而不信・第文清又曰・欲知異端得失・不可不讀其書・余之梓行是書也・固三公所爲校讎路史嘉惠後學之志・亦文清公闢異之志也・後之讀是書者・亦將有槩於余言・

類說序

曹公慥・宋史不載・亦未見於它書・爵里字號・皆不可考・序云・僑寓銀峯・亦不知銀峯爲何地・公之博涉若此・著述必多・而它皆亡・獨此編尙存・自紹興六年至寶慶二年・凡更百年・而後得葉公時梓行之・葉公時・字彥發・仁和人・歷官龍圖閣學士・謚文康・與朱考亭友善・亦未載於宋史・嘗爲禮經會元四卷・經濟之士所必問也・余獲藏之・自號爲竹埜愚叟・有竹林詩集五卷・余亦嘗寓目於長安友人藏書家・自是宋人口吻・不復鈔錄・嗟嗟・以二公之積學博聞・而名姓竟不登於史冊・彼老蠹魚者・亦何益於人間世哉・余以此編當與陶九成說郛合而爲一・數欲購之・幸校書秘閣・從斷簡殘編中覓得・亦鈔本也・首尾參錯・門類淆舛・杕杜陰陶・至不可讀・因携歸私邸・手校而整齊之・差可披閱・而執筆綸扉・晝夜作鞋底樣・至兩腕欲脫・不能合併說郛以竟夙志・故留數語於簡端以示兒輩・其善守之・安知百年後・無好事如葉龍圖者乎・

彙雅前編序

余爲字觿・計非十年不敢出以示人・然一出當令古今字書皆廢・夫字惟文與音・而義存焉・義之弗訓・文於何考・卽欲審音無繇矣・爾雅以訓義也・先儒有言・大道失而後有六經・六經失而後有爾雅・爾雅失而後有箋註・是爾雅箋註・皆羽翼六經・然爾雅逸・箋註勞矣・爾雅者・約六經以歸爾雅・箋註者・散爾雅以投六經・爾雅明・而諸家箋註悉可高閣・故言六書宜先六經・言六經宜先爾雅・雅彙而六經之義彙矣・義彙而六書之鐫畢矣・此彙雅所以先字鐫而作也・

先儒嘗爲爾雅貫類矣・惟爾中字之相同者・貫而類之・其名旣逸・其書亦亡・計於諸雅未貫也・夫爾雅爲釋・凡十有九・廣雅倣焉・小爾雅所廣十有三・釋名二十有七・則部置別矣・小爾雅者・世稱孔鮒之筆・鮒生秦初・豈及見其祖所稱爾雅・故爲此小爾雅耶・然以鮒所詳・皆今爾雅所畧・如爾雅釋鳥・獨畧於烏・鮒乃廣烏之類・是小爾雅原出於爾雅之後・斷非鮒筆明甚・第爾雅得之・亦足以備遺問・不可廢也・方言・方俗之言也・弗通於六經・其雅之餘乎・故以贍雅如子雲・積精二十有七年矣・成書止十五卷・二萬四千餘言耳・且吳越甌閩嶺海之間・皆不能及・抑何寡陋若是・況今所行者・又止有十三卷・且殘闕不倫・中多俗字・卽其題軒輶使者・絕代語釋・別國方言・此何等語・而謂子

雲爲之・豈其投閣・言以人廢・書中輒絕・後之好事者・補綴蠹餂・弗獲雅馴耶・吳韋昭曰・張揖釋名爵位之事・多非是信・然草木蟲魚鳥獸・又皆未釋・已非全書・而字字悉以其音・還訓其義・想此公於六書必不能通・第發明爾雅・亦常十五・余烏得而廢之・至於廣雅・位置弗紊・誠爲爾雅外府・即俗字盈篇・多涉途說・示訓詁者所必資也・余爲此編・壹稟爾雅・而以諸雅彙於爾雅之下・小爾雅次之・方言次之・釋名次之・廣雅終焉・若爾雅所闕・諸雅所詳・亦以義之相近・彙而次其左・題曰・彙雅前編・埤雅爾雅翼於爾雅弗類也・故爲後編・七者之外・劉伯莊有續爾雅・劉杳有要雅・劉延有方言・鮮行於世・皆弗及彙・以俟後之君子・若宋之儒有大爾雅・余不敢知矣・古今註爾雅者・凡十有六家・犍爲文學二卷・劉歆李廵孫炎郭璞各三卷・樊光六卷・沈璇十卷・江灌圖贊一卷・曹憲音義二卷・釋智騫二卷・陸朗二卷・子昭裔三卷・施瑜五卷・陸佃二十卷・鄭樵三卷・此外尚有施乾謝嶠諸家・今世所行・唯郭璞邢昺陸朗陸佃鄭樵而已・景純數寥寥・能存古意・邢氏有功於郭・然詞多枝蔓・此余所以詳郭而畧邢也・德明訟有盈庭・案非老吏・漁仲寄人廡下・不出一語・農師尊信金陵・自附四目・一解不如一解・宜皆擯而不錄・然十慮一得・余間採焉・輒復妄以己意括而斷之・以系於後・夫爾雅以註六經・亦惟六經可註爾雅・余之註・惟期合經以自娛於心而已・觀者必先觀全處・方可以讀余之註・復因余之註・以融會全能於心・亦必有姣然者・彼李軌之註小爾雅・景純之註方言・曹憲註廣雅・皆挂一漏萬・猶弗註也・且文多疑誤・胡以註焉・故於舊註既不能詳・又何敢畧・彼釋名者自釋之矣・無所事註矣・

爾雅非周公之筆・先儒辨之詳矣・即釋詁一篇・亦未必出於周公也・或曰・觀於爾雅・足以辨言・此非孔子語歟・夫周公固有周公之爾雅也・孔子嘗見之・子夏輩嘗傳之・其亡久矣・釋詁中所釋六經・詩居其半・而所釋詩・又周轍既東者居其半・謂爲周公作之可乎・先儒又謂釋言以下・孔子所增・子夏所足・尤爲謬妄・按離騷・使凍雨兮灑塵・今釋風雨暴雨謂之涷・此爲離騷釋耳・孔子時有離騷耶・爾雅釋詩・大都出於毛氏・彼爲毛氏之詩者・欲自實其師說・故借名周孔以行世耳・至謂叔孫通所益・梁文所補・未敢遽信・然文字簡古・獨超百代・殊非西漢諸人所能彷彿・其爲學覽潭奧・摛華翰苑・何必出自周孔・乃足珍哉・

爾雅篇次・舊無明解・釋宮後於釋親・釋樂先於天地・豈以有親必須宮室・天地爲樂器所資乎・更有疑者・講武旌旂・何與於天・乃系釋天・余意此書非出一人・先作者居前・增者居後・篇次紊亂・無怪其然・獨一字本一言・一言本一義・今動以十數言而總一義・其於言理・能無闕乎・至於描寫物情・亦多窒礙・饘自饘・餬自餬・訊自訊・言自言・今謂訊爲言・襺自襺・袍自袍・今謂襺爲袍・衮自衮・黻自黻・今謂衮爲黻・諸如此類・不可枚舉・此豈善言理者耶・詩・奉璋峨峨・謂助祭之士・執圭璋峨峨然耳・今云峨峨祭也・伐木丁丁・丁丁者・伐木聲也・鳥鳴嚶嚶・嚶嚶者・鳥聲也・今云丁丁嚶嚶・相切直也・此豈善言物者耶・故余嘗疑此書・非於一人・亦非出於一地・謂華爲荂・謂草

木爲生．謂笋爲蘆笋．謂藕爲茭．此皆江南語．豈作爾雅者．亦有江南人厠其間耶．嗚呼．鎬池之璧未遺．咸陽之煙日熾．卽六經懸諸日月．且半爲俗儒所壞．故余嘗著六經疑耀．欲起漢宋諸儒．以一丸泥各塞其口．況於爾雅．能無俗儒之補綴而大亂眞者乎．語有之．聞於室者疑於閾．今日言之．明日迹之．而疑且叢焉．況從千百年之後．以行千百年前之書．方土之音既殊．正俗之文襍出．傳寫者多從簡易．剞劂者復失校讎．陰陶杕杖．胡可勝道．故余謂讀古人書．疑而存矣．非疑也．疑則疑矣．非誤也．不知其疑．而自謂無疑者．其誤小．知其疑而妄改之以去疑者．其誤大．爾雅一書．世鮮誦習．所行註疏．僅有監本．訛舛實繁．它且勿論．最足掩口者．邢疏所引草木禽魚詩疏．乃陸璣字元恪也．今皆改璣作機．司校讎者亦材館名公．豈僅知晉有一士衡耶．余爲此編．爾雅正文惟據關中經．以是正監本已十之五．後得秘府所藏宋榻孟蜀石經．再加是正．亦十之三．而襍見它書．尙有數條．爲監本及兩石經所不載者．先取必所據．悉爲補入．至於郭邢二註．皆根據他書．丹鉛數易．若小爾雅方言釋名廣雅．亦博考於諸本．疑誤乃竟．居半無從是正．故是編也．凡疑者一因其舊．卽誤者亦置之疑．不敢妄更一字．妄解一語．是而正之．尙須異日．

西園彙史義例序

余彙史．葢彙二十一史．非彙二十一史而已也．歷代之史．名存而書亡者置勿論．卽書存而行於世．何止二十有一．今僅收二十一種．猥名之曰二十一史．既非功令之所推譽．亦非先賢之所限斷．而二十一史外．歷代諸史．或公或私．或正或野．或迹一朝．或迹數朝．或爲編年．或爲紀傳．或竝行．或孤行．皆可以羽翼二十一史者．一切擯之不收．果何據而云然乎．余姑論南北兩朝．劉宋有沈約書．蕭齊有蕭子顯書．梁與陳有姚思廉書．非南史乎．而又有李延壽之南史．元魏有魏收書．高齊有李百藥書．宇文周有令狐德棻書．隋有魏徵等書．非北史乎．而又有李延壽之北史．彼此皆大同小異者．己竝收矣．是史之名二十有一．而史之實止十有九也．彼荀悅漢紀．與班固漢書．劉昫舊唐書．與新唐書．宋史新編．與宋遼金元四史．亦皆大同小異．彼此不可竝收乎．

余既彙班荀二書爲一．彙南北八書二史爲一．彙舊唐新唐書爲一．彙宋遼金元四史及宋史新編爲一．而左氏傳者．史之宗也．前人不列於諸史．豈以其與聖經並行．名雖爲傳．體實編年．與諸史不類．抑以其與國語戰國策皆已爲史記所採．故三書可不列於諸史乎．夫龍門公所採三書．不過十之一二．其未及採者．何啻八九．而可盡棄乎．卽類而推．公羊高穀梁赤二傳．亦皆史也．雖間有與左邱明傳重出．第彼此可以參考．所謂合之則竝美者．余嘗疑司馬遷採左氏而棄公穀．自是疏漏．近代大庾劉中丞節．嘗採左傳國語爲春秋列傳．改編年爲傳．以從諸史．亦未採公穀二傳．何也．故余彙史．凡左氏傳國語公穀二傳．戰國策．爲司馬遷所採．其間字句互異．皆倣宋倪文節公思班馬異同．以史記爲正文．五書爲小註．而互存之．彙之爲一．若太史公所未採者．又別彙之爲史餘．別詳義例．盖彙二十九史．非彙二十一史而已也。

西園史餘序

史餘・彙史之餘也・起盤古・迄胡元・凡四百卷・客過而問・一開卷輒唾而去・何必讀人所不必讀・作人所不必作・而妄以易耗之精力・有限之歲月・徇此人間不必有之物乎・然公亦何乃自苦爲古今不朽之業・卷帙繁鉅者・司馬君實資治通鑑・起周威烈王・迄南北六朝・朱仲晦因之爲綱目・亦迄五代而已・當其時・朝夕採摭首尾整比者・皆二公門人・一時翹材如劉原父尹起莘輩・前後數十餘人・而書始備・然時已有頭易白汗難青之誚矣・嗣是鄭漁仲有通志・畧起大昊・亦迄南北六朝・我朝則金公燫有諸史合編・唐公順之有左史右史稗史・魏公廣國有史書大全・鄧公純錫有亟史・皆一家言・亦稱繁鉅・第諸書中皆纘述・殊乏糾繩・了不匠心・仍相拾唾・用功差易・卒業不難・往已煩公雌黃・詳諸彙史・而彙之曰彙史・已二百卷・世人未有過而問者・且目攝公汗猶未青・頭已先白・奈何又彙諸所未載・今日而前・秦火而後・凡懸國門・副名山・人間所有・人間所無・欲一口吸盡・一肩挑盡・異日卽懸國門・副名山・安知雌黃不復關於衆口乎・更可嗤者・信人所不必信・疑人所不必疑・從數千百年之下・與數千百年之上・日相詰難・日相抨射・日相判斷・何物西園公・向前人糾繆繩愆・自逞胸臆・一至於此・亦可謂不度德・不量力矣・且公非孔氏之徒歟・孔不語怪・不索隱・又曰多聞闕疑・愼言其餘・公之史餘・亦惟怪是語・惟隱是索・疑既不闕・又復自疑・言既不愼・又復多言・漢王仲任曰・玉屑滿篋不爲寶・叢殘滿車不爲道・公其休矣・

余竊低首・夫人性不同・嗜好亦異・余幼而壯・壯而老・一切嗜好・纔染指・卽屬饜・纔涉足・輒褰裳・惟書淫傳癖・則老而益錮・寒可無衣・饑可無粟・不可一日無書也・每繙閱・不維忘食忘寢・卽震雷破柱而不聞・太山崩前而不見・偶爾疾病・亦忘其爲疾病・故嘗竊自幸・嗜好在人・未必於物無爭・亦必於己無害・惟讀書則人皆不好・孰與我爭・與我爭者・止一蠹魚耳・人皆不爭・云何有害・卽微有害・亦害吾目・夫人間世可以害吾目者・豈止一書・吾之目以吾之書害之・上同素臣・不亦樂乎・孟軻氏自謂好辯爲不得已・余讀書必拈筆・一拈筆必箋題・雖辨人所不必辨・非不得已也・率余之性・從余之好也・嗟嗟・今日而前・秦火而後・懸國門・副名山者・無非疑府・亦無非訟端・西園公之胸腹有幾・可容數千百年之疑・數千百年不能辨者・復府而胸腹乎・目能讀・手能書・能自掩目袖手・不爲數千百年畧一鐵案・以貽來兹之金科玉條乎・夫天不生物・必因其材而篤・天之生材於余・不篤以官爵・不篤以功名・不篤以機智・不篤以聲色貨利・天之篤余・亦曰若爲老蠹魚・足矣・余不讀書・讀書而不好辨・是名違天・違天者天必罰之・今七十有二・此之嗜好・已不爲人所爭・而可爲天所罰乎・況西園公者・人之餘也・以人之餘・爲史之餘・自是素位而行・豈曰不知而作・雖幸業・猶不能謂史已無餘・尙當以餘之餘・彙今之餘・四百卷尙存乎見少・客又何嗤焉・

客怫然曰・我非人之餘也・無餘目以讀公之書・無餘耳以聽公之辨・復唾而去・

余之史餘・蓋捃摭古今稗官小說可以參考彙史而不可彙於史者・故曰史餘・爲帝紀一百卷・后妃紀四十卷・書與志三十五卷・宗室外戚羣臣列傳二百二十五卷・凡四百卷・惟年表獨闕・詳義例・余耄矣・耕鑿以供賦稅・哀其仂不足以供剞劂・境内好事者・聞西園有史餘・往往貽書見索・不敢虛其歸也・先鐫盤古氏至漢平帝紀・僅四十卷以應之・嗣當舉全書相次災木・以就正四方宗匠・凡數易稿・貯之數簏・以俟拮据梨棗・歲已已・天不我與・兩目輒病・奔問醫藥・日不暇給・數年以來・目病尚未能療・何暇復問舊業・壬申夏・潦數降・市皆行舟・余所居清眞館稍卑窪・因徙居爽塏數月・而清算館藏書不及移徙・遂皆爲水氣漸漬・癸酉夏日・出所藏書曝之・不知何故・獨史餘稿數簏・漸漬更甚・一啓簏・則四百卷稿皆不可繙揭・揭之輒碎・不可復整比矣・豈老蠹魚障當破除・攢紙之蜂・偷薑之鼠・不煩復置力耶・不得已拈數語題於簡端・以應四方之問訊史餘全書者・能不爲西園扼腕乎・一歎・

賀中丞懷魯周公留鎭南畿序

萱燥髮偕計吏・獲與帥惟審・湯義仍・謝友可・曾粤祥諸君子游・知臨川有懷魯先生者・不可一世・時公業以名進士令閩・聲稱藉甚・歲戊戌・通籍西省・公則爲聖天子耳目近臣・持繡斧總三輔學政・日貴重・惟日從俗塵中稍稍望公顏色・輒退而語謝友可諸君子・此眞一代偉人・奈何當吾世而失之・無何・公晋大中丞・節鎭吳中・萱始徙官版部・幸時時佐大司農・獲讀公條上三吳便宜前後諸疏・益私心嚮往不得當也・間者滸墅以瓜期請・故事・需次遣行・萱獨最後・大司農過聽・謂無易萱也・越次遣之・此垢膩之區・鬼蜮之穴・有志者皆思褰裳而避・嶺外人居鮮三穴・行非百足・且老公車袖短舞拙・能無良朋之畏・然心口相語・此非懷魯先生之宇下耶・昔人從軍・但問所從誰・萱今所從・則懷魯先生也・遂束裝・然公適以奏最聞・台衡時且多虛席・於是朝論咸謂聖天子且急召公・三吳不得復借公・何物關吏・其能以鞭弭從也・踰四月受事・則溫綸且褒寵公・且從任公矣・猗歟美哉・聖天子明見萬里・豈惟吳之父老・子弟實嘉賴焉・

夫吳之分鎭也・自章皇帝始・其奉璽書以節鎭也・自周文襄公始・此非公家之明德耶・文襄公鎭吳二十有二年・至登八座爲大司農・而節鉞猶在吳也・今聖天子復以吳久任公・得無望公以文襄之業・而大者造於吳耶・然文襄烏可以望公也・章皇帝時・以公爲文襄易・而以文襄居今日則難・居今日而公能爲文襄則又難・他置勿論・萱所覩記・顧文僖嘗言文襄矣・僅與劉晏韓滉輩同科・此善理財手耳・彭惠安贊之・亦曰・撫綏南服・國計以農・夫爲聖天子重臣・而南服實賜履焉・豈區區一理財已耶・夫文襄鎭吳二十有二年・公鎭吳甫三年・近其功見能效・且已舉文襄勤勞二十餘年者掩而上之・設文襄爲今日之公・且令文襄爲公二十餘年之久・亦復能遠過公三年之久耶・小人何知・饗其利者爲仁義・今三吳且以災沴告矣・東南半壁・空爲大澤・呼藾蒻而

歌匏葉者．轉徙溝壑．文襄初鎮吳．亦嘗遘之．然郡邑倉廩實．一切徵發．皆獲便宜．無釜鬲．亦無蹇跛．能傾左藏以購糴於荆襄虔粤間．而米鋪地之謠起焉．故彭鳳儀曰．民無移粟．歲不知凶．此亦章皇帝時文襄饒爲之．而今如何也．然濕雲壓城至踰月．公一露禱．則屛翳却步．即左藏如洗．且多方購募．巨室素封相應如響．布粟不騰．萬室之突黔且寸輒復．披瀝悃誠爲聖天子開說利病．蠲逋賦．輟新征．留諸榷稅畝．及諸司贖鍰．大都壹稟文襄．而纖悉指掌．慘怛溢牘．至今讀者感泣．於是父老子弟相率籲天．吾吳何幸乃有兩周公也．豈聖天子能逆覩於天行之數．故復褒留公爲吳父老子弟請命耶．是公留一日．即能爲聖天子宣東南一日之憂．洪河餘潤．福曜餘輝．即關吏．征商之吏也．有民乃有商．有歲乃有民．今無歲．幸有公．是有民矣．異日者得藉手大司農以仰副玉璽書．出納無害．關吏卽蘧廬乎．然一日在公宇下．卽一日之千載也．業已移書湯謝諸君子．二十年皈依之想．可幸不虛．故是役也．上爲聖天子賀．東南重臣文襄之後．復有文襄也．下爲吳父老子弟賀．吳之司命．始終一文襄也．還而自賀．中養不中．才養不才．私淑一文襄．而又執鞭一文襄也．公其忍鄙夷之而不爲一首肯耶．時降霾迅掃．杲日長懸．市粟不翔．溝瘠立起．關吏不文．敢忘載筆．遂爲詮次．以俟觀風．謹賀．

贈劉肖庵守戎序

今國家事權．藎縉紳觭重哉．然而四封之裔．又未嘗不陽寄命於介胄．故介胄之士．往往不樂爲用．於是縉紳輩益得恃其重以陰操其權．而天下始脊脊多故矣．余以筆札．給事禁闥．目非能習韜鈐．足非能躡行陳．然從諸縉紳先生平章軍國重務．每按大司馬尺籍．及以耳目所覩記．如期門羽林材官蹶張．動費縣官大錢日數萬計．蓋亦山積甲而流斷鞭矣．第四封間有不然．輒動聖天子拊髀之想．而鰓鰓然動稱乏人．如往者島寇陵躪我屬國．目中豈復有我．我廼翶翔十萬之衆．五年海上．不敢一矢相加遺．幸聖天子神武．一意議戰．皇天降鑒．始奪小醜之魄．而後東海之波不揚．三韓獲再造焉．是介胄之士不爲用．而天廼爲之用．又何怪乎縉紳輩不恃重而陰操權也．

乃今所聞於灣城守戎肖庵劉君．則有大不然者．劉君故稱將種．自其微時．嘗以舍人子受事薊鎮．纔若干年．即能從列校中鵲起而守戎灣城．此其人豈今諸縉紳得陰操權以輕重者耶．余於劉君未及傾蓋以探其腹中甲兵何狀．而中常侍張君仰吾者．劉君姻友也．爲余述劉君所爲積功累能．其狀甚悉．壯哉劉君．余因念今縉紳觭重而介觭輕．無亦乳口之兒．紈袴之夫．自失其所爲重．槁樸䠊朒．外强中乾．以攘冒則先登．以授綏則後却．以染指則饒爲．以投醪則固靳．壯氣耗於卜夜．英風折於纖趨．繆附雅歌．無裨緩急．於是白面儒生始得以窺其短．睨而延之．一言不相當．輒以刺訶隨矣．夫句粤之鏻．必不以棓箠．甚景之劍．必不以封獲．劉君勉之．聖天子神武在御．每飯．意未嘗不在疆圉．而令縉紳輩常陰操權以觭輕介胄．必不其然．且彎城雖彈丸乎．北護居庸．有陵寢在．扼漕綱上遊．爲京師咽喉重地．而介然一幕府當之．在事者不他畀．而畀劉君．異日者仗鉞登壇・取黃金印如斗大・爲聖天子東戡西備・令縉紳輩毋得獨操其權而陰爲觭重・則自劉君始矣・張君於是顯然進曰・敢不唯命是聽・遂書以貽而張之壁・

題北搨黃庭經

王右軍寫經換鵝・詳具晉書・張彥遠法書苑・武平一徐氏法書記・徐浩古蹟記・黃伯思東觀餘論・程大昌演繁露・及雲僊雜記・彼此辨詰如訟蘭亭・而雲僊近是・李太白詩・山陰道士如相見・爲寫黃庭換白鵝・又詩云・山陰遇羽客・愛此好鵝賓・掃素寫道德・筆精研入神・書罷籠鵝去・何曾問主人・葢黃庭經之換鵝・右軍以書得鵝・道德經之得鵝・道士以鵝換書・自是兩事・第不知鵝之主人・皆曇禳邨中同此姓羽流否耳・陶弘景與梁武帝啓云・逸少有名之蹟・不過數首・黃庭勸進告誓等・不審猶有存否・黃伯思亦云・黃庭始見於梁代・或宋齊人書・若然・則黃庭眞蹟不復留人間矣・張彥遠曰・褚遂良審定右軍正書第二卷・有黃庭經六十行・武平一曰・曾在禁中・見則天后曝太宗時法書六十餘函・黃庭經在焉・徐浩曰・玄宗時・大王正書以黃庭爲第一・故張懷瓘書估曰・樂毅黃庭・但得數卷・便爲國寶・黃庭眞蹟・疑又尚存・黃伯思宋人也・宜未及見矣・陶弘景去右軍時僅一百五十餘年・豈有存於唐者・不存於梁・而弘景胡然未見耶・伯思又云・黃庭有數本・或響榻・或刋刻・嘗得一本・字勢多倣歐陽率更・復在洛中見承直郎李鵬舉家所畜者・乃褚登善所摹・單廓未填・筆勢精善・軸中有黃庭五行・爲周越摹換之・今世所行黃庭・必非哲嗣・明甚・亦未知其去眞蹟爲孫乎・爲曾爲玄乎・抑嬴之祝・而僿之重乎・

余按右軍晉永和癸丑書蘭亭・丁巳書黃庭・皆稱名蹟・蘭亭入唐・尚獲以殉昭陵・而黃庭入梁・若存若亡・何也・然黃庭傳世・重摹翻勒・不啻百家・而道德經不惟眞蹟久絕・即古今書家者流・卒未聞有一人重摹・一言談及者・又何也・豈傳世名書亦有遇有不遇耶・以余所見黃庭數十本・不出兩種・一秦州本・而骨勝・一越州本・而肉勝・惟北本則骨肉適均・即非哲嗣・亦是雲礽・友人董玄宰嘗爲余言・今潁上縣野井中・有光怪燭天・探之・得石數片・乃黃庭經也・以鐵線束之・幸爲完物・玄宰榻一本以示余・不知摹手爲誰・第不及北刻遠甚・而北刻又以北紙爲最勝・然世有藏者・此帖紙既橫簾・質鬆而厚・拂墨處如薄雲之過青天・不施油蠟・正如趙希鵠所稱・其爲北紙・可望而知・余藏數本・皆不敢雁行也・萬曆丙午・于役金陵・購於亡友新安吳孝父家・半載餐錢・爲之一洗・帖末陳公子野手跋・詩既清麗・筆亦娟秀・獨鐵笛道人一跋・斷爲僞筆・而楷法尚有佳處・可備黃庭捉刀・不欲遽棄之・嗟嗟・右軍書蘭亭・年三十三・書黃庭・年三十七・余年五十餘七矣・欲從前人殘縑遺瀋中・望其脚汗・亦不可得・豈學書時未及以一杯澆四目墓門耶・爲之掩卷浩歎・萬曆甲寅九日・西園公書於論世齋・

題宋搨定武蘭亭序

宋德祐間・賈師憲被罪・籍其家・得蘭亭序石本八千匣・桑世昌蘭亭博議・王氏所藏石本蘭亭序・爲十帙・凡百

本·冠以定武本·而諸本副之·故昔人謂古今論蘭亭若聚訟·然亦未有以定武爲冠者·余藏此本·卽不必仰字如鍼眼·殊字如蟹爪·列字如丁形·其爲定武無疑·第以余所見定武本最知名者·尚有六焉·一·湍流帶右天五字皆鑱損·世謂之五字損本·廼薛紹彭所得初刻·或云·紹彭所爲別本以易初刻者也·此本五字皆全矣·一·天字不全而字皆瘦勁·一·肥而天字全·此本故瘦勁·天字又全矣·一·崇山字中斷·第六七八行破裂關絲竹管絃之一觴一詠亦足以是日也十六字·榮芑曰·定武修城·役夫得之土中·此本十六字無一損者·一·亭列幽盛遊古不羣殊·九字皆損·此本則九字皆全·一·棗木刻·湍流映右天·亦五字皆全·此本鐫刻轉折處·鋒鋩刺眼·亦非木本·較彼六本·無一合焉·豈卽紹彭所得廚中故物·未及鑱損·爲定武初刻耶·彼六本·無一合焉·

諦觀卷末諸題識·皆名賢眞蹟·有賈師憲諸圖章·豈亦八千匣中之一耶·又有秦氏圖章·當是檜之子熺·熺藏法書甚富·精賞鑒·此本非僞帖亦無疑·獨沈揆一跋·與桑世昌所載揆語·同異相半·右有蘭亭之裔·及與謙二印·夫與謙非揆字·蘭亭之裔·疑是王姓·其楷法又弗精·必非揆筆·此市賈狡獪以紿俗眼者·不足爲此帖之累·獨誤爲秦賈兩家所妮·何異落營妓家·入伶人手·是殺狐林後又一厄耳·今幸而藏於寶研池頭·宋景文不敢據爲己物者·我子孫得而據之·宜何如以爲寶耶·萬曆甲寅中元日重裝·西園公書·

定武禊帖·自薛道祖德之始大行·於是道祖嘗手臨數本·眞蹟在婁東王尚書元美家·二十年前·余遊金昌·獲寓目焉·有宋人蘭亭圖半幀冠於首·歲戊申·余幸分司吳·蘭尚書哲嗣冏伯天官數過關署·余欲再索觀之·則轉而之它矣·冏伯曰·人失之·人得之·何憾·余曰·人何必得·已何必失·相與一笑·萬曆己酉·賦閒居士書於文隱堂·時階芸乍秀·篋蠹潛驅·披玩忘餐·留連浮白·梁間語燕·竹裏啼鶯·若對主人·共茲幽暢·

禊帖自定武外·爲余所未見而見於它書者·難以悉數·姑錄其名目可數者以示兒輩·定武六本之先·有御府本凡四種·定武之後·有會稽本·有婺女本·有豫章本·凡三種·有丹丘本·臨川本·凡二種·又有洛陽·有邯鄲·有七閩·有括蒼·有金陵·有上饒·有景陵·有九江·有龍舒·有八桂·有永嘉·有常德·有南嶽·凡十三本·其以人而名者·凡十七本·周安惠氏·陳氏·三米氏·陶氏·諸葛氏·陸柬之氏·潘氏·章氏·盧氏·徐滋氏·又許本者·昔人劚地而得之·有柄有竅·初名杵蘭亭·或曰楮·又唐硬黃本·薛紹彭勒唐榻本也·又玉枕本者·政和間·營宮闕役夫·有小石作枕·有刻畫·中貴視之·乃禊帖也·第已殘闕·止五十一字·又殘石本·舊作二塊·前一塊·有悲夫右及雖殊事一也復之覽文十三字·下有小字云·蘇氏太簡·一塊復裂爲二·字已漫滅·但彷佛先世名玩文五字可辨耳·又無名本·會字前後有云·蘭亭臨榻傳刻·諸家所收極多·未有及此者·不知誰書·又松窗雜錄所載玄宗先天時·異物如西蜀織成蘭亭叙·是其一也·凡此尚不滿百種·賈師憲八千匣·彙皆名刻否乎·夫訟蘭亭者·不過肥瘦兩端·余謂評書如評美人·丰神爲主耳·玉環飛燕得而愛憎之·蔡山父曰·蘭亭殉昭陵·

眞蹟不復出・摹搨豈無誤・拓本徒彷彿・定武而外・區區肥瘦・何必聚訟哉・

題聖教序

聖教序・唐僧懷仁集王右軍書・咸亨三年十二月八日京城法侶建立於弘福寺中・其末有于志寧・來濟・許敬宗・李義府題名・文林郎諸葛神□勒石・武騎尉朱靜藏鐫字・曆世已久・古今臨池者皆爭購之・氈槌之聲・四起不絕・遂分爲兩・今世市賈所售・皆木板翻刻者也・非惟初刻完碑不可復得・卽新搨果爲關中斷碑・亦一通數金矣・余購得此本・乃吳中故大中丞韓公雍家所藏・碑旣完好・且爲宋榻無疑・亦寶研池頭一完壁也・第此序褚登善嘗書之・亦有三本・一・永徽四年癸丑十月十五日建・一・永徽四年十二月朔十日建・一・龍朔三年癸亥六月二十三日建・其字有肥瘦方圓不同・若出三手・是登善此碑已二十年・而懷仁始集右軍書也・登善居唐初・書名烜赫一時・世爭以爲寶者・不應懷仁復爲此書・豈貞珉二十年卽殘闕・而懷仁乃集右軍書以補之耶・抑唐初沙門中故多知書者・亦有以登善之書・不如右軍・故集右軍書爲聖教重製耶・懷仁一碑・與登善三碑・皆建於弘福寺・是一寺而四碑並建・余不得其說矣・或謂登善止書一碑・餘皆爲後人臨摹・故有三本・字畫不同・亦未可知・余居長安日・嘗購得登善一肥本者・較之懷仁集本・正如秦青韓娥・同度一曲・梁塵並落・流雲皆遏・誰得而軒輊之・歲丙午・于役金陵・暫爾還里・因寓行笥於金陵舊舘・此碑在焉・併爲鬱攸奪去・詢之海內好事家・謂登善瘦本尚可購・而肥本當永絕矣・每閱懷仁集本・未嘗不悵望於延津也・

題淳化閣帖

宋有兩王著・摹勒淳化閣帖者卽蜀人・官至翰林侍書・宋史未載・所載者翰林學士・字成象・單父人・漢第進士・在周已爲翰林學士・開寶元年・加兵部郎中・卒・少有俊才・多酒失・故不獲大用・未嘗以書名・蒼頡書二十八字・卽淳化閣帖第五卷所載者・周人旣不能識矣・李斯胡從而識其八・叔孫通又胡從而識其十二・余按李斯所識八字・謂爲上天作命皇辟迭王・此迺寇謙之所纂黑安和國王禁文也・今二十八字具在・李斯又未嘗明言某字當作某字・而叔孫所識十二字・不知李斯所識者亦在其中否・胡不明言以傳於世也・黃長睿以此書爲僞筆・固當・余謂斯通亦非眞識也・余又按蒼頡衙人・卽今鳳翔縣・其廟碑・倉作蒼・銘曰・穆穆聖蒼・故後世有蒼舒氏・王充論衡作倉・謂春秋倉葛・卽其後也・未知孰是・古今傳記皆謂頡與沮誦・嘗爲黃帝史官・始制文字・故史皇而丹壺記禪通之・紀首列史皇春秋歷命・敘演孔圖元命苞・帝王外紀・淮南子・皆云倉頡傳十一世而後爲柏皇・傳五世而後爲黃帝・其世代相遠若此・司馬遷黃帝紀・並未言黃帝制文字・亦未言黃帝史官爲倉頡・故崔瑗・蔡邕・曹植・張揖・索靖・顧野王・孔穎達・皆以頡爲古之帝者・在伏羲之前・蓋得之矣・韋誕傳云・皇甫謐輩皆以頡爲皇帝史官者・則宋衷世本之註誤之・宋之諸儒・未見其書・亦交相引援・以爲世本可信・而世本曷有是乎・惟內傳云・黃帝命沮誦作雲書・孔甲爲史官・以紀言動・故漢志

有孔甲八篇・田蚡常習之・而謂頡爲黄帝史官者固誤・即以文字爲始於倉頡・恐亦誤也・玉經隱注三皇天文・謂之太上玉冊・皆三元八會・自然成文・故眞誥曰・八會・文章之祖也・三五歷天皇氏之世・秉籙司契爲龍鳳雲篆之章・以演八會之靈書・此非文字而何・是倉頡之前・文字已萌・獨太微黄書曰・靈書八會・字無正形・謂點畫尙未區別・至倉頡生・而登陽虛之山・臨玄扈洛汭之水・河圖綠字呈焉・頡始因之仰觀奎星圓曲之勢・俯察龜文鳥羽山川流峙之形・以區別文字之點畫・而窮天地之變・周萬民之用・爲百王憲耳・

　前賢謂倉頡二十八字・有畫卦意・謂頡書雖出于龜文鳥跡・實根六十四卦之畫・畫非字・而字不能離畫以成文・頡第緣伏羲氏以損益錯綜之爾・是亦以頡果爲黄帝史官・不知頡先於伏羲・尙數十餘世也・若雨粟鬼哭・高誘注淮南子・固爲臆說・張彥遠古今名畫記又謂上天不能藏其秘・故雨粟・鬼神不能遁其形・故夜哭・是亦高誘之說也・夫伯禹播植・嘉穀誕降矣・京房易以歲大熟・天雨粟・而後代之雨穀雨黍雨稷雨米雨豆・載在傳記者・不一而足・或災或祥・或應或不應・又何說以處此・王充論衡乃謂倉頡作書・何非何惡・而致此怪・廼適與之會・似亦一說・第鄂州圖經・李陽冰嘗篆鄂字・從四口・作鄂・鬼亦夜哭・余謂鬼非自哭・蓋爲世人哭耳・鶡冠子曰・有一二・即有千百・有千百・即有計算・有計算・即有文字・有文字・即有機械・而天下之禍・不可勝窮矣・今楚粤巴蜀間・溪蠻峒獠・頑獷殊常・而狂獉自若・其俗契木示信・死生以之・亦猶結繩之遺也・故安居飽食・於人無爭・不幸而內地亡命之徒・闌入其中・敎以文字・遂令狙詐日起・利爪距而尋干戈・鼎沸魚爛・不底於滅亡不已者・則文字爲之祟也・故余嘗謂圖出河・書出洛・天地所以開文明也・易曰・上古結繩而治・後世聖人易之以書契・蓋取諸夬・夫夬以決小人之卦・書契以決小人之僞者也・惡知夫僞者未必決・而決者復僞乎・惡知夫治百官者正以亂百官・而察萬民者亦以惑萬民乎・故三代而上・文字之用・自墳典鼎彝外・無所施焉・三代而下・然後文字日繁・淫詞詖說・滋蔓胥壞・章句之學如凝脂・而奇袠之目如秋荼・文者侮俗・奸者舞文・遂至讀易卜姦・說詩拍家・世皆以爲末世則然・而不知皆起於四目之文字也・嗟嗟・四目四口・即鬼神且畏之・況於人乎・又況於十百其口・千百其目者乎・一歎・一歎・

重建太平橋記

邑北郭有橋曰興仁・則太平之門門焉・形家者言・王氣故從東來・而北之象嶺・實屛蔽之・其下爲溪・逶迤行・東折以被于西・環帶北郭數里・始復折而南・曰榕溪・邑之有隍・若天設矣・故象嶺之所爲蜿蜒拱護而蔓延・而引之以太平之堤・以翔集于吾邑者・不能不中斷・則由郭而北・四十九里而衆・匪惟深厲淺揭・民且告病・于王氣亦豈有賴焉・聞之故老・勝國至元時・羅里敬甫者・監邑事・始駕木爲橋・以通往來・明興・睿皇帝八年・邑令趙公豐・暨故贈司空李公亨・乃率諸父老子弟伐石爲橋・司空興仁里人・橋遂名興仁・故有孔二・有魚齒・有蹲鵾・有砥有板・然所更未百年・爲今上十有七年・圮矣・河伯爲災・民往來輒時時

葬魚腹中・蓋踰四年・始得公而議改作・

先是當事者率以邑爲蘧廬・即强以從諸父老子弟之請・亦不過握銖兩之贖鍰・陽號于庭・而有陽罪諸父老子弟之未有以應也・納履去耳・不者過自好・欲無受勞民傷財名・且妄意難成・恐中廢・作者不任・又不者・如匪行邁・謀與衆爲政・夫橋必自地出然後可乎・人之難與慮始類如此・公故精形家者言・其爲令・又數能以身勞民・有古循吏風・司教閩時・嘗爲建陽改作學宮・征發至巨萬・計一切皆倚辦公・今公且爲令・即以橋費不能閩學宮萬之一・即倚辦公・不能什之一・然一切不敢以煩縣官・惟是二三父老子弟之能降心以相從也・不穀又何愛焉・公於是捐俸十金・諸父老子弟謹受命・而以慮始問張子・蓋張子嘗躬耕於邑北鄙・別業珠岡在焉・乃復更命張子爲文・疏諸好義者・張子輒復以金進如公・蓋旦而號于國中・不踰昏・而緡錢橐中纍纍矣・公復爲之量功命曰・畧基趾・程土物・鈎稽出納・所擘畫相度・以其用於閩學宮者什之一・以用於吾橋・而又推擇諸父老子弟賢有力者二十人董之・爲日三百有奇・而橋始告成・橋故以赭石・易泐・公乃伐石於橋之北岡・得白珉焉・相傳爲神人所鞭處・不能伐而伐之・自先塋始・橋於是率以白珉・是役也・所募緡錢・以鍰計者若而人・以銖計者若而人・銖以下者若而人・總之百三十有奇・而以其半旣匠石氏・十之二享諸賃傭・十一庀他材具・橋之視其故・以咫計・而高倍者十之三・廣倍者十之五・以佻倍者且十之七・爲欄・爲楯・爲綽楔・爲碣之亭・皆偉觀云・

公乃以門之名・名之曰太平橋・夫與仁橋・固司空之橋也・茲橋成・不穀其嘉與吾民更始乎・傳有之・無陂不平・平之自今日矣・張子曰・是可以觀政焉・邑故瘠・其民纖嗇而兢愛一毛・即縣官賦常供・且多逋負・不難盡其尺寸之軀・以膏箠楚・至令鄙彝我者・安得不藉口爲蘧廬・今公非有徵會期發・而富者解囊・窶者竭蹶・唯恐不得一當公而階之爲榮施也者・且也諸父老子弟非易民・然公之未至・民且難與慮始・此何也・故曰・可以觀政焉・於是諸父老子弟復儼然而命張子・今事且告竣・幸無負形家者言・以貽羞下執事・雖然・敢忘公慮始之功・幸吾子圖之以詔來者・張子九頓・遂相率於告成之日・勒石道左而爲之記・則癸巳冬十二月二十有一日也・公名以誥・豫章之新建人・張子名萱・省元里人・

五齊錄事傳

五齊錄事・不知何許人・軼其姓氏・周官有酒政以式法・授酒材而節齊之・其制有五・五齊之御・必擇三資・三資備而後署之爲錄事・使糾韓者・其說具五斗先生醉鄉記中・錄事生而嗜酒・日習酒・遂善於酒・又嘗摭拾古人飲者・爲酒徒傳以見志・故籍籍有酒稱・然其意類淳于生之爲人・一石而上醉・下之一斗醉・又下之一杓一瀝亦醉・

錄事性任達・然偃蹇多窮愁・而羞爲浮沉婉婘鞠之態・好恣嬉浪謔・其所部署飲者・多一時井巷椎販狗馬蹋鞠之子・縉紳先生諸貴遊或有所造・集華屋廣筵・炊羔爨膩・比絲竹金石以爲錄事歡・則愀然若有失・不及數行・輒引去・曰・我非若所署錄事也・故居常有所悲咽・嘆慕則號召

所部署少年．去衣履．徒袒倒其囊．直走市壚．躬爲提挈滌漉．閉門據上坐．散髮而歌．環席而舞．於是諸部署左右．亦皆人人攘臂濡首． 轉相枕藉者久之． 乃進諸左右．若知飲樂乎．彼華屋廣筵．比金竹．炊羔爨胾．五斗先生嘗目爲歡場害馬．故飲之宜有四．飲之候有三．毋起驕．毋緣曲．毋貶向而桎體．毋選議．昔謝無奕嘗逼桓司馬飲．避之．謝引一兵帥共酌．曰．失老兵復得老兵．何損．司馬欣然．司馬不驕矣．夫洽情好聚詼樂．而又謬爲恭敬．是石太尉之責孫椽也．孟浩然久貧困．有與期赴薦於朝者．浩然會有故人飲．懽甚．卒失期．曰．業歡飲．它何知焉．夫貧困之矣．貶向者．豈不以薦期失故人懽乎． 故江諮議有言． 酒猶兵也．兵可千日不用．不可一日不備．酒可千日不飲．不可一飲不醉．錄事每讀至此．輒擊節而起．曰．安得江生同時哉．因念徐邈爲尙書郎．好酣飲．適有問曹事．曰．中聖人．上欲烹之．得鮮于輔而後解．嗟夫．邈以此中禍乎．阮嗣宗之於晉武．庾子嵩之於東海王．何如也．言未已．淚簌簌數行下．左右不敢仰詰．遂相與曳蒯緱．動地而爲歌焉．歌曰．春將莫兮日西馳． 長劍光陸離兮令我心悲． 君不飲兮將何時．歌罷．復揮淚更進不休．故縉紳先生諸貴遊皆目攝之．是何怪作此物．而酣酒病狂若是．

錄事居里中．里中市酒者日益集．亦自名其鄉曰醉鄉．名其室曰啜醨室．室中自闆以外．而至於應門之童．無不肖而爲飲也者．鄉之父老子弟日與錄事遊．亦無不肖而爲飲也者．錄事酒徒乎．而雅喜爲聲詩．時從頩頬間出之．不求甚當．又嘗以部署左右徵逐． 不肯卒業．亦稍稍自著其意而止．不出以示人．故錄事自脫襁褓而有今日．二十餘載矣自侍父母．繙詩書．揣摩筆研外．一切拜揖坐臥．悲喜歌笑語動止．無不肖而爲醉也者．時有縉紳先生曰妒儀公．舉葛洪氏酒誡一編以進．錄事讀不及終．輒投而起曰．有是哉．夫才酣死名．貪酣死財．勇酣死力．智酣死機．權酣死寵．忮酣死憤．諂酣死勢．此七者．世無一幸．諸縉紳先生皆酣之．子謂之何．我之酣．一酒耳．子奈何欲舍我之一死．以後世之七死耶．傳曰．酒者天之美祿．帝王所以宣御神志．適性順情．而百福之會也．故劉伯倫頌之．天地一朝．萬期須臾．日月戶牖．八荒庭衢．兀焉恍然．縱意所如．是以靈均忠臣．憔悴溺死．其過在不餔糟而啜醨．子其休矣．吾烏知其餘．於是妒儀公不能對．懷書而歸．忸然終日．錄事乃復召故所部署少年．直走壚中．修飲事如故．

李元暢　字維賓．號雲泉．一號迪子．茂名人．萬曆壬午舉人．丙戌通明進士．著有前後北征集．吹劍編．藥房稿．元暢．通志無傳．所著書亦未著錄．惟吳崇宣友竹居雜稱．其全集經吉水李忠肅公邦華選刻．兵燹之餘．盡歸灰燼．其見於御定歷代賦彙補遺及郡邑志．僅得文四首．編入高凉耆舊集中．

重修吳川演武亭記

昔在大司馬法中．春教振旅．辨鼓鐸鐲鐃之用．習坐作進退疾徐疏數之節．夏教夜戰．秋教晝戰．冬乃大閱．通三時之教而並舉焉．武事乃自古重之矣．我朝遵古定制．繇兩畿達天下郡邑．皆修武備．宜其列屯坐食．皆精銳矣．乃鍰

急則盡不爲用・此何以故・豈非有治法而無治人哉・若吳令王公・蓋所謂治人行治法者乎・

吳川錯大海・而縣爲五嶺咽喉・西南近諸島夷・一不守・則沿海諸城盡流血矣・故負郭有校士塲・演武亭・其制卑隘・歲久且就圮・鼯鼠白日走・梁間吹蠹塵射人・殊非所以壯軍威鼓士氣也・王公覲旋之明年・政熙物洽・乃謀諸武弁曰・軍禮尚容・奈何坐令其敝・卽日下更新之令・推贖鍰以佐費・亡何・版幹具・畚築興・山虞納材・梓人削墨・卑者拔而峻・隘者廓而閎・圮者易而堅・前施楹者三・而兩楹爲新造・其後一楹・則舊所無者・總之・翼翼改觀矣・亭旣落成・因而講武・是日也・旌節爲亭生色・劍戟爲亭有聲・海上長風怒濤・魚龍各隱隱爲亭助勝・已而號令由此亭出・賞罰由此亭明・則熊虎貔貅之士・無不以一當百・千戶寧君起而揖王公曰・微公之力有是哉・乃走幣屬李子記之・李子曰・吾鄙人也・烏足爲公重・雖然・吾嘗適吳・與公談名理・其遒勁森嚴如武庫・且動曰・吾聞之師云・公所師者・爲念菴東郭二先生・皆以大儒揭當代旗鼓・吾以公爲工於儒耳・而不知其通於將・及退而問其政・則學宮之修也自公・鄉約保甲之並行也自公・繇役輕自公・賤斂薄自公・山海無援枹鳴鏑之虞自公・以脫巾囂呼素難束縛之卒・一轉而醉醪挾纊者自公・是公之政・又如淮陰將兵・多多益善者・吾始以公爲通於將耳・而不知其工於吏・可謂斌斌質有其文武矣・然則公之功在吳・獨一亭也乎哉・昔魯侯修泮・史克記之・曰・旣作泮宮・淮夷攸服・是因文事而及武備・君子謂其善頌・今以公之武備如彼・而文事又若斯之修也・蓋合德魯侯矣・請效史克之頌頌之・甯君曰善・

限門關賦

吳川濱海而縣・其南三十里・有限門焉・納鑑江零洞潭峨之水・放於海門・廣盈丈・夾磧對峙如虎牙・錯淺流中・逶迤蜿蜒而入・卽瞿塘灩澦之險不能過・每風濤搏激・雪浪山立・其響如輕雷聞百里・是門也・北達燕齊・旁通閩廣・西南走諸島夷・瓊雷硇洲・僅隔衣帶水・風勁可一瞬航之・海上多故・此門設半旅・可當劍閣一夫也・商舶至・非購篙師定檣烏不敢入・稍失道・觸淺流中夾磧・舟立瓜碎・蓋亦海濱之雄鎮也・余賦之・俾履險者愼焉・其詞曰・

登文翁之崔嵬・望南溟其一杯・疑巨靈之擘石・豁重門而洞開・納三月之積水，轟萬古之奔雷・挺螺峯以成戟・斷鼇極以爲根・限天險以南北・通潮汐而往來・故能咽喉水府・闔闢乾坤・陽侯抱關而擊柝・馮夷効職以守閽・長鯨透而恍呈魚鑰・濃烟合而俄列藩垣・呀百越而呷七閩・總舸艦出入之戶・控牂牁而引碣石・立華夷保障之根・

其爲狀也・斷磧橫絕・如環半缺・對錯猛牙・雙沈積鐵・含形內虛・盤紆曲折・陰結駟而長驅・高浪翻車而無轍・或命大鰌而建羽旗・或吐晴虹而安綽楔・

其爲怪也・大塊噫氣・海怒波揚・氣濤起沫・雪照炎鄉・響振地軸・勢動天閶・類鉅鹿之戰・人馬咆哮而落魄・似漁陽之役・鼓鼙鳴咽而斷腸・

當其金樞吐月・扶桑出日・風靜蜃樓・浪恬鮫室・羣靈雜遝而曳裾・層波澎湃而鼓瑟・指安期於蓬萊・恨登龍之無

術・憶博望之仙槎・觸支機而蕩潏・

乃其出斯門也・貫琛甘泉・輸粟幽燕・巨艦連屋・危檣棘天・候風挂席・占星涉川・迅若鵾鵬之展翮・疾如騏驥之加鞭・一息千里・所屆不待於經年・

若乃雕題鑿齒・寇我門庭・青天黯淡・白日沉溟・龍爭虎鬪・山搖樹傾・血流百谷・燧暗千城・樊噲荷戈以排闥・終軍無路而請纓・故治不可以忘亂・而國惟在於足兵・

至如商檝當門・津迷水涸，天道妬盈，風濤交惡・暗石穿舟・利同干鏌・貨隕深淵・人塡巨壑・骨纏恨而難銷・魂依貪而靡泊・故宗元有招賈之文・而蔡襄戒弄潮之樂・

亂曰・閫不在高・所重禦戎・閫不在深・所貴能容・蜀閣高矣・揖盜而入・龍門深矣・掃軌而急・惟茲限也・通一箭也・藏汚澥也・鎮宇縣也・閉而席・毋折而展・敢告執戟・寂如水・毋囂如市・敢告行李・

小函谷關賦 有序

關爲前守吳公國倫所築・蓋重地也・題詠者備矣・而賦獨缺・李子補焉・詞曰・

歲在重光協洽・蚩尤氏爲祟・乃迫上帝下欃槍・降猛狂・鍾爲妖虜・來自東方・虎視我高郡・鯨吞我電陽・蠶食我隣宇・驀奔我疆埸・鬼燐青・野骨白・陣雲黑・戰日黃・時則有太守如羊開府其人者・輕裘緩帶・一鼓殲之・而累卵之城・固若金湯・太守曰未・吾聞劍踰蜀破・崤入秦亡・重關之設・有土者可廢而不講乎・於是鬱城以北・得天險巖巖類函谷者・雖小而足以守國・乃召虞人庀材・二倕剞墨・許少施巧・秦戍效力・跨峻坂以啓扉・因斷磬而衡閾・一九可封・萬夫莫敵・前抱啼猿之峭壁・石路線牽・綴以臥龍之奧宅・盤嶇谷旋・既臨深而履險・懼身墜而目眩・魂黯銷以失度・足趦趄而不前・山河爭百二之雄壯・門戶總四八之喉咽・

當其空山叫狐・深莽匿貙・司疆舉燧・猛將彎弧・則斯地也・貔貅屯而霧暗・鼙鼓急而風嗚・悲笳咽而月落・高壘出而烟孤・田文不能以宵遁・郭丹奚自而買符・

若乃運際熙平・嶺海澄清・旌旗晝卷・刁斗夜停・則斯地也・可以命東山之屐・可以賭別墅之枰・可以泊赤壁之棹・可以奏流水之聲・可以張筆陣・列酒兵・

嗟乎・世不常治・險不在地・有德則依・無德則棄・獨不覩於函谷之故事乎・以虧陵而踣秦鹿・以褒博而興漢龍・信地利之易失・而人和爲難攻・是故善守者壯干城於仁義・坐樽俎而折衝・不鎖鑰而固・不保障而雄・客有度關而惕於衷者・歌曰・洪濤激兮古木重・雲霞深兮瘴癘空・安得泰寧兮齊昊穹・西出兮豈無老氏・東還兮誰識終童・

黃維貴 字周士・一字懷龍・順德人・萬曆壬午舉人・知樂清縣・遷溫州同知・致仕・維貴出楊起元門・爲羅近溪學派・著有求仁筆記・敦仁堂稿等書・阮志注未見・

覺庵簡公墓誌銘

余少從仲兄游塾・則雅善覺庵公・比長・情好彌篤・顧余幼孤・諸兄先後棄去・登籍後・困公車・牢騷風塵間・凡

所身嘗而心茹者・公未始不意喻色勞也・歲乙未・余遭內艱在疚・將襄事・未知所適・公爲余援禮定策・上下邱原・視若已事・余益心慊・亡隕先志・嗟夫・斯之友義生死共之矣・余自丙午掛冠・營菟裘・與公修復舊社・而公捐二三子往矣・悲哉・再閱月・公諸子奉公就窀壙・具狀告余曰・孤不天・慮無以存先君子徽惠先生者棄其孤也・微先生孰與銘・余重惟犬馬之疾・公病不能視・公訃不能奔・公發而不能以紼・公茲役則曷辭・

公諱約中・字紹曾・別號覺庵・其先南雄人・後遷廣爲南海人・最後註籍番禺・永樂景泰間・五世祖成・節次剿賊・績最著・敭歷一再傳功・授百戶焉・成生諒・諒生璋・璋生憲・公之大父也・世有隱君子風・憲生師孟・爲桂坡翁・娶梁氏・實生公・公生而徇齊・少不弄・長不譃也・既總角・博通墳索及百家言・受毛詩・補邑諸生・督學余公大奇其才・尋登乙榜・顧數奇弗售・公恬然也・公天性孝友・節義自持・遇事機警而歸於長厚・事桂坡翁及梁太安人・躬親菽水・夔夔也・既而前後寢苫塊・又充充也・瞿瞿也・不踰乎禮・公於雁行爲季・克念天顯間・嘗操奇贏・權子母・輒有奇中・輒以公之無已有也・友愛之念・終身不衰・次姊適張・及期而孀・卒矢拍舟・公之力焉・公嘗慕范堯夫稽中散之爲人・秦孝廉與公爲莫逆・秦亡・公視其槖・蔑如也・乃爲之拮据襄事・撫其遺孤而貸息之・孤長・代爲畢婚・然後畢其餘歸之・秦得以有後也・新邑人貸公金・後窘乏・易產以償・公曰・吾安忍享此貲而破若產也・焚劵歸之・浙人里閈而傷公・家人指里人欲理・公曰・若羈旅而抵於理・寧如罪止乎・慰而釋之・其仗義豁度如此・寧麥舟讓誼・即稱人倫勝業・何以加茲・且居恆布衣蔬食・見里中紈綺・輒舉以戒子曰・丈夫不能自食・竊父兄餘焰・夸毗鄉黨・此溝斷而被繡者耳・即不然而徒守纖嗇・與爾鄰里鄉黨之謂何・吾不願汝曹有此・比易簀・發其餘於親疏有差・曰・君子居其厚不居其薄・又曰・能忍人之能忍易・能忍人之不能忍難・汝曹勉之・於是危冠正寢・溘然而逝・嗟夫・公之德茂矣・後之貽穀子孫・豈有艾焉・謹爲之銘・銘曰・

噫彼哲人・抱樸而跱・厥用弗登・厥韞則美・即瑞于家・亦輝于里・歸乎其藏・厥光逾起・爲虹爲霓・耀彼孫子・鬱彼佳城・貞石爰峙・不朽者存・千秋爲紀・

馬夢吉

字一甫・又字長惺・番禺人・祖驄・嘉靖七年戊子舉人・署福建古田教諭・以師道自任・世尤稱其孝・夢吉萬曆壬子舉人・仕至福建興化知州・

課兒長春序

余燕詒無長物・獨饒數篋殘編・堪供兒曹夜火・顧虞其不鄰丹也・何緣化赤・曩刺興時・惠徵二三賢輩・結社嚶鳴・雅相彈射・歸來弟兒倍覺氣豪・强學人作爾馨語・余更虞其未獲邯鄲也・則轉憶夫嚶鳴問奇之儔也・政懸想間・而黃兩生且掛劍來矣・千里同堂・意氣摩霄・固不減曩時風味云・兩生淹雅多文・超超混混・故自豪也・弟兒不文・亦奈何以邾莒齒齊晉哉・雖然・祖生之鞭・則在乘時一著耳・卿輩勉之・

汪郡丞贈言錄序

葢嘗論學與政無歧・致儒與吏非異人任・而深詫太史公傳儒林循吏類焉・若方員之自爲器・卽聖門若游夏求由・亦何文學政事之莫兼資也・豈其勝塲固在・偏師足畧云・余不佞・杓之人也・承乏興郡・自惟質性直腸・藉手二三儕輩・披衷見愫・左右夾而朝夕規・可幸無曠・徼天之靈・我還虛汪公實共有此土也・望之嶽峙・探之淵渟・卽之和風・拂之霽月・朗其犀利・又陸截水慧汜盡塗忽若也・私心內遜・嚮慕者久之・而又重自慶其近置篗焉・公餘揮麈・間出雲雖館兩擢時・諸縉紳大夫士所歌詠頌述之言讀之・漭乎泱乎・纚纚乎・浮湛英華・有霢芳潤・鯨鏗鼉鞳・莫不齊聲而效響・以彼達官持論・時彥流思・譽必有試・汙不至阿・夫豈直駕說也者・於是公之所知諸生詹吉輩受而剞劂之・問序于余・

余謂經術經世務・公茲者勞蹟茂著乎當途・德澤房盎乎方域・徵昔於今爲符劵・信今於昔猶嚆矢・此邦縉紳大夫士多能言之・列所爲歌詠頌述之業津津・鉛槧潤而絃管被・當不待璽書褒獎思綸超擢之日矣・吾固知公之碩學美政・隨施輒博・儒林循吏者兩置・公皆光簡冊也・矧由此勛名日超・彪炳無窮・且將紀之旂常・勒之鼎鍾・歌詠頌述・猶丘里言乎哉・

黃仕鳳　字儀廷・揭陽人・萬曆壬午舉人・濬府長史・

揭陽縣濬河記

環揭・皆水也・三窖之水爲經・週城之水爲緯・百折千派・旋繞流通・然地泥淤不堪鑿井・居民羣飲于河・流惡揚清・亦唯河是賴・然則永利之求・揭爲尤亟・宏嘉萬曆間・知府葉公知縣王公潘公・相繼濬疏・不遺餘力・迄今又三十年・傍河之民・日侵月佔・致河流不潔而民飲艱・河身填塞而舟楫阻・此之爲害非淺鮮矣・邑宰汪公憫焉・乃與民約法開復舊址・百姓懽然趨事・不日告成・于是父老徵余爲記・

謹案南北二窖・河面寬四丈・兩旁路各一丈・其横亘四橋・誌載各三間・今獨東橋存二間・餘皆僅存中一間・念歷年茲多・姑仍之・其餘馬山窖・誌載橋寬二丈五尺・河面寬窄不等・今開復・窄者三丈・寬處四丈許・週遭城濠・誌載河面寬二丈・城脚地一丈・猛水橋・誌載在三間中間・寬二丈・河面寬窄不等・今□□□□二丈・橋仍一間・儒學後水由西阻・東學盡水止・相傳迤東十數武・溝水一條・今居民呈・願量地開溝・引水遶東城濠・溝面蓋搭原舖□處・溪水一派水遶西城濠・往者填塞・今既開復・凡此數處・他日有不如式者・皆佔也・自今地氣疏達・豈唯民飲舟楫之利哉・侯之明德遠矣・

羅良信 字惇卓．順德人．萬曆壬子舉人．授定州學正．歷官至慶遠知府．所至有政聲．卒官．

備兵曉屏楊公守姚化厲傳

楊公守姚．六年所也．鑄士字人．求瘼鋤奸．勒之石者纚纚．惟是化厲一節．闕焉未傳．其無乃子不語怪之遺乎．而父老之傳聞在耳．莫爲之傳以堤坊之．於神君之懿蹟無當也．

昔有別駕張女．與周觀察使子訂婚于鄉．緣共仕．完婚未便．共議曰．一齎俸．一懇差．上公以行事．諧矣．齎俸者允．差者阻．遂無逢其婚約．而張女逾笄．鬱鬱卒于官廨．乃張別駕嗇於費也．不輿櫬故里．令之落魄他鄉．積祟成厲西山梅樹之傍．當年行道者．怪且止之．有鄭府幕者．任亡何．奄奄殞命．而從卽盖棺起櫬．有見二人作息不相離焉．郡胥董應龍有女．時被迷．被強爲馬門役妻．馬門役先是厲而爲門役矣．董女迷中所覩．記鄭府幕與俱狀．甚貞甚悉．及馬門役悅然從役狀也．述之父董胥．控詞于公．公曰．咨．異哉．誰司神明．血食茲士而令妖被若是．幽有城隍．其有以禦厲乎．具疏以白．不數日．董女迷．若土地嗔其生詞．致張女狡焉．罔以報城隍也．不數日．董女又迷．若城隍質兩造于庭．而鄭府幕馬門役咸低首待讞．叱鄭曰．何不及時歸櫬故鄉．繫張女于幽隘之囚．令寸步不可移者．趣董女行．行時若張女．血董女手．而馬門役傳女粉者．悟後．眞手背有血．握中有粉也．自是董女無恙．厲祟息．闔郡不復有妖矣．此莫非城隍赫赫．則公之明威格之乎．

羅良信曰．昔伯有爲厲．立後止之．立伯有之後．並立公孫洩．文之何勞也．以公之精誠．嘿通於神．致神之精爽．響應於公．公之功不有也．神之功不尸也．是烏可無傳．傳之弗文．勿論．

尹守衡 字用中．東莞人．萬曆壬午舉人．官淸溪敎諭．擢知新昌縣．左遷趙府審理．歸采洪武以來政治人物爲史竊一百餘卷．論者以爲陳建後一人．又著有嬾菴集．按阮志藝文畧．史竊一百七卷存．嬾菴集未見．

明史竊自序

尹氏之先．出自少昊．食采於尹．因氏焉．周初．佚以王史陪公旦輔少主．數傳爲太師吉甫．詩曰．王謂尹氏．命程伯休父．則實掌內史而世其官．孔子刪修之際．終春秋．猶以尹氏書．周衰．失其世守．散仕列國．喜令函關．老聃過而喜受學焉．著有關尹子．其書猶存．其後漢成帝時．有太史令咸．帝遣謁者陳農．求遺書於天下．詔光祿大夫劉向校經傳．咸校數術．班固因之．爲藝文志．明帝時．長陵令敏．受詔與班固作世祖本紀．及建武功臣列傳．唐則元宗時．天水愔．爲集賢殿學士兼修國史．專領史館圖書．尹氏繼周而後．以能紹明先業．代不乏人．至宋．遂莘焞進哲徽二實錄．明興．史有專官．無專業．國史不流傳人間．泰和學士直．簪筆詞垣．僅有瑣綴錄．直沒百餘年．新昌令守衡．于是復起而著史竊．皆愔後也．

守衡字用平．自先世宦居東莞．遂爲仕族．積有古今遺書．守衡從借觀．諷誦不輟．父希顏．見之喜曰．余少孤．

爲拮据養母・鮮讀書・孺子能好學・可教也・身杜門臨飭之・自以意爲瓦漏・程其丙夜功・盡六刻乃罷・守衡好左氏・治春秋・年十六・里選爲邑弟子員・温陵翁仲益通春秋・遊宦五羊・守衡執贄往拜其門・求講授・而仲益春秋・受之太倉王錫爵・是時天下言春秋者・皆本太倉・萬曆初・守衡舉於鄉・其明年就試南宮・錫爵入爲宰相・主南宮試事・仲益謂守衡曰・子行當必第・乃不第・仲益曰・吾師乎・吾師乎・豈其收之駿骨・而失之留良乎・時守衡名在於乙榜・授署閩中淸流學事・守衡曰・古人惟斅學半・其在斯乎・日羣學宮諸弟子・橫經講授・三年・再上禮部・又輒絀・又歸三年・再上又絀・哭於崇文門之外曰・俟河之淸・人壽幾何・吾不得志於南宮也・則命也夫・是時淸流裴應章起田間・入爲天官少宰・善守衡・慰之曰・士入我朝・大有顯名公卿間者・豈盡制科哉・第恐人負官耳・官未嘗負人・願借百里之地・以行子之志・遂拜新昌令・守衡旣辭朝・入謝少宰曰・守衡不難於治民・而難於善事上官・自惟賦質頗偏・能爲戆不能爲諂・能爲絀不能爲巧・有負尊愛・少宰曰・子行矣・勉爲之・天王聖明・必不命阿大夫能賢於卽墨也・守衡至・則往往與其郡守監司迕・越兩載・裴少宰出遷南都・守衡左遷趙府審理正・報至・卽日駕巾車出縣門・歌曰・我聞君子・愛時進趨・時不我與・枉用相驅・出門十載・位卑名微・不才在我・敢謂知希・長裾可曳・王門可遊・爲客弗樂・何如首坵・路行未遠・及時當返・事有之然・悔之則晚・駐馬停韁・門津河梁・望雲以往・知是吾鄉・

歸里杜門不出・仰天歎曰・古稱三不朽・太上吾無德而稱焉・其次已是棄於明主・尚何能爲・少嘗高慕左邱明司馬遷・願爲執鞭・非一日矣・或得竊其緒餘・別成一家言・爲後人覆瓿・不猶愈於碌碌齊民同腐耶・自惟國家二百年來文獻・具有足徵・代多纂述・卽欲斟酌前賢・採訪近世・刪成一代全書・名之曰史竊・擬附竊取之義・亡幾何・聞者羣起而非笑之・守衡旋自愧曰・我以山林草野之夫・敢與石渠天祿之賢侵・弄其毫楮・誠僭哉・誠僭哉・遂閣筆・故人張萱・時方輯著西園彙史・於是貽書守衡曰・吾以今人論古人・無傷於今人・故免於譴・子以今人論今人・宜滋多口也・雖然・子筆大如椽・直如矢・必勉之・毋避敵而退舍・守衡笑頷其言・遂復竟其前志・人不見其一字・東莞令馬維陛聞之・時以其暇造門談論・相得甚懽・見其書・大獎借・更爲徵補遺漏・旌其廬曰淸朝逸史・守衡曰・令公知我・史中論贊・間亦稱爲逸史・公以爲遷史有景帝武帝二本紀・武帝怒而削之・微見上短・似於懟主之過矣・

累朝臨御・一時美政瀰天・愚臣不識不知・敢齒路馬・而以本紀爲竊・惟草昧之初・是天地一大開闢也・紀開國・國之大統爲可繼述・猶繫於冥冥之天・天所欲予・其興也勃焉・天所欲去・其亡也忽焉・紀靖難・紀革除・六飛之轡可予敵乎・紀北狩・九鼎之器可假人乎・紀奪門・南征北伐・萬乘可躬臨乎・紀親征・世廟以藩王入秉三重・而一時禮樂大興・紀明倫・史記漢書皇后皆有紀・草莽臣何知深宮事・窮以周興一亂・邑姜與焉・紀高后・天下之土地人民・列朝之因革損益・不有可知乎・作六志・皇天生有開國靖難之君・其間必有名世之佐・熊羆不二心之臣・作十世家・若乃

東宮賢聖・如懿文焉而夭・則天也・宗藩一二之不肖焉而逆・則非天也・自作之孽也・宦官給事內庭・而使參國事・不可訓也・皆特傳之天子而下事・內自宰相以及九卿科道・外自制閫以及藩臬・有固人爲之傳・而材品見矣・乃復類分爲道學・爲文苑・爲守令・爲師儒・爲隱逸・爲孝節・而以仙釋彝狄終焉・作列傳・爲卷有百・繆不自量・竊爲此書・積之三十年・齒越八旬・老矣・昔人云・頭白可期・汗青無日・斯言豈欺我哉・諺云・人老才盡・吾今可以已矣・然是書也・不襲於諛墓之辭・不逐於羣吠之犬・我明二百餘年以來・列朝人品有忠邪・一人志行有初終・竊謂片紙上下・直覩其肺腸・僭有論於傳後・敢以比於一代之公案・似爲得之・

或曰・孔子竊取魯史爲春秋・今子以史竊稱・將比之春秋乎・守衡曰・惡是何言哉・孔子曰・吾學周禮・今用之・吾從周・今之學士大夫・誰非學孔子者也・生今之世・不識今世之典章人物・將安適從・孔子不嘗曰・竊比於我老彭乎・

或曰・馬遷爲太史令・乃作史記・班固典校秘書・乃作漢書・子官不在柱下・客不通蘭臺之彥・目不睹金匱之藏・不幾乎自用自專乎・誰其信從・守衡曰・子之言誠然哉・然孔子已教我矣・語曰・多聞闕疑・愼言其餘・聞信傳信・聞疑傳疑・何自由乎・以直道折之羣言・以公論之萬世・豈自專乎・吾亡從及於國之史也・孔子曰・禮失而求諸野・吾求之野乎・賢者識其大者・吾而不賢・吾識其小乎・不信不從・吾又安能知之・

或曰・左氏之艷也・學之未能・而有其誣・馬遷之博也・學之未能・而有其蔽・吾恐畫虎不成反類犬・守衡曰・子休矣・吾自竭吾不肖之材力・以終吾餘年已爾・敢效顰於西子哉・

守衡性簡率・初自罷官歸・遂以懶自廢・不衣冠・不拜客・不與俗人言・不聞人世事・自稱爲嬾翁・著有嬾菴賦・或嘲之・解之曰・上古蒸民・止有其四・僧道繼出・已加其二・增一嬾民・未爲世祟・子不見播閒壟上・復有乞人賤子・由是言之・嬾何容易・守衡以嬾故・乃得游心筆硯間・成史竊・嚮其三子曰・我今卜築牛山之下・長往矣・毋謬出吾書示人・凡人賤近而貴遠・自古嘆之・古人每成一家言・而必欲藏之名山者何故・以世無知己者也・汝不善藏・恐有追放子長・且爲吾戮・反不若付之咸陽之火・還諸造化・其可矣・

三貞女記贊

蓋古有未夫亡而歸者・則劉向所稱齊女之衞夫人止耳・夫女也・未成而爲婦也・歸稱未亡人・禮與傳有之・曰・婿有吉日而女死・齊而弔・夫死亦如之・夫弔禮也・弔而遂因以爲歸・即先王未之有・毋亦亡於禮者之禮・先王所不禁・女志得爲而爲之・不可乎・嗟夫・弔之禮・其亡也久矣・矧而爲歸・古有未祿於君能爲社稷死・於汪童且以難於丈夫子・矧女乎・近覩吾邑・蓋有三女云・

林女者・邑水南林生翼龍女也・女字郭西陳生元耀・生死・女未笄也・女聞則爲覆面攬涕・白父母兄弟求奔喪・父母兄弟難之・不能得・以語其舅・舅爲遣姑往緩頰焉・不可

傷其志・許以吉服迎歸・入門・則伏夫位長哭・哭已・舅姑相見・相飲泣・解簪珥・易衰絰・執夫喪如禮・喪終・乃奉夫主祔於先人之寢祀焉・夫禮也・殤不爲後・女不爲陳也・婦則陳之・不得爲殤也後・明矣・女爲陳也・婦陳・欲不爲女也後・得乎・女歸・而陳氏子可勿殤矣・世徒以女節論女・猶淺之乎知女也・女歸・姑有宿疾・三年不下牀褥・女則時時謹侍湯藥・姑終・復爲夫報三年之喪云・

後十三年・而復有黃女者・周塘人・許字西湖張生邦俊子・卜歸有日矣・婿未及期而死・訃至・女欲往觀視・母不能奪・與偕行・比至・猶及襄夫殯事・越三日・謝其母使還・曰・女爲張家婦・不返矣・比夫葬・遂欲殉之・或止之曰・而姑之初爲此子哭也・皇皇不欲生・幸而至・姑乃强爲而起・而卽死・其若姑何・女悟・姑哭亦哭・哭止亦止・朝夕奠・輒見有羽蟲飛憑女身如儷然・異哉・黃時年方二旬・而林年三十餘矣・

乃五都中又有陳氏女者・先林三十年・餓守窮山絕谷之中・而予莫聞也・有告我者曰・女蒹湖人也・許字於葉氏子・葉常過遊女里中・有嫗識之・指示女曰・此娘郎君也・女惶悚掩面而走・亡何葉卒・女聞大悲悼曰・生則氏郎君・死非氏郎君乎・因痛哭・偕媒妁於歸・矢無二也・今五十餘矣・

嗟夫・三女同生一邑・僅二三紀同見・一時聞風者激耶・性鍾者特耶・近代李獻吉六烈女傳・首稱一陳女・未嫁而夫死・剪髮屬媒氏納夫棺・殉焉・迄賫志・與夫骨合・嗟夫・死烈矣・藉三女皆俱死・三氏子之鬼其不食乎・三女之能不死也・殆有賢於死者也・若三女者・可以風矣・贊曰・

詩美好逑・易稱從一・之子未家・甘心永訖・歸承夫祀・永保宗祏・賢哉三女・敬告彤筆・

林朝鑰 南海人・萬曆癸未進士・戶部主事・

開建護國禪寺碑記

羊城東五里・爲演武場・場之左・原設觀音堂一座・堂枕佛子岡・後龍接白雲正脈・對峙爲□海□□□□珠海・於方位爲巽・蓋文星正照處也・壬寅春・師葆宗來謁大士・徘徊瞻眺久之・思卽其地溯寺・□□謀之□侍香火曰・粵城形勝稱雄・此道場可鎭青龍水口・第工程浩大・誰結因・第祇園布金・顧安所得・須□長者乎・吾願盡傾青囊金構之・母煩十方檀越爲也・於是諏日鳩工・聚材壘甓・前造大雄寶殿・殿宏敞・扁曰無上菩提・殿以內・曰萬善法門・萬善者・蓋奉三寶金剛羅漢諸天列聖・文水黎孝廉榜曰・無量慈航・後一殿・□毘盧大佛・制度清穆・豎萬歲龍牌其中・爲聖天子祝釐・藩伯陳公還冲題額・書額則臬憲養宏任公也・毘盧殿稍折而入・建小堂・大士香火□□□□山孟公總大揭其門曰護國禪寺・儀門題曰祇陀林・則田將軍瑞宇筆也・繚以重垣・翼以廓□□□□□城東諸刹之冠・創自萬歷癸卯・成以萬歷已酉・事竣・屬予記之・

予惟白馬西來・青龍入夢・□□□不爲□□中・黃緇如林・支提相望・住持者藉改作以徼利・托鉢者假施捨以充囊・慾海漂深・緣城墟□□□□□蓮□馥意樹生花者乎・詎

知潛山卓錫．而白鶴高騰．盧峯息心．則清泉應文．萬年聖果．豈偶然□□□□詩詩書垂髫卽悟諸有爲幻．慨然祝髮．棲白雲最高頂．閉關下鍵．日持金剛品經足□□□□□□鶴洲爲粤名醫師．獨得眞華眞訣．尤精黃帝素問．出關後．醫道大行．病者隨所投劑．隨輾然無□．□□□自藩臯郡邑諸□途．以至縉紳士大夫．咸禮重之．遠近問疾者絡繹於道．戶□趾相錯也．痘疹□□□□乘庚子春痘疫遍闤闠．師所□數千家稱云．青囊金卽其所積者也．且師業從釋教．又曰．□□□□□絕塵談也．懸河倒峽．每暇則彈碁賦詩．交遊多名士．乃今且從現在身．修無量功德．不愛千金□□□□明之目．不越八年．而道場次第落成．簷楹翬飛．黝堊鮮澤．璇臺黼座．丹雘輝煌．既燁燁然．光□□□□□矣．惟是寶光像莊嚴．名位整肅．瞻拜者竦然改容．師之意又似未易窺測者．蓋佛有覺名假□非實□□□□假象非眞．非眞立像．自當因像以悟眞．非實施名．自宜固名以悟實．師或元會於是乎．如謂十善福田．□□果報．則輪迴之說．予不敢以己意斷．若夫組鉢生香．火龍絢采．濯芳襟於八解．屏塵想於七花．□在□□者．當自得之．寺置田六十餘畝．坐落番禺各土名．爲永遠香燈之業．置釋氏義塋一所．坐落大眠岡．□□□二百餘丈．以待僧之無歸者．置茶亭於東山路．以甦行道人之渴．種種勝事．皆出自吾師．爲慈悲毫髮□□那之助．似茲功果．吾師一人而已．師名直良．字緯賢．俗姓陳．番禺人．葆宗其別號也．□萬曆四十年．歲次壬子四月八日吉旦．

鄧宗齡 徐聞人．萬曆癸未進士．官翰林院檢討．

擬御製重刻資治通鑑綱目序

朕觀前代帝王．雖德侔上聖．治臻綦隆．而猶採摭故實．不廢訓典者．匪以侈觀也．則勸戒資焉耳．朕以沖齡．嗣執皇序．日御經筵．典學緝熙．考信六藝之指．究其要眇矣．其於宋儒朱熹資治通鑑綱目．時披覽焉．誠以明鏡所以察形．古訓所以資理．苟非稽臧否於往代．鑒得失於今日．卽日游藝圃．何補理道．是書也．體彷春秋．目遵左氏．總質文而分其流．離美惡而要其指．其法嚴而正．其事精而核．其詞典而確．歲序昭明．統紀畫一．綱舉目悉．莫不臚列．誠六藝之關鍵．而法戒之箴規也．夫懋昭之王．不忘盤盂．執競之君．猶勤几杖．彼於小物且兢兢焉．矧如是書．事載君相．炳如日星．指存懲勸．辨如白黑者乎．朕每覽其芳規．爲之逌然改容．竊嚮往而亟慕之．及觀覆轍相尋之迹．未始不凛然深懼．怵怵乎其戒之也．是用重梓．以便觀覽．比於盤盂几杖之義．且欲三事大夫．鑑於臣紀．靖參爾度．以稱朕意焉．

平海碑見肇慶府志卷之五

粤在嶺徼萬里．天末厭禍．嘉靖間．李茂陳德樂二酋．束髮投夷．桀驁雄黠．召黨憑陵海上．焚我城社．屠我士女．當事者以粤數中倭．師疲於行間．財困於轉餉．不忍拮据父老以奉執戟．姑從招撫．以苟且夕無事．自隆慶壬申迄於萬曆己丑・幾二十年・竟爾嘯聚・包藏禍心・陽以從撫愚官司・而陰蓄其不軌・舖前巢宇・棋列繡錯・廣召闔廣亡命以爲爪牙・陰結城中豪俠爲耳目腹心・揚帆鼓枻・闌入禁池・則浮艎蔽空・鉦吹排浪・及接火攻・便於蹶踶・樓船將士□□創不可計・海壖愚氓垂涎利藪・釋耒耜以投命・阡陌鞠爲茂草・官租蕭然告絀矣・四方之劍客奇民・逋亡罪隸・蹋踘擊搏・五合六聚・大都白晝之間・剽攫莫可詰・富者齎重貲・創舟具牛酒給奸・坐而倍收其利・貧者願效死命・以償子母金錢・出沒粘天浩浪中・走死地如鶩・狂飈猝起・白骨纍纍・萍飄飄・嫠婦迎魂・野燐夜泣・況其機智布密・官司稍有嚮・則推刃而起・此如未潰之疽・不發則已・發則難收・

萬曆戊子春・直指蔡公夢說・令徙居郡城・冀其悔禍瓦解・乃怙惡不悛・聚黨侵掠如故・大司馬劉公繼文・初奉命總兩粵軍事・即檄材官詰責二酋・其餘黨蔡克成陳良德等・遂擁衆出海・稱戈內向・脅官司必釋二酋・公猶未忍加兵也・與直指黃公正色商度・遣使招諭・庶幾待以不死・乃兩旬間・嚮應輻輳・登岸長驅・突襲清瀾・焚毀廬舍・煙焰亘天・毒炎且熾・公曰・若毋乃以故智嘗我・吾不敢久留天誅矣・乃移鎭都城・以便調度・命總兵都督僉事李君楝・渡海閱師・與副使孫君秉陽督水軍材官・急擊勿失・復命參政徐君應奎・僉事許君國瓚・督雷廉諸君參政・熊君惟學・副使黃君時雨・督高涼諸君佐之・又命黃君選精卒・遣坐營崇維績往・命布政使程君拱宸給餉・惟時按察使徐君由檢覈功惟允・副使趙君善政選精卒・遣都閫邵君曾和往・副使王君民順飭斥堠・毋令遺網・又命瓊州知府周君希賢・雷州知府林君民止・募勇敢・繕軍需聽用・游擊沈茂・守備把總陳震・陳策・李揀・甘霖・分諸道夾擊之・又命瓊州府同知李維岳・通判劉世懋・署黃州事推官傅國本・署陵水事訓導林立・瓊山知縣莫恃英・徵輸募士・保障惟嚴・已而諸道兵並集・公曰・幾矣・乃下令誡諸將曰・敢有狐疑持兩端惑軍者誅・有首鼠進退沮軍者誅・惟是幕府斧鉞・不敢專亦不敢貸・又下令誡諸道曰・敢有載酒米餉賊者・法無赦・敢有盜軍情輸賊者・法無赦・軍聲大振・賊甚窘・乃令閃黠數人・潛抵郡城・繫書約二酋・乘機劫獄斬關而出・事露・立誅繫書者・爰誡期舉事・分道並入・一由廣海・督趣南頭諸軍以進・一由南海・統游擊諸軍・自南夾攻・一由洪川・督北津白鴿諸軍從中擊出・諸將用命・所向克遂有功・五旬之間・執馘獻俘・且夕奏捷轅門下・諸酋長以次就縛・餘黨悉平・白狀・上大悅・晉奉賚金幣勞文武將士有差・是舉也・共擒戮六百顆有奇・俘獲賊屬一百有奇・器械稱是・其沉溺重淵骸骨浮海者不可計・海壖之間・農不釋鋤・女不罷織・父兄緩帶・稚子咽哺・而享有今日者誰賜也・

夫焦爛之功・孰與曲突徙薪之策・烏附之劑・孰與望色視形之效・非公神畧及遠・迅速成功・則浮渫嚮應・爲賊樹黨者日益衆・又不然・則走日本・趨暹邏・勾引異類・以種粵禍無已・雖有十萬之材官・全省之物力・恐難藉手矣・當公移鎭都城時・五色祥雲・冉冉薄前旌・又上界列眞・先代忠烈・降几授方・畧城成功・悉如左驗・豈偶然哉・不佞齡敢稽首獻頌・頌曰・

五嶺以南．是用大荒．醜茲庶孽．敢悖天常．螟我蒼赤．毒我邊疆．帝曰彼醜．匪異人類．暫許爾撫．庶其化誨．戎性狺狺．獸心靡易．召爾亡命．納爾魍魎．浮艎輕艦．鼓樅禁池．我有黍稷．刈爲盜資．我有牛酒．取爲盜飡．兵無釋戈．歲無寧宇．陽爲招降．實則奸府．憲臣特議．暫從爾徙．彼夫耽耽．鴟張未已．布黨連舸．妖氣再煽．鯨浪飛颿．羽書遞箭．聞者褫魂．談者槁面．司馬授鉞．憫焉與楚．曰我羣庶．罹此困苦．自彼召釁．非余志武．乃命元戎．擊楫南渡．龍驤虎旅．鷙飈迅鶩．乃命藩臬．趣督樓船．鳴鉦伐鼓．震蕩山川．乃授機宜．諸道並攻．金戈耀日．羽葆生風．結障橫野．懸纛蔽空．桓桓將士．如虎如熊．公曰戒哉．兵不在戰．先伐厥謀．徐觀其變．進無易敵．退無避寇．罪在渠魁．脅從可宥．於赫神靈．呵護王師．陳謀授畧．功成如朝．倬彼雲漢．昭回於天．祥光燦爛．有開必先．天惡神憤．士怒馬驕．執俘授首．克不崇朝．勢如破竹．算如發機．氛消日朗．波恬浪夷．民安以慶．士飽而嘻．飮至策勳．嘉錫攸宜．司馬鞠躬．載拜稽首．帝德光昭．臣力何有．賓服百蠻．天子萬壽．昭格元穹．靈貺是佑．太史作頌．以彰洪績．勒之貞珉．永示無極．萬曆十有八年四月吉旦．賜進士第徵仕郎翰林院檢討雷陽鄧宗齡撰．肇慶府知府朱天應．同知陳承芳．通判余相辛聯芳．推官傅國材．高要縣知縣蕭九章同立石．

林熙春

字志和．海陽人．萬曆癸未進士．由縣令擢居諫垣．上止東封及停采回靑諸疏．皆關國體．乙未軍政事起．一日斥言官馬經綸等二十四人．臺中震懼．熙春毅然上疏．降調家居．尋起用太常太僕大理三卿．以左侍郎致仕．卒贈尚書．諡忠宣．著有城南書莊草．阮志注未見．馮氏采其文二卷入潮州耆舊集．

元旦風霾摘陳時政疏

題爲元旦正始．風霾特甚．敬攄愚衷．摘陳時政．以容天戒．以圖治安事．臣聞帝王舉動．與天流通．政事修則休徵應．政事失則咎徵應．甚哉．天人相與之際．最可畏也．皇上臨御以來．兢兢業業．惟時惟幾．蓋三十二年於茲矣．頃臣待罪該科．見禮部歲報災傷．所爲天鳴地震火光水潦等異．隨處輒見．臣心業已驚駭．比正月初一日．維日庚辰也．三元伊始．萬象更新．宜其風和物暢．庶幾終歲而後即安耳．不意狂風蔽天．黃沙佈地．更晝夜不息．縱尋尺不辨人形．稽諸我朝典故．或日食元旦．而未覩風霾．風霾別時．而未逢元旦．即求之載籍．在周．秋雷電以風．成王感泣．猶非履端也．在宋．無爲州烈風．崔立上書．猶非譏甸也．迺今則有之．正古所謂變見三朝．災非常有．應爲獨重者．臣數日以來．驚駭益甚．偶檢閱占侯諸書．有曰．正月朔日．大風折木揚沙．其歲大惡者．有曰．庚日風聲叫怒．宜備邊者．有曰．辰日大風．大將出行者．有曰．正朔之風．立春同較．風大寒．北狄侵掠者．有曰．風來．其勢紛錯交橫．其聲聒耳．爲小人昧惑之風者．臣反覆再四．竊謂變不虛生．事有感召．敢披瀝爲皇上陳之．

自古盜賊之生發・每由水旱之頻仍・未有民窮而盜不起者・往者荒猶一歲而止・今則無歲不荒・往者荒猶一處而止・今則無處不荒・甚至汝南淮徐之間・骨肉無親・人畜相食・疾疫枕藉・惡少揭竿・勢已岌岌矣・今日果如督臣李戴留漕二千石之請・如撫臣張一元發帑四五萬兩之請・雖云杯水・難救車薪・然猶所收者民心・所盡者人事・近攷題覆・在江北止予四之三・在河南止予五之一・臣恐有司拮据無策・蒼赤展轉無生・枵腹之民・寧肯於心就死不爲嘯聚弄兵以貽憂中原者乎・以占書大惡之說宜信・是不可不亟破格蠲賑・以遏亂萌者也・

自古中國之治安・每由四夷之懾服・未有外警而內不憂者・東倭之變・興師一年・費金已二百萬・而釜山之聚・猶恬然未解・至貽宋應昌書甚倨・倘志不在少・必侵我遼左・撤我藩籬・即不然・東犯登萊・南犯浙閩廣・皆可寒心・近日薊遼又以倭賊報・陝西又以火酋報・要皆竊窺狂逞・誠如徹土戒冰・數年以來・囁不言整兵・囁不言理餉・但玩愒日久・備禦尚疎・李如松大將卸回・劉綎孤軍嘗敵・大同宣府之馬匹・以東征而倒死甚多・山東江北之班軍・即奏討而剋忍不發・邊儲更如懸磬・戍士終虞脫巾・以占書備邊之說宜信・是不可不亟振刷邊防・以固內治者也・

自古衆正之盈朝・每由羣邪之屏迹・未有邪勝而正不害者・近有一二小人・無端生事・罵詈大臣・排擊堂官・而南北伸救諸疏・又言詞激烈・致勤聖天子切責貶斥・其小人之禍・亦甚熾矣・第欲遏憸邪・宜登正直・年來得罪諸臣・或以建白抵觸・或以援解株連・或以銓推被斥・懲創已久・酧報方殷・海內莫不延頸跂足・拔茅連茹之想・即皇上量包天地・度廓滄溟・決不忍祖宗二百餘年養士・廢棄牖下也・方今四海多事之秋・豈賢良高蹈之日・若不及今收駿骨而來燕廷・臣恐豪傑志阻・而侵危之徒・寧無滋蔓而難撲滅者乎・似占書昧惑之說宜信・是不可以不亟錄用君子以抑小人者也・

夫春風和煦・方稱泰和・朝野熙明・方稱至治・迺今變與事會・自當懼隨變生・臣恭誦聖訓矣・太祖因天旱・曾諭羣臣曰・亢旱爲災・實朕不德所致・縱食能甘味乎・乃下免民田租・成祖因地震・曾諭侍臣曰・比年兵旅饑饉・朕夙夜耿耿於心・當敕邊將・嚴爲修戒不虞・宣宗因日食・曾諭羣臣曰・古人君所謹・莫重乎天戒・惟修德行政・用賢去奸・庶可回之・在祖宗蓋因事而畏天命・在陛下則益當知天命之當畏・在祖宗每因變而修人事・在陛下則益當知人事之當脩・臣願陛下崇高而時惕若・宥密而愈嚴恭・一下箸必思有啼饑之赤子・而減膳常殷・一授衣必思有衝寒之將帥・而賜貂宜切・一馭僕從必思有野伏之賢人・而弓旌宜勤・庶治安可圖・而郅隆在我明宇宙間矣・詩曰・敬天之怒・無敢戲豫・敬天之渝・無敢馳驅・書曰・食哉惟時・柔遠能邇・惇德允元・而難任人・蠻夷率服・臣敢以是爲今日獻・惟聖明垂察・臣不勝戰慄俟命之至・

請止東封疏

題爲東事失策・萬分可虞・懇乞聖明・抑邪謀・定大計・以圖萬世治安事・臣待罪該科・見薊遼總督顧養謙一本・爲恭報倭情以慰聖懷事・奉聖旨・兵部看了來說・欽此・又

朝鮮國王李昖一本・爲賊情事・奉聖旨・這所奏・着兵部看了・查與顧養謙近報倭情・是否相合・明白具奏・欽此・臣披覽未終・肝腸欲裂・至得陪臣金睟等上總督書讀之・又憤懣如狂・恨當事者之不以忠事陛下也・蓋國家養士・非徒寵祿爲榮・令苟延旦夕・正欲其備緩急・爲社稷計耳・東征之役・當中所以推轂宋應昌者・最稱隆遇・宋應昌果能除氛海上・獻俘闕廷・猶未足償士卒數千命・馬騎數千匹・膏脂二百萬兩也・迺俄而許封・俄而許貢・轉換支吾・罪當莫贖・顧養謙夙負重望・奉命料理・天下咸以呑夷期之・倘能改弦易轍・庶慰拊髀虛懷・夫何踵集舊詞・竟亦蒙蔽聖主・今且洋洋然・欲以倭將賫表入國門矣・夫此表也・果出傾誠耶・何爲乎經年以來・必曰守取・必曰催促耶・果出畏威耶・何爲乎乞欵之後・又有金羅之犯・川兵之殺耶・卽傾誠矣・畏威矣・其機械變詐・亦有不可盡信者・

臣不敢遠引・茲以祖宗事借箸爲皇上籌焉・在洪武二年・非不奉表稱臣也・迺使未至而掠溫州・至五年・復同使人而寇海鹽・十五年・復進蠟炬而暗藏火藥矣・在永樂二年・非不首先納欵也・迺九年而寇盤石・十五年而寇金湯平陽矣・在宣德六年・非不遣使納貢也・乃戎器滿載・遇官兵・卽爲矯殺矣・在正統四年・非不來獻方物也・乃大嵩桃渚之慘・至掘發塚墓・湯沃嬰兒・刳剔孕婦以爲笑樂矣・在宏治八年・非不差使壽萱也・乃沿途生事・至濟寧殺傷・罪及照磨指揮提舉矣・嘉靖元年・非不以僧宗設宋素卿至也・乃以爭掠之故・殺都司・虜指揮・且以日本國號封我倉庫・至末年・而荼毒浙直・蹂躪閩廣矣・葢至觀於劉榮望海堝之捷・而倭不敢窺遼者二百餘年・觀於胡宗憲丹山之捷・而倭不敢窺兩浙者三十餘年・則信乎創之則中國安・欵之則中國不安・無可疑者・乃經畧總督二疏・一則謂關白欲得天朝封號・庶可服得人心・一則謂關白欲假中國名號・以讋服諸夷・夫中國之治夷狄・必欲携其黨與・庶可剪其羽翼・今已不能撻伐之・解散之・至以威命靈爽・資其狼吻鴟張・非惟助虐・更慮反噬矣・且封貢之說・和議之別名也・非我之有求於彼・卽彼之有求於我・彼之有求於我・則王崇古俺答之故智是也・穆廟時・趙全等居雲州・集亡命至數萬人・汾石之禍・實扳升爲祟・朝廷募得全者・拜都指揮・銀千兩・那吉擒全以獻・則封貢之說・似屬有名・然猶不數年・而殺將僨軍・曾修備幾何哉・我之有求於彼・則仇鸞俺答之故智是也・世廟時・擁衆入犯・執內臣楊淮・脇開馬市・仇鸞出塞無功・潛以金帛媚許・未幾而叛盟肆掠・卽置仇鸞重辟・則亦何益哉・今日之事・果彼之求我乎・抑我之求彼乎・利害昭然・與人共曉・禍福已著・豈不寒心・乃在經畧曰・反覆難定・又曰・恭順向化・在總督曰・擁兵虎據・又曰・身任無事・在朝鮮王曰・築城蓋房・運糧練兵・在陪臣曰・夷情無厭・和事非計・是二臣明知故犯・反不如朝鮮君臣之有勝算矣・

昔宋仁宗時・元旦日食・富弼請罷宴撤樂・時相不從・弼爭曰・萬一契丹行之・爲中國羞・已而契丹果罷宴・仁宗大悔・今朝鮮之說如彼・二臣之說如此・寧不爲中國羞也歟哉・雖然・本兵石星亦與責焉・本兵蒙皇上起之田間・寵以宮保・卽鞠躬盡瘁・猶難報稱・乃不制禦是謀・而惟沈惟敬

斧柯之術是聽・意謂餉缺兵寡人乏・有何足恃・臣以爲挾此策以說・本兵可斬也・一族十年・尙足吞吳・以堂堂天朝・豈曰無財・患在不節・豈曰無兵・患在不練・豈曰無人・患在一意・目前苟圖了事・則有人不知・知之不能用也・少卿萬自約疏・稱十害・給事中田大益疏・稱五憂・臣愚・敢以五罪足之・絕不與通・國有明戒・諸臣雷同附和・擅議封貢・爲悖祖訓・罪一・封貢既稱不便・則當明與倭絕・綸音具在・乃說愈更而愈褻・甚至有不忍言者・爲悖明旨・罪二・名器至重・毫不可假・果如其議・則始以賦來・今以王往・爲損國威・罪三・關白之陷朝鮮・原以貿易釜山得之・今覆轍不鑒・令其窺我虛實・弛我邊備・爲貽隱患禍・罪四・建白盈庭・豈盡無當・乃敢力持中議・諸疏一切報罷・令海內豪傑之氣阻而不宣・爲拂人心・罪五・以此五罪・參以十害五憂・乞敕廷臣會議・寧爲遠計・毋爲近謀・如其表文果至遼陽・臣愚以爲從之則無名・拒之則速變・姑以去歲明旨・原謂倭衆盡歸・然後議欵・今屯聚釜山・未可封貢爲詞・仍換發德音・數其不恭之罪・待以不殺之仁・差來小酋・量賜遣回・倘能甘爲死間・擒殺關白・不吝高爵厚賞予之・至一應邊防・尤望叮嚀整飭・養威蓄銳・倭若來侵・則相機而剿殺・倭遠遁・不貪利以窮追・庶德威常伸・即四夷亦可服矣・何憂倭奴哉・

伸救言官疏

臣等待罪瑣闥・媿無表見・日者皇上斥去兩京科道至二十有四人・臣等過蒙優容・存留供職・即捐頂踵・豈足以報陛下・惟是官以言設・職以言盡・而諸臣既以不言斥矣・臣等顧影增慚・冰兢蚊負・日求所以拾遺補闕・責難陳善・以不負聖明廣厲言官至意・而誠意未孚・天威正赫・叩閽尙有待也・頃者河南道御史馬經綸・慷慨陳言・忠誠報國・臣等私竊自慰・謂皇上誠罪諸臣而不言矣・幸有敢言如經綸者・計轉圜止輦・或旦夕可望乎・乃吏部接出聖諭・經綸竟從降調・聖意深遠・未易規測・其果以言罪・抑乃以不言罪・臣等未之解也・臣等象上之指・若水之在盂・方圓易嚮・其當以言爲戒・抑乃以不言爲戒・臣等未之解也・且同一言官也・前所處者・既以不言被譴・今馬經綸也・又以敢言獲罪・旬日之內・詔旨數更・一人之身・進退維谷・受諫則如轉石・發號則如反汗・此又臣等所未解也・夫經綸之敢言・與前斥去諸臣之不言・無兩非之理也・陛下斥不言者・又茹納所爲敢言者・則諸臣將飲炭吞刃・訟緘默之愆・敢下逐敢言者・又棄置所爲不言者・則諸臣借口揚眉・收戇直之譽・第諍臣得以收譽・則人主不能辭愆・臣竊謂陛下之計左也・

昔唐太宗謂侍臣曰・朕每閒居靜坐則內自省・所以每有諫者・縱不合朕心・亦不以爲忤・又嘗問魏徵曰・比來朝臣都不論事・何也・徵曰・陛下虛心採納・誠宜有言者・今陛下英明神聖・固薄唐太宗而不爲者也・倘果以不言者爲溺職・則臣等不難爲諍臣杰士・進危明憂聖之苦辭・果以敢言爲忤旨・則臣等不難爲諧臣媚子・效希旨望風之故智・顧諛佞取寵・則禍歸於人主・而利歸人臣・批鱗折檻・則禍歸人臣・而利歸人主・兩者相去・天壤懸隔・臣等功名富貴之念・非與人殊・死生榮辱之念・非與人殊・然寧爲此不爲彼

者・二祖列宗昭監之靈在上・二百餘年養士之恩在下・淸議在前・信史在後・不忍負陛下・且不忍負此生耳・有如人諾人趨・旅進旅退・倏而京堂・倏而開府・又倏而八座・長安道揚揚得意・臣等非有胸無心・豈不欣慕・而顧爲此九死一生之拙計哉・忠於謀國・則拙於謀身・在聖明一加察耳・臣等不勝戰慄待罪之至・

祭劉暘谷座師文

余祖頤 字葆惺・順德人・父光裕・嘉靖乙卯鄉魁・官荆府長史・從甘泉遊・言行篤信・甘泉作三傑歌贈之・祖頤中萬曆乙酉舉人・官河南蘭陽敎諭・攝篆西華・皆有政績・入蘭陽西華名宦傳・

暘谷先生之守亳州也・門人余祖頤・兩藉晨風奏記・竟付石頭江中・寒暄遂杳不相聞・越壬寅九月・長公子道經五羊城・命蒼頭持尺一問祖頤於鳳山・始知吾師先四載記玉樓矣・知己之感・元愈骨肉・百年寶瑟・將向誰彈・凝睇泉山・寸心與嶺猿俱斷・已乃具瓣香束帛・東向遙奠而哭以文曰・

元化絪縕・埏埴偶寄・超影特秀・鞺鞳表異・龍首紫帽・先生鳳起・鞅駕千秋・學閫無始・司馬雄飈・元龍逸氣・玉立溫溫・濟淪其懿・翺翔五采・光華自天・漢家掌故・六載青氈・蘇湖並執・山斗齊賢・煌矣奎光・兩耀棘闈・五嶺以東・大江以西・持之充貢・楩梓珠犀・成均寵秩・太乙懸藜・橫經甄士・洪鍾天倪・帝念亳都・爰命出守・五馬翩翩・銅符紫綬・風淸一鶴・冰檗獨守・三尺霜寒・鯨鱷竄首・嗟彼旱魃・菑值陽九・露禱星河・豐隆鞭走・鴻雁來歸・春回大有・削觚不能・羊腸在右・鵠白烏黔・萋斐其口・勇返初服・遽罹艱疚・永慕灑血・長車折紐・士殞蓍龜・國喪瓊玖・經濟陸沉・碩德未究・運厄名張・精還列宿・嗚呼哀哉・某國士特知・迷津攸渡・再侍燕山・重瞻江浦・肝鬲傾頽・道義悰愫・勉之不朽・溫飽勿圖・轉盼關山・星霜十度・延佇大江・楚天橫露・我戰載北・躞跜窘步・虛負夙期・竟阻遐騖・從玆以往・策蹇天路・以報先生・努力竹素・先生已矣・百身奚贖・所幸令子・才誇二陸・幷翅雲霄・摩天丹鷟・秋風至止・穗城之麓・惠我雙魚・哀訊慘顑・負疚煢煢・生芻奚續・楚些傷殘・西州慟哭・嗚呼・名慚玉笋・大恩莫酧・誨言在耳・遽隔九幽・幔亭天遠・攀戀靡由・知我紘絕・耿耿煩憂・椷詞遙奠・淚迸江流・

宦體小序

林承芳 字文峯・三水人・萬曆丙戌進士・授編修・尋遷江西參議・告歸・承芳工文詞・廷對纚纚數千言・已定第一人・以筆誤置二甲・其官編修時・神廟命書中極殿額・甚嘉賞之・嘗爲國子監・撰重刻十三經注疏序・持論平允・論者推爲信今傳後之作・著有文峯集・竹窗存稿・阮藝文略注未見・

夫宦之言體也・何也・體之猶言式也・夫式也・如以尺寸束物也・夫旣受束也・弗中也・失體也・失夫體也・即巢光病其高也・仲尼病其聖也・顏氏病其仁也・原憲榮公病其介也・陶潛病其曠也・王謝病其貴也・董賈病其采也・夫有

所病者・弗式也・弗式者・失體也・夫宦而失體也・世莫許也・宦而弗許也・聖賢安施也・夫聖賢而安施也・雖宦亦奚爲也・然則舍若宦而之聖賢也・何不可也・然又奈之何・未可以冼耳也・未可以接淅也・未可以簞瓢也・未可以窮閻帶索也・未可歸去來也・未可以盤桓會稽也・未可以長沙江都也・然則奈之何而得體也・亦曰・挫廉逃名・以不背於聖賢也・則亦庶乎其可也・作宦體序・

贈劉督府大司馬奏績序

大中丞右司馬中都劉公總制全粵・有海上捷・晉祿大司馬・且善後其地・仍舊官・乃今考績・夫非虞廷明試之故事乎・不佞芳竊有舊聞・國之大事・在兵與農・閔閔望歲・十九得之・戎馬生於郊・民無與生也・國家武備・不北構胡・卽南絓越・胡近而越遠・治兵者亟胡而緩越矣・在事者難胡而易越矣・難胡・而胡猶之難也・易越・越卒無幸矣・夫胡・黃沙紫塞之限・而又悉中土之所入・以支之難而易者也・越去中土萬里・爰有明珠翠羽財瑤之所自出・塗墍芾茨夷島窟穴之所・形錯壤接者也・其俗質直尙信・桀黠狡悍之所舔舔張望旦旦焉者也・其人散以怯・其畜藏詘以困・其邑聚散而無恃・先帝張皇備兵・設蒼梧之鎭・其於兩粵・何翅闢扃・豈不以門外劻勷・非其人壁決戶毀・堂皇上將・不得正席匡坐・而猶猥云越遠也・粵無幸矣・卽國家何賴之歟・有故參贊雍之果・新建王之算・拮据卒瘏・靡遺餘力・其難也・顧粵之盜・不負固山・且阻深海・山蟠峙而海出沒・則難易臚矣・王於山・雍亦於山・難於其易者也・

公之晉大司馬祿也・今上嘉公海上功・若曰・高皇帝統馭寓縣・不罷棄珠厓・天無所不覆・地無所不載・珠池卽東南逋逃・責在守土者・守土不能芟治其間・傷高皇帝廣育之恩・詎直鰥曠乎・唯是害伏禍隱・庸常之見・守不假器・無亦不戒視成耳・乃卒賴公逭其責・詎直守土者徼惠・非地方之幸賴乎・卽狡悍之茂・桀黠之德樂輩・不爲東南抉壁毀戶・郡國得正席匡坐・視峽若寨・勢離倍之・係重蓰之功・不將什百乎・是役也・淸瀾之摧・根門之破・洶州之礁之擒・其難也・乃其所爲易之也・不寧惟是・田州緒曰未竟矣・中丞璁蓴有後言矣・公以不世之勳・知遇今上・寧不亦惟善後之爲急・故車服之庸・公得緩帶對揚休命・粵環海百・成公終惠之・乃今嶺外底定・西北孔亟・主上仁明・不逐虜・不下食・幸二三大臣・宣布慈惠・將士羣牧・宣力分猷・虜不足平矣・而外臣封事・方皇皇雨暘之愆期・凶疫之接境・乃粵中綏萬邦・屢豐年・太史陳詩・宜不後粵中・主上南顧問功・因是寄分陝之任・公不周公旦・卽召公奭・黼扆之前・公詎直爲參贊雍・新建王矣乎・昔公以方柄中忌者去閩淅・十年而始出・一試之蜀中・再試之廣右・盍參贊雍新建王之所不逮者・公直爲之式廓焉・乃今以奏績荷主上知・嶺海居民・安於食養・兵農之重・成公焉倚・藉免主上南顧・則微獨不佞松榆之庇・欣欣侍櫜韃・操如椽之筆・副名山之墨・不佞從矣・

重刻十三經註疏序

今上登極之十二年・大司成臣某上疏曰・士所貴通經學

古・維十三經註疏・故未鐫於學宮・士或不得考覽・非所以尊經右文・廣厲學官之業也・臣等請得率屬訂校奏上・幸下大司空給資・鐫之太學・斯亦明經造士之助・制曰可・於是下大司空給資校鐫・如所請・既訖・上命臣某序其端・臣謹拜手序曰・

夫士惟上意所嚮・則竭蹶而趨之・茲上不以經術望士哉・古者士得觀於全經之難也・然猶欵關而請・編蒲而識・乃今得坐而卒業焉・士所不象上之指專精趨學者・非夫也・天下自茲彬彬多經術之士矣・然國家以宋儒傳註取士・今舍而取於漢者・何也・夫宋固摭乎漢者也・博乎漢而後知宋之源也・自漢儒傳訓詁・宋儒因而釋其義・主理・理吾心所固有者也・即微宋儒・吾得而以心逆之也・訓詁非得焉・則譬之胡越之人・聽中國之言語・徒瞠其目相視而不相通也・微漢儒爲之譯・宋亦安所譯其義哉・

且也儒者之不能盡窺聖人之奧義・將使人膠其說・而不復深探聖人之旨・則不若第傳其訓詁・人人得自以心而逆聖人之意可也・漢之去聖人也未遠・其說猶或有所受・顧安得執宋之說以廢漢・夫聖人之意・不能畢窺・則盡其說經者而存之・以待後之聖人・聖人之經・有時乎明也・斯固皇上加惠庶士之意也・然則士何如致力哉・

臣觀漢初諸臣引爲經說・多離而少合・然往往能樹俊偉之業・迄今可稱誦・乃其後辨析精微・曾不覩其助伐云・豈所謂窮經致用者非耶・則以我用經・與以經博我者異也・繼自今・治是書者・能優游自得味道之腴・則大喜・即不然・如古所稱治官涖民・皆有廉節・稱其好學・庶幾哉・猶可以無愧・脫苦曲學阿世・自矜稽古之榮・至使人謂十三經掃地・則上意謂何・臣不佞・願與學士大夫交儆焉・

太和山瑤臺觀記

寓內稱巨觀者・無踰五岳矣・自太和山岳顯・五岳稍左次焉・太和者・實踞秦楚交界之墟・爲上帝靈腑・一曰仙室山・一曰嵾上・一曰武當・見酈氏水經註・宋以前・不甚顯・豈茲山之勝・皆崇造天・而所謂天柱瑤臺者・棲眞之士・竟未覩耶・自我文皇帝朝・膺持拜・賜名曰太岳・世宗皇帝復尊稱曰元岳・於是茲山甲天下・而七十二峯之間・延袤不下帝居者矣・其峯之中・超而特絕者曰天柱・其上多金玉之石・多虬松・玄帝之宮在焉・攀援而登・諸峯山皆在几席下・岈然洼然・尺寸千里・攢蹙累積・莫得隱遯・極目力而微白者漢江・導天外一法也・前有兩峯・亭亭並出・若榻前物・曰香爐峯・曰蠟燭峯・峯之前有澗・又一峯秀出於其前者・瑤臺也・其上多瑤花瑤草・其下多巨壑・其旁多奇巒絕壁・冥杳巖洞・其樹多榔梅・大數十圍・有石焉・負土而出・其狀如龜蛇・相傳爲玄帝登眞之地・舊有道場・燬於元末兵燹・我明道人王邱二丫髻・始披荊斸疏・葺茅以居雲水・然亦僅蔽杖屨而已・

皇帝御極之二十年・爲壬辰歲・有中貴人張公者・乃卽其地宮焉・越半載而宮成・名曰瑤臺觀・堞峯隍壑・冠峯帶岡・迴環日星・臨瞰風雨・翠羽之木・龍鱗之石・交映丹碧・靡不助麗・迨夫朝曦夕照・闕角參差・雲君霓師・金支翠旂・彷彿扈從・直欲界之仙都・信非人間目境也・中貴人

曰・然則書之・願借相國一言爲重・予喟然嘆曰・夫亦知所由來哉・彼其摩霄凌雲・大者擬建章・小者凌祈年・望仙盛矣・然非一手一足之力・一木一石之費也・蓋以國家數百年來・民去湯火・今上綏以太平・內外臣民・幸生無事之時・故得從容休養・以其餘佐綺寮之飾・而內庭諸臣・亦往往以勤勞徼上賜賚・亦復散於是・今燕山之陽・佛事最盛・然其所崇飾・必平泉之墅・梓澤之園・址相屬也・彼所爲雲房仙境・紫閣朱宮・亦往往求合於耳目之所嗜・未必盡焚修乞靈也・玄岳去京師數千里・瑤臺之勝・不可籠而有也・公不以無所嗜而奪其意・盡出所賜金帛以奉斯事・上爲主上祝釐・以惠民壽國・念此一念・知公無有也・抑嘗聞公以清慎忠勤事上・二十年如一日・若是則公之意念深矣・觀凡三殿・一居中・而兩翼之・前山門・後靜室・左賓館・右道院・庖湢倉旛[illegible]經藏咸備・予故樂而記之・

平南碑

萬曆十七年己丑・兩廣督府右司馬劉公上言・海南寇弗靖・蓋曰皇帝垂衣十有七年・統馭八荒・肅清戎夏・萬里無烽烟之警・六師罷張皇之勞・威稜所被・罔不臣妾・惟是海南越在大荒・嘉隆間・逋寇李茂陳德樂爲亂・嘯聚海濤・犯厲郡國至於今・陽撫陰叛・包藏禍心・實以當年嶺以南・屬有羅旁之役・縣官垂大惠・哀元元之未贍・不忍暴士大夫於原野・稍從撫議・茂等不知朝廷不死之恩・逾背逆不軌・招納四方亡命・據巢以爲原・飭修艎艣・闌入禁池・困撓公利・官軍歲被殺傷甚衆・有司欲南向行其意・則貫弓反嚮・故良民內懈怠・輟耕而隕心・臣繼文蚤暮私憂・宜誅討之日久矣・皇帝下本兵覆・乃手詔公曰・蠢茲醜類・敢作不靖・滅此惟汝職・惟汝不二心之臣・尙弼予以成厥功・公稽首受詔・於是以是年二月・檄總兵官都督李君棟渡海誓師・檄副使孫君秉陽協總兵官急擊勿失・當是時・賊酋蔡克成方用茂陰計襲清瀾・爽掠商船戰艦・攻逼文昌・城危於累卵・公既得賊諜・立斬之・乃急召副使黃君時雨・益發營卒・護以中軍崇惟績・詣都督軍・又檄參政徐君應奎・僉事許君國瓚・督雷廉諸軍翼之・公乃禡纛蒼梧・如五羊以便調度・惟時右布政程君拱宸・則屬之軍興・毋乏執備・副使趙君善政・則屬之簡精銳振・都司邵君會和・將而往代怯虜者・按察使徐君用檢・則實惟紀功策・既集・又申令軍中嚴警道路內外奸萌・其毋協彼離心・抗茲同德・有輸軍機於盜與輸粟者・罪死・所不奉誡令・惟將軍捕治之・於是以三月二日・合南北舟師進擊・是日鯨波稍動・乘風直抵清瀾・遇賊方舟以待・諸軍衝鋒大戰・自午至申・衝沉賊舟・焚溺者無算・遂大破賊於清瀾港口・賊黨退保餘舟潛遁・時南風大發・公料賊潰・必亡走閩或走夷・爲中國養患・乃檄安南東海諸路屯戍以備之・賊果引而復幷於吳川・收遺刃・聚殘鏃・與官軍爲難・公又檄參政熊君惟學・幷軍而至・與戰諸裨將材官胡忠沈茂陳策陳震李棟甘霖等・分道迎擊・復遣帳前官奉尙方授節・三道馳往・一由廣海督南頭諸軍以進・一由海南督遊擊軍南攻・一由吳川督北津諸軍從中擊出・二十日・遂與賊相望於硇州洋・諸軍又衝鋒大戰・自辰至午・督戰益急・又大破賊・生擒酋渠・奏捷轅門下・其餘釁鼓染鍔者・蓋以千百計・海南

悉平・班師日・海南士女無不舉手加額頌督府奇功者・督府則上言・臣奉將天子明威・賴一二文武將吏矢心力・共襄厥功・臣則何功之有・皇帝曰・一二大臣能釋我南顧憂・實惟汝司馬・司馬其加俸一級・錫之白金文綺・及文武將吏有差・是舉也・直指蔡君夢說先發之・直指黃君正色以代至・行郭經畧督府・葢分猷共濟焉・副使王君民順・知府周君希賢・林君民正・同知李君繼岳・通判劉君世懋・推官傅君國才・知縣莫君博英・訓導林君立・皆著保障功・左布政張君大忠・以則條畫佐善後・無遺謀矣・不佞承芳適予假・將母南還・幸觀厥成・即不知兵・願借燕然片石爲公表於南海・屬左布政張君按察使徐君委治筆札・敢不辭而爲之銘・銘曰・

　天眷有德・實惟大明・威加九有・振其天聲・周視荒裔・窮猛劍騎・卉服鑿首・屈膝交臂・蠢茲逋孽・匪我不告・如蠹螫人・寧息其毒・據巢阻壘・南海之湄・駕言來歸・豈不我欺・罪梯列藪・如厭如飲・憑陵城社・係累士女・帝命出師・司馬承之・詎曰窮兵・爾荼則飴・惟我藩臬・惟我直指・殫厥忠猷・於綱於紀・司馬禡江・秉鉞煌煌・人祇嚮附・雲鳥發祥・載賨我車・載誓我旅・載烽載燧・不我遑處・皇皇甲士・矯矯虎臣・元戎將之・肅如神人・樓船擊渡・輕艭競發・飛矢劃濤・山排海浡・既與虜逢・殺氣晝蒙・殲厥醜類・執其渠兇・公曰反旆・壺漿塞塗・念昔喪亂・公來其蘇・父老有言・謀亦不遲・百世豐功・五旬在事・懽流十道・露布咸京・帝曰俞哉・越水其清・誰其成之・實惟司馬・載錫之光・爰及其下・司馬稽首・敢不對揚・臣功何有・帝治則光・戢戈韜矢・建茲隆碣・史氏銘之・歆於世世・

徐兆魁 字策廷・東莞人・萬曆丙戌進士・由行人擢御史・至刑部尚書・著有西臺三關三楚八閩諸疏草・誠求錄・留餘堂稿・阮志著錄・

按東莞縣志兆魁官刑部尚書・以救李三才死・忤璫罷歸・及璫敗・未起用・時論惜之・與明史附見崔呈秀傳異・

重修番禺縣儒學記

番禺自宋淳祐始有學・尋復以燬附南海也・猶其初之附府庠也・至我太祖高皇帝・文風大闢・洪武三年・而學得鼎建於城東・唯是剗茂夷汚・拮据覆藉・已啓廓飾之門・則邑令吳公忠實主之・日久事弛・廓蝕飾頹・神靈失護・洞背穿脇・汚池茅草・連帶楹墄・旺氣於今衰息極矣・聖靈不妥・士心載渙・若以爲不可復治也者・謀欲徙去・上其議於當事・將從焉・以工用之繁浩・計不得不爲科派以益之・粤自加稅以來・民病矣・重以歲之洊凶・簠簋之不登・安問粞粢・議終寢・

　邑侯莆陽黃公下車・憮然曰・民病而士亦病・夫民吾子也・士吾體也・豈有恤其子而不顧其四體者乎・雖然・有善於徙者矣・於是進諸士而誨之曰・若知一身之理乎・夫由首而胸而腹非不全・喉咽爲緊・面目之不修・股肱之不具・亦無貴于身矣・學自啓聖祠屬之明倫・將二百武許・譬之首腹・而中無以承接之・謂喉咽何・此非一講堂所支也・若夫陽氣聚于大宅・眉宇潤則四肢之元氣可操其復矣・而殿廡者非

歟・肢體完而眉宇爲之芳・而齋舍者非歟・衆曰唯唯・曰・吾將首議經閣之務而次第及之矣・經閣廢不知其幾何時・閣復則易汚而隆・頓然改觀・此侯之所欲亟圖之也・貲出于侯・捐俸爲之倡・而當道諸司曁侯僚屬以迄紳耆子弟所勸募者爲之・不費民一錢・鳩工庀材・稽圖簡督・節納官繙・若治其室廬・是時邑博方陳許徐四公・後先効力・實贊厥成・復選生員梁夢龍・衞積纛・高惟仰・崔廣緒・爲之經畫區處・始于萬曆三十三年乙巳秋之仲・迄丙午秋之盈月・而經閣成矣・閣基壘若盤・方廣九丈餘・高不啻倍・合上下爲七十二楹・軒窗明豁・丹彩爲煥・其直若峯・其垂若雲・其文昌之舍歟・賈其餘力・寖及于殿廡齋房・階除欄楯・又幾何時而汚者堅・漫者丹・泐者固・坼者若鮮鱗之次・欹而臥者若立若坐・而東邊侵地悉復・直至芳草街・約一十三丈・計還學闢其最礙者・餘八丈許・盡爲號舍・計四十二間・西邊淸復七間・各八丈許・俱暫議輸租・曁諸生相聚而講詩書之業・修俎豆之容・人人莫不有興起之色・元氣既復・文運遂振・而丙午之秋・士之登桂籍者倍常・而元魁咸隸・亦迅徵也・

士視侯若泰山北斗・屬侯覲行・而絃歌以別・咸翹首企足・願侯速返・大惠我番庠・無何・而侯且有浙命矣・又無何・而擢理名郡・廉明之譽・蔚起江南矣・諸生欲借侯而不可得・圖見侯于宮牆也・以余於侯有一日之長・知侯最深・從而問記・余曰善・侯而操躬潔而澤物宏・潔則纖埃弗染・澤厚者必有甘棠之思焉・按古有功者祠・侯之功德巨矣・遍乎士民・民不諼矣・士其能諼・片碣而徵實焉・見侯於石・是乃見侯于宮牆也・經閣將畏壘之一・侯名鳴喬・字啓融・號有寰・福建莆田人・甲辰進士・政肅而寬・勤而不擾・期月而禮樂修舉・士民愛之思之・比之單父之宓・武城之言云・

右刻在邑學宮・碑石已佚・據任志云・東莞徐兆魁撰・今補錄之・兆魁由進士官至尚書・明史附閹黨崔呈秀傳・吳志里貫未詳・

謝正蒙 字中吉・惠來人・萬曆戊子舉人・知安鄉縣・始至若不慧・久之・得吏胥姦狀・逮治如法・人服其嚴明・擢御史・巡視兩淮・以河南參議告歸・著有疏草四卷・阮藝文畧未著錄・潮州耆舊集采其文一卷・

邊餉淸弊疏

雲南道監察御史臣謝正蒙謹題・爲邊餉處處告急・積弊及時當淸事・臣見近來各邊缺餉・鼓譟羣起・計臣仰屋而嘆・百司促膝而籌・不勝倉惶之狀・至議借各庫金九十餘萬啖之・如使一借可以了事・數十萬可以完局・則一轉移之間・士有宿飽・戍銷亂形・要亦籌邊一策・顧總計京民運欠六百餘萬・茲猶未足十分之二・借將何已・後將何給・夫不淸耗竭之源・不爲永久之計・急而後圖・譟而後發・譟常先則發愈亟・發且窮則譟愈繼・是教之亂也・故自薊永一倡・而昌易遼左諸軍・無不蠢蠢思動・求者若有所挾・請者若有所迫・倘相率爲常・任其囂陵而莫之防・將來邊境之憂・不在寇氛而在我之士卒矣・

昔孔子論政・甯不得已而去兵去食・民無信而不立・亦以信者固結之善物・尊卑之大防・有如月糧・稍不如期・便

衡決不可禁．國家養軍數百年．未得其禦武之用．反見倡亂之形．軍士銳氣雄心．不以掃蕩邊塵．而以挾持主帥．古稱有制之兵．有能之將．時當匱急．至於唱籌量沙．掘鼠羅雀以食．軍無叛志．果何人也．猶幸虜封已結．疆域少緩．如有烽火驚傳．戎馬充斥．俄而有此飛矢列陣離心瓦解景象．豈不益長寇氛而助其憑陵桀驁之氣乎．且餉以養軍．當事者爲軍索餉．是矣．亦嘗按籍而稽之．點名而核之乎．尺籍空存．徒爲冒餉之資．祇飽債帥之腹．無論邊塞．即如京營團操．亦半爲豪强包占．班役買當．應操皆顧募之人．守夜皆覓食之丐．於今都城內．盜賊公行．提督已無從伺之．京城何地．武備若此．談之眞可寒心．此外又可知矣．大抵兵貴精．餉貴核．核則有一餉卽有一兵．精則有一兵卽有一用．如有簡閱不聞．雖盡驅天下之民以爲兵．而兵猶弱也．虛冒不清．雖盡括天下之財以爲餉．而餉猶缺也．然欲淸虛冒．莫如重邊道之選．彼武弁以浮餉爲利藪．不足論．卽撫按官操閱．有時遽難窮詰．惟兵道習與之處．必知何者爲眞．何者爲冒．昔因某事而增兵．何事平而兵未撤．昔因某兵而增餉．何無兵而餉猶存．殫心振刷．就裏湔除．而又正己淸源．法行猶易．使誠有兵無餉．猶可支吾湊處．若有餉無兵．竭公帑以供貪殘．外示削弱之形．內受空虛之禍．豈不大可惜哉．及此時而移文撫按．責成該道每年備造實在冊送部．以查核冒支之多寡爲功次．亦淸餉第一策也．

至有司拖欠數多．猶當申明歲報之法．而責成於郡守．蓋京邊錢糧．凡給由．非全完不可．考成何嘗不嚴．乃有官謗稍騰．前途知促．以爲卽解完恐不得給由也．卽給由．進取無復之也．利之放之扣除．則起解奪於私領而不得完．或批回之莫查．則解銀入於猾胥而不得完．曾見有縣官四五年不給由者．則欠四五年可知．亦有八九年不給由者．則欠八九年可知．謂宜於歲終．備開各完欠數目．報轉咨吏部而旌別之．則不肖者不得久留誤事．又總計一府之數未完．府官不得推陞．是縱各縣遷徙不常．然該府旣勤催督．則署攝者亦知完公．又何拖欠之足慮．

夫淸浮冒則出者不濫．查外解則入者如額．由是而祖制可尋．積貯常裕．不惟兵皆有餉．抑且餉皆有兵．將超距知奮．脫巾坐消．從此疆域可長無事矣．至餉給之後．徐議鼓譟之誅．因而問主者以平日因循姑息之過．養成驕亂之形．非紀律不嚴．則恩信未孚．將亦何說之辭也．臣欵欵之愚．謬陳一得．倘芻蕘可採．伏乞皇上下該部酌議施行．臣不勝激切待命之至．

粤東增遣稅使疏

雲南道監察御史臣謝正蒙謹題．爲粤民不可重困．稅璫增遣非宜．懇聖明信詔旨．收成命．以安遐方事．臣惟自有礦稅以來．海內之驛騷．慘於兵燹．民間之毒螫．甚於虎狼．國家元氣之削弱．危於累卵．備在大小諸臣歷來章疏．不啻詳盡．陛下亦已悉之矣．卽稅使之被焚被辱．譬之剖腹藏珠．富不可保．而卒以身殉．陛下亦已悉之矣．臣不必再爲臚列．以瀆聰聽．惟是粤東土入八萬之稅．獨甲寰中．粤東內使之虐．倍於他省．臣粤產也．粤之赤子．幾爲二璫所盡．臣不忍言．幸陛下軫念．撤回珠使．而稅使猶然無休．

甦生未有期也・屬天厭璫惡・李鳳以病篤告・正陛下天心仁愛之日・停止明詔・謂宜以粵東爲天下先・大小臣工・方引領望之・乃無何忽聞有阮昇之命也・陛下以粵民尚堪爲一璫鼎俎乎・夫李鳳之在粵久矣・李鳳名下之鷹犬・日增月益・吮膏吸髓・靡有孑遺矣・阮昇方藉此一行・以明得意・且思奮翮磨牙・擇人而食・豈非傅之翼乎・科臣郭尚賓・臺臣崔爾進・相繼抗疏・爲粵民請命・所爲開陳時勢不可之狀・與夫地方不堪再困之景・娓娓數百言・眞可痛哭流涕・皇上邇來新政・最快人心・不應有此一舉・意者爲李鳳且夕不保・一切錢糧可虞乎・自有陳增故事・地方官自能爲皇上稽查起解・何不勅撫按二臣・不過一二日可辦・奚必阮昇乃能勝其任而愉快乎・藉令李鳳不死・昇有回京之日・然道路多此一番騷擾・地方多此一番剝削・已非聖朝美政・有如阮昇未必即回・李鳳戀不遽舍・一稅兩持・十羊九牧・合二璫之狐鼠・朝夕呑噬・粵人其有噍類乎・又或李鳳先已物故・昇將遵回京應役之旨乎・抑將卽眞稅使爲李鳳之續乎・是天方奪一飽虎・而陛下又放一饑虎・以暴繼暴・益深益熱・何粵東之大不幸至此・豈天未欲平治・而故重困此一方民也・臣爲此懼・敢齋沐拜疏・仰懇聖明・即允李鳳之乞還・罷阮昇之再遣・慨然下明詔・罷粵東之稅・俾薄海內外・謂粵民昔被（下缺）・

蠲稅釋逮疏

雲南道監察御史臣謝正蒙謹題・爲稅使榷利己・至仁賢株累可惜・懇乞大霈洪恩・以惠困窮・以光聖德事・臣竊惟皇上御極以來・九服晏如・民生樂業・雖受灾祲頻仍・而勤施賑恤・足令民忘其灾・雖征討驛騷・而威靈遠播・不旋踵底於蕩平・亦稱淸和世界矣・是大工之故・不得不取之民・奉行者不能仰承德意・大張烈焰・競爲荼毒・使太平之風・轉爲憔悴之象・盛治不無少累焉矣・幸天啓聖衷・封殖之念少絀・熒惑之計莫行・即一豎之遣・不難收成命而促之回・又俞輔臣之請・概減粵稅二萬・聖心仁愛・卽此以見端倪・中外喁喁・望停止之恩・何啻如倒懸望解・如農夫望歲也・

臣謂勞民易於見德・寬之一分・何如寬之十分・自二萬而上・誰非民之脂膏・其忍剝之也・則粵稅當全蠲・寬之一隅・何如遍寬・天下自粵東而外・誰非皇上之赤子・其忍朘之也・則各稅當概罷・昔宋臣革弊不勇・論者比之月攘・明非義之當速改・

今天下自有稅事以來・人無完膚・地無淨土・嗷嗷小民・盡喪其樂生之心・此等苦楚・皇上亦安得見之・而又誰爲憐之・守土之吏・多方以結稅使之歡・而逢其惡・惟功名富貴是保・惟生死禍福是懼・坐視吾民之爲魚肉・此輩之爲刀俎・付之無可奈何・間有不愛髮膚・爲民請命・至投虎吻而不顧・如滿朝薦・王邦才・卞孔時者・甯有幾人・官與爲市・民無其主・故晝地張羅・平白而推之陷穽中・如舉人勞養魁鍾聲朝梁斗輝者相踵也・豈不冤哉・

臣聞滿朝薦之在秦也・愛民如子・行之日・擁道哀慟・搶地呼天・至於今萬戶尸祝・而卞孔時在楚・王邦才在遼・惠政之所固結・兩地人心思慕・猶秦民也・宇宙廣矣・佩專城之符・据吏民之上號稱父母者・亦何可勝數・獨三臣烈

烈剛腸・毅然爲民禦灾捍患・雖其身之不免・而豺狼遠徙・一方賴其保障・假使勞養魁等而遇此・必不至有今日・養魁等甫登賢書・閉戸占畢・逢縣令之仇視其民・遽揑爲首・以贅於稅使而嫁其禍・魚網鴻罹・遂使刺心無自明之日・扼腕抱不白之寃・亦可痛矣・夫小人貪饕嗜利・磨牙食人・自其天性・藉有正人・力遏其焰而弭其惡・使利歸於國・害亦不重貽於民・庶幾未至大弊・不然・小人何厭之有・壑已盈而尚存不足之憂・路難借而猶懷他故之想・如福建稅監高宷・怱然日久・閩人積怨深怒・思食其肉而甘心焉・近得帶攝之命・遂欲移鎭廣東・耽耽然以左右望・營營焉向人乞靈・倘或果遂其謀・則粤人千詛百咒・方得李鳳之死・而又有李鳳也・是舉朝交章請命・方幸阮昇之囘・而又有阮昇也・是皇上重軫粤困・方歲減二萬之額・而這番攘竊・又不知幾萬也・聖主知四方艱難・大臣以四方爲慮・以今之時勢・慮今之事・一撤之外・更無長策・詩云・民亦勞止・汔可小休・式遏寇虐・無俾民憂・今可小休時也・即未能遏絶・奈何復縱之乎・伏乞皇上善推聖母恤民用賢之心・翻然更新大政・上慰溟溟・下對天下・先撤高宷・以蘇閩粤・次而及於各稅・一撤盡撤・如滿朝薦等・亟從而顯擢之・爲循良勸・至勞養魁等・相應憐其非罪・准予應試・則厲政頓革・人情宣暢・正士有彈冠之慶・四野有鼓腹之歌・皇上垂拱以撫此太平世界・即無數十萬之入・臣猶以爲尊且富也・臣不勝懇祈待命之至・

奏參福王請賜蘆洲疏

雲南道監察御史臣謝正蒙謹題・爲蘆田環遶留陳畿地・不宜藩業・懇乞聖明愼重錫予・以遵祖制・以固根本事・竊惟天子宅中圖大而建之陳城・爲天下樞・故元鳥之頌曰・邦畿千里・惟民所止・肇域彼四海・明王畿之地・九天日月之會・萬國車書之宗・其關係甚鉅・在成周時・大封同姓・諸姬棋列・竟未聞以伊洛爲食邑・豐鎬爲采地・豈其有所靳・而勢固不可也・

臣從邸報見福王奏討南京蘆洲・皇上慨然許之・臣仰窺皇上愛子之心・凡諸福之物・可致之祥・無不欲羅而聚之朱邸・甯以一塊土・稍拂愛子之意・惟是子情當體・而祖制未可軼也・一時私意易徇・而重地不可不念也・高皇帝肇造區夏・定都建業・環長江以爲帶・控東海以爲池・屹然形勝・與金臺並峙・國家二百餘年來・衆建天潢之親・代有分茅之典・獨此地不設藩封・不輕錫予・若田屬在輦轂下・天威咫尺・豈容諸王分民而治・分地而徵・以與民人爭此土也・祖宗立法・良有深意・皇上守祖宗成法・藩王奉而行之・謹爾侯度・世修其職・以無隕越於下・談何容易也・查先年清丈蘆洲・得價三萬餘兩・給與居民管業・每年租課輸之內府・天官受其價・則爲民業・民輸其租・則爲國賦・攘民業爲己有・非所以爲義也・嗷嗷怨聲・侯詛侯吮・可嘗開國之始・見此景象・損正賦而益藩封・非所以爲名也・實資屏翰・而求索是聞・天性骨肉之間・已鄰於市心矣・臣以爲此非福王意也・養贍田則辭・崇文門稅則辭・至沿途蓬殿・亦念

民艱而並辭．□而求捐資於此．求償於彼也．臣知王必不其然．或者聽熒於左右．有未嘗深思．且左右覩其利．未覩其害．王亦未思其害．惟見其利．夫所謂利者．總數千之租．不在朝廷．則在藩國止耳．若其害．則有不可勝言者．沿途蘆田．自江都通泰．實臨大海．豪奸巨滑．以私鹽爲利藪．抗官兵而蓄亂形．已深可慮．若王府往來．其地主謀合黨．勢必藉令旨之牌．滿載私鹽．揚帆海上．由此而套引東倭．由此而作梗畿輔．江上一呼．佃民嚮應．正恐此時憂方大耳．古稱萑苻之盜．謂綠林彌望．奸人多藉爲窟穴．以故剽掠時聞．寇攘多有．官司時時以尺爬搜．曾未有艾．倘受廛王府之蘆洲．繫藉王府之佃民．倚其聲勢．公然攫金白晝．明火通津．有司不敢問．三尺無所施．近時沐府莊民之禍．至今未弭．奈何復蹈之也．夫參之以利害．則蘆課幾何．而隱憂遺患．實係東南之安危．稽之以祖制．則王畿之內．一柄兩操．大失祖宗之初意矣．福王嘗辭崇文門稅．豈不以既就藩國．則畿內事非所與聞．今奈何耽耽南畿江上物也．臣竊意皇上即與之．王當固辭之．即皇上堅欲予之．輔臣當力爭之．葉向高蒙眷既渥．方從哲相業方新．豈其魚水相投．回天無路．此何等重大事．尚可泄泄漫不關心．則將焉用彼相矣．

昔武宗時．秦府請關中屯田爲牧地．厚賄錢甯江彬輩．請許之．大學士梁儲承命上制草曰．昔太祖高皇帝着令藩封．不當益以土地．土地既廣．將多蓄士馬．奸人誘爲不軌．不利宗社．今王請求懇篤．聯念親親．畀地於王．王得地．宜益謹侯度．毋收聚奸人．毋多養士焉．毋聽狂人誘爲不軌．危我社稷．是時雖欲念保親親．不可得已．王其愼之．毋忽．武宗覽制駭曰．若是可虞．其勿與．事遂寢．史稱梁儲一草制．有回天之力．今畿內蘆地．其利害關係．尤百倍關中屯田．輔臣勉之．才名山斗．富貴浮雲．惟爲祖宗守一舊章．爲朝廷幹一好事．以勿負股肱心膂之托．是輔臣忠於皇上之職分也．伏望皇上深惟萬年之計．永樹不拔之基．甯抑私情．勿違祖制．將帝居壯於山河．而王國亦鞏固於磐石矣．

劉景辰　字紫星．號淸源．番禺人．萬曆己丑進士．授行人．擢雲南道御史．所上用人練軍諸疏．皆裨軍國大計．著有焚餘稿．阮藝文畧未著錄．

辯直存公道疏

臣惟天之生人．初無二類．內臣外臣．莫非同胞．外臣自負儒流而鄙夷內臣者過也．內臣自恃切近而凌轢外臣者亦過也．而況人主統一人羣．無內無外．皆是臣子．善善惡惡．貴在持平．安可操有成心以伸抑於其間乎．故漢臣諸葛亮之表曰．宮中府中．俱爲一體．黜陟臧否．不宜異同．善哉言也．頃者知縣吳宗堯訐奏內官陳增貪殘．一時百官．咸謂皇上覽奏．陳增必且得罪．不謂旨下．增無恙而宗堯反蒙切責矣．衆方駭愕．臣獨曰．中使凌虐有司．自開礦來已然矣．宗堯得免斥逐．即切責亦主恩也．臣安敢諫也．既而撫臣尹應元疏至．一時百官．咸謂皇上覽奏．宗堯必且見直．不謂旨下．增亦無恙．而宗堯又蒙褫斥矣．衆益駭愕．臣獨曰．朝廷不信撫按．自開礦來已然矣．宗堯得免究罪．卽褫職亦主恩也．臣何敢諫也．及陳增之疏再至．而宗堯又蒙逮矣．臣乃拊心曰．噫．皇上之待外臣．一至此極乎．臣待罪言路．不諫何時也．敢披肝膽爲皇上解之．

宗堯書生．初得一官．其父母妻子之所期望．其所自期望者．必不在犯一內臣以要風力之名已也．而乃不能忍隱以鬬猛虎．或者有激于陳增之過不可堪．故諸不暇顧而爲此乎．增之過端．臣不敢以宗堯所訐爲實．只以增疏論之．驛官之皁卒．縣官所得治也．縣官因告發．責四皁卒爲公務僉一桓頭．而開礦內臣輒行文戒飭之．夫戒飭者．文移到日．應戒官小帽靑衣．蒲伏公庭以受責辱．此賤胥小吏所不能甘也．中使雖貴．內外官不相爲統．如內監諸衙門．與在京諸衙門．事務相關者亦多．未聞九卿大臣敢以非禮加一小臣者．尊主宜然也．增乃擅辱皇上之縣官乎．待縣官如此．小民可知．章奏如此．行事可知．謂罪獨在宗堯．臣不敢云然也．然官者朝廷之官．非宗堯生而有也．皇上卽以撓礦怒宗堯．逐之足矣．何必逮乎．若謂增之參宗堯．事屬贓私．然宗堯之參增．獨無贓私乎．在外臣則逮問．在內臣則留用．臣竊謂聖主過于分別矣．凡人家僮僕．在外生事．常慮主人翁知之．有告主人翁而逢其怒．則從此無敢告．僮僕益無忌矣．宗堯未奏之先．增或貪縱．尙畏皇上知也．今而後不畏皇上知矣．一增得志．爲增者必多．流毒閭閻．流毒縉紳．而國家之元氣傷矣．漢唐之季是也．然漢唐諸常侍．先禍臣民．次及國家．究竟諸人誰得善後．大凡內外之勢．得其平則相安而可久．偏重則反受重之害．宗堯與增之事．交訐未判．臣謂准供職則皆當再供職．不失爲藏納之仁．欲逮問則皆從逮問．不失爲震疊之義．若欲仁義並行乎．姑放宗堯回籍．陳增亦令還京．以待查勘定奪．其勘也．先據二臣原奏．再取里甲情詞證之．以見虛實．如增藉礦虐民．民必不爲增隱．若宗堯有入己之贓．民亦豈爲宗堯諱乎．書曰．無黨無偏．王道平平．又曰．天視自我民視．天聽自我民聽．皇上准令查勘．庶幾天視天聽．而平平之道得矣．臣職在言．睹此國政失平．義難隱默．冒死以陳．惟皇上垂察．

訓練軍務以備緩急疏

臣惟方今海波翻揚．塞烽時警．民窮盜發．邊腹可虞．朝廷之虛懷而求．臣工之畢智而議者．非强兵與足食哉．然兵每憂其不多．而食恒患其太冗．當今之日．欲不益餉而可以强兵者．止有練土兵一策．何則．民壯編有錢糧．軍士舊有月糧．食不外索而足也．但其說不啻三令五申矣．卒未聞何處訓練有方．土兵足賴者．則以法令不明而責成不專也．臣請先言廢弛之狀．而後及所以振作之法．

夫倭與虜．亦人類也．非能羽而飛．爪而搏也．然我兵談倭與虜．自分不敵．卒然相遇．不戰自潰者．其技相懸也．虜之矢．倭之刀．倚之求食．猶鎡基也．其器已極精良．且童而習之．人盡其術．矢不虛發．刀不虛擊．中國之兵則不然．召募之衆．朝遊市井．夕卽戎行．民壯服役公庭．忘其爲兵矣．至於衞所．猶塵飯塗羹也．紈袴之夫．無意上進．目不涉韜鈐．手不嫺弓矢．騎步之卒．挽裂膚之弓．挾不鏃之矢．鉛刀葦甲皆是也．歲食不貲．如委之壑耳．以此當

敵・必不勝之數也・假令器良藝精・人有所恃・什五並進・彼此爲援・何至喪氣若此哉・常情談虎色變・馮婦見而攘臂者・有恃然也・

昔戚繼光總督廣東・臣見其日履行陣・躬督教習・標下之士・如貔如虎・時值承平・士皆技痒・其南殲倭・北遏虜・非天幸事也・今之練兵者有是乎・所謂法令不明者・人情安於玩愒・久弛而乍張則駭・彼縱而此操則怨・臣謂須部定訓練外軍之法・行于天下・俾知事由令甲・非上官故以苦我・條件犂然・上下循守・然後變故無由生・所謂責成不專者・兵備舊有專官・今併員於巡道・刑名官吏之務・一俾遺之・又且序俸而擬陟・其視練兵之事・可循套了也・

臣愚・以兵備即不另設・而業是官者・與論是官者・皆當以兵事爲重・將校之材品・非狎習則不能深知・毋以親近爲褻尊・技藝之優劣・非心解則不能鑑別・毋以講究爲失體・日省月試・所以淬礪・毋憚煩也・信賞必罰・所以勸懲・毋避怨也・兩臺薦舉方面・必廉其恩威並著・簡練有法者・保奏陞銜・久任以爲開府之儲・匪是者・彈治之・然後練兵之效可臻・至於訓練之法・常操之外・歲一再大閱・先集所屬材官・如武舉三試之・毋偏重文義・必參前後短長・以定低昂・凡衞通爲一榜・凡所通爲一榜・內分上中下等・上攷者各加半支俸・中攷者本分支俸・下攷者減半支俸・連二下攷者・降職一級・支薪降職半俸・其軍士先用程力石・科其强弱・下者減半食・充火兵・願以壯丁代者聽・其中等以上・人授一技・彊幹勇力者・令爲狼筅・手爲長鎗便捷輕利者・爲刀牌手・平常者・爲叉鈀手・鳥銃手・而弓矢則通用之・短刀則通帶之・十夫有長・積什爲隊・積隊爲哨・其統衆材官・惟上攷者得用・一隊之中・其技同・一哨之中・其技備同・則臨陣便於督戰・備則制敵得以兼資・廣募精技之士・厚其廩餼・分各隊爲師・教成則重賞・而用于幕下・其州縣之民壯快手・與捕盜之總小甲・巡司之弓兵・亦照此教之・教之數月・軍民一體・比試・先程力・次試所專之技・三校步射・亦參三試之短長・以上下其食・損此益彼・强者望過・弱者望及・此鼓舞激勸之道也・獎賞之費・量請軍餉・賞過從實開報・其一應軍器・皆官造成・務極精良利用・人鐫姓名其上・以使點查・每年給銀繕理・如仍前朽敝不堪者・革糧究罪・一什之內・有二人犯之・則罪連什長・一隊之內・有二十犯之・則罪連隊長・庶幾器械常精・有裨實用・訓練既久・人人知兵・賊入本境・用以戰守・賊在鄰境・用以應援・臨調給與行糧・回衞卽止・不益斗粟・而天下可以得勝兵數十萬矣・然調遣不出兵憲之轄內・毋遠差別道・令有非分之怨也・其召募客兵・雖練於參遊・兵憲以時稽察・毋俾媮惰・毋俾虛冒・亦閱視之遺意也・雖法久而敝・難保日後之不復廢弛・然一番振作・一番精明・際此多警之秋・及時振作精明・先聲後實均足賴也・

夫細腰好而餓死可甘・劍客好而創瘢滿道・兵憲家事視國・一意飭兵・風聲感召・必有異能之士歸之・諗其可用・俾得保薦・可以收逸材而絕不必然之患・勝於耳舉也・至於城堡圯壞・濠塹淤塞・當此饑歲・散財繕理・而竣其法以待破冒・則窮藉廩餼・食以全生・而保障亦完・此不賑之賑・均於衞國有裨也・臣書生未學軍旅・感時竭臆・竊睹一斑・

不恥襲常・敢爲皇上陳之・

鄧光祚 字正虞・曲江人・萬曆己丑進士・官南直當塗縣・行取吏部主事・晉文選司郎中・朝參時中有攙越者・光祚毅然折之・朝班肅然・選事竣・當擢京卿・遽引疾歸・遺俸止四十金・人咸稱其廉介・

郡守謝公祠記

昔曹平陽相齊・用蓋公無擾一語・而齊大治・已又用之相天下・天下謐如也・說者謂平陽丁秦火之後・法宜以清淨培之・不宜遽有所規創以滋紛擾・余獨以爲不然・今夫造化之攫援物也・和風甘雨所以噓潤者微矣・然而天全性得・可以歷乎凋剝慘悴之境・而無虞夭傷・向令舍噓潤之用・而日以雷霆搏之擊之・排之盪之・則物之得安其性命者有幾・故夫平陽非鑒秦火也・見夫有爲之爲・不若無爲之爲也・余竊異夫世之人牧者・當其繩墨若馭而約結思奮者・急于神明之稱・而無樂乎博長厚之譽・緣飾小才・持刀筆而操切其計・豈不亦有一切治辦可喜・而轡委於疾馳・絃絕於急節・彼其赫聲著・而民命已索然矣・曾不知悶悶醇醇・以歲計而不以月計・注酌紆徐・留天下不竟之情也・乃今得之吾韶守謝公・眞平陽其人哉・

公坦衷夷度・不爲城府・接人恂恂・温恭長者・甫下車・即俯採謠俗・訪問利害・辨若甚晳・擇其可張設施行者・輕重布之・屬歲祲・公出行邑・見塗有死者・惻然念曰・此誰非吾赤子・而令轉爲溝中瘠・建義倉以賑貸・民始澤葵無呼・韶城傾圮・度費不貲・乃捐贖鍰鳩工新之・於是負塗者運磚・纍纍城下・城隆隆起矣・西河有遇僊橋・用浮梁横亘以濟・歲久朽敝・已不任輿馬・公謂不可當吾世而使病涉・即拮据繕葺・望者宛若長虹也・都人士習尙惰窳・莫肯下帷相切劘・公銳意廣勵・遴其秀者躬誨之・別其良否・而時其殿最・士始彬彬嚮風嫺於文學・嗣後以計偕者・至與上國爭衡・則尤公大有造于吾韶者也・其他治狀・未易枚舉・大抵公之爲政・爲吾身圖去後・不規目前・爲百姓固命脉・不賈聲譽・爲國家計數百年治安・而不取武健嚴酷・一時愉快・辟如春風和氣・薰然淪沾・無搏擊排盪之・而培植長育於不自黨・此九罭所以思周・而勿剪所以歌召也・即以相天下易矣・區區吾韶・足露一斑哉・

蓋公政既成・以賢擢西粵臬副・都之縉紳士氓・相與攀公轅而軹不得發・已乃謀卜祠於張文獻公祠右・以寓尸祝・而委記於余・余謂公循良嘉積・固不以勒石而始不朽・然第無余言爲訣乎・則諸所論譔・雖刻之祠以示永永可矣・公諱台卿・字登之・別號韋紳・與兄吉卿・庚辰同登進士第・閩之晉江人也・

明　十一

區大相　字用儒・高明人・萬曆己丑進士・選庶吉士・授檢討・歷官中允・掌制誥・居詞垣十五年・自給諫調南太僕丞・以疾歸・里居八年・卒・自前後七子談詩・以翰林爲館閣體・至大相始力袪浮靡・還之風雅・再使封藩・歷齊魯吳越嵩洛衡滋・咸著篇咏・著有前使後使二集・
按阮志藝文畧但稱區太史詩集二十七卷・注存

正綱紀厚風俗疏

臣聞蘇軾曰・未亂易治也・既亂易治也・有亂之實・無亂之形・是爲難治・難治者・衆人所熟視爲不足憂・而老臣長慮・所爲蒿目而思・焦心而圖也・今夫人之致病也有原・而治病也有術・有人於此・其飲食起居・素無恙也・一旦凋瘁耗瘵・盡反其常・此其中必有以受病而不能告人者矣・不察其治之之術・而苟安旦夕以幸其無事・必至立斃而後已・夫國家之治亂・何以異此・今天下・遼薊宣大憂邊・淮徐憂河・吳越荊蜀憂饑饉・地震川潰・人妖物怪・在在而是・尫羸如病人・宜汲汲亟爲之國・而識者以爲此皆無足深計・何也・天災時變・何代蔑有・夷狄之跳梁・黃河之衝決・饑饉之頻仍・一疆吏牧守事耳・臣以爲受病之原・有在此不在彼者・

故嘗謂今天下之病・莫大乎紀綱之廢弛・風俗之澆漓・而世且恬然安之也・昔人以紀綱譬人命脈・風俗係國長短・此非細故・當今百僚奉法・四海嚮風・可謂上有紀綱・下有風俗・而臣以爲弛者漓者・竊見邇年以來・臣工異意・處士橫議・體統凌遲・是非倒置・下侵上・賤逼貴・筮仕而詆朝政之闕・庶僚而操公卿之權・至如士卒辱將帥・豪右凌有司・轉相效尤・非盛世所宜有・貪墨敗節・僭侈踰制・流言煽惑・讒說殄行・同己則譽蕕爲薰・異己則變白爲黑・或以投揭傷善類・或以傾危亂國是・綱頹紀弛・風靡俗澆・使賈太傅見此・痛哭流涕・又當何如・長此不治・害將安窮・尋且移及國運矣・臣竊憂之・然皆漸積而然・非無因而至・方今恬熙既久・奸僞萌生・朝廷之上・姑息偷窳・而少赫然獨斷之意・閭閻之下・挾奸任智・而無憬然奉法之心・上姑息則法守壞・下挾奸則好尙頗・夫馭悍馬者・利其錣策・矯曲木者・致其繩墨・臣以爲欲正紀綱・莫如嚴守法・欲厚風俗・莫如端好尙・欲嚴法守・端好尙・莫如肅官常・勵人心・欲肅常官・勵人心・莫如正朝廷・今法守之不嚴・非一日矣・臣下相訐・彼此互爭・是非固在朝廷也・茲者大臣引過以遠嫌・既温旨留之・小臣侵權而沽直・又温旨容之・正人

指邪人爲朋・敕下該部・邪人指正人爲朋・亦敕下該部・此曰崇禮統・彼曰開言路・朝廷曾不能出一言・別忠邪・明黜陟・是倒持太阿而授人以柄也・如此而望紀綱之正・難矣・

今好尚之不端・非一日矣・壬朋比德・邪枉任情・取舍固在朝廷也・茲者欲官無貪墨・而入市攫金者營遷・欲下無僭移・而帝服后飾者不禁・上本意明公道也・而流言讒說者充塞于路衢・上本意持國是也・而投揭排陷驕人于白日・朝令而夕犯・此禁而彼發・朝廷曾不能降一詔・檄功罪・定習尚・是慮河之決・而自潰其隄防也・如此而望風俗之厚難矣・夫朝廷・元氣也・綱紀・血脈也・風俗・營衞也・有元氣以運血脈・役營衞・然後通流聯絡而無底滯偏勝之患・故嚴法守則紀綱自正・端好尚則風俗自厚・昔人謂正朝廷以正百官・正百官以正萬民・蓋謂此也・臣誠願朝廷奮勵精之圖・黜委靡之漸・明賢奸之辨・闢正直之門・祛蹠戾之見・絕傾險之謀・毋以姑息傷大體・毋以隱忍啓僥倖・示臣工以師師濟濟之風・布天下以蕩蕩平平之政・上行下效・臂運相從・則紀綱既弛而復正・風俗既漓而復厚・雍熙攸久之治・莫過乎此・惟皇上採擇焉・

因旱修省陳言時政疏

臣昧死言・臣聞王者在上・天無愆陽・五政惟時・甘雨乃至・凡災祲之來・未有無因而然也・今年自春不雨・徂于仲夏・旱魃爲虐・風霾晝昧・日黯黯而復烈・雲垂垂而欲歛・雖礫石流金・未若此甚・而燋禾殺稼・已覩其漸・百姓以爲湯之七年・宣之太甚・盛世不免・羣情洶洶・皇上惻然深念・惕然遠圖・下罪已之詔・廣直言之路・減膳宴・撤鼓鐘・薄稅歛・賑饑窮・宥死緩刑・蠲逋寬農・又分敕百官・省過滌愆・罔愛珪璧・遍于山川・斯亦憂勤之極思・修禳之至計矣・然而霖雨未降・豈天道遠而難格・人事修而靡應耶・臣觀天人之際・最爲不爽・未有感而不通者・意者修省之實未盡乎・所謂修省之實未盡者・時政之疵繆而乖和・元氣之鬱塞而致眚・而一時廷臣建言・不曰袞職有闕・則曰某弊當革・某罪當議・或者爭體統於毫末・較是非於錙銖・若是者，不知果足回天變而叶休祥否・

臣謂天下猶人身然・朝廷腹心也・臣工手足也・流通於腹心手足之間・則元氣是已・不幸有寒暑疾・腹心未嘗曰・此手足未善護衞也・手足亦未嘗曰・此腹心不善調攝也・相與維持元氣善厥身而已・臣聞桑林躬禱・十里來雲・彼剪髮割爪・雖史氏浮談・而所謂六事自責者・眞可上答天譴・宣王側身修政・亦曰我心憚暑・憂心如薰・未嘗諉責于其臣也・遐想其時・公卿百執事一體交儆・未嘗歸咎於其君也・蓋不敢以修省祈禱爲彌文也・

今天下政之無節・民之失職・亦多故矣・大者如讒說之殄行也・朋黨之害公也・諂諛之蔽明也・貪墨之殃民也・刑罰之不中也・弊竇之蠹財也・淫末之傷農也・皆足叢民怨而干天和・當事者固泄泄然・民謗滋於下而不恤・天變徵於卜而不悟・臣未得其解也・陛下祈禱之詔屢下・修者之詔又屢下・而天猶不雨・毋但曰・此奉行者之過歟・夫下之與上・猶地之於天・天地交然後元氣通・元氣通然後陰陽和・雨澤降・由此觀之・天地解而雷雨作・上下交而膏澤流・必然之

理也・今陛下端居・深念一切起居聽睹喜怒之節・臣下未必知也・諸臣展釆在列・一切忠佞毀譽白黑之辨・陛下未必知也・四方水旱利病・部臺使者關白六尚書省・六尚書省關白內閣・不過御前一批答而已・未必詳閱也・詳閱矣・未必與公卿大夫一計議也・上下之情・可謂通乎・一遇災變・上固曰・此必有任其咎者・過不獨在上也・下亦曰・此必有當其責者・過不獨在下也・間有修省祈禱・循故事耳・臣故曰・未盡其實也・夫上下之情不通・則陰恆伏・陽恆亢・而元氣不流・

臣嘗攷洪範五行曰・旱・所謂常陽也・君持亢陽之節・暴虐於下・臣下悲怨而心不從・故陽氣盛而失度・京房災異對曰・人主無施澤惠利于下・則致旱・今明良一德・何遽至是・然臣竊慮其然者・正謂元氣之貴通也・臣又聞旱有三・救之皆在人・蹇陽肆凶・下土祇慎・雖六七歲・黎民不飢・是謂天旱・然可以仁洽也・君道熾矣・德涸仁枯・貪風暴氣・蒸爲時厲・是謂國旱・然可以德沃也・邦燬其政・吏賊其行・千里人心・燥不爲陰・是謂人旱・然可以政阜也・故欲雨澤時・莫如修德政・修德政・莫如調元氣・調元氣・莫如通上下情・陛下誠覃思上理・大更化絃・日御朝講・嘉與三事大夫・計議得失・省所以致災之由・求所以弭災之道・上下交警・則元氣流浹・陰陽和暢・然後天變可回・休祥可致矣・

周禮圜鐘六變函鐘八變黃鐘九變解說

周禮圜鐘禮天神・函鐘禮地神・黃鐘禮人鬼・諸儒論之詳矣・葢王者父天母地・保合人類・參三才之理・達幽顯之情・未易得其解者也・萬物滋萌於子・建樂之律・陽氣鍾於黃泉・故鐘稱黃・冒昧於卯・建卯之律・陰陽之氣相夾而聚・故鐘稱夾・昧薆於未・建未之律・陰物或熟而衆多・故鐘稱林・變夾而言圜・變林而言函者・天體圜・地含宏故也・黃鐘無異名者・天主變・人主常故也・樂以中聲爲本・故仲春之管爲天宮・仲冬之管爲人宮・中央崇夏之管爲地宮也・圜鐘之管七寸四分・中含房心之氣・房心爲大辰・天地之明堂也・圜鐘爲宮・則黃鐘爲角・太簇爲徵・姑洗爲羽・三者陽律之相繼也・相繼者天之道・故以祀天神焉・函鐘之管・中含地水之氣・所謂大社地神也・土之盛德在焉・函鐘爲宮・則太簇爲角・姑洗爲徵・南宮爲羽・三者律呂之相生也・相生者地之宮・故以是祭地祇焉・黃鐘之管九寸・中含虛危之氣・虛危爲宗朝也・黃鐘爲宮・則大呂爲角・大簇爲徵・應鐘爲羽・三者律呂之相合也・相合者人之情・故以是享人鬼焉・

圜鐘之爲六變・函鐘之爲八變・黃鐘之爲九變・何也・從其方也・圜鐘爲卯・卯之數六・其得衝而居酉・則亦六也・函鐘爲未・未之數八・其得衝而居丑・則亦八也・艮始萬物而坤終之・其位在甲・甲爲天之首・二儀之循環・一陽之來復・故甲子至壬申爲九數・乙丑至壬申爲八數・丁卯至壬申爲六數也・雲門之樂・六變而終・圜鐘以之・咸池之樂・八變而終・函鐘以之・劉韶之樂・九變而終・黃鐘以之・六變乃羽七之樂・不言七而言六者・起聲在南宮・一變至姑洗・六變至夾鐘・得宮數聲爲七・數變爲六也・八變乃徵九之樂・不言九而言八者・起聲在應鐘・一變在蕤賓・八變在林鐘・得宮聲數爲九・數變爲八也・九變乃宮五之樂・五相守爲十・不言十而言九者・起聲在南呂・一變在姑洗・九變在黃鐘・

得宮數聲則十數．變則九也．天神始于黃鐘．終于姑洗．以木火土金水爲叙．則宮聲當在太簇徵之後．姑洗羽之前．則當以圜鐘爲宮也．故曰．樂六變．卽天神可得而降矣．地祇始于太簇．終于南呂．以木火土金水爲叙．則宮聲當在姑洗徵之後．南宮羽之前．中間爲函鐘當均．則自當以函鐘爲宮也．故曰．若樂八變．卽地祇可得而出矣．人鬼盡十二律爲義．則始於黃鐘．終於應鐘．以宮商釋徵羽爲叙．則當始于宮聲．自當以黃鐘爲宮也．故曰．若樂九變．則人鬼可得而禮矣．同會于卯．何也．卯者昏明之交也．所以交上．通幽明．合人神者也．音止三．何也．以金石統之也．五聲無商．何也．商主殺．天地人物之情．皆惡殺也．其聲無商調．非無商也．荀卿以審詩．商爲太師之職．然則詩爲樂章．商爲樂聲．章之有商聲．本師心審之．爲避所尅而已．況此皆變數之自然．非可以意鑿也．故曰．王者父天母地．保合人類．恭三才之理．達幽顯之情．而何待乎後儒說也．

候氣說

候氣之法何昉乎．漢志．天子以冬夏二至先後五日御前殿．合八能之士．陳八音聽樂．均度晷景候鐘律．權土灰至于密室．緹縵木案葭灰諸法．犂然甚具．然非始於漢也．昔者黃帝命伶倫取竹造律．命榮猨鑄十二鐘．協月筩．律用十二月之中氣．筩用十二月之節氣．按氣求聲．以宣八風．節四序．推歷龤律．協和神人．蓋其法已詳．第稍佚不傳耳．大抵天地間．有氣而後有數有聲．數與聲皆出於氣也．氣不定則數不均．聲不和律度量衡．歷象何所取衷．而萬事萬化胥失其節．故夫推步占候之說．雖神聖不能廢也．然而氣應有早晚．灰飛有多少．或方入月其氣卽應．或至中下旬其氣始應者．或灰飛出三五夜而盡．或終一月纔飛少許者．世因疑其所至．諸律方不踰數尺．氣至獨本律應．何也．或謂占人自有術．或謂短長至數．冥符造化．或謂干支方位．自相感召．皆非也．隋志謂冬至陽氣距地面九寸而止．惟黃鐘一管達之．故黃鐘爲之應．亦非也．何以冬至則距九寸．而正月則距八寸也．恐亦附會之見耳．愚嘗求其說．十二月皆有候．而法莫徵於冬至．其時子半．其氣初萌．在律屬黃鐘之宮．一陽方動．其卦爲復．日南主而始反北也．夫候氣非難．定黃鐘之律爲難．律者候氣之具．而黃鐘者十二律之本也．黃鐘誠定．則彼十一律者皆可按法而求矣．

古今爲黃鐘之說者．蓋出於司馬氏．曰．置一而九．三之以爲法．實如法得長一寸．凡得九寸．命曰黃鐘之宮．各因而三之．上生者益一分．下生者損一分．自是朱子因之．以爲清濁之辨．曰．五聲之序．宮最大而獨濁．羽最細而獨清．商之大．次宮．徵之細．次羽．而角居四者之中．蔡氏因之．以爲多少之辨．曰．天地之數．始於一．終於十．其一三五七九爲陽．九者陽之成也．其二四六八十爲陰．十者陰之成也．黃鐘者陽數之始．陽氣之動也．故其數分九寸之數．具其聲氣之元．不可得而見．及斷竹爲管．吹之而聲和．候之而氣應．而後數始形焉．均其長．得九寸．審其圍．得九分．積其實．得八百一十分．此皆天地之自然．非他繆巧所能加損也．自黃鐘之數失．而氣候亦因以不驗．章昭劉恕長孫無忌諸人・徒據呂氏春秋三寸九分之數說・遂以九寸爲黃鐘之變・而近世拘儒又從而著爲之論・以聲淸者爲貴・濁者爲賤・數少者爲貴・多者爲賤・曰九寸者黃鐘之稽數而一陽立・遡理而一元存・律氣而中聲出・有可據也・若夫三寸九分・陽不成陽・陰不成陰・次第損之・則纖伏而無聲・次第益之・則高亢而不倫・何據而定律乎・且樂以中聲爲本・月令十二月皆言律中者・謂應中氣而中律故也・中央特言律中黃鐘之宮・蓋四時於中央・十二律本於黃鐘・五聲本於宮・八音本於土・以中央無正律・故取黃鐘之宮爲聲律之本・戴記所謂宮爲君是也・又萬物滋萌於子・十二辰始於子・黃鐘應子律・故足爲萬事根本・安在以淸濁多少分貴賤乎・吾意所謂黃鐘之宮・特吹之三寸九分・而其管實九寸焉耳・何者・上古之聖・制爲十二管・以候十二辰之氣・而十二辰之音亦因以出焉・以十二管較之・則黃鐘之管最長・應鐘之管最短・以林鐘比於黃鐘・則短其三分之一・以太簇比之林鐘・則長其三分之一・其餘或短或長・皆上下於三分之一之數・其默符於聲氣・自然之應如此也・夫律長則聲濁而氣先至・極長則不成聲而氣不應律・短則聲淸而氣後至・極短則不成聲而氣不應・此其大凡也・今欲求之於聲氣之中・而莫適爲準・則莫若多截行以擬黃鐘之管・如是而更選以吹・則中聲可得・淺深以列・則中氣可驗・苟聲和氣應・則黃鐘之爲黃鐘者信矣・故曰・天地之氣正・而十二律定矣・

孺朗初稿序

詩・古今不一體・要皆出風入雅・其韻語本人心之元聲・故輿誦而里謳・歡吟而愁歎・若扣之有響・觸之成籟・後世學者初機之士・或有合焉・至其點動洩造物之機緘・轉旋關世運之升降・發情止性・振廢興衰・奚論三百篇・即當代章什・自足立言不朽・此雖老於壇坫・充棟兼輛・求一語庶幾而不可得・詩固未易言哉・

吾嶺南張曲江・以詩敎倡・國初五先生・更振起之・至梁黎歐數公・各稱一時作者・而黎秘書作之不止・遂欲窺曲江堂奧・蓋秘書少年舉孝廉・不屑更雋南宮・聚數十年精力・乃得至此・世人視爲末藝兼長之物・掇拾髣髴・傲然自足・鹵莽還業・宜其去古之遠也・予自弱冠苦吟・幾欲棄逢朝野・若潘光祿子明輩・謬相推許・應以同聲・不圖世運妬人・積痾焚研・今吾黨稱詩・彬彬蔚起・子朋有族子曰孺朗者・少年嗜古力學・殊有風雅致・社中同好彙其初稿・傳之海內・屬予序之・夫詩自不易・自有定評・予安敢遽以千古事佞孺朗・孺朗發硎・不啻出匣干將・矧友天下士・虛其心・大其識・不遷其業・繼此以往・予安知所稅駕哉・

四游稿序

四游稿者・今少傅穀陽先生所爲詩也・先生自登第・官翰林・出入侍從・以至終陟元輔・有北都稿・自再起留寺・掌院篆・敎國子・貳吏部・有南都稿・自奉冊楚藩・有使楚稿・自出副越憲・有客越稿・曰四游者・紀其遇也・是時先生謝病邸居・請歸相印・疏凡十七上・間及政・詞極懇切・天語慰留亦極懇切・先生不得請・杜門無聊・則取平日所爲

詩・手披口吟・冀以自遣・生平遭遇有此四者・刻成以策示相俾叙之・曰・惟子知我・相逡巡謝不敏・數月後・復申命如初・誼不能辭・乃拜手言曰・

夫相何足以知先生哉・先生以道佐明主・入告出順・事成不顯其功・但見其忠・几几爾度・休休爾儀・抑抑爾節・凛凛爾誠・天子嘉之・天下諒之・或始不免疑且忌者・既乃信且服之・此不待相而知也・雖然・安敢謂不知先生乎・當先生南遷時在家・相過之而後見・見而不拜也・先生不謂亢・及爲祭酒時・相問業雍館・談道則往・講藝則往・衆唯唯而獨默默也・先生不謂矯・及爲少宰時・相讀書詞林・隨衆一見輒退・未嘗半語叙契濶感知遇也・先生不謂迂・及爰立時・相在史局・公見外未嘗私投一刺・終歲間未嘗私請一謁也・先生不謂踈・因是知先生於人不以親就爲厚・踈遠爲薄・譽之爲賢・毁之爲不肖・既和且平・好是正直・相於先生・則可謂云爾已矣・故得論其詩焉・

夫和平正直・道之則也・君子以此養性而達情也・和者其詞愉・平者其詞恬・正者其詞雅・直者其詞淡・愉則不躁・恬則不厲・雅則不佻・淡則不浮・夫恬愉淡雅・詩道其至矣・先生所作有之・是故北都見夙夜之義焉・於南都見顧瞻之思焉・於楚使見靡及之懷焉・於客越見優遊之志焉・凡朝宇之敷揚・僚友之諷喻・征行之紀述・時物之感觸・無非是者・然君子誦北都客越・每嘆其難・何者・處名位之極・而無富貴之心・當失意之甚・而無牢騷不平之氣・非有道者不能・以是養性而達之情・宜其爲詩恬愉而不傷於躁厲・淡雅而不傷於佻浮・可以興觀羣怨・盛世之音・於是乎在・後

有作者・斯焉取則・小子業謝西河・説慙匡鼎・何能揚扢大雅・妄爲標製作之所由・詒之來哲・

前使集自序

國家歲遣使臣・分冊藩邸・至盛典也・遣必詞臣伴之・夫非詞臣・練習典章・達於理而嫻於詞・所至詢問風俗・圖繪山川・與其道里險阻阨塞・載之輶軒・可爲異日記載之資乎・乙未歲・予與檢討林君請往・會有正史役・主者難之・予曰・今開局編纂・所據者累朝實錄・與諸司職掌耳・至於郡國政俗利病・非詢訪不能備・由是得行・而予得淮藩捧世子封冊・是在江湖間・以五月六日發潞水・出天津・泝清踰濟・以達於徐・浮於淮・是時漕梗河溢・河將奪淮爲祖陵患・適勘河議起・當事者或欲徙河而北・或欲開周家橋引淮而南・以洩泗州之水・於是爲詩以諷焉・既渡江・陟金焦・徘徊京口・遡皇風于雲揚・傷伯跡于姑蘇・觀潮于錢塘・訪逸于嚴陵・問途懷玉・以次于鄱陽・時淮王已下世・但致封冊於世子・既畢事・與世子議相見禮・予曰・古者世子入學・與卿大夫士之子齒・淮世子雖宜王乎・猶襲世子封・遂分庭相見・是秋九月抵家・予家在瀼川・而別業在五羊・先返瀼川・省先人廬舍・謁墳墓・而後還五羊・會歲大饑・傾橐得餘貲・買穀以贍宗族鄉黨州閭・其明年春二月赴京・道出廬山下德安集・令從臾子遊・乃税駕於天池・返旆於東西林・渡潯陽・從黃梅折而西・入中州・將爲嵩少遊・同年臨潁令高君復從臾子行・値雨雪連日・停車二室・薄采三花・少林之槐・嵩陽之柏・稍着履跡而已・已循周鄭・經大梁・

趨鄴下・歷趙指燕・以歸于京・

嗟乎・予既邀惠皇靈・幸不辱命・而得乘使車之便・紆迴道路・周諮歷覽・疇非恩遇哉・是役也・得詩近三百篇・賦一・記二・時復檢閱到某處・得某詩・山川風景・一一在目・庶幾不負輶軒・友人汪和叔公幹兄弟・咸自命詩家鍾鑅・以爲可傳也・遂與家四兄用環先生・共銓次之・好事者遂携至南都刻焉・予不能止・因具迷所由・見斯行之非徒也・

後使集自序

冊封使之再遣也・與遣及官僚也・自予始也・故事・使臣銜命・得便道過家・畢使卽行・其得乘傳遊也・遊而紆迴歷覽也・自予始也・故事・使車所至・地主爲飭庖傳・嚴僕御・行李往來・供其缺乏而已・其境內名勝聞也・且導之遊也・自予始也・故事・封使乘傳而出・及瓜而還・無踰期者・其以病請也・請而得報・可徐行也・自予始也・非夫君相恩遇・克有此乎・

辛丑歲・予再遣・得周藩・是時畿輔大饑・道上所見・林木皮幾盡・問之・皆饑民所采・於是傳舍具餐・予爲停筯不能食・漳水而南彌傷心・自鄴之故都・殿之遺墟・與夫羑里之臺・銅盤之銘・皆在焉・既而玩淇竹・則嘆衛武之睿聖也・入蘇門・則思嘯徒之遺世也・畢事周邸・出訪梁園・則慨然于孝王賓遊文賦之盛也・與汴宋之興亡也・而延撫會公則謂予曰・從此南行・過鄭州・路可通嵩山・若稍紆而西・上龍門・窺砥柱・循洛東行・亦可達嵩山・同行者喜鄭州路便・已聞洛中路不甚紆・尋悔之・而時于二室登望焉・左眺右矚・是陰陽之所交也・風雨之所會也・而周公之所經營也・是舜禹伯翳之所避位也・是申甫之所生・而巢許之所遯世也・南趨宛鄧・則具茨・空同・襄城・首山・是軒皇之所問道而成鼎也・南陽白水・是漢光之所興・而孔明之所躬耕而吟梁甫也・方城峨峨・是屈完之所張楚也・又南涉滄浪・登元嶽・浮襄漢以盡於荆郢・孺子之所歌也・漢女之所游而被化也・召穆公之所疆理・而樊侯之所封也・是晉室諸賢之所登臨興嘆・而思托不朽也・西望巴巫・東引雲夢・沃壤千里・是又英雄之所必爭也・又南尋岳陽・臨洞庭・汎瀟湘・上祝融・望九疑・窺虞帝所葬處・低徊久之・遂下湟川以歸・是爲歲之陽月・其明年春・聞皇太子冊立・冠婚・乃作三禮詩・二月赴京・行至湞江・病不能前・具疏繳節請寬限・得旨沿途調理・稍間・畧涉嶺外諸勝・癸卯冬辭家・甲辰夏六月・返于京・往來所歷・輒紀以片言・而附以還家所共・共得詩歌雜體近四百篇・

嗟乎・予之荒于遊而溺于職也・或者其追數吾過乎・於是客有譏予不陳時政・而放情遊詠者・乃謾應之曰・古者史官陳詩・采風以觀國俗・里歌巷謠・猥雜並載・因其美刺以定慶讓・傳曰・王者之迹熄而詩亡・舊說詩亡者・雅亡也・若風在民間・未嘗亡也・予則以爲詩亡卽風亡・王者不采風・諸侯不貢俗・賞罰不行・故亡・春秋繼詩而賞罰者也・故曰・仲尼述史三・而詩並列焉・夫關睢・本王風之所以興也・黍離・本王風之所以衰也・是風人之義也・今陳詩之官久缺・即所陳說・又無補於時政・乃其事終不可廢・勸百而諷一・猶然爲之耳・嘗以一帙寄示友人汪公幹・公幹曰・從

古作者・羇遊登咏・人不數篇・未有若此盛者・復與用環家兄銓次焉・好事者復竊而刻之・予又不能止・並述所以作之意如此・

賀總督兩廣陳公平寇序

二十五年秋・廣西廵按御史林聚過兩廣幕府平涔溪猺賊功次上聞・皇帝曰・賴文武之力・南征北討・罔不奏功・惟聚惟允・其爲督府鎮臣・殫乃猷・念厥功維懋・賞亦宜懋・於是如岡陳公・進都察院右都御史兼兵部左侍郎・總督如故・諸賜予甚盛・是役也・甲卒不滿四千・俘馘不過千二百・然而聖情嘉悅・冊功視北塞・則以陳公在鎮不擾・師出以時・炎徼晏然故也・

先年春・公疏言涔溪猺賊屠戮・獞村蒼梧藤三縣危在旦夕・不早剪除・恐難圖・皇帝曰・嶺外苦兵久矣・自丁丑而始息肩・予不忍重困以兵・如督臣言・兵又不可已・其相機勦處・安輯遐方・罔俾滋亂・公受命・先諭以德意・不肯散・迺檄羅定兵備使洪・徵發所部兵往・故總兵陳璘參將吳廣將之・而廣西廵撫戴公總兵童元鎮・亦各率漢士官兵來會・既集・公乃誓師・凡猺之附狼・狼之誘猺・殺無赦・若猺被脅而從・赦勿治・乃以某月進兵・尅日破賊・不靡餉・不頓甲・往返數月・西路以寧・公舉事甚愼・料事甚閑・臨事甚斷・乃克有濟・惟昔涔溪與羅旁・聲勢爲梗・始羅旁發難未甚也・日滋月蔓・盤據千餘里・丁丑之役・用兵至十餘萬・軍興之費至百萬・俘馘至三萬餘・開兩縣治之・功烈甚偉・然使未及繁盛而芟薙焉・殺傷未必如此之多・用費未必如此之鉅也・時獨涔溪未平・移大師掃蕩之・如縱巨火燎一毛耳・寬假柔懷・以有今日・失今不治・後爲羅旁・亦勢必至・公當機而發・費省而功鉅・斯足述矣・又嶺外自羅旁定後・稍去湯火・異日者不能無妄動・公廵撫廣西三年・總督又三年・壹用鎮靜・休養生息・未嘗妄費一餉・發一卒・六年之間・始有今役・然猶審視却顧・迫而後動・即近日黎莫事・亦夷國改革一大機局也・撫馭失策・兵連禍結・且未可知・公弟宣佈威德・而能令方張之酋・係頸請罪・僭奪之兇・叩關納欵・旬日再受上賞・豈非不生事以邀功者之永鑒乎・

當寇發時・大相以使過家・睹其事・迨幕府上功・適還朝・茲定功賞・又從公卿後・與觀盛美・南中士大夫在京者若而人・謂大相職在記載・宜序述賀公・序曰・

公鎮廣南・鎮靜類羊叔子・持重類趙營平・其平涔溪・師不妄發・役不踰時・自始事至于奏功・民罔知輸輓之勞・軍興之擾・大畧如此・然國家方事島夷・拊髀文武重臣・如公者眞其人哉・

賀南陽守郡鄧公考績序

南陽當古豫州之南・包申樊商鄧房隨而有之・封壤既廣・故所以綏和輯寧之道・厥維艱哉・昔周之興・汝漢江沱之間・最先被化・其政俗之美・不獨見於羔絲之在位・蘋蘩之在公・爲能勵其勤儉正直之操・修其靜一誠敬之德・即兔罝之野人・漢沱之游女・亦皆能以才自見・以禮自守・故聖人取而注之風首焉・以見王化所被之遠・而當時賢臣能循行郡

國・以宣布王者之化南國如此・雖其山川遼曠・風氣揉雜・雀角鼠牙之訟・不能盡無・而憑居之族・深谷長流之所阻・時或出而撓政・以動王國而勤王心・然皆治之而訟隨息・諭之而俗遂恬・故行露之詩曰・雖速我訟・亦不汝從・江漢之詩曰・時靡有爭・王心載寧・見下之化強暴而就於禮義・弭去爭心而取正於中國又如此・是故甘棠蔽芾・則召伯之所聽斷也・江漢湯湯・則穆公之所經營也・迨漢中葉・用以再興・眞人挺生・豪傑景從・於是昆陽白水之墟・愈見重於天下・當其時・其守土之臣・必極天下之選・而其土之士・出而守四方者・亦皆砥礪名行・以治術著聲・後之循吏之治者・多稱引南陽・豈非其山川雖遼曠・風氣雖揉雜・不能無待於聖人之化・而惟其有聖人之遺化・故後之守土者與生斯土者・多用循良顯・其故家遺俗・流風善政・迄今而未泯歟・

淑浦鄧公之守是邦也・清靜恬淡・既足爲吏民師・而經術文章・又足風厲雅道而示之趨・至其布法於民・表率僚屬・又皆以化導爲務・而不屑屑於科條簿領之是程・是以三年之間・教化大行・雖歲或大祲・而民不爲災・採榷之使・交馳於道・而民不爲擾・士服教・庶民安業・而公之功名・日以顯於天下・予使過宛・適公奏三年最・友人裕州守鄺子以羣僚之命來謁・予言惟宛有二南遺化・召伯之循行・穆公之經營・尚矣・漢世良吏爲盛・而南陽之治・爛然史冊・幾軼三輔・如召翁卿之勸農禁俗・杜公君之治陂拓土・鮑德之興學・羊續之懸魚・皆治南陽者也・卓褒德之寬仁・郭潁川之河潤・張魚陽之兩歧・宋九江之渡虎・皆產南陽者也・南陽之多循吏・蓋自昔而然・公仁愛清儉・在郡薄賦省訟・教訓正俗・既使民有父母之稱・雖中使横暴・而境內帖然・近者裕州瑞麥之產・則又與渡虎兩歧者・異世同祥・然公方且以羔羊素絲之節・流勿剪勿伐之仁・本匪疚匪棘之心・布來旬來宣之政・勳業之盛・將與兩召比隆・區區漢吏・足爲公道哉・公自起家郡理・所主多惠愛・在南工時・裁革積弊・至今商民祠之・公非獨以南陽顯・乃南陽則愈以公顯矣・

賀郡守鄰崧陳公奏績序

昔漢以六條察吏・蓋於二千石爲兢兢・當其時・天子勵精求治・愀然下詔・乃曰・與我共此者・其惟良二千石乎・二千石一外臣耳・縣官至欲與之共民・而艷慕其故・至於政平訟理・使民無愁嘆・漢治蓋重守哉・

今夫郡所統轄・大者數百里・小者亦數十里・封壤相望也・地有剛柔燥濕肥确・民俗有澆淳・賦役有重輕・訟有繁簡・治之者有能否・政有緩急張弛寬猛・夫使一郡之內・而國異政・家異俗・亦安得政平訟理而稱之・於是郡守之勢窮・而縣官所與共民之意亦窮・是故道莫若訓吏・訓吏莫若以身先之・漢以來・二千石得自署黎伍・選用良吏・今制雖不得自署・然能正己率屬・躬先教化・使能者有所勸・而不能者有所勉・斯所貴共民者耳・

肇慶於嶺西爲劇郡・所領州縣十餘城・皆負山阻險・疆域遼濶・民俗龐雜・而十餘城者・又各爲政也・治泯泯棼棼・民是以不匡・故守吾土者・不難於平其政・而難於使十餘

城之政之盡得其平・不難於理其訟・而難於使十餘城之訟之盡得其理・不然・我有人民而長臨之・吾能庇之以封植焉・豈不亦稱理效・其如此十餘城者待命何也・

郡守陳公之爲肇慶也・不自爲政也・又不令十餘城各爲政也・乃與十餘城共爲政也・爲之堂上而已・公之視十餘城也・無以異於堂上也・其爲之堂上也・無以異於爲之十餘城也・其以我膺一郡之寄・欣戚利病・我其尸之・夫既環千里之封・而置我守・聯十餘城之長而嚴事我・豈其謬爲尊且重者・此公加惠意也・蓋政期於盡得其平・而訟期於盡得其理矣・是故明察以涖之・給辨以宣之・煦嫗以撫之・矜哀以遂之・平法致憲・揆度衡令・使百爾小大畫一・而守以法・相維以事・相勸以功・相序以能・相先安其教・宜其俗・其所以救敝土而錫之康乂者也・始公拜命來・遑謀及鄉士・謀及庶人・豈以其才爲不足辨・無亦謂是十餘城者・要束且未申・條教且未布・因仍積習・惟故之便・無乃於政實有缺歟・故治在去泰去甚・徵輸止足賦額・毋溢羨・里役止勾攝・毋重困以供億・胥史止承行・毋令舞文・府臺無得至縣・縣臺無得至鄉・幕尉止捕緝・毋竊權虐下・關市止軍需及譏察・毋橫濫稽留病商旅・至如廣儲蓄・浚城隍・敬老字幼・興學造士・凡公所爲・無非爲十餘城之民・計百世之安・凡百在位・罔不仰承休德・捐既往・圖來效・以期不負公之敎・百姓亦罔不被德蒙休・謳吟思慕・以安於公之政・益公之敎・偏於羣牧・而公之政・自堂皇達於四國矣・於是公報三年最・適臺使者以卓異聞・十餘城之長相與謀曰・二三子逮事夫子有日矣・庶幾稟仰敎令・以幸無過・今茲之役・二三子及觀厥成・可無以揚公之休・乃因高要李宰高明楊宰來徵言・夫爲天朝訓吏導民・使政平訟理・公之休德也・奉公之令而致之民・二三長吏之良也・不佞既稔公政・又嘉二三長吏能稟承公教相與以有成・其何辭於載筆・

己丑科進士題名記

今上御宇十有七年・禮闈所選士三百五十人・上臨軒親策之・問紀綱所以興頹・風俗所以淳漓・焦浤而下・對各稱旨・賜甲第有差・編故事・勒名貞石・命臣記其事・典至鴻鉅也・臣不佞・謹稽首言曰・題名非古也・唐制科取士・士中選者・得賜宴曲江・標名鴈塔・大要侈一時聲華之盛・其于國家造士之意・與士所以圖報之誼・槩夫未聞焉・臣謂世所需士・徒名也夫哉・今天下士競名極矣・上復揭其名第低昂之・是厚招士以名也・是爲競名者立標也・雖然・不名不傳・臣則懼矢心報國者湮滅靡稱・營私背公者有所逃以爲不義・蓋昔選士之制・肇自有虞・詢事考言・敷奏明試・孜孜爲實之求・彼其時・俊乂服官・三德六德・咸事師師濟濟・何若此盛也・則上以實求・而下以實應也・歷夏而周・此法寖備・其取之也・升之司徒・登之樂正・校之澤宮・其用之也・紀之太烝・表之太常・銘之彝鼎・生有鴻名・歿有徽稱・抑又何也・由上之所取・循名覈實・士之所應・顯名而厚實・以故兔罝之夫・足備腹心・綴衣之士・能箴王闕・蓋以實得士也如是・多士視今日於虞周何如也・

國家文明之治・醞釀磅礴・以洽于茲・皇上又以愷悌作人之化・申飭澡雪之嘉・與三事大夫・弓旌巖穴・登閎古

初・謂宜俊乂者儔輩出・爲天子使・乃臣伏讀制策・慮紀綱之日弛・憂風俗之日漓・一則曰・僚屬侵上官・士卒辱將帥・庶孽詰宗藩・豪右凌有司・一則曰・貪墨敗節・僭侈踰制・讒說殄行・虛聲貿實・詭異壞人心・傾危亂國・是惓惓思救弛以正・返漓而淳・臣以爲亦多士之責也・

夫紀綱之弛者・士習玩也・風俗之漓者・士風靡也・有如上欲釐而正・挽而淳・而士不以正且淳名者・非夫也・明二百餘年・立石太學・穹然相望・名卿碩輔・輝映壁水・使人悚然敬・穆然而有餘思・間一二苟且冒昧之徒・貽玷宮牆・則過者且唾其名・將仆石焉・爾多士懼實弗稱・無慮弗名矣・名之而令人思・是在今日・名之而令人唾・亦在今日・多士宜何名焉・臣請以石堅多士志・矢猷宣力・奉公樹績・垂名竹帛・則其人堅貞而巖立・且與茲石俱不朽・豈惟士之榮・國家亦與有賴焉・其無乃毀繩踰檢・敗度喪節・如前所謂貪墨僭侈侵凌傾危・使紀綱風俗・兩無所賴・以負國家造士之意・則亦有茲石在也・其永無刊・臣謹爲之記・

感去燕賦 有序

孟郁韓子旅寓京邸・爲去燕賦以見志・韓子曰・始吾見斯燕之來也・見其巢且育也・茲又見其去也・而吾久困羈・欲歸未得・於是重感而賦・

何羽族之微細・類發跡乎海湄・懼皎潔之易汙・常守黑以爲儀・顧雕梁而並下・繞夏室以棲遲・其出入也・逢鷹隼而不避・其近狎也・若鷗鳥之忘機・且夫暑見寒伏・春來秋去・候時節而不愆・豈改玉而改度・異衆鳥之行藏・視哲人之出處・雖托身於華屋・曾不陋乎茅舍・採芳沫於芹津・含春泥於蕙圃・俯拾墮蕊・仰搏粘絮・將側翼而度簷・乃斂翮而窺戶・既拮据以成巢・亦雌雄之共哺・

若乃大火移陸・盲風動塵・蒼鷹始擊・白鴈來賓・逝返故國・羣飛別人・若落葉之辭枝・似枯蓬之絕根・覺處堂之爲累・審巢幕之未安・翩將舒而婀娜・飛漸遠而盤桓・潛暗穴以匿影・遵海濱而樂飢・俟春和而景明・復翔集以來斯・於是金河遠戍・幽閨怨女・翼傳短書・足纏紅縷・途悠邈以難將・情滿結而不叙・而况京國遊人・風塵逆旅・悵公子之未歸・盼空巢而延佇・

草蟲投燈賦

芸窗夜讀・膏火熒煌・有蟲羣飛・來就其光・驅之復集・抑之彌揚・東跳西躍・厥命用喪・惕焉以懼・憮焉以傷・爰筆作賦・以善自藏・有物微渺・何名何類・細若蟭螟・大過蚊蚋・容成莫察其形・夷堅莫辨其態・或跳而躍・或翔而逝・嗟渺質之易虐・何謀慮之弗臧・雖賊害之多門・尤蹌踉以自戕・

爾乃若華既謝・朱火載揚・咸出潛而離隱・胥舍暗而就明・始投間而抵隙・終入室而升堂・竟環繞而不去・寧依違於末光・方得意而搶攘・本無心於翺翔・忽決起而乍伏・乃觸禍而罹殃・遂畢命於脂膏・似捐身於鼎烹・原夫生徒有萬・死徒亦然・抑乘夜而變化・將假物以逝遷・孰知夫趨炎之易於燼滅・而處暗之足以自全・彼蕘蕘於方曉・而趯趯於草根・亦逍遙而自得・安用拊衆而親人・是以君子韜光守

墨・用悔爲明・鑒彼微物・懼罹天庭・遜于不虞・以保休貞・

九望

九望者・端溪先生之所作也・區子以華歷丙申歲・從使淮還京・再入史局・自職守以來・將一紀于玆・久備記載・誼在獻納・而職事曠焉靡舉・志願頹焉將邁・明朝政多闕・上下否塞・情不能通・思天下日入於敝・意忽忽有失・惓然興懷・乃昉九章・本其土風・申騷人之遺・爲九望詩以見志焉・懼覽者不察・故粗舉義云耳・

其一曰望瑤臺・（托言上古明良一堂・推賢讓能・師師在列・已不得從遊其中・思黃虞之盛・庶幾遇之・而懼歲不我與焉・）

瑤臺兮雲浮・菌閣兮蕙樓・溯赤水兮貢元洲・飛仙遨兮駕蒼虬・星辰朝兮絳闕・日月環兮丹邱・孔蓋兮龍遊・仙之人兮紛紛而來遊・瑤臺高兮縹緲・中有人兮丹顏綠髮而衣縞・翳玉芝兮挈琅玕・搴若華兮刈朱草・珠入海而爲樹・桂逾嶺而成林・塵埃既不可久處兮・夫孰表予之遐心・將託朱鳥以爲媒・又要之以夙好・朝脂車於雁門・夕弭節於瑤島・虎驂乘而眈眈・龍服衡而蹻蹻・甜落落之長松・涉涓涓之行潦・聆仙樂於雲門・抗飛旌於霞表・招虞帝於蒼梧兮・賓軒后於洞庭・戛雲璈兮瑤珮・披霞帳兮曲璚・美嘉橘兮秋實・攬桂樹兮冬榮・歲悠悠兮其將迫・心搖搖兮如懸旌・

其二曰望天池・（言世道橫流・濡常淪紀・乾坤震蕩・已思起而拯救之・故既美神禹之功・復嘆乘桴之事・）

天地波兮浩溟溟・日滉漭兮雲無晶・川谷兮東注・地軸兮南傾・九州浮兮若芥・六合混兮一泓・焦石沃乎何時竭・大壑納兮何時盈・中有神山・隨波靡甯・仙人愁苦・訴于帝庭・乃使神鼇兮戴之・若浮漚之暫停・猶不免兮漂蕩・越洪流而南行・日月出入・星辰晦明・乾坤沸灪而震蕩・又何是踰乎變化之鯤鵬・將命太一兮爲舟・元氣兮爲楫・控巨鼇兮馳貝闕・薦汶茗兮拾海月・昔神后既奠夫九上・曾莫顧夫家室・何仲尼皇皇而乘桴・效漁父之榜枻・是固吾之所願・將褰裳兮從之・懼將至而引・忽欲往兮中疑・鮫室兮嶔巇・珠宮兮逶迤・仙人下兮光陸離・駕水車兮載雲旂・夕息兮若水・朝嬉遊兮扶枝・路迢遠兮莫致・蹇惆悵兮生悲・

其三曰望蒼梧・（言已思遇明君・而世途嶮巇・不能自通・日久愁望也・）

白雲遊兮蒼梧・山連卷兮路崎嶇・日黯黯兮晝多霧・巖⿰山卿嶆兮鬼嘯怒・樛蘿蓊鬱兮塞往路・我欲從之修且阻・恴缺兮空山・帝子去兮不還・道遠兮何極・不可隨之兮淚霑臆・涉湘皋兮綠潭・悲洞庭兮芳夕・疎篁兮斑斑・山含怨兮水含憶・步遠岡兮不見・蹇夷猶兮難卽・望蒼梧兮白雲・隔千里兮思君・撫瑤琴兮寄幽怨・採杜衡兮愁氤氳・

其四曰望八桂・（言賢人君子・獨懷芳潔・不受知於時・而已欲往從之也・）

桂樹生兮山南・沐元雲兮蔭芳潭・擢修莖兮幽靄・布芳葉兮夕嵐・發華滋兮秋風・翔羣羽兮鵷鴻・既拔萃兮高嶺・復灌生兮元冬・揚芬兮素節・含貞兮嘉月・有美人兮傷離・攬巖桂兮爲期・信懷芳兮自保・又久要兮申之・去不來兮來

不采・□寂寂兮欲誰待・嘉樹茂兮巖間・桂父淹留兮往還・登樓兮長詠・望八樹兮杳難扳・

其五曰望韶石・（言皇迹久息・雅道云亡・世俗貴淫哇・賤雅樂・己孤調難諧・故援韶以自勗・）

予昔揚舲於桂浦兮・將已極夫遐征・朝丹水之浛洭兮・夕息重華之所經・俄窮源於星宿兮・訪崑邱之赤城・天柱岩嵩而飛空兮・地軸支撑而不傾・紛合沓其異狀兮・忽神怖而魄怔・崩騰蹙踏來萬乘兮・風雨陰晦而會百靈・倏天清而地甯兮・聆簫韶之九成・昔重華之盛德兮・信無遠而弗欵・絕瀟湘而南下兮・嘉茲土而來臨・國不費而民不匱兮・兵衞簡而不侵・豈車轍與馬跡兮・將釐俗於韎任・遂樂茲而不忘兮・溯南飈而長吟・璇宮逶迤而下屬兮・瑤台隱起而上尋・駐清蹕於盤石兮・拈炎景於茂林・參差九韶之管・疏越五絃之琴・趨蹌百獸之舞・來儀丹羽之音・黼裳颺兮仙霞舉・絳節去兮赤霄沉・太音寥狖其希聲兮・遺跡峥嶸而可覩・信帝德之巍巍兮・有天下而不與・留仙旆於九疑・怨瑤瑟於二女・松謖謖而吟風・竹斑斑而含雨・表靈兮珠邱・極望兮澧浦・杳翠旍兮不見・薦芬馨兮何所・欽明兮思君・聞樂兮愁予・嗟南薰之久寂兮・民慍其誰與解之・皇風靡而世遂季兮・俗化淫哇而嗤嗤・久知太音之難諧兮・唐虞既遠安適歸・將坐茲石而忘味兮・寫予心之遙悲・

其六曰望合浦・（言世俗貴僞亂眞・己雖懷至寶・反懼按劍不察・無所與投也・）

遙睇兮重淵・波光兮接天・美珠官兮風俗・燦具闕兮鱗聯・川烱烱兮圓流・星奕奕兮輝纏・驪何抱而自喜・璣何胎而罕全・愚何剖而忘身・聖何捐而稱賢・鮫人兮水中・淵客兮龍宮・孰感恩兮涕泣・乃吐月兮曈曨・挈靈蛇兮剖璣鼈・閈翠羽兮錯珩璜・君子雜之以爲佩・佳人待之而修容・夫何世俗之貴魚目兮・棄夜光而不采・豈忍夫懷寶而迷邦兮・握照乘而自晦・終懼世之不察兮・訾徑寸以徵纇・雖懷寶其何辜兮・獨被褐之見罪・潮生兮犀浦・月出兮貝嶼・弦望兮有時・藏珍兮自娬・激天吳兮命海若・木蘭舟兮沙棠櫓・訪鮫室兮從之・蚌鼈紛紛媵予・懼投兮按劍・將探之兮誰與・

其七曰望石室・（言賢人君子竄伏幽遐・己獨處無侶・思卽巖穴徵之・庶幾其返焉・）

石室處兮炎方・越湘浦兮邁衡陽・氣籠嵸兮幽曖・洞爞焰兮揚光・厓厥巖兮蜷蜷・凝蒼翠兮若英・聳峻阪兮嶫嶪・錯綺薄兮芬芳・窅兮谷・石碌磷・巖挂灌生兮山之曲・深兮穆・盤徑復・舞鸞皇兮嬉元鹿・臯蘭秀兮紛湘馥・瓊爲宮兮玉爲梁・羅孔圉兮開龍堂・豈砌兮蓀璧・木蘭櫓兮芝房・石室兮巍峨・芳湖滙兮水層波・漲極浦兮豐芰荷・汛曲塘兮茂青莎・絕霞島兮遶巖阿・洄翠屏兮鏡藤蘿・獨處兮無侶・芳時兮誰與・君奈何兮遠遊・望湖光兮渺何許・采杜若兮芳洲・結錦纜兮金嶼・心欲往兮眈眈・托歸風兮鸞驂・待菌閣兮月華・沐天桂兮夕嵐・搴朱草兮瑤圃・漱金液兮霞舉・朝稅駕兮東皐・夕次兮北渚・樂巖壑兮憺忘歸・蹇夷猶兮不能去・

其八曰望崧臺・（言世俗卑暗不可久處・思擇高明之地而托足焉・）

有崇者岡・赫若臺兮・巑岏巀□・豐而皚兮・上接雲

漢．章昭回兮．下列盤洞．戶重開兮．怪石嶙峨．光的爍兮．峯巒羣峙．挺千尺兮．青岫黛岑．渺難卽兮．鳥道紆回．不可涉兮．員屋瑤台．輝金碧兮．玉磴珠所．芝蘭□兮．壁英明瑠．光相射兮．厓隙隱嶙．暝烟積兮．玉竇盈空．螭龍宅兮．石巃嶙峋．多采擇兮．瓊木紛敷．傑奕奕兮．猖狖羣嘷．谷鳥喈兮．博敞孔陽．遊羽客兮．級蘭搴蕙．服側柏兮．孔蓋翡帷．帶鳧舄兮．森聳嶄巖．得所適兮．結桂延佇．中心懌兮．崧台峨峨．樂而無極兮．崇朝凝望．至日夕兮．

其九曰望西樵．（言賢者仕不能擧其職．故盛陳山林之樂．懷思故土眷戀不忘．養寂處晦．聊以順時．）

山崛起兮海湄．復廻薄兮雲際．見千里兮平臯．挹四郊兮芳靄．出厚地兮百盤．掛青天兮片黛．溪谷兮多姿．朝昏兮殊態．日出兮窱紫．波汎兮容裔．靈穴兮吟風．幽林兮積翠．曾結廬兮幾客．橫荒塗兮千載．披陰阜兮吐霞．井陽崖兮迎旭．忽雲中兮雞犬．更天邊兮喬木．巓積水兮可艇．澗連村兮比屋．交遠臯兮茶烟．若有人兮卉服．幸不遊兮豺虎．差可放兮麋鹿．媚林麓兮返照．喧堦除兮亂瀑．飛瀑下兮濕雲．逕凝烟兮不分．鸞鴻歸兮山響．菌桂發兮林芬．灌蕘圭兮九節．挺仙使兮一羣．三山渺兮難卽．十洲怳兮空聞．豈若近兮几席．況乃接兮榆枌．山中人兮來何遲．撫雲松兮望所思．歲復歲兮不可待．年復年兮滯還期．秋風歇兮蕙若．春雨長兮蕨薇．胡長違兮磵戶．永闃寂兮巖扉．命芝童兮翳芝蓋．邀桂父兮揚桂旂．誓永絕兮氛垢．從天路兮薄言歸．

王會圖贊

於皇哲后．混一函夏．容之覆之．恢我王序．治以不治．來而不拒．賓服是常．庭實百旅．昔在塗野．萬方朝會．赫矣姬運．威德是邁．上掩天紘．橫絕地域．廼作斯篇．宣廸來裔．孰其繼者．皇哉唐哉．耻雪百王．威臨九垓．一家胡越．莫敢不來．廼繪斯圖．皇極誕開．厥圖何有．有貌有服．有貢有物．扶服蛾伏．蠻邸纍街．首趾相屬．踰磧絕漠．窮海殫陸．厥貌維何．交臂貫耳．猩唇猳喙．雕題鑿齒．厥服維何．左衽騣易．縵胡之纓．椎結之飾．厥貢維何．方物土事．火浣西收．楛矢東至．浮琛沉羽．陵水經天．日域月䶏．效珍獻異．纍纍道路．咸歸天府．重以島鳥．傳以象胥．凡茲貢會．視歲而擧．映帶異俗．丹青皇御．惟圖所臨．莫非王臣．撫我則后．歸于有仁．海有安瀾．邊無氛塵．凡有血氣．靡不尊親．惟圖所撫．莫非王土．西涉流沙．東漸桑野．南盡北戶．北絕委羽．明明在馭．各安其宇．明王有道．有定四極．四夷爲守．萬邦承式．無怠無荒．亦無爾反側．王會萬年．王爾愼德．

海棠果贊

海棠不香不實．惟南京孝陵者結實．外香中酸．豈非色香味之難兼耶．客以見貽．遂作此贊．

海棠色殊．紛披曜日．不芬其葩．而香其實．香或掩味．文乃逾質．園陵之珍．佩充蘭室．

木瓜贊

木瓜亦外香中酸

垂垂木瓜．詩人所咏．酸本我心．香亦吾性．人之所

好・或忘其病・無勞瓊報・忝此嘉命・

太和山銘 幷序

太和亦名瀾上・宋始祀元武神・自文皇帝冠以太嶽・肅皇帝又冠以元嶽・崇飾宮觀・報祀獨隆焉・於是天下香火・咸奔走太和・而五嶽遂逡廵退舍矣・山本晚出・故事多附會・諸峯巖澗洞・或雜取他處名之・文不雅馴・辛丑歲・予以使事取道謁嶽・禮成・乃遍觀于八宮・時值雨連日・所由止此而已・山既爲國家香火地・二聖所經營・又其神甚顯應・謂宜有所頌述以揚威靈・故既爲斯銘・每宮復各紀以詩・以出焚修・故述香火之事獨多・銘曰・

穹窿太和・上參冥莫・近接嵩華・遠拔衡霍・明后有作・是稱靈嶽・上帝攸居・天柱是度・赫赫成后・元戈再援・神之相之・用武以斷・穆穆肅皇・中興江漢・神之啓之・守文以纘・巍巍天柱・前俯瓊臺・層城萬仭・上應中台・地軸盤結・雲漢昭回・靈蹤久閟・眞路乍開・爰飾雲構・造于中天・冠峯被麓・舃奕墟躔・丹碧霞煥・棟宇星懸・勢侔太一・巧極望仙・神之所妥・鈞陳營衞・鞭風駕霆・出入雲際・神之所臨・徵靈表異・康國阜民・克顯于世・元圃之巒・仁后所履・丹邱之屺・仙靈所倚・咸障大荒・曷窺元始・追茂至遺・孰踰斯美・惟茲崇報・前掩禪封・在帝左右・罔或不共・四氣順序・萬方景從・昭佑我明・受福無窮・

區大倫

字孝先・高明人・萬曆己丑進士・初與兄大相肄業南雍・成進士後授東明令・擢御史・以諫不親郊祀忤旨・奪職歸・築烟霞圃・灌園讀書・晏如也・光宗立・起光祿丞・歷官至南京戶部侍郎・著羅陽四書翼・江州存稿・阮志並注存・

郊祀疏

臣聞郊之祀也・王者所以致其精明之德・以上交于天也・饗必躬親・斯謂之郊・郊而遣代・則精誠隔塞・天與人不交・而非郊矣・自古無郊丘代攝之文・周禮大宗伯・若王不與・則攝位・鄭氏以爲王者有故・則代行其祭事・明攝事非安吉之禮也・苟安常無故・則先王典禮・其不代攝以郊・明矣・我國家定制・大祀南郊・前期・恭視牲牷・誓戒百官・乃御齋宮・乃奉禋事・始事則告廟・禮成則告廟・此禮之備也・祖宗列聖相承・未之有改・故能馨香上聞・靈貺饗答・惟武宗恣於盤遊・郊廟大禮・曠而不舉・以至神人怨恫・災害並至・可覆視也・陛下嗣統御極・欽明文思・上帝屬心・百神望幸・乃者冬至大祀・復遣公徐文璧恭代・臣不知其可矣・

臣聞之・郊則報本而反始・仁之至也・今祇祀上帝是也・郊則尊祖以配天・孝之至也・今太祖高皇帝配帝侑神是也・禮稱・唯聖人唯能饗帝・孝子唯能饗親・此豈臣工之任耶・臣不知其能饗矣・祭義曰・饗者鄉也・鄉之然後能饗焉・蓋郊祀之禮・備物非難・致享爲難・自非仁義誠敬・精神歸鄉・念念不忘乎鄉・息息不忘乎鄉・事事不忘乎鄉・安有能得其降格歆享于冥冥之中者・遣代之臣有是耶・陛下深

居九重・燕然自逸・誠敬何所鄉而通・上帝何所眷而臨・臣又不知其能饗矣・禮曰・神不歆非類・王者爲天之子・氣相爲合・而心相爲通・故郊焉而天神格也・辟之共子職以養親・乃可以得父母之歡心・而致其享・求之天道・豈遠人情・今以臣子而攝天子之祭・於氣爲非類・於心不相貫・又不知其能享矣・王者事天之道・惟儀與誠・故兆於南郊・掃地而祭・其器陶匏・其牲繭栗者・儀也・立澤聽誓・皮弁聽報・三宿七戒・肅恭薦獻者・誠也・與其儀有餘・寧若誠有餘・謂神之所享・將在誠也・今遣官恭代・儀則具矣・誠於何有・臣又不知其能饗矣・陛下履天位而治天職・撫御萬方・襲休禔福・皆天所授也・天與陛下以百全之福・陛下不能躬一日之祀・謂大報何・周禮・天子親祀上帝・一歲凡九・陛下惟一郊・顧憚於躬親耶・臣又不知其能饗矣・古者禮行於郊・而百臣受職・則風雨節・寒暑時・而休徵應之・故足貴也・

我太祖高皇帝洪武十二年南郊・自誓戒以及禋燎・天宇澄霽・星緯昭煥・祥飈慶雲・光彩曄曜・上心甚悅・又洪武二十年南郊・禮成・天氣清明・聖情悅豫・侍臣進曰・陛下敬天之誠所致也・此見高皇帝惟躬致其誠・故能承百靈之貺也・昨者南郊・將事之夕・暴風驟起・震蕩壇壝・上帝聰明・詎曰無意・殆謂陛下久不親郊也・是可不省畏哉・由前言之・則代攝以祭・臣懼上帝之不歆・由後言之・則衝飈示譴・臣懼上帝之已怒・陛下正宜鑒天意之不虛・思遣代之非禮・側身修行・痛自省改・庶可回天心也・

夫何遣官復命・陛下乃嘉文璧之勤勞・進以太師・明旨一下・大小臣工・無不相顧駭愕・不審文璧有何勤勞・而陛下加恩若是・在文璧必有悚懼不敢拜賜者矣・文璧之遣代也・臣謂陛下既不親祀・聖心必有歉然不敢自安者・今仍以文璧爲勤勞・是謂遣代爲當然也・以遣代而加恩・是謂郊祀不必親也・臣竊歎陛下事天之意怠矣・郊壇警蹕・可復冀之異日哉・正恐書之史冊・謂百王禋祀之盛典・祖宗仁孝之芳規・自陛下壞之・是以重微臣之嘆息也・文璧何敢拜賜也・太師三公之極品・不有非常之德・不宜輕予・代郊非禮也・文璧可得言勞乎・如以代天子之郊爲勞・而冒上公之寵・是重利陛下不親郊也・文璧又何敢拜賜也・孔子曰・吾不與祭・如不祭・謂不能躬致如在之誠・猶未祭也・今陛下未能躬獻於上帝・猶之乎未郊耳・陛下既不得成其爲郊・文璧敢自以爲勞乎・文璧又何敢拜賜也・天子不親郊・甚非美事也・人臣爵以太師・至榮寵也・奈何陛下蒙不美之號・而人臣反享至榮之階乎・文璧又何敢拜賜也・凡此皆文璧或難自言・臣先言之・所以發其必辭之心・明郊祀重禮・不宜遣代・緣此加恩・尤不可訓也・伏願陛下收回文璧恩命・講求帝王事天之實・力行祖宗親郊之典・自今南北禮廟祀時享祫祭・必煩聖駕躬薦明德・則數年曠典・一朝聿新・克享天地祖宗之心・徧致神祇上下之格・臣民胥悅・鬼神降福・而休徵協應矣・

正心堂摘稿序

古之所謂至文者・其用極於和萬邦・光四表・彌綸三才之間・而言之爲經者・亦且垂之爲萬世法・故文非聖人不能

用也・易詩書禮樂春秋之教行・聖人之文至於不可勝紀・而要歸於道法所以臚列・蓋聖人之至文・出於聖人之至道・而學術文統・若此其不二也・春秋以降・學失其傳・而文失其柄・士之負才者・於學未始有聞・徒各就其才之所近以爲言・其上者既病於不醇不該・下者支言畔道・蠱人心而滋世蠹・文之不出於學術・故有然者・有宋二三大儒・推本堯舜周孔所以相傳精意・作爲易通訂頑定性識仁諸篇・用意蓋與六籍相準・而庶幾於斯文・三代而下・此其盛也・明興・百年道洽・乃有吾鄉白沙先生・振奮於支離磔裂之後・而獨探其本・學宗自然・道在致虛・直上遡濂雒鄒孟之宗・而接其傳・其所爲文・第攄其中之所欲言・而大旨曰・輔相皇極・左右六經・亦其自任之重然也・江門之學・傳甘泉氏・自然之宗・繹爲體認天理・其言殆且數百萬。非樂於言・亦有不得已焉・而或病其太繁・則亦過矣・

及余所見・則有勳卿蓼菊郭先生者・余嘗聆謦欬而飲醇和・乃知先生之文・一本於學術矣・先生起家曹郎・邅迴十餘年・不在右職・功烈不甚彰顯於時・出爲郡守・歷臬司藩使・通顯矣・又不得立於朝・然先生官禮曹・正諫直言・嘗納還傳封七夫人勅諭・又嘗慷慨疏陳時政・品隲當世人物・不少顧忌・守夔因俗・導民於和・督學西川・公明涖掄選・所造士獨盛・自其爲曹郎迄行省・再蹶再起・著抗直之聲焉・初先生第進士・與故相吳縣太倉幷馳文譽・相得甚歡・萬曆辛卯・由楚參藩入賀・二相延接特殷・將殊用之・一日・吳縣語次・問先生求規戒語・先生曰・願公遠去中貴人・則相業光矣・申相嘿然・先生直己守道類若此・即不獲柄用於朝・視世脂韋而處大位・功烈孰多・先生顯敏强記・生而嗜書・自童齒至白首・無有一日舍書・又無有一日不從事篇翰・文學自其天性・述作最稱富・然先生之學・六籍經而百氏緯・多聞多見・卓約是守・纖撫細茹・本統自明・故能綜攝諸儒之論・勒成一家之言・鴻範珍謨・殆流布人間矣・蓋先生自少從其父粤白公遊甘泉公之門・契體認天理之旨・而直達於心性・出承師傳・入證家學・加以潛思力踐・忘食忘寢・日夜孜孜・自其修之身・以及涖官從政・孝友端諒・皭然不滓・所得於學者深矣・其宣洩爲文章・不摹畫於步驟・不鈎棘於體句・不矜綴於藻繪・不比擬於形似・輸所衷藏・出所素有・氣象深醇・詞訓爾雅・而奧旨幽義・隱暎有餘・令讀者喜尋樂玩・攷言知德・因知其爲儒者之言・而又信其爲儒者之能言者也・

惠郡守今遷憲副西川公芹・先生督學高第弟子也・因先生舊纂滇南史・公助梓先生選集未竟・校而刻之・題曰・正心堂摘稿・知先生所傳體認天理・蓋內正於心・而非逐外之爲見也・先生之子文學陽齡・特謁不敏大倫序之・夫元本六經・以明道而畧物・先生之文也・由六經窺心藴・立誠胸中之藏・先生之所以爲之文也・余特論而著之・觀者庶以爲知言也乎・

端江源委記

域內之水・河爲大・次者江・次者端江・河源崑崙・萬里九折入・中經流天下之半・南入於海・江源岷山・下三峽・會洞庭・過於金陵・行八九千里・東入於海・端江源於

蜀之夜郎・下西甌・會於端州・折而南・流放於江門・行七八千里・入於海・江河著於禹貢・詳於傳記・天下所知也・端江僻於嶺徼・書傳畧焉・即其鄉人・莫能知其源委者・壬子春三月・余浮舟江門・觀海而還・取嶺表新舊通志及端州志閱之・即作舊志者・懵焉不辨也・

按端之水・源自夜郎鐔封・夜郎之域・豚水出焉・鐔封之域・温水出焉・東北合於牂牁江・東入於廣鬱・稱鬱江焉・廣鬱者・鬱林郡地・鬱林秦之桂林郡也・漢武帝元鼎五年・戍南越・使馳義侯發夜郎兵・下牂牁・會番禺・即其路也・鬱水東下・則交趾以北之水皆赴焉・武陵潭水南下阿林者皆入焉・又東至於蒼梧・灕江之水注焉・灕水出於楚之零陵郡・與湘水同源・自興安陽海山中斷・湘水流而北・灕水流而南・漢元鼎五年・遣故歸義越侯二人爲戈船下瀨將軍・出零陵・或下灕水・或抵蒼梧・即其路也・灕水南流・與桂林之水合・亦稱桂江・又南過平樂府・稱曰府江・則近代所名也・其鬱水上溯邕者曰左江・溯抑慶者曰右江・皆近代所名也・三江既合・東下廣信・則封水注焉・封水出臨賀郡・臨水源於萌渚嶺・道州界也・賀水源興安縣羅山・二水合於封溪・江皆受之・又東過於康州・謂之錦水・以錦山名・而羅定之淥水注焉・又東會於端州・臨允之水注焉・端州由端山名・故水曰端溪・亦曰端江・楚蜀西甌西來諸水・皆會于此・域內之水・自黃河楚江以南・此爲大矣・端江既同東下・靈羊峽綏水注焉・至於横石・遂折而南・其灩流會湞湟諸水・東過三水縣者・比於江沱漢潛・而俗以爲牂牁東下番禺・謬矣・端江既南過蓬萊山石洲江・滙爲大澤・江面廣五七里・迤邐瀠迴・三折繞出大雁山後・大雁以東・亦灩爲二流・一注於甘竹・一注於仰船岡・并可達廣州順德香山・亦猶江漢之有沱潛・而長江則南趨江門入海・謂之江門・明江之門戶至此而盡・此端江之源委也・蓋江源夜郎牂牁・而海亦有牂牁洋・此其源委相緣之名・可繹思矣・

舊通志南海圖經・乃謂新會之西・蜆岡至南寧・有夜郎豚水・出牂牁・不知西省之水・全注於端州・其出夜郎牂牁者・實端江之源・而南寧即古邕州・邕潯之水曰左江・既合右江府江下端州矣・何有分流向蜆岡乎・且自南寗至蜆岡・皆岡嶺層絡・隔閡千數萬里・豈嘗有巨靈闢此水路耶・謬矣・外志又創爲三江合浪水之說・不知江源遠且巨者・無如夜郎豚之入鬱・桂之入灕・今不言合鬱灕・而云合浪・果何所據也・又其所稱三江・更爲怪誕不經・大抵嶺表之水・西自端江・受楚蜀西甌西來之水・最爲巨浸・謂之西江・北自大庾南韶湞湟諸水・南會諸於三水縣者・謂之北江・東江自安遠界南下・會龍川之水・以其在會城之東・謂之東江・無有南來之江者・凡有目者所共見也・今志中總圖經・以大庾湞湟北來之水爲南江・而無北江・夫南北固可易位乎・又封溪臨賀桂繡諸水・皆入於灕・會於端・總之・西來一江也・今圖經以封溪諸水屬西江・而分灕水屬南江・夫封灕既合爲一流矣・何由知封之必爲西・而灕之必爲南・豈茲水固如涇渭之有別・而名之者固如淄澠之可辨乎・謬之謬矣・余因浮江而談江事・漫并記之・

郡守陳公鐸陽書院記

王教之興・道術行於上・作人造士之大・則邦君統焉・詩之咏文王也・成人德・小子造其譽髦・斯士推本德之無斁・蓋古者諸侯大夫・體備純德・繇素講之學・表爲士極・而作新考成焉・故能斯譽斯髦・王國之成材者衆也・孔子生衰周之世・嗣文王之統・其稱曰・文王既沒・文不在茲・迹其所憲章・夫豈不勤思於薪槱・顧其時闇・諸侯莫能用・第與其徒・弦歌講業沂水之濱・杏壇之上・述先王之道・善其人俟來者・蓋文行其道・烝譽髦之士・以寧周孔・明其道・啓四科之賢以毗世・其於作人淑世・無以異也・西漢以降・世之君子・篤意振民造士・卓然以化治稱・莫良於文翁・文翁興於蜀郡・其習方甚陋・乃修起學官・廣招下縣子弟・教之於學・察舉經明行飭・巴蜀大化・比於齊魯・聲烈光於竹素・在循吏中爲獨盛・惜其不學道誘進諸生・第取誦說詁解・所得士屢屢張叔輩・曁司馬相如之屬・工爲麗藻・徒以瑰譎艷靡之詞・夸駴耳目・抑何下也・雖其移風於僻陋・興學於殘缺・爲獨盛于循吏・而教之不純・去古作人之化夐矣・

大夫陳公守端也・其政節靡裕民・修興廢事・孳孳課學育賢之務・廣飭郡邑學宮詩書之教・達於閭里・集逢掖之士・程藝譚經・卒澤之乎道・倡厲聖學・嘗干旄訪余江洲之上・再書山中問學・余不敏・以盡仁之語請質・若有當余言者・蓋孔子詔之矣・昔者孔子言仁・直以人當之・豈謂仁其四肢百骸之人・所以攝此四肢百骸則仁也・攝此四肢百骸者・通乎天地・苞乎萬物・所以通天地苞萬物・夫是以仁盡也・仲尼之門・其學求仁爲入・安仁爲止・彰明在辨志數語・文王之爲敬止也・莫先止仁・孔子嗣統文王・故其爲教必仁焉・先文王之仁・其大者疏附先後奔奏禦侮・作而造之・皆譽髦也・故曰豈弟君子・遐不作人・豈弟・語人作人之爲仁・明甚・孔子之仁・在樂羣講誦・與七十子者之徒・相觀而仁是也・其所爲疏附先後奔奏禦侮・若七十子之徒・則所寄以其仁・盡者仁・寄之其人・被于天下・施及後世・斯乃文王孔子之仁之大也・君子仁爲天下得人也者・其文王孔子歟・公學孔子之道・柄行道之權・以師文王・拳拳倡興我端人士・仁之斯其大矣・當于不敏之言宜然・公守端四年所・擢副按察・復分治端州・迨今六七稔・倡導淑人・常如一日・

公既大興于正學・問業者雲集・戶履常滿・諸弟子孝廉梁生學曾輩乃其選勝・營書院・都授講焉・工既竣・問記于余・以無忘公之仁・余謂文翁變辟陋之文雅可謂賢・公掖文雅之士・躋之大道・其事近仁・則不可同日而語・今逢聖主崇儒之代・行其道復明其教・則孔子弦誦所不得異也・然余聞文翁講堂・巋然長留天地間・峙於岷峨・表於江漢・訪古之士過之・低徊不能去・或播爲歌詩頌其美・諸生爲公搆講院・乃在崧臺端溪之上・余學道江洲・仇煙霞之囿・距講院百里而近・第與公郵筒言學・未始造而游焉・顧私心鄉往・殆將矢雅詩賡豈弟譽髦之章・鳴邦君作人之盛・重爲我端人士之厚幸・則百世可知已・若公舉職循理・仁愛爲行・治常爲列郡最・別有紀云・公名濂・字道源・惠安人・丙戌進

士．

湯敬升 字小槐．新會人．萬曆辛卯舉人．官教諭．著有朱翼及輯宋明四書．阮志注未見．

族譜議

曰族譜．又曰家乘．譜之言普也．亦曰補也．乘．乘載也．所以普遍姓族．補其遺亡者．合而載之．以成吾一家也．是故發一姓之根源．提九族之總統．備人道之始終．定昭穆．列長幼．彰往法後．皆賴乎譜．譜之所須大矣哉．嘗讀蘇氏譜曰．普吾作．故詳吾所自出．其隘乎．其隘乎．如果蘇之爲見也．則知吾祖僅出有吾．至於細數綿微．苗胤遙隔．支派亡而功利起．于是希慕貴勝．輕忽寒悴．强者或凌弱．富者或奪貧．而重本敦睦之意衰矣．語曰．百裔同出一祖．千葉同出一株．故同姓爲宗．合族爲屬．雖遠不廢．所以崇孝也．崇孝之道．莫急於尊親．尊親莫大於合族．合族莫先於修譜．譜修然後長幼序．長幼序然後禮讓興．禮讓興然後不凌弱．不奪貧．故族始稱．或問國史主勸懲．譜勸而不懲．族有不孝．不弟．不睦．爲奸．爲盜．爲暴閱不仁．譜乎．曰．譜有三不書．殊刑不書．惡疾不書．不得其死不書．三者恥宗之顯也．有之若人．則宜殊刑．宜惡病．宜不得其死．未逮于斯三者．吾姑譜其名．以承前遞後．傳曰．稱美而不稱惡．不欲以先人愧子孫也．幽厲雖暴．平桓祖之．廟祀不輟．故春秋立諱於親．厚之道也．紀事不離故實．要在不罔．夫弗錄．有善錄而冒．其爲悖道之行均耳．

君子蓋棺而是定言行．身後而始章．故弗錄生者．俟也．譜法有進有黜．他姓之子後吾宗．雖已成派．吾其猶黜．吾宗之子後他姓．雖易世．吾猶進諸．或問譜之不與人爲後者何也．曰．今之爲人後者．以利焉而已．抑本而誣禮之爲也．吾何與焉．

卜子夏曰．爲人後者孰後．後大宗也．晉張湛曰．後大宗者．所以承正統也．必大宗之主．小宗五世之嫡．死而無後．然後爲之置後．支子不得置後．不繼祖與禰也．今之非所後而後焉．是曰誣禮．舍天性之愛而父他人．孝子不忍也．是曰抑本．苟有田產財計．則爭爲後．無則猶子．子世父業也．是曰懷利．三者皆自悖于先王之教者也．予何與焉．曰．然則支子之無後者．不無厲乎．曰．禮曰．殤與無後者．祔食于祖．不斬祭也．如之何爲厲也．或問孫遠死而無嗣．其弟重以其長子彬後之．夫長子不得爲後．重之命非乎．曰．斯重崇宗之義也．吾將以重爲知禮矣．昔子思兄死．而使其子白續伯父．以主祖及曾祖之祭．然則孔氏非歟．

我小宗行五．時經公早世．臨危囑妣程氏曰．能矢節不二．與嫂李共保幼孤．無惑衆咻爲繼立也．妣如其言．君子以爲知禮．我曾南澗公爲之義服三年．特祀一櫝禮．行五．應祔食耳．今與高曾世享于廟．所以報也．以義起也．舊譜．每爲人後．輒譜其後于所後之後．而使其子禰于人．弟先于兄．何安乎．吾譜雖不輕爲更削．而但曰．其後之至某宗支派列．則各父其父．各兄其兄．而昭然不紊．誠重所自出也．亦以示禮也．婦有三不譜．一曰大歸．二曰更適．三曰無嗣・無嗣弗傳也・更適爲義絕也・大歸爲弗祔也・義絕譜之則悖・弗祔譜之則瀆・弗傳譜之則傷・是故譜弗譜也・或曰・妾之得譜者何也・曰・貴有子也・昔魯莊之成也・文之嬴也・襄之歸也・成之姒也・妾也・舉以子故書薨・書葬・書夫人・春秋之義也・禮・妾有子祔祖姑之廟・廟可祔・獨譜乎・譜・妾見于嫡下・重嫡妾之分也・曰・人有抱其同宗之子而育之・則亦可以爲後乎・曰・可・螟蛉有子・化爲果蠃・班氏之乳虎紀焉・養育之恩大矣哉・

何熊祥 字乾宰・新會人・萬曆壬辰進士・選庶吉士・改御史・初按上谷・再按閩・再按三吳及南都七郡・著有四巡疏鈔六卷・秩滿・歷官太僕大理卿・遷南刑部侍郎・著有馬政事宜平刑八義共十卷・時神宗倦勤・兩都員缺多不補・熊祥在南都嘗兼署吏戶禮三部尚書・又著有南都疏畧三卷・今阮藝文畧皆注未見・熊祥官至南吏部尚書・卒諡文懿・

請亟圖修省疏

臣惟自古災異之見告・無非天心之仁愛・故在久安長治之時・天心恐其易狃也・則出災異以警之・所以欲其厚終・在繼體嗣服之初・天心恐其易肆也・則出災異以惕之・所以欲其虔始・善承天心者・必于始焉・致其愼也・我皇上凝圖御極・以天啓改元・實自今歲辛酉始・乃開歲未幾・而遼東以日暈告矣・京師以風霾告矣・夫日者君之象也・暈則其徵爲蒙爲塞・何以不于京師而于遼東也・意者蒙塞之徵・至遼東而極乎・風者四方之象也・霾則其徵爲昏爲翳・何以不于四方而于京師也・意者昏翳之徵・自京師而起乎・臣不習占驗・焉知天數・然以皇上撫運方新・而變已見于天・夫非仁愛之至・惕之以不得肆・何以致此・皇上無謂吾之福德・如日方升・吾之政教・如風方動也・當思遼東日暈・爲天啓紀元始有之日變・又思京師風霾・爲天啓紀元始有之風變・則知天心仁愛・自此而始・而克謹天戒者・亦自此而嚴・詩不云乎・敬之敬之・天維顯思・挽回天變・轉災爲祥・莫如用敬・皇上亦惟敬之而已矣・故以端治本・則未萌之欲宜防・以握治樞・則城社之蠹宜淸・以熙庶績・則道揆法守之不可不修明・以銷外患・則練兵措餉率作責成之不可不亟圖・總之・一念敬肆・治忽攸關・古今守成令主・莫如成王・其訪落之詩曰・惟予小子・夙夜敬止・臣願皇上之師成王也・敢以敬之一言・爲皇上修省之助・伏惟聖明省覽焉・

修省宜亟疏

臣等竊謂天心仁愛人君・災異之形・明示以可見・乃于近則見・于遠則不見・其仁愛之意・猶尤較著也・赤烏夾日以飛・惟楚見之・見在楚・則不必見在列國也・可以由斯以觀・南北異占・亦無足怪・臣等未敢以失占爲監官罪者此也・然臣等伏思春秋時・列國各君其國・其以境內見不見占吉凶也固宜・乃皇上統一函夏・豈以其見于北不見于南・遂謂無傷耶・夫日者衆陽之宗・人君之象・卽薄蝕有常度・猶謂陰脅陽・臣侵君之兆・矧暈下有珥・有背・有青赤黃氣色・可不謂非常之變乎・臣等不習占驗・未敢妄言事應・惟逖考載籍・則晉之建興・唐之天復・咸有此異・彼以衰世末造・君昏政亂・見棄于天・亡不旋踵・皇上聰明神聖・自謂

超軼百代・乃譎見于天者・亦與彼末造同・象不虛生・可不深思其故耶・年來星隕彗見・風霾水赤・物異人妖・所在見告・然皇上恬然・若罔聞知天意・若曰・宮闈之外・目不及見・耳不及聞・災異之奏・視爲紙上陳言・今輦轂之下・巳午之交・舉頭卽是・舉目卽覩・庶幾亦悔過之延而省改乎・故垂象以顯告之・不必不見于南而見於北・則耳提面命・不加于此仁愛之心・可謂深切著明者矣・此而克謹・欲不轉災爲祥・不可得也・此而玩忽・欲不自絕于天・亦不可得也・

臣等聞之・應天以實不以文・今日應天之實安在・惟願皇上復行初年之政而已・皇上初年・朝講不蚤御乎・郊廟不時親乎・閣臣不備位乎・大僚不師師・科道不濟濟乎・章奏不速下乎・何至今而倦于勤・一人不用・一事不行也・今惟虔始厚終・盡復初年之政・以及發內帑・起廢官・釋纍臣諸大事・一併舉行・聖心一轉移間・皇靈不期暢而自暢・天心不期孚而自孚・又何災之不轉爲祥耶・否則謂人言不足恤・謂天變不足畏・省悟無聞・怠棄如故・儆予之天・且轉爲怒予之天・其禍不至于晉唐季世不止・天下事尚忍言乎哉・臣等遇災思懼・不識忌諱・干瀆天聽・無任戰慄激切待命之至・

乞歸養疏

臣嘗學易・至蠱之上九・不事王侯・高尚其事・象曰・不事王侯・志可則也・直以爲白駒空谷・考槃在澗之流・乃近世儒臣不說・謂卦五爻皆幹蠱・而上九獨取高尚・蓋上九處卦之終・當父母耄期之年・而高尚不事・如禮所謂八十者・一子不從政・九十者・其家不從政・是爲不事而可・則非泛然如投淵洗耳之爲也・臣謂此解・似爲得之・不然・六十四卦之爲上九多矣・而不事之高・獨繫於五爻幹蠱之上九・豈無取爾乎・

臣蚤歲通籍・雖漫無幹濟・而歷事三十餘年・臣父壯年誦讀・未展之志亦可以少展・今臣父母已年近八十・亦一子不從政之時也・而臣爲獨子・子不從政・非臣而誰・此臣之求去・不惟例之所許・亦禮之所宜也・臣雖不敢侈言可則而可歸・卽歸無自越禮・爲當世羞・抑亦臣之所以報恩之萬一者乎・然而臣之情・又在小雅四牡之末三章矣・伏乞聖明垂諒・俯准休致侍養・以禮優臣・深于以官留臣也・

韓上桂　字孟奇・番禺人・萬曆甲午舉人・天啓初・授國子監博士・崇禎間・轉永平通判・時中外用兵・餉乏軍譟・上桂下車・設法轉運・邊事賴濟・居常握腕時事・憂形於色・尋擢建寧同知・仍留督餉・流賊陷京師・悲憤不食・歿於寧遠・乾隆時追諡節愍・著有雷州府志・佚・朶雲山房稿十二卷・凌雲記曲鈔本・並存・

擬禮樂志序

厥初生民・混混淪淪・元黃閟闇・象畫猶湮・盖巢居者勢顚・繩結者道紊・天乃棨運元辟・象乡首物・樞旋軸轉・紀渙綱聯・以降佑下民・闡昏振溺・帝王之道・斯爲烈哉・然猶治極數殫・文窮質敝・威取耀於一時・罔廸則於百世・乃眷至聖・是矩是儀・俾其綜五德之運・酌三正之宜・宜幽

亢朽．秩正揆巽．燐燐繹繹．錫萬世極．猶懼其職孿秩靡．不得底厥訓也．故中部兆軌．司寇脫跡．遑遑列邦．靡安厥席．以紬精光讚．篤宏後範．否泰之故．蓋有度焉．歷徵作者．君莫盛於陶唐．相莫赫於姬旦．師莫隆於孔子．孔子後天生而貫天始．格君位而肇君模．日月以明．四序以成．其道鬱於秦．芽於漢．漢以後膺符紹命者．從正不齊．莫不景耀崇輝．日充月仭．有豐無靳．然而爵號欺也．旒冕贅也．

袞服借也．仭土偶像也．塵羹芻設之議汨．作君作師之道塞．元化鬱焉．爰鄺大明．芟蕪滌陋．高皇創制．胚胎聖儀．世廟紹之．大章以釐．訛者黜．誣者革．丕揚至聖監古之治．高揭兩儀在三之義．使漢武悔其猶缺．唐元屛其未備．宋儒卷舌．元人屛氣．是以二百餘年．日月重光．天地增朗．男女異塗．班白弛負．垂珮垂縰之輩黨集．誦詩讀書之侶聲合．百靈駢翕．四夷効輯．遐邇同文．南北共軌．

然而粵東僻壤．承誣襲故．文風之暢．厥有所塞．郡博董應舉上其事．袁督學茂英瞿然曰．禮正久矣．而邦國不行．有司之咎也．且登挈皇度．其典順．昭融聖懿．其功鉅．潰豁愚聾．鋪陳三極之秘．其旨遠．小子雖陋．不敢辭．乃相與探縉紳之議．聲和寧之詩．舍像用主．餘釐如制．左右瓚裸．峨峨如也．郡博憚訓之不率．且俗之難詔也．爲之志禮樂六卷．於往祀著得失焉．韓子曰．余入聖序．睹所奉釐國制．簡而盡．尊而不誣．標敎樹軌．與天地峙．蓋所謂煌煌乎帝者之儀．弗可加也．然猶韜華韞懋．自漢歷明．閱數世矣．至世廟而備．世廟迄今．文治丕矣．而東粵猶阻禮樂之務．厥惟艱哉．何怪乎衆訟之在昔也．抑余聞世廟時．羣臣頗有以貶王疑者．惟聖明中和建極．斷然行之．儀用不忒．今郡博之請已後．乃弗習禮者猶致疑焉．然此固制也．遵制無倍．則有厥志在．

定州古蹟志論

論曰．定爲慕容舊封．人多茫然．至問衆春園陽城墓．三尺童子能言之．蹟固有獨重乎．雪浪石．長公之遺．連城五都弗與易也．景其賢而違其轍．此與耳食何異．定武肥瘦本．重於昔時．今二本雖失地．刻之可摹者尚多也．天寧龍興．皆有古碑．釋道非儒莫表．愚夫愚婦邀福者踵接．遂可謂勝乎．不有文物．山川且閉塞矣．又志稱韓蘇祠多名碑．有司搨之者衆．役人苦而瘞之．然予到學齋未幾．得長公所書南香子詞杜牧之詩石刻于塵垢中．又荒砌上隱隱有字．拂視之．則蘇子美所草千字．又首本已缺．筆勢飛動．乃俱函之雪浪齋壁．以公同好．然則諸碑湮沒．非盡役人之咎也．

遊滁稿序

古今詞賦家．父子相繼者甚少．曹孟德橫槊賦詩．力非不壯．而于文人温平之氣．毋乃刺謬．且所著．視植不能十之一．枚乘上矣．皋好作小賦．雜以諧謔．父風乃薄．惟阮瑀蜚聲建安．其子藉復與竹林之遊．詠懷諸詩可誦也．下此．牧之之有荀鶴．其瑣瑣者耳．豈非山川靈淑．一鍾已難．再洩遂微耶．

吾粵自張曲江顛頏開元後．談詩者衆．明興．羣英迭出．鞭弭之雄．幾與中原並騁．然弓箕世業．向亦未有聞焉．惟邇者太史海目先生．以文章正脉．擅名海內．令子啓圖．紹而振之．其叔伯弟姪．莫不蔚然煜然爲詞林冠．是何曠世罕覯者．萃之太史一門耶．太史之詩．直追初唐．置大歷以下不道．曩在滁陽．嘗梓而播之．人人咀以爲膾炙．且未具論．其遊滁詩．則啓圖所往省太史時作也．脉清而理細．詞婉而味恬．按之繩墨．毫髮不爽．是洵可以傳矣．余嘗竊睨太史爲人．文詞既妙．行復質古．大類枚乘．而勝於瑀．啓圖少有文名．與臯無異．而又不雜以諧謔猥薄之體．其庶幾阮藉乎．然當魏晉之際．和其光而歛其跡．日以麴櫱爲事．故所著尚朱．今啓圖際明盛時．微詞不嫌於刺．直詞不病於激．大吐其菁華．而澤以道德．洋洋纚纚．吾未知其究竟也已．茲所梓特其全鼎之一臠．而珍味具見．余從太史遊．嘗師事之．與啓圖爲共社．覩其庭階蘭玉．不無歆羨．因論叙其次．以見吾粵有區氏父子焉．

族叔疑始子古賦序

古賦起於葛覃關睢螽斯．比興義懸．要不離賦爲宗．風雅猶雜出．頌迫於古而最．其爲賦十居八九焉．靈均旣放．變而爲騷．騷怨也．怨之情曲．詞難直遂．其於賦近也而則．司馬相如工於賦．詞始苞衍．謂曲盡經緯之趣．比興合而賦名．東西京罕得而儷焉．六朝間．復出小賦．詞旨麗而響切．體遂蕪弱．去古彌遠矣．要之古樂倦聽．鄭衛聲繁．循古制．則必胤嶽襟瀆．淡醴疎羞．而一花一石．一絲一竹．淺而易工．激而少致．作者不能奧之以思．綜之以術．論器不必明堂．揆音不必清廟．故纖靡代浮．而響響遂絕．且語澀則咽．字棘則刺．被虎文．蒙羊質．何暇包宏其中而溢肆其外乎．昔左太冲賦三都．必十稔乃成．作者良自苦．要以絡山川之勝．屬草木之奇．繹風俗人文之變．非假之歲月．未易爲力也．植槿者朝而榮．植豫章者七年乃見．此豈可同日語乎．

吾叔疑始子世經術．少事易．稍長．徙業春秋．繼而詩．日誦數萬言．嘗爲詞．雖尺幅寸牘．依擬秦陶．以故藝罕得志．嘗習賦．遂兄馬弟左．孜孜不倦．世人至捫燭揣籥茫不可辨．而叔獨享爲珍錯．眞所謂包風雲．籠海岱．文心古質超乎上．周漢以下．是日暮遇之也．嗟乎．士懷藻被繖．阻不見售．業逃之賦．賦復嗜古．罕雜響以眩里耳．誇於黃鐘．譬車適越而舟適楚．其能以無騷也乎．叔之不騷而賦也．其怨微也．曰．吾自習古耳．古之不讐．其何忍纕江蘺而泣靈荃．離魂弛節．令自放爲．雖然．屈不遇楚而馬遇漢．左得皇甫．洛紙以貴．玉鬱而耀．劍沉而輝．苟有凌雲．其患無揚意乎．余生也弱．其何足爲吾叔皇甫．廼椒蘭之妬．其知免也已．

祭區海目先生文

嗟維先生．環海儲精．扶輿挺秀．釆孕珠江．芬含桂岫．白璧温純．黃鐘朗扣．仙系元邈．顯自漢唐．博陳昌議．冊重南鄉．端溪宅跡．偉族交翔．厥考積仁．循良著績．伯叔迭興．靈華濃錫．瑞則麟遊．雄乃鶯擊．維我先生．最稱白眉．苞鸞煜藻．縞鶴揚姿．性與古協．行爲世儀．待價而沽．有道則見．青雲聯翩．紫霧屢變．鵬翅翻溟．驥足追電．爰躋藜閣．共羨瀛州．花□曰晏．蘭砌風柔．直操狐筆．望頁傅舟．遂輔青宮．奏對惟允．陳詩諷徵．援易惰隱．節抗權璫．不避虎吻．才而見妒．忠乃被疑．徙秩囘佐．于滁之湄．早朝見馬．深夜題詩．北闕馳思．浮雲久蔽．蕭艾腰盈．蕙蘭道棄．匪懟於懷．惟激夫義．謝病自免．考槃云依．韋經用廸．鯉訓常貽．喜對芝玉．慰覩弓箕．

日月不居．寒暑屢薄．劍送重泉．舟藏大壑．台曜輝潛．卿霞彩落．帝乏顧問．國立儀型．公卿共嘆．遠邇咸驚．玉堂閟兮仙署寂．綸章滯兮椽管停．慨啓沃之莫竟．嗟棟柱之誰勝．嗚呼哀哉．雅韻漸隳．古風待起．擬砥中流．竟遭大否．鐘簴寂兮缶釜鳴．琴瑟絕兮箜篌理．傷旣喪於斯文．悵遺音乎正始．嗚呼哀哉．維予小子．夙藉甄陶．顧瞻融帳．感念虔刀．陵陽逝兮荆璞擲．伯樂沒兮鹽車勞．芳塵瞠其愈後．泰嶽仰以彌高．嗚呼哀哉．爰續騷篇．兼摹些句．蓀席肅張．椒漿潔注．巫衣動兮紛如雲．竽鼓維兮聲怨慕．信德言之可傳．悼容輝之已故．嗚呼哀哉．

沈閟賦有序

上桂蹇劣．幼服庭訓．幸列賢書．竊謂弱駒受策．千里可致．而公車入對．報罷者數．自知不材．始退然有邱壑之想．欲奉二親以終身．乃先君子年僅六十．遽爾捐館．且洊厥疾．端有難顯言者．言屈平志脩行潔．爲其宗人蘭椒所害．以今揆古．怨豈異乎．余枕塊欲死．莫可投訴．乃竊倣怨騷．爲沈閟一篇．畧序姓系．因布哀衷焉．

肆南陽之苗裔兮．至弓高而始著．歷晉唐以有聞兮．迄相州而顯遇．余祖開基於魏國兮．派殷繁而四布．守幕職於嶺南兮．遂賁禺乎卜處．維三十官之隱脩兮．對灊水而容與．纘韋經以佑啓兮．向青雲而步武．伊安仁之閎偉兮．工製錦以揚聲．武崗之佐刺秩兮．譽交注於賢明．位雖早而未達兮．德並樹以榮名．

余少服皇祖之訓兮．吏期垂乎清白．于公之廣厥門巷兮．福若兆乎龜策．慝無隱而弗彰兮．誠微而弗格．雖轗軻其奚悔兮．仁獨安其如宅．迨余考其勤恤兮．道正融其靡隳．間考槃以自適兮．志弗習乎詭隨．盛幽蘭以自佩兮．屛蕭艾而不擕．璧在握而靡售兮．誨惟取乎式穀．遡先烈之可循兮．譬中原之有菽．余幼惛而善病兮．誘之以舒徐．執匕箸以諄復兮．雖飲食而罔□．□隱隱其如動兮．甫齠齔而知勸．觀辟雍於童年兮．舉孝廉於弱冠．荷孫陽之特識兮．駒始躍而輒蹶．豈弱力之難前兮．將轡啣之竊詭．意飄蕩以難束兮．遂徒業於他藝．驗藥餌於仙經兮．習方伎之瑣細．置靈根而弗沃兮．托繁枝以自翳．遂汗漫於陳編兮．由甫田以滋穢．

嗟居諸以易邁兮．年倏登乎四十．無道德之可式兮．無勛業之可述．願退處於林壑兮．奉吾親以盤桓．製荷衣以朋好兮．具菽水以承歡．時不吾知其已矣兮．祈天性之常完．策仕進於仲季兮．余巖居而川觀．運嶮巇其靡測兮．悼吾考之遽殞．由服義而跖怨兮．屈修仁而椒慍．僞結交以相狎兮．蒸酖毒而致困．賴良扁以少延兮．竟否塞以成吝．傷鬱悒其莫解兮．歎余罪通乎天．乏蔡順之精誠兮．同皐魚之涕漣．進靡沾乎釜祿兮．退莫施乎萊綵．萱孤生而若瘁兮．桂被凋而將殆．長飲血以自傷兮．覺餘生之已贅．魂渺渺其無定兮．余終不知其所稅．哀累善之無徵兮．怨前志之竟虛．招列缺之我察兮．藉豐隆以迅除．苟吾恨之獲消兮．吾何愛乎斯須．

亂曰．韓之爲宗．宋乃大兮．世服圖史．靡有懈兮．脩而獲妬．衆所怪兮．植我得蒿．孰與慰兮．天道茫茫．惜蒙昧兮．

仰蘇亭賦有序

亭何以名．後人仰止宋蘇文忠公而作也．公嘗守定武．得石．文如雪浪．盤以蓄之．植槐其側．在學舍東北偏．歲丙辰六月．太府周心濂公自恒山循行至定．偕少府曹節公造訪斯亭．吟嘯移時．命州博士韓上桂爲之賦．其辭曰．

倚中山以延矚．引恒岳之巃嵸．當陶唐而肇跡．歷周趙以雄封．昴畢迴其互奕．滱瀛合以洶溶．當其休氣凝．祥雲結．士悲歌．俗壯烈．蘊千年而若茲．假文石以一洩．則有西蜀才人．東坡吟客．錦水揚瀾．岷峨對宅．灑詞賦於江山．擅風流於品格．際守土之清餘．試搜奇而偶獲．爾其精光照爍．元藻纖徵．波重翻而復折．湍欲瀉以猶遲．拖藍烟於釣浦．噴皓雪於漁磯．瞿塘悚其奔吼．砥柱震以傾移．是用作銘書於盆次．天人妙工．山水深致．怪俗手之未精．笑兩孫之莫秘．載以琬玉．飾以芙蓉．六鰲並載．神龜卒從．環蓬萊於東海．擢蓮藕於西峰．擬川觀而不厭．抽逸思之無窮．

亦有雙槐．是維手植．霆火內燒．苔錢外蝕．生意猶含．靈根未熄．枝槎枒以鬬奇．葉婆娑而弄色．留蟬響之凄清．俟鸞羣之止息．與石丈而爲朋．詎爭榮於九棘．暑去寒廻．邈矣悠哉．滄桑靡變．兵燹弗摧．越六百祀如一日．曾何患於刼灰．信神物之攸獲．識斯文之未頹．道扇羣英．方餘後軸．載籍豔稱．遊人景服．莫不指片石爲泰山．望寒條爲若木．徒以蹟秘藻芹．境迷苜蓿．冠蓋慕以中疑．車徒窺而遽復．

云胡闃寂．倏覯高旌．既勤熊軾．亦集屛星．循閭閻而敷澤．經州部以考成．挾煙霞之高趣．訪雪浪之孤亭．以傲以遊．載瞻載笑．芹沼旁遵．芸階引眺．解上牧之尊嚴．非元談之要妙．門碑起興．撫樹縈懷．激泉浩蕩．憩蔭徘徊．通臭味於往古．懸軌度而將來．惟德音之不泯．豈物理之能該．彼平泉之與金谷．不知幾湮沒於蒿萊．瞑色漸催．前騶緩唱．叢翠猶幸．黛痕如悵．嘆勝覽之不常．愜靈心之所尚．於是彼都人士．景附雲從．相與讚揚盛雅．想像高蹤．雕珉紀詠．以紹眉山之遺風焉．

月賦

楚襄王既遊蘭臺．因適桂苑．延停乎瑤階．有頃．皓月始出．直照王懷．王乃進宋玉而問之曰．夫風之雌雄．則既聞之矣．若夫月者．流照無極．萬里一色．寧有異乎．玉曰．唯唯．

大王之月者．閃爍萬狀．皎潔非常．經綺筵．透蘭房．徘徊乎紫闥．漏影乎銀牀．助高樓之明鏡．增素女之瑤粧．故其室滿火齊．壁搖金電．雲母開屏．琉璃合殿．纖學玉鈎．圓裁紈扇．度網如梭．穿簾似箭．至於輪涵芳渚．采漾金波．又若投珠還漢．讓璧沉河．君王乃召皓齒．命雙蛾．揚郢曲．迭吳歌．羽爵屢舉．舞袖森羅．歡宴終夕．爲樂如何．

若庶人之月者．光彩如迷．清輝莫吐．位升短墻．潛窺暗戶．室小形虧．隙寬影度．塵壁損姸．敝帷掩素．喘每笑於吳牛．擣莫資於顧兔．伐薪桂之無因．念監臨之罔訴．

又或孤鸞獨照．別鶴寡栖．藁砧既出．破鏡徒飛．單傷角枕．冷惜羅帷．流黃易濕．素杵難揮．與夫荷殳遼陽．從軍隴水．久負歸期．未酬國耻．霧苦空營．風高陣靡．羌笛一吹．關山萬里．此其人莫不見月興歎．弔影長欷．永夜不寐．中心有違．孰與夫金宮之賞．會綺席之清怡也．王於是稱善．始令有司．視貧賑發．簡戍恤役．賜玉雙璧．永爲上客．

五惜

萬曆丙辰．余春秋四十有五．始以乙榜受一氈於中山．其明年冬．以憂去．追惟少時．賴先人之教．頗有知識．爲海內羣公所賞拔．乃賢書列後．惑志他歧．矩矱輒違．進取復謬．今二親繼沒．疇昔名流．寥落罕存．而余行業罔聞．鍾釜靡慰．生我知我．不兩負耶．感作五惜．以誌余過．

一惜

一曰惜歲月．蓋自古混沌既判．倫類斯繁．孕精川岳．翕氣乾坤．芒兮芴兮莫測．芴兮芒兮可原．爲仙庭之寶樹．爲幽壑之寒蓀．莫不玉挾懷中．珠擎掌上．曦御初升．霞光始放．幼而岐嶷．長而韶秀．頭角崢嶸．精神馳驟．驊騮策足於康衢．鸞鳳揚輝於遠岫．青春豫樂．以嬉以遊．嬌姿婉孌．逸態輕柔．花朝笑其擲果．月夜誇其藏鈎．陌頭桃李竟芬芳．江間翡翠映輝皇．綠髻少年情自別．錦袍公子意非常．或鬥雞而矜勝．或緤犬以爭先．折柳中和之後．執蘭上巳之前．自謂年華長駐．春光不改．買醉懷高．尋歡事倍．五侯第內．同追珠履之塵．百人會中．獨喝金盤之采．雨過雲迴．兔轉烏催．昔爲美好．今爲虺隤．潘生有搖落之歎．顏駟有老醜之哀．髮蒼蒼而就白．齒兀兀以將頹．往日慷慨豪談．憑陵俠骨．扛鼎力雄．冲霄氣勃．不覺蹉跎偃蹇．蠖屈龍鍾．語言寡味．嘻笑無容．感墮英之寂寂．傷逝水之淙淙．故曰．月盈則缺．日中則昃．善作不必善成．善走何如善息．金火相守而流．陰陽相薄而蝕．湍澗之下鮮停鱗．驚飈之中無定翼．雖有道參元牝．術種靈禾．覓丹蓬島．探藥崑阿．終莫返虞淵之逸轍．抗砥柱於傾河．徒疲夸父之策．空病魯陽之戈．是以志士競其分陰．上聖輕其尺璧．冠掛樹而弗求．屨遺塗而靡索．寧焚膏以續明．忍乘駒以過隙．引鏡自照．憂緒孔殷．四十已過．五十無聞．懼將來之有底．嗟往事之徒紛．寄語髫年弱冠．莫倚駕電噓雲．

二惜

二曰惜志行．嘗披典墳以遨覽．有往哲之高蹤．太上稟德於天性．其次斂節於陶鎔．恒履貞而廸吉．罔投經以卽凶．何吾生之獨闇．變往度而苟從．當其聞禮過庭．執經負笈．傍壁沼以棲遲．分藜燈而講習．亦嘗仰止高山．縱觀大海．惕屋漏以興懷．望塵坌而恐浼．歲月互換．軌轍多歧．珠以泥汨．金逐煆虧．厭守方之困束．樂放浪以游移．遂託意漆園．駕聲柱下．等毫末於泰山．喻萬物於一馬．認仁義爲駢枝．薄禮教爲虛假．又况韻學梁指．綺語馳情．將張末隊．謬抗雄旌．屈宋供其驅策．崔張恣其譏評．遂謂吐鳳末工．雕龍尙陋．花開花落．時賡野鳥之吟．雲去雲來．或代天孫之綉．鉢響在而篇成．燭痕新而句就．於是豪心頓長．逸興轉濃．淋漓杯酒．跌宕談鋒．同座駭其論說．旁觀哂其形容．崔瑗座右之銘．衞武初筵之誡．簀每隳於垂成．泉將淪於胥敗．令遂往而不還．誠不知其所屆．嗟乎．詭跡易炫．矩步難遵．木從繩則直．馬受勒斯馴．詩書禮樂．總生人之布菽．滑稽放縱．實世道之荒榛．用鈎吻以延齡．借羊皮以補貉．愚夫且謂弗宜．智士豈云可作．在昔周處．斬蛟誓志．亦有戴淵．投劍歸義．聞微言而怨悍．受嚴規而靡棄．割積習之牽纏．證本來之淸粹．並能流聲史籍．作則士林．就當時而共嘖．歷異代以同欽．大道伊何．迷途未遠．譬彼農夫．是穮是蓘．苟夜氣之能滋．願含芳於歲晚．

三惜

三曰惜遇合．夫聖明在御．品物咸亨．龍興虎嘯．道與時行．有崎嶇之賤士．獨壹鬱以傷情．其處身也寡營．其與物也無競．巽讓得之前聞．眞樸出於至性．自言家傍南海．素泝安陽．五雲絢采．北斗垂光．倚旃峯之㟪嵂．引珠浦之微茫．舞象之年．知名下邑．入洛之歲．偕計上方．梅花嶺畔白如霜．楊子江頭映綠楊．維舟建業看春色．走馬新豐問帝鄉．聞道天朝招俊茂．棘院深沉嚴晝漏．凌雲梓轂並承斤．照日駕鸞同入轂．効太平而獻策．擬大寶以揚箴．將抒負曝之蘊．願溉烹魚之鬵．燕臺雄駿似雲屯．蹇駑何堪重價論．本期燒尾乘桃浪．豈知點額困龍門．辭閶闔以蓬飄．泝河淮以旅泊．題詩瓜步之亭．作賦荆溪之閣．文酒盛以相從．賓湖歡其共謔．棄九仞之成勞．希千秋之杰作．雕霞鏤雪逞新裁．筆底瓊花次第開．似從緱嶺吹笙過．又向岷江濯錦回．彈寶瑟以干齊．服章甫以適越．雖工巧以何爲．見趨舍之徒汨．玉爲釜兮珠爲粮．金作楫兮銀作航．欲療飢兮不可思．遠涉兮何方．豫屢擊而不中．管三戰而皆北．諒天運之多艱．亦人謀之近惑．日已邁兮月亦馳．虛際兮空含悲．求背城兮拾燼．顧然灰兮何時．懼此生之泯沒．故數過而長咨．

四惜

四曰惜怙恃．本文殘闕．

五惜

題文全闕．

黎　許　字國倩・增城人・萬曆甲午舉人・著有白鹿洞稿・阮志著錄・

黃使君壽詩圖序

運斗樞曰・衡星得則麒麟生・萬人壽・又天官書・狼北地有大星・曰南極老人・元命苞曰・見則主壽・蓋今上御宇二十有三年・於此志一動氣・垂芒散翼・不占可知・前數夕・秋律平分・許中霄仰候・則見第五衡爛殷南斗・因而嘆曰・堯舜在位・人不夭札・即吾鄉黃髮・代不減香山社中・地誠有之・抑時亦宜然・

屬是月朔・別駕黃翁覽揆之辰・爲年已八十又一・惟翁不受天損・德邵而神彌王・蓋星精云・且勿論其郎官上應於列宿・而別駕車屛・前後得以星章表・蓋翁所諱夢說・而世稱說乘東維・則翁命名之初・不獨爲大業徵・抑亦爲大年徵矣・獨以翁起家明經・而傳胥靡・翁佐上郡・而傅卜相・彼此前後・遇或蓮楹・然要之奇偶離合・致之有不與吾身・故歲星也・而嘲陛楯不必徵・昴星也・而造炎鼎不必鉅・客星也・而釣富春瀨不必寂・太白也・而草行樂詞不必豪・惟本靈所扶輿・而氣有厚植・乃足符耳・翁之行長者・以比於萬石君之爲人・邑長吏歲存問・過廬而式・然未嘗與聞事也・則自翁之解組・而偃息於巖桂之下・散帙吟雲・三十年如一日・於八十猶掇之・豈謂佹得之哉・又翁淑配李夫人・與比年而結髮・木公金母・一堂之上・衡星符彩・又安得秘象乎・於是二三輩相與繪圖歌詩以賀・而許不佞僭爲序之・維北有斗・恨不不可挹酒漿而進也・

趙應元　字葆初・一字有鶴・新會人・萬曆乙未進士・初宰無錫・過惠泉・酌以自誓曰・淸不及此・非夫也・在任八年・剔弊去奸・擢虞部主事・晉郎中・奉使易州・乞假歸省・尋卒・著有栖元集・阮志著未見・

起廢棄疏

爲皇恩浩蕩徧施・廢棄沉淪可憫・懇乞乘時起用・以彰休隆事・竊惟帝王之待羣臣・猶天地之育萬物也・天地普陽和之澤・則枯木腐草・亦自生春・帝王隆霈濡之仁・則佚士逋臣・咸仰再造・肆今慶典聿成・吉祥畢萃・而解澤所被・率土沾暨・凡此朝野臣民・莫不舉手加額・以颺堯天舜日之盛治矣・獨有廢棄諸臣・淹淹陸沉・振拔無日・臣待罪銓衡・目覩遺佚之在野・有不得不爲君父陳者・蓋此廢棄諸臣・始固茅蕞之士耳・一旦遭時遇主・不能將順爲恭・而率其草野之性・徒以口舌爭可否・則蒙褫辱而返林邱・豈非其自致之尤哉・

迺臣覩諸臣・各有不齊之品・亦各具可諒之情・夫最上有精忠者・則勿欺而犯之義・講之已熟・故不憚蹇諤以上封事・即其崇論閎議・不無逆耳・而天王明聖之想・固天日爲盟者也・情固可諒・其次有任氣者・赤盡滿腔・而涵養未粹・故時事偶有出入・遂遽慷慨陳詞・以致爲驟爲亢爲激・然而忠君愛國之念・則素所自期許也・情亦可諒・又其次有立名者・既謂立名則實念未卜・然其所欲成者・蓋其犯顏敢諫之名也・論人於三代之下・惟恐其不好名・故□乎好名・卒求所以副其名・則亦不失爲耿直之夫矣・情亦可諒・然使中情

可原・而末路弗撿・則國家亦何賴於若人而用之・洒臣屢觀撫臣按臣之薦牘・及採輿人之月旦・孰知諸臣伏處巖泉之下・閉門誦讀・礪齒姱修・而堯舜君民之志・未嘗一日忘諸懷・則彼其人固非通塞二心之人也・皇上雷霆爲威・雨露爲恩・原自並行不悖者也・諸臣昔以戇直招尤・則削竄以昭激勸・諸臣今以砥礪補過・則甄拔以示含容・此固勵世振俗之微權也・況乎當此湛恩旁洽之時・正暗汮向明之會・而遺佚阨窮之輩・分別才品而次第用之・則皇上濊澤・固無不偏之處・亦無不被之人・諸臣以寒谷久淹・旦暮復出奧㵒・而展采錯事・則指軀竭力・以贊休明之上理・以報大造之洪恩・固知亹亹有同心者・宗社生靈之利賴・豈小補哉・臣爲此不避煩瀆・具疏上聞・

莫鳳巖先生三教會編序

大塊苞靈植・主惺惺而客焉者幻・唯是不昧於適・廼剖其藩而宅其所焉・夫客而幻者・擅塗炎竈之爲搰・搰所舛戾・何翅千里許・若廼譚元課睿・自標不二法門・初猶與吾儒分駕犄角・既則甚犇軼而先之・此人心之蟊賊・周孔之亟夷也者・匪其識至高・又孰從而辯之・蓋曰・象盤而盤・非日也・眇者叩盤聲而日之・譚元課睿・而托足吾道者・則眇者之誣日也・明於主客之辯・而不溷其惺惺・斯稱羽翼聖筌・而所關於名教・不么尠焉・

鳳巖莫先生・世家嶺南・從先大夫籍・錦衣補順天弟子員・甫弱冠・即謝一切支離之業・獨濬心窾澤明理・日斤斤焉肆力聖賢大學之旨・百家汗牛・固所不遺・涉獵乎而不歧路是鶩・二十四・舉孝廉・夫士也脫屩登華・則有嗜脆甖若蔗・而弁髦其故吾也者・先生蔬糲如昨・執贄增城之席・遡江門之的而彀率之者若而年・年躋强仕・始成進士第・先生遂慨然曰・明親原非兩截・余嚮日斤斤肆力者・或可厝諸實用而不以天下事嘗矣・筮仕地曹・錙銖不湼・出守兗郡・琴鶴風高・自是司臬於松・司藩於滇・觀察於閩・隨所稅駕・歸然標豎偉伐・及今讀權政・守政・邊政・平番諸稿・滇藩行稿諸紀・蜚積纚纚・膾炙人口・厥後不雅合直指・遂以春秋高致政・時盖耳順又二年矣・

先生曰・吾儕出而營職・將以所學克治世務耳・而試焉有域・孰與畢吾二十載所肆力者卒吾業乎・用是羈鞍蘧廬・正襟危坐・每日必自呼曰・主人翁在室否・蓋欲惺惺常鎭・不令客幻乘是蠱而他適・所筆代藝賢己稿・纍纍數萬言・豈其摭拾以賈奇者哉・業已批却導窾・劈眞幻之懸解・洞如也・然猶自謂弗究厥奧焉・儒道釋別爲三編・闡發吾道心印・儼乎坐濂洛關閩之側・而針裁其領袖者・二氏者流・澄心返照・夫亦煉神也・方之而谿・交梨火棗・夫亦尊生也・方之而左・則津津焉・辯之若黑白・擠之若仇寇・使不得築門戶以與吾相角立・而吾儒惺惺眞宅・燦如日中天・彼寸雲尺霧・靡所翳障焉・此非灼於主客之分・而不以幻塗昧所識・烏睹此乎・先生既遺養・督學使者採輿碑・奉鄉賢俎豆之・是先生羽翼聖眞・功誠不尠・而食報亦有羨榮矣・太史公有曰・當時則榮・沒則已焉者・視此不星壤敻哉・

明興二百餘禩・我白沙陳夫子崛起江門・潛心正學・至今與河南・餘姚・金谿・餘千諸君子・從祀文廟・嶺以南・

赫然長華采・白沙之學・增城獨得其宗・莫先生師事增城・而直接其原委・即搏俎素王之廡・且有藻潤焉・而區區事鄉賢之報・胡足罄其梗概矣・噫嘻・先生往矣・三教犂然臚列・第令後生學士・儻不昧其惺惺・而欲探正學之元珠・尚藉是編爲司南乎・庶幾不長夜哉・

袁崇友 字伯益・東莞人・應文子・萬曆乙未進士・授南安知縣・累擢至南昌知府・未赴・再起爲尚寶司丞・行至潛山・歌陟屺之章・託疾歸・崇友宰南安時・嚴懲猾吏攬賦・故課盈而民不擾・中使榷稅・復抗陳邑地磽瘠以抒民困・南安之民德之・祀名宦・著有讀老二十四章・阮志稱老子注・又有春草堂文集・皆注未見・

侍御林公疏草序

林公之在南牀幾三年而謫・則之閩・崇友出遇公・彈指太息曰・今之君子・非不能言也・挾眇賈奢・中藏不可知・一言不當主・顏面怏怏・薄言散置・無不蘧廬是託・歸臥空山・罔著無逃之義・嘯詠迹作・鬱邑侘傺・舍王臣蹇蹇之節・不效計地視官・自放於騷人遷客・若以爲臣皆忠良・而主不必皆聖明也・是得爲大丈夫乎・友・公年家子也・故公與友深言・公所職既員外・置食才半奉・無公事・是以有先賢遺蹟之役・揖幔亭・扶玉筋・扣石鼓・蓋皆有詩文・怨而不怒・居久之・念太夫人無已・時則請告歸・戊戌夏六月也・秋七月・次于羅浮・入閶門・則太夫人迎而笑・既修色養・九月・復遊於羅浮四百三十峯・皆公之所寄逸志也・其明年・乘桴觀于海・至厓門・宋丞相陸秀夫抱其主曰・陛下不容再辱・遂此死者此也・公蓋痛哭流涕・悲其時與人・又及歸疾作・月餘而歿・今其遺疏若干篇・公之子鈁刻之・

余惟今之君子・則誠能言・顧無奈不當林公指・何人情愛有不得割・必忍自其心・氣有不得伸・必泄自其口・士方窮蓬累・靡所短長・遘會崛起・至重爲天子耳目之臣・亦愛之矣・仕則慕君・不得於君則熱中・即雖利祿溫飽之私不萌・標樹建垂・猶將以官爲藉・非其趨而蹶之謂也・有位於朝・見時政得失・思人物臧否・不可以主・又不可以私愾・業已奮氣・而遑恤其他・無論其大者・批鱗則殺・投鼠則碎・即其次窮荒四裔・古之所謂魑魅也・而吾是處舍甑不顧・徼萬一之幸於賜環・俟河之淸・人壽幾何・與其及也・此皆不出於患得失者之算・又何至逆而億之・毋亦曰・人臣事君・猶子之事父母・子之事親・命也不可解於心・臣之事君義也・無所逃於天地之間・蓬累之與離・耳目之與寄・恩深矣・諦報之難焉・利祿溫飽・吾豈敢知之哉・亦各言其志耳・天子至仁聖・容納垢汚・有過藪澤・雖言無當・示懲而止・無大譴大呵・使自效於請室也・而何敢負其施・名之曰放流・從容間曠士大夫・以是知我・後生友朋・以是景我・詎爲不遇乎・而必曰高舉深思・自令放爲・烏在東西南北・唯命是從・何以言事君能致其身也・死生成敗・遠近得失・不入於胸中・是爲不言而已得其大・不言而已得其大・繇是則可以言焉・而有所不避也・公疏實云・矢死靡他・推此志也・雖與日月爭光可也・公居閩兩年而始歸・歸而不忘・復去以畢乃職・何知利鈍・亦有義命而已矣・公先大夫艾陵公・爲眞道學・繇郎署都運於閩・公入閩・載葺乃祠・公爲

新化令自有祠・少失艾陵公・撫弟妹使皆有成立・以故太恭人無後憂・東官之言孝友者皆歸焉・忠孝不歧路・斯余所因嚴公矣・其斯爲敦倫君子也・

贈邑侯馬公入覲序

歲辛酉・今皇上始政・已以仁覆天下・湛恩汪濊・逮海隅日出・罔不沾被・明年正月・當受玉萬國・斂羣吏而大斥陟焉・於是吾邑侯馬公・奉計書・庀庫徒・行有日矣・邑縉紳合而謀所以贈公者・相與請言于御史大夫徐翁・翁曰・楚憲使袁翁最長・不佞雁行也・不敢先也・諸縉紳則更進曰・袁翁已開八秩・完氣而守內矣・而更煩以筆札仰翁・將若之何・徐翁曰・固也・袁翁之子尚寶君・以吾一日長也・稍習爲詞・使代而翁言・其可・家大夫頤而呼小子崇友曰・小子樸樕無能・爲諸長老役・顧何以謝而師之・越衆而屬也・小子言矣・崇友頓首受簡・

惟三載考績・始於唐虞・至其後而加毖焉・書紀舜廵狩所至・必登其方岳・升燎于天・羣牧受職・斧坐未温・鑾輅之巘巘已載塗矣・夏后氏乃有防風之誅・周以還・所稱王廵所守者・曾不數見・而於不朝之刑・自貶爵而至于六師之移・凛如也・何上古之君・迂其身以撫天下之勞・而後世人主・不下堂而挖大合・若此其逸也・蓋勢使然・無足怪者・國家業已定爲三載一朝之制・及其時・藩臬大夫郡邑守長・走而之京都・已於事而竣・賢否白黑如列眉・旌異之所・旦考成・夕而更組綬・否則襆被去・其受事淺而名已張者・使歸茂其猷以待取焉・公以進士高第令吾邑・僅踰歲而美政纍纍・不可殫述・不肖誠不足以窺公淵博之用・而閒嘗竊睹一二・推厥本原・大要豈弟以爲根・仁義以爲澤・經緯之文章・而提衡之以名法・民不擾而日嘗舒・此其大較也・以故政方新而譽已騰・於嶺南無兩・而公謙和自挹損・未嘗有振而矜之之色・公今入而晋謁承明・天子方坐明堂・按圖籍・侍中執法臨飭左右・有如問公何道治東官・何道期月而聲實流聞公卿間也・王生歸美之言・劉守偶然之對・公得無存於胸中乎・公受事誠淺・亦惟是不次之擢・國家所時有也・令公一朝受主知・援爲侍從耳目之官固當・不然・而天子明見萬里・賜璽書勞公曰・東官雖蕞爾・巖邑也・邑得新令・新始昇使飫乃德焉 行且徵矣・邑父老子弟喜而後可知也・隆古之世・君臣相接・燕享歌樂・歡然有親戚賓客之好・今誠不敢遽望如昔時・顧惟人臣出身事主・離奧渫・耀光明・其幸者爲充庭鷺・爲柱下吏・從公卿後・朝罷而帶餘香以出・見以爲身依日月・若把麾而行・剖符而治・非三載上計・未有能至于青瑣彤墀之間者也・不肖備官垂三十年・雖仕未登朝・然衣褐受制策・從多士聽臚句・傳甲辰輯瑞・臨遣而歸・未嘗得一聞清蹕之音也・馬公成進士・猶在神皇帝時期・於今而値明主當陽・旁求綜核・不遺餘力・公今而馳驅不遑・以赴期會・至于三朝・服其命服・垂珩璜・瞻龍衮・一何遭逢盛也・

夫覲之爲言近也・以人臣仰天子・論其勢・無異從海上望三神山・金銀宮闕・不可得見・矧羣仙嬉遊翔舞其間者哉・若是義何居焉・不肖以爲近莫近於人臣之一心・而可以通情穹霄・蔭戴元祉・非其地之謂也・詩言人臣之事天子

也．媚茲曰夙夜．夫非心與心本近而遠焉．肝膽楚越．雖日周旋于綴衣虎賁之行．無取也．積其精．無旁竇爾營．是之謂近．竭其股肱．無他歧爾奔．是之謂近．守爾塞．無以爾五官闓人之得失．是之謂近．以觀于我馬侯．則眞能近者也．忠裏而信□．即之如玉．望之如雲．其民畏而愛之．如師保父母．夫人爲臣而遠其君．且得近者乎．無有．君近矣．視其民若赤子之在於懷．無日而忘．公行矣．父老子弟其爲日以徯矣．家大夫持簡哂曰．小子何敢與知詞．其言覼．則其師訓也．以復于徐翁．使書之爲公贈．

黎烈婦傳

烈婦吾邑西湖張氏女也．父爲孝廉春宇公．婦生而慧．間從父兄所得古烈女傳．讀而愛之．欣然若想見其人．少事玉濤黎君仲子夢昌．比其歸．則夢昌已爲諸生矣．夢昌故羸劣．又進取意銳．時攻苦．下帷誦．誦劇病亦劇．烈婦於其夫．琴瑟靜好也．然緣此．事夫益莊．憂亦益切．歸數年間．生一女．夭．最後生男．纔數月耳．乃病．病則已不可爲矣．夢昌卒．烈婦呼號天地．期必殉．家人子日夕共持守之．不得間．而是時遺孤已先病疽殆．婦趣死惟恐不獲．夢昌卒後二十一日．晨起方奠．婦爲書一通．及衣履焚之几前．若相報死者．比瞑．抱孤兒膝上．洗瘡傅藥．淚下輒茹之．給乳兒嫗令先就枕．未成寐．顧索烈婦．則自經於廊簷之下矣．家人皆驚泣．恨不及．乃乳嫗言．婦知兒必不起．誓必死．誰能奪者．烈婦死夕．其明午．孤亦亡．盖素决也．比及殮．衣皆鮮以周．嗚呼烈哉．狀又言．婦性至孝．過絶於人．聞母病．憂濾不能食．父訃至．慟幾絶．居姑嫂妯娌間．所稱述惟吾節義中語．是所繇來遠矣．

外史氏曰．古之論女德者．曰窈窕．曰無非儀．以順爲正．如是而已．此其常也．至于履危見節．凛如霜雪．編列圖史．其人去之千載．猶有生氣．要以風世示軌．常變一也．晚近世所艷稱．惟烈與節．烈期之捐軀．庸情所怖．亦惟是身爲女婦．自弄瓦施衿之時．而不踐二庭之操已具矣．猝遇荼毒．生全維縶之間．慮殫終始之變．至痛不可割截．至苦不可調劑．不得已而引身自裁．一瞑而萬世不視．以謝所天．求仁得仁．其甘如飴．推此志也．雖與日月爭光可也．節則又異於是．夫我身也．夫死之日．而精魄已銷亡矣．猶舍囓卒酸．勉存餘息．或稱立孤遺．或圖厥嗣續．不幸而窘迫强暴．雖殘形毀髮．不易其志．白首幽憂．終畢其天而死．雖死猶不死也．譬之蒼松老柏．托根千尺之巖．陽律不回．而冰霜自傲．枝幹剝．膏液竭．而節目礌砢．必不與繁花野卉同日而腐．故曰節也．節之事苦於烈．而烈之心固可以爲節．殆難軒輊論焉．有如黎烈婦．夫死子又且死．身居其中．無可以生．而有可不死者．在此方寸間耳．吁嗟乎．偉哉．

臣事君與婦事夫．論者嘗相提其義．皆取於致命遂志．若所遘會．幸不幸有可得言者．今夫文信國之爲忠於宋也．萬世之嬰孺知之矣．然方其國亡主殞．身爲浮纍．羈棲于燕邸之樓．求死不得．至願有黃冠歸故鄉．卒之就義柴市．而始南向再拜曰．吾事畢矣．令元主聽公言．使得以黃冠歸．即歸而號召江南．欲爲所欲爲．其勢必無成以死．即不然．

而顧瞻遺社・徘徊痛哭・必下從彭咸以死・公節亦完・必稱心無憾之爲快・吾以爲猶不如陸丞相　身執羈靮・流離絕島・計窮道盡・含笑引義・與數齡帝子相扶抱・並歿于馮夷之幽宮也・信國盍亦不幸・而不得早畢其事以死矣・如烈婦固不快哉・是宜傳采之太史氏・傳之萬禩・爲女士式・固無愧焉・若予言則一吷而已・

鄧雲霄　字元度・東莞人・萬曆戊戌進士・官至四川參議・雲霄性廉正・有古大臣風・而博洽多聞・在都時・日集名流談論・每得一紙・即書投匭中・積久成帙・爲冷邸小言若干卷・與所著百花洲集・解弢集・四庫提要著錄・阮志注存・又有漱玉齋文集・今存・其紫煙樓竹浪齋等集皆未見・

重刻空同集序

詩者人籟也・而竅於天・天者眞也・王叔武之言曰・眞詩在民間・而空同先生有味其言・至引之以自叙・夫空同先生・跨轢千古・力敵元化・乃猶稱眞詩在民間・而夫子亦曰・斯民也・三代之所以直道而行也・以吾夫子之聖・不能外於斯民之直・空同先生・固聖於詩也・孰能外民間眞音・而徒爲韻語・

古者先王命太師陳詩以觀民風・吾夫子刪詩・先風而後雅・里謠途咢・至與清廟明堂之聲・同鏗鏗鎗焉・即清廟明堂・登歌賡唱・亦當矢口發籟・直布胸臆・非如後世文人墨客・抽黃對白・剪綵隋園・學步邯鄲・徒以韻語相矜詡也・自唐以詩取士・而詩道寖衰・而其眞而近古者・往往得於侘傺無聊不平之感・故眞者音之發・而情之原・從原而觸情・從情而發音・故赴響應節・悠悠然光景屢新・與天地同其變・徐而歌之・暢然愀然・足以感耳入心・移風易俗・美愛而傳・亦與天同其久・固知空同先生所以集大成・而自帝此道者・蓋有本矣・余之梓空同先生集也・豈自附汙不至阿其所好・夫亦願同志者皈依正覺・毋蹈野狐外道・抑嗤白雲秋色・中原紫氣等語之爲魔軍・余將倚劍空同而摧伏之矣・是役也・潘君景升校讎半載・深窺作者心苦・景升雅善詩・名傾江左・其欲皈依正覺・則猶余志也夫・

冷邸小言自序

今之官炎炎者居北・而南者冷焉・今之文人韻士・趨炎者駕而北・而不厭冷者南焉・余昔官南垣・所謂冷邸也・世之文人韻士過金陵・罔弗予顧・余時時倒屣・彼固有所見・非厭冷者也・乃時方執三寸管・議論天下人與事・然決不可以人之事・而掛文人韻士口・微特俗雅不入・亦虞舌鋒翻瀾・開他瑕釁・乃標一聯於澄碧亭曰・下簾成小隱・對客祇清言・又申約三章曰・過我者必塵外人・願共修塵外事・厥供焚香瀹茗・厥談品古論文・勿謔勿諜・勿道今人長短・客至遵約・雍雍愉愉如也・即座上常滿・而聲響杳微・闃若無人・及茗寒香歇・主賓都忘・徐出一言以相正・我言之而客校之・客言之而我讎之・覺有中矣・急命小史書而投之匭・以爲常・此雖冷談不急之務・亦省議論一端云爾・自予外補入湘東・復移營陽・萬山深僻・文人韻士歲不一至・憶往事如隔世・只有愚溪一片石堪對語・偶檢得前匭於書簏中・啓視茫然・可發一噱・因芟其玩世觸忌放言寓言者・投畀炎

火・所存者論詩什九・品古什一・不知孰屬客語・孰屬我語・總而署之曰小言・夫小言安足存・存吾昔時冷邸佳趣・將以寄諸同好・未敢輕以示人也・

羣玉軒集序

予入楚・鮮投予以詩者・訝楚固騷國也・何落落莫莫乃爾・已得伍大夫鏡湘集・讀而頗善之・雖骨氣未沉勁・然屬唐調也・後又得袁生伯瓛・氣味合伍・而高華稍踞其上・意湖南彈丸黑子地・遽得此・此何可輕視楚・楚固騷國乎・予未覩其大全耳・及予入郴・而獲交伯瓛之父岳部公・瘦勁淵穆・如崇山奧澤・深於龍虎・所著書雖得廣目・知其博於古而精於持論・文稱其人・然未知其能詩也・無何而公厭世去・伯瓛始手錄其遺詩・就予校・其中訛字缺句・未敢綴更・疑以傳疑・蓋其愼也・予時于役走武昌・得於輿中縱觀之・大都饒古意而傳今藻・寫情布景・奏聲揚韻・往往流自胸臆・悉協宮商・其訛缺者置勿論・論其完璧・居然巨手矣・予乃知伯瓛之淑於詩也・聞自趨庭也・夫湖南之在楚・袁氏一門之在湖南・此何異蹄涔寄大澤・乃余始得伍大夫・繼得伯瓛・又得伯瓛之父・皆足以張楚而抗衡上國・況全楚之大・余未及見者乎・余故曰・安可輕視楚・楚固騷國也・

昔韓昌黎送廖道士序也・謂郴之爲州・在五嶺半・州中清淑之氣・於是乎窮・氣所窮・盛而不過・必蜿蟺扶輿・磅礴而鬱積・意有魁奇材德之民生其間・而吾未見也・昌黎作序時・想未至郴・其貶潮陽也・未知過郴否・未知其能搜索魁奇如余與袁氏父子否・余將南歸・下瀧水・韓廟在焉・余當酹一觴曰・郴自有人・余及見之・楚未可輕視・楚固騷國也・然郴前有文簡何公・擅博雅・與李獻吉善・又不獨袁氏父子矣・

吾詩序

余獲交林元培・自丁未暮春始・彼時元培妙齡取高第・裘馬看花・翩翩然白晳綠鬢・長安噪謂誰家玉人・余時坐其傍・覺元培爽氣四映・不言不笑・自具風流・余私語同儕曰・此君宿世定詩人・叩元培以詩・恂恂不出口也・亡何・元培出守方州・已又厭簿書・求青氈靜寄・其嗜古益深・而賈勇益決矣・迨讀禮山中・交游盡絕・冥搜遐討・將莫窺其際・至於今其詩始成・而余宿世詩人之言始驗也・余量轉南還・避暑泉石・問閒花野鳥・皆索予詩債・而元培適寄所刻詩・臥而讀之・高情遠韻・麗句巧思・往往如元霜絳雪・不從人世來・擊節微吟・悠悠若有會・能使石點頭・泉噴珠以應也・甚矣・元培詩如其人也・而元培實自標題曰・吾詩・此皆所以爲元培也已・

夫吾者・不借於人・人不能借者也・今世工詩者輒曰・我漢我魏我六朝・我唐之初之盛・而附和標榜者・亦漢之魏之・六朝而唐之・而人終未與也・謂之曰吾・則人欲不與不可得也・元培不言不笑・自具風流・邇之者神爽而心醉・不必乞面於安仁・假靈於叔寶也・其詩若必取漢魏六朝初盛唐而斤斤摹擬・是活埋叔敖・而使優孟搖頭・抗袖元培・其屑爲乎・予知元培自有吾・吾自有詩・無用拾人餘唾爲矣・然觀元培所得語・或似李・似杜・似王・似孟・又或似江鮑

陸謝·大都傳神寫照·元培不自知·而時露其倪·此乃向者余定其爲宿世詩人·或此數公後身·未易測也·元培毋認吾爲吾哉·

李烟客詩集序

余素不喜人序余詩·恥受人諛也·已則恥人諛·而諛人可乎·故亦不喜序人詩·間有徵余序者·强而後可·必不敢過爲讚許·僅肖其人而止·則猶之乎匪諛也·顧獨喜序李烟客詩·其所刻羅浮稿·業已序之矣·烟客以近所得詩·倒篋示余·余津津有合·擊節不置·即走書促其鋟板·且曰·余爲若序·以共翔海內·於是烟客書來徵序·

客有詑其事而質余曰·子之不喜序人詩·素也·其序烟客數也·且又以書先·其工奚若·而津津擊節乃爾·余曰·烟客詩從王孟入·王孟者·詩家無上菩提也·余嘗評王詩·如珠瓔寶絡·具莊嚴相·然如意指點·寂若無言·孟雖破衲芒鞋·而一鉢之中·降龍有餘地·蓋其性沖·其精舒·其味淡而實腴·遊夫六虛·悟夫眞如·烟客學之·閒適恬愉·肖其神·澤其膚·蓋已具體而微矣·客曰·工一至此乎·人亦有言·詩能窮人·又云·詩窮而後工·烟客屢不得志於青衿·且家徒四壁也·可謂窮棘矣·工或由是乎·余曰·詩由胸次·不由窮不窮·王之右丞也而工·孟之衣褐也而工·總之胸次灑落·心中無一物·筆下無點塵·彼其視人世窮達·猶土苴也·故吐出皆天際眞人語·倘爲窮所縛·胸中愁苦逼窄·語必蹇澀乾枯·如郊島之窮·愈見其不工耳·且孟嘗與客飲酒樂·留連不去·寗失要津期約·玄宗臨况·出床下而陳詩·使其時肯作一乞哀狀·安知明主不憐才而致通顯·彼固夷然不屑也·烟客今固窮·其豪宕放曠如故·已酷類襄陽·且其年甚富·途甚遙·才又罔不饒·肯移其工詩者工制義·安知右丞不唾手得·其窮亦易瘳耳·故窮不窮·不足以定烟客·惟工可以定烟客·能於百尺竿頭更進·則今所云二者·亦不足以圉烟客也·是在烟客矣·予則安敢諛·

王右仲慙陶集序

昔蜀人王庠以文干黄魯直·子瞻寓書爲先容·其畧曰·庠文行超然·筆力有餘·出語不凡·其人有致窮之具·而與不肖親·又往求魯直·其窮殆未易瘳也·余讀之·不覺失笑·咄咄·子瞻英雄欺人·彼謂文致窮耶·窮致文耶·窮固不必瘳·窮入膏肓·正文人得趣受用處也·子瞻才高戇直·時宰欲殺·遠竄瘴鄉·而黄·而惠·而儋·轉窮至於託身無所·借桄榔餘蔭·蘧廬其下·含荼茹蓼·爲千古文士所未嘗·至窘矣·然其窮轉劇·其文若詩轉工·試披子瞻謫後語·往往似長康啖蔗·漸入佳境·洵哉·窮最得趣·子瞻蓋酣暢其中·未易以語人也·前言戲之耳·

余無文解送窮·日與窮習·友人王右仲自四明來·與余習·至則剪園蔬·烹海小鮮·濁酒相勞·交意甚淡·稱我如水居輩行人·與語·語輒高曠玄遠·與論詩·倡沖深惟·泊而有餘味·余謂子實異人·必獲授異書·右仲曰·吾師五柳先生·因袖游詩一編示余·標曰慙陶集·余笑曰·師而慙之·有說耶·閱詩所涉歷·由錢塘走臨川·踰大庾嶺·下英州以覲于余邑·所至學臨邛司馬·遊以資行槖·意或有慨

不愜・若境之山川名勝・詞人韻士・時躡屐把臂・意氣相歡・則罔不愜也・其中旅況・悲喜萬狀・畢收於詩・罔不激而温言之也・豪而約言之也・奇而夷言之也・可欷可涕・而嬉笑言之也・其學博・其脉清・其力大・其氣和・其興寄・悠然令人心醉・即近調不拘陶體・而竟況酷傳陶神・眞脱胎換骨於五柳門前・探環再世也・閱集所自爲序・深推服陶公・謂其屢空晏如・躋之顔氏列・又折腰之辱・甚於躬耕乞食・能道陶公心中事・念兹游苦窮所迫・有求之態・辱於折腰・集以慙陶名・大抵發憤所爲作也・余因舉所評子瞻書中語以謔右仲・子非慙陶・蓋慙窮有求而欲瘳耳・余非魯直・未易瘳子・子窮若坡公・自不必瘳・夫以久仕之坡公・轉謫轉遠也・而詩工・以初仕之右仲・轉遊轉窮也・而詩亦工・子詩能逼陶・去宋調遠矣・毋庸慙矣・余不能效昌黎爲子送窮・且效段成式爲子留窮・當囑司命君・晉子廣文片氈・冠南宮・坐玉署鳳池上・終子身爲清郎清卿・不許作肥腸滿腦語・以辱五柳・子得然否・右仲相視而笑曰・予慙陶・亦戲言耳・遂書而弁其集以行・

披帷館詩序

季琳陳公・以右伯分部嶺東・於時山海寇並張・公建旌提鼓・挾經秉枹・拒寇虐于壘宮緹壑之外・而內以固其牖戶・剗奸密隙・飭法宜民・令下即循・惠施即被・四境之內・得以保室廬而甯婦子・公賜也・公處倥偬中・政事治辦・神氣整暇・敦綽雍容・嘯歌不廢・李刺史從公治兵海上・公餘出詩一帙・刺史校讎而授之梓・私以示余・余廢詩凡兩載矣・始拭目而誦公詩・謹拜手而揚言曰・幸哉嶺東之得有公・又幸哉吾嶺東百世後得長有公也・羅浮奠鎮以來・敷仁覃化・其間惠露二天・仁風十地・豈曰乏人・而民間所傳誦・獨韓昌黎蘇長公・聲施至今・童孺悉知其名也・何哉・澤有時而斬・名有時而堙・未若文章之無窮・兩公詩文・照映百代・流風遺韻・繫于人心・故山曰韓山・水曰韓水・豐湖鰐渚間・蜿蜒若垂虹者・曰蘇公橋・蘇公堤也・公文章宿老・涵古茹今・是韓蘇一流人・丰神氣韻・嘗抗之千載・上與古人相酬・購三代秦漢來鼎彝法物若名書畫・置几案間・兀然玄對・謂勝與俗輩語也・公自爲染翰・畫入能品・藝林得公片紙・以爲至珍・其清尚如此・故發而爲詩・語多古腸・吟無滓韻・指物程形・無暇顯書・似詩中有畫・質栗然而古・光油然而幽・味黯然而長・似詩中有古鼎彝・其奇崛勁峭類昌黎・其跌宕縱横・窮情盡態類長公・每得一篇・朝成暮遍・傳寫流聞・又如昌黎驅鱷之篇・長公寓惠之作・家哦而戶誦之也・

公閩之莆陽人・閩詩自洪永時・十先生專譚興趣・其言秀潤而典暢・弘正間・敦尚氣格・鄭吏部執規杜陵・與何李邊薛・並驅一代・學士翕然宗之・今海內且競爲新聲・氣格漸靡・而閩之君子・守其先型・獨存正始之音・雄鳴于天下・以觀公詩・不其然乎・公於閩・一矢代興・則爲十先生・爲鄭吏部・公爲政于粤・粤人爭尸祝于昌黎長公之間・夫昌黎長公・當崎嶇流竄之餘・流風遺韻・永世不磨・公銜天子命・建牙一方・向用方新・出其經緯壯猷・揆文文治・奮武武飭・施澤於民・既溥且長・非兩公比・公詩又乘閩方

張之氣・叶調諧格・其奇藻遠致・當永與羅山惠水相暎帶也・誦其詩・知其人・吾嶺東百世後・長有公在・遂與昌黎長公並爲鼎足・羅山惠水・不亦大有榮施哉・

天尺庵記

余登祝融峯巔・苦乏可少憩處・乃指其稍衍地示僧曰・此宜庵以待濟勝者・余將時時據悟・其可乎哉・僧曰・峯高多烈風・瓦如飄籜・且雖峯也・若坐大海中・茫茫雺霧・濕氣蒸浥・棟蝕榱朽・不數稔而輒摧・雷雨雖從峯下・度毒龍亦嘗過而問焉・攫之爲烏有矣・故絕頂鮮卜築者・余曰・不然・巔之石・嶄嶄嵒嵒・罔有能飄之浥之摧之攫之者也・太上貴因・余因山所有・石其壁・石其棟榱楣櫨・其瓦也・以鐵易陶而鍵焉・其底於永乎・夫鐵者毒龍之所畏・而石者風之弗克舉者也・衡山何令力贊余成・余乃捐俸而經而營・不數月而落之・製雖狹而堅・求其可憩爾已・求其無飄之浥之摧之攫之爾已・庵成・顏之曰天尺・顏亦用石・獨木其扉・以石重難掩・木卽朽易新也・

客有謁余而請曰・茲庵也・其去天尺之義乎・余曰然・曰・然則山可抗而高乎・天可抑而卑乎・祝融雖高・其去天不知其幾千萬里也・奈何其尺之也・道家稱・六天爲欲界・十二天爲色界・十四天爲無色界・而內典所名天・尤層累焉・是未易以千萬里量也・奈何其尺之也・余曰・欲界天去色界天遠矣・色界天去無色界天益又遠矣・既無色・更何界・既無界・更何名・其有欲有色者・人天也・其無欲無色者・天天也・余之庵・以待色欲兩捐者之憩之也・冥心游神・滉瀁空洞・其去天天也・不隔一微塵・顧愕愕焉駭尺謂近・而其猶有人之心也夫・然則茲庵也・憩無其憩・非鐵・非石・非棟榱・非楣櫨・非顏扉・非風・非龍・非霧・非雺・亦非祝融・誰飄之・浥之・摧之・攫之・誰受風・受浥・受摧・受攫・誰無飄・無浥・無摧・無攫・余愧庵之强作・而驚子之愕愕也・峯之西・有不語僧・試往問之・

重修石鼓書院鼎建大觀樓記

宋時海內有四大書院・而衡陽石鼓居一焉・至今不廢・夫石鼓一拳石耳・何足大・大以書院也・海內爲書院者衆矣・茲獨列四大・大以人也・然則茲院之興廢・蓋道派之絕續・四方之觀瞻闗焉・余乘乏湖南・有慨然於楚俗之剽悍・而未易陶也・推其故・由敝於士習・夫士者・四民之表・而書院者・士之市肆也・院久而頹・講業無所・絃誦闃寂・學荒習媮・蚩蚩近民・且以吾儒爲詬病・而況能式四方・余甚懼焉・會直指史君廵行至衡・其致慨於楚俗剽悍・猶余志也・登石鼓而遐眺曰・鑄士陶民・民其在是乎・何其頹而隘也・士安栖矣・乃指其巔曰・盍樓諸・又次第其殿祠號舍曰・盍新諸・已而又曰・茲舉也・爲鑄士以陶民也・其無煩我民・我兩人亟各捐俸・爲守令諸公倡・於是醵俸庀材・鳩工募夫・不數月而樓成・簷牙嵌空・流丹若虹・四面玲瓏・言言隆隆・殿宇號舍・罔不完葺・交映而鬱葱・諸士可聚業樂羣・而絃誦其中矣・余請樓額・直指曰・宜大觀・樓下有堂・郡邑諸公請余額・余曰・宜迴瀾・多士進而請曰・樓堂之額・其說云何・余曰・淺言之・在境也・深言之・在心

也．又深言之．則帝所以帝．王所以王．師所以師．一以貫之者也．

夫登茲樓者．揖衡岳．拱九疑．襟攬三湘．眼空七澤．觀非不大也．而非其大也．余慨然弔古．不下帶而道存焉．而不見樓前荒陌．非大舜南廵之轍跡耶．望裏江流．雲沙浩浩．固神禹所爲開玄夷．而厪疏瀹處也．夫舜禹而相終．而帝王都豐食腴．居尊而處逸．可以自大也．乃僕僕焉不憚廵行方岳．車殆馬煩．卒歿身於荒服．甚至股無胈．脛無毛．手足胼胝．面目黧黑．甘臣虜之作．又何小也．乃孔子稱之曰．巍巍乎舜禹之有天下也．而不與焉．夫有天下而不與．可以語大矣．孔子登東山而小魯．登泰山而小天下．東山泰山．非獨孔子登也．而孔氏獨能見其大．以其心舜禹之心．而不局其量也．夫萬物一體．六合同量．故孔氏曰．吾非斯人之徒與而誰與．卒至轍環老死而不悔．依然舜禹家法矣．故小其身乃大其心．以身勞天下者．心載天下者也．彼二氏者．淪空躭寂．其人之存亡．曾不足當九牛之一毛毳．彼自謂大耳．曷大焉．又况乎競利于錐刀．爭名于蝸角．一居要津．僅固榮寵．不復天下國家之計．此夫猶存乎蓬艾之間．安知大爲何物．雖然．有所以大者也．大之本在剛．執夫大者量也．虛而圓．剛而執者力也．實而方世．未有心不鎮定而能任道載天下者也．

夫以天下與人．至大事也．易禪而繼．至涉私也．恡者不能與．避嫌者又不敢不與．而舜禹不以驚其神．此猶其常者也．納于大麓．烈風雷雨．一何危也．浚井焚廩．命懸呼吸．一何厄也．黃龍負舟．江水逆擊．舟中之人．五色無主．又何濱死而岌岌也．乃舜禹不愆其度．盡孝友之經．安性命之故．倚床而琴．視龍如蝘蜓．與孔子之圍匡絕糧．安閑一致．此至大所從來．而負載天下之根荄者也．而又不見樓前片石耶．砥柱雙流．力敵陽侯之怒．狂瀾東倒．障之而廻．然後乃可以石載樓．樓載人．人載心．心載天下．苟石鬆而土虛．蟻穴一决．汩沒漂決．斯樓也．當在歷陽之都矣．尚能嵌空流虹．言言窿窿．而稱大觀耶．故直指命樓取其大．余命堂取其剛．夫大者弘也．剛者毅也．大者主識量精也．剛者定力一也．故曰．帝所以帝．王所以王．師所以師．具是義矣．

諸大夫士又請曰．今古遊茲院者．若而人矣．孰能當此者乎．余曰．嘻．茅靡波流．滔滔皆是．所謂舟中之人．五色無主者也．奚諸大觀．無己．其近之王湛耶．具體而未大也．遠之朱張耶．大矣．而未化也．夫酌水尋源．登岳循磴．從數子而入．可以不失道矣．余不敏．顧與吾儕交勉以光勝地．軼前人．式四方．陶蒸庶．此非獨余志．亦直指指耳．是役也．直指史君捐俸二百六十金．余一百三十．衡州府楊知府．鍾英强同知．有義許通判．世卿羅通判．三達李推官汝登．各二十．衡陽羅知縣夢暘三十．而董其役者．衡州衛經歷邵士翼也．直指諱記事．關中人．廵方剔蠹敷膏．特重文教．茲樓也．其他年之峴石乎．余何幸得紀其盛．

鳳臺詩社重修記

莞邑治西南隅有道家山．上清觀跨其巔．傳建于梁武帝時．至宋．蘇長公題其額曰．金闕寥陽之殿．繄維古矣．當山翠微．有臺屹立．故老言．昔鳳凰嘗集其上．邑之詞人墨客．相繼而興．結社台傍．已百餘年．卷帙繁富．往往闖唐而逼漢．海濱鄒魯．地以人重．所繇來也．歲月深積．台榭圮傾．余髫年讀書西垣書院．與社爲鄰．暇日倚台高眺．萬家煙樹．遠海風帆．爭入筆格．羅浮秀色．可綴而餐．觀中鐘磬笙簫．泠然清韻．宛作鳳音．縹緲穿白雲而繞天外．但覺子晉簫史．皆來親人．興致翩翩．殆對僊去．猶恨榛蕪枳足．欲新之而志未逮也．十餘年浮沉宦海．往事如夢．及戊申冬過里門．則台榭若增．而高堂廊庖湢．翼如煥如．大非舊觀矣．問誰董事．則東洲何君儉．問誰贊相．則見陽何君蓋．恕亭陸君禎．其餘醵金共助．又若而人．丹堊益鮮．梧竹交映．鬬韻賡唱．履相錯而肩相摩也．陸君故社中人．謬謂余詩爲東南一時領袖．願丐一言以紀其勝．余謝不敏．勉而諾之．里居紛沓．胸中作惡．無暇載筆．之官金陵．忘卻文債．以起草奪之也．陸君時移札來徵文．余謂興致不到．終覺蹇齒．偶以上巳之日．拉江左詞人五六輩．登金陵鳳凰臺．揮杯舒嘯．慷慨懷古．嘆六朝殿碣．盡寒煙野草．而太白三山二水之句．猶與長江共流．詩之足興如此．因憶故鄉亦有鳳台．與金陵相頡頏．不知此日舉杯者幾人．揮毫者幾韻．鳳去台空．兩地一致．而太白之豪懷逸調．信爲詩家鳳皇．後進不追踪古人．祇搶枋榆．學斥鷃耳．奚詩之能爲．抑詩之爲道．元本於樂．伶倫得樂之先矣．亦惟是製十二管．聽鳳凰鳴．雄鳴爲六律．雌鳴爲六呂．此天地之元氣．詩家之妙竅也．故登鳳臺賦新詩者．當令青蓮金粟．鼓舞筆端．清逾洛浦之吹．韻戛秦樓之曲．必有九苞五彩．翩翩來下．和我嘯歌．寧止文成夢吐鳳而已．余雅有詩癖．今且倦遊．社中其虛右哉．歸將狎主齊盟．與故鄉墨客共成勝事也．因先移文以訂之．

通政韋所顧公義助長洲縣十一都役田記

先是韋所顧公捐資．新厥祖塋．歸然京兆阡矣．已又建祠置田．供具春秋燕毛之饗．王徵君穉登．江令盈科艷其事．語具前記中．乃公好施不倦．近復罄橐中裝．買腴田百畝．以助十一都之疲於役者．蓋十一都公之枌櫝存焉．施由近始．論者謂公之修塋祠置祭田也．其重本也．以敦倫也．田而助役也．其賑匱也．能濟衆也．其行之有序．埒於晏子．而澤之及遠．軒于文正．若都父老子弟實深德公．而謀記於余．余謝不敏．進父老而咨之曰．若之德公者以利耶．以義耶．如以利．若輩任德耳．如以義．則余與若實寵賴之．蓋往役庶民．義也．邑故事以田定役．役不上貴顯．而觭重於民．民以田多爲諱．以善詭爲巧．千萬斯倉．東南其畝．慮無不三窟而旁爲匿者．雖有膴仕．不勝其松蘿葛藟之愛．往往借其名以行．故豪家之田如瓜分．而役如兔脫．單弱之戶．租稅所入．不足償豪家子錢．乃無歲不疲於奔命．盻盻焉將撤其甯宇．而剪爲逋逃．挺而走險．急不擇音．轉相欺謾．以祈釋擔．錐刀必趨．牙角競起．甚至兄弟鬩于牆．姑婦勃谿于室．夫吳非三讓所挺直之鄉耶．而囂然至此．致使縣官有蒲不堪鞭．而桁楊不勝試也．則大義不明．而人之沒於利也．余每仰屋而歎．以爲欲求平役．當先市義．乃顧公實獲我心．倡此義舉．常誓於衆曰．吾幸備員列卿．

位在日月之際・主恩渥矣・吾庭能旋馬・而饘粥粗具・腆矣・人臣之義・急公而後私・吾卽貴不當役・王士王民・吾何有焉・且民有偏瘠・吾手足之不仁也・吾又何愛・所捐者沮洳磽确・取數多而實鮮・不如勿助・助而必腆・雖儉其數・吾罄吾槖・盡吾心耳・吾督之以家喚・主之以紀綱・一粟所入・貯于祠堂之左・用以輸公之餘・悉以佐往役者・急俾貧者役乎・願給者聽・卽富而能力自乎・願給者聽・□□□□者曰・民役分耳・公貴人何乃助我・我向者匿而役貧非歟・王士王民・我則猶民也・何所逃于天地之間・貴者聞知而後喜可知也・曰・備員受祿・我則猶臣也・松蘿葛虆・皆公家物・我不能捐己利人・顧庇人牟利乎・於是相率南軒返旆・而竭蹶於義路・故役無所不公不平・而訟無所不怠・利無所不迄究・至蒲鞭生網塵・而公庭可羅雀・余不敏・得藉平以報・三讓君再見上古面目・司風化者與有榮施・誰之賜耶・故曰・此義舉也・余與父老子弟實寵賴之・余當先若輩以謝顧公・安敢以不文辭・而申之以義利之說如此・

增城邑侯喻公去思碑

世之善患者・始獵名・既獵・撫位快捷徑矣・比其去也・又欲獵取輿論・於片石者亦欲獵取・去者見我德・希後來恩・是官與民交相獵・以有此片石也・乃字曰去思・非思其人・思其名位之赫赫者耳・若是則政飾而民欺・墮淚之碣・不可期於世矣・媚風愈煽・吏治大壞・余甚憂焉・有官於此・爲治毋近名・市德不避謗・家視邑・子視民・下頌而上忤・竟失意去・不惟無赫赫名・且奪厥位矣・後來之恩何有・然士民思之・久而彌摯・此其政非飾而民非欺也明矣・近乃見之增令喻公・

公初令澄鄉・治行籍甚・調增邑・下車飾百度・嚴一介・茹苦而分甘于民・催科肅程・限民自樂輸・鞭箠聲希・堂簾琴韻冷然也・訟者追呼就聽・只以片紙榜其人門口曰・縣呼若限某日至・民罔不至・至乃聽・罔不中情實・而以寬政貸之・其御吏也・芒寒色正・笑比河淸・舞文奸胥・噏指睨視・弗敢弄威・惠大行・民飲醇而吏負霜者・甫一期・忽以內艱去・萬井悽然・如離襁褓・久乃聞其左遷休致・益爲感動悲憤・其思愈深・邑大夫士若民・謀勒厥美于石・徵文於余・余辭不文・若道其實・則授簡而可・因述美績概而詮次之・知其民非欺而官非飾・余亦逭諛言之誚・以毋齾筆札・幸多矣・昔人傳循吏・鉅箭鈎距者・多負赫赫名・而民鮮去思・所思者乃在鏟耀無奇之何武・余昔承乏諫垣・糾銓巡一疏・專欲報循良・而抑浮競好名躐進吏・語侵當路・竟外補・今銓次喻公政・實不覺爲世道長太息・然喻公官如何武・而碑若峴石・視彼赫赫者孰榮・余爲之執鞭・所忻慕焉・公諱子賢・江西萬載人・以孝廉起家云・

馮昌歷　字文孺・順德人・萬曆庚子舉人・銓寶坻知縣・以母老不赴・授徒里中・講主靜之學・預知卒期・弟子爲建祠・私諡曰明善・著有一樹齋集・阮志著未見・

答梁騰宵

憶癸丑東西南之役・足下與仲安實送江滸・床下團欒・

燈前問話・老人歡喜破顏・屬余再三・當是時・二君勇猛擔荷・鬼神實聞・方今法道衰微・正賴二三君子・遭際明時・光揚震耀・此老人末後一段公案・未曾結絕・非足下諸君誰任之・仲安書來・深疑舉業非道・此是第一等卓識・但直正學道者・亦自門門可入・昔人所以有不怕妨功惟患奪志之說也・若於發志時一念相應・卽以舉業入聖無不可・不然・卽入八萬刧大定・亦沒交涉矣・乞與仲安商之何如・然有一說・昔白沙子語羅一峯先生・欲理會著述及諸事業・莫若打疊・令潔潔淨淨・非全放下・終難湊泊・自文成以來・諸公亦皆作如此說・乃知放下二字・是舉子業秘傳也・昨寄來四作・自應有人賞識・但覺矜持稍過・似未能忘情得失者・夫得失則天定之久矣・又誰定・昔龍溪子一試南宮・未第卽焚路劵還學・文成强之北・則買大舟・聯同志・良知之外無講・傳習錄之外無書・比入試・策士者方詆新學・同門有不答而出者・先生與錢緒山・獨發明師說・亦以見錄・天之所與・人不能奪也・若不開此一副眼目・一味與世浮沉・雖得之・君子弗寶也・何足算・何足算・文成亦云・公等以下第爲恥・余以下第動心爲恥・夫恥下第者・未必上第・不恥下第者・未必不上第・此已試之明驗也・願足下只一心理會・道眼明白・臨文稍加之意焉・天機湊泊・文成龍溪事業非難也・騰宵勉之・

汰多先生說

汰多先生者・其始號曰太初・太初之言曰・吾向者蓋未嘗有我・安有氏族名字・仰俯依託・況支離人以見聞・添設之以問學・紛紜轇轕乎人情世故之變態・而吾始脊脊多事矣・今吾將更吾太初・號曰汰多・子爲我言其意・見如子曰・又多乎哉・吾見初太者之混混淪淪而已・將烏乎增之而烏乎汰之・先生曰・吾將汰吾之多見以收吾視・汰吾之多聞以返吾聽・汰吾之多智與故・以返吾何思何慮・是之謂損之又損・以至於無・庶幾乎復初之實功・見如子曰・夫見聞智故・猶之乎混混淪淪而已・又多乎哉・先生曰・雖然・吾不眞實致吾汰多之功・未有能待夫混混淪淪者也・南海之帝爲倏・北海之帝爲忽・中央之帝爲混沌・倏與忽相與游乎混沌之地・日鑿一竅・吾惡夫多之爲混沌鑿也・是故汰之・見如子曰・然哉・故廣成子曰・愼汝內・閉汝外・多智爲敗・目無所視・耳無所聞・心無所知・神將守形・可以長生・吾蓋從事於此而未能・雖然・亦悟夫太初而已矣・先生若悟夫太初者・一卽多・多卽一・先生若不悟夫太初者・多愈汰・汰愈多・坐有客曰・汰多先生也・太初亦先生也・更其號・不更其人・又多乎哉・見如子曰・呼汰多者・先生應之・呼太初者・先生應之・應之者非太初非汰多也・先生倏然若有契焉・色喜曰・善夫・子之示我眞實工夫也・子姑號吾汰多・吾將徐悟夫太初者・而以復于子・

友聲錄序

余觀士・未有無所好也・祖士少好賄・王武子好馬・杜元凱好左氏傳・而阮遙集好蠟屐・嵇叔夜好鍛・此其至無義味者・然當其揚錘火蠟・目中無人・天地之大・萬物之多・曾不足易其心・此其故非獨他人莫喻・卽嵇阮自觀・亦復不

能自喻．其故何者．其好之篤至也．而人品已殊絕千古矣．而况好友乎哉．鄭當時好結納．客至．無貴賤賢愚必通．戴洪正獲一密友．則焚香以告祖考．而書于冊．孟嘗信陵諸公子．至傾邑入以供之．然且不足得一士．若夷門抱關鼓刀．以屠賣漿博徒．咸屈己下之．而尙恐其不我欲也．嗟乎．古人之用心．何其獨與人殊絕也．齊桓有言．士驁爵祿則輕其主．主驁伯王亦輕士．雖然．爲伯王而好士．猶非好耳．展也．鍛也．而伯王乎奚其好．古之人．其天生若火之熱．水之寒．然亦自不喻其故矣．周公聖人也．夜讀書百篇．晝見七十士．至方食．日吐哺而迎之．後世莫不傳頌．然予獨深怪其吐哺時．其用心果何似也．而有能喻其肺肝者乎．蓋古大聖大賢之用心．獨與人殊絕也．故其詩曰．相彼鳥矣．猶求友聲．矧伊人矣．不求友生．

潘君孺朗．我邑名流也．其先秘書．交遍海內賢豪．而孺朗繼起詞林．行將樹幟藝苑．頃予友人羽仲氏．館於池亭．又謂孺朗誼至高．翩翩有文章．且尙意氣．敦孝友．余固心就之未能．而孺朗則時時惠寄余．寄余詩及友聲錄．余讀之而嘆．語曰．不知其人視其友．是錄也．其人則海內名流也．其言則友聲也．青蓮子美．其篇什遍海內．而酧答者不少槩見．今乃能裒集之無少逸．其愛護之情．有過古人者．余觀孺朗所居多素封．所好宜莫如士．少武子．上至杜預止矣．而且爲當時．爲洪正．爲薛公．爲無忌公子．進而日見七十士．不難也．士品成於所癖．所癖成於所嗜．所嗜成於所習．習慣自然．遂能上友千古．是故可以箕踞蠟鍛不爲傲．吐哺握髮不爲恭．其性成也．孺朗勉之矣．余孤立無友者也．而自謂好友之情．殊絕千里之外．百世之遠．得其片語隻字．則神爲飛越．獨奈何所欲友者．皆未易得相見之人．而其易得相見之人．又不余好也．幸哉孺朗．余故於友聲錄而三致意焉．重有羨焉．又重有感焉．作斯序．

馮奕垣　字弱璧．南海人．萬曆辛丑進士．選庶吉士．補監察御史．所上二弊五窮挽亂圖治任輔臣平銓政諸疏．皆宗社大計．巡按貴州．値苗民土司交訌．奪印．奕垣殫心規畫．黔蜀民得息．以積勞遘疾卒．贈光祿少卿．

挽危亂圖治安疏

題爲國家已亂．社稷已危．時事日非．懇乞皇上大奮乾綱．亟反今時敝政．更弦易轍．以挽危亂．以圖治安事．臣惟天下之患．莫病於危亂已至．而人不言．莫大於危亂已成．而人不知．莫甚於明言之．明知之．而自以爲不危不亂．尤莫慘於自謂不危．益以造危．自謂不亂．益以釀亂．而莫之止．夫人不言．是壅塞之患也．猶可開也．己不知．是蒙蔽之患也．猶可通也．惟明言之．明知之．而自以爲不危不亂．坐於針銼之下．臥於厝火之上．傳所謂安危利菑．樂其所以亡者也．不救之術也．自以爲不危．反以造危．自以爲不亂．反以釀亂．水已深而益深．火已熱而益熱．漢臣司馬遷所謂河決不可復壅．魚爛不可復全者也．欲救而無所施之術也．皇上以今日之天下爲未危耶．危而未甚耶．未亂耶．亂而未成耶．諸臣之言危言亂．皆欺耶．皆張皇其說．以懼陛下．而百無一驗耶．夫百無不驗．非眞不驗也．驗未來耳．待其來而大事去矣．陛下如不諱危亂之形．

臣請得熟數於前．先言臣所按之貴州．然後及其他．而陛上試垂聽焉．

貴州古鬼方地．界在絕徼．大抵皆紅仲猓犵．遞服遞叛．商者不願出其途．宦者不願入其地．是危亂之鄉也．然而昔猶未甚也．乃今日之貴州何如哉．自二酋搆難．而永寧之闔衞危．兩安爭衡．縱賊出刧．楂木林上下．鞠爲盜藪．而烏撒危．揚燧招納亡命．犯我疆界．逼我軍民．而平越湄餘之境危．苗雖經剿．時猶出沒．各土司橫梗．阻我漢法．驛遞疲憊．倉庾若洗．而闔省之道路城市無不危．臣與撫臣．晝夜拮据計處．尚未盡得帖然．然此猶自一省言也．赤金未罷．礦徒者散．採木之使雜遝．扇絹之供無已．而滇蜀危．火落赤大舉掠番．三秦之民．投入虜地．化爲盜賊．潞紬落絨．日取日增．追呼之使．急如星火．而山陝危．逆宗叛於武昌．狂童躁於麻城．羽流橫於承天．而三湘七澤之間危．山海屯軍．久遭椎剝．人人思亂．青萊倭警．乘風猝至．未得安枕．而山東遼左危．妖賊劉天緒護國僞封．龍華僭號．白下之變．幾成斬木．江南糧長糧運解．納墊不堪．朶顏段疋．日增日挾．歲派百倍．膚髓俱竭．而三吳兩浙危．饒之燒造漸加．福之機戶日困．漳泉黨結．白蓮妖聚．而江右七閩之間皆危．關津塲市．布列參隨．躑躅炰烋．慘過强賊．珠池之採徒猶聚．蒼梧之虐焰若焚．而粵東西在在皆危．然此猶自皮毛言也．長昂勾虜入犯喜峯．班白連闖掠遼薊．京師爲之震駭．陵寢幾於搖動．而肩背危．安定門外．白晝搶軍．崇文城裏．明火行刧．團營之卒．大率市傭．不任羽林宿衞．殭半老弱不堪．太倉冏寺．罄焉若掃．而根本之地危．飛語甚於刀鋒．紅批慘於駕帖．鹿馬走於階庭．而肘腋之地危．陛下坐危亂之中．人皆知之．而陛下若不知也．人皆憂之．而陛下若不憂也．感時憤事之臣．舌敝唇枯．曉曉爲陛下言之．而陛下若不聞也．賈誼曰．癖者一面病．痱者一方痛．今面面皆病．方方皆痛．節節皆腫．即岐黃侍側．診脈治之而指不勝按．藥物囘之而劑不勝調．痿然爲尫羸病廢之夫．旦夕待盡．而淹淹無復生氣．夫陛下而聽其尫羸病廢．旦夕待盡．則已知不安於尫羸病廢也．

臣請自陛下之元神始．陛下之癖．在於貪財．臣今第言貪財之禍以儆告陛下．則陛下不信．顧陛下所獲於天者壽也．臣所朝夕虔拜祈祝於陛下者亦壽也．然必元神日固．斯元氣日倍．而貪也者非養神之道也．陛下試思採權以來．斂幾多咀呪．角幾多口舌．受幾多含忍．費幾多關防．扃鐍如是．而心有不懊乎．神有不耗乎．昔晉有二臣．祖約愛錢．阮孚愛屐．人有造愛錢者．正料財物．客至．屛當不盡．餘兩小簏．傾身障之．流汗浹背．已而造愛屐者．惟以蠟治屐．神閒意暢．夫流汗浹背．其煩苦可知也．陛下所愛者逸也．所惡者勤也．顧天子一日萬幾．豈游閒者比．故幾務之來．隨剖隨決．則綽有餘閒．若今日停閣．明日復來．明日壅塞．後日復來．愈閣愈冗．愈冗愈厭．夫愈冗愈厭．其煩苦又可知也．臣非欲予陛下以勞．而奪陛下以富也．不勞不逸．不廉不靜．性靜情逸．保身保民．萬年永永之道也．此臣以養元神爲陛下勸也．

又請自陛下之心膂始．宰相者．陛下之心膂也．漢丞相何亡．高帝如失左右手．今陛下之心膂亡久矣．亡而猶不思所以補之者・得無謂獨任亦足以成治耶・無暇遠引・嚮者陛下曾獨任矣・固寵逢君・陷陛下於過舉・至於犯淸議・庇私人・衆口囂囂・然後含詬以去・此前事之不忘也・夫獨任之弊有三・相府之地・名爲政本・使中人居之・則畏權如畏職・而泄泄悠悠・一於避事・使不肖者居之・則嗜寵如嗜味・强足以敵公論・而威足以箝衆口・擅權賣重・而卒至於敗事・即賢者居之・辰而入・申而出・顧影無偶・亦孤獨劬勞・而不免於誤事・如輔臣賡往年直事閣中・曾補牘囘天・殊快人意・今大權在業將一年・乃未聞調元轉轂如曩時・而一二弊政・似又甚之者・豈前後兩截耶・抑密勿之中・無與共事・心力最苦・欲有所斡旋而不能得耶・陛下念閣臣不可獨任・政本不可久虛・則何不亟於置輔・而當置輔之始・又必廣其額・無限其途・苟其有相才相度相品相望・爲人所推服者・耕亦可・築亦可・六部亦可・邊臣亦可・驗之人情・參之公論・有如推舉・不狥情植黨・不協人望・聽臣等參核・昔宋司馬光相・四夷皆聞其名・富弼文彥博相・朝野相賀・仁宗喜謂歐陽修曰・人情如此・豈不賢於夢卜・至王安石相・而袖中之彈文出・裴延齡相・而陽城之白麻裂矣・此二四臣・其賢奸忠佞・豈待嘉元治平李韋朋比・青苗手實害及雞豚之後・而始見哉・故臣願陛下之急於置相・而嚴於論相者此也・

臣又請自陛下之股肱始・傳有之・尙書猶北斗・故天無北斗・則無與斟酌元氣・而四時失其序・二十四氣失其調・今六部尙書僅得其二・十二侍郎僅得其五・而其中猶多不滿人意者焉・至於各省撫臣・鎭鑰一方・安攘攸寄・必安其位行其志・乃能舉職・乃今有憂制而不得代者・有被人言累疏而不得去者・有不得代而徑離任者・各省監司・畫土而轄・分疆而治・上佐撫臣・下制百司・所係豈細・乃今有缺而不補・補而不黜・至地方千里・而竟無一道彈壓者・各有總兵・下有參遊・又其下有備哨・一切軍情兵機・悉稟調度・而盜賊衝隘・去處猶屬喫緊・乃今有地居險要・勢若燃眉・而久虛無人者・夫時當有事而死職・死鼓・死封疆・死社稷・可生可殺・而不可使離居者・豈伊異人・乃向日所嘗厚託者也・今平時既無專責・臨難必多推諉・不幸漁陽變於外・奉天死於內・非袖手旁觀・則掉臂遠去・誰爲陛下效死力者・昔唐顏眞卿當祿山反時・力扼其吭而遏其衝・元宗聞之嘆曰・朕不識眞卿作何狀・乃能如是・夫元宗雖不識顏眞卿・猶使之爲平原守也・設當時不予一官・不假一職・惟使之候命・長老死崖谷・即賊屠平原・長驅而下・能效一籌出一力・抗蕞孤城・而遏方張不可制之虜耶・

臣又請自陛下之耳目始・臺省者陛下之耳目也・今臺省寥寥晨星・而台臣尤甚・在外者一差常閱數年・在內者一人常兼數事・東馳西鶩・捉襟露肘・至於候補諸臣・珠桂長安・嗟積薪之難待・廢棄諸臣・或以言得罪・或抗惡璫得罪・白頭崖穴・嗟乳羝以何期・盍陛下於言臣・喜其默不喜其言・既以不用禁其言・又以不用老其身・惟欲挫之抑之・使之壯志消磨・英氣摧挫・人人軟熟而後已・不知耳目之官・奸無隱而不發・惡無鉅而不擢・一日不在前・則前有讒不見・一日不在後・則後有賊不知・一日不在四方・則四方有道狼窟兎之雄・而莫與告捕・陛下奈何抑之而自塞其耳掩

其目爲也·

臣又請自陛下之咽喉始·當今中外釜鬲·主臣暌絕·所恃以相通而不相隔者·區區奏揭耳·陛下卽一一省覽·一一批答·晦朔之有期·晨昏之有候·猶恐有旁擬中格之弊·乃當省者不省·當覽者不覽·又慮人之以我爲不省不覽也·而徽示之以省覽·當批不批·當答不答·又慮人之以我爲不批不答也·而間出之以批答·或批矣·而不發閣·或發矣·而又收回·陛下之心·以爲吾示之以神明·庶幾人不我知也·吾示之以不可知·庶幾人不我欺也·不知我以不可知者示人·人又將乘其所示者而竊之·我以不可欺者籠人·人又將乘其所籠者而攘之·今日之批答·猶自上出也·異日必有不自上出而批答者·今日之收回·猶自上反也·異日必有不自上反而收回者矣·出必行·反必寢·誰能造陛下之膝而問眞僞者·陛下卽聰明天縱·而竊者攘者日伺日巧·自今以往·臣恐門外有象·而陛下不見也·昔二世時·項羽攻破函谷關·烽火通於咸陽·二世以問趙高·對曰·羣盜鼠竊狗偸·不足憂也·二世遂安樂如故·而咸陽以燼·今日脫有如高者·以狗鼠罔陛下·所係存亡禍福·夫豈細故·獨奈何不懼也·

臣又請自陛下之血脈始·泉貨者·陛下與百姓相流通之血脈也·血脈在人·不可使之擁腫·擁腫在此·則癥結在彼·於是風邪入之·病以陰則呻吟床縟·病以陽則緣壁扳瓦·狂發不可駕馭·陛下斂天下之財·聚之內府·是擁腫之病也·九邊之兵·殫竭於外·宇縣之民·洗刮於內·是癥結之症也·今天下大痛矣·非呻吟床縟·則緣壁扳瓦矣·呻吟床褥者·猶臥以待斃·彼緣壁扳瓦者·不叫號於衷·則彼猖於西·一夫大呼·豪傑響應·臣竊今海內一年之中·變者四出·白下旣變·漳泉又變·山海關又變·都門內外盜賊公行又變·夫紅巾綠林·高鷄豆觚之倫·皆亡人家國·而今在在蜂起·陛下何不自悟·而堅欲聚無益之財·而招必至之禍也·陛下毋謂蚩蚩小民·弱而不敢動·愚而不足畏也·臣恐蚩蚩愚弱之中·高歡已伏於左·知世郎已伺右·楚人之炬旣然·而阿房宮室·業有垂涎於其側者·獨奈何不懼也·

臣又請自陛下之癭瘰始·中人者·陛下之之癭瘰也·今楊致中兇殺鄭光擢於都門·恬然不畏·曰·吾拚一分好錢糧而止·是明與陛下爲易與·趙祿邪朝毆死知縣龍鏜於國門·掠其行李以去·是明以刼殺爲慣常·梁永毒流關中·公然鴆天子命使·則劉瑾王振之惡也·高淮盜竊兵柄·大惹夷釁·儼然行大將事·則童貫魚朝恩之橫也·其他湖口淸源·種種繹騷·彈劾愈急·虐焰愈熾·沉陳奉而不悛·灰楊榮而不懼·是何等世界也·陛下無謂奴婢爲無傷也·漢之末造·唐之末造·皆此輩亂之·我祖宗二征之季·幾敗於若人之手·蓋癭瘰爲物·附於股則股大如腰·附於頸則頸大如股·平居則跛戾而不舉·一旦潰決·而大命隨之·獨奈何不懼也·

故此數者·皆諸臣所常言·陛下所厭聞也·人常言而臣復不以爲常·而必曰言之·陛下厭聞而臣復不以爲厭·而激聒陳之·此非不知陛下之必不聽臣·而臣言之必不爲陛下聽也·獨計今天下之危者亂者·其病根正坐此·而所以救其亂而反之治·持其危而反之安者·其鍼砭斷不出此·則又安得以爲常·而不再三披瀝以揭其愚忠·夫饑而言食·渴而言

飲．則喉枯而人亦以死．父母有病而惡食藥者．其子調劑以進．初進之不悅．再進之怒．三進則逐而笞之．夫親之惡食藥．子非不知也．然所以寧怒寧笞而不敢不以藥進者．何也．以爲非此無以愈親之病也．臣讀史．至槐里令朱雲欲借上方斬馬劍斷佞臣頭．成帝大怒．欲誅之．後竟緝檻以旌其直．齊威王淫樂不聽政．羣臣無敢諫者．卒有感於飛鳴之隱語．而阿以烹．卽墨以封．齊國大治．今陛下負堯舜之資．豈齊威漢成可比．惟是一念沉溺以至於斯．誠萬一聽臣而幡然改圖．煥然更始．輔臣又以積誠盡力．轉移感動其間．庶幾今日之敗亡．猶可救乎．臣愚戇無知．目擊危亂．一念血誠．不能自禁如此．惟皇上鑒焉．臣不勝惶恐待命之至．

擬濟時艱疏

臣嘗讀漢臣賈誼之疏曰．可爲痛哭者幾．可爲流涕者幾．可爲長太息者幾．夫漢文之朝．卽不敢方古盛時．然而馮唐用矣．頗牧思矣．民之租賦．三十稅一．季年乃盡除之．民康樂矣．止輦受言．而章疏通矣．玉杯之詐誅．而欺罔斥矣．然誼不謂治安．而猶戚然爲痛哭流涕之談者．蓋逆覩其未然之變．而過爲防微制變之思．乃易世之後．其患害之來．應若左劵．然後知誼之爲慮深．而危亂之不可以已也．陛下以當今之時．視漢文之時何如耶．

夫自古未有有治無亂之世．亦未有盡安樂而無艱難之時．然時未艱而圖之也易．時旣艱而圖之也難．時旣艱而猶可支持而圖之也易．時旣艱至于不可收拾而圖之也難．時旣艱至于不可收拾．而汲汲皇皇．多方而救之猶易．時旣艱至于不可收拾．而嬉嬉泄泄．漫然以爲無事則難．今之時．此乾坤何等時也．羣臣皆官．皇上所與共治者也．今或寥寥晨星．卿式缺而不補．監司守令缺而不補．治錢穀者復問刑獄．理刑獄者復問甲兵．東馳而西不及．西騖而東不交．是共理之臣乏也．羣黎百姓．皇上所與守邦者也．今豺虎充斥于園寓．狐狸錯處于闤闠．剝玉搜金．鑿山穿谷．椎肌吸髓．發塚暴棺．溝壑者爲窮寃之魂．貧餒者爲饑餓之鬼．是採搉之殃烈也．百司章奏皇上．所以達下情按奸欺者也．今或長章短疏．彊半留中．累牘連篇．十九不下．下而段永姥山之罔．海澄金山之罔．魯登科五十萬輸貲之罔．則受命而嚮．前疏欺而不問．後疏誣而不誅．是上下之情塞也．

夫官職耗廢．將誰恃以共事．百姓窮愁．將誰恃以戴主．君臣壅隔．奸僞萌生．將誰恃以發奸而摘伏．皇上卽神聖．斷不能降而下行臣職．皇上卽基圖克鞏．斷不能以尅剝而繫靡常之民心．皇上卽明並日月．斷不能甘受欺而保欺之不我蔽．今以臣之愚．而妄揣皇上之心．得無謂昔之備官．不見謂多．而今之缺員．不見謂少耶．不知內外諸司員雖缺．而紀綱猶在也．雖乏．而胥吏猶在也．間有一二廢閣．而變故未叢也．萬一意外卒乘．孽釁四起．求計臣而莫爲效．求武臣而莫爲使．求封彊之臣而莫爲守．載輸爾載．將伯助予．其何能及．又得無謂蚩蚩小民．吏臨之而不敢動．法束之而不敢逞．什伍藉之而不敢從逆耶．不知遠近氓萌．採搉雖困．猶伏而待停止也．荼毒雖慘．猶跂而待仁愛也．一旦詔令不信．水火益深．揭竿而呼．攘臂而起．原燎而後撲．堤決而後塞．其將何及．又得無謂羣臣之疏．今日行之・益滋其激聒奸欺之罪・今日正之・慮阻其將來耶・不知方今近習・猶幸無大奸巨滑如趙高黃皓輩・居其間而乘其會・萬一言路不通而奸日肆・欺罔不誅而奸益肆・大奸大欺・中外盤結・將欄外之象・或以爲鼠・程尙之石・或以爲牘・不信之則莫以告・信之則禍有甚於不告・如此則主勢孤危・主勢孤危然後思以防其危・其將何及・譬之人之一身・百官・手足也・民之財・血脈也・言路・咽喉也・奸欺・其聾瞶也・手足臃戾・血脈竭・咽喉塞・耳目聾瞶・而能使精神完暢・長生而久視也・未之前聞矣・夫時未艱而圖之者上也・時既艱而圖之者次也・時艱至于不可支・然後起而補葺之・挽回之・必無幸矣・至于不可支而不爲補葺・不爲挽回・恬然熙然・而自以爲無恙・天下事去矣・

臣嘗反覆今日之禍・而推其禍之所自始・皆起于皇上一念愛財誤之・而羣小百計中之・中之者利其中飽・而術轉深・愛之者虞其中匱・而情益却而不可解・故愛財則愛爵・而不恤王家之無臣・愛財則愛積聚・而不恤採榷之重困・愛財則愛宵人・而甘受其欺・即百口攻之・而曾不暇恤・然而皇上愛爵・臣亦愛其鼎・臣觀在告諸臣・有十被溫綸而不可留者矣・草野諸臣・有九下徵書而不起者矣・皇上愛貨・民亦愛其家・臣觀寓內嗷嗷・有斬木荷戈旁睨而思亂者矣・有魚腹狐鳴・幸釁而思逞者矣・皇上愛財而樂受欺・人亦乘皇上之受欺而罔所憚・臣觀几席之間・漸不可信・將有鹿而指爲馬者矣・有師衂而指爲捷者矣・有大盜斬關・而指爲狗偸鼠竊者矣・此何等景象・而皇上曾不動念耶・夫自古語積聚之多者・莫如桓靈・其次莫如隋煬帝・然大盜至而泥沙委之・瓊林大盈之富・洛口敖倉之儲・竟不知其爲誰積也・臣言及此・不覺嘔心・不覺折肝・不覺額泚而髮指・伏冀皇上法文帝之所以得・鑒桓靈隋煬之所以失・毋愛爵而薄官常・毋愛利而傷民命・毋愛利・毋愛小人而甘受其奸欺・毋使臣當禍孽之秋・見禍不言・有言不信・爲賈誼所笑・天下幸甚・臣愚幸甚・

黔境備兵乞停刑以迓天和疏

題爲黔境兵革頻仍・黔人死亡堪憫・懇乞聖明暫停今歲行刑・以培天和・以廣常德事・臣惟天地之成化也・雖舒與慘並行・而慘不可常也・剝落之後・慘猶不可常也・帝王之成治也・雖德與刑並用・而刑不可過也・殘破之軀・刑猶不可過也・

貴州自播酋倡亂・路苗爲梗・凶旱連年・瘡痍者未復・呻吟者未起・流移者未歸・蕭條之狀・愁嘆之聲・臣自入境・目擊耳聞・不忍於中久矣・近者再奉新綸・留臣玆土・凡一切民生疾痛・地方苦楚・臣廵歷所到・靡不竭力拮据・以仰副皇上軫念窮邊德意・但臣之心力・止能自盡於疆域之中・而不能取必於轄屬之外・故一殘於蜀弁之弄兵・則黔西數百里・酷罹延木之禍・再殘於滇夷之造亂・則黔南數萬家・悉受震鄰之殃・臣於今年六月南廵・至安順府・查鄰黔郡縣・被殺者以累萬計・我民洶洶・正在湯火・臣就見而傷之・及西廵至永赤二衞・則被害士民・遮道號泣赴訴於臣者・又不啻數百千計・臣因親詣摩尼普市二所・細查蜀弁張神武擅兵啓禍之實・及一方軍民被兵罹禍之慘・大約焚燬

永寧城外居民房屋三百餘家．登時殺死王道行閔泗等五百餘命．燒刼二衞所軍屯一百二十餘處．殺死張友元唐得等三四百人．綁虜去男婦一千餘名口．焚燬二處城樓公廨幷民房一萬一千五百餘間外．神武又酷刑打死黔軍楊廷光．即楊廷廣．熊烈．周國泰．陳富等多命．使衞所雞犬相聞之區．一朝付之烈焰．而千百刀兵枉死之鬼．竟夜號於陰風．此非小小變故也．

乃今甫入會城．而秋決之期又廹矣．臣聞一婦含寃．三年不雨．孤臣灑泣．六月飛霜．今黔人之含寃灑泣者．寧止一夫一婦已乎．有如沿襲舊規．又殺人以益之．所以傷天地之和．而增妖厲之害者．不旣多乎．臣自登朝以來．竊見我皇上至仁．同於天地．濊澤浹於寰區．以是每逢秋決之期．率多停免．是心也．卽大禹泣罪之心．成湯解網之心也．四海臣民．感德醉心．而共祝聖天子萬萬無疆之壽者．非一日矣．況今黔中不幸．罹此慘酷．尤皇上之所矜憐而不能忘者．是以仰體宸衷．竊不自揣．欲爲黔人消災眚之端．而因爲黔囚乞旦夕之命．伏惟皇上惠此一方．將黔中應決罪犯．暫免今歲行刑．庶幾已傷之和氣少完．而無涯之聖德益廣．所爲造福於地方者．非淺鮮也．雖然．臣言官也．在黔言黔．故所請止於黔耳．由黔而推之滇．烏酋之禍烈矣．獨不足憐乎．又由黔而推之天下．馮夷之害苦矣．獨不當拯乎．如蒙皇上擴萬里之見．宏一視之仁．卽幷及於滇．幷及於天下．無不可者．臣目擊心傷．不敢隱默．伏乞皇上鑒臣之愚．下部覆議．亟賜施行．地方幸甚．臣愚幸甚．

平銓政疏

題爲銓司原有定員．人心好爲異議．懇乞聖明復舊額．息人言．以平銓政．以昭公道事．臣聞國家所最當守者曰典法．人臣所最當公者曰議論．議論非他．所以明典法也．典法非他．所以一議論也．故議論緣典法而出．然後其議論始重．典法緣議論而嚴．然後其典法始尊．自古及今．未有舍典法爲議論．而可徵可信者．亦未有好議論違典法．而可信可從者．臣因是而有慨於兩廣銓司之議焉．請先言典法．復原其亂法之由．而後及於今之議論．可乎．

夫兩廣之同一銓司也．自二百餘年而已然矣．兩廣銓司之與雲貴．不相干涉也．亦自二百餘年而已然矣．至萬曆三十年兩廣司官缺．選郎倪斯蕙行取廣東鄧雲霄趙應元．忽以雲貴朱化孚攙入其間．兩廣聞之．相顧駭愕．始從倪詢其故．倪謂非自我始．萬曆二十六年．文選郎中先已插入．又從而詢其插入之故．始知其時．緣奉旨推擇司官．彼遂乘之以行其私．敘南直則陰除去江北．敘兩廣則添入雲貴．是時江北預知．謂其與主事張世才讎隙．故削江北以阻其嚮用之路．衆口譁然．而當事者遂行取江北一人．互爲和解．廣東陷於不知．遂種此禍根以遺於後．此化孚與推．一時廣人．遂羣起而爭之矣．前科臣梁有年．卽具疏力辯．共起而爭之矣．臣讀有年疏．謂兩廣雲貴間用會典不載．職掌不開．其言甚的甚確．間用之說．自宜因此停止．而猶不止者．彼蓋謂不載者雖有會典．不開者雖有掌職．而所開所載者．未有實證．且雲南向來曾有司官三人．又不知從何而舉．從何而廢．

馮奕垣

故若以近日之私插者爲規・以司官三人者爲籍・而强佽於兩廣・不肯釋手・及至三十五年三月・臣接邸報・見吏部左侍郎楊時喬一本・爲查復銓部冊庫・專註司官管理・以清宿弊・以公銓法事・內稱吏部司官十四員・額定兩直隸江浙福湖河山東西川陝各一員・兩廣共一員・合十二員・其二員分屬兩直江浙諸省・人衆者通融互補・諸省偶值兩人同時・皆令共事・未始拘泥一人・至一人去・惟兩直人衆・尤多補耳・至雲貴舊常間用・卽在此中・今碑誌案籍可查・乃二十六年・銓司更以兩直各二員・以雲貴搭兩廣共一員・廣稱不平・雲貴亦稱不平・臣見之・不覺撫疏草嘆曰・兩廣司官之共一員・其中有碑有誌有案有籍又如此・雲貴向有司官三員・向不知其進用根因・今至詳至明又如此・爲銓司者・何所據而以私更之乎・爲雲貴者・何不尋求舊例・而苦苦於無例者開端侵入乎・夫時喬・見今總銓者也・歷事四十年・其於國家典故最熟者也・其人老成持重・又非孟浪輕言者也・今以本部之堂官・條吏部屬額員之故實・其徵信孰過於是・然又不特時喬然也・臣又查得銓衡人鑑中・間開載嘉靖十五年・廣東倫以諒・由御中改功司主事・歷至十九年・陞通參・雲南趙以廉・亦於十五年・由選司主事・陞封司員外郎・歷至十八年・除南尙寶・夫使兩廣雲貴而同一司官也・則既有趙・不當有倫・卽倫既來・趙於例自當引避・乃一廣東・一雲南・同時進司・同時出司・又同時而並列於司・如是而謂雲貴同於兩廣・可乎・大抵貴州當祖宗朝・尙分屬鄰省・而雲南之登鄉科登甲科者・率多浙直外省之人・既外省・自不重選司官・如浙江不選英秀・自有成例・其爲土著者・又寥寥無幾・故僅以間搭於互補之兩員・而不專設・祖宗立法・良有深意・乃議者不深考典故・而引近來見爭之事・誤以爲從來□□・相沿已久・不知所稱從來者從二十六年以前乎・沿於二十六年以後乎・如謂二十六年以前・則前此歷數至於國初・其不與雲貴共也・有碑誌可憑・有案籍可憑・有銓衡人鑑可憑・有嘉靖十五年倫趙同官可憑・況歷來兩廣司官・未嘗一日缺・亦未嘗一日參入雲貴・有遞年單冊可憑・如謂二十六年以後・則後乎此者・凡推司官三次・初次密陰種其根・未敢顯行其事・二次顯行其事・兩廣卽力攻其非・三次其事業已不行・而其根猶未割斷・此豈臣一人私言・就以問之吏部銓司・不以爲然・不得可也・豈特銓司・就以問之雲貴・口未必然・而心欲不以爲然・亦不可得也・豈特雲貴・就以問之稱從來稱相沿者・使其心口相折・雖欲不以爲然・亦不可得也・如謂兩廣四科相合雲貴・始能當別省・則科臣梁有年疏內稱・廣東幅員不在齊蜀後・選館或三人・或二人・今且定爲一人・此已不必借重雲貴・然而未盡也・

夫論人材・必當論理學・論節義・論功業文章・今粵士自祖宗涵育以來・其以理學名・以節義名・以文章功業名者・固肩相摩也・就使以四科論魁論元・今廣東之爲會試第一・爲廷試第一・爲經房第一者・固踵相接也・縱較之揚越稍不逮・而以視各省・或比肩・或過之・無少遜也・卽以進士而論・廣東十八人・十六人・十四人・十三人・且例在南卷・與江浙閩楚並轡而馳・亦非居人後者也・且賢才亦何必甲科・如廣東先臣陳獻章・非理學名臣從祀孔廟者耶・然而鄉科・先臣海瑞・非節義名臣爲當今第一流者耶・然而鄉科也・故

士或甲科而磊磊落落者・有甲科而未必磊磊落落者・我高皇帝當分省時・各視其土人材之多寡・以爲解額之盈縮・廣東解額七十五人・固處多寡之中也・卽廣西五十五人・以視秦晉・亦無大相遠也・故論材者・惟當論祖宗掄材之額數・與其人之材品・寧盡在制科哉・臣願議者之無輕軒輊矣・夫人臣所率者舊章耳・所議者憑舊章耳・舊章已定・不得而私變也・舊章未有・不得而私增也・況臣子身當銓衡・尤當謹守銓法・苟欲舉銓政自我而易・舉官制自我而更・此何等大事・必當上請諸朝廷・中議諸閣部・下聞諸兩廣・堂堂正正・人心協服・然後舉行・今試問二十六年之插雲貴於兩廣也・曾請兩廣與聞否・曾請之於朝廷否・議之於閣部否・以一人之私・亂二百年來之法・不當除者・私以意除去・不當插者・私以意插入・使江南與江北紛競於先・兩廣雲貴互爭於後・故侍郎楊時喬疏中・亦大有不足於此者・而曰銓司議・夫議而稱更議・更而獨出銓司・是乎非乎・後來議者・可復踵其故乎・

臣歷查吏部堂上官・在雲貴曾有楊一淸・有嚴淸・此其人皆光明正大・嚴嘗總銓多年・設雲貴可以附兩廣・兩廣可以插雲貴・當二臣操權之日・自應爲其鄉人地・然彼其時・兩廣司官・繩繩不絕・未聞中參一雲貴於其間者・彼非不愛其鄉・法之所在・不容以私愛參也・何待二十六年而始插之乎・臣非謂雲貴之可以無司官也・臣未到雲南而編歷貴州・及詳閱貴州志・見該省初皆土司夷寨・今漸漸改爲郡縣・日增日益・此政易鱗介而冠裳之會也・考校各生員・間有一二卷幾與中州埒・及查各省鄉試・宣宗朝附搭雲南・不過共十名・後增爲十餘名・後增爲三十名・最後增至三十五名・此政剖固陋而文明之際也・夫以兩省之民風漸漸開如此・司官豈其可廢・況昔曾有之・今乃廢之・豈其中能自已・第昔日因何而舉・今日因何而廢・向猶諉曰不知・今吏部疏中業已稽考明白・爲雲貴者・自宜尋復舊例・不然・亦當請之於皇上・卽諸臣爲雲貴擘畫者・只宜代爲尋復舊例・不然・亦當明明酌處・而何必於無例之兩廣苦爲構鬥乎・

臣非直廣東西惜一司官也・今廣東西之論者曰・秦晉齊蜀・俱各一銓屬・兩廣旣已相兼・奈何復侵之・此其論非不當・然猶其輕者也・又曰・粵與滇黔相隔六七千里・官評吏治・何以相聞・此其論又非不當・然猶其小者也・臣所惜者・獨計爲國家有不容變之法典・苟銓額可以意變・則何法不可變・國家又有不容私之議論・苟銓額而可以私更・則何議不可私・法一變・其漸將至於不可守・而國典自此日搖・議一私・其流將至於不可止・而國是自此又搖・故兩廣區區司官・亦何足深惜・惟至於法漸不可守・私漸不可止・千仞之山・狎爲憑游・臣竊憂之・司世道者・可不爲之預防哉・伏乞皇上勅下該部・除兩廣銓司獨自一員・已經查明與雲貴無相干涉者・照二十六年以前事例遵行外・其二十六年以後私自攙入者・請賜亟行改正・自後凡兩廣行取單・除去雲貴二字毋得溷插・以亂舊典・其雲南貴州應增與否・聽從本部酌議・庶幾典法明・議論一・銓政公・而人心亦無不平之嘆矣・

建文皇帝祀典議

昔孔子入太廟・每事問・夫以孔子聖人・而當其入廟・必事而問・問而詳者・豈徒有不知・審之也・正以先公之靈・或有所未妥・仁人孝子之心・或有所未安・章議典禮之舉廢・或有所未協・則安得置而不問・問而不詳也者・我國家二祖開基・稽古定制・首建大廟闕左・以妥先靈・二百年以來・廟貌森嚴・俎豆布列・對越駿奔・致慤致愛・夫何容易・所可議者・其建文帝之祀典乎・

夫建文親則高皇帝之孫・而懿文太子之子也・其南面君天下・則高皇帝所組綬而冊者也・列聖之統緒・則其所履藉而傳・天下臣民・則其所握符而御者也・夫以高皇帝之孫・懿文太子之子・南面而君天下・而及其沒也・曾不得半俎之享於鐘簴之側・於情安乎・踐祚之始・太祖親以天下授之・既沒而不得祔享於太祖之後・太祖之心安乎・列聖之統・皆建文之統・而建文之祀・不得從列聖之祀・列聖之心安乎・天下臣民・昔也儼然臨之・而至於今不得一效崇報之悃・臣民之心安乎・

或者曰・建文之年・孫蒙祖號・革除之歲・紀錄已削・將安所議之・然號可蒙・而承前啓後之統・終不可得而滅也・則祀終不可得而廢也・錄可削・而奉天統人之實・終不可得而掩也・則祀又終不可得而廢也・夫其當祀如彼・而其不可廢也又如此・顧乃代更十葉・年餘二百・悠悠乎迄無成議・徒使若敖終餒・伯有長號・夜雨秋風・游魂悽惻・豈不悲哉・

臣嘗攷靖難之初・成祖皇帝曾採先臣王景議・葬以天子之禮・遣官致祭・輟朝三日・夫葬既從隆・則今日之祀・即文皇而在・其不忍於輕絕也・意可知也・先禮部臣曾引景帝爲比・欲議追諡・夫諡猶當議・則祀之不容不議也又可知也・皇上登極之初・特念死節諸臣・下詔褒祀・伏讀制詞有曰・仰進聖祖遺意・褒表忠魂・夫忠於建文者・且蒙追祀・則建文之當祀也益可知也・今所以時久未議・議久未決・仁聖之主・有意而未伸・秉禮之臣・有懷而未吐者・不過以事屬難處・勢屬難行・禰廟之際・不免於相嫌・世次之間・懼涉於相冒・而不知情隆則禮從而隆・時降則數不得不從而降・苟得一豆一籩・四時肸蠁・猶愈於黯慘無依者・愚以爲從祀廟既慮壓於成祖・建特廟則又非有功之祖・惟是留都之地・其生所臨蒞於斯・則沒所憑依於斯・謂宜下掌故議・或附食於高皇帝之側・或附食於懿文太子之側・或於祖廟之旁・別設一室・以時享祀・則祖孫共食・父子同堂・一脈周流・羣心懽洽・夫宣湮鬯鬱・修廢舉墜・至仁也・善繼善述・盡制盡倫・大孝也・備累朝未備之典・慰列祖未慰之靈・駿惠也・萃萬里豫悅之心・答天下臣民之望・皇孚也・一舉而衆善備・曠儀修大・聖人之作爲・豈不超出尋常萬萬哉・臣也與聞俎豆之事・竊幸大典之成・私心不勝惓惓・臣謹議・

上朱葉李三相公書

某誤承任使・謬役黔中・竊見黔數年以來・揚酋既亂・紅苗又亂・路苗又亂・二安爭官又亂・兩奢爭印・三十一二年間又亂・百姓盡從干戈中出・其幸脫刀鋒者十無二三・某

每談及瘡痍死傷・無不墮淚・近世續雖曰占印・然已移居永寧城外・兩婦相去僅僅咫尺・冬日把昕夕・往來城市・與居民交接・爾不我虞・我不爾畏・闔衛亦相安無事・道路商賈・亦皆晝夜通行・但本婦悋印不獻・以致奉旨督促・然恭繹明旨・不過曰取印・即四州撫臺差張都司到永寧・亦不過曰取印・就印而論・特追與崇明・原不得與司府縣之急用者比・即稍遲之・亦不爲害・就崇明而論・該撫歲納黔中糧馬・有額有數・自奢效忠死後・糧米毫不輸倉・馬館毫不輸驛・雖有虛數・本撫不解之蜀・蜀不解之黔・抗違逋負・已非一旦・一旦爭印・乃動朝廷數萬之兵・轉萬萬之糧以定之・兵糧費矣・繼立定矣・而抗違逋負復如故・是國家以有限之物力定夷方・而夷方曾不以有常之賦報國家・故雖得印稍稍後時・或暫用經歷司印・而姑置此・亦不爲害・就黔民而論・三十一二年間・因兩婦爭印・横被殺戮・今瘡痍未甦・追賠者未償・若前禍未了・後禍復起・焚燒刼殺・身命糜爛・室家殘滅・當何底止・故印苟可計取・可緩兵・可調停取・謂不必汲汲動兵・而以百萬生靈之命・博一夷方之印・就使不得已動兵・亦當通知兩省・斟酌萬全・布置周悉然後舉・即有脫逃・不至多逸・即有刼殺・不至大傷・

乃都司張神武者・少年喜事・無深謀遠畧・謂世續近在衛城・無異居民・可襲而虜・虜則印即可得・印得則可以豎不世之功・故晝夜謀欲起兵・闔城軍民惶懼・連日諫阻・極口苦勸不聽・三月初二・驟驅崇明兵出城掩捕世續・曾不預通一言於黔中・早爲設備・戰之日・又臨城嘻笑觀望・手握多兵・曾不置一卒於各路口・邀其遁逸・以致各目逃竄・招集部夷・大舉殺掠永赤・遠近屠掠・不知其幾百千萬・灰燼殘破・一望成墟・見者痛心・談者酸鼻・近聞川中督兵裹糧到衛・定亂之師・豈曰不宜・顧以之問宗傳之罪・梟宗傳之首・而不期得印則可・如期在得印・竊恐動用大兵・徒使地方爛而復爛・軍民死而復死・而似非取印之良策・蓋印直方寸之物・藏之不難・銷之甚易・以兵臨之・彼亡命之徒・自分罪在不赦・有死而已・印恐終不肯獻・據各處申稟云・今日之印・愈急愈藏・愈緩愈出・又云・世續愈赴・印信愈遠・此其言似皆有理・

數日間接得四川廵按牒文・一角會議・以永寧建府・割藺地以益黔・已經達部・使部早一日題覆・而以藺事全屬貴州・則疆域既近・情形又悉・事權又歸於統一・自可以曲爲處分・不煩兵刃而坐了前件・今事已至此・無可奈何・伏乞台臺憫念黔中無辜蒼赤・已殺者固不可追・未殺者猶可及止・俯採愚議・假職等以便宜撫諭・令其獻印・仍移勸川中・同心一體・無分爾我・善爲處置・印必可得・如其怙終拒命・倔强不服・然後不責其印而直誅其罪・搗其巢穴・磔其尸首・是謂堂堂之陣・正正之旗・雖黔民横離鋒刃・亦無所恨・若中無定畫而妄欲弄兵・兵既弄而印終不得・徒使鋒鏑慘傷・肝腦塗地・倖功則居之已・發難則推之人・如四川都司張神武者・則非職之所敢知也・緣爲黔事危急・黔民可憐・不得已請命於台臺・惟台臺爲印計・復爲黔計而俯垂憫焉・地方幸甚・

復內閣朱金庭書

馮奕垣

承閣下俯問鎮雄事・竊見鎮事僂指未易悉數・姑言其概・安堯臣之征播・誰用之・四川用之也・其入繼鎮雄・誰許之・四川許之也・夫當播酋反時・惟不用之滅賊則已・既已滅賊有功矣・奈何負之・當鎮雄絕嗣時・惟不許之入繼則已・既許繼十年矣・奈何逐之・若謂堯臣跋扈・不逐則反・則彼固未嘗有反形也・雖其心不可知・而其外未嘗不恭順也・許之入繼則繼・令之退還則還・責之取印則印出・責之取閻宗傳則宗傳降・即稱爲暗助夷兵・又未有顯跡可據・若謂其篡據鎮雄・勢在必逐・不必念彼前勞・拘我小信・則昔日因何而許・今日因何而逐・就使篡據當逐・亦應請命朝廷・議其功罪・然後下驅逐之令・驅之不去・然後議兵・今蜀因張都司開禍之故・遂飲恨於閻宗傳・又見討宗傳而宗傳即降也・遂翹然欲乘此餘威以逐堯臣・一面上疏・一面進兵・刻期開刀・聲震四衛・彼以爲八萬人可橫行夷中耳・某以爲不然・昔楊應龍直一孤虜・向者征之・猶動八省之兵・轉數萬之糧・殺人如麻・兩年而後克之・彼時尚有堯臣兄弟相與戮力・大水田之捷・桃溪衙之燒・大挫賊鋒使窮蹙・然後我師得以取勝・今鎮雄之部夷・非弱於播也・其力非下於播也・又有水西爲之應援・非孤子無助者比也・不特此也・據堯臣申文・謂當用臣時・許以得播後與之分地・乃非徒不分之・而又罪之逐之・此其言誠可恨・然亦似不盡謬・今夷中引以爲戒・雖欲再以賞愚之・使之以夷攻夷・樂爲我用・恐不可得・又不特此也・疆臣堯臣爲親兄弟・彼見中國之失信也・見中國之許與欺而不足憑也・又見播滅而及鎮雄・慮鎮雄滅而及已也・其心大懼・黔即責以大義滅親・彼必不聽・事緩則逗觀望・急則與之連衡而抗我・又不特此也・五土府與鎮雄爲輔車脣齒・彼見堯臣之見誅也・見堯臣之不蒙賞而蒙戮也・又慮鎮雄滅而及水西・慮水西滅及己也・其心益懼・蜀即責以大義滅鄰・彼必不聽・事緩則暗爲聲援・急亦與之連衡而抗我・今川中慮不到底・謀不百全・卒欲舉事・若以爲討堯臣無異宗傳然者・不知彼蠢酋惟信黔・惟畏天子令・至於川中全然不服・日者川兵壓境・彼猶中懷忿憤・偃然負固・直是迤西民・民憂惶驚恐・莫知所爲・雖某止兵有疏・路遙事急・未易得旨・所幸閣下洞悉邊情・深惟國計・亟止蜀中孟浪之師・救此一方瀕危之命・朝上疏・夕即報可・飛報到黔・懽呼動地・計撤兵之旨・至自十月初四・而蜀進兵之期・即在本月初八・相去僅僅四日・倘閣下之疏遲一日上・止兵之命遲一日到・蜀必開刀・堯臣必聚兵抗殺・水西及五土府當恩信不孚之後・實難保其不與合併・夫以誅一應龍・猶勞費半天下・況今爲應龍者六・不盡誅則損國威・盡誅則海以內不知當作何搖動・聞蜀甫用兵一二月・即費餉三十萬・死者萬人・再不撤・黔以西不知當作如何糜爛矣・且止兵後不踰一月・武定烏騰宵即反・聲息甚惡・設堯臣不早寧戢・則鎮雄反・武定又反・兩賊交通・互相響應・東南半壁・遂成戰場・廟堂宵旰・不知當作何收拾矣・夫使堯臣果跳梁一方・縱橫海內・雖竭天下之力・除茲大患・亦烏容已・又使其逆朝命・驅之不退・雖興兵轉餉・糧匱力竭・亦何敢辭・今觀堯臣如此舉動・如此情形・亦稍明其非橫行・非拒命者矣・

而兵獨不可已乎．若謂大臣握兵．苟可闢疆．不論信義．則諸酋盡殲．列爲郡縣．黔實首利．然而勢未可也．本根方撥．安事枝葉．亦未易圖乎．

自古國家無恙之朝．多以好戰不已．奸雄竊起．遂至不救．閣下以一紙書銷大難．何等力量．何等功德．而議者猶以爲左黔而右蜀．夫大臣天下一家．遐邇一體．何重於黔而左之．何輕於蜀而右之．彼嘵嘵之口．不過事不干已害不切身而輕爲置喙．抑或貪功喜事之徒．見初願不遂．而其黨遂倡爲異論．忽意曲突徙薪之見．攘臂焦頭爛額之功．至於火大起．燄大發．棟宇燒殘．主人灰燼．彼嘵嘵者有袖手而旁觀已耳．決不能以三寸舌弭禍矣．若謂漏洩軍機．則又謬甚．

夫水鎮諸夷．國於七星八番．千有餘年矣．中國治而亂．亂而治．不知凡幾矣．然中國自治自亂．彼亦自叛自服．當中國亂時．未聞其稍有窺中原之志者．亦未聞其越中原半步以一矢相加遺者．辟之穴中之鼠．不鬥固處於穴中．鬥亦不出於穴外．故使爲邊臣者．處置得宜．則中國强．彼固服．中國弱．彼亦服．苟處置失宜．開禍挑釁．則中國弱．彼固叛．中國强．彼亦叛．蓋犬羊之性．謀不旋踵．原無大志．惟視我之安戢．不問我之强弱．原無窺伺之心．一值國家虛弱．慮彼聞知．則彼固熟夷也．日與中國交接往來．何不通透．且九邊與虜．僅隔一墻．虜中細作．窺我尤甚．其知我虛實尤甚．眞如閣下所云云者．不憂南牧之虜．而憂原無大志之夷．亦不料邊情之甚矣．今堯臣雖歸．事猶未了．今年正月．蜀委遵義詹同知及萬總兵入畢節．欲强畢節道同往鎮雄．顧僉憲以事權在蜀．且恐議論不合．不肯行．而詹萬兩官卽尋端不已．據申謂雖瞎眼花子．亦誘以衣服．許以銀兩．使之出證．似此舉動．不知何爲．今幸隴氏已迭出應繼人阿固矣．自後或議繼．或議改流．夷情之協不協．事體之妥不妥．於黔無與矣．若必欲窮極堯臣．殺而後可．則臣見省城．執而戮之．直一夫之力．有何難事．然既歸而殺．後將不歸矣．嗟乎．人情之矛戟若此．閣下以爲黔處今日．難乎不難乎．閣下位居首輔．當此邊事安危．介在呼吸之秋．力爲消除．力爲担任．不動聲色．奠海內於覆盂．眞可傳布天下．流光史冊．而猶不免於憎茲之口．况某一介孤臣．身入樊棘之中．居於易排易陷之地．不以爲釀患．則以爲庇夷．衆口摧拉．無異枯朽．然竊自惟人臣任事．恃此方寸．苟上無愧於蒼蒼．中無歉於方寸．下無負於邊民．則呼牛呼馬．任彼爲之．卽不幸利害到頭．死生禍福．以身當之．身且不有．何有於人言哉．大抵世風日降．朋黨繁興．公道漸滅．議論慘於戈矛．愛憎險於機穽．然究而論之．屠戮非功．必大難除而後爲功．喜事非福．必邊境安而後爲福．貪黷非武．必遠人服而後爲武．殘民自封．鬼神所忌．好生惡殺．天道好還．眞是眞非．日久自當有定．何必務爲不然之謗．使人畏讒鋒尤甚敵壘哉．某與言及此．不覺悲咽．惟閣下垂炤焉．

善與利之間論

昔子輿氏論舜跖之分．而本之善與利之間．論善與利之間．而本之雞鳴之一念．夫雞鳴之時．夜氣清明之時也．夜氣既已淸明．謂宜有善念無利念．既無兩念．安得言間．不知所謂間者．非兩念分頭之所也．是微而不易持之界也．此聖賢示人喫緊處也．蓋聖人無復．無復則無念．無所謂間也．狂夫大迷．大迷則無善念．亦無所謂間也．惟夫衆人也者．色色妖冶．物物萑葦．日接日構．如夢如馳．當此如夢如馳之時．七情媒之．百攻入之．內外韃之．終日遊乎濁之鄉．而況乎擾之境．甘舉吾身所有者爲泥淖．爲火馳．爲果蝕．然而夢也．而未嘗不覺也．馳也．而未嘗不息也．故時至雞鳴．前日之旦晝者已往．後日之牿亡者未來．氣之濁者至此而暫淸．物之擾者至此而暫寧．理之剝者至此而暫復．此暫淸暫寧暫復也者．如絲之緒．如物之荄．似端非端．似倪非倪．故謂之間也．何以明其然也．天下事凡屬於幾希者．則曰幾希之間．是心也．在蔽錮之後．而僅有此間之一機在晦塞之餘．而僅有此明之一線．萌蘗達於斧斤．星星存於煨燼．其僅存而僅達者．蓋幾希焉．而不能一髮也．故曰間也．

天下事凡屬於轉盻者．則曰轉盻之間．是心也．濁者雖已暫淸．然淸之時卽爲濁之時．其離乎濁也無幾也．擾者雖已暫寧．剝者雖已暫復．然寧之時卽爲擾之時．復之時卽爲剝之時．其離於紛也剝也無幾也．蓋一念天倪．處於若明若沒之交．一息善端．居於若生若滅之境．撲之甚易．引之甚難．消之甚易．長之甚難．其倏長而倏消者．特轉盻焉．而不能一瞬也．故曰間也．

蓋理欲之分限．有大權焉．亦有大勢焉．理與欲相對．則其權猶兩大．理與欲交戰．則其勢猶互乘．今以區區善念．出於平旦之候．生於孳孳爲利之中．此非兩大之權．而孤立之權也．非互乘之勢．而犄負之勢也．以犄負之勢．制孤立之權．而當衆私之會．故曰．幾希之間．轉盻之間也．此一間也．睇觀之則最潛也．顯出之則最著也．語其時則最暫也．語其地則最危也．當其伏無形．埒而不可窺也．無歧途而不可跡也．及其決．無隄防而不可禦也．無御勒而不可羈也．當其同域而居．共門而處．舉念卽眞．回頭是岸．及其分道而馳．頹波而逝．則東野之所不能馭也．白圭之所不能障也．故舜與跖．其初無定名也．而所以德曰玄．聞曰升．名爲舜而日遠於跖者．此間遠之也．跖與舜．其初亦無定品也．而所以殺不辜．肝人肉．甘爲跖．而日遠於舜者．此間遠之也．蓋幾希之頃．而倏炎倏冰．轉盻之際．而天飛淵墜．天不得而制其權．性不得而尸其柄．人不能而與其能．嗚呼．其可畏也哉．

蓋嘗卽間之地而求之．渾乎理而無一疵之可擬者．則曰無間．無間者．大禹是也．渾乎理而猶有一疵之未融者．則曰一間未達．一間未達者．顏子是也．渾乎欲而猶有一隙之暫開者．則曰善利之間．善利之間者．純之則聚．純而未至則賢．理間者．錮之則狂．間而未盡錮者．猶可引於君子之路．大哉間乎．其聖狂賢愚之關乎．然則居其間者奈何．亦曰戒謹不睹．恐懼不聞．防此間也．十目所視．十手所指．嚴此間也．剪其荆榛．祛其牛羊．養此間也．戰戰兢兢．如臨深淵．如履薄冰．葆此間也．宋儒周子有言．惟君子惟能愼動．孟子之論幾希也．曰．庶民去之．君子存之．夫惟研之以幾．慮之以動．存之以誠．持之以愼．庶幾哉與舜爲

徒・而不至淪於跖哉

關雎麟趾之意說

自古人君之治天下者以法・而所運法以意・法也者・繩束其外者也・意也者・孚浹其中者也・法不立・則上與下相蒙・而有治條凋疏之患・法立矣而意不浹・則上與下相規相避・而有榮衞不屬之患・治條凋疏・猶可用其補救・至於相規相避・而渙然不屬・則吾之法遂有不盡行之處・是故法之所在・能使人必遵・而意之所在・能使人不得不遵・法之所在・能使人陽屈於意以奉吾法・而意之所在・亦能使人陰抗於法以各行其意之所向・故古之善治者・不先法而先意・不以法溺意・而以意運法・要使法與意纏綿茂密・同出並流・一世行之・萬世無弊・噫・此上理之良規・而聯民之要術也・程子曰・有關雎麟趾之意・然後可行周官之法度・旨哉言乎・請申之・

蓋嘗觀孟子之論治曰・徒善不足爲政・徒法不能自行・若將謂天下不可一日無法焉者・然要之提兩者而論・則善爲急・法次之・善爲主・法輔之・徒法之弊十九・而徒善之弊十一・法之害治者皆是・而善之害治者未聞・今之尙法者曰・吾患無法耳・吾法行而天下治矣・今之峻法者曰・吾患法不嚴耳・吾法嚴而天下無難治矣・噫・彼徒知夫法之利・而未覩夫法之病也・彼徒知夫法之行・而未知夫法之所以行也・蓋自古稱善治者・莫過於周・自古稱法度之詳明者・莫過於周官・吾考其當時之所建立・若六官百司庶府之分其職・三物六德六行之異其教・八則八法九賦九貢九職之殊其等・遂人匠人廩人廛人載師閭師賈師之均其任・大小相爲・纖悉備具・事有藩飭・而物有節文・人曰・此周公太平之書也・愚則謂周家所以致太平者・非獨以法也・以其有關雎麟趾之意・

夫關雎之咏淑女・則人能知之・麟趾之歌公子・則人能言之・而曷言乎意哉・人之相接莫不有肫切之處・而家庭爲甚・亦莫不有淪浹之所・而父子夫婦爲甚・意也者・庭幃中最肫最切之眞精神也・父父子子・夫夫婦婦・相淪相浴之眞念慮也・彼其一門之內・文以肅雍・倡之后妃・以恭敬和樂承之・公子公姓・以仁厚應之・情欲之感不介・宴私之意不形・妬忌之嫌不生・殘忍刻薄之念不留・床笫無寵幸之私・后宮無潛凝之釁・少長無凌逼之漸・淑氣薰蒸・大和充塞・無有一毫戾氣間其間者・故當時之民・內而郊甸・外而四境・耳目其教者・靡不沉酣・漸被其風者・靡不濡沫・想望其德者・靡不懽忻而鼓舞・意行於近・而芣苡兔罝之咏作矣・意行於遠・而江沱汝漢之俗變矣・意行於家於國・而螽斯樛木之誦興・鵲巢騶虞之化應矣・法式未布・而喻意在法式之先・典則未昭・而遊意在典則之外・人見周官之區畫・井井綸綸・則曰三代以來之最詳也・不知意之所溢・不得不詳也・人見周官之班布・趨若流水・赴若嚮應・卽易世之後・猶相與維持保護而不忍釋・卽人亡法斁之際・而秉禮之家・守文之吏・抗節之臣・猶得陳設禮法・執先王之遺制・以爭於江河移徙堅冰嚴雪歲寒之日・人曰・周官之法之能行也・而不知意之所鬯・不得而不行也・此豈有徵發期會哉・蓋動人以文者・不若動人以意・綢繆其法以維之於外者・不若綢

繆其意以攝之於內・意也者・來無端・去無倪・含於聲色之表・而藏於無形之先・入於肝膽脉絡之間・而行於骨節腠理之際・意之所到・無翼而飛・意之所向・不脛而走・意乎意乎・其載法而出・乘法而入・法之迹所自寄・而法之神所自傳者乎・

後世之君・不修意而修法・詳於法而畧於意・彼謂五尺之塹・驅軍所避・百仞之山・牧豎所憑・吾法立而民不敢犯・民不犯吾法・而吾之治畫一布之・而曷敢異同・孰知吾行法・民亦行意・民不畏意・奈何畏法・苟徒以法而已・將意愈渙・法愈多・法愈多・民愈疑・始猶陰誅其意・而勉奉其法・既則明抗其法・而顯行其意・至於明抗其法而顯行其意・則呼之不應・招之不來・井里而賦之不供・什伍而籍之不爲用・雖使文王創制・姬公筦樞・日舉用官之法・懸之國門・猶不能與無知之民相角相勝・而況可以望太平乎・

吾觀漢唐而下・逆若新・僭若周・悖若王蘇・亦嘗稱引周官・攘臂而議古法・以粉飾其治具・今跡其所建置・言非不周・田非不井・保甲保馬之設・非不儼然比閭黨族之遺・然而階亂啓釁・竟以其身爲禍首・若是者何也・其法是而意非也・愚嘗合而觀之・法猶車也・意也者・將車者也・法猶舟也・意也者・操舟者也・無法之意・有善將善操之人・而輪轅不飭・維檣缺也・無意之法・是走虛車虛舟而試之河陸也・夫走虛車虛舟而試之河陸也・其不覆敗者無幾矣・然則後之治天下者奈何・曰・當其無法・吾議之以法・當其有法・吾議之以意・法爲意賓・意爲法君・吾奉吾君・毋使炎冰內侵・其養貴純・其功貴誠・其幾貴謹・夫謹者固意念之關・萬法之門・而睢與麟所爲孕育之境界也・不然・一念慘刻・將斯鞅申韓之喙・入而啄之・何暇論周官哉・

勑建于忠肅公祠碑

蓋嘗讀于忠肅公遺事・至於鷺鷥之泣・洒血之談・未嘗不歔欷淚下・曰・甚哉乎・爲臣之難也・世之論忠肅者曰・公計安宗社・而以身委之・宗社安而天下誦其功・功愈高而疑愈甚・故自社稷爲重君爲輕之說出・則言爲疑端・自易東宮錮南內之事成・則動爲疑府・是故公之死於英廟・非不幸也・有所以致之也・則又有爲之諒者曰・人臣履危定難・在倉卒之際・不可不知權・處名位相逼之時・不可不委曲陰爲之調護・當英廟之卒然北狩也・虜方挾以爲質而要我・而我顧示之以重・則彼將乘我之重而恐喝我・索玉帛・與玉帛・索子女・與子女・索降・與降・索盟・與盟・惟彼挾之重・而我故示之以輕・彼將以空質無益・然後其計不得行・而上皇之轍可返・故英廟之得以還國也・君爲輕之一言貽之也・當英廟之南轅也・景皇帝不悅曰・且將置朕何地・既而錮之南內・更立東宮・而公爲重臣・不強爭也・何也・當兩不相容之際・而我爭之激・則景皇帝不自安・景皇帝不自安・而南內之禍不知其所終矣・故英廟之得以奪門而返天位也・則公之不激留之也・此知公而爲公諒者也・

雖然・以公之處此・而遂謂公之心爲難知乎・不易諒乎・卒以疑見殺乎・則古之人有行之・楚伐宋・執襄公・宋人立其子目夷・使謂楚子曰・賴宗廟之靈・國有君矣・竟以此存宋襄而反之正・宋南渡而後・其臣之迎上皇者・肩相摩

踵相接・而靖康反爲五國城之鬼・則安知夫急者之不當緩・而緩者之非急哉・唐王魏之輔建成也・日教之立戰功以自固・除秦王以自完・卒也不旋踵而六月六日之難作・則又安知夫顯而激之爲是・而默而請者之爲非也・故由前言之・則英廟之得還也・公功也・無可疑也・由後言之・則英廟之得保也・公功也・無可疑也・此不獨後世知之・卽在當時知之・當時非獨一人知之・卽舉朝無不知之・故觀內臣興安之廷詰・與太后于謙於國甚有功之歎惜・則公之心事了然矣・而卒不能自解免而竟死於東市者何也・曰・處必死之勢也・景皇帝之於英廟・地不兩存者也・方英廟之初還也・景帝皇皇不知所處・而大位已定莫敢異心之說・公實倡之・石武淸之黨・郭亭杜山也・公實劾之・徐有貞之倡爲南遷議也・公實斥之・而及其奪門而出上於南內也・兩人實爲之・當是時・有英廟則無謙・有石亨徐有貞則無謙・故謙之必死也・勢也・蓋不待文誠之駕誣・蕭繼楨之考掠而後知者也・嗟乎・死一也・有重於泰山・有輕於鴻毛・故奪門之事成・則謙必死・然一死而足以安社稷・奠國家・得死所矣・謙亦自知必死・然一死而足以安社稷・奠國家・使向日還英廟保英廟之心・於此盡酧・得死所矣・不然・府尹告變之時・公宜張皇失措・而乃神色自若・朝服就班而後被逮・公蓋籌之熟也夫・或者曰・使景帝大行不先・南內不奪・則公還英廟與存英廟之功何有焉・噫・此又公之所不能知也・知有君而已・故景帝而長在也・社稷有君・卽南內而驟奪也・社稷亦有君・至於社稷有君・而公之責塞矣・可以死矣・知我罪我奚計哉・公之寃・在純皇帝時益白・至敬皇帝・始贈公特進光祿國柱少傅・今上御極・改謚公爲忠肅・時僉言者指・勅專祠祠公・而屬臣爲碑紀其事・臣惟公定主安邦・排遷却虜之烈・載在旂常・不具論・論公所爲存君存社稷而處必死之勢者如此・使知爲臣者忠與身兩存之難・令後世仰貌而勵臣節者・知所自處云爾・

鷹化爲鳩賦

惟大造之氤氳・陶萬品於鑪錘・顧裸鱗與毛介・羌繽紛而葳蕤・或孕質而不變・或神化而遄移・吾有感於蒼鷹・忽有鳩而莫知・吁嗟鷹兮・托化育於鍾山・含猛氣於炎離・純粹散於瑤光・火德奮其明輝・伯老出籠・元坦畋漁・短翮翔急・長骹起遲・小者雄・大者雌・微加毛小・減肌肥崔・羣決雲霓・方壯汝之鵰擊・而勁汝之翬飛・

乃單閼之蒞震・際啓蟄之佳景・忽夾鐘之司令・屆青帝之爲君・羯鼓可以催花・九扈遲於晚春・維時帝居青陽・呼彼蒼鷹而命之曰・大專般物・盈天塞壤・惟而匪鶉匪鳶・匪鸞匪鳳・賦質烈悍・禀性高颺・人馴爾鷙・人弱爾强・吾將化而面目・易而肝腸・脫而爪距・更而羽翰・以我之柔・摧汝之剛・鷹俯首而伏・仰天而翔・入於块軋・出於吳蒼・俄而蛻爲鳴鳩・俄而改其故常・曩觀而身・劍翮凌凌・人視而臆・檀粉輕盆・曩觀而距・枯荆犖犖・今觀而項・花枝錯著・昔也疾視・兩目如金・今也呼雛・兩翼如錦・昔也高飛於霄漢・今也拂羽於桑林・昔爲尙父・驅駟騑之彭彭・今爲淑女・鳴河洲而關關・昔也擊殿・勇濯錦斑・今也喚雨・來傍舍還・胡然健毛・霜雪飛翻・胡然入懷・雨褐衣斑・吾不

知而將爲祝鳩．作我司徒．將爲鶻鳩．制我虎符．將爲爽鳩．執我鉞鈇．人方惜汝之批嘴．詎憶汝之遊忽荒．余則羨汝之以猛始．而幸汝之以拙藏．維鵲有巢．而居則臧．維桑有椹．而食則康．睇觀古昔．往轍章章．一拙不全．何鷙不戕．何拙不葆．何鷙不傷．

牧野元勳．鷹揚實多．功成名遂．載戢干戈．嗟彼蒼鷹．無如鷙何．前有緜籠．後有網羅．而當守而鳩拙．輯而鷹風．毋恃鷙擊而以拙終．庶幾完而壯志．養而英鋒．毋使孟秋節屆．氣逸姿雄．還爲掣電．攫搏凌空．吁嗟乎．造物神莫如龍．迅莫如駒．惟汝善變．時乘時除．吾將可飛可颺．可拙可愚．庶觀物而自得．隨化機以盈虛．

薛文清公贊

矯矯文清．理學首稱．盛年通籍．豈伊功名．階梯四子．戶牖六經．讀書有錄．無理不瑩．功先持敬．學惟復性．力距權璫．履險若平．教流齊鐸．業茂春卿．河汾夫子．濂洛先生．宮牆俎豆．羽翼斯文．

陳白沙先生贊

五嶺儲英．挺生眞儒．主靜立極．愼獨執樞．陽春端默．十載樓居．塞充含光．嚅嚌道腴．勿助勿忘．還吾太初．衆妙俱遺．一眞自如．顏淵陋巷．曾點舞雩．菊坡並轡．文獻齊驅．雲谷可樵．江門可漁．存翼聖統．沒從聖廡．

黃文成公贊

人之最靈．妙明一竅．會稽之學．獨得其要．指點良知．開關揭杓．闢我妙門．百憲同條．緊維先生．幼稟奇資．吳山談道．越水息機．龍場一悟．解脫支離．禽吳馘楚．勳名震世．公也視之．大鼎一裁．赤社分符．素王從祀．灝灝錢江．流光千禩．

胡餘干先生贊

餘干之學．主一惟敬．一敬作所．萬營悉屏．屋漏無媿．太宇獨惶．褐玉韜光．韜道遺榮．考槃亦寬．泌水自清．白鹿貞教．絳帳橫經．筆錄傳心．齋居敬銘．先民是師．後學是型．布衣崇享．千秋孔庭．

乾清坤寧宮頌

肆皇王之御寓．選列辟以至今．疇道德而不麗．豈宮室之示威．顧一人居重．方內作則首民．物以規恢．纘祖妣而作極．斯古昔之宏模．而斯今之鉅制也．往昔回祿不職．兩宮制缺．天子憫元元之勞勩．念才力之殫竭．乃惻然下詔曰．蓋聞陶唐茅茨．有夏卑室．余實不德．無以造福羣生．其忍以一人之安．窮萬姓之力．維時羣工兆民咸勸進曰．王者規方家室．非以娛心自佚．所以保身保民．奉宗廟社稷．不忘天下也．夫太液昆明．祇備遊宴．聖主弗道也．臨清昭陽．第供巡幸．明王弗貴也．若乃乾清坤寧．兩宮適成．厥制深嚴．厥窔奧明．可以息機．可以儲精．因名以思義．因義以掓制・其于葆皇躬藻聖德甚大・營構雖煩・又烏可已也・于是天子乃發德章・下明詔・鳩豫章之名材・取渭水之礪鍛・奚斯督繩・召伯董役・匠石離輸・運斤削墨・民不告勞・官不滋擾・再越歲而告成功・仰規天・俯矩地・遏風蹤・掩日道・邃閣樹于中天・金爬燦于中庭・日月爲之奪明・翬鳥爲之飛驚・此眞帝王之居而基命之地也・夫兩都宏麗・孟堅侈頌・西京爲奕・張衡載筆・矧夫紹祖德・遵皇衢・總列聖而作室・掩六合而爲家・覩茲鴻鉅・而美弗著聞・臣實恧焉・乃竭愚鈍・忘固陋・拜手稽首・颺言而頌之・其詞曰・

維皇御極・爰掓鴻宮・上參兩儀・外壯九重・天地之主・神人之宗・孰爲奠基・實實礱礱・孰爲盡制・苞竹茂松・孰錫嘉名・合德于乾・得一以淸・居斯宮者・玄默之宅・淪性陶靈・取象于坤・得一以寧・居斯宮者・宥密之府・無構無營・旁而列之・左墄右平・三階重軒・豈曰雕峻・俾彌爾性・克配彼天・仰而盱之・鴛瓦磷磷・鴟尾干雲・豈曰窮高・俾彌爾性・應地無垠・俯而闞之・茅蓋之角・黃道之中・地廻風淅・天泱氣冲・豈曰侈制・俾彌爾性・淸寧在躬・環而眺之・長樂宣溫・發越披香・增誠合歡・曷足比方・豈曰極麗・俾彌爾性・悠久無疆・噫彼帝庭・康衢擊壤・追維周室・九如章章・昔在華封・三祝洋洋・微臣獻頌・竊附遺芳・

尹遂祈 字鏡陽・東莞人・萬曆辛丑進士・知同安縣・以忤稅監落職・歸至贛州卒・遂祈喜讀參同契河洛圖緯天文律歷風角望氣六壬太乙諸書・靡不研究・晚而歸宿江門之學・以致虛守寂爲主・著有天文備考及叢桂堂集二十卷・阮志注未見・餘若陣法源流璣衡要旨天元玉策解等書・皆未著錄・

復林省庵先生書

不肖在草茅時・已聞老先生倡道東南・仰止之懷・若斗杓在天・可望而不可親・然常私自洗滌・以爲北面大賢之地・匪徒神爽之飛越已也・祈賦才本庸・抗志頗遠・少慕先天之學・隱于山中・世故物情・毫不相涉・每憶先哲如周程張邵輩・爲之依歸・當不虛此生已・然所居旣僻・大道罔聞・惟覽觀古昔論王霸之餘策・究倚伏之要害・聊以適志耳・至于方外之士・以方術相質・間與討論河洛圖緯天文律歷陰符素問之書・旁綜風角望氣三元六壬太乙之法・雖小技可觀・非遠致之術也・又以京房郭璞爲戒・乃盡屛之・嘗著天文備考・陣法源流・天元玉策解・正璣平衡要旨・悔其少作・不敢傳之大方・蓋一察自好・於聖人之道・猶醯雞耳・然終不能守一先生之言・六經正史而外・多所馳騖・故志彌勤而道彌遠・索愈高而識愈下・祇以疏狂自廢・欲自此干君平管輅之流足矣・殊無意于經也・偶以一第之故・思甕試於官途・而愚魯之識・遇事皆蓁・草野之性・粗率如故・與時鑿枘・理固宜然・又何以獲上治民・謝彼愆戾也・幸先生不棄其愚・授以密箴警語諸篇・誠上達之階梯・下學之繩尺也・終身行而無礙・寧佩服之敢忘・聞見支離之障可以盡袪・孫吳佛老之躭不難驟變矣・若不聞至言・則終身顚頓乎混冥之中・而不覺悟于昭明之術・不亦大可悲乎・不肖故付之梓・非獨爲同志者勗・將揭大道于中天也・而道之南・敝鄉爲近矣・倘有繼白沙先生而起者・則先生之流澤遠哉・

刻林省庵先生警語錄序

尹遂祈

大哉道乎·雷雨在上·典彝旁達·儒者弘之·聖功生焉·神明出焉·故藏器翳景·風軌足以淑人·揆化應時·明哲可以自保·非窮理盡性·知微知章·烏能優游一世而悔吝不生乎·百行殊尙·默默難齊·至言不出·俗言勝也·玩鮑者忘芷蕙·迷大者不能返·斯道隱矣·興儒教以救微言之絕·則省庵林先生實欲起而任之·蓋自爲諸生時·操業淸高·邈焉冠秋雲之表·卽古人奚遜焉·乃其自視欿焉·斂於檢括·常懼逾逸·不身遁·亦不遁人·若行獨潔·不爲無人·不兢其容·然猶時錄警語以自惕·豈謂使人信己者易·而蒙衣自信者難耶·至與海內同志者切磋雕琢·惟是論忠孝之至道·證存亡之軌跡·愼榮辱於樞機·審盈虛於進退·令人察往以知來·觀彼以知此·凜乎若跡掛於萬仞·宜必洗濯垢湼·保其貞吉者矣·

夫受繩墨者無枉剞之木·染道訓者無邪辟之人·况動之質誠·示之以平·淡夫固將自化·先生由司理而銓衡·兒童胥吏·悉皆感慕·良有以也·昔劉氏論人·先察其平淡·平淡無味·故能調成五材·變化應節·惟先生足以當之·乃其學先於反己·集於虛己·歸於正己而物正·大人之事畢矣·余讀警語而自媿·赤刀之鑛·不經歐冶之門·敢曰有其質哉·馬釐截玉·庶幾進其獨志云爾·

登岳先聲詩序贈寶安丞解公

古之通治體者·鮮不以親民爲首務·最著者莫如漢·漢史傳循良·若趙張王尹·皆起于丞·往往以卓異見徵·終陟卿相·所居民愛·去之見思·庶幾德讓君子之遺風·余嘗讀其書·作而言曰·大哉民心乎·欲惡視政·趨舍緣德·此可以違道干而嚴令驅哉·名不虛立·士不虛附·故曰·民者吏之程也·使民取吏·必取所愛·百人愛之·則百人之吏也·千人愛之·則千人之吏也·萬人愛之·則萬人之吏也·萬人之吏·選卿相矣·昭代之興·尤惜人才·未嘗盡以格限士·而士多以格自沮·秩卑易玷·輒甘汚衊·其踔拔而起者·不數數見焉·乃激而云善仕不如遇合·使立名之士·簡于能而謹于時·不亦過哉·

夫理小而懷博施之志·居今而行古人之道者·余今得之少令解公·公固荆楚人傑也·暫屈牛刀·而恂恂儒雅·不類于法家·佐政期月·士民嚮而慕之·尤以忠信敏練見重于邑侯·凡廛野利病·賦役輕重·與兵農之豫密·工徒之興弛·侯雖素所洞徹·亦必與公斟酌而後宣布之·謀有益于民者·公亦輒爲賛助惟恐後·三載政成·碩問蒸沸·觀風者聞而異之·式登薦剡·以其最聞當宁云·是舉也·實東官所希覯·

論者曰·解公何以得此于直指君乎·今之所謂能者·刻峭以爲公·鷙猛以爲斷·巧取足以濟·緩急機智足以籠下人·而又習乎婞婀辯給詞伺之目·乃可以結上官·騰顯譽·公何以得此于直指君乎·余折之曰·公無此數者·此所以當于直指君也·如子所稱·是治之蠹也·奚其能·子謂公廉乎·曰·公之左右·毋敢夸毘而進·纖趨而言·是冰玉之操也·公敏乎·曰·瑣訟猥詞·片言可折·論報不宿·是庖丁之技也·公勤乎·曰·公淸理戎籍·時葺百工·修校濬河·

而又式黃髮之閭・倒青襟之屣・無倦色也・夫操此三者・而復厭棄機術・推赤心於人・縱使婞婀辯給詞伺之末工・當必有諒其心者・子何以奏雅百戲之場・病公之古而不今哉・

南方有亂鳥曰昭明・五彩象鳳・人得而殺之・百鳥羣而侮之・以其飲不必醴泉・而食不必竹實也・西方有仁獸曰騶虞・斑文象虎・見者不知其爲騶虞・投之以生物・而後知其非虎也・夫眞僞之不敵久矣・古今人情不甚相遠・況司風紀者・將謠俗是詢・聽民非譽・以抑揚庶品・必不鳳昭明而虎騶虞也・故非解公又何以得于直指君哉・得之于直指・必得之于銓衡・其將用民所愛・擢之崇階・風勵百職・古人以雙陸無休勢爲喻・不益信于公乎・異日樹峻流鴻・以光昭代・不數漢諸賢矣・余友某等慶公之遇・以爲鳴盛風來・不可無詩・顧郢曲難工・亦託其不可諠者並傳云爾・繼風人而歌愷悌・其各言爾志・何必誇白雪哉・

送郡侯方公祖詩跋

仕路所最忌者・不量鑿而正枘也・方圓之不用・固齟齬而難入・故太直若屈・玩世者稱焉・至於時俗工巧・偭規矩而改錯・突梯卷孌・迎喜怒而測憎憐・其究也・洩涊成風・正氣銷鑠・蘭芷變而不芳・荃蕙化而爲茅・此貞民所羞・而騷人所爲憤惋也・當吾侯之見忤于直指君時也・徒以一令之下・偶見沮格・輒求解綬・夫侯固恂恂君子也・行車麥秀・臥閣花深・愷悌之德・民歌之矣・一事失意・何忍免赤子於懷・況値中官踵至・時事艱危・賴侯以重望鎭之・而侯性剛介・終以不能下・掛彈章去・亦事勢之流相激使然・然侯豈不知謇謇之爲患哉・顧爲靈鳳作鶉籠・將翕翅而不容矣・羈騕褭以服箱・將局促而不前矣・況侯素以風裁取信於上下・安能委蛇蒲伏・與雞鶩爭食・而隨駑馬之跡乎・詩曰・我心匪石・不可轉也・故搖珠抱彩・不爲莫佩韜光・貞女淡粧・不爲無媒競巧・侯之用心・固若此矣・其視毀譽得失・奚異條風之時麗・蚊虻之一過哉・所戀戀而不忍舍者・獨以士庶營攀轅滿道・不能不爲是潸然耳・又見春水揚波・江蘺初綠・其有騷人之感乎・邑士送別南浦・黯然魂銷・欲擬九歌・詞慚郢調・不知其有當於侯心否也・

潘　濬　字季源・南海人・萬曆辛丑進士・授安福知縣・累官至南刑部侍郎・濬官僉憲時・海內剏建忠賢祠・違命即逮捕・濬多所庇宥・忤魏閹意・故出爲南刑部侍郎・旋乞病歸・至豫章卒・贈太子少保・

題減粵東稅銀疏

臣粵東產也・自幼束髮受書・正皇上旰食宵衣任賢圖理之日・于時國無苛斂橫征之政・民有家給人足之休・粵雖遯在海濱・獲沾聖化・猶然樂土也・至于今則大不然・自棍徒以言利之說進・榷使以罔利之術行・宇內震驚・公私若掃・顧各省直初議稅者・或酌物力以定額・或悯窘竭而請寬・少則四五萬・多亦六七萬而止・獨粵東議至二十萬・縉紳不與聞・小民不敢控・至萬曆三十五年・幸蒙聖恩減去二萬一千八百兩・今尚十七萬七千七百餘兩・先是諸臣力爲百姓請命者・未嘗不累牘連篇・近督臣張鳴岡・按臣王以寧各疏・請蠲加派丁糧四萬三千八百兩・加抽市鎭墟場銀四萬三千餘

兩・描寫民情・一字一淚・殆甚于鄭監門之圖・乃皇上置若罔聞・豈以粵尚足辦此不爲苦耶・不知名曰商稅・只宜取足于商・粵僻在天末・商民以貨相貿易者・只省會一二處耳・子母不過銖兩・搜括爲稅幾何・當事者計無復之・于是乎割餉以充稅矣・未幾又加糧以抵餉矣・自舖口墟市而雞魚柴米・又無不稅矣・商稅也・于兵何與・而奪其口中之餔・亦于民何與・而禍及雞豚之細・輾轉支吾・良工獨苦・按臣王以寧・續議移正稅協助採本疏言・自萬曆十八年至今・解過商稅銀暨礦銀助大工等銀・共二百六十七萬兩・夫此二百六十七萬兩・特就解省者言耳・中間爪牙之所搏噬・猾胥市獪之所攫取・而誅求又以千萬計矣・噫・普天皆土・率土皆臣・粵非皇上之赤子耶・胡忍其重困至此極也・肉已剜而瘡未醫・皮不存而毛安附・叩閽徒勤・回天無計・然則爲粵人而當今日粵之時勢・何不幸耶・臣請細詳其害・冀聖心一軫念焉・

夫設餉所以待軍士・非虛額也・挪餉則士不宿飽・而尺籍半爲虛羸・害一・加糧則額內勢已難完・額外何能復繼・民有損瘠而輕去其鄉者・害二・肩挑背負之夫・營活能幾何・而得十文無一文之享用・米珠薪桂・度日如年・使小民囂然・喪其樂生之心・害三・疾首蹙頞之夫・日相望于道・愁怨所積・上干天和・致多水旱蟲蝗之變・害四・匏完新稅・遂逋正糧・稱貸之計既窮・鞭扑之加不免・二絲五穀之嘆・何日不然・害五・解期迫促・即典衣鬻子・亦所不辭・今歲望來歲之寬・來歲仍今歲之苦・害六・澤竭而尚求魚・林焚而猶覓獸・以生路日促之民・而當死不擇音之日・豈可不慮・害七・窘迫無聊之衆・曾幾番鼓噪・思剸刃稅吏之腹・其不爲揚榮之續一間耳・害八・橋廠津染・橫榷如織・物價騰湧・數倍往時・商賈裹足不行・鄉城半爲罷市・害九・民窮盜起・胠篋探囊・江干白晝・剽行人而奪之金・致詰盜之檄紛如・而犴狴之屍枕籍・間不無蔓誅于善良・害十・有此十害・重以一十五年蠲免無期・請減不報・粵之爲粵・將來眞未可知矣・

臣邑南海・先年盜殺會哨官於海上・今年劫巡檢劉清於司署・擊殞其命・是皆羣不逞輩・飢寒切膚・甘以身試三尺而不顧如此・幸未有楚澤英雄其人耳・設有奮臂一呼・而斬木揭竿之徒・嘯峒憑林之衆・五合六聚・蜂起爲難・將林道乾曾一本之變・復起于今・擾攘騷動・所在而是・此時君不能有其民・安能復有其稅・故與其民自蠲之・不若君爲蠲之・與其蠲於將來・處不得不蠲之勢・而民情國髓・兩受其傷・孰若蠲於今日・以不忍不蠲之心・令抵定敉寧・兩受其利乎・夫自上蠲之・則滄溟之涓滴・而太倉之稊末也・自下得之・則大旱之甘澍・而尩羸之藥石也・於以除煩滌苛・至寬政也・潤槁噓枯・至湛恩也・減黷崇廉・至美名也・散小儲成大儲・至完計也・不蠲而十害叢焉・蠲之而四善集焉・皇上何憚而久不爲此也・臣念切桑梓・伏乞敕下該部議覆・將粵稅十七萬七千七百兩內・豁去加派丁糧加抽丁糧二項銀數・餘聽有司照舊徵解・以完額供・庶商民得解倒懸・而遐陬早獲安堵・

曾鳴雷 南海人・萬曆癸卯經魁・

歡賦

曾鳴雷・萬曆癸卯舉人・此賦見嶺南文獻・

無無太子與華管大夫遊於閬風之上・清風駘蕩・明月皎

潔・羽觴數迴・笙歌屢闋・欣然自得也・乃更酌・授簡於大夫・顧謂之曰・且夫歡之爲物・渺渺忽忽・其發飛揚・其潛淵密・離朱不能察其形・曾史不能禁其溢・牢騷者遇之而舒暢・怨毒者逢之而稍釋・沉疴者對之而霍然・偪促者因之而飄逸・其來何階・其去何即・誠與滅靡恒・而厥朕難測者也・試爲僕賦之・大夫曰・唯唯・

若夫洪鈞鼓氣・元鑪鑄精・廣治萬類・具賅七情・陰陽不衍・歡樂乃呈・情由物召・興以景生・故其欣暢一致・感觸殊形・至若帝王君后・百辟列卿・羣生得理・庶績既凝・萬國熙其在宥・四海晏然已澄・國無家而不樂・家無人而不寧・關西無事・薊北塵清・淨妖氛於沙漠・寢烽燧於龍城・殊方歸命・邊塞弛兵・瑞應駢集・協氣薰蒸・走羲和於中道・耀泰階之六星・乃召卿士・賜宴內庭・蠻夷咸侍・戎狄畢承・歌吹間起・壺觴載傾・挽龍舸・登蓬瀛・折芳藻・釣潛鯩・憩息苑囿・吟咏太平・融融洩洩・逸興飛騰・

又若貴倨公子・逸羣豪客・或乘春而縱觀・或際秋而娛樂・携朋金谷之園・命侶石城之曲・二陸三張之華・司空令尹之博・妖姬徐進・孌童相錯・華容婀娜・柔情綽約・珍餗若陵・芳醪如瀆・玉斝既行・清謳乍作・靑琴理絃・龍陽調籥・既而華月皎皎・明河濯濯・銀花紛其照爛・朱火曄兮閃灼・雖玉顏之已酡・復金罍其更酌・咸徘徊於几席・乃淋漓乎觥爵・既醉樂康・幽情踴躍・

及夫期門年少・南國佳人・貌踰宓妃・才逼安仁・伊盧家之初適・喜裴郎之方新・閒房窈窕・綺閣嶙峋・珉砌花孃・金鑪香薰・珍饈具設・服玩並陳・花撲九微之火・香分百味之尊・黼帳珠簾相掩映・纖歌錦瑟故繽紛・春衣織連理・縷帶結同心・頻畫眉而相戀・亦傅粉以致文・奇花矜絕世・艷質擬於神・綢繆子夜・嬉讌芳辰・戲雙鸞於玉樹・効偶蝶于珍林・雅興纏綿而轉發・芳情繾綣而彌深・賞心快意・其樂難任・

若乃狂結竹林・酒開蓮社・藜杖芒鞋・靑尊綠斝・或遷勝而登臨・或尋幽而稅駕・或攀藤蘿・或浮桂舸・繫柳陰以盤桓・披松風而飄洒・既容與於蓼灘・復優游乎蘭若・發雄辯而驚筵・欣淸言之滿坐・毫鋒動而縱橫・詞源忽兮奔瀉・咳唾珠玉・振揚風雅・傲顧盼之無人・獨主盟乎作者・傚舞雩之逍遙・類山陰之陶寫・爰寄傲於滄洲・且騁懷於綠野・實戀戀乎高深・聊怡怡於餘暇・

復有窮廬野叟・邱壟田夫・甘胼胝於南畝・懃樹藝乎西疇・披榛晨往・帶路夕居・鋤茅南山之上・驅犢東野之墟・襏襫秉耒・簑笠荷鋤・並夫耕而妻耨・或子播而父菑・桔槔鳴兮角角・手足勤兮劬劬・願風雨兮時若・冀田園之弗蕪・覽平野兮極目靑葱・幸良苗兮萬頃榮敷・郊壤漸熟・秫稻如鋪・曉腰鐮而赴壟・競負穟而返廬・廩有餘粟・村絕追租・五穀畢登・八蜡云酺・田家作苦・近局相娛・蒸藜吹黍・集偶招徒・隻雞既具・有酒盈壺・日暮酩酊・耳熱歌呼・雖草野之陋賤・亦憒憒而于于・

又有義妻戍婦・傷離恨別・鴈山參雲・遼海層雪・與子別兮涕淚潺・念子寒兮心膽裂・素頸延兮神怳惘・靑眸凝兮魂飛越・一旦遇使君於官道・回定遠之遐轍・錦衣朱幰・被貂珥節・綰萬里之侯章・駕千駟之雲軼・已感久相思・

彌復深相悅・鸞鏡拭兮鴛枕在・舊恨平兮新恩切・慶朱顏之未徂・誓白首而相頡・兩情綿綿而並濃・歡心愷愷而不竭・

別有西蜀儒生・洛陽才士・藻麗淵雲・氣躪遷固・負呑烏吐鳳之才・擅倚馬雕龍之譽・筆燦江淹之五花・詩敏思王之七步・擬機雲及潘江・陋陸厨與梁府・調中宮商之音・身困縹緗之圃・揚意不逢・孫陽未遇・擔石虛陳・四壁徒竪・甑冷塵生・鶉懸肘露・冠十年而始易・火三日而弗舉・邇廼策獻陛前・眉揚階次・連六鰲於長竿・展一鶚之遐羽・金閨之籍已通・鴈塔之名首署・憩玉局與金門・擁高軒・洎雕御・繫黃金・施丹臒・調天紀・奉綸語・醲清要而自寬・望台衡以縱武・道合計從・志得意愉・

是以歡情不定・歡緒綦庶・有感卽形・有形卽豫・去不可追・來不可圉・古今沿轍・聖凡同矩・雖復守如墨翟・道如尼父・亦安能却欣樂之境・絕歡娛之緒者乎・

區縉 高要人・萬曆癸卯舉人・官鹽亭知縣・

陳大尹祠記

禮・百辟卿士有益於民者・命百縣祀以靈・今制或羣祀於學宮・或崇報於厥土・孝肅之祀也以守・大尹之祀也以令・義可知也・故事・邑禮悉總於郡・獨大尹之祀則屬之邑長・蓋祭有專主・而典亦綦重云・攷大尹・名忠衛・陽山人・大德元年・來尹高要・治人正・自勵廉・所表暨藉甚有聲・卒於官・民德之・遂卜祠祀焉・祠面江枕隍・距城東南隅不百武・爲堂一・寢一・像尹其中・前表以綽楔・又前爲通衢・以利行涉・環祠居者百數十家・他郡之受廛通津于斯者・如櫛斯比・屹然一雄鎭也・元末兵燹・變革不一・而斯祠巋然・今國家普天懷柔・廢墜具舉・凡往喆前徽光照冊史者・所在追崇・以風勵庶位・三百年來・文敎丕洽・弦歌俎豆之化・溢于嶺海・邦尹大夫政理多餘・又得從容禮樂・以講國之大事政德・嘉靖間・安福歐陽公・吉水曾公・後先守端・諸所表章・最稱隆備・會督學使者檄毀淫祠・諸州郡奉檄・焚瘞者亡慮幾許所・曾守進故老・核郡乘・又一統志載太守名次・疏所爲治績甚洽・于是條其不可毀狀・學使者是之・曰・陳尹既得我民・法當血食茲土・有司其以時陳告如儀・民間之私尸祝者勿令瀆・尹之祀於邑也・實茲焉始・

萬曆壬辰・太守晉江朱公・以郵部郎至・嘗一謁祠下・資以佛山小塘庄步鑲渡一・自是祠供稍贍・遞掌之・庶幾無斁・邇有好事者固奪以自饜・諸父老聲之郡大夫江公・下其議於前令王君・元本舊典著爲令・進好事者庭・予之罰・於是祠若增而崇・貌若增而新・一時慶洽幽明・倍于疇曩・嗚呼・尹之爲尹可知矣・古稱遺愛甘棠・尙矣・後有作者・不過枉政民悅・解政民思止耳・孰有神明奉之・嘗蒸繼之・若子姓雲礽之報厥高曾然者・非甚盛德不及此・祠向無紀・至是鄉之儒碩徐養中梁鼎和鍾大韶輩・徵不佞言・壽諸石・時萬曆三十九年辛亥孟冬朔日・

黃儒炳 字士明・順德人・萬曆甲辰進士・官編修・歷仕至吏部左侍郎・以力諫中官出鎮及內傳補官積忤閹黨告歸・尋丁母艱・以毀卒・著有影木軒文集・

番禺志序

古者內史掌書・外史掌四方之志・其後國自爲乘・爰有百國春秋之目・今所傳者八・國語十一・國策諸書・左傳之與國語又一書・而內外互傳耳・封建變爲郡邑・廼其紀載之牒・不曰語曰策・而名之以志・庶幾成周之制・大一統也・番禺爲嶺表首邑・隸於廣郡・而志獨缺・前此如馮拯紀異・黃濳客語・豈無一二足備稗史之採・然並滮漫不得傳・余同年同安鄭公・以名進士來侯茲土・問邑志・曰無之・愾然以此爲憾・乃敦請光祿王公・前袁太守正甫高公・英山令少襄龐公董其事・而以纂修屬之孝廉區君・蕭君・茂才陳君・李君・是役也・同事者非會稿不至局・惟高公及陳李二君・矻矻局中・蒐羅最勤・而一切體裁損益・皆侯手爲更定云・

夫邑必有志・是曰史翼・番禺以二山名・奠於秦尉・委於鬼工・匪今斯今・卽我明吏治蒸蒸・而竟以揮鉛奮墨相遜・豈繄志之難・所由任其事者難也・邑當都會・令日馳謁請事・歸則攢眉而治簿書・尙何暇他及・設勉使士大夫從事・輒以衆所指目・何敢强知人事爲解・嗟乎・天下極鉅且急之事・乃爲人所不暇任不肯任之事乎・向者侯嘗過余言・不習爲吏・視己成事・今下車而故實無所咨・成事之謂何・履句履者知地形・今幸起士人爲吏・何至四履內茫茫莫辨・又此中多衣冠族・碩通德背項相望・宦蹟自元長氏而下・稱循良者若而人・其僑廣概多名流・而幽美靡稽・激揚之義蔑如矣・至於風俗之時淳時漓・賦役之時繁時簡・文事武備之時弛時修・非著之掌故・何以使因革利病・確然畫一而爲後世之師・余聞其論・輒加慫恿・謂侯能任所不暇任不肯任之事・顧所起草爲數百年闕典・未審究竟何如耳・乃今披閱其所爲十志者・發凡舉例・井井如也・且核其事而嚴其議・載筆著令・遂爲一邑完書・或疑古之良史・其用力皆以累歲積紀・今甫數月而告竣・似過驟・噫・唐秘監劉子元不云乎・人荀袁而家政駿・則閣筆含毫・相視不敢斷・故首白可期・汗靑無日・後事因患政坐此・今是編文獻足徵・於事爲鼎創・於法爲隳括・後有作者・料不能更有加・於潤色之外・何言驟乎・書旣脫稿・侯强余以商榷之任・而徵余言爲序・遂不辭而弁其端若此・

續南雍志序

南雍志著於南海黃文裕公・某以梓里後學・承乏成均・每行事必資之是書・但念近事有未采入者・何能于志外索端緒・適太常羅陽區公・以曾來署雍篆・曰・聖明御極之初・有中外修志功令・將先朝典故・于焉備采・已屬博士姜君一洪・助教申君紹芳董蒐羅・而監生唐時・亦令供事繙閱矣・余請區公竟是業・以攝事辭・余暇日乃就所編輯者・定以凡例・取次成帙・已而申君遷南儀部・唐生亦去・余乃手編摩・删其繁冗・參以故實・凡舊志所未載・及近來疏奏科條・出自朝家・關于雍政者・一切補入・書成・于職業酬應之餘・余實不敢虛其歲月・自申姜二君外・若監丞田君毓

華・博士王君汝受・學正袁君文紹・葛君大同・余皆藉爲稽考・況區公理學名儒・先驟括而開其緒乎・因跡爲步・余所徼惠于區公者多矣・

或者見其草就緒・以爲取辨殊易・而不知是志比前有四難・黃文裕豐才博學・尤精于禮樂名教・人稱黃書櫃・固長袖善舞者・而予多病少讀書・一難也・前志述國初事・投戈講藝・臨雍典制・彬郁可紀・今留雍南時・不復作爾時觀・二難也・往時後造多超拔重用・事業照耀簡冊・今士非制科起家・則束手常調・而所入之途更雜・三難也・制度之壯麗・矩矱之森嚴・前已詳者不堪再陳・僅掇儲牘之斷楮・河南道之報章始末・遺漏非一・四難也・貂可續・蠹可剔・而難不可避・則余之闇昧而已・今閒出是書・與今少司成桐城葉公商榷・因謂自嘉靖初迄今・中凡百年・事蹟有張弛・條例有沿革・職任有輕重遲速・士習有淳漓恬競・是書已具・且不賢者識其小・亦不妨載及淩雜・惟是所裒列傳・去取因仍未決・不無附于善言之長・若劉雲嶠先生・傅商銘先生・師表作人・居然典型・且徵傳未至・其他豈必無漏・即此亦足明是志之未爲完書矣・姑存所遺・留以俟後之補成・寧遂爲擱筆相仗乎・葉公以爲然・遂繕寫而藏其副・

大明律集解附例序

昔聖人以明刑弼教・命曰典刑・明爲典者不防也・則律所從來遠矣・是故宥過無大・刑故無小・與其殺不辜・寧失其經・其明允仁厚固如此・高皇帝卽位之初・懲元季僘俗・以重典繩亂國・時勢則然・已而命尚書劉惟謙考定律令・每律進・揭之于廡・凡七易・爲條四百六十・悉經手載・近代繁文・一切革之・俾士庶易於趨避・重之以大誥之頒・惻怛藹然・傳之累朝・遵守畫一・閒嘗原本其意・而附以例・傳律而行・非例又何以盡法之變耶・而纂之則自宏治十三年始・中更嘉隆以及今日・或重修・或增定・廷尉爰書所取衷也・先是皇祖制律・承用漢唐舊文・文深旨奧・按之茫然・厥後諸臣精法意者・相繼解釋・集有成書・而讀律者始便于服習・

臣竊惟律如律度・一定而不可更也・第令用律者而不信度・輕重其手・以時伸縮・則民亦相蒙相遁・莫自必于法中・凡蝮鷙之吏・深文周內・大抵巧傳于例・夫因律而起例・因例而爲姦・千機者百穽・禍將安極・蓋前王所是著爲律・後王所是疏爲令・此巧于傳令者之所託・其肺肝昭然矣・且法也者所以防民而生之也・非以入民而死之也・爾時爲吏・或見撓于覆駁・受侵于直辭・卽其人罪狀無有・必痛仇而置諸法・甚至茹吐見勢・風旨承上・遂使單門寡控・含悲五毒・其于殺人行媚・骫法偏庇・不難快心行之・嗟乎・規外求圓・無圓也・法外求平・無平也・而必任意比論一致・爲文多端出入・安用律爲・有司之職・以執法爲公・乃自溺其職若此・反以罪蚩蚩之民・何也・故今天下非飭吏治之難・而申法律之難・誠據條例以斥妄引・據集解以破舞文・將大小必以其情・與昔人以藥石喻刑法・愚謂吏則醫師・律例其禁方也・不明禁方而妄投藥石・如傷人何・故曰・學書者紙費・學醫者人費・政之費人也・又甚於醫・服官者而誠懼費人也・其奉憲以從事・勑愼當何如矣・

意必固我銘

閉兮丹府・出入無時・接搆未形・妄起端倪・百謀交作・安坐而馳・心與物冥・主者其誰・動也天行・朕兆孰窺・去智去故・至人可希・

郡守江公德潤碑記

聞之共公之王水處什之七・夫水之性・以高走下則疾・至于□石而下・趨高卽流而不行・故高其領瓴之尺・有十分之三里・滿四十九者・水可走也・乃迂其道而遠之・以勢行之・行至曲・必流退・滿則□推前・地下則平行・地高則控杜曲・則擣毀杜曲・激則躍・躍則倚・倚則環涵塞移而水妄行・水妄行則害物・故聖人之治世也・不家告也・不戶說也・其樞在水・記云・故者以利爲本・行其所無事也・端州郡護城圍五十餘里・內包十三都・居民田地計八百頃有奇・北倚峻嶺・南枕大江・春夏間粤西水下・羚羊湫隘・未容易導・自黃江迄桂林・汶湯洙浩滿數閱月・舊之修水政者・爲之寘障防・安水藏・使時水無過度・無害於五穀・歲雖凶・有所收穫・歲增脩而無已・寧公王公鄭公相繼爲政・至今久而歌思・亡何・歲及丁未・連年大水・隄竇抗而不遂・谿谷報上之水・不安于藏・毀室屋・壞田埜・殘禾稼・自蓮塘至龍毋廟基・所敗隄者若干・躁復淤滯三之・庚戌又大水・民有稱百川沸騰・山冡萃崩・高岸爲谷・深谷爲陵之詩・子大夫觀風采之・謂政之患・下情求不上通謂之塞・溝瀆遂於隘障・水安其藏・國之富也・道水潦・利陂溝・決潘渚・潰泥滯・通鬱閉・此謂因民之利而利之・且五穀食米・民之司命也・黃金刀幣・民之通施也・執其通施・以御其司命・使菀濁汛濫・皆法度不忘・豈異人任・遂於屬吏致於民之長圩者・皆受憲於所耕田・發草者得其數・民人所食・人有若干・步畝得其數・履邱計本・量委輕重・准施之率・釜鍾而致一石・使稅者伯一・鍾稱若直・差足卽弛・法行而不苛・寬而不淩・吏嗇夫盡有訾程事律論法・辟衡權斗斛・又効不以私論・而以事爲政・使者乘其事稽之以度・分財用・平板幹・稱畚築・程土物・議遠邇・畧基址・揣厚薄・參伍其數・錯綜其法，於蓮塘基之稱最險要者・築堵之・隄十人之聚・日五間之・而躍龍橋昔王公所開・以疏圍內之水者・改用鐵力本司之・措之水基・亦復如是・順人心・安性情・而發於衆心之所聚・是以令出而不稽・官之以其能・是以刑設而不用・墳然若一父之于一家之實・若鼓之有桴擿・當則擊山陵・岑巖淵泉・踰瀷而不盡・薄承瀷而不滿・高下肥澆・物有所宜・自羚羊之下・三水四會・並受其錫・沔彼流水・朝宗于海・辟之也・猶夏之就凊・冬之就温焉・可以無及于寒暑之累矣・樞言曰・愛之利之・益之安之・四者道之出用之・而天下治矣・而況國乎・上惠其道・下敦其業・上下相希・若望參表于時・升鼎湖・咨皇黃帝之道・入石室・探文字之原・賢者亦有此樂矣・余至端州・聞鴻鵠鏘鏘・唯民歌之・竊有意乎大夫之爲政也・而二粱君挺高挺芳・述其所以歌舞之者・曰・願以質之太史・余遂爲之歌曰・

原隰既平・泉流既清・召伯有成・王心則寧・

公姓江・名中楠・字國材・玉林其別號也・福建泉州府晉江縣人・登萬曆壬辰年翁正春榜進士・是役也・奉憲成事・則豐濟倉大使陳應雷云・例得並書・工役甫畢・西潦隨至異常・惯時艱者・肇慶府通判趙應貴・視民饑溺由己・夙夜憂勤・援護戴淑令・終遹觀厥成者也・允宜鐫序・

按志載・萬曆三十九年諸隄盡決・總督張鳴岡・知府江中楠・督民脩・捐俸分給之・此記缺載・碑亦未詳建立何所・但事關郵政・惠澤普存・故補錄之・立奧衍聲牙・字句疑有訛舛・俱仍舊本・以俟知者・儒炳字士明・順德人・官吏部左侍郎・

李待問 字葵孺・南海人・萬曆甲辰進士・知連城縣・尋擢禮部主事・累官至應天巡撫・時魏璫生祠孝陵道・百官謁陵・守閹輒先責拜璫祠・待問詣陵畢・疾馳履新・列郡呈建璫祠者並格之・因謝病歸・崇禎初・起戶部侍郎・晉尚書・以整飭漕法・籌策民食・積勞卒官・其在戶部・數召對賜坐・御筆下・輒書計臣而不名・隆眷爲廷臣冠・贈宮保・諡忠定・著有松柏軒稿・阮志注未見・

限田疏

臣謂限田之說・蓋因田之不可復・而思以齊一天下・其說始于漢董子・旣而爲代田爲度田爲均田・宋室又爲方田公田・其利害可較然睹矣・皇上裁成天地之道以左右民・行臣酌議・俾有位無得多取・所以砥臣廉・豪強無得兼併・所以域民法・甚盛舉也・臣稽古證今・思得一當・以㥯聖明德意・永樹無前之畫・展轉籌度・浹數旬于茲・念惟物之不齊・物之情也・今舉天下之大・臣民之衆・而酌其常生之業・甄陶之・齊以一切之限・必欲法立而能行・法行而可久・正有不容不商求者・請畢其說・

夫南北地利懸殊・不啻十百千萬之數・即一縣田土攸異・亦有金銀銅鐵之差・等而上之・三四十金纔得一畝也・等而下之・止取承稅・即數頃可以無價得也・至于小畝大畝之異・田皮田骨之分・習以俗殊・事沿時異・挈長度短・彌難一律・此地利之可商者也・縉紳之子・爲士爲庶・官爵之等・時降時升・將朝暮而品位迭更・抑存歿而多寡驟改・舉其始而禁其末・則非法・必寸寸尺尺而度之・日不足矣・此人事之可商者也・

有限之法・必有匿于限之內・又有逃于限之外・勢必逐戶而覈・逐地而搜・逐人而按・戶有詭寄瓜分之殊・地有越邑隔郡之別・尋聲步影・引繩批根者・首告之門一開・擾弊終無紀極・將中富不能安其田畝・而刁民益得肆其奸欺・此覈田之可商者也・

限田所溢・旣以歸諸公家・而溢田所耕・仍必責之貧庶・彼推出者必非良畝・而任耕者豈易承當・將膏腴投袂而爭・而磽瘠探湯而避・責之則遜爲無力・不責之則賦何從供・今海內包無田之稅・守不耕之田亦甚多・特以稅額有定・引分自安・予其限田之名・將啓其逃賦之實・此餘田之可商者也・

限議一建・隨枉省直・必講求乎限之數・與經畫乎限之宜・綜覈乎限之人・糾懲乎逃限詭限之法・由部而轉屬以下・不勝窮也・又由縣轉屬而上・不勝滯也・即如十年大

造・每將畢一屆而黃冊纔竣・此事尤從來所未有・別是一番稽覈・戶籍之紛錯・田畝之擾攘・恐隸首之算日煩・而豪強之蠹日積・此酌田之可商者也・

乃臣所深慮者・目今三餉並興・孰非田畝所出・而每年按田索賦・尚多展轉爲逋・此法一倡・退田之家將曰・田已報諸官矣・吾何敢管・受田之家又曰・田未予屬也・予何責賦・中間展轉詭秘之情・盡是捱延觀望之事・今皇皇朝夕・惟是外解不續・以爲宵旰憂・若復責其口實・卸其額輸・將三餉益無着落・何以濟燃眉之急・此餉務之可商者也・

今歲稱奇荒矣・而大江以北・逃者死者化而爲盜者・救濟安戢・日不暇給・此項係櫛比梳爬之事・勞民易動・饑民易乘・奸民易僭・有司奉行・未必人人盡善・舉事一不當・因之借端生擾・爲患方大・此時事之可商者也・

臣嘗參考史乘・先臣尚書胡世寧之言曰・重熙而後・安定成俗・而云均田・田未易得均也・徽士鄧元錫之言曰・限田有三難・當今歲月更改・各懷一切・莫慮經久・一難也・天降雨澤・農夫悅而行旅怨・豪強兼併・謗讟朋興・二難也・守吏不能履畝而較之・必寄于吏書・上下其手・豪右售賕・得爲蔽匿・貧弱抑勒・無以自明・名爲均田・實滋弊孔・三難也・而誰與領此・豫章朱健之言曰・今則民僞滋甚・法有難以盡行・且田有等則・賦有上下・不論其等則・盡欲取而均之・則官民莫辨・肥瘠無等・吾恐法難行而弊之踵于昔者愈滋矣・何也・蓋兼併詭射者・威旣足以制人・賄又有以通神・向也賦雖匿而名猶存・今則併其名而亡之矣・向也役雖隱而籍猶存・今則併其籍而去之矣・此三言者・皆國朝名臣哲士・通達國體・周悉民隱之言・由此觀之・是亦斟酌可否之術也・

皇上知周八紘・覽高千古・執大矩以均平・必有可大可久之見・爲斯世斯民造福者・奉有是否可行無弊・通着酌詳確議之旨・是使臣竭千慮之一得・以仰佐兩端之用中・臣安敢不瀝肝殫慮・畢獻其芻蕘之愚・

小雲林記

余歸自嘉靖戊申初冬・爲退休計・越明年春・卜於會城之內・獲地一區・相厥形勢・因坎爲池・池約五畝許・周遭匝以槐柳・雜蒔芙蓉桃李之類・當春池水漫溢・斜陽西度・明蟾東起・則與三五同志・泛舟中流・觴酌互勸・命童子吹洞簫・予乃長歌・扣舷和之・聲振林木・池之西南隅・酒樓兀起・旗颺颺招之・則泊舟其下・任意取醉焉・池之正北・創一亭・名曰湛碧・城中浮屠標起適中・若對峰焉・亭後累土爲臺・臺後與朝漢臺遙接・擁護若翠屏・臺之左右・疊石爲山・花竹輝蔽・望之森如也・臺左轉・古榕一株・蔭可數十人・與亭臺相連絡・羅以石磴・每賓客交集・南薰遞至・荷香襲人・鳬鷺飛止・池影上下・泠然不知有暑也・池之左・接以月波橋・橋外有招鶴亭・蓋園中蓄二僊鶴・客至招之・飛舞蹁躚・久之乃去・右爲馭風亭・在池之旁・坐之若泛虛舟・取列子意也・粵秀山適面其前・蒼翠入座・大助幽勝・正南爲水雲居・與湛碧亭相峙・內設鐘磬蒲團諸禪具・楞伽法華藏焉・人事鞅掌・則入定其中・自招亭鶴行數十步・入奧窔中・別爲一洞・萬竹森列・餘地植名菊數徑・

香色錯落・中建一樓・名曰影山・登望之・則青山在前・白雲滿目・樓下開詩社於其中・時與詩人十數輩・以期分韻賦詩・焚香散帙・小酌而退・蓋慕蓮社之遺風云・湛碧亭右爲元同軒・別爲藥室・中設丹爐月鼎・留心攝煉之術・取方外意也・湛碧亭左爲青霞精舍・窓牖牢密・可避風雨・隆冬祁寒・則習靜乎此・自洞門初入・迤邐數十步・爲釣月臺・暇則釣魚其中・總名之曰小雲林・四時之景・蓋稍稍備矣・

園雖在廓內・然頗遠市廛・人居稀靜・絕無喧囂雜沓之擾・每賓客少至・閉門隱几・則煙霞載道・綠陰掩映・或散步庭階・而雲飛川泳・適會于心・嗒然若忘世者・予以迂僻之性・不諧于俗・故早謝簪紱・每遇煙雲林莽之境・則神情俱豁・戀戀若不能去・抑其天性使然耶・園雖不按曠野大川・無流泉巖谷之勝・然山水觀略具・寄跡於斯・亦可以遺世利而養天眞也・因序爲園初意以作記・

修通濟橋記

余鄉通濟橋・莫詳其所自始・夷稽厥道・水通大沙・弼堂・簡村・石硝・□槎諸鄉・陸通魁岡・大江・深村・石頭・石灣・黎涌・潘村・麥村諸鄉・其稱名固當・蓋諸鄉以佛山爲大都會・橋其要津也・代修代圮・記其近者・

嘉靖三十八年・深村堡霍觀察勉齋修・以颶風毀・隆慶二年・觀察之伯霍隆修・又復毀・萬曆九年・邑令葵束周公修・柱架煥然更新・可通輿馬焉・比於創矣・今纔五十年而毀盡・不肖少年周道上・衆業不勝飄搖之色・迨持服歸來・跋江干・所見爲孤椽零丁・蠹穿啄剝・幾不可措・往者來者・偵潮涸・搴裳以涉・心甚念之・一日與建衷季兄語・兄曰・余抱此願久矣・余將磬力焉・弟其爲我共此・不肖曰・甚幸・持鉢陋也・歛箕擾也・昔人捐百什以惠浮屠氏・無寧捐此・惟是經營度量・工無竊・材無僞・而後貽厥永・惟吾兄能也・併無以煩里旅・兄曰・余不憚費・敢憚力・因告諸父老曰・易故而新・其結楹也・木與石孰便・父老曰・木與石之相去遠矣・特苦費矣・既任厥費・盍易諸・不肖曰・非也・蓋策其便者・茲橋會上游諸鄉之水・建瓴而下・水溢固自有時・萬一茫茫巨浸・謂橋石實壅然・孰執其咎・父老曰・若等籌之熟矣・以諸鄉之壑・易吾一橋之安・吾弗助子・子其無惑・不肖曰・甚幸・卜築有日矣・弼堂大沙諸鄉以墩石壅水來告・相踵於道・於是吾鄉父老日有難色・言者曰・以盈盈衣帶水・環諸鄉而放於海・通濟爲疏瀹之門・下彌狹上將彌壅・百萬其魚矣・橋以稱濟也・奈何稱厲・向之年・固木楹也・從木便・難之者曰・遡吾鄉而上・濱於水者以弼塘爲大・弼塘之爲橋・約畧自在也・兩岸束以巨石・空梁以行・纔可十五尺・吾橋空視之・不啻寬矣・即結死而捍於中流・不及橋空三之五・諸鄉倚涌爲帶爲利・墟者塲者・與夫延瀦而畊者・日越夫故畔焉・而天行固無恙也・使狹足以障流・請廓其甚狹者・無以問吾橋・舉大事當計久遠・奈何委巨材於陽侯・幸諸歲月・從石便・如是築舍者數月・莫適所主・已而乃用木石參半之說・蓋兩利而幷存焉・諸鄉乃帖然無異議・而鄉父老猶呶呶焉・謂予實還就畢局・非策也・經始于天啓五年八月二十八日・以六年二月二十二日訖

工・界橋爲七楹・曠從制也・中植巨木爲柱・磐以蹲鴟・凡三楹・以疊石而達于榷流之上・如末銳・殺其嚙・益以固岸之石・綿互而洞其中焉・凡四楹・其長一百二十尺・墩廣九尺有咫・木梁五尺有咫・東岸構亭而覆之・繚以周垣・凡兩楹・長三十尺・廣十五尺・一以息民役・一以建貞珉・而鄉約聚會咸麗焉・以價買諸梁氏者・闔費三百二十有五緡・其石取諸潭州・蓋馳檄以命工・垂邑署玉笥張使君所惠也・餘則季兄及余共肩成事・以迄於落・噫・家季兄敭歷丞薄間・以廉謹聞・資產僅逮中人・而罄所有・爲德無倦色・此特舉其一耳・頃麥村等鄉・日持酒食爲勞具・以見孚義之篤如此・橋既成・追維卒作勸相之始・繄使君之德不敢忘・乞言志諸有永・備述梗概以聞・併以告乎後之有事於斯者・橋中楹而石之・可長無圮患已・天啓五年八月經始・六年二月訖工・

郭尚賓 字朝誥・南海人・萬曆甲辰進士・授吉安推官・內擢刑科給事中・累官至兵部右侍郎・卒・贈尚書・尚賓官刑科時・以疏救御史翟鵬翀謫官・故明史附見鵬翀傳・其疏稿今刻嶺南遺書・仍稱郭給諫・不稱所歷官也・

請福王之國疏

題爲春序將臨・之國吉日宜定・懇乞聖明即賜俞發事・

方今朝廷政務・惟福王之國爲第一切要・情屬父子兄弟之間・計關天下國家之大・奉旨明春三月舉行・已經煥布於海內矣・而三月出邸吉日・欽天監又已擇・奏疏在御前・必然有當聖心・宜其隨上而隨允也・乃候之數旬・未奉明旨・而取盈三萬之贍田・尙諭戶部上緊查給・此何時也・胡爲復較量田畝哉・廷臣實不無惴惴於此・何也・臘月距三月・時至近也・都門距河南湖廣等省・地至遠也・搜索三省之地土・事至難也・縱地土或可少益・須先如期之國・而地土俟之徐議・此時之不能急愜聖心者也・顧地土決難多得・第費再行搜擾・而贏數恐成畫餠・此勢之不能終順聖心者也・三月舉行之明綸・天下共信至確・獨地土一節・急煩聖心不能・終順聖心不能・廷臣安得不惴惴・既惴惴矣・自宜公疏以請・單疏以請・職典禮者・急在典禮・於是禮臣亟請定日・而力言地土之不可强括・其有匡救・無將順也・正以觸發善愛福王之美意・職地土者・重在地土・於是戶部遵復行催・而終言三萬之難搜括・其將順而復匡救也・臣以挽回輕議增田之念端・蓋欲完大典・必以吉日爲的・安得不請定吉・欲速定吉・必慮以增地作難・安得不爭贍田・夫今日三省・再查非有丈尺所未承之地・非有冊籍所未載之地也・非有租庸所未派之地也・總在皇圖賦產中取之爾・但地租供於皇上・爲足國給邊之公・地租益於福王・爲食租衣稅之私・贍田不議增・而還爲民間各有之業・是斂億萬人之租稅・以爲福王之歡・贍田尙議增・而强取民間各有之業・是斂億萬人之怨嗟・以爲福王之樂・不知皇上於此・當何從耶・

皇上誠早定吉日・其善非可一二盡也・早定吉一日・則京畿藩省之耳目・早傳一日・善一・早定吉一日・則皇上玉成福王之心・與福王善承隆愛之心・早明一日・善二・早定吉一日・則九廟在天之靈・九有屬望之情・早慰一日・善

三．早定吉一日．則三月舉行之大信．早成一日．廷臣請發之疏．早省一日．善四．至不求增供贍之田．亦有四善焉．不使愛子之贍租．過隆於介弟之數．善一．不使求田欲富之心．反勝於建藩屏國之圖．善二．不使授圭分茅之始．遽行損民益上之事．善三．不使左右宵小之徒．得行其甘言巧誘之計．善四．定吉日之善如此．不增田之善如彼．只在皇上早持睿斷．因天時之佳淑．吉日可一檢立頒．定一田之限制．贍田可一言立決．誰能阻撓．誰能熒惑．而皇上爲此遲回也．

昔聖王之爲人父．在止於慈．慈而合於道之謂止．今皇上之厚福王已無可加．再有增加．反悖於聖王之慈爾．且國家將有吉祥善事．必違忤之氣盡融．和德之風丕洽．大易有之曰．天之所助者順也．人之所助者信也．試使檢發諸臣公疏單疏．概然允行於已定之月而幷定其日．於萬餘已多之田．而不更求其多．皇上斷斷於桐封之典．福王欣欣於茅土之榮．廷臣瀝血而披陳．皇上轉圜而採納．以此暢和德．以此明順動．以此彰大信．臣主一心．天人交助．何其盛哉．伏乞皇上俯採臣言．先將欽天監選定三月吉日．即行允發．其輔導長史官員．允從吏部異日優升之疏．其上者比照先朝德安長史李贇．以禮部出後升光祿少卿．次亦照劉以平參藩之升．仍令俸期止於三年．毋久淹也．幷乞下旨定取船隻之數．及定頭運二運三運之期．其餘各有司存．均應早得料理．若是定吉日啓行之後．三省撫按回奏贍田事體．聽聖明裁賜定奪．啓藩封之萬年．定大計於一日．社稷幸甚．臣民幸甚．

易名重典諮詢宜周疏

題爲易名重典．諮詢宜周．謹採鄉評．闡潛德．以備博訪事．臣按禮部議謚公冊．在議中者二百人．臣鄉先達若而人與焉．考其生平．大都才望足勸世務．行誼足儀鄉邦．風猷藉甚．月旦共歸．經臺省撫按諸臣所舉．海內自有公評．臣無庸贅．乃臣鄉僻在嶺外．前修多遺於議冊．未能恝然．請舉其尤．以備博訪可乎．

臣查得原任南京禮部侍郎陳璉．孝友篤學．言動必師古人．筮仕桂林教授．遷國子助教．永樂初．廷臣薦璉有治才．召試高等．擢知許州．以寬厚寧民．以嚴正表俗．郡多淫祠．悉毀之．改滁州．均徭役．時征斂．禁奸戢暴．民用大和．值文皇帝幸北都．所過先遣廷臣察吏治．璉以最聞．滁人恐失璉．詣闕乞留．擢揚州知府．攝滁州事．賜綺衣寶鈔宴錢．給驛還滁．召充會試同考官．擢四川按察使．憲度嚴明．黠胥斂跡．軍中暴橫有號虎彪太歲者．人莫敢犯．璉廉捕．置重典．建言修武備．愼刑罰．明禮制．復義倉．正風俗等九事．上納之．宣德丙午．吏部言璉德望凝重．宜師表國學．改南京通政使．攝國子監事．師道尊嚴．善於訓廸．丁內艱．正統初．起南京禮部侍郎．五年．見王振漸專擅．乞休去．璉德行淳懿．文詞典重．卓然以風教自任．守滁十餘年．民風幾於皞皞．外臺政績尤卓絕．所陳九事．蜀至今賴之．至其讓田於鄰．垂訓於族．筋力旣倦．遇祝釐令節．舞蹈必恭．葢飭躬勵行．百載下猶令人景慕．可謂質有其文．師世盛俗．彬彬德讓君子矣．今滁人祀璉．與歐陽修王禹偁爲三賢祠云．

原任南京戶部尚書張泰．令沙縣．當兵燹之餘．悉心咻噢．表章羅豫章陳了齋之學．鐫其遺書以傳飭鄉校．新縣治．建先賢祠．徵爲御史．巡通倉．搜剔包攬之弊．指切宮闈與政．無所忌諱．廷杖幾死．督京畿學政．憂歸．哀毀柴立．除服．十餘年坐處一廬．未嘗履城郭．起按雲南．奏聞解額五名．特以神童薦董圯．後竟及第．先是象馬思楪．擅囚木邦宣慰司罕㝎法．前臺使莫能斷．泰徵漢土兵臨其境．諭以公移．思楪悚懼悔罪．亟出罕㝎法．械首禍三十餘人創之．積患以平．入報命．會楊戴兩中貴橫甚．挾一二戚里骫法．泰列諸不法狀．請誅之．直聲益著．擢南京太僕少卿．改大理寺．薊州皇莊與牧馬草場爭地．久不白．奉命會武臣清理．權貴初事勝譁．泰執不少徇．取永樂中開設圖書爲劵．事遂剖．遷副都御史．督儲南京．條上專委任等十二事．至今奉行．遷工部侍郎．出納必公．請托無所售．改南京都察院右都御史．屬當入賀．有言劉瑾宜厚餽．毋立異以攖虐鋒．泰第致大葛二．瑾銜之．尋遷南京戶部尚書．予致仕．則內旨也．泰謙和而本之以剛毅敏練．而出之以清忠．榮辱去留．不見喜怒之色．位至六卿．猶然先人之產．沒未幾．而子孫不免於饑寒云．

原任南京禮部尚書陳紹儒．登嘉靖戊戌進士．假歸省母．母病．衣不解帶者數旬．母假寐．髣髴見朱衣來護．病遂瘥．還補戶部主事．歷員外郎中．太倉銀庫議設陪庫主事以防闌．出自紹儒．始進會計錄．上優詔答之．歲省京邊冗費二十餘萬．督儲遼東．條上防守事宜．皆纚纚碩畫．一日虜猝至．紹儒率衆拒守．虜知有備．引去．每挽强射輒命中．遷鄖陽副使．樊襄苦巨浸．築老龍諸隄捍之．民免魚鼈．又賑饑全活無算．轉四川按察使．有倡白蓮敎聚黨至三千餘人．紹儒執其渠．置諸法．餘不問．境內安堵．晉廣西右布政．入爲順天府尹．搜剔奸黨不遺餘力．懲豪貴之魚肉縣驛者．轉太常卿．穆廟耕籍．召詢禮儀．引搜故典．條對甚悉．晉南京戶部右侍郎．尋轉左提督倉塲．疏九邊兵馬主客錢糧．疏復漕運六限．諸封事皆切中幾宜．晉南京工部尚書．致仕．紹儒博大冲夷．沉毅有卓識．忠孝大節．始終不渝．所至計畫興釐．可垂不朽．學本濂洛爲宗．晚節懸車．田僅百畝．事嫡伯大京兆錫．執禮甚恭．爲德於里人甚厚．日以圖書自娛．引弟子於正學．不啻若瑞世之麟鳳也．

原任光祿寺丞王學曾．令醴陵．調崇陽．多善政．遷南京御史．抗言內豎外戚嘗蔭之非．內臣大臣互考之謬．救建言得罪鄒元標范儁黃道瞻孟一脈等．爭內操爭內臣換勅給馬等項．乞斬馮保．乞愼傳旨．侃侃陳大計．迨諫停取麒麟．言過切直．觸冒天威．卽奉嚴旨降調判與國州．尋擢司理南刑曹．晉光祿丞．學會感皇上知遇．益自發舒．陳法祖切要敬天享祀等八事．切中時務．會三王並封議起．學會義形於色曰．此事關係安危．食祿公家何可默．遂偕少卿涂杰上懇乞聖明虛心議禮之疏．賴皇上寬宥．奉旨止黜爲民．瀕行貽書責閣臣曰．皇上易回．相公難挽．自是閣臣累揭．得寢並封．夫非皇上默鑑學會之忠而行其言乎．前二月．同署朱維京給事王如堅．俱以諫並封謫戍．學會不爲色沮．是誠獨立敢言者．學會既歸．杜門却掃．與同志訂爲約言．嘗誦薛文清之言云．工夫切在夙夜飲食．男女衣服．動靜語默．應事接物之間．於事事皆合天則．則道不外是矣．其學不尚浮譚．務冀持身接物．一一盡軌於道．與人藹然可親．而義所不可．人卒不敢干以私．起謫籍．再罹擯斥．坦適自如．蓋憂盛危明．天性忠義者也．近屢推通參．而學會已不知起矣．

以上四臣．位有崇卑．沒有久近．要其德業聞望．皆輝映先哲．模範後來．顧世遠者以門祚中衰．而採輯或遺．近逝者雖物論攸歸．而揄揚未及．臣遠稽省志．近咨鄉評．嚮往之思．旣殷殷於家食之時．闡揚之舉．可嘿嘿於博訪之日．此臣所以不憚煩瀆．述其梗概以備咨訪者也．然臣猶有說焉．國朝相業．莫盛於三楊．繼莫盛於文達．夫人而知之矣．要以遭時遇主．適當其易．身名俱泰．良非偶然．乃若時際其艱．而忠能悟主．若梁文康儲者．何其相品相才相度之不可及也．儲事康陵．當上下否隔左右蠱惑之際．厥爲艱矣．而儲不附逆瑾．致調南京吏部尚書．寧王謀入世子．司香太廟．儲力寢之．南京請回鑾．泣跪行宮外．得旨乃起．其最著者．如草秦府牧地之詔．而片語回天．不草威武大將軍之勅．而九死不移．楊廷和蔣冕移病無奈何者．儲獨收其成功．至於遜碩膚而讓廷和居己上．容言者而使張璁．李鐸等皆得顯擢．肅皇帝手詔褒諭．張九齡忠藎．崔與之風槩．卿可謂兼之矣．予致仕．此其相品相才相度．種種過人．迎駕甫歸．見幾明決．寵利不居．超然免於議禮．新進之所側目．蓋其披肝露膽．挽回獨神．其抽身遠引．雅志早遂．始終出處之間．有未易窺其際者．乃僅僅於文康易名．於儲平生事業．殊不相肖．此近年科臣所以有更美謚之議也．臣廣採輿論．敢併及之．伏乞勅下該部．陳樋等發訪予謚．梁儲酌議改謚．其裨于世道人心．匪淺鮮矣．

黃公輔　字振璽．新會人．萬曆甲辰進士．知浦城縣．薦擢南京御史．劾魏忠賢及織監李實．削籍．崇禎初．起湖廣參議．歷官至太僕卿．轉南左通政．明亡．陳子壯陳邦彥張家玉等起義兵．公輔應之．桂王晉刑部侍郎．復晉兵部尚書．陳張等死．公輔亦潰敗．平靖二王招之．復書謝絕．避地新寧以終．或曰．與將軍王興同死文村．骸骨不返云．著有北燕巖集．阮志未注錄．孫確．以諸生授按察司副使．亦殉節死．

權璫竊柄乞正典刑以彰國法疏

臣竊見廠監魏忠賢．奸閹小人．幸蒙恩寵．專擅朝政．廣布心腹之奸．箝制百官之口．收小人爲羽翼．目君子爲黨人．又內有奉聖夫人客氏爲之彌縫左右．凡皇上之一喜一怒．忠賢盡已窺破．故敢肆行無忌．大壞祖宗之法．將貽叵測之憂．憲臣□□首疏二十四大罪．洞見肺腑．皇上未察．曲庇忠賢．切責□□．使神奸得志．而君子無所措其手足．臣叨列言職．緘口不言．是負皇上之恩．而得罪二祖列宗之靈也．今特疏忠賢罪狀瀆陳．伏乞皇上細加詳察．爲國除奸．永清禍本．臣雖萬死．實所甘心．

臣聞國有君子．猶大廈之有棟樑．棟折榱崩．大廈以圮．正人去國．小人之幸．非社稷之福也．憲臣鄒元標．清介重望．守正不阿．忠賢忌其剛直．恐露己奸．百計排擠．令不安其位．其他朝臣稍有丰骨．忤忠賢之意．盡行降斥．無脫奸網者．是奪忠臣義士之氣．閉人主之耳目．而權璫得肆其荼毒以壞天下也・今若不稍伸君子之氣・嚴奸邪之誅・臣恐元祐黨碑之禍・再見於今日・王振劉瑾之奸・更甚於曩時・夫凡百君子・國之幹楨・忠賢何心・必欲甘心君子・不爲朝廷稍留忠義一綫之脉・賢忠何不捫心自思・本市井無賴小人・一旦驟列東廠・衣蟒腰玉・已出萬幸・即小心謹愼保全祿位・尙恐不足報聖恩於萬一・而乃誅鋤善類・引用私人・把握朝政・令天下事皆出其手・意欲何爲也・

祖制・票擬出自閣臣・所以專責成而銷內弊・防微杜漸之制・二百餘年莫之敢忤・自忠賢竊柄・往往意旨傳奉・不經閣票・竟行中外・請皇上逐一淸査・從前內批果出聖意否・抑忠賢之神奸・實敢玩弄於火內也・中旨紛紛四出・誅求財貨・遠邇騷然・大爲聖明之累・閣臣不知・部臣不聞・此何理也・是亂祖宗責任大臣之制而無顧忌也・

祖制無內操之設・以京營五府諸軍・足以備非常而固金湯・而宸居左右・戈矛宜遠也・忠賢包藏禍心・請立內操・徧置羽翼於宮禁肘腋之下・神奸用心・殆不可測・易曰・履霜堅冰至・履霜猶可・冰至可若何・語曰・雖鞭之長・不及馬腹・今聚椎埋屠狗之人於禁城之內・一旦變起倉卒・雖有四方勤王之師・寧救一朝之患・所謂鞭長不及者也・遠慮及此・可不寒心・

織監李實・蠶食百姓・傷壞國脉・實與忠賢表裏爲奸・忠賢之有李實・猶王安石之有呂惠卿・自李實到南都・將從前織造事例・日改月更・變壞已極・計所傳造新增袍價工費五十餘萬・皆支銷何處・從使女紅組織・盡爲奸璫之壟斷・工匠機杼・盡爲奸璫之剝削・留都之下・蠶桑蕭條・停機折軸・家怨戶泣・乃實猶不悔禍・作威作福・捉民爲匠・侵奪民田・陵辱宗室・箝制官司・責屬吏之禮・增使用之費・種種不法・大爲留都之害・邇來邊方多警・兵餉方殷・頭會箕斂・已罄百姓之力・又何堪此搜括爲也・方且今日奉明旨曰・內裏那借・立刻解來・明日奉明旨曰・廠裏支過何事・奈何不經閣臣票擬・不下該部査勘・而竟屢褻王言・令織造閹人得上下其手・漁獵民生也・是忠賢欺天罔上・蔑視祖宗三尺之法・而李實衣鉢相傳・線索貫通・罪不容逭也・

伏乞皇上立下法司・逐欵嚴訊・明正典刑・除大奸以固國脉・事權還之君子・票擬專任閣臣・徙內操於禁城之外・革傳造以安留都之民・則隱禍銷於未然・皇圖鞏於萬世・天下幸甚・臣性愚直・不知忌諱・伏候斧鑕・謹奏・

復平靖二藩書

公輔世受國恩・八十孤臣・報國無狀・枯朽餘生・徒未死耳・所可自明者・輔自四十成進士・嘗恐入仕後・區區愚忠・有忝先人・昔逆璫搆淸流之禍・輔以抗疏削籍・天下笑其愚・三十年來・奔走流離・窮愁孤憤・唯不敢阿附權奸・以至于此・天下之所知也・今已自甘遁跡山林・爲世外閒人矣・明公若宏胞與之量・俾獲老死溝壑以終其志・死且不朽・若必使造郡自明・亦猶誘孀婦使潛出戶外也・無乃不可乎・即輔不顧禮義・赧顏造郡・明公憐其枯朽・貸以不死・輔敢厚顏求生乎・生爲明孤臣・死爲明故臣・輔志决矣・辱命使諭確歸順以自贖・未敢聞命・昔狐突曰・父敎子貳・何以事君・若使確降・敎之貳也・無乃爲狐突所笑耶・亦明公

所耻也．違命之罪．無所逃生．人生自古誰無死．留取丹心照汗青．文公教我矣．不敢當明公之賜也．

區慶雲 字子卿．南海人．萬曆丙午舉人．屢中副車．尋就教宜興．聘修常州府志．以忤勢璫左遷滇倅．理煩治劇．興利除弊．所至建祠尸祝．兩臺交薦．引退杜門．著有定香樓集二十卷．阮志藝文畧注存．

周禮論

周禮一書．較諸經爲晚出．自漢惠帝除挾書之律．開獻書之路．時有李氏上周官五篇．入于秘府．諸儒莫得而見焉．至河間獻王後得是書．而以冬官爲缺．購之千金不獲．乃取考工記補而奏之．孝武帝朝．其書已出．特未與五經列置博士耳．及劉歆尊信敍錄．大爲表章．然後此書盛行．卒用以輔王莽而敗．蘇綽又用以輔宇文周而敗．王安石復用以輔宋神宗而敗．於是談古之士．遂以是書爲僞．而多置喙焉．林孝存以爲末世瀆亂不驗之書．何休以爲戰國陰謀之書．俞庭椿則取四十九官．以補冬官之缺．王次點則作周禮訂義以補俞氏之遺．邱吉甫則以序官置各職之首．大加更定．吳澂則以大司徒補孟子五典於十二教之上．併去敍官之文．何喬新又復序官於諸職之前．以大司樂爲司徒屬．而以司勳司士太史之類．皆八天官工作之類．皆入冬官．舒國裳則著周禮定本與剔僞圖解．又於諸職之文．逐記刪合．分別眞僞．奪彼與此．割裂附會．人持一見．雖以先王致治之成憲．等之於塵飯塗羹．莫有能正之者也．

嘉靖中．柯尚遷君子起閩中．受命于姜鳳□唐荆川兩先生．作爲周禮全經釋原．大都所本者．杜子春鄭康成賈徽鄭衆崔靈恩賈公彥孔穎達之說．而以程明道朱考亭爲證．會衆論而斷以己意．自謂復遂人以下爲冬官．而六典備考遂鄉以下爲鄉官而位職．明發在位之職．與在職之位．而封建定．推師保諫救之訓．而學校舉．表宰夫鄉師遂師士師以下爲六十屬．而三百六十之數足．取司馬法以明井牧之制．簡稽之方．而軍制復以九比爲九等．而授田征役之施舍審．自以爲挈周禮之大綱．得周公之精意．洗千年之晦蝕．決諸儒之異同．洵可行之萬世而無弊矣．然以愚見．折衷之千古之可傳者經也．而千古之可信者理也．信在理則不得盡信經．是故周公思三王以施四事．彼其時豈盡無載籍之可考．周公何以仰而思之．夜以繼日．幸而得之．坐於待旦．所思者何物．所得者又何物．豈非以理在吾心．與先人之成迹．或有揆而不通者乎．而況火于秦．離亂于漢．割裂于六朝唐末以至今日．其書尚可盡信哉．今稍舉數條．而以理斷焉．

建官之缺公孤也．條狼之誓羣臣也．媒氏之會男女也．調人之辟讎難也．司寇之八鈞金也．王府內府之貯貨寶也．皆前賢之所指摘而以爲疑者也．夫王者出．而條狼氏辟除行人．小故耳．卽屩蹕官司少有不戒．麗之于法．未至死也．何以於馭曰車轘．於大夫曰鞭五百．於太史曰殺．小吏曰墨．周法豈若是酷哉．且車裂之刑．商君所造．古未聞也．周家以忠厚立國．君臣之際有常禮．寧忍以不關小節．而置大夫左右於極刑．有此理哉．王者之防民．範之以禮義．猶恐其納於邪．況汝墳江漢之間．化淫爲貞．周之家法具在也．仲春之會．男女奔者不禁．非導之淫乎．教之使無禮無義乎・鄭衞之風・又何誅焉・父母之讎・不共戴天・兄弟之讎・不與同國者・是子弟之自爲情耳・若調人之設・使之相避・是王者伸私情而詘國法也・且其所謂父母之讎・避諸海外・兄弟之讎・避諸千里之外・不知爲讎者避乎・被讎者避乎・釋者以過失殺傷當之・是曲爲之辭也・噬嗑所謂得金矢・利艱貞吉・謂聽訟決獄者・如金之堅・矢之直也・若爲司寇者・先入束矢鈞金・而後聽之・是富者常操勝算・而貧者終困抑而不伸也・釋者曰・入矢以明其直・入金以明其不變・此求其說不得・而强爲之辨也・既有大府以掌九賦九貢九功之八・頒其貨于受藏之府・頒其賄于受用之府・以此經國・制用足矣・而又設玉府以掌王之金玉玩好・內府以掌王之良兵良器・四方之幣悉入焉・其餘若山師川師・皆使各致珍異之物・其汲汲于言利若此・是爲瓊林大盈作俑也・旅人貢獒・召公非之・越裳獻雉・周公不納・此其意獨不可釋乎・若夫有六卿而無公孤・與周官異・解之者曰・六卿上兼師保之任也・三公下行端揆之職也・余曰不然・此爲偶闕不備者言之耳・公孤・道揆之所出也・六卿・法紀之所守也・聞之議道揆者・主格王心・握樞於奧・尸法紀者・主宣王政・敷治於明・不相攝也・戰國以來・公孤之任久失其官・故僞撰者遂以六卿率屬有首篇・而不知周官一書考據甚明・不得而廢也・凡此皆理之可質者也・不質之理而惟求之書・是以愈求而說愈鑿・是故程子曰・必有關睢麟趾之意・然後可以行周官之法度・朱子曰・須是自閨門衽席之微・積之至・薰蒸洋溢・無一民一物不被其化・然後周官之法度可行・邱文莊嗤之・謂恐天地混沌・終無可行之日矣・愚謂文莊之見迂也・程朱之言・非尊周禮之言・乃疑周禮之言也・世豈有薰蒸洋溢・無一民一物不被其化・尚須周官法度哉・不然・朱子既尊信之矣・他日斟酌三禮・何以又曰・宜以儀禮爲經・而以周禮及禮記爲傳・則周禮雖欲比儀禮不可得・安在其爲百王不易之大法乎・甚矣・柯氏之强合也・

雖然・周禮固吾夫子所嘗學矣・一傳而至戰國・諸侯已去其籍・今乃欲從千載之後・秦灰漢蝕之餘・以夢寐其不可知之人・理會所未嘗見之事・揣摩執着・反覆推勘・割彼就此・務伸其說以成其書・非僅以周公無益・而內顧吾身・精神學問・不亦大有損乎・譬之素問本草・非不黃帝神農所定・狂夫愚子・不得其制使服食之法・妄以殺人・後之庸醫・復爲之解・更置其方而加減其藥・曰・是乃軒歧之的傳也・則笑之者必不絕口・奈何解周禮者之不量也・況學禮者學其有用之古也・封建井田肉刑・三者皆周禮之大綱・既已久廢不行・則舉全經而束之高閣可也・不然・如考亭所議爲傳以附於儀禮俾存一家之言・亦可也・何必用心於所不必用之地・而終成其塵飯塗羹之具哉・或曰・然則子非周禮乎・曰・吾所信者理也・理也者・堯舜以來相傳之意・孔子之所謂一貫・孟子之所謂幾希也・苟不信理而信書・則古今之爲撰者不一一・可盡憑而解之否也・

詩論

王伯安曰・詩非孔門之舊本也・孔子曰・放鄭聲・鄭聲淫・又曰・惡鄭聲之亂雅樂也・鄭衞之音・亡國之音也・此是孔門家法・孔子所定三百篇・皆所謂雅樂・皆可奏之郊

廟・宣之鄉黨・於以涵泳德性・移易風俗・安得有此長淫道姦之具乎・此必秦火之世・世儒附會・以足三百篇之數耳・惡者可以懲創人之逸志・是宋儒求其說而不得・從而爲之辭者也・伯安此論・是舉鄭衛之全詩・而皆不之信也・楊用修引程正叔言・詩小序・是當時國史作・如不作・則孔子亦不能知・大序則非聖人不能作・其言至公・

朱晦菴起千載之下・直以己見・必欲力戰小序而勝之・亦可謂崛强者哉・又曰・去序言詩・自朱子始・蓋矯枉過正・非平心折衷之論也・馬端臨文獻通考辨之詳矣・馮元成則曰・孔子刪述遺詩・於散佚之餘・得三百篇・蓋惟取其可以勸善懲惡爲風教之助爾・自小序作而箋註之家宗之・如寶大訓・獨朱子乃詆其爲妄・而自爲傳註・其與序說・往往得失相反・美刺互異・迄于今・而學者沉痼於朱・不復知有小序矣・然而序之去古也爲近・傳之去古也爲遠・傳不能盡得・而序不能盡失也・是二公之論・惟紫陽之是駁・而未嘗以淫風爲疑・第其所謂惡者可以懲創人之逸志・亦自有說・如衛風於鶉奔・則曰人之無良・牆茨・則曰言之辱也・君子偕老・則曰邦之媛也・是皆刺詞非侈詞也・匏有苦葉・刺仕者不擇所從・氓之蚩蚩・刺夫佞合而不終者・皆托言以泯其迹・所謂溫厚和平也・在鄭風・則山有扶蘇・指忽用變臣也・籜兮・刺忽弱而將亡也・風雨・思君子也・雞逢風雨・不變其鳴・喻君子逢亂不改其節也・蔓草・與賢相遇也・子衿・刺學校廢也・推此類可具見・而朱子概以淫奔斥之・使二國累牘連篇・盡是污穢之詞・此後賢之所以不服・爲陽明者・遂併其經而疑之也・余以爲詩之作・上自朝廷郊廟・君臣父子・天下興亡治亂之迹・下及羈人賤隸・里兒紅女・貧賤困苦悲憂想望之情狀・以至昆蟲草木車馬服食之微細・靡所不備・蘇子瞻所謂其意可觀・其言可通・不必以繩墨法度區區而求者・即其人其事・其起其止・雖聖人亦有不能盡知・況欲從千百載後・揣摩摹擬・强爲之解・執徵以證羽・引赤而詆元・不亦謬乎・且詩之爲教・與他經不同・故孔子曰・可以興・可以觀・可以羣・可以怨・或時而雅俗之竝陳・或時而顯微之互發・要歸於思無邪之一言而止・非若告爲邦者・定以四代之禮樂・毫不容僭差者比也・

孔子而後・善說詩者莫如孟子・其曰・不以文害辭・不以辭害意・以意逆意・是爲得之・又曰・固哉高叟之爲詩也・作者之辭・意不可害・說者之辭・意獨可害乎・知固之不可以爲詩・獨不知通之可以爲詩乎・是故紫陽之傳・傳而偏者也・陽明之說・說而刻者也・今之士大夫・私爲詩解者甚多・然其宗旨率無所考・愚見以爲小序斷不可廢・漢去古未遠・如申培韓嬰輩・皆有詩說註疏・傳世可採・似宜合併參訂・以朱傳爲宗・勿先入鄭樵之見・其鄭衛之風・原有指歸者・不必概以淫奔目之・使前人無不白之衷・後儒免多口之累・勒成一家之言・以不悖於思無邪之旨・斯亦朱子之忠臣哉・此與何仲默之意合・俟觀風者采而獻焉・

詩大序曰・政有大小・故有小雅焉・有大雅焉・楊用修以爲此語未安・大雅所言・皆受命配天・繼代守成之事・固大矣・小雅所言・天保以上治內・采薇以下治外・亦豈小哉・華谷嚴氏有言・雅之大小・特以體之不同耳・蓋優柔委曲・意在言外・風之體也・明白正大・直言其事・雅之體

也・純乎雅之體者・爲雅之大・雜乎風之體者・爲雅之小・今考小雅正經十有六・大抵寂寥短章・篇首多寄興之詞・蓋兼有風人之致・大雅正經十有八・則皆詞旨莊嚴・氣象開闊・與國風敻然不同・此之小雅・亦自異矣・至於變雅・無不然者・太史公曰・國風好色而不淫・小雅怨誹而不亂・若離騷者・可謂兼之・夫以離騷兼國風小雅・而不言兼大雅・則小雅可與風騷相類・而大雅不可與風騷竝言・亦明矣・楊氏深取其說・自予觀之・謂純乎雅之體者・爲雅之大・雜乎風之體者・爲雅之小・其說似也・然其間不能無本末之分焉・燕饗酬答・室家私情・事之末也・祖功宗德・開國承家・事之本也・誦小雅者・雖云天保治內・采薇治外・然稽其所爲・治內者・不過君臣上下兄弟朋友燕飲歡樂役使慰勞之詞・治外者・亦不過將帥戎兵車馬旗旐往來歲月之迹・未聞有所謂禮樂刑政・以綢繆于閒暇之時・而神謨偉畧・以折衝于廟堂之上者也・至若大雅・則上遡后稷公劉太王泰伯王季之德・以及文王武王纘緒貽謀之盛・即姜嫄太任太姒之以坤矩贊乾維本・靡不推本而崇尚之・試觀二者景象・孰爲大乎・孰爲小乎・是豈專務體裁之爲別乎・故予謂雅有大小・根本節目之分也・非盡以體裁之別也・如以體裁爲言・則旱麓棫樸行葦鳧鷖諸篇・獨非寄興・而下之頌上者・何以異於洛水鴛鴦之咏・上之惠下者・視棠棣伐木之情・又豈甚相違耶・大序所謂政有大小・猶或近之・太史公感慨於巷伯巧言之被讒・故引而附會於離騷・以明己志・非說經之通論也・

余錄諸說而綴以鄙臆・高明君子・當自得之・郭青螺曰・余讀詩而知夫子愛魯深矣・詩有風・風有正有變・二南爲正風・十三國爲變風・男女亂而邶鄘衛鄭之風變・君臣失而王豳之風變・遊畋荒淫□□□□□□□編急・而魏之風變・唐風變而憂傷・秦□□□□□□風變而遊冶歌舞・檜曹風變而亂極思治・此十三國之概也・魯獨無風乎・羽父刃隱・意□逐昭・哀姜宣淫・桓宮刻桷・男女君臣亂政亟行・距列國何異・孔子爲政・而無戾無邪・袞衣章甫之謠・朝談夕議・則其閟巷閭閻之間・豈盡無譏刺之言可擇以垂戒者・而孔子不錄・曰・若何齒吾魯於列國也・比其終也・載魯之頌四・埒於周殷・雖以閟宮之僭・猶爲之揄揚誇詡・不一而足・繇此觀之・魯非無風・仲尼刪之也・果如青螺氏之說・是一人之私情・非萬世之公道也・孟子不云詩亡而後春秋作乎・即如羽父刃隱・意□逐昭・哀姜宣淫・桓公刻桷等事・春秋未嘗不書也・未嘗以爲宗國之辱而盡諱之也・安得舉魯風而刪之・季札聘魯・遍觀十五國之風・而無所謂魯風者・韓宣子適魯・所見惟易象與春秋・曰・周禮盡在魯矣・亦無見有魯詩者・是時孔子年未舞象也・豈亦先刪之而不以遺後耶・黃文裕稱・於秘閣得子貢詩傳五本・然亦不傳於世・好事者遂以魯申公詩說・附會於子貢傳・而曰魯齊韓三家・皆以關雎爲刺康王而作・其詞曰・珮玉晏鳴・關雎歎之・正魯詩也・余考申公著說・未嘗有是・但以豳之鴟鴞・東山・破斧・狼跋・伐柯・九罭・及史克之頌四篇・立爲魯風・而綴於二南之下・列國之上・七月一篇・則別入於小雅・意者所謂魯風・即在是乎・愚謂魯本無風・而止有頌・夫子蓋因其所有者而存之・非能於其本無者而益之也・聖人於魯事・微獨見之春秋・即其載之論語者曰・師摯之始・關雎之亂・洋洋

乎・盈耳哉・又曰・吾自衞反魯・然後樂正雅頌・各得其所・想當時亦必有風雅頌混淆・如申公之以豳風魯頌合爲魯風者・故孔子得而正之・藉令魯果有風・而孔子删之・古今諸書・何不概見・而獨青螺氏發之也・宋亦有頌而無風者也・商頌即宋頌也・然而宋之後契也・異於魯之後周公也・三恪之備天子之事・守也・故天子之禮樂・惟宋得而享之・魯得而享之乎・孔子之存魯頌・吾尚未知其褒之抑貶之也・概以爲愛者・雖忠厚之詞・吾未敢信也・

鬼神論

甚哉・宋儒之陋也・每見書中言天・言鬼神・便恐人惑於高遠・故爲淺近之説以極力挽之・其解王孫賈章・則曰天即理也・解三重章・則曰天地者道也・鬼神者造化之跡也・知天知人・知其理也・解爲德章・則曰鬼神者・二氣之良能也・多言繁稱・惟恐離了道理二字・殊爲可笑・天地間無一物不有道理・此何必言・即謂三王後聖・爲道爲理・亦奚不可・若但謂建諸道而不悖・質諸理而無疑・可乎・且中庸明言鬼神・視之而不見・聽之而不聞矣・其體物不遺・即是不覩不聞中事迹・於何居・又云・伸爲神・歸爲鬼・其實一物而已・以迹字物字解鬼神・謬之謬也・

説鬼神者・莫辨於易乾卦首言・大人者・與天地合其德・日月合其明・四時合其序・鬼神合其吉凶・夫以鬼神而配天地日月四時・綦大矣・若是造化之迹・二氣之能・則言天地・可不必言鬼神也・又曰・精氣爲物・游魂爲變・故知鬼神之情狀・情者何情・狀者何狀・而可以良能迹象盡之

乎・

詩書之言天言神者尤多・有曰・鬼神其依・龜筮協從・有曰・山川鬼神・亦莫不寧・有曰・多材多藝・能事鬼神有曰・神之聽之・式穀以女・有曰・神罔時怨・神罔時恫・有曰・靡神不舉・靡愛斯牲・有曰・懷柔百神・及河喬嶽・此等神字・俱堪作造化之跡・二氣之能解否・有曰・乃命羲和・欽若昊天・有曰・天乃錫王勇智・有曰・皇天震怒・命我文考・有曰・天視自我民視・天聽自我民聽・有曰・天保定爾・亦孔之固・有曰・昊天疾威・敷于下土・有曰・文王在上・於昭于天・有曰・天命元鳥・降而生商・此等天字・亦堪作道理字解否・

就朱子之所謂至而伸・反而歸者而論・譬之草木禽獸・當其暢茂蕃殖・神也・及其摧殘剝喪・鬼也・譬之人・當其生息長養・神也・及其殂落歸根・鬼也・是則陰陽聚散之説也・不知易之殷薦・書之柴望・詩之將享・皆爲陰陽聚散設耶・抑別有不見不聞者以宰於冲漠無朕之先耶・近世楊李諸公議之曰・祭天・是祭理也・祭鬼・是祭良能也・不無矯枉之過・然其説實不可得而通也・

夫子曰・務民之義・敬鬼神而遠之・嗚呼・盡之矣・世人不務民義・緜於不識鬼神・非不識鬼神・不識以遠爲敬之鬼神也・何也・未能事人・焉能事鬼・可知人鬼原有分也・天道遠・人道邇・非所及也・可知遠之即敬之也・今經生家搦管爲文・敬而遠之・則人人能言之矣・其毅然以遠爲敬者誰也・今之揲蓍布卦・卜地選日・以探善敗之籌・以徼未來之福・褻神者也・牲醴淋漓・楮帛狼籍・借口酬恩・集慶牽

情・聚族邀賓・褻之褻者也・當其褻也・徒曰・天卽理也・鬼神者造化之迹也・以此救之・未有能救之者也・至是而宋儒之術亦窮矣・是故爲淺近之說者・不若爲高遠之說者也・以遠爲敬・以敬爲務・此下學上達之旨也・藉令天卽理・鬼神卽陰陽・則一務義・足盡其蘊・敬而遠者・又何物哉・或曰・遠之當何如・曰・明禋秩祀・舉之有時・玉帛犧牲・用之有節・子不言神・而每於祭祀加謹者・以遠爲敬之說也・是所謂百世以俟聖人而不惑者也・

或問曰・然則人定勝天・君相造命・有其理乎・予曰・無之・人定勝天者・申包胥之言也・君相造命者・李鄴侯之言也・皆出一時有激而發・後之腐儒遂宗焉・非聖賢之格言也・予所聞者・六經孔孟之言也・曰敬天・曰畏天・曰順天・曰則天・曰格天・曰樂天・曰欽若天・曰肅將天・則有之矣・未聞人而勝天者也・曰受命・曰永命・曰凝命・曰知命・曰安命・曰俟命・曰奉若天命・曰永言配命・則有之矣・未聞人而造命者也・若曰・人定果可勝天・則司寇之冕・不必脫矣・若曰君相可以造命・則堯舜之庭・爲無訓矣・況善用之・英主察相・隨事竭力・挽囘補救而不得・猶之可也・不善用之・而亂臣職子・接迹於世・皆欲以勝天造命爲心・其害曷有極哉・不第此也・田舍翁多收幾斛麥・延師教子讀書・取功名富貴・及爲官者・鑽刺夤緣・曉夕計畫・亦無非欲以人勝天・以智術衡命・吁・一何愚哉・是故孔子曰・獲罪於天・無所禱也・曰・道之將行也與・命也・道之將廢也與・命也・孟子曰・莫之爲而爲者天也・莫之致而至者命也・曰・行或使之・止或尼之・行止非人所能也・必如是而後衆志可戢・天下可定也・然則人事可盡廢乎曰・非也・盡人以聽天・盡性以至命・得與不得・咸無心焉・此聖賢之眞學術也・非勝之造之之謂也・然而天與命・未始不可窺也・天不言・以行與事示之而已矣・予閱世多矣・卽以人家論・其子弟務學好修・飭躬勵行・計未有不興者也・反是・而荒寧懈惰・驕奢淫佚・計未有不亡者也・非一敬一肆足以爲興亡資・有所以主於敬肆之先者也・彼昏不知・遂謂天命實爲我用・方我實用於天命之中而不覺也・國與天下・又可推也・曰・然則大人者・先天而天弗違・君子謂性不謂命・何以解焉・予曰・先天而天弗違者・謂道與之契也・非勝之也・謂性不謂命者・論理不論氣也・非造之也・是故仁傑與孔明・均一定也・乃仁傑勝而孔明不勝・何也・子儀與岳飛亦均一定也・乃子儀勝而岳飛不勝・何也・至於蘇子之贊昌黎曰・能開衡山之雲・而不能囘憲宗之惑・能馴鱷魚之暴・而不能弭皇甫鎛李逢吉之謗・是人且不能勝人矣・況勝天哉・裁成天地之道・輔相天地之宜・是造民命也・取之有時・用之有節・是造物命也・謂造民物盈虛消息之命則可・造一身吉凶禍福之命則不可・君相之所得爲者止此・此外非所知也・是故水旱異數也・堯以九年・湯以七年・何久也・宋璟一言而熒惑退・太宗吞蝗而歲不害・何速也・予以爲皆幻說也・縱有之・亦偶然・非必然也・班彪所以有陵母嬰母之喻也・

黃士俊　字亮垣·號玉崙·晚號碧灘釣叟·順德縣人·萬曆丁未進士·廷試第一·官修撰·歷仕至禮部尚書·崇禎九年與賀逢聖孔貞運同入閣·以爭遼餉事忤溫體仁·罷歸·明亡·唐王立於廣州·以原官召·不赴·而桂王先一月立於肇慶·改元永曆·尋與何吾騶並召入閣·大兵破南韶·桂王西奔·士俊坐閣中不去·尋歸里·坐臥一樓·閱數年卒·年八十五·

李方麓去思碑

漢遣直指使者巡察郡國·問民疾苦·舉方正賢良·以應明詔·任亦重且鉅已·然簡書凋畧·法猶未詳也·我國家潤飾三五之業·較漢世綦隆·中外大小臣工·星羅棋布·何莫而非社稷之役與哉·臺中侍御·職在直言·則白簡皁囊·其所有事·歲奉天子威靈·得修慶讓之典·以故于藩省諸臣·政無鉅細·一唯御史臺是察焉·所謂代巡也者·代行天子事者也·嶺南去天萬里而遙·山海嘯聚·羣心不逞·吏治惰竊·假令非得眞御史·執三尺而澄清之·烏能愉快勝任乎·

歲辛丑冬·貴陽方麓李公以直指至東粵·吏治民風·一時丕變·逡隻千古而無兩·及瓜期已至·報命天子庭·稅車行矣·都人士冕衣裳者·逢掖者·縞帶者·諸父老杖者·扶掖者·衣大布者·服短後者·屨剡剡者·馳者·走者·奉車者·當轍者·爇肅者·饋漿者·無慮數千百萬人·相與擁塞郊闈·車不得行·公亦爲之停車慰勞·淚淫淫沾衣·自有御史臺以來·未有前聞也·

公既去·都人士若諸父老·就城內建公去思祠二·瞻拜尸祝無涯·蓋五載于茲矣·維時十郡士大夫·與夫商人賈客·雲集都會·誦德思報·謂宜更樹豐碑於粵秀山嶺·以慰觀望·粵秀山之觀音閣·公所從孝廉黎君勛議·屬沈郡公修復者也·於是衆以黎孝廉問記於士俊·豈謂士俊中興氣運·差可當公培植乎·士俊不佞·嘗得之大司馬鳳歧戴公言·予竊祿中外踰三十年·所從事於臺使者十數公·求其能議能任·而言路以重者·則無如方麓李公云·公筮仕名司理·召拜柱下·其在臺中·一按漕·再按洛·三按而及粵·前後疏草凡一百一十上·有所執諍若批鱗·有所糾彈若射隼·有所讞決若燭照·至於征播一疏·諸所陳攻取方畧·切中機宜·卒之揚酋受首·不遺所算·誠何以窺公之涯涘也·

不佞粵人也·請談粵事·公在粵·善政湛恩·淪人脂膝·即更僕未悉·然當日之粵事·有五難·公之視事·有五不可及·凋敝藩省·驟加餉稅至二十萬·割肉救瘡·身先自弊·一難也·中使絡繹·供命不遑·民無聊生·何暇國賦·二難也·粵有殷富之名·而坐享虛耗之實·緩虞不給·殆或治棼·三難也·里甲徵輸·溢于令典·閭閻蕭索·在在含寃·則嶺海利窟·官無懸魚久矣·四難也·山箐海舶·出入靡常·島夷趨利·窺我邊鄙·遺虎養癰·未見石畫·五難也·公下車卽首以榷稅爲念·欵約調停·疏凡數上·抗扼中貴·而制其命·所省減數十千·所救活則數十萬·假令非謇諤之臣·甯渠能乎·其不可及一·揭日月而誅亡命之徒·口誅中貴·善間者不能售其謀·善誹者不能揚其舌·一怒而羣兇寢息矣·其不可及二·下令禁官司倚辦於市者·一切罷之·遂使私逆不興·物價不二·下之所司·奉承德意·毋不唯謹·其不可及三·太史口之多吏治·以循不以廉·其所以不然·以

酷不以墨・公以廉倡・猶孽孽境內・而務拊循・明足以見淵魚而不欲察・利足以剸犀革而不欲傷・威足以辟神奸而不欲逞・且賢否攸分・精於藻鑑・一何神也・其不可及四・當公時・操下凜凜・將吏視師・若出喑啞・倭吏窺境・大不得志而去・其後論罰論功・豪末靡爽・世皆謂公具文武才・其不可及五・聖門論政・不過五美・是尊其君子・夫公孫僑也・亦惟四者釐釐焉・公當五難・而有此五不可及・進乎君子矣・是不可爲聖人之徒耶・

庚桑楚居三年而[illegible]畏壘・其民尸祝之・公入粵一載・遂令沒世不忘・樂其樂而利其利・小人敢一日遺公哉・奉衣冠・陳俎豆祭典・將與天地同攸久・何論畏壘庚桑・且公復按蜀・事竣・屢推卿寺・拜命有日・澄淸所至・在在口碑・甯但粵尸祝耶・不佞載筆史舘・得以直書時政・不敢爲諛・每讀公奏牘・未嘗不私心向往・況家居嶺海・被公德政最深・奈何不一言以識厥思・故所爲記其大端如此・公名時華・別號方麓・貴陽其籍・浙之仁和人・

鼎建連州治碑記

崇禎六年癸酉・九連山寇悉就蕩平・按憲錢公時按部潮惠・毅然躬探賊穴・熟察險地・得所爲四往咽喉・謂宜創州治・繞東南兩邑・居中而控制之・商之督府熊公・合疏以連平建治請・上報可・落成・嶺西巡道左方伯王公與余同籍起家・徵言爲記・

吾粵臨海負山・粵地之苦寇・山與海埒・山則九連・高造層霄・廣環四省・叢箐複嶂・萬壑千窟・姦宄逋逃・倚爲窟穴・中一二桀黠・役知驅使諸不逞・動至千萬人・蟻聚蜂屯・出剽鄉落・恣所虔劉蹂躪・急則獸竄鳥飛・憑恃阻深・妄謂莫我誰何・甚則夜郎王自大也・廣南韶諸郡・並受剝膚・在惠潮尤不堪其毒・稽諸往牒・時生發・時芟刈・而旋芟刈亦旋生發・迄未有數十年不一陳師大剿者・蓋地遠則法愈疏・縱鞭長而腹不及・所從來矣・往增從之役・連寇發難于鬱峒扳天藍氛欄禾等塞・嶺西巡道王公・實督陳參戎相討・平之・

越崇禎四年辛未・九連山大賊渠陳萬雄据七巢・所聚奸徒・分統于賊・總若而人・勢張甚・又有大賊鍾凌秀・踞銅鼓嶂・出沒石窟間・諸賊總號紅黑白九良星・各領其衆二萬・眈眈虎視・虐焰熏天・始與永安警報疊至・重以烏岑南嶺賊首曾閣羅等・相與響應陳鍾・而惠潮土寇・若劉粗鱗・葉襖婆・張文斌・鄒崖鼻・結巢鳩黨・乘間橫决・兩郡諸邑・所在洶洶・前任督府王公・奏奉三省會剿之旨・粵年來兵單餉匱・王公拮据擘畫・心力靡遺・廼移鎭惠・命今鎭東道廉憲洪公・前以分守嶺南兼攝惠潮兩道・往監軍士・洪公念賊實繁滋・我兵寡數不敵・惟陽以撫携賊黨・陰以剿・一士心・諸宥協殲・其精簡密謀・正探悉・與總戎鄧君懋官定于千早・則以惠州司孝程君鐸・入諭二渠・而急督王鼎徐之龍諸將・間道克閣羅等寨・俘斬千數百・惟時督府熊公方撫閩・遺將鄭芝龍率兵抵三河・戰輒捷・嶺西巡道王公復捐資繕統器・以裕軍需・凌秀度不能支・因跳九連・與萬合・若曰・深嵩層巒・迂迴陡削・非從天下・誰則能攻・而我兵業遍堵諸賊・爲坐困計矣・無何・巢中食且盡・突圍出・斬

級凡五百・賊望虔楚而趨・惟是在楚楚禦・在虔虔禦・不得不從南安還粵・洪公馳至雄・同鄧總戎暨南雄司理王君方・督諸將張一傑周一陽等・設奇夾擊・殺賊梟雄百餘・陳鍾二渠始大恐・洪公曰・是可計取矣・遣數辯士誘還舊巢・則先發梁參戎東旭領兵・一扼九連山歸路・一扼銅鼓嶂要衝・陳萬逆僅得抵獐坑・凌秀亦僅抵石窟・二渠知中我計・進退無復之・于是遣典史費映奎誘陳萬出縛・解正法・併令李相蔡時春等・同南贛撫臺陸公所遣虔將金文光・入擣七巢・馘斬殆盡・凌秀勢孤膽落・自縛詣閫將鄭芝龍・尋解正法・獨凌秀餘孽逸武平・土賊附焉・仍披倡于泰和興國諸境・江省爲震・會三省官兵躡蹤追剿・大捷屢聞・凡凌秀存日・號紅黑白九良星諸賊總・俱膏斧鑕・至脅從則後先解散・無慮萬千・嶺東巡道憲副周公復策曰・流寇雖滅・土賊尚存・伏莽保無生心乎・我師乘勝轉攻・則海陽令江君愈敏・揭陽令陳君鼎新・夏參戎之本・朱游擊之印・各率兵爲犄角・或絕汲道・或斷途・或間之使反攻・或諭之使自獻・賊所稱劉粗鱗・葉襖婆・張文斌・鄒崖鼻・與逸出之鍾複秀・湯豹虎・張五子・以次授首・其一二走羅定嶺西・巡道王公發兵盡擒之・遠近歡聲雷動・寧爲師武臣力・督府熊公實克壯猷・萬山中一片土・昔苦爲嘯聚之場・今而後睹敉寧光景矣・

先是南贛撫臺陸公・暨前任按臺梁公・運籌制勝之餘・鰓鰓善後・石窟建縣九連建縣二議・業具疏聞・督府熊公・曩在閩亦已熟計・而猶俟寇氛之掃淨也・按臺錢公・甫下車・肅法除殘・面受行間方畧・遂與督府熊公・戡定廓清・收三省會剿之全功・以報明命・旣屬嶺東守巡清賊田・卜縣址・比按惠潮・再四諮諏・亟曰・百聞不如一見・奈何以衡嵐宿霧辭・爰偕守道洪公・巡道周公・自程鄉單騎遄行・抵平遠之石窟・諦觀前議遷縣處・已馳惠境・直入九連・鳥道虎岬・足跡靡所不徧・揆險易・相陰陽・無若惠化圖之周陂・山環水合・一望平田・寬衍凡若・而里北則虔之龍南信豐・東則惠之和平龍川・西則南韶之翁源始興・南則惠之河源長寧・勢若率然・而九連山諸賊巢・胥於此扼要焉・廼更熟籌曰・連平建縣・即和平河源等縣耳・畫疆而守・痛癢旣非同體・應援終是隔藩・惟連平爲州・而以和河兩縣爲屬・庶統轄專而事權合・卒有緩急・臂指可使・呼吸可通・如一身頭目手足之相須・聖朝所以綏奠遐陬・計無便此・維時擇才受事・長寧令陳公國正司工築・永安令牟君應受均田賦・而守道洪公惠州司理吳公希哲・則始終董厥成・州編戶若干里・析和平之惠化圖・翁源之梅坑二鋪・若大隆都・長寧之長吉二都・河源之忠信一圖・其糧二千五百七十餘石・所析各邑・復爲裒益適均・官照裁減・知州一員・吏目一員・儒學學正訓導各一員・而訓導即裁和平縣訓導以充之・兵防則守城一百二十名・內管設營一・兵八十名・東干野鴨潭設營一・西千獐玩磜頭設營一・兵各四十名・合之岑岡營原額兵二百・刁斗遞聞・干櫓環衛・月餉自額給而外・其餘贍以所清賊產・足果其腹・無煩更議云・是皆錢公心圖手畫・身歷口詢・酌于督臺・參之藩臬諸大夫・俯及郡邑父老庶士輿情・僉協綢繆・先事罔有弗周・以貽吾粵長治久安・而仰副聖明嘉惠東人之意・

城廣六百三十五丈・高二丈一尺・厚一丈六尺・門四・

南玉驄．北起鳳．東陣連．西望英．中爲州正堂．左捕衙．右庫倉．東爲文廟學官公署．稍前東南爲分司．西北爲祀聖殿．西南爲城隍廟．城□□□□□□□□．始于崇禎癸酉八月初三日．明□□□□□□□成．磚灰木石．取自近山．事半而功倍．□□□□□□□餘百有奇．悉熊錢二公所措處．□□□□□□□擾民間一粟．熊公捐俸贖金二□．陸公捐俸贖金五百兩．錢公捐俸贖金一千兩．併藩臬司道府縣暨總戎參遊而下．共捐助一萬四千二百七十兩．又設法搜助八千八百七十餘兩．詳于別碑．

嘗咏詩．南仲召穆城朔．營南．匡輔成周之業爛焉．王文成剿定浰頭．請置和平縣．迄今咸賴安堵．廼九連山寇．則文成平浰頭時所未及平者也．熊錢二公緯武經文．用能蕩平嶺嶠．創建州治．永銷亂萌．從此荆棘化爲桑麻．草昧開以文物．克襄聖夫子順治威嚴之盛．南召勳猷．覘一斑矣．若夫州當新造．俗獷民稀．鴻雁甫還．瘡痍未起．後之涖玆土也．毋亦仁愛以拊之．廉明以威之．禮樂以馴之．法紀以馭之．使風格人心．樂爲良而耻爲盜．萬山中一片土庶．其長有寧宇．而州治克稱嶺表金湯矣乎．其平遠之石窟都．同時創邑曰鎮平． 別有記． 督府右司馬兼僉都御史加二品服俸．熊公名文燦．號心關．貴州永寧衛籍．四川瀘州人．萬曆丁未進士．按臺錢公名守廉．號雪瀾．河南信陽人．天啓乙丑進士．南贛撫臺右副都御史潘公名曾紘．號昭度．浙江烏程人．萬曆丙辰進士．前督府右司馬兼僉都御史王公名業浩．號峨雲．浙江山陰籍．餘姚人．萬曆癸丑造進士．前南贛撫臺右副都御史陸公名問禮．號衷虛．南直隸常熱人．萬曆甲辰進士．前按臺梁公名天奇．號震寰．北直隸南樂人．萬曆己未進士．左方伯王公名世德．號迴溪．浙江永康人．萬曆辛丑進士．嶺西道左方伯王公名道元．號洪匡．浙江烏程人．萬曆丁未進士． 嶺東分守道廉憲洪公名雲蒸． 號紫雲．湖廣攸縣人． 萬曆庚戌進士． 嶺東巡道憲副周公名夢尹．號奠維．浙江上虞人．萬曆癸丑進士．

韓日纘 字緒仲．一字若海．博羅人．萬曆丁未進士．授檢討．歷官禮部尚書．魏璫用事．欲致日纘．卒不肯一見．志節卓然．負淵博名．以詞臣居講幄兼總裁實錄．敎習館員．於是日則講論切磋．夜則秉燭纂錄．撰次講義．敷陳旃厦．積勞卒．官謚文恪．所著博羅縣志．詢蕘錄．阮志著未見．文恪集二十卷存．

人主廣大人臣節儉說

公孫宏有言．人主患不廣大．人臣患不節儉．宏之意．蓋以其主當先朝殷阜之餘．物力充溢．北擊單于．西通邛笮．朝禪云亭．五遣五利．以至柏梁建章之役．騷然煩費．以資其好大喜功之心．而宏起家平津．布被脫粟．無異牧豕海上時．斯之爲廣大節儉云爾．嗟乎．以若所謂廣大．不幾亡秦之續．而節儉若此．甯免汲大夫之庭詰乎．

愚以爲人主患不廣大．而廣大非縱侈之謂也．人臣患不節儉．而節儉非纖嗇之謂也．天子以八極爲境．窮天磬地．孰非人主之財．而軍國歲額及匪頒好用之費．若操劵而責於上．雖欲不廣大不得．然財者天下大命．安有握天下命而侈然橫出．傾江海以實漏卮者．人臣計勞受餼．即位高祿厚．

有待我而俯仰者·待我而舉火者·雖欲不節儉不得·然拔葵去織·以爲美談·安有位列冠紳·而下齊厮豎之養者·故愚所得廣大·在以四海爲筐匣·不專山澤之饒·不操心計之術·總天下之贏詘爲大劑量·自什一之外·不開利孔爲民罪·梯其馳之閭閻也·與之領度支·無以異其領之度支也·與括之內府·無以異也·朝不與野爭利·宮不與府爭藏·渙小儲而成大儲·夫是之謂眞廣大·

愚所謂節儉·在以制度爲權衡·塞淫侈之原·謹導民之路·國奢則示以儉·爲之節車輿·適衣服·敦朴爲民天下先·國儉則示以禮·爲之蓄仁義以風之·廣德行以懷之·使在位有羔羊素絲之風·而民間無繡紈后服之飾·夫是之謂眞節儉·

藉令縱侈以爲廣大·是名廣大而實得瑣屑者也·纖嗇以爲節儉·是名節儉而實得貪鄙者也·何也·縱侈不與虛耗期·而虛耗至·虛耗不與瑣屑期·而瑣屑至·孝武侈其雄心·海內騷擾·財用衰耗而不贍·以至算舟榷車牢盤鼓鑄·以萬乘操賈人子之術·其細已甚·史稱公孫宏以漢相布被·食不重味·然無益於俗·稍騖於功利矣·

夫易之言節曰·剛柔分而剛得中·又曰·節以制度·不傷財·不害民·宏與公卿約議·至上前·輒倍約以順上旨·則毗於柔·朔方之役·傷財害民·不亦甚乎·天子發難·遂不敢置對·惶恐奉命·於節之義何居也·大抵人主乾道也·乾始能以美利利天下·不言所利·則廣大矣·人臣坤道也·坤至靜而德方·則節儉矣·若如孝文綈衣減御·而發庾賜復之詔·無歲不下·則節儉庸非廣大之基·而管氏三歸·晏子之一裘·皆足以相齊而致治·則吾未見主道臣術之判然二也·請以是廣公孫宏之旨·

建州女直考

按女直卽古肅愼·初號女眞·避遼諱改今號云·宋以前甚微·自阿骨打勝遼稱帝·遂蹂躪中國·禍幾不可嚮邇·蒙古起沙漠·盡殲之·永樂初·悉境內歸附·文皇帝設奴兒干都司一·建州等衞一百八十四·兀者等所二十·爲站爲地面各七·官其酋長都督指揮有差·而最强者曰建州·其地自湯站抵開原·他女直若海西野人·各有界域·而建州据要害爲雄長·約歲一朝貢·已又開馬市·歲勞金幣·建州衞指揮呵哈出·及其子釋家奴·俱以効順立功·賜姓氏·呵哈出曰李思誠·釋家奴曰李顯忠·結綬稱漢官·或生或及·爲荒服世臣·視西野人諸酋尤奉職惟謹焉·

正統初·建州左衞都督猛可帖木兒爲七姓野人所殺·其凡察子童倉俱逃居朝鮮·建州亡其所給印詔·以童倉弟董山嗣建州衞指揮·更給印·亡何·凡察童倉歸·得故印詔·上更給者·凡察匿不出·時縣官以不治治之·乃更分左衞·置右衞·使董山領左·凡察領右·正統末·董山輩爲北虜煽誘·導虜入犯·烽火徹於全遼·景泰中·巡撫王翔遣指揮王武等招之·尋亦悔禍入謝·時諸酋以從亂故·子姓失所賜告身·不得官·僅以舍人入貢·賞賚稍減·而邊帥于貢市操之嚴·貂馬稍不中程·輒斥去·於是囂然思叛·

成化間·董山及顯忠子滿住糾他酋後先盜邊·無寗日·遣都督武忠往諭·檄山至闕下稱謝·然桀驁無禮·詔羈之廣

甯・尋誅之・以武靖伯趙輔爲靖虜將軍・偕都御史李秉搗其穴・滿住亦敗死・乃築清河撫順靉陽諸垣・繕修邊備・諸酋稍稍懾矣・朝廷猶欲羈縻勿絕・復以董山子脫羅爲指揮・滿住凡察後皆得襲・從叛者視先世遞貶一官・諸夷復貢・然往往以報董山仇爲辭・患苦邊上・會閹直用事・巡撫陳鉞黨直邀功・疏請舉兵大創・直行邊・是其議・經畧文升固持不可・謂酋以失職怏怏反・關吏橫索啓釁耳・吾不於時鎭撫之・而復以武往・祇固其叛也・撫臣議非是・直還朝・誣詆文升・坐戍・而直與鉞襲斬貢使數十級・冒功賞・酋亦大忿・深入殺掠焚刼甚張・直誅・夷酋完者禿貢馬乞入謝・守臣厭苦兵事・請於朝・許之・於是諸衞奉貢・請襲如故・邊患稍戢・

嘉靖間・邊臣嚴詰貢制・而李撒赤哈等復稱亂・巡撫孫檜禦之・失亡多・坐免・以於敖代・敖減賞物・夷人復譁・顧詐殺譁者・夷挾忿蜂起・陰與虜合・戰士疲於奔命・遼東西復大困焉・

隆慶末・夷運寖衰・受我要束・其酋長乘醉誤入邊堡・邊臣執而戮之・時懼挑釁開罪・匿不報・酋遣孽奴兒哈赤及其弟速兒哈赤・以覆巢之下・不能自固・奉朝貢無墜垂四十年・雖曰利我之歲幣・然秣馬勵兵・憤然有薪膽之志矣・會今上二十八年・海西部落猛骨孛羅與那林孛羅・自相仇殺・猛力不支・委命我邊吏・我不能救・遂求援奴酋・奴酋起兵・名爲援而實襲執之・我邊吏乃遣使請救・奴酋恐我聲其罪・僞以女許猛酋・而陰縱其妾與通・徐以私外母名殺之・仍贅其長子・以次子歸我・我邊吏亦苟且完局不與較・而奴酋遂有輕中國心・自三十四年貢後・以減車價爲名・不復貢・偵者謂奴速二酋・多智習兵・信賞必罰・不惜名姝重資交歡・此虜志不在小矣・開元廣寧之界・去京師幾何・豈可不爲之寒心也・余故序其顚末・作建州女直考・備籌國者覽觀焉・若其山川風俗・詳在輿志・不具載・論曰・

余考前史・女直特黑水一部落耳・不旋踵而亡遼蹙宋・宋臣謂其衆至萬則熾不可遏・其獷悍跋扈・視他酋倍矣・朝廷不建撫賞羈縻之・無不謂其與勝國世仇・時偵得虜情報我・得預爲備・且弭心頫首・事我無貳・乃奴速二酋・蔑我國憲・踰我貢期・戕殺我屬夷・侵軼我內地・桀驁已甚・鎭臣無甯謂二酋我所孚翼・狐埋之而狐搰之・何變之敢圖・乃察影揣情・逆形著矣・養寇之謂何・何泄泄也・頃使者行邊・謂遼卒僅餘老羸八千・山海關左右垣牆多頹壞卑塌・而登埤者量沙數米・又苦無餉・彼日積銳・我日積罷・豈可長幾倖乎・且建酋業與虜歡・情勢連結・順義之遺雛未受名號・賴蟒諸酋跳梁于喜峯河流間・正孔棘也・萬一併謀發難・一呼響應・自廣寧以西・宣大蘇鎭之間・騷然震動・守臣其有以禦之乎未耶・自今借箸而籌・第云樞臣詰兵・計臣詰餉云爾・乃實事制于虛文・戈鋋制於議論・未有效也・卽令持斧者行邊嚴覈・恐叢蠹積弱・未可猝復此嗷嗷者・妄意內帑之儲・涎欲垂而未收久矣・旦夕望廟堂渙發・以濟燃眉・而後徐稽軍實・隊伍何以昔充而今缺・芻粟何以昔饒而今匱・簡閱何以昔稽而今窳・埤障何以昔因而今瑕・各責之主者・廉蠹穴而塞之・飭頹習而新之・建威銷萌・備完計悉・戰勝於門庭之內・庶有瘳耳・語曰・爲之其未兆也・二

畣桀驁・既以形成・靖康之鑒不遠・待變至而圖之・曷及乎・

賀象岡何相公入參大政序

皇上考慎相庥・即詢謀僉同・非特達灼知・猶審持不即予・癸酉秋・在廷諸大夫首推轂香山何公・公自龍飛即侍講幄・鄉唐虞之閎道・陳黼座之蓍龜・時時以古義引合時政・言必中窾・上心識而目屬之・從史局遞遷宮宷・至宗伯學士・不離講幄・執經凡六年所・公卿士大夫傳誦公所啓沃語・以爲舟楫鹽梅之佐・非公奚屬・上既灼知公・而輿望所歸・廷推又無出公右者・於是特晉鼎司・參大政・黃麻一宣・天下欣欣慶得人也・粵之仕轂下者・謂吾鄉自文莊文康文襄三君子代興・迄今垂及百年・嶺海磅礴灝決之氣・屈積久而始吐發・皇上夢賚精誠・志先定而神人俱協・雲龍風虎・聲應氣求・粵山川與有榮施・維桑與梓・何可無一言以彰其盛・授簡于余・

余惟公之遇皇上・千載一時也・人臣輔中主易・輔聖主難・輔聖主于泰甯之時易・輔聖主于多艱之時難・唐堯之世・以堯舜爲之君・懷襄方割・黎民阻饑・讒說之殄行・五服五宅之麗・與夫寇賊奸宄・蠻夷猾夏・日以廑警予之慮・當其時・四岳十六族・已布列在位・而猶稱則哲之難・何也・以其主與其時・非皋夔益稷輩莫能爲之臣也・今上姿天縱・而德日新・等百王而上・不啻堯舜之爲君矣・東有奴・西有插・畿南晉豫江楚閩粵・萑苻桴鼓之警・赤白羽交馳海上・魁宿之寇未膏斧鑕・四方水旱蟲蝝之災日見告・公私交匱・軍實愈瘝・幾百萬刻膚敲髓之糗糧・漏卮不可問・武人子員・因委屈不可振・文墨之吏・鑿齒猰貐其民者未衰止也・時遭多艱・以廑聖主之宵旰・夫君則堯舜之君也・宅揆熙績・厥任良艱且鉅・則唐虞之時也・然唐虞之時・不憂百工之不釐・而憂禹皋陶之不得・今上得公矣・先是黃扉諸老・總己以聽于亢輔・上即位以來・二公四輔・務一乃心力以持國秉分・授管而演絲綸・進則盡忠・退則和德・公以舊學佐平章・入而告與坐而論・惟是匡國是急民生之爲務・委它政事之堂・揖讓相先・獻替相可否・殆如堯七友舜五臣之一心共濟也・夫貞元間氣・竅于山川・亦各以其時耳・粵之山・靈洲浮島・崑崙雁門・粵之川・珠江香浦・玉窖雲瀧・環以裨海・表以神臯・柱青冥而浴皎日・鍾靈醲淑・前則若三君子・又屈寒百年而大發于公・重積則然・何論早服・文莊腹書經笥・衍義補一編・通達國體・文康草勑・期期不奉詔・牧地之請・片語回天・文襄議禮・排衆議而契睿衷・樹立皆瑰瑋可紀・稱賢輔・然幸遭泰甯之世・得自表見・公輔堯舜之主・値多艱之時・以甘盤之舊學・紓爰立之新猷・嶺海磅礴灝決之氣・全貯之胸襟・而徵發于事業・上下千年・縱橫八極・籌畫素預・握杓象極・斟元陳樞・雖有都俞・不廢吁咈・雖有昭德・無忘弼違・使百官則而象之・大法小廉・召太和而瀰宇宙・薄海樂業休兵・東奴西插・咸委命下吏・以身徇國・不磐石而安・以明佐聖・不膠漆而固・何但粵先三君子・將直接七友五臣・中間詎容着人乎・余覩公識量器局・都人士所抗手蹻足而望者也・粵山川實式靈之矣・余從粵人士之後・躬逢其盛・因誦述唐虞之際・爲公相業嚆矢焉・

李觀察入賀萬壽聖節序

在令甲・藩臬大吏值皇上萬壽之辰・走一人稱觴闕下・余小子嘗從史局觀厥成・第通籍之日淺・不及見皇上臨軒見羣臣・九閽天上・羣臣蒲伏赤墀・俯躬搢笏・呼嵩者三・已於事竣矣・乃異時廷臣有所祈請・補牘再三・逾時不報者・輒以是日也・大渙綸音・疏積滯轂下・歡呼忭舞・宣衆豫而助王休・積忱上輸・積澤下沛・宮鄰泰而上下交・其在玆乎・

壬子之歲・粵以東・推澤憲臣稱萬壽觴者・觀察嶺東李公當往・郡守朱公某公帥諸相公暨諸邑令長・脩幣徵詞・命小子受簡・

自惟王父以迨小子・於公稱通家者三世矣・公諸父行也・卽不文・誼不得辭・夫自古人臣祝君・孰有踰於周召哉・周公稱引殷先王・或享國七十有五・或五十有九年・要皆嚴恭嘉靖・爰知小民之依・召公所云歷年勿替・受天永命・亦惟是敬德諴民・用告孺子王矣・古人臣忠愛類如此・公之行也・蒲伏赤墀・呼嵩者三・遂告成事已乎・皇上深居・淸穆之日久・四海內外・瑕蘗寖萌・嶺表越在萬里・比於荒服・厥土塗泥・厥田下下・厥賦不足當吳越之什二・自中使馳傳至・磨牙吮血・額稅之增・視中土數倍・官則帑竭・民則罄懸・射頳羊犢・物力詘矣・民窮盜起・探丸嘯聚・居者有剽掠之虞・行者苦國門之禦・往歲欽州發難・露師境上・紅毛唓嘐哥之不逞・又且見告・設防雍陌・粵事蓋脊脊動焉・皇上九霄之上・或有所不聞不見・古人臣之壽其君・有獻千秋金鑑錄者・此粵已事也・公之行也・蒲伏赤墀・呼嵩者三・卽欲爲粵人具言狀・奈九閽天上何・抑天道十年而一更・皇上執天之紀・法天之行・御曆以來四十年於玆・飛冲天而鳴驚人・千載一時矣・四方來賀・萬靈畢集・上且厭深居之邃密・思明堂之顯敞・兕觥在庭・鴻漸在階・召子大夫前問所爲綏民屹奠邊圉者・公拜手稽首覼縷具言・爲粵人請命・其爲金鑑不已多乎・

先是督臣上言粵稅溢額・民不堪命・不報・皇上嘗以此時渙德音・宣衆豫・或時有所簡發・粵人蓋幾幾望之・且今歲在壬子矣・考之律書・壬任也・言陽氣任養萬物於下也・子滋也・言萬滋息也・其應在東・我東人其首被澤乎・諸大夫舉手加額曰・善哉・史氏之言・壽主在於庇民・煌煌周召之志也・庶幾有當於公矣・顧公下車數月耳・其察吏不寒而慄・其馭民不纊而溫・其防海固圉・不植鍛懸盾・而鯨鯢自遠・乃今席未暖而戒裝・東人依腓・奈何煩公僕僕乎・小子唯唯否否・人臣祝君・卽一飯不忘・何論數月・召虎經營四方・疆理至於南海・一則曰天子萬年・再則曰天子萬壽・寧渠以越在荒服・忘媚玆之惓惓哉・夫以祝無疆之祜・敦匪懈之忱・卽僕僕脩途・忠之盛也・諸大夫而爲公祝轅乎・請爲歌江漢・東人之困甚矣・公在事・則吏蠹民瘼如嬰在疢・澤可得而自暨之・公行而所不得自暨・幾倖於皇上之大澤・挹彼注玆而均被之・夫自暨之・何如均被之・其所依腓孰多也・諸大夫而藉手爲公爲民丐澤乎・請爲歌大東・公持憲卽蒞粵・雖席未暇暖・顧自爲令爲郎爲守・望實孚尹・簡在躭躭・有如上不欲久煩公於外・留置九列・袞衣不復・我東人豈有望焉・計公捧觴成事而退・東人度道里所至・日夕望公

之返轅也・諸大夫而邀惠於上・還我公以睍境內乎・請爲歌九闋・於是諸大夫皆稱善・遂次其言以陳於祖道之側・

總督兩廣許公晉大司馬入參戎政序

蓋督吾粵者・則莫文成王公・襄毅韓公・忠宣劉公賢矣・王公韓公・皆以大藤之役・峝猺披猖・艱難百戰・使箐峝嵐清・日月復朗・煌煌不世烈也・劉忠宣承平無事・亦惟是裁供億・斥貪殘・境內肅然・盜賊爲之衰止・粵人至今思之・嶺海炎區・三君子後先鎮撫・不佞卑卑・嗟生之日後・不然者・雖爲之擁彗而除・欣慕焉・乃今幸得擁彗而除・則我東陽許公・三君子之儔也・公昔在諫垣・議論豐采・疆聞瓌望・一時掖垣侍從・名流布列・森立踊企・然聲實皆掩於公・公薦歷華途・績業奮起・日升月恒・爲中外所倚重・當士大夫與慕風裁・意見角立・心憂時救世・獨持衡於善類消長之際・惟慮其化蘭爲蕭・而護之恐不至也・上卽家起公・則履百粵之地・公受節鉞而至・大庾以南九疑・以有不浸潤於澤・公恥之・於是肅度彰軌・明法布令・殘墨二戒・嚴於斧鉞・蓋嶺外偸安之習・相蔽紿以具文・公能窮其微曖穴竇・探窒解剝・無毫髮遁失・山谷退深・呰碉昧阻・寃苦疾痛・舉在目前・如戶行而家到也・凡在公宇下・其善者如楚之在薪・翹然皆有以自見・其豪猾不道・如蚊蚋之於霜雪・不揮之而自祛・故公在事三年・文武將吏・迅發於功名精采氣勢之間・倏然變動・鯨波蠻峒・或有狂猘不逞・輒綴甲厲兵・遣材官傳弩矢外响・一舉而柳潯平・再舉而欽崖靖・三舉而袁進降心・戎鵬授首・氛祲息於東西・威稜憺乎嶺海・公之大有造於我人・信可謂焯爚豐融矣・

聖主龍飛・茂招耆碩・特晉公大司馬・入掌戎樞・藩臬大夫暨閫帥就史纘言爲賀・纘竊惟公之鎮粵・遭時承平・雖釁孽時有・旋被撲滅・與文成襄毅擾攘軍興之會・事不侔也・然柳潯獞除・欽崖鯨戮・俘進馘鵬・赫聲濯靈・不爲不豐矣・況也鏡澳之在門庭・黎吡之踞腹心・交南之窺於垣・而紅毛日本之震於鄰也・廷建銷萌・伐於未芽・而塗干無却・保障固陲・功不在兩公下・兩公皆以百粵爲桑榆・逡巡欲倦之餘・獨劉忠宣由百粵召入爲大司馬・如旭日朝暾・照臨未乂・事頗與公相類・則請以忠宣爲公誦之・忠宣居粵一歲所・當被召廷謝時・稽首颺言・今天下民窮財盡・萬一不虞・責在兵部・臣自度力不足辦此・上嘿然良久・曰・徵斂俱有常・何獨言民窮財盡也・忠宣曰・正謂不盡有常耳・臣在廣而廣東市香藥・廣西取鐸木・固以萬計・上頷之・立爲停止・以此益重忠宣・造膝陳謨・遇合無兩・方今遼左孔棘・騷然煩費・加派遍於閭右・不獨百粵爲然・而粵之罷民餒卒・吸脂朘髓・公蒿目而憐之久矣・大者疏聞・小者輒以意寬恤・如慈母之於弱子・而良醫之於尫夫也・有如上召公廷問民間疾苦・當不啻如忠宣所云・曠蕩之恩施宜自粵始・忠宣由粵被寵・魚水孚契・圖事揆策・言聽計從・有端揆之臣所不敢望・嘗聞朝士賦詩曰・當時密語人不知・左右惟聞至尊羨・今上諒陰訪落之初・禮遇大臣・亦當不啻如忠宣時・公晨夕入對・條國家便事・與爲興除・微獨百粵罷民餒卒賴以昭蘇・天下事何不可爲也・

且公雅意本朝・以天下善類消長爲計・其所扼腕・未

嘗一日不在海內排擯放廢之名賢・惟恐其老於林藪而不獲收敘・今龍飛景運・振鷺充庭・廟堂實而林藪虛矣・公入而與諸賢協恭衷和・共贊離明之治・司馬相而契丹平・子儀將而回紇服・天下事又何不可爲也・藩臬大夫與諸閫帥在粵・言粵不勝東人衮衣信宿之戀焉・夫旭日始於東方・經於中天・被於四表・豈東方所能擅哉・公績業由百粵起・今正其經中天被四表時也・粵人皇皇・攀臥公之轅下・史纘否否・不爲百粵留・爲天下賀・以是爲公祝轅可乎・

吳嵩輪司馬蕩平九連山寇肇建連平州治序

同江吳公之理吾惠也・蓋兩載於茲・公胸藏萬卷・筆落千言・癸酉秋・比士於粵・所蒐羅極一時之雋・知名士願得一當公・卽棄置無憾・余輒目公爲文人・公案無留牘・卽前政所疑未決・騞然解之・胥吏咤爲霹靂手・旁郡有不平・願得就惠州嘉石・余輒目公爲法吏・公下車泣罪・丹筆垂仁・無得情之喜・有所平反卽入以告・母太夫人爲加匕箸・意惟主于求生求減・余輒目公爲慈父・公蹊刻自處・經年不用一官物・旁行他郡邑・往反輒千里而遙・乾餱不具竟兩載・士大夫不能以二簋事公・無論筐篚・余輒目公爲介士・持斧之使・以六廉察吏・惟公是倚・公代行部・定邦交・直毅溫恭・推赤心置人之腹・境外人人具服・以爲不吐不茹・余輒目公爲德禮君子・

癸酉秋杪・余以朝命敦逼・黽勉出山・別公於榕溪之上・一年所矣・惠州衞帥雷君大壯函書於予曰・公之署郡篆也・九連逋寇・悉伏其辜・督府熊公議城邑於其地・直指錢公親屈玉趾・揆日審勢於惠化之周陂・定厥基焉・以屬公・公曰・非守臣之任誰任也・於是議賜履之地・割和平之惠化都一・以爲中區・割翁源之東桃銀坪二隘・河源長吉二圖・以爲西鄙・自上下坪浰頭抵龍南之橫岡隘・以爲北鄙・自樟坑中村岑崗抵定南之界・以爲東鄙・自周陂達於猴子嶺青草洲・以爲南鄙・疆界正矣・築城浚隍・物土方・計徒庸・課將作・定位署祠廟之制・以屬長寧陳令君・則壤成賦・扼險要・立營堡・募丁壯・定設屯養兵之制・以屬永安令牟君・而公提衡於上・日稽月考・以董其成・時絀矣・未能舉羸・公割俸錢爲諸郡邑倡・奮義者雲集・自癸酉秋九月・至甲戌夏五月・於事而竣・崇墉浚洫・屹如也・位署祠宇・翼如也・百姓負畚插而往・百堵皆作・成都成市・熙熙如也・穰穰如也・公告事於督府・若直指使疏聞於朝・天子大悅・則是公之有成也・願子一言紀之・

余攷惠州之故・環郡而邑者七・和平之設也・自正德間王新建平浰頭始也・長寧永安之設也・自萬曆初平秋香鴻雁洲始也・今增其三矣・而皆爲雄邑・士起家賢書・農服先隴・工安舊肆・而商賈出於途矣・九連天險・新建猶且難之・乃茲易壁壘而闤闠・去干戈而絃誦・入其境・而依然通都大邑之風・炎土始見冰霜・而阻深幸覩天日・公之功吾惠豈淺鮮哉・余初目公爲文人・爲法吏・爲慈父・爲介士・爲德禮君子・乃茲肇造新邦・體國經野・以爲民極・是于邑于謝之事・我疆我理之勞・而王新建肇造和平之績・于今爲烈也・昔宣王命仲山甫城彼東方・而尹吉甫誦之曰・德輶如毛・惟仲山甫舉之・袞職有闕・惟仲山甫補之・主上命廷臣選擇郡

邑牧治行高等爲文學侍從之臣．次亦置之銓管掖垣御史裏行之間．公身兼數器．氣備四時．而發硎于吾郡．上之列承明以沃主心．次之列言路以補袞闕．入告嘉謨．咸有一德．由此始基之矣．余執經事上．又畀以纂脩之役．靡晷刻暇．雷君萬里丐言．篝燈聊叙崖畧．愧無能爲吉甫之誦．穆如淸風．其何足以當公哉．

贈龍別駕序

今之佐二千石爲理．則倅尤難哉．丞秩漸峻．茍奉法循理．無失名譽．卽橫金拖木爲眞守．不則含香粉署爲京朝官．司李佐直指廵行方國．唾手臺諫．其寵靈乃出守上．倅雁行其間．資薄權輕．爲之下者．外趦趄而中揶揄．卽有才．未由自見．吾郡設二倅．一職捕．一職賦．夫賦．邑長吏之所拮据也．其贏詘直達之守與藩大夫耳．郡倅未嘗過而問焉．徒以空名寄邑長吏之上．而課職漫無所寄．如贅疣然．欲以才自見．則尤難之難哉．

雒容龍君以督賦來倅吾郡．君厚重慈愛人也．其居身如處子．其字民如慈母．其與郡守邑長吏相周旋．退然如不勝衣．上時以訟牒委之．審克閱實．必究端委．未嘗高其手曰．此豪有力而庇之．未嘗下其手曰．是村里孱民而魚肉之．未嘗以意懸揣曰．此上官之所欲．左右袒而迎而許之．逆而距之．上官以爲賢．檄署永安篆．於是流賊犯永安．君與父老子弟晝夜登陴．人人用命．賊知有備遁去．城賴以全．令至．歸政焉．君趨事賦功．不欲爲赫赫名．吏民同聲．謂之不煩．庶幾廩廩德讓君子矣．涖郡二年．眞實心孚尹於上下．獨所職督賦．權任不在焉．卽有才無由自見．且夫司李之賢而登薦牘者．十而七也．丞之賢而登薦牘者．十而五也．而獨靳于倅．粤十郡．登薦牘．不過一二人．卽臺使亦且猒薄之．非衆尤之尤．何由自表見哉．君雒容名族．伯氏司銓管．甄叙流品．有山裴之譽．仲氏登賢能書．需次公車．君雁行其間．第五之名．何必減驃騎跡．其醇醇悶悶之政．日計不足．歲計有餘．有如督府若直指．覈名實以淸吏治．其必首君矣．夫鄉校淸議之所出．子產惠人．猶不廢之．今較士某某輩乞余言贈君．君之所以造士．與士之所以德君者．余不得而詳．然君之品行政事．已播在諸人士之口．足重君矣．余又何贅焉．

贈符廣文序

自漢置博士．開弟子員於時．賈誼董仲舒轅固胡母生之倫．皆以博士入官．其人明天文．達國體．或白首守一經．銓釋轉授．受業者至千餘人．故當時愼博士之選．令丞相御史舉可充位者．間亦以孝廉策試第一拜爲博士．其重如此．唐中宗時．勅學生在學皆行束脩之禮．束帛一．篚酒一．壺脩一．案濫觴至五代．又有束脩錢．光學錢．皋比之間．有市心焉．方領矩步之徒．足趦趄而心揶揄．博士之選漸輕矣．

國朝廣屬學官．甲乙科皆得除授．第甲者自負善資．卽跬步多前途．視官墻傳舍耳．乙者年力未及．敎學可以相成．從此修翮扶搖．庶幾六月之息．若夫由明經起澤宮．率中年以上．捧檄就舍．四壁立而無徒．進而揖上官．退而對諸弟子．皆曰．大夫爲東修來者也．雖有姬姜．疑爲倚市．其有不挪揄也者幾希．

珠崖符先生．博學方聞之士也．屢試不售．以明經補吾邑博士．會邑博士缺．主者檄先生署篆．先生至吾邑．諸士有以束脯進．必峻拒之．其以問業來．藹然色笑．如家人父子．教人務惇風節．矜繩簡．不以春華忘秋實．暇則手一編．伊吾不休．蕭然一室．塵凝滿席．泊如也．先生數月宮墻．若峻泉流．若清藻荇．若芳而潔．余間過先生居．謂先生素不受人一脡脯．即苜蓿盤餐．安所取給．先生曰．蟯螂穢飽．不如寒蟬潔饑．且史氏通籍餘十年．貧如故．何有一氈．先生又謂余．今制取辦科格．吾黨業不能置身甲乙科．即砥行硜硜．白首一編．無益殿最．如蛙鳴蟲響．雖聲振穹昊．體滯土壤．當此之時．雖有賈誼董仲舒轅固胡毋生之倫．寧能自振拔乎．余謂否否．士顧所自處耳．誼困長沙．仲舒遠徙江都．不以其故貶賢．轅固善說詩．以廉直爲清河傅．年已九十餘．胡毋生治春秋．歸教於齊．齊之言春秋者宗事之．第各以其業相傳授．著專一之効．彼其人固非必身都卿相．與當時絜權而較力也．乃學士于今志之．不以一時而易千古．先生明天人之變．達當世之故．即未知於賈董若何．要以墨守一經傳業者寖盛．剖疑破滯．如洪鐘待扣．人人心厭．不亦轅固胡毋生之倫乎哉．

先生產珠崖．珠崖之山曰五指．柱溟海而插青天．嶓極一隅．閟而不顯．要以海內五嶽．海外五嶽．劃然擘而中分之．何必帝王所封．方紀所載．而後爲雄也．先生之鄉人如丘文莊海忠介．以學術風節雄峙宇內．即中原名碩．莫之或先．文莊挾美質．得時而駕．忠介名不隸於大常．海隅崛起．儼然與文莊雁行．士固所自處耳．以先生之學之品．辟之五指．雖在僻遠．直與方岳相雄．文莊忠介之業．豈異人任．行有破科格以待先生者矣．先生既得代還郡．吾邑人士沐先生教澤．依依不能爲別．徵詞．以不佞素知先生．言之或有當也．不佞遂次曩與先生語者以復諸人士之請．

題桐柏道人乞食卷

蘇桐柏道人意氣崛强．以詩自豪．里中稱詩者鮮有當道人．道人即與人並席緒談．神情了不相屬．殊無意獻酬羣心也．以此遭忌者整．備歷險巇．而意氣嶽嶽自如．不作齷齪態．余心壯之．會余從燕中來．與道人別數年所．道人忽方袍芒履．瘖默不言．嗒然若喪．手持乞食卷謁余．余諦視之．大夫故桐柏也．道人聽然笑曰．是耶非耶．始吾馳情六義．抗志千秋．高矚遠騁于壇站之上．而世不我許也．造物者既黥我以典墳．劓我以風雅．吾掩室杜口．瘞筆焚硯．思欲息黥補劓．以木石爲徒．而我不自許也．十年來吾惴惴縲縲．拘攣於世網中．吾喪我矣．一領青衫．胡然而青．胡然而赭．胡然而方袍芒履．我與我周旋．欲相求而不能以相得也．而子猶索我於儒墨之間．吾墨也乎哉．余悲其志．爲之憤悢悽楚．謂道人休矣．道人逃諸墨．墨者不云乎．人世種種魔寃．皆虛妄發塵．塵消智圓．得無罣碍．乃至刀兵亦無所觸．道人掩室杜口．瘞筆焚硯．豪心勝氣．謝囂入寂．筆艷文瀾．攝慧歸定．行且遊乎搖蕩轉徙之塗．而息乎無何有之鄉．夫孰能觸之哉．含沙射影．影息則射安施．人心險巇如山・將爲道人摧頽殆盡・道人休矣・道人業棄田園妻子・乞食羅浮山中・余頗爲具資糧緋屨・歲時遺之・且書此乎・併以告十方之供養道人者・

禺峽新闢諸勝記

余往來中宿者數矣・嘗携寺志按籍而搜之・躡半雲亭・謁禺君・登飛來古寺・過寺西・婆娑葛壇之石・輒廢然而返・勝境多委荆蓁中・爲鼪鼯猿猱之窟・卽欲投杖超距・窮蒐以飫吾目・吾兩足不與易也・庚申里居・山中人朱惟四寄聲曰・惟茲禺峽之中遭茀廢也・憲大夫下檄修之・稍繕其殿宇之毀者・存故事而已・不佞以先子若季父之菟裘在焉・數年於茲・竊爲禺君任掃除之役・驅石斬荆・所芟闢若而境・顧爲禺君介紹・乞一言記之・余於中宿故舊遊・然惟四新闢諸勝・不能兪度而意繪也・會余出山・解維容溪之滸・而維四來羅浮・相逆舟次・遂訂中宿之盟・余以冬十有一月之朔・至禺君祠下艤舟焉・惟四導余盡歷諸勝・目能愜心・足能步目・惟四乃謂余・是可以寄乎・余請問爲禺君記・抑爲惟四記・惟四曰・爲禺君則峽志具矣・惟茲學熙所任掃除・願紀其事・余乃畧其故蹟不載・凡昔頽今飭・昔荆蓁而今孔道者紀之・

山之麓・爲凝碧堂・由堂而躋・分東西兩歧道・其西道所創建・曰雲蘿道坊・曰玄雲際坊・曰山暉堂・堂之左曰露墻・於古寺前新闢一境・曰蒼雪崖・崖石矗立・古榕架之・輪囷盤攫・從石罅中出・作虬龍形・脊篠葱蒨・蔽虧日月・對崖瀑布如噴雪・俯而瞰・怪石怒撑・澄江紺碧・交來撩人・

應接不暇・崖去寺數十武・久閟・而惟四章之・大以爲快・其東道所創建・曰振衣亭・曰仙踪坊・曰瑤林・曰櫟社・曰阮兪逕坊・阮兪者・帝子取阮兪之竹吹之・合律而道成者也・由阮兪逕臨石澗・飛一板橋・與蒼雪崖合・澗東稍夷曠・可屋也・爲樓一・曰清音樓・泉自上流潾潾落澗中・作鳴玉聲・四壁石脂吐潤・英英可餐也・樓前爲研雲館・卽惟四藏修處・從樓左折・沿澗而上・爲水簾臺・臺上有朱處士漱流石・處士惟四尊府君也・由臺西歷磴道・巖竇穹隆・刻大士像於上・曰小普陀・過此則蘇長公淙碧軒故趾・壘石爲台・以識遺迹・再上・石磴百餘級・則瀑所從出・區用孺先生有詩鐫於石・曩時先生捫蘿涉險・窮澗道之源・詫謂奇絕・乃今可安而至・無事褰裳濡足・惟四於洞口豎漱雲坊以導游者・洞中鐫大字於石・曰仙源・若得桃花數片雜流水・涓涓而出・當不滅武陵仙境也・東西兩歧道・皆至清音樓而合・至仙研而息・研所鼎建若而處・所開闢若而處・凡費金錢若干・庀材鳩工・皆惟四獨力成之・余登禺峽數四・諸勝地皆所未經・而爲得未曾有・試問惟四・吾向者於茲山僅涉及於堂皇・茲其洞房曲室矣乎・惟四曰・未也・奧窔之間耳・惟子足之所及・皆不佞所任掃除之役者也・餘尙未遑也・於茲山之洞房曲室・僅十一耳・

嗚呼・自有天地・卽有此山・自有此山・卽有諸勝・自帝子採藥於茲數千餘年・山之著奇示異亦侈矣・松可叟・石可僧・猿可姬・草可金・芝榴可五色・縹緲可掛・而古刹可飛也・使山靈不欲閟其奇・何以沉沒數千年・匿不示人・使山靈而果欲閟其奇・又何以使惟四發其藏也・或曰・惟四畋

素漁墳・茹菁蓄華・而阸塞不售・何以能發山靈之藏・而不能自發其藏・豈惟四胸中具有丘壑・此子自合置丘壑中耶・嗚呼・自有天地・卽有此山・山之顯晦・猶不能不有所待・而何況於惟四・余因爲惟四識新闢諸勝而併及之・是爲記・

温公生祠碑

夫去者之有生祠也・德斯思・思斯祠矣・惠之祠最著者莫如蘇文忠・白鶴之遺構・巋然長存・然坡公寓也・非牧也・牧而祠・自陳文惠始・文惠入參大政・後人榜其堂曰延相堂・然陳公判也・非理也・司理之賢者不乏矣・而未有耑祠・理之有生祠・自甯都温公始・

温公以萬曆戊午之春來理吾惠・惠枯羸極矣・蠹亦滋焉・公正己率屬・與境入更始・屛竿牘・絕苞苴・旅幣不陳於庭・東矢不入于室・盖夙夜於五辭三就・致審克焉・謂吾官以理名・若情與事觭・事與法觭・上之意旨與下之欲尙觭・郡以內不得其理者多矣・用是孳孳求理・十一城之政無不察也・十一城之俗無不問也・銅墨之吏・鞂軩之長・某廉某汰・某材具可任・某闒茸無狀・舉瞬而荃茅分・操腕而珉玉辨・四履以內・里閭道路・銖兩之奸・海陬山峒・尺寸之瑕・細民悲愉・便害纖悉之情竇・猾胥舞文・簿書隻字之隙・靡不操其肯綮・得其機竅・十邑之內・不得留一穴以蔽公・以故公所剖決・如燈斯照・如劍斯決・兩造在庭・辟者辟・衷者衷・以隻手聽諸邑之成・發微刺隱・慮無不霜凛霆擊者・公一再綰郡邑之符・廉民間所便利所病苦・與爲興除・皆其素所洞然於中而劃然於手・乃稽賦稅・則曰征科無藝・五嶺爲甚・民竭脂以奉上・又安得羸以飽蠹腹乎哉・於是夾門置匱・令民自納自投・司契者不得高下其手・而宿蠹一洗・故事・里正受役於公・歲以爲期・次相及也・漁之以供億・而十載之內不得息肩・公廉得狀・亟更之・役滿者歸休矣・諸邑受納・倉有餘粟・推陳易新・有司者主之・邇者授其筦于里正・有力之家・所被累無算・產幾蕩・公令返之官・卽有耗折・里正勿與知・和平江廣之交・輪蹄孔道・乃騎從分派里甲・郵政謂何・公至而後・增乘傳之費・賓至如歸・而民不稱病・歸博之間・土著者馴・而流移者黠・且其徙而逼處・實繁有徒・黨正所不敢問也・公下令編之・什五流民・皆視土著・奸宄者不得衆爲叢・而鄉落安堵・自丁戊以來・鹺額增而官引日滯・不得不簽報于閭右・報者傾貲祈免・而鹺額愈縮・公以寺田之羨抵其額・歲不復簽名・商灶樂業・而閭右亦安居而無患・屯政日弛・腴壤半入豪家・公不避嫌怨・清隱占若而畝・且屯失額而糧浮于田者多矣・軍興加派・必雨粟雨金而後可也・公估他羨百四十緡充之・而派不及屯・罷士有伍・罷伍有糧・而郡藉以固吾圉・豐湖西新堤・蘇文忠寓惠時捐文犀帶而成之者・歲久爲水所嚙・堤且圮・公捐俸增築・會有大訟・德公質成・欣然以獨力竣其工・直指按部・循覽湖山之勝・謂超然亭舊址・宜建浮屠鎭之・人文且蔚起・公爲揣規・制物土方材用徒庸皆手自經畫・不期而觀厥成・公以爰書之暇・與青衿士談經攷藝・若其家塾子弟也・學宮頹・公出橐中百緡新之・宮墻翼翼・而惠人士之得儁者倍昔・公持三尺法・如山嶽不可動搖・未嘗輕有所縱舍・然縲困之啼饑者・時設糜哺之・所存活無算・囹圄中稱

福堂焉・公涖郡四載・上下酬應・舍皆取諸官中・必不得已而取諸市也・視市價必昻・至於屠門酒市・無不頌公明德・式歌且舞矣・

公以被徵入・郡之薦紳衿韋父老商旅・謀所以枳公車而不得・則勒石郡門之外以志思・已而徘徊豐湖上・浮屠巖業・西新之堤蜿蜒百丈許・公所蓽路籃縷・督畚鍤而綱紀之者・召伯棠蔭・其在茲乎・相與鳩工庀材・爲祠以祀公・郡人爭輸金錢・不戒而集・工肇于某月某日・洎□而告成・於是郡長老爰命史纘紀其事・

纘惟公之祠・與文忠文惠鼎立而三矣・文忠居惠・崎嶇流廣之際・誌稱其人・無賢愚皆得歡心・彼其亮節忠猷・百世聞風・莫不興起・文惠以誠信待其民・事從省約・境內馴服・蓋漢循吏中所謂吏民同聲謂之不煩者也・溫公開敏善斷・明而惠・寬而有執・密而坦・又方而能和・莞庫之吏曰・出納允矣・嘉肺之民曰・寬滯雪矣・闤闠之隱曰・豐蔀徹矣・鄉遂之長曰・橫索杜矣・衿帶之士曰・風氣完矣・販夫豎子以至於餅師酒保皆曰・市價平矣・遺澤在人・蓋自有司理以來・未有如公者・文忠廣賢・於公不相類・文惠鼎鉉大業・由吾惠起・柄政之日・接賓翹館・論及奇勝・必以吾惠爲稱・所構野吏亭寄題之什・流傳至今・文忠亦爲記之・以爲先進禮樂・溫公由吾惠拜侍御・史事似文惠・異時竹帛勳名・三槐九棘・吾惠實始基之・倘亦有寄題之什如文惠故事乎・坡公祠據白鶴之巔・而公與陳公卜勝西湖之趾・夫然・則坡公之祠以風・而公與陳公之祠以澤也・亦各從其類矣・並祀百世・其誰曰不然・公諱□□・甯都人・萬曆丙辰進士・

祭方孟旋學憲文

余丁未上公車・客有傳君闈中牘者・余謂是嘉隆間氣格・是必元・客掩口而去・而君果不第也・又十年・余叨分校・得君闈中牘・謂是從四大家來・神似非形似也・是必元・而竟不能得之主者・嗟乎・余能信君之文於十年之前・而不能使余之目必信于人・君意象所至・可以無不得於文・而不能使君之文必之一日之遇・吾兩人相與其果文之以耶・抑不第以一日之文耶・君爲余言・性命之於此道也・惟患沁入之不深・此道之於性命也・惟患解脫之未淨・君以此道爲性命・性有獨至・而命有獨蹇・性之至・以蓄其精・而命之蹇・以老其才・三四十年間・屢試屢蹶・而終不改弦以希世・此其於微密之地・有所獨信・即以天下之非譽・不足動其中者矣・以天下之非譽・不易其四十年之所守・尙何解脫之不淨・君之才・四十年刳心劌腸於尺幅八股之間・尙何沁入之不深・迨遲暮之年・始易一進賢冠・陸沉郎署・至于握憲衡文・甫三日・兩□□□□□歸・年過六十・哀哀泣・甫襄大事・君之於此道也・少與少・壯與壯・老與老・千古之瘖瘵・四海九州之聲氣・始終於此道而已矣・以獨至之性・而貞于獨蹇之命・識定不可搖・骨堅不可撼・以君之識之力・藉令當鴻鉅糾紛之會・此豈復有以疑事嘗・而可以羣囂奪者哉・而天不憖遺・百身莫贖・君之文章・能使天下人共見之・君之事業・余私臆之・而不能使天下人共見之也・時名之取于藝苑者奢・而世福之取于造化者甚儉・君固無如命何・然使制藝可以長存・則君之文章爲學士家所尸祝者・

永不磨於人心・君之精神・長留天地間也・謂君不死可矣・槭詞攄哀・君其鑒之・

合祭沈蛟門相公文

繄扶輿之磅礴兮・孕赤堇與太白・氣菀族而憤盈兮・乃實鍾此名碩・希有來自丹穴兮・揚五色之葳蕤・當泰運之汤潏兮・羽肅肅而爲儀・羌應期而蟬嫣兮・紉蕙蘭于虎幄・奪石渠之重席兮・析五鹿之嶽嶽・吸精粹而吐氛濁兮・琢璠璵而琳瑯・述皇輿之踵跡兮・允中情之所藏・帝側席于鹽梅兮・覆金甌以爰立・旣順風而縱壑兮・矢寅亮而炳熤・指三五以爲象兮・願蓀美之可完・蓀旣揆余之中情兮・揉芳澤以爲觀・佩繽紛其繁飾兮・叢桃李之衆芳・枝煩拏而交橫兮・紛旖旎乎郁房・扶日轂而轉崑崙兮・躋羲軒其可揖・旣和羹而調鼐兮・洵桂舟而蘭楫・曰兩美其必合兮・妬披離而障之・謇朝萃而夕替兮・中惜誦以陳詞・情反顧謇不可釋兮・夫惟靈脩之故也・旣功成而身退兮・固前修之所厚也・

步余馬于鄖山兮・抵余車于霞嶼・忽而返此初服兮・聊逍遙而容與・逢斯世之搶攘兮・論鑱涌而喫喋・豈不鬱陶而思君兮・嘗被荃之渥洽・歷兩朝而炫燿兮・躋八秩而矍鑠・冀旁求於故劍兮・遽返士于繐幕・仰老成之懿則兮・慘聞訃而悲傷・山奚懵而雲藏兮・水奚咽而塵揚・吁嗟乎人生之喑醷兮・汨徂往而不歸・慟哲人之旣萎兮・留遺躅之芳徽・悵執紼之無從兮・臨悲風而憯惻・懷椒糈而要巫咸兮・繄夕降而可卽・

亂曰・陟金門兮紫烟・乘六蛟兮蜿蟬・靈連蜷兮翩躚・配稷契兮偓佺・結無涯兮大年・被雨露兮几筵・制詞煌兮麗天・

玉帶橋記

陳熙韶 字仲慈・號蘭砌・南海人・紹儒孫・弱冠與弟熙昌同選貢・稱嶺南二陳・萬曆己酉舉人・授梧州府同知・威惠並行・陞南戸部員外・轉郎中・出守思恩府・前守苛征・民怨・熙韶一無所取・九司畏懷・奉令維謹・返里後杜門吟詠・不事干謁・歿祀鄉賢祠。

東出城闉數十武・折而北・曰山口・東臯別業在焉・昔僅棘榛一片・拓而新之・山有亭・水有榭・可遊可眺・可耕可讀・蓋余解郡歸・與兒子講藝課農于此・客之載酒問奇選勝賡詩者・亦無虛日・西有薄田數畝・抵長春庵・環之以水・可蓄魚數百石・一老人云・此地名玉帶・莫詳其自・豈水之瀠洄・偶符其語耶・所隔山口一徑・爲車馬往來之古道・弗獲已也・第相路之窪處爲竇・廣可容舟・其上甃石爲橋・車馬往來如故・而東臯一水・遂與玉帶連・下錦袍灣・穿九龍井・委折而西・畫舫夷猶・帶水瀠潏・觀魚之樂・游魚出沒・不知其幾百里也・卽名玉帶橋・橋成・正值上巳佳辰・風和日麗・花笑鳥啼・士客流觴・佳人拾翠・喧闐橋畔・信可樂也・已而夕陽在山・墟烟散晚・牧笛橫吹・樵歌互答・覺人我之兩忘・於塵世乎何戀・老人又曰・山口而上・爲玉虹洞遇仙橋諸勝・最高一巖・有安期生遺跡・故稱靈境・斯橋也・當山口第一關・以玉帶名・夫非地靈有待而興耶・崇禎庚午暮春之初・陳熙韶識・

陳子履 字順虎・南海人・熙韶子・子壯從兄・官知縣・桂王時授禮部主事・有東皋詩一卷。

東皋紀畧

東皋別業・先郡守公所闢・崇禎四年・余益葺治之・南望敎場・後爲白雲山・有孔道曰山口・闢間圃之東西・稍南過玉帶橋・東北揖鎭海樓粤秀山之勝・依山委折・夾以修篁・徑曰干霄・門曰雖設・門以內・爲堂三楹・扆崇岡而面澄沼・曰浣青・種石二・棱骨屏立・修竹臨水尤盛・東出廡外・木樨叢徑・曰金粟館・館旁躡級登山・右有臺・曰浸月・境極幽夐・循級下爲洛鶴池・池外花隖一區・環之以水・徧植藕花・有亭曰十丈・護以朱欄・隖中竹屋・不假甍壁・編茅覆之・疏櫺豁牖・飲荷香如醉・余弟子壯題曰綠雲・推東有田數畝・田莊數椽・耕夫饁婦集於此・南出洞門爲梅島・爲鶴徑亭・其上曰元覽・望海上風濤・帆檣之出沒・西爲懷新軒・取陶詩良苗亦懷新之意・後甃片沼・種朱魚數百尾・曰戲鱗・前則菜畦交錯・田盡有隄・俱植丹荔・臨流曰泛花亭・亦子壯所題・由亭經錦袍灣・出玉帶橋・與西堤水合・渡灣而南・爲鋤徑館・碧陰如幄・茶寮碁墅釣磯・互映花間・有一坎・徑八尺有奇・掘土得泉・土中九鰍・嚅嚅欲奮・復有牙角數片・龍所蛻者・徹底純石・鑱九龍井三字於石・繫綵舟凡四・曰拾受・曰只在・曰弄碧・曰漁長・浮家以供湖泛・又十餘武・爲月門・曰碧叢・最勝樓當其處・樓磴曲折・西爲蔬菜湖・嘗有蔬菜自羅浮流至湖中・故名・築堤以時蓄洩・湖心有樓曰舒嘯・下爲柳浪亭・又南爲開鏡堂・萬松謖謖・翠黛如妝・清泉如鑑・別有話雨窗・懸榻可宿客・折而西・老榕一株・繁陰匝地・有長春庵・鐘魚梵唄・翛然清涼境也・亭曰消夏・署其門曰・桃花源裏人家・一時詞客名流・相過觴詠・平章花鳥・益成勝境・輯東皋詩一卷・凡文二首・詩數十首・

葉廷祚 字啓明・番禺人・原名天啓・萬曆庚戌進士・官太常寺卿・

重修南海神像記

嘗考祀典・圜丘方澤之外・其尊無如海岳諸神・虞夏商周之際・望祀之禮・雖見于經傳・而廟貌猶然未設也・隋開皇初・廷臣建議・以爲海神靈應昭著・望祀非虔・宜就各方剏廟奉事・以答元貺・於禮爲協・於是詔下・守臣如議舉行・玆廟乃其遺址也・遣告之使・歲不絕於道・然一時儀節・第視三公・至唐天寶間・則謂三公之禮・非所以報神庥也・乃尊以王爵・服以袞冕・諡以廣利・幣帛祝告・比昔加隆・及宋康定皇祐紹興之間・復加以洪聖昭順威顯之號・韓昌黎先生嘗謂南海神次最貴・在北海東西三神河伯之上・號爲祝融・詎不信哉・迨我太祖皇帝・混一土宇・受職百神・獨謂海岳之神・受命上帝・作福一方・詎天子所宜銓序・故祝告之文・第稱南海之神・見神之尊・非國家封號之可加也・而神次顧不益貴耶・但廟至元末・燬于兵燹・乃粤旣平・詔中書椽高希賢復新之・朱棟雕楹・蘭廡桂殿・上侵雲表・而壇亭臺以及庖湢之屬・其宏敞百倍於前・遂稱海外奇

觀云・

列聖嗣服・咸遣使祭告・及上龍飛・特簡侍從清望之臣・代行祼享・遂以吾鄉太史陳公攝其事・道士陸光嵛陳嗣乾等・欣逢盛典・遂募緣增飾神像・而殿廡官舍・亦且自捐・煥然修飾・余以孟夏奉兩尊人安厝廟後雅瑤岡・沐神庇厚・業捐廟前腴田壹拾畝・爲本廟香火之資・而於道人之募・復捐助焉・既報竣・道人謂余嘗往來茲廟・習聞靈應之跡・當以一言紀其盛・余謂神之英靈・載在傳記者・如攘灾捍患・折虜銷氛・榮光休氣・焜耀于天壤間者・何俟余言・余嘗見鄉落之間・即如田夫牧豎婦人女子・每談神貺・則纚纚不絕于口・其道遠不能祈謁者・則各爲自祠肖神貌而奉之・旦夕奔走祠下・有事必呼・有呼必應・夫功大者報必隆・神之廟食百世・又何疑乎・

余嘗眺望扶胥江中・見白雲諸峯・龍脈蜒蜿而東・又折而之西・至此則高陵隱起・脈始結焉・兩水大會・諸山環朝・人瑞天符・庥嘉滋至・眞勝地也・極目遠睇・則五嶽捍門・天馬排雲・江亭巄峋・紫氣葱鬱・戚旗峻屹・蒼翠叢蒙・故張詩云・江湖信有滄溟大・天地長留此廟新・所以扃鑰元氣・而開東南之都會者此也・非此地曷以棲神・非茲神曷鎮此地・我明興二百餘年・海氛時作・率賴神力・神之福我國家・過於唐宋遠甚・行將億萬斯年享神之庥・而我國家爲民崇報者・兩兩俱無極矣・余故喜而識之・天啓元年辛酉仲冬朔日・南海葉廷祚識・

番禺父母張公甘霖頌

番禺之屬都五・而鹿步當□□空洞之衝・田地大半闢從坪麓・少膏夷漫衍之區・大海前泄則蓄□艱・況後爲阪特乎・且也地卑潮旺・水易膠漬・天澤不雨・旬日成鹵水・苗浸鹵中・比壟苗易槁・是以鹿步需雨・急于四都・瀕年苦旱・點雨如珍・東浙張侯來宰番禺・補以醇醲・湛同南海之波・民戴若父母・神明□□・丙寅復旱・占候者謂曩歲熒惑犯斗南・土當赤・數也・侯獨不以數委・而精禋彌篤・修救備至・徂暑之月晦・而一日以檢踏勸濟・至鹿步之波羅少憩焉・□□里田疇焦瘁・集于面目・乃萃耆老・欷歔語曰・詰明啓閏・得冰爲潤・茲水鄉也・時與地適・吾將請命祝融・不得・將爲西華聚薪・衆曰唯・朝肅壇而虔達焉・亭午霢霂濡首・越日□雲泥足・初三日癸卯・翻盤沾洽矣・民大悅・老稚翻蘇・端明喜雨・詞而爲之頌曰・雨珠雨玉・以爲我粟・雨玉雨珠・以爲我糯・遂號雨曰張公雨・或以爲侯鼓之舞之乎・侯聞之・曰遜不遑・全歸其德於神・衆具述而質乎於葉子・

葉子曰・海神龍也・侯龍德而正中者也・吾聞之・大人者與天地鬼神合德・侯也・神也・殆無得其分・所云昭格□□之矣・雨繫于張・神必不爭・侯之穆穆・不可窺測・試明徵其事・何非雨券・蓋蘊隆爲戾・曰鬱曰嗇・故東海之殄・起于孝婦・東郡之蘇・比於淮陽・□理□□□必迅・幽隱

畢照・猶不自用聰明・輒與輿論共之・大罪必虔・小罪必恤・有一不爲雷水解者乎・惟是上下通達・利害轉圜・厥自拮据賑濟・以□眞有自爲飲□□茶・劑補脂膏・吐哺分頤・餵起殍瘠・有倘爲雲雷屯者乎・爲解不爲屯・則甘澤之施・侯若尸之柄矣・曰・然則奚俟以海神之廟爲桑林・曰・因口爲口・美名乃留・四車佳語・必不出於時・若天或俾波羅之樹・爲悞蔭棠・章邱之亭・爲侯畏壘・故及于禱・未可知也・衆瞿然・載歌曰・天不降災・侯何以來・雨不□□・鹿步奚瘳・

于是葉子復進而廣之曰・爲霖者爕理陰陽・普惠八荒・區區鹿步・直環中一髮・安得私有侯・侯傅星也・未□調元・而旋轉大力・業有其徵・甲子之秋・亂民藉饑祀上無等□□□□漉・精誠固結・能以一線繫千鈞・不惟南土赤・恐南土裂矣・識者謂熒惑實退舍于侯・侯功德奠安不□全粵・則一雨以救□□以及鹿步・又其眇小者耳・衆曰・吾儕小人・甯□域外・爲鹿步民知鹿步耳・望雨得雨・侯實甦我・將以片石當尸祝・惟子表之・聞蔡中郎爲郭有道碑曰・獨此無謏言愧色・今張侯□□然殊□□洋洋者在上・其敢不齋沐以勑及筆墨乎・侯名國維・字其四・金華之東陽人・壬戌會魁・其所命率衆祈禱・設法勸濟・爲巡檢郭清・福建莆田人・□□孔□・並存其名・以俟信史採焉・天啓六年歲次丙寅孟冬吉旦・

崔奇觀　字岷瀾・番禺人・萬曆癸丑進士・除山陰知縣・丁憂・服闋補金谿・革兌書之弊・爲邑人所稱・天啓初・擢御史・紅毛夷踞澎湖島・閩撫請令粵會勦・奇觀謂宜嚴禁接濟・不必紛紛召兵・廷議從之・復疏糾漳南道程再伊・員外郎馬明瑞・其彈劾不避多此類・時朝政日非・疆事大壞・奇觀疏陳羣臣不和・是以有敗北之虞・乞敕督撫道將諸臣和衷共濟・無蹈前愆・帝以爲切中時弊・嘉納之・旋卒・贈太常寺少卿・祀金谿名宦・郡鄉賢祠・

駁閩撫請粵會勦紅毛夷議

粵中瓊黎甫勦・連猺復叛・瘡痍未起・加以援遼・死亡相繼・十室九空・土賊如袁老八者不少・計廣州營兵不過四千・以守禦且不足・更調之于閩・一旦有警・恐無以爲應・況澳夷築城澳門・以備紅毛爲言・夷情叵測・尤不可不慮・至於制禦紅毛・亦無待濟師・紅毛舟廣三丈・其高倍之・上具樓櫓如雉堞・我舟高大不及彼五分之一・而欲與爭勝於稽天巨浸中・必無幸矣・火攻爲勝・然非識天時審機變者不能・惟嚴禁接濟・絕其薪米・不旬日必飢疲而走・此不戰之戰・不攻之攻・何必紛紛召兵乎・

李孫宸　字伯襄・香山人・萬曆癸丑進士・授庶吉士・歷官至禮部尚書・生平砥礪名節・三朝進講・剴切規陳・時有學行俱優之褒・卒於官・贈太子太保・諡文介・著有建霞樓集・阮志注未見・實存・

封信王册文

維天啓二年・歲次壬戌・九月甲午朔某日・皇帝制曰・

自古帝王之御天下．欲固盤維之重．必資藩輔之封．我朝謨烈不忘．親賢澤永．率由斯道．朕躬承天序．恪守前規．豈茲大猷．敢忘祇奉．咨爾第五弟睿名．性質温粹．器宇岐嶷．宜錫顯封．以篤友愛．茲特冊爾爲信王．錫之茅土．傳世無斁．於戲．親之欲貴．愛之欲富．朕實敦兄弟同氣之恩．大師維垣．大邦維屏．爾尚隆本支百世之助．德務少成．其若性學有緝熙於光明．庶幾永終譽命．以篤祜爾躬．垂光來裔．欽哉．

請修實政息煩言疏

臣聞國之所以盛衰理亂者關乎政．而政之所以疏壅導滯者藉乎言．是國之有言．原爲政事設也．顧治世以言酌政．其異同可否．總以共襄國事．則人主即可以詢言之虛懷．爲修政之實事．世降且借政滋言．故意氣互勝．而議論滋芬．虛議愈勝．而實效罔濟．則煩言與實政正相左．而修實政息煩言者．固帝王所以提挈綱維．而磨礪臣工者也．臣觀古帝王之世．六府修．三事治．實政罔不飭毖．然而無稽勿聽．弗詢勿庸．其所以懲戒煩言者．又如此其斷斷也．今天下時事亦孔亟矣．吏治日隳．困廩日竭．又遼左憂酋．粵憂黎．東南吳越憂遼侵．而將弱兵疲．室歎隅泣者．所在而是．天下之勢．如坐漏舟．而在事臣工．方且高議於廟廊之上．意見不已．寖起戈矛．門戶線索．動輒牽連．旁局閒曹．亦滋鼎沸．煩言之熾．未有已也．蓋始特緣于皇上之靜攝爲優游．而孰意其漸成情癖者如此也．始特緣於皇上以包荒爲含茹．而孰意其尋成排擊者如此也．及今猶爾泄泄乎．國事之壞．亦何日之有．故政欲以濟時艱．應修其實也．言欲以定國是．當息其煩也．而實政何以修．則吏治當覈．大僚當親．虎璫當撤．夫封疆之臣．職在韜鈐．錢穀之臣．職在出入．民社之臣．職在撫循．如其人職不習．豈其得情貌優容．資格遷轉．果其人與事宜．勢未可以旦夕見效．所宜破格獎借．徐竢成功．即加俸加銜．亦何妨于久任．無徒令其以游揚薦剡．傳舍待瓜期也．

夫九州之廣．萬幾之煩．一人精神．亦復何能周悉．所賴啓沃則有輔臣．翼贊則有卿貳耳．今三九大僚．曠缺不補．而一二輔弼．無緣一望清光．所爲格心論道．翼爲明德者何人乎．謂宜速下推補之牘．而名對面議之典．亦宜間一舉行．而無令其鬱忠讜之規．塡積壅隔爲釜鬵也．自言利事者．奸闇四遣．而市儈冗中飽之奸．小民負反裘之痛者．非一日矣．其所吮吸而乾沒者．視所輦致大內者．十不得一焉．而徒令優養生息之赤子．挺而走險．急而思亂也．謂宜亟爲撤還．而無令其假詔旨爲虎威．以民脂爲弱肉也．凡此皆所以修實政也．欲息煩言．則竊以爲留中當下．是非當明．勸懲當決．自奏牘不報以來．人臣窺探意旨者．若測陰晴．甚且疑有從中寢匿者．誠以一日精神．盡爲批發．題覆以付部院．票擬以付政府．而昔之射覆於九閽者．一旦暴白於中朝．而窺探可消也．夫朝陽之鳳．固欲其鳴．而陰雨之梟．亦惡其噪．奈何使忠愛之論．與庸違競奏．所宜於公車之牘．一一剖分．孰爲體國．孰爲營私．向所以調停資窟穴者．今且若黑白．辨忠邪．而品格可分也．

夫人臣畏言．則人主不得聞．固以塞而塞．人臣輕於言・則人主且厭聞・亦必至以通而爲塞・謂宜於忠讜之言・用其言隨顯其身・而致有懷害成之妬者・假風波爲掣肘・完破甑之局者・故賈罪以善終・所當破其邪奸・無令敗類・而言路之通者・可永通也・凡此皆所以息損害也・大抵物議之殺亂・多由時政之二三・故政壞于言・亦能滋言・皇上誠慨然修政也・煩言亦無不息矣・績効之日隳者・多由竅窾言之聚訟・故言襃於政・亦能惑政・皇上誠毅然息煩言也・實政亦無不修矣・第一轉刷間・而帝王之郅理可待焉・維皇上留神省覽・臣愚幸甚・天下幸甚・

璿璣玉衡以齊七政考

王者財成輔相・莫不欽天授時爲大・顧天時茫茫・何以定之・曰・以日月五星定之・日月五星者・天之政也・漢張衡曰・文曜麗乎天・其動者七・爲日月五星・惟其動也・故可因其運行攷其順逆遲疾・日窮於次・月窮於紀・星回于天・七政運于上而歲功成焉・昔之造曆者。推原混濛之初・日月如合璧・五星如連珠・自是運行以迄于今・竟不得復合・如合璧連珠者・何也・七政遲疾・參差不齊・故其復會也甚難・日之周天也以歲・月之周天也以月・太白辰星或先或後・亦以歲・則大凡也・熒惑之周以二歲・歲星以十二歲・鎮星則二十八歲・惟其運行參差不齊・故聖人亦不容不齊其不齊者以爲齊・璇璣玉衡者・聖人所以齊之之器也・制所從來尚矣・或謂起于伏羲・或謂作于帝嚳・或謂羲和舊器・世遠不可考・然在黃帝時・考定星曆・建立五官・顓頊之世・南正黎司天・北正黎司地・帝堯乃命羲和欽若昊天・敬授人

時・則前此窺天・豈盡無器・舜或即其舊而新之乎・中筩爲璇璣・外窺爲玉衡・其制法不可詳・而後世馬融王蕃謂即洛下閎所作渾儀之制・置天梁地平以定天體・爲四游儀以綴赤道・爲璣置望筩橫簫於游儀中・以窺七曜之行・而知其纏離之次・爲衡卽未必其盡符・而大制意不相遠也・三代夏有昆吾・商有巫賢甘石・周禮有馮相氏保章氏・其職代備・不聞器有更制・周秦之間・閏餘乖次・嗣是以後・遂失其傳・而於是始有所謂洛下閎之渾儀・耿壽昌鑄銅爲象・張衡鑄渾天儀・總叙星經・謂之靈憲・乃又別爲渾象・大約祖洛下閎耿壽昌之法・置諸密室・轉以漏水・唐李淳風梁令瓚又祖之・始與渾儀並用・他如王蕃陸績之爲儀及象・南陽孔定之爲銅儀・晁崇斛蘭之爲鐵儀・僧一行之覆古圖・王樸之歷晷・韓顯符之銅候儀・沈括蘇頌等之儀象浮漏・亦俱並極精巧・代各有人・人各有器・此豈樂於師心更制哉・

蓋其一時之制・未嘗不善・不更之法・故歲差之法・或百年・或數十年・今歷二百餘年不改・試驗往事・如正統十四年歷二至・晝夜至六十一刻・爲古曆所未有・正德九年八月朔・日食・十三年五月朔・日食・曆官所報分秒起復・數俱不合・此非獨天之不能盡如曆也・曆亦不能盡如天・亦不能盡如天之曆・而推不能盡如曆之天・奈何欲終株守之・宜及今未大差謬・延招四方通達天文精熟象緯之士・及疇人子弟・有諳曉本業善書算者・於冬至前詣觀象臺・晨昏晝夜・推測日影黃赤二道中星分秒・日計月書・直至來冬周年・以驗二十四氣七十二候・合晦朔弦望躔離之次・及昏旦中星之類・視元辛巳以來・究所錯謬・窮至秒忽・悉爲釐正・以授

人時・卽幸無舛・亦使司曆者通其意以無失其初・庶日之軌度旣的・而月與五星亦皆可按度而坐爲推算・卽古帝璣衡之用・不過是耳・

雖然・此特就曆家一事言之耳・若夫七曜之應・日爲陽精・月爲陰精・五星輔佐日月斡旋五氣・然天久而不能無差・則占候之法・亦久而不能不變也・何也・天動物也・其游移盈縮之度・常在秒忽之間・而人以一定之器求之・始雖其差甚微・而積之則秒忽者且成尋丈・故不容不更器以齊之也・自靖康之亂・儀象之器盡歸於金・元都燕・其初襲用金舊・而規環不協・難復施行・乃命許衡領其事・與郭守敬王恂率南北日官・分掌測驗・守敬首言・測驗之器・莫先儀表・以宋汴京所造渾儀・不與大都尺度相符・石表亦復欹側・乃盡堵其失而移置之・其創有簡儀・候極儀・仰儀・立運儀・及諸儀表・又作仰規覆矩圖・異方渾蓋圖・日出入永短圖・與上諸儀互相參攷・乃用二綫測日・與日相對・其下值時刻・則晝刻也・夜則以星定之・測七政出沒・皆有成法・此其比前代最爲精密・而我朝所頒大統曆・實因於此・夫以我聖祖之神聖・誠意諸臣之智慮・而不能舍勝國之遺規・則其法之善可知也・乃當其時・元統李德芳之議・已互爲異同・以其法之善・欲至於今株守無差・恐不可得也・

夫日月五星・雖參差不一・而其晦朔弦望・與夫遲留伏逆之際・總不出黃赤二道之交・夫自天地之中言之・出入地各三十六度者・天度也・一歲周天所行之路謂之黃道者・日道也・赤道分南北之中・黃道出入赤道之內外・赤道橫而黃道斜・斜長於橫・故黃道爲之增・赤道居中・黃道旁出・旁狹于中・故黃道爲之減・冬至則黃道在赤道之南・夏至在赤道之北・各二十四度者・黃道但隨日行爲游移・而赤道一定故也・月則不由黃道・亦不由赤道・又出入黃道內外間而有九行・青朱黑白各二・併黃道而九・黃赤相去至二十四度・而月距黃道不過六度・至於星・則如三垣二十八宿之類・凡附于天者皆爲經星・而獨五星爲緯・其行不由赤道・亦不由黃道・內外間其伏疾遲留各異・而緩急順逆因之・此則七政遲行之大概也・總之・必詳察與諸道麗天之度・然後可以窺日月五星之所由・窺日月五星之所由・然後可考其晦朔弦望遲留伏逆之差・然而月與五星之行・總以日之行爲推驗・故齊七政・猶莫先步日・步日莫先分野・在元郭守敬測景之所二十有七・東至高麗・西極滇池・南踰朱崖・北盡鐵勒・

考周禮・日至之景・尺有五寸・謂大地中・鄭元云・凡日晷之地・千里而差一寸・景尺有五者・南戴日下萬五千里也・宋元嘉中・使使往交州測影・計陽城去交州僅萬里・而影實差一尺八寸・是六百里而差一寸也・今燕都・禹貢冀州之域・爲箕尾分野・國初定鼎金陵・分野在斗・若執國初長短之度・而不計里道以定日影・則所差已多矣・故今首宜定分野以測影・八方之地・各有偏向・世所用指南針・或亦可推・隨地用之・正午偏午・驗其所指・而二十四向・俱隨以定・然後以道里之偏正遠近・而爲測影之尺寸・庶步日可無差也・古之治曆者無二百年・如六官分職而治・號令天下・至治之世・人事有常・則各守常度而行・如或君臣失職・政令錯謬・乖氣所感・則度逆多端・非復常理・易曰・天垂象・見吉凶・聖人象之・又曰・君子以恐懼修省・然則考七

政之順逆・以爲爕理銷弭之圖・固聖王所以修政立事・而欽若昊天・非特一星官曆師之事已也・作七政考・

原文

文何昉乎・昉于天地也・洛龜河馬・奇偶相含・赤文綠字・已洩其秘・伏羲氏則爲二畫・有何文字・而萬世文字之祖實肇始焉・謂聖人有意爲文章・是天地有意爲龜馬・故夫洛河之不能不龜馬也・龜馬之不能不圖書也・圖書之不能不爲二畫也・二畫之不能不爲文字祖也・天地無心也・聖人猶無心也・皆文明之氣運閟藏而不得不洩者也・夫文固非獨在人也・雲漢昭回・日星璀璨・烟霞舒卷・風霆震蕩・皆天文所暢也・山岳錯峙・江河流行・禽獸蕃衍・草木榮茂・皆地文所散也・人得之爲文・則囊括三才・追攝萬古・走法象於毫端・役精靈於紙上・大哉文乎・豈徒爲雕鏤繪藻之工已乎・

說者謂文章與世運俱關・吾嘗總往代而上下之・中天以還諸閏位・竊據短祚者不具論・其正統特著者・前有三代夏商周・後有三代漢唐宋・夏忠・商質・文至周斯盛・始姬公而終孔氏・貞元之秘盡抉矣・周後而秦・未幾而漢承之・遂以雄視唐宋・漢之西東二京・已不相逮・而更爲魏晉・爲六朝・爲唐・爲五代・爲宋・爲元・風斯漸靡・而文去古彌遠・今溯古者・謂虞夏之書渾渾爾・商書灝灝爾・周書噩噩爾・漢文典雅而味厚・唐文俊朗而氣弱・宋文直衍而近詰・元文豔冶而近佻・彼謂其關於世運・詎不信然・然而一文也・經之與史・不可同日道也・明道德・道政事・與夫披華振秀之章・不可同日道也・六經語孟之文・豈故侈空文以自見者・而千古之文士・卒未能有出其範圍・闖其閫奧・蓋其無意于文・文之極也・至如口擅雕龍・辨雄炙轂・翻利害於立談・競遊說以干澤・則有縱橫長短之文・力優三長・家承二正・遡今昔之世代・如在目前・拆灝汗之簡編・歸其手定・則有史傳紀傳之文・抒寫幽懷・極命品彙・合經緯以成文・列錦繡而爲質・則有離騷詞賦之文・觸景生情・因情遣韻・誦之而一唱三歎・聽之而玉振金聲・則有詩歌樂府之文・其他名目代繁・皆有所祖而變・體格遞降・皆有所襲而流・能令才人墨士・頓耗一生之精神・並爭千古之壇坫・文章至此・可謂絢錦・濫觴元黃之蘊・圖書之秘・亦旣洩而無復可加矣・

夫太羹元酒・固不能不爲雲罍犧尊也・茅茨土簋・固不能不爲明堂玉帶也・文章一道・開乎不得不開・洩乎不得不洩・極乎不得不極・今學士家高談慕古・輒謂唐宋以下・遂無文人・但取秦漢以前之書・篇摘其奇・句求其古・字儗其工・自謂追踪前人・陵轢晚季・就使其一一肖似・已爲叔敖之衣冠・況其貽譏畫虎者比比・三歲童子・嘔嘍欲唾而貌老人・幾何不發觀者一噱也・吾以爲論文者・自六經語孟以外・如周禮老莊列荀左國韓非離騷呂氏淮南班馬諸編・固詞林鼻祖・藝苑前茅・下如六朝之麗藻・以及唐宋以還・昌黎之起衰・柳州之稟法・廬陵之峻潔・眉山之宕逸・文士氿瀾今古・亦豈必盡爲弗廢・卽至于周程朱張之文・以之騁足詞林・不無却武・然而明切直指・以之明道傳經・世間亦何可少・師古者第採其菁華・發我藻思・玩其風致・陶我才情・

如探花釀蜜．蜜成無花．儗議既多．自成變化．如是則雖汎涉流覽．何忝名家．而必舍自有之天眞．貌他人之影似．無論尸祝秦漢．卽取材於三墳五典．八索九邱．亦效顰愈工．醜穢愈甚耳．

書云．詞尙體要．竊謂文且未論其工．宜且先論其體．體者非沿襲前人之謂．卽如人之身體也．天之賦厥形貌百千萬億．無一似焉．而皆不失其爲體．文人受才於天．則一人有一人之才藻．誠不必盡屬師心．亦何必不我作古．要能自具生活．無寄他人籬下．卽可號爲一家．而自成其體．則夫學不可不廣也．窶人子偶得一二波斯珊瑚．座上誇客．而位置之際．自露酸氣．及試登陶白之堂．雖未窺其藏．而意態自殊也．則醞蓄之異也．識不可不高也．登嶺而覽者．城郭都市．一目已收．環睹而臆鄰家之境．雖疲神竭慮而不可得也．則見地之異也．然所尤難而最先者．尤莫如養氣．何也．吾之氣與天地通者也．氣得其養．無所不周．無所不極．推而爲文．無所不包．囊三才而攝萬古．走法象而役精靈．惟所揮灑耳．不然者．醞蓄雖多．而氣不足以運用．見地雖高．而氣不足以暢發．亦幾何不爲疊案也捕影也、雖然．取材欲富．鑑別貴嚴．文自唐宋以及勝國．衰微不振極矣．我明日月重開．人文爲盛．草昧之初．尙沿舊習．宏正嘉隆之際．信陽北地歷下瑯琊諸子．亦旣彬彬嗣響．相與鼓吹休明．況以今日久道化成．培毓愈厚．豈無有鉅公哲匠．登舍筏之岸．而不詭前人之法．汎大海之廻瀾．而瞰峨眉之晴雪者乎．吾將執鞭弭以從之矣．

王明府膺獎序

南楚王侯之以名進士來令香山也．未三月．香山大治．邑人紳士父老若而人．慮侯以例當入覲．相率詣部台藩臬諸使者．陳所以不能一日離侯狀．然而諸使者先已交章旌異．侯其輾然於邑人所陳請可知也．一時大夫士庶爲文以頌．大率廉明惠愛．所以歸美我侯者甚備．然未嘗窺侯之細．而精言之也．尤未嘗識侯之大．而博言之也．某以學博諸君請．次當有言．敢明徵其詞．

夫吏之廉．猶女子之貞耳．豈女子可以貞特聞乎．語云．至察無徒．又云．小惠未遍．卽非所以語吾侯之明與惠．而要非可徒以明與惠徵侯也．諸君曰．然則子何以徵之．某曰．侯之貌如其衷也．侯之感人．人人喻於侯之衷也．曰．何徵侯之無奇也．曰．此予所以識侯之細．識侯之大也．吾觀夫今之釋褐而爲令者．無論其凡者也．卽所稱才諝幹立之賢．一旦綰咫尺之符．輒矯而振之曰，其伺我者萬耳目也．巧嘗我者萬心也．吾不可不別矜一體．貌不可不別一局．而不可不別設一議論．庶幾爲使人不可知者，以示之重．而於以伸無籠絡駕馭之權．噫．令親民者也．易曰．易知則有親．我不知民．不知於民．而民安親焉．

王侯之初下車也．某從士紳後奉顏色．而貌坦然．而氣灑然．而詞便便然．雖帶紳肅穆中．而一種高朗夷曠之韻．溢于眉宇．徹于肝脾．無不可披以相示．旣而接見諸弟子員．又旣而晨朝三老里賦長胥役．咸人人傾瀉盡其情．弟子肅禮于賓署．考德問業者罔斁．而靡敢以奔競嘗也．日午坐堂皇．胥役引兩造而次第讞之．後讞者旁立而覘．先讞者咸稍稍相引去．追詰之．則曰．不意我侯握秦鏡而泣禹車．吾儕小人．情實爾爾．敢復煩讞也．賦役不費徵比．第以羨耗悉除．而民自樂輸恐後也．邑故枕澳鏡．諸夷竦息相戒曰．吾比見一大人而還．各無以漢法爲嘗也．凡此豈侯緦緦而飾．人人而悅．務見所謂廉明惠愛也者．蓋侯之赤心白意．表裏洞然．第以一日爲令．則一日有爲令之體．而當一日實行其爲令之事．而其視邑之鄉紳人士．無非平居投分忘形之侶也．編戶童叟．無非其家之主伯亞旅也．人人知侯．亦人人爲侯可知．又何處可矜體貌．標局面．而設議論而示人以不可知耶．桃李不言．下自成蹊．澤上有風．則中孚自然之感受矣．香之未數月而大治也．部台之未數月而交騰剡薦也．侯之孚也．

竊嘗流覽人倫．提衡月旦．每見吾人生平建樹．往往可望氣而識．亦惟是窺一方．營一職．則沾沾塗飾．或支吾服辨耳．若事變所以劻勷．世運所以撐轉．定非可望之厚貌深中．伊優謹愿之輩．閒閱宋史．如寇萊公張忠定兩公．皆起縣令陟台鼎．史稱其俠豪慷慨．彼其能見能行．片言立決．談笑自如．伸縮不拘．卒能奏績澶淵．平定兩蜀．炳炳殊勛．爲宋臣罕儷．豈若夫卑陬齷齪塗人耳目者．今天下非無事之日也．劻勷事變．撐轉世運．非得如寇張二公者．何以爲聖天子宵旰之倚毘．則舍我侯其人者安歸乎．彼徒以尋常廉明惠愛徵侯者．是未窺我侯之細者也．以邑之治狀美侯者．是未識我侯之大者也．學博諸君曰．善．遂命墨卿．

從兄代叢六十一壽言

夫壽者．人情所同欲也．其修短之數．雖歲月之間．無不計也．而罕有計及．夫所以享是壽者．乃試以一日焉．焦勞困苦．情拂意乖．雖中智之人．未嘗不撫膺而嘆．謂如此有生之日．可不用也．時若有告之者曰．若肯減其有生之一日．以免此一日．無不爲也．然此焦勞困苦．情拂意乖．非特在于貧賤寒酸之輩．彼生理愈煩．營慮愈熾．居一望十．居十望百．爲予造化不亦難乎．于是其爲焦勞困苦．情拂意乖之日也愈多．而其謂可不用．如此有生之日．而願減有生之日．以免此日也亦愈甚．如是則即天所與我之日．我已不能享．又何待於茫茫不可知之造化計修短乎．則又安知世所稱壽考耆頤者．其所享之日．不與夭札者同歸乎．余非達生者．然賦習懶．頗自適其生．歸臥里門．每與親交族黨海客山癯相過從．輒談斯義．然聞而笑者十七．疑者十二三．其信而不疑者十不得一也．

乃若吾從兄代叢氏別號念梅先生者．其人則殆所謂焦勞困苦情拂意乖．達生而能享其生者乎．幼受經生業．旋厭去之．斂廬一區．在白蓮池上．彈琴絃歌以詠．先生之風．弟兄之同室者四．內外之子姪妯娌不下數十．友愛之風．溢于閭巷．其始也．用嗇而費省．歲入之所積．漸至腴饒．而兄不知也．油油然而已．既而諸子受室．食指漸繁．歲入稍無餘．而兄亦不知也．油油然而已．四子二列青衿．試多高等．而兄色不爲喜．既而數困棘闈．兄亦無慍色也．油油然而已．其于人直衷快口．事遇輒發．賢者奉爲師保．不肖者

或反唇而相稽・而兄亦總忘之也・油油然而已・

今六十開秩・鬚髯白矣・而色如嬰孺・每食猶盡脫粟三盌・吾輩服單夾寒衣一・而兄試浴于河・嘗信宿予樓中・談竟兩夜不寐・如是則知夫能不爲焦勞困苦情拂意乖之人・非享其生・且能固其生・何也・心不役故清・意以不勞故靜・爰清爰靜・遊夫神庭・神之庭・則所謂元化之門・是爲天地根者也・漆園氏有言・大塊勞我以生・逸我以老・夫必待老而後逸・則龍鍾傴僂之日・奄奄餘息・將安用之・且其不能勞而無可奈何者・髮短心長・要亦未嘗逸也・惟夫得道之人・主持造化・獨立性命・造化勞我而我固逸・造化逸我而我非老・故其所偏役于人者・而我若巧而遁焉・其所靳于人者・而我若早而擅焉・是謂立於陰陽冶鑄之外・古之上眞仙子所以不爲四大所刼者・要不外此・吾兄氏之所享・又寧可以歲月計算乎哉・今夏四月十五・屆當攬揆之辰・其子謀之社中人・稱詩繪圖爲壽・而謂不佞知兄最眞・故俾引其端若此・

臨雲集序

伍子之以詩文與予相質也・於今蓋三變云・伍子宿世頌法華千億遍・故舌本吐出・盡作蓮花・甫離舞象時・輒奇情艷發・逸藻橫飛・間爲長歌大篇・刺繡擷采・雲霞爛而金石宣・能令王駱采蓮帝京疇昔諸篇掩映無色也・何物可兒・將無才多之患乎・弱冠以後・於三墳二酉四部九流以及百家諸子之書・罔不博涉旁通・而於考工周禮二編・尤所欣賞得力・輒自悔其少作・欲盡秦漢以前諸家・而極其規擬之力・不使復辨牀頭捉刀人・興象所寄・直如桃源中人・不知有漢也・時所結撰・則務爲高古詼奇・文自典午・詩自中晚以下・夷然不屑也・中如贈予上春官一序及諸體詩・至今讀之・有不揮白日而倒黃河・挾風雨而超忽荒者耶・比予自中秘請乞還山・伍子與予相過・酬和無虛日・時則欲釋膠解縛・化嚴峻而入率易・離矜重而就輕揚・每意興所到・信口信腕・滿楮淋漓・不知爲秦漢・不知爲魏晉・亦不知爲唐宋勝國・無不可供其擬議・資其游戲也・

辛酉領解額・上公車・往返於燕齊魯衞之墟・博海內之奇游・友海內之奇士・以暢其嶔崎歷落眺覽憑吊之思・而予亦再自宮寮奉使・假道休沐・則伍子之臨雲集出矣・予故嘗語伍子・勝國以前・詩文之道・與代俱降・而詩文尙在・昭代能卑今撫古・而詩文亡矣・優孟之爲孫叔敖也・無救於叔敖之死・而並活活死一優孟也・伍子則謂予・此物有神兼有候・吾子無輕饒舌・乃今縱觀臨雲之業・無體不厚・無氣不沈・無骨不古・無力不勁・無格不高・無調不雋・而冲然泊然・絕無體氣骨力格調之可尋・蓋能爲秦漢也者・故不爲秦漢也・能不爲中晚不爲宋元也者・故不必爲中晚不必爲宋元也・蘇長公自評其爲文・所可知者・常行於所當行・常止於不可不止・如是而已矣・其他雖吾亦不能知也・而莊生之論解牛也・曰・善刀而藏之・爲之四顧・爲之躕躇滿意・伍子年未逾彊仕・膂力方剛・擬議以成其變化・過此以往・未之或知・吾又安能知伍子乎哉・聊弁其首・以俟異日・前史官李孫宸序・

何似公尺一樓詩選序

李孫宸

何子似公與余居同里．往偕里中二三子爲文虹社也．業稱詩．無慮數萬言．見者罔不瞿然賞．然何子固不自信．以質不佞．亦不能爲何子釋疑也．去年夏．不佞休沐還里．何子稱詩益富．不佞讀之．亦每瞿然賞．而何子獨不能不自疑．卽余亦猶未敢决何子以信也．昨仲冬過余建霞樓論詩．出一編授予曰．此皆成于乙卯罷戰後者．恍若于此道有所窺．因删其十之七八．存其二三．以就正于子．而轉皇皇懼也．何也．予向之于詩．率吾才氣之所到而已．篇成且不暇自顧工拙．寧問合離．玆稍擬議之矣．擬議之而或轉遠．毋寧適越而面冥山．予滋用懼．予受以卒業．則歎何子之深於詩也．

夫五字破心．枯髯幾斷．古之言詩．非才之難也．才而禦以格難．非氣之難也．而諧于調難．何子以才太高．氣太横．格不足以禦．而多騁而溢於調之外．故合而不能無離．而不免於武庫之利鈍．今子乃鍊格以運才．諧調以完氣．故策其上駟．足以馳驟前哲．卽就下駟．亦罔不自成矩矱．固未知於見者其欣賞視昔年何如．而子所可自信．當不越此也．且子亦知子詩之大較乎．凡子之詩．第以他人炫才逞氣者賞之．其成于罷戰以後者．未必盡賢于乙卯前之所作．則計罷戰後之所删去者．亦寧必其盡不賢于此之所存．而吾因子疑以决子信者．正因子之能剖以决子之能鑒．盖寧誤失上驤．毋寧誤收一泛駕．寧錯棄瓊玖．毋寧混累一珷玞．此寧易爲俗人道也．雖然．擬議久而變化成．格傳于才．而調和于氣．而奔逸絕塵而夜發光怪．惟所驅駕韞吐耳．其斯爲天下之馬．連城之璧．固子所旦暮優入者．子其持此以爲前茅．以修吾社事也．

七廣八首

元穆主人深居簡出．遁采閟形．觀止于虛室．息踵于黃庭．于是曙幾子被袪服．躡文系綦．駟玉虬．乘彩鸞．奔騰荒忽．廻絕埃壒．至于元穆主人之所居．其居也．左岡右岑．結構淸陰．友遊鹿．侶鳴禽．孑孑焉．嶢嶢焉．若將隘宇宙而遺古今．曙幾子順風而前．進之言曰．竊聞至人神變化于蟄龍．君子師屈信于尺蠖．故卷舒與時而偕行．聲名霅煜于寥廓．今主人閉關息景．踽踽獨行．違天時之軌則．棄人事之常經．是將蒙照膽而不鑑．匣干將而不硎．亦何異於頑鈍而顧．冀有成也．今將爲主人極生人之適．窮世法之娛．原情本性．摭實蹈虛．移匏瓜而不繫．解疏屬而釋拘．主人寧無意乎．元穆主人曰．吾聞大鈞鑄物．厥受維均．形氣出入．播盪無垠．靡完非靜．靡耗非勤．事搖我精．物役我神．予將慕昔人之所志．守遵養之所珍．子遠萃惠誨．欲改予之初服．固未敢以聞命也．聊試言子之所欲．曙幾子曰．將以化日之野．樂國之都．作中天之雙闕．敞九華之靈居．磬泰右之名梓．殫隴川之嘉櫚．乃運斤于匠石．亦繩削于公輸．於是倚浮雲而危構．聳剛風而兀峙．鑄黃金以爲梁．雕紫玉以成㞎．丹碧耀而輝煌．光華映而翕艶．廣閣層樓．曲房連軒．高低冥迷．東西瞀眩．囷囷盤盤．莫知其端．飛甍接題．交疏迴欄．鶱雀下喙．盈鵶高蹲．使人郵焉怳焉。恢詭譎怪。而莫知其所攀。而又環以百仞之危壁。表以萬雉之崇墉。翠觀黛青。丹梯霧蒙。流蘇搖綵。懸鈴含風。珠簾透旭。複道縈虹。甲乙疊帳。不可殫窮。秘閣冬煖。熅朱陽兮。奧室夏寒。含青霜兮。沉香爲戶。文杏枋兮。錯雜五緯。眩三光兮。乃躡飛檑。御廣堂兮。此亦極土木之壯麗者也。主人豈有意乎。元穆主人曰。予方凝神淵默。未暇遊處。無所事此也。

曙幾子曰。堇破流錫。耶涸出銅。精靈旣洩。金錢交鎔。爰監觀乎太乙。亦鼓鑄於雷公。爾乃疑鬼疑神。陽紋陰理。淬以清波。欽以越砥。其飾則犀文環表。魚腸繞屈。珩之越金。錯之荆玉。芳華豔發。沉沉若芙蓉之吐芳。文彩閃爍。燦燦若列星之垂芒。巍巍翼翼。若水之溢塘。側而視之也。又渙渙如冰將釋。見日之光。於是陸斷虎兕。水截蛟犀。說趙而雷霆可震。麾晉而士卒頓迷。至若武庫火而上飛。豐獄埋而光射。王子墓發而龍鳴。越女道逢于猿化。則又皆通造化之英靈。豈徒以供匹夫之揮叱。此亦佩服之珍奇絕世者也。主人豈有意乎。元穆主人曰。吾有利器。善而藏人。誠無所用此也。

曙幾子曰。維椅桐之孤幹。托嶧陽之高岡。毓醇悴于二儀。吸休和於三光。表十尋而無枉。聳脩條而凌霜。其根柢鬱結。則隱嶙盤紆。崔巒凄迷。玉山巇嶫。瑤巘崥嵭。上當風谷。下激湍溪。崇蘭冒其東。沙棠值其西。隻鸞棲其陰。雙鳳集其巔。猿猺晨號。鼯鼠夕啼。爰詠涓子。乃斲孫枝。費承風之巧運。攄至人之妙思。剪陽阿以鎪鏤。削陰莖而劂剞。沮以再刖之玉。紘以九寡之絲。於是中郎擊節而欣賞。伯牙按袖而操徽。歌掩抑於張女。奏淒淸於楚妃。音諧節亮。手遽情怡。若乃暑炎漸消。涼颷乍起。嘉木垂陰。良友畢至。傳廣陵之絕散。操南薰之妙理。又若火星西見。寒夜肅清。悵懷人之不寐。浥冷露于前庭。離鸞欲撫而中絕。別鶴未奏而先零。斯時也。駟馬仰秣。元鶴鳴翔。冷音飛雪。高韻遏梁。猗猗愔愔。峨峨湯湯。此眞可以感盪心志而陶寫幽情。亦聲音之至妙也。主人豈有意乎。元穆主人曰。吾方理太音之希聲。未暇辨此也。

曙幾子曰。太澤平原。極望千里。山川叢薄。逶迤迢遞。紆盤茀鬱。崇隆崋崒。陂池交錯。日月虧蔽。爾乃秣逐景之馬。駕飛軒之輿。左夏氏之繁弱。右鼎湖之龍騣。鼓巖鑣以縱獠。彌江河以爲陸。于是車轟雷殷。冥火天薄。飛走交馳。牙距並角。皚皚劍戟。茸茸罥索。貔豹足捆。熊熊手搏。赤流赭崖。窮巖搜壑。捷技之禽。逸才之獸。莫不應弦仰涕。蹈機自縛。數實呈功。賞金賜帛。羞炰俎臚。以供賓客。奉觴飛觥。爭雄六博。此眞校獵之至樂也。主人豈有意乎。元穆主人曰。吾聞驅騁田獵。令人心發狂。誠無所願此也。

曙幾子曰。爰燕趙之才女。丁二八之芳年。含陰陽之渥飾。被華藻之便娟。黛却描而自巧。臉欲舒而先嫣。幾呈妍而進御。復申禮而遷延。其初至也。怳若芙蕖出水映朝陽。其少進也。若春烟濯濯輕拂垂揚。驚魂未定。姿態橫出。素質艷光。奇葩麗逸。或采桑於南陌。或解佩於江濱。或夢托高唐。暮雲歸峽。或神過洛浦。羅袜生塵。爾乃振寶釵之金爵。約皓腕之珠還。交明璫於玉體。間珊瑚以木難。曳露縠兮何飃颻．雜輕裾兮隨風還．於是按短拍．拂雲和．發皓齒．揚清歌．歌曰．幅幅羅衫稱體欹．風梢花前不自持．懷所歡兮來何遲．懼遲暮兮華色衰．委敝軀兮長相依．於是絲竹並作．盃斝交橫．醉酣雜坐．卸袂舒纓．更闌客散．蘭燭微明．倦客不任．欹體相凭．復歌曰．今夕何夕兮皎月光．今夕何夕兮．執子手於蘭房．含情欲訴兮．嬌羞自止．心幾頑而不絕兮．得知吾子．此眞可謂窮極妖冶而挑蕩懷思者也．主人豈有意乎．元穆主人曰．吾聞皓齒蛾眉．伐性之斧．誠無所願此也．

曙幾子曰．既厭寰中之賞．爰尋物外之盟．言渡九瀛之津．遂駕飈輪之鈴．控青牛以爲御．驂白鹿以爲衡．睇明霞而極目．逕稅駕于玉京．爾其丹鼎煉成白日飛．幢幡翠蓋翳相隨．馴服蒼龍擾蚴蟉．齊繫文鼉吹雲篪．縫闕中天開九閶．金銀爲閣璿爲題．乘雪遊霧任吾之．千秋萬歲安有期．爾乃左拍洪崖之肩．右挹赤松之袖．伏西櫺以謁帝．集東廂而朝后．於是攝剛風而容與．乘倒景以夷猶．掇三花於危嶠．采五芝於清流．既向蓬萊問清淺．復淩弱水絕沉浮．乃有湘娥鼓瑟．王子吹笙．琅璈奏而遏響．鸞嘯舒而遺音．蟠桃既薦．朱李亦陳．使玉女奉觴上壽．金童舞袖而爲之歌．歌曰．白雲在天兮露氣微．山陵逶迤兮下界違．紅塵茫茫兮安與歸．快哉仙靈之音．向彼冷風之斷之也．此亦遊仙之至適．主人能從我乎．元穆主人神情有異．曰．聽子之言．清冷逼人．直使我心志欲絕．第恐大藥難成．河清不俟．竊願子之更端而更有進也．

曙幾子曰．有制世之大人．陶禮淑樂．秉義膺仁．覩顯承於謨烈．法動靜於乾坤．既風行而雷厲．亦涵海而育春．貨利罷秋毫之搉．絲綸藹冬日之温．蒐隱鱗於草澤．廣振鷺於朝紳．繼明良之喜起．亮天載以同寅．承華進講．朝御時親．王假有廟．孝享如臨．無墜不舉．無敝不新．此自靜後之天心．妙不測于鬼神．故滑稽者流．漫儗于齊庭之鳥．飛冲天而鳴驚人．奈何主人之汶汶湮湮．終槁滅而沉淪．元穆主人悚然易容．洒然會心．不自知其席之前曰．久矣乎．予守熒燭於奥窔．未仰天庭睹日光也．夫寶訟解于毀璧．齊病痊于登床．向子誘我以聲色遊處．神怪荒唐．徒情意之惚恍．非中心之所當．今聞大人制世．綏猷振綱．化握鈞陶．穆穆皇皇．我固惘焉若忘．願反初服從子而往．

林枝橋　字陽仲．新會人．萬曆丙辰進士．知當塗縣．內擢禮部主事．歷吏部郎中．以忤魏璫．與李邦華周宗建周順昌同日奪職．崇禎初起原官．仕至貴州按察使．以憂歸．著有白鶴山房集．阮志注未見．

送陳學博晉南國子學錄序

國家養士．其法甚備．士人用世．其術患疏．非疏也．以或非其所備者也．世之所謂治天下之具．不曰政刑禮樂．則曰兵農錢穀．以及米鹽淩雜之務．有一出於周官範圍之外者乎．陸倕薦沈峻於徐僕射曰．周官一書．實爲羣經源本．以峻之特精周官而用之．使掌五經博士．五經博士故國子官也．國子助流聲教之助．而以淹熟周官之峻官之．意可識矣．公儀休魯之名相．其所爲拔葵祛織之類．人未及數．而止誦之曰．百官自正．則非以其常爲魯博士故耶．公儀以前・周公制作尙簡・暨一啖於秦・而治周官者爭舊迭出・賈誼公孫宏韋賢桓榮之徒・各以其家法教授・一時稱人主意・嘉美褒擢・我太祖定鼎金陵・首建辟雍・廣前代所未備・更設學錄・錄五經同異之說而參考之・巨哉一王之典・盖欲大小臣工明於似周官治天下之道・于時名臣輩出・如胡謝・如沈孫若而人・肩聯武踵・勳業爛焉・皆起家國子者也・

博士陳君・歲壬子・以弱冠冠浙榜・署教諭於吾新會者八載・上公車者兩試・茲且以經術升聞・特擢南國子學錄也・君憮然稍不自得・愚謂不然・君皐比坐紫水上・凡所以鑪冶諸生一切・與命訓常訓程典文傳諸篇・冥符脗合・安知無有深知博士淹熟周官・見之設施展布・而舉朝薦之者・不然・此席故未便輕與人也・頃上亟俞輔臣之請・元儲建矣・道隆齒胄・君此行且舉周公抗世子之法・以淑元良・貞萬國・即魯相公儀何足爲博士難者・而寧僅僅掇拾周官之緒餘・隨時建白・如賈誼公孫宏諸人云爾哉・

黃聖年　字逄永・順德人・維貴子・萬曆戊午舉人・官當陽教諭・以足疾歸・好學能文・尤工書法・著有薜荔齋詩集・

薜荔賦有序

離騷芳草・皆服御恒珍・爾雅或佚・世儒紛如・王逸陋夫・乃以薜荔爲木蓮・至今惑之・神農錄絡石以槩忍冬・桐君述忍冬而遺薜荔・騷雅兼貫・存乎其人・予既以薜荔名齋・雖乏賦才・不容無述・遂疏之云爾・

若夫美人喻君・芳草比德・翳予躬之非劣・敢求奢乎古則・擥衆芳之總雜・竊獨懷此嘉質・彼胡繩之纚纚兮・雖致用而弗倫・若女蘿之夭矯兮・亦纏綿而匪珍・豈如搖青簇霧・曳紫臨雲・比緌組以繁麗・引叢翠而璘璘・擢翹枝兮顯脫・挺脩蕊兮英敷・花既駢而偶處・葉必兩以承跗・爾其丰容散朗・香韻蕭踈・如澹而馥・類野而嫮・朝榮既披・夕芳俄舒・儷玉昆而金友・如弟穉而兄扶・韡韡無殊乎棣蕚・黃白載詠夫裳荂・遂使芙蕖慙其麗則・女節遜彼淸腴・

乃若東都故苑・南國名園・春晝冥而帳殿空・粉牆欹而烟靡繁・花無人而迸發・蔭有木而相存・落藻井之千葉・胃碧瓦之雙鴛・亦有丹邱拾秀・星壇植琪・瑤艸既萎・玉梁遂飛・翠迷九眞之館・香散五銖之衣・辨金銀於縹緲・悵黃鵠之差池・

又若柰苑經行・祇林正定・卉沒膝以結跏・樹纏軀而未醒・簷蔔謝幽・鉢曇讓淨・來天女以墮花・拈微芬而證性・迨夫窮厓古驛・絕徼長亭・野蕨共棄・荒葛同縈・絓征衫於風蔓・綴宿雨於流螢・感駪駪兮原隰・傷勞勞之羈情・聞徙倚乎空桑之社・或旁皇乎越祝之鄉・怪鵋嘯乎叢薄・青火出于陰房・泬寥兮歎靈氛之不食・蔽虧兮倏芳菲之滿堂・爰經蒿壟・睠彼纍纍・蒙曲池而晻藹・壓華表以摧頹・悲永夜之無覺・睹幽花之長開・

至若觸往畸人・慕古高寄・空口無徒・初服自娟・石瀨砰砿・巖扉蓊翳・露浥蕊以侵蘭・風含薌而施桂・朝既夕兮景光徂・月復歲兮芳華繼・搴杜若兮有思・登木蘭兮延企・於是攷桐君之遐編・集靈均之微義・絡石表奇・忍冬比類・

既集菀以芬薑・復存枯而充餌・功比石以能生・德在醪而善醉・

其或氣盈志紺・營魄佛聿・七鑿中攻・六淫外譌・觳飛爲蠱・是生濕淋・又或元嬰告羸・黃房失職・仰龍蹻以遭如・悵西夕之寖逼・則莫不授劑于餐英・引年于築鬱・珍釋攖寧・填虛利形・駐朱顏兮變白・遂奔口於高齡・物有微而居要・道有間而致精・青黏相綆・旱藕徒矜・更奚羨夫羅浮之朱艸・而騁望乎滄洲之金莖・亶美備其若此・宜潔志於騷經・雖彙萬物而舉一・既名實之足徵・矢佩服其勿渝・達微尚於斯盟・

袁崇煥 字元素・東莞人・萬曆己未進士・由兵部主事歷寧前道・時遼左發難・廣寧師潰・崇煥奮不顧身・毅然守甲・以守禦功高・尋擢川撫・晉大司馬・授以專閫・明史稱・清師伐明・明之邊臣無敢議戰議守・議戰守者自崇煥始・誠實錄也・會靳毛文龍・旋遭讒搆・天下寃之・所著元素遺稿・阮志著未見・

擢僉事監軍奏方畧疏

兵部職方司主事袁崇煥・爲俯荷聖主殊恩・願竭小臣綿力・謹列切急事宜・以圖報稱事・臣仍下秩也・兩年作令・即拔之匾屬・分以逾崖矣・允寺臣之請・擬職銜監軍・此前臣未有之知遇・萃臣一身・臣不竭犬馬之力・不但非臣・且不得爲人矣・臣原以兵部主事・即日辭朝出關・不敢妄有所覬・苟能集事・何取於官・誓不以身蒙速進之耻・趁今光陰一刻可當千金・遲一日悞一日之封疆・早一日修一日之戰守・但事雖遙度・勢不預圖・惟偕視行邊二尚書・商度戰守事・事到處處親躬・必不令半步闖入榆關・是所急務・容臣陸續上請・惟器械待用甚急・或僱騾車・立刻發去・置屯立營堡諸料・如木竹蘆蓆桄楷鍫鋤・到部即必用者・但關上無餘物・不得不借討於別地・如竹木莫多於天津・應動何項錢糧・及何人可差委收買・搬運付去・若兵則見在浙兵新到者・及汰練逃囘之舊兵・自足以固守山海・若遠圖恢復・非銳卒勢必不可用・廣兵陳九德所帶來水兵二千・聞其在道秋毫無犯・節制可觀也・蒙部覆催至山海・令臣監練・防守南海口北城急着・但恐赴登萊・費其道路之往還・本部宜差一人前往催督・然防則必須船・又當及時早計・須照廣船模樣・方可以禦銃砲・彼中自有匠人帶來・當於天津打造・俟兵到日・先發至山海・爲目下急防・船成之日・方發南海守泊防禦・敵人儻以舟師來攻・臣督此二千之卒・殲之海上有餘也・

惟廣之步兵・勇捷善戰・又不可少・臣籍已屬西江・臣叔平樂府推官袁玉佩・見卽來京・令其罄將所結納之死士・盡數帶來・並臣結納之武舉謝尚政洪安瀾湛濯之・俟廟中出・原任典史洪錫朋毛胤昌・把總許應國・布衣張時傑羅大灼・俱能以勇謀智力・或調兵・或招新・共成六千・臣叔監之前來・將知兵・兵知將・一脈貫串・生死不離・不必如部議另諉一道臣府佐以滋擾也・然安家行糧衣甲器械・每人非二十餘兩不可・部謂量給行糧升斗・安足以致豪傑・但十餘萬之費・應用何項錢糧・明白開造・以便計發・至廣西之狼兵・雄於天下・衝鋒陷陣・恬不畏死・須於田州調二千・泗

城州調二千・龍英州調二千・狼兵例無安家衣甲・止有行糧・每名六兩可到京・亦應動何項錢糧・令士官選揀精銳・親自押來赴戰・

現任薊鎮督糧推官林翔鳳・臣之至戚・慷慨知兵・且善武藝・與諸士官吏契甚厚・可假一□職往催調・本官現駐玉田縣・臣過玉田時・與語甚悉・如廣兵之逃而囂也・臣與臣叔任其咎・士兵之逃而囂也・翔鳳任其咎・其招之練之・督之而戰・始終臣與臣叔及林翔鳳三人・蓋文臣而躬武將之事・託命於衆兵・圖之必力者・况臣叔官粤・林翔鳳官屯・俱以廉節見稱焉・敢孟浪作事・他日疆埸得力・如在朝鮮播州時・必此兩路之兵・器械之整齊・隊伍之分明也・他日戰之不力・卽斬臣於行軍之前・以爲輕士者戒・伏乞皇上勅下部再覆・立賜施行・以不躭時日・此東事最急第一着・臣所以報皇上知遇・焉敢留而不竭肝胆・如聽臣之言・行臣之忠・臣必効力以舒人神之憤・不但鞏固山海・卽已失之封疆・行將復之・謀定而戰・臣有微長也・

乞終制第一疏

甯前等處兵備管屯田馬政山東布政使司右參政兼按察司僉事今丁憂袁崇煥・爲君恩當報・子道難虧・伏乞聖明・俯容守制・以重彝倫・以崇孝治事・該臣以寧前道於前月二十二日接家報・臣父袁子鵬・於七月初五日・以疾歿於里門・當卽申報督撫・隨蒙撫院批允印交關內道副使劉詔署掌・臣卽移會戶部管餉員外唐登儁・及關內道・又牌行各廳陸運同知毛宗蓑等・查有本道經批不明錢糧・可乘道在任查明・隨經員外唐登儁等回稱・並無不明錢糧・各廳俱有甘結・隨卽粘連印結・申報各督撫餉關衙門・奉閣撫批允離任・已於本月初二日長行・比至豐潤・接邸報・該總督薊遼吳用光題・爲前衝缺道・藩籬頓虛・懇乞聖明・就近允補・以濟急需事・奉聖旨・東事方殷・寧前重地・袁崇煥不准守制・着照舊供職・該部知道・竊謂臣小臣也・以知縣而擢用・則皇上特旨之所留也・山右道公錯而被糾・則皇上特旨之所寬也・茲奪情又蒙特旨矣・從來外吏所無之殊遇・萃臣一身・臣卽捐軀・何足云報・尙有可愛惜之髮膚乎・

惟是奔喪報本・萬世不刊之典・故丁憂爲守制・蓋制之所定・而不可踰易也・先王以孝治天下・孝之爲言敎也・又考也・敎天下以孝而治成也・我皇上德隆虞舜・化比成周・正以孝道政治・三年之愛・一本之恩・度越前代・奚獨以邊徼小臣・限之以守制之情・貽之以終天之恨・固將爲封疆計也・然臣已在關上四年矣・熱心自許・力阻時違・毫無建立・雖皇上不以爲罪・臣心則以爲慚・卽無憂當去・况大故相推・哀毀之過・神情忡悼・方寸無主・安足以再辨・宜骨立形消・卽拜起俱倩人扶・此畿東府縣官所見者・安能馳驅戎馬如前日・蓋勢無可留・而臣之情不容已・又力不可支・徒棄禮廢法・以速罪戾・此臣義之所不敢出也・若夫家變突遭・臣一刻難安・而縮地無術・一己之私・又不敢控之皇上者也・伏乞皇上察臣烏鳥至情・容臣回籍終制・臣儻不從先臣地下・過此有生之年・皆皇上犬馬之日也・臣外吏也・例該呈撫院代題・但臣已繳過印勅・趨程在近・爲此具本・

差家人袁相恩具奏．臣無任哀懼迫切之至．

乞守制第二疏

臣於本月十二日奏．爲君恩當報．子道難虧．伏乞皇明．俯容守制．以重彝倫．以崇孝治事．奉聖旨．邊疆重任．袁崇煥着遵前旨．照舊供職．不必再陳．該部知道．欽此．竊惟臣何官也．而再辱皇上之明命．將趨蹌捐糜之不暇．何敢再陳．但守制大典．至大典之不克遂．則曰奪情．夫情而奪之．事爲拂經．心爲殘忍．殘忍拂經．尚何顏以托於將吏之上．軍中少長有禮．吉凶以時．臣先爲不律之身．執何紀以律兵士．而天理良心．寸衷有赧．臣亦欲奪情．而情之不可奪者．已煎灼於臣之肺腑矣．況臣絕裾以出．臣父母再見無期．舐犢之思．憂鬱而歿．臣父之死因臣．而臣之身不還之於父．今其九原貽痛．仍是望子之魂．一夫足關天地之和．是父是子．遂不足動皇上之惻隱乎．若從封疆起見．代臣者壯心偉畧．過臣數倍．閣督撫之爲封疆計．當不後於皇上．若敵情之急．臣必衰服臨戎．自不能去．焉用皇上之督促．憶廣寧初潰之日．皇上何嘗督促．而臣自匹馬遄行．身既在朝．爲臣死忠．業已蒙皇上之許可．今終天之恨．爲子死孝．獨不蒙皇上之矜憐．如使臣還任而可補也．臣亦何惜裂此之身之檢．以爲皇上驅馳．但聞訃至今．淚血已枯．氣息將盡．即勉强撐離魂之殼以回車．終必哀毀憂思而待盡．皇上留一死臣以在邊用而不得用．何如放一生臣以還里不用而後日仍用之．此臣極悲極苦瀝血而再控之皇上者也．臣豈不知身位微薄．不宜再瀆天聽．然悲從中來．遂已冒皇上之斧鉞矣．伏乞皇上孝思遐布．恩恤臣私．容臣回籍守制．用其身而且燭其隱．天下將仰明主之能曲體臣私．應馬骨以來者．不期而至矣．臣再冒天威．不勝悚懼隕越之至．

乞給假治喪第三疏

爲仰遵明旨．給假奔喪．懇乞俯察臣心．曲全孝道事．該臣於本月十七日奏前事．奉聖旨．袁崇煥身任疆埸．本朝原有起復故事．如何堅求守制．顯是避難推諉．姑不究．還着遵旨行．不必再來瀆擾．該部知道．欽此．除臣力疾設香案望闕叩頭謝恩外．竊念皇上刻意求治．簡賢擇能．凡叨任使之榮．俱慶風雲之遇．尚有沈抑下寮欲効犬馬而不可得者．臣三奉明綸．委任愈切．若不當去而去．與當留而不留．臣無論負明主．且昧本心．將狗彘不食臣餘矣．但奔喪爲守制．不奔喪爲奪情．制定於天．安可以人亂．猶情根於性．豈得以事移．亂制拂情．必無法之地．與無人之野．而後可容．臣待罪監司．詰戎有責．顧亂制拂情．何官之能做．語曰．求忠臣於孝子之門．臣今守制奔喪．猶天啓二年之策馬出塞也．彼時臣敢以父子之私．而緩視疆埸之急．皇上將禁之不令往乎．今敵情稍緩．屯種有方．臣得以離任之日値玆大變．又無容臣不離任之時奪情．往或有之．然皆苟且功名．甘蒙清議．臣素知大義．忍逆天常．此制之萬無可留者也．若臣之情愈苦矣．

臣自萬曆四十六年以公車出．幸叨一第．即授令之閩．離家今七年．七年中．臣之嫡兄崇燦喪矣．嫡叔不騰喪矣．堂兄生員崇茂育於臣父爲猶子者．今亦喪矣．諸喪暴露．各有家口・俱待食於臣父・臣父非有厚產・不過終歲拮据・今臣父已矣・止一幼弟崇煜・少不諳事・諸一切生待養而死待葬者・俱靠臣一人・臣自爲令・至今未嘗餘一錢以負陛下・昨聞訃之日・諸臣憐臣之不能爲行李・自閣撫以下俱釀金爲賻・臣接而受之・束裝遄歸・以襄臣父大事・此外如臣叔臣兄・死爲之葬・生爲之安・臣養不及臣父・猶不致貽臣父含痛九原・此臣明發血心・又甚於不可已之制者也・披瀝再陳・未蒙俞允・自維封疆小吏・力薄誠微・生殺去留・惟皇上所命・皇上綱常名敎主・尊皇上卽所以重倫常・此臣所以不敢再求終喪而轉求給假者・蓋情之萬萬不獲已者也・伏望皇上孝治天下・仁及南荒・下部議覆・姑准臣給假回籍・臣鄉九千里・百日可到・往還二百日・又以百日襄臣父窀穸之事・並經紀叔兄暴露未葬之三喪・凍餒無依之八口・臣卽策馬前來・計此時皇上天威廓清邊塞・而經營疆理・尚自需人・臣更不敢圖官爵・舉家屯種・可佐軍儲・此臣狗馬之心・矢之天日者也・如皇上封疆念重・不容臣守制・又不容臣給假・臣再敢有詞哉・惟抱臣父之靈於通州・泣涕以死・與先魂相依於地下・皇上卽責臣負恩・臣知罪矣・爲此具奏・臣三冒天威・不勝死罪之至・

遵旨回任兼陳時事疏

爲直剖終喪之苦心・乞示奪情之變體・以明臣節事・該臣奏爲仰遵明旨・給假奔喪・懇乞俯察臣心・曲全孝道事・奉旨・袁崇煥不以君命爲重・連奏瀆擾・還著遵旨供職・不准給假・該部知道・欽此・除臣於通州驛舍恭設香案・望闕叩頭謝恩外・竊惟臣控皇上於不可已之情・而皇上臨臣以莫可逃之分・一而再・再而三・臣詞之窮而心已苦矣・敢更有說・以冒天威・故臣於是月二十三日・聞旨兼程以東・惟是皇上之屢旨嚴切・一則曰・寧前要地・再則曰・封疆重任・三則曰・身任封疆・皇上以置臣無可卸責之地・臣安敢自爲卸責・況起復奪情・臣負莫測之罪・惟樹不朽之功・始足以贖之・臣非一力擔承・安可勉圖不朽・臣任矣・又無容臣不任也・臣又不能與不應手之人而任・猶不能應手之人而任矣・若罪過委之於人・任事之心非篤・成敗聽之於數・報主之念未堅・臣耿耿血心・之死靡二・臣任之・非但謹守寧前而已也・必將整練兵馬・恢復侵宇・撫循屯種・以天下復遼東・以遼東還天下・而不敢疲天下以事遼東・容臣回關・與同事鎭道協將仔細商量・畫一成謀・請於撫院・撫院會閣督二臣以上聞・物料而分毫之爽・作止而時刻之不差・皇上集諸臣廷議・除關上已有者不贅・若急需而未有者・應調發速爲調發・應接應速爲接應・應措處速爲措處・若有未當不妨往復斟酌・各盡所見・勿有後言・規畫已定・卒責成功・如與之以必需・責之以不容諉・然後按期索効・儻遷延觀望・爲而無成・皇上則執臣與在事諸臣・戮之於邊・以爲孟浪談事者戒・

仍懇皇上恪恭震動於上・在廷之臣・與在邊之臣・方凛然戰懼於下・內外同心・上下相得・合天下之智勇爲智勇・通一鎭之忠義爲忠義・車攻馬同・兵精器利・一鼓蕩平・復全遼之土疆・舒中朝之積憤・以成皇上一代中興之治・此臣之上願・而鐫勒肺肝者也・若閉關而守・無名示弱・臣不能任

也・虛恢以逞・失事廢時・日日延挨・日日恢復・日日恢復・日日延挨・九宇之物力無多・在邊之歲月偏促・老師速禍・臣不敢任也・此中鋒鏑之場・勿以爲功名之地・遼陽廣寧・皆緣文武官多不和而敗・關門向因樞輔一手握定而存・遼東監司有副使劉詒與臣已足爲用・亦極相得・如又更設多官・前覆可鑒・臣不能任也・軍中糧餉爲先・按時以給・如今之給發不以時・東挪西借・馬死軍逃・臣不能任也・臣兵備監軍・原自有體・其不得弛之局中・猶不能逃之居外・若將吏之更置不得知・兵馬之虛實不得問・臣不能任也・皇上既留臣身・則當用臣言・如以爲迂而無當・不如及今允臣回籍守制・若至被譴求去・將去而傷皇上知人之明乎・抑不去而聽此身與封疆之俱壞也・此臣三載深心・二十年僻學・若胸無成算・不敢浪任・一身之死生易了・封疆之得失攸關・臣向在任時・欲姑待之・今已無可待也・及離任時・已釋然置之・今又無可置也・臣自爲計如此・邊上諸臣・亦當各自爲計・亦卽皇上之自爲封疆計也・若夫奪情起復・何官之例可援・東事平復・奏凱而還・仍當放臣回里終制・偶一行之・他日必有引爲例者・關繫微臣名節者小・關繫皇上政體者大・臣不敢苟焉默默已也・伏乞皇上立刻下部・作速議覆・俾臣得早爲遵行・以便任事・倥傯之中・不容半刻擔遲者・爲此具奏・臣無任激切屛營之至・

酌定兩鎮職任疏

遼東巡撫袁崇煥・奏爲酌定兩鎮職任以專責成事・臣以書生・不閑軍旅・從督師輔臣孫承宗與舊撫閻鳴泰後・力主恢復・時論是之・不意已奄有寧前・跨及錦右・始終共關外之事・則總兵趙率教滿桂二人・趙率教則閻鳴泰與臣作道時・保其出關・滿桂爲樞輔中軍・臣引之同出寧遠・今皇上陞臣爲遼撫・而二人俱領元戎・臣今駐扎寧遠・遠在敵衝・爲責頗重・又不得不分其責於二人・往時止於關門・爲經督撫鎮之信地・寧前一帶・俱駐防兵馬・東則哨探屯種而已・今皇上已勅臣駐扎寧遠・則旣復之地・如寧遠以西・便當隨地分認・設立專官・未復之地・亦分頭探哨・漸圖恢復・如總兵趙率教則駐前屯・領關內三部各一車營馬步共六營・後勁屬之・仍轄中前一所・前屯一衛・與關上俱其信地・總兵滿桂則駐寧遠・領前中後各一車營馬步六營・前鋒屬之・中右一所・寧遠一衛・中後一所・俱其信地・而令其司三路哨探・遠出錦右・又廣以明一軍之耳目・二鎮各逐堡修理・分地授田・設臺隍烽堠・地日闢而餉日減・漸以復祖宗之舊・明年復幾城・又具題分信・大抵兩鎮更迭・而前後交相爲援・今年滿桂在寧遠爲前鋒・則趙率教爲後勁・明年趙率教東出錦州爲前鋒・而滿桂又在寧遠領舟師及西虜隨前鋒・以轉爲後勁・再一年・滿桂又跨而前・則錦州又爲後勁・逐步而前・限之兵八萬餘・臣亦對人言・謂戰則一城援一城・守則一節頂一節・步步活掉・處處堅牢・如此作畧・恐天下人所同心也・其議創於樞輔孫承宗・然行之不果・時亦無及・臣今因之耳・然敵勢甚强・一出輒十餘萬・西虜之馴養・能必其終處此・蓋甚難也・況臣憂病之身・孤睽之迹乎・然不如此・不足以守關門而壓强敵・守關與復遼・不得分作兩下工夫・而戰卽在守・總在皇上與廷臣所用之・臣敢作聰明哉・

因勢而利導之耳・即關內二道・事權參差不便・當併二爲一・與寧前道一司關內・一司關外・伏乞勅下該部・照地方兵馬開整・一領勅書・兩道職掌・遵照受事・速將兵馬盔甲器械城堡舟楫・逐件修補・其防禦戰守方畧・容臣與二鎮商榷施行・敵近門庭・我欲待而彼不我待也・

統籌遼局疏

遼東廵撫臣袁崇煥上言・竊照遼釁以來・合中外文武邊腹之全力以爲防・然捐棄兩河・未有勝着・此未易以言悉也・惟舊督臣王象乾・經臣王在晋・撫存西虜・敵窮於無所入・舊樞輔孫承宗・與原撫今督閻鳴泰・決出關用遼人之議・敵窮於無所導・故靜伏者三年・自去秋河上・遂覷我之虛實・傾巢入犯・視囊爾之寧遠・如机上肉・至兵過錦石一帶・彼不知臣之先行撤入・而謂我畏葸先逃・故一往無復顧忌・直抵寧遠城下・臣又偃旗息鼓待之・城中若無人然・彼愈易我而併力以攻・孰知臣之厚備而奮擊也・出其意外・措手不及而敗走・彼已悉我之伎倆矣・遂棄其無用之攻具・歸而造其能爲我害者・如板厚二寸之戰車・革以裹之・艱於渡・故爲舟・舟不得法・不可渡・故取十方寺上流之淺以濟師・至必由之路・則杪花五大營駐牧之處・故構囊素台吉而驅捲各營・且請家丁於瀋陽・携之以入犯・爲一進不退計・孰知毛文龍逕襲遼陽・故旋兵相應・使非毛帥擣虛・錦寧又受敵矣・毛帥雖被創兵折・然數年牽掣之功・此爲最烈・彼數十年來未經一創・況損於我・而償於西虜與毛帥・氣又復振・能一刻忘臣哉・無奈積雨成川・我之哨馬且不能往・彼之大衆又安得來・但秋收之亟・過此以往・彼日日能來・而我刻刻當備者也・且結西虜以伐我交・婦人餵馬・以休兵力・彼老於攻戰・且號知兵・而又以忿心出之・未可易視也・至在秋冬乾燥・溝河水淺之時・若犯必攻山海・蓋攻必攻堅・堅者瑕則無所不瑕・若揚言綴錦寧而以全力攻關・又必生詭計・夫越國鄙遠・勢有不能・故近攻尙恃遠交・伐虢必須假道・安有舍一難攻之寧遠・輕越其郊・而腹背受敵・從來無此法・彼深於兵法也・蓋料我無所不備・無所不寡・計實狡且秘・然臣不懼也・惟目前雨患城塲・艱於修築・然已併力爲之・即遲來速至深入・臣都有可以相當者・饒他千態萬狀・臣祇一味簡易平常・彼之遠來利速戰・能戰之兵又利在得戰・臣祇一味死守・令至無得而與我戰・便自困之・惟困之乃得而與圖之・如今春臣懇於經臣高第無發援兵・衆方疑之・蓋援絕而人方致死・必能死而後能生・自是古法・顧以爲經臣尤・臣罪大矣・我皇上祇置經督二臣與臣於度外・惟至所便宜・臣又願經臣置臣於度外・亦惟至所便宜・臣布置於關外二百里內・或斷或續・亦合亦分・有守有不守・必圖一恰當以報皇上・斷不令敵近關門・關內祇緊閉・不令一兵出入・便是萬全勝算・蓋不貪功便無繇以致敗・若貪一擊之利・合屬交鋒・從前之禍立見・此又非可以言悉・督師老於邊事・識在臣先・必不煩言慮也・此爲治標之法・

若治本則難言之・然又無容不治者也・從古未有兵連禍結至八九年者・有之則自東事始・微祖宗之培植厚・與皇上之德澤深・豈能有今日乎・此事之至危・可一不可再者也・今欲使局之速結・焉得而結之・然局未必即結・艱於勢也・

非我所得而主・而事理則若有可憑・不在於終局之日也・才下手便已了了・勿姑爲而姑試之・如皇上頃折衷廷臣之議・關內外分屬之於兩鎭之三差中・爲直捷了當之計・豈惟謨謀睿慮・超越千古・直以敵患付臣等・使無可避・況經督兩臣・又天下之豪傑也・何得不殫心督勵・畢力策臣・爲皇上完此一塊土・撫臣劉詔與臣關切如左右手・諸道臣畢自肅王應豸張春張翼明・俱有識有力・與餉臣黃運泰・解運如期・總兵趙率教慮最精・滿桂氣可鼓・即鎭守諸臣諸內臣・俱身視邊患・無愧皇上之家督・以臣之迂拙・左右其中・何功不竟・蓋天下事固成於有所因・亦敗於多所倚・漢多出塞之功・則在於能任・如班超馬龍虞詡輩・顧其才可用・則盡其所欲爲・故成功惟漢爲最・唐安史之亂・蹂躪長安・而不敢窺澤潞・則在廷之權分・而藩鎭之權一也・唐室無恙・終賴藩鎭之功・至宋始則以天下奉契丹・繼則以天下守河北・故力以全用而無餘・卒之遂以天下殉・合三代而得失了然・敵而能爲中國患・則其獨擁一方・生殺予奪之自繇・生聚教訓之不易・而我調四方烏合當之・彼以專・我以散・彼以常・我以暫・宜乎不相及・今皇上以關外關內分屬・責有攸司・生殺予奪・生聚教訓・專而不分・常而不暫・猶之乎敵也・而又與以內地之轉輸・又多彼此之交護・如捕虎焉・此人目中已無虎・更兼發縱犄角之有人・餉餽擒打之有具・則虎之不患審也・

　　關內見兵不滿三萬・必足三萬・始可爲關外之後勁・關外兵則六萬餘・兵之馬騾三萬八千餘・兵與馬見在關外者・俱未有此數・候增而補之・往時當遼事者・或索兵三十萬二十萬・臣今定於六萬餘・稍益之修築之班軍耳・豈好用寡哉・但賦窮於無可繼・役則不堪再藉・以遼人守遼土・上下井牧之相附・寡而有多之用・月餉草乾歲銀一百六十餘萬零・米三十五萬一千石零・料四十七萬四千八百石零・兵馬錢糧・註爲定額・且守且戰・且築且屯・撫西虜以拒東遼・來歲屯種之所入・可以漸減海運大段・堅壁淸野以爲體・乘間擊惰以爲用・隨機應變・如水到渠成・方畧原不得拘・有必不可留者總兵也・已用趙率教一人在左屯而領前鋒・無戰不克・無履不險・今前鋒如舊・仍河東副總兵之體統・以承關內關外二鎭之乏・而必不可少者餉司也・歲完一百六十萬之出入・已多於永平薊州之各鎭・而寧遠待餉於關內・二百里往返・頗覺至艱・況爲遼東舊有之官・或宜竝設如撫鎭・若臣鰥曠已久・罪戾實深・二親在暴・不宜一刻戀此・但未去一日・宜一日經營・偕諸臣苦心戮力・務以生聚爲節省・事則年治一年・餉則日省一日・務還祖宗幅員法制之舊・蓋日計不足・月計有餘・月計不足・歲計有餘・戰則不足・守則有餘・守既有餘・戰無不足・不必侈言恢復・而遼無不復・不必急言蕩平・而寇無不平・即此一番更定・彼自不能爲患・即以下手之日・爲結局之日可也・蓋人可遞易・而着數必不可更移・如金城圖上方畧・卒之償如左券・主謀先定故也・古今人原不相遠・而難成易敗者功・蓋勇猛克敵・敵必讐・振奮立功・衆必忌・況任勞則必任怨・蒙罪始可有功・怨不深・勞不厚・罪不大・功不成・謗書盈篋・毀言沓至・從來如此・惟樂羊與即墨大夫・幸結獨知於

英主・今臣與諸臣遭遇聖明・推心置腹・踰越古人・惟皇上與廷臣始終之・封疆其有賴矣・伏乞皇上察臣一得之愚・勑下該部・採擇施行・

復陳遼地屯田疏　天啓六年十二月

遼東巡撫袁崇煥奏爲陳屯遼地事・臣前具疏請屯・皇上鄭重其事・特令從容酌議・而督師王之臣疏請斟酌・慮屯田之防民也・誠膺服明旨・又感同事之忠告・夙夜祇愼・反復思維・便兵妨民・豈敢言此而不知・邊方非腹裏比・遼東又非他邊比・止有衛所之官舍軍餘耳・嫡子爲官・庶子爲令・正子爲軍・次子爲餘・非若腹裏里甲而漏戶也・又非若山陝邊郡縣之地軍民錯處也・故其地盡屬軍屯也・國初擇腴以餉軍・軍戀而世其業・承平以來・以天武制邊・邊人喜言民而餘丁・不復知其長即正軍餘丁・其身爲正軍之儲也・綏縷愈快其志・即正軍亦置其身賈販中・軍吏是以無兵・屯失是以無餉・而調募轉輸・遂流毒於天下矣・我皇上纘緒中興・明燭萬里・何俟職言・但前疏言未縷陳・今職敢補續・再干天聽・祈天鑒之下垂也・請先言不屯之害・

今日全遼兵食所仰藉者・天津之截漕耳・國儲外分・京庾日罄・一不便・海運招商・派洒挪移・交卸多貨・致北直山東・民爲之疲累・二不便・米入海運・舡戶客官・沿海爲奸宄・添水和沙・苫蓋失法・該管道廳豈不加意・而糧料數十萬・安行數百里・斷非一手一足之力・米爛不堪・炊料不可餉・水兵賤賣之釀酒之家・而另市其值者・本色有名而無實矣・兵又以折色而兼本色之用・三不便・遼地新復・土無所出・而以數十萬之坐食・故食價日貴・兵與官餘交受其窘・且轉販而奪薊門之食・薊且以遼窘・四不便・今調募到者・俱遊手也・不以屯約之・使久居世業・倏忽逃亡・日後更處爲調募乎・五不便・兵不屯則着身無所・既乏恒產・安能保其必有之恒心・故前之見賊輒逃者・皆此烏合無家之衆也・六不便・兵每月二兩爲餉・豈不厚・但不屯則無粟・及家畜食物不豐之處・百貨難通・諸物常貴・銀二兩・不得如平時他處數錢之用・兵以自給不敷而逃亡・七不便・

請更端而言屯之利・計伍開屯・計屯核伍・而虛冒之法不得行・便一・兵以屯爲業・可生而亦可世・久之化客兵爲土著・而免征調之騷擾・便二・屯則人皆作飭・而遊手之輩・不汰自清・屯之即爲簡・便三・比伍而耕・同作同止・技擊馳射・伍伍相習・耕之即所以練之・便四・屯則有草有糧・而人馬不飢困・兵且得剩其前朝月餉・修整廬舍・鮮衣怒馬・爲一鎮富强・便五・屯之久而軍有餘積・且可漸減析乾月米以省餉・便六・城堡關道・有澮有溝・有封有比・種木之根・高下縱横聯絡・胡騎不得長驅・便七・

夫不屯之害若彼・屯之利若此・職受皇上知最深・忍阿私惜力・不罄臆忠言・而以全遼爲天府漏卮・負明主・負所學・職滋惑矣・但職考祖宗制度・往時九邊各省・無不屯之軍・兵寓於田・故不征調而有兵・不轉輸而有餉・職又考歷朝飭邊左以開屯・而畏難遠怨・無人肯任・又考國制凡開屯者・俱官給牛種各具・當司農拮据之日・職亦不敢比例以苦歲供・故止請於七年海運額米之中・折本色十二萬五千石・爲銀十萬兩・以作民本・此不過將吾兵應得者特預支之・而

以米折致牛具・不敢更費・設不然・耕於來春・必喂養牛力於今冬・倏忽年終・最難措手・此職所以亟請於皇上・而更望當事者之及時乘機也・若夫屯之法・則有祖宗之制在・非奉祖制・斷不能調・人情無容職一毫作意者・其言前已宣之・臣逐段清楚・照管萬畝・軍六千餘人・餘丁三千人之例・先擇腴者以給官給軍・使世不失業・業不失則伍常有人・正軍餘丁之外・而有剩地・則與汰脫之家及流寓者・令其盡力開墾・俟成熟後・願輸子粒草萊者聽・不願者不强之以招來・若錦寧一帶・明春且通營布散以耕・俟城堡已完・并牧可耕・又如寧前法・自此而廣寧河東一城一堡・循漸以進・我不勞而敵日促・由此行之不變・足食足兵・開邊制勝・無有過於此者・職伏覩皇上聖明英武・興利除害・於古大有爲之堯舜也・督臣閻鳴泰・職之知已・經臣王之臣・職之同心・而內臣劉應坤陶文紀用等・與職約矢恢復・職以所遇非偶・故敢卜爲之必成・伏乞皇上勑下該部・速行議復・即將來折銀於是月解到・俾職分給各營官軍・買米置具・庶屯戰守三事・隨變而應・如環無端・皇上勿謂職僅辦裝也・屯政故勦殺無敵之方畧也・而鎭臣趙率教可媲充國・願皇上始終任之・職始終爲之保任・如爲而無成・有三尺在・其或以意撓職之成者・亦有三尺在・職斷不敢以意斷事・而身試法也・

築錦州三城疏　天啓七年正月

遼東巡撫袁崇煥題・慨自河西失陷・縮守關門・無論失地示弱・即關門亦控扼山谿・且何能屯十三萬兵馬・雖進而寧前四城金湯長二百里・但北負山・南負海・狹止三四十里・而屯兵六萬・馬三萬・商民數十萬於中・地隘人稠・猶之屯十萬兵於山海也・地不廣則無以爲耕・資生少具・一覊於內地供給・貧瘠而士馬不强・且人畜錯雜・災沴易生・故築錦州中左大凌三城・而拓地一百七十里之不可以已也・自中左所以東漸・寬錦州大凌南北・而東西相彷・屯兵民於中・且耕且練・敵來我坐而勝・敵不來彼坐而困・此三城之必築者也・業已移兵於三城之間・廣開屯種・儻城不完而賊至・不得不撤回兵民・共保寧前・則一年屯種・恐將委敵・人失食而愈貧・年窘一年・寧前必不可守・是三城之完不完・天下之安危係之・此三城不得不築・築而立刻當完者也・三城若成・有進無退・全遼即在目中・乘彼有事東江・且以欵之說緩之・而刻日修築・令彼掩且不及・待其警覺而我險已成・三城成・戰守又在關內四百里外・重障萬全・此時彼即來說欵・而我更加重矣・

謝陞任疏

巡撫遼東兵部右侍郎兼都察院右僉都御史臣袁崇煥奏・爲三懇天恩・辭免陞蔭・以安愚分事・該臣於寧遠之賞・再疏控辭・奉聖旨・存城退敵・陞蔭酬勞・原不爲過・何得屢疏控辭・宜即祇受・該部知道・欽此・欽遵・臣望闕叩頭謝恩外・其何敢復控・惟是賞視其功・受準於量・如臣藉將吏軍民以守有寧遠・此自臣子本等職業・何敢言功・竊計東事從前之壞・半由官爵濫而法紀蕩如・漢帝登壇一拜・捐金不問・遂爲振古美談・我皇祖皇考曁皇上任人於東事・節鉞而蟒玉・百萬數十萬・惟其出入・不一而足・八年中所就僅若此・千古

任臣之君・至皇祖考暨皇上而極・千古負君之臣・至臣等而極・臣每一念及此・含愧無地・尙敢望賜乎・況臣由按察使躐而巡撫・賜且已多・查臣同籍諸臣・參□而副使且寥寥・臣已越級而踞其上・再加樞貳而世及・臣反厚顏・皇上卽不忍視臣爲饑鷹・臣自處敢饒於飲鼠・且武人奔競少豎立・便欲厚遷・稍不合・輒思激去・要挾朝廷・開釁同類・令邊疆始終不得一人之用・臣最疾之・臣今日不自處於恬・何以消諸將之競・況臣原無富貴之心・又皇上所鑒也・伏乞收回成命・允臣辭免・俾臣之偏心・不累於富貴・得與將吏再奮功名・皇上之所以待臣・應留餘地也・臣不勝悚切待命之至・

錦州報捷疏

欽差巡撫遼東山海等處地方・提督軍務・加從二品服俸・兵部右侍郎兼都察院右僉都御史臣袁崇煥題・爲仰仗天威・退敵解圍・恭紓聖慮事・准總兵官趙率教飛報前事・竊照五月十一日錦州四面被圍・大戰三次三捷・小戰二十五次・無日不戰且克・初四日敵復益兵攻城・內用西洋巨炮火彈與矢石・損傷城外士卒無算・隨至是夜五鼓・撤兵東行・尙在小淩河扎營・收留精兵後・大府紀與職等發精兵防哨外・是役也・非仗皇上天威・司禮監廟謨・令內鎭紀與職率同前鋒總兵左輔副總兵朱梅等・扼守錦州要地・方可以出奇制勝・今果解圍挫鋒・實內鎭紀苦心鏖戰・閣部秘籌　督撫部道數年鼓舞將士・安能保守六年棄遺之瑕城・一月烏合之兵衆・獲此奇捷也・爲此理合飛報・等因・到臣・臣看得敵來此一番・乘東江方勝之威・已机上視我寧與錦・孰知皇上中興之偉烈・師出以律・廠臣帷幄嘉謨・諸臣人人敢死・大小數十戰・解圍而去・誠數千年未有之武功也・但事變無常・臣一面行令諸將戒嚴・恐其以退誘我・先此具本題知・

乞休疏

奏爲積勞病劇・不能供職・伏乞允放狗馬餘生・勿誤封疆大計事・該臣以一介草茅・遭遇聖明・拔之邑令之中・與之以兵戎之寄・六年於茲・疆土未復・爵級日增・虛冒爲愧・去春一守・今夏一戰・雖少効犬馬微勞・然皆同事內外文武諸臣之力・臣碌碌其中・方欲再樹尺寸以報皇上之知遇・而禍過災生・自春月以迄今・無日不病・前疏已控・祇緣邊方有警・勉强支持・今事平而病愈不可支・瀉痢交作・飲食斷絕・延醫診視・皆謂積勞血耗・脾胃乾焦・若不及早謝事調理・入秋肺金泄盡脾土之氣・必無起理・念臣報主情深・卽身殉於邊・職也・敢愛其生・何忍言病・但病不可痊・又不速斃・以不倒不活之身・廢時誤事・今兵威稍振・亦當防敵再舉・且言取我之禾・七月初卽至・爲戰爲守・戰則死戰・守則死守・十分强有力尙不足以支・況臣病骨乎・伏乞皇上早爲封疆計・容臣休致・速簡攬賢能・以便交代・則皇上之成臣生臣者小・而爲封疆則大也・臣不勝悚切待命之至・

致當道啓　天啓七月五日

職非才而當封疆之重寄・蓋經五六轉殘破之局・天下卽未必盡知・而邊人所共憐也・女直兵滿萬不可敵・今且十餘萬矣・往合九邊之兵力戰之而不足也・故益之川浙湖廣淮・

無不調・無不敗・不肯探究於得失之故・知疲困之景象・兵必不可再調・即調亦未必有濟・故復遼地而聚遼人爲守・先以已之百口爲質・故遼之流移於內者・悉以家口歸來・遠求難致之兵・何如近收囘鄉之衆・此不肯聚兵計也・本色仰給漕買・或謂今年春三月無糧照・查諸區即有銀而無所市・故不得不議屯以爲食・但地不廣何以爲屯・城不築何以爲聚・則一築一屯・敵之所最忌而無容我下手也・故有今日之兵・然不戰而何以請買戰馬・請增硝黃器械・不肯知天下緩而此急・已不虞滔天之敵騎過河及錦・夫築錦淩二城・秋而畢力・收稼歸城・坐守以待敵・乃以一東江之故・即聲於河以拒之・何如假一欵字以緩之・令彼欲爭而無及・我因而無患也・然二事俱非臣所得專・夫用之而不竟其用・此千古遺憾・況所以悞天下而苦邊者・則東江爲甚・毛帥每冬冰交合・即避之遠島・天下所知也・鐵山所留・老弱及麗人耳・今一攻即破・毛不能以一矢加遺・而朝夕報功・人遂易視此敵・謂撲之即滅・十年血戰・孰能當其鋒・此豈遠事・而天下付之不知・則造言生事者・欲借毛以行己私・今局已露矣・敵見在松杏接續而馳聚者・二百里間・一片精强・當之未易・職守而固者也・毛守而未必固者也・毛即避・於封疆無害・職將何之・毛即不勝・於金甌無損・職之所守・其干係何如・而可以國事嘗乎・敢質之天下・且敵藉累勝・脫不幸錦破寧喪・山海俱變・其又何以集援兵而固山海・此俱非臨時可辦者・或錦之幸完・彼視爲必爭・秋冬應傾巢重來・又如何作計・如何用人・肯棄不投・即更設數經畧數總兵・無益於成敗之數・況官多而兵益以少・故添文官不如添將・添武官不若添兵・若不添兵添將而添鎭廵・適以自弱・夫文武中罪過而議復之・人不借事・何以起之官・然必立有功・方令復職・勿職之復・而仍無功・人得官而邊受累・當事者宜早爲之計・若職固有病也・今力疾裹甲・誓以此身弼此地・復何言・儻此番敵退・斷不以庸病再悞・但邊事不可浪試・一言不效・殃及生靈・非擇天下之智勇・不勝此任而愉快也・凡此皆封疆大計・不肯仰請正者・其一切情形・俱載前後疏中・不敢多贅・幷祈詳察・情急而危・語不擇音・（按此啓載兩朝從信錄）

重建三界廟疏文

予里中崇奉三界廟・其神出自粵西・考神所自・亦無徵焉・說者則以爲出自潯之貴縣馮姓・有無姑勿論・蓋人之精靈爲神・中庸曰・至誠如神・禮曰・清明在躬・志氣如神・孟子謂聖而不可知之謂神・其結根在於善信・則人與神也・二而一・之一而無容二也・惟人自形生識構・與物相逐・障翳其靈而莫通者・於是乎善淫之莫辨・遠生之道・既死之途・終身瞶瞶・五官無主・一形爲虛・尸而行・肉而走・無復人理・於神不綦遠乎・是以人不靈而神靈・猶之乎夢靈而覺不靈也・

三界者何・蓋天地人爲三界・人情顧目前而不顧身後・見人而不見天・嚴於人所見・而不嚴於人所不見者・此中定有神以通之・以起人儼若斯思而收其邪穢・況一念誠・則鬼神可質・妻友倍親・以至山河天地昆蟲草木・俱法身變現之界・却在眉睫・一念僞・則藏頭握而無地可容・神魄俱爲胡

越・安所得遊於三界之中而無拘無礙哉・知此可以知神矣・可以知神之所自矣・且不必問神之何氏何始矣・且可以事神矣・

吾鄉居・俗儉而樸・恂恂而與・藹藹以至・守望助而有無通・尚古道之未泯・故不爲神之吐棄・事三界神七十年如一日・人習而神安之・有情必告・有禱必應・不啻子孫之於祖父・有由來矣・但廟之狹小而湫下・神卽不擇地而棲・人可棲於陋乎・適余請告以還・同鄉諸父老靑衿合謀爲一鄉之善事・首以廟請・將三棟基址新而大之・索言於予・余敬神而重・人許之・但工費浩繁・於遞所積廟食銀可三百金・此外則資之本鄉之題募・蓋人之私・至財而極・苟語人以公而不私・其誰信・惟詔之以奉神而祈福・其或重於此而輕於彼・遂不復慳吝・是由一念之重而推之・以至重之之極・則無不重・而信也・善也・美大而聖神也・無所不重・由一念之輕而推之・以至輕之之極・則無不輕・而財也・物也・身家而性命也・無所不輕・父勉其子・兄勉其弟・相親相比・爾無我猜・我無爾虞・人人神而脈脈・天溪南一片土・卽淸都紫府矣・其誰非遊華胥物穆哉・本來無禍・何必免・禍福且無用・何必妄求・予操券以俟諸善之同歸矣・是爲疏・

祭覺華島戰士文

慨自戰守乖方・屢失疆土・天子赫然震怒・調南北水陸舟師・謂爾乘船如馬・遂調之來爲進取也・據爾等間關遠至・豈不欲滅此朝食・一帆而金復歸・再帆而黃龍掃哉・奈未盡其用・而敵卽來・沍寒之月・冰結舟膠・窘爾之所長・烏得不及於難・說者謂謀之不臧・不臧固不臧矣・然排山倒海之勢・以十八萬而臨數千之水卒・卽臧可奈何・而爾等計無復之・憤然以死・畧無芥蒂・視當年之棄曳倒奔者・加一等也・人之罪・至死而免・人之品・至死而定・今將畧爾罪而嘉乃忠・請命於天子・量爲之恤・所以不沒汝等者・良有在也・吁嗟・巨浪茫茫・空山寂寂・皆汝等忠靈之所灑蕩也・望故鄉以何日・卽轉劫而無期・苒苒遊魂・何不相結爲厲・殲讐洩憤・在生之志・藉死以伸・則雖死之日・猶生之年也・爾其勉之・不腆之奠・涕與之俱・尙饗・

陳子壯 字集生・號秋濤・南海人・熙昌子・萬曆己未進士・廷對第三・授編修・時熙昌以治行徵爲吏科給事・劾魏閹姦狀・閹黨摭子壯甲子典試浙江試錄中語以爲誹謗・父子同日奪職・崇禎初起用・歷官至禮部右侍郎・旋以言事下獄・減死放歸・桂王時・授東閣大學士・總督四省軍務・淸師入粵・子壯與陳邦彥張家玉拒戰死・世稱爲粵後三忠・贈南海忠烈侯・賜諡文忠・著有昭代經濟言十二卷・四庫著錄・練要堂前集六卷後集五卷・並存・

議改授宗秩疏

臣伏覩陛下求賢圖治之盛心・致甄拔乎宗才・明援祖訓・凡郡王子孫有文武才能堪任用者・宗人府具以名聞・朝廷攷驗・換授官職・其陞轉如常選法・至再至三・必欲見諸舉行・臣待罪禮宮二年矣・從府部科諸臣參議此事・僉謂二百餘年之曠舉・宜加詳愼・然臣恭承節次之明諭・實非尋常所能測度者・蓋易之象曰・地上有水・比先王以建萬國・親諸侯・堯典・睦九族以平章百姓・人徒見官人以族・一若有

親比之跡者．殊不知聖人立賢無方．一平章百姓之心也．聖人之待九族也．與天下士庶同．其親親而賢賢．義有兼該者也．比者聖諭通行保舉之法．令兩京文職三品以上．於進士舉貢監中．各舉堪用知府一人．五品以上．及翰林科道撫按司道知府官．於舉貢監生士民中．各舉堪任知州知縣一人．亦何嘗有私於下之才乎．陛下之意．誠以科目所以舉才而有不盡於科目者．今乃四出弓旌．廣張羅網．即使諸臣有內舉．猶且不避厥親焉．而況於天潢之派乎．曩所諭臣部．至稱才賢不外於科目．殊屬偏見者．正此之謂．而當四方多故．人才落落．求所爲疏附．後先奔奏．禦侮於宗子維城之中．卽拔十得五．詎不勝任而愉快．然而事有未必然者三．有不可行者五．請瀝其愚．爲陛下籌之．

國家設資格以處常才．而又不純用資格以待非常之才．蓋不特非常之才不勝常才之多也．亦非常之事不勝常事之多也．是故文職四品．秩在京堂上官．在外方面．五品以上．官有員缺．皆具名以聞．自五品以下．吏部斯得銓注．今進士初任．亦止循其甲第．迨不次擢用．又往往超越常調焉．若非有殊庸異績．及國家異常猝變．未聞拔卒爲將．徒步而至卿相者．濟濟克生．非多於萬邦之黎獻也．將資格可以不論．而非常之才．亦可輩出乎．臣竊以爲未必然也．自宗藩四民之業開．其有文才．則於文科見．有武才．則以武科見．宜已．倘謂二科不足以盡方．倍宜致重于二科之中．似不宜因重才而輕二科也．典禮．雖大封拜未常朝賀．獨朝賀於策士傳臚之後致辭．天開文運．賢俊登庸．何如其重也．今謂進士豈必賢於舉人．則舉人亦豈必賢於貢監．貢監亦豈必賢於齊民．夫然．則天下胥爲齊民以待舉已矣．又何必辛勤偕計以糜有司之續食乎．而臣部奉功令．所日厲飭於科場文義字句之間．凛乎其不可輕貸者．又何如其重也．然則謂科目而外．遂足以盡才．臣亦以爲未必然也．夫科目之制．本六經四書之文．用濂雒關閩之說．漢人所謂經術．宋人所謂道學．不出乎此．其獲雋者．節義勳伐．於此乎生．其卽不獲雋者．於以耗雄心．消餘年．亦不失爲白首窮經之士．此祖宗磨礱一代之善物也．故庸有通科目之義．而不能窮理致用者矣．未有不通科目之義．而能窮理致用者也．今宗藩中．非將軍則中尉．有祿食之貴．其所以屈首讀書者．爲有科目之資格可更進更榮耳．使見不屈首讀書．亦得掇拾奇榮以去．誰肯避逸而趨勞乎．而謂將有劉白李勉趙汝愚之才．不繇屈首讀書而進者．臣亦以爲未必然也．

臣謹按洪武三年開科．十七年始頒闈舉定制．猶在或行或罷．祖訓之意．未常以換授官職與科目出身並著．當是時也．親郡王將軍纔四十九位．高皇帝親歷民間．果見有懷才抱德．如葉琛章溢之流．慮有遺逸．異日子孫千億．亦宜有以致詳乎此也．而非必謂已經開科．復行換授之如此其多途也．故當時任用．則燕晉代遼盆谷六王．勒兵備邊．任兄之子文正．然且不效．況今時勢視高皇帝爲何如．換授之議．臣期期知其不可矣．乃至齊黃諸臣．冒晁錯之禍．我成祖非不心高皇帝之心．而時異勢殊也．常駐蹕東平洲．謂侍臣曰．漢東平王蒼開國於此．其對明帝曰．爲善最樂．當時諸王泯沒．惟蒼有賢名．至今朕嘗以此勵諸王．卿等勿忘斯語．列聖纘承．因是而飭越關奏擾之禁．因是而嚴王親任京

官之條・自列聖非不心高皇帝之心・亦時異勢殊也・

不特此也・國初親王有每年朝覲之禮・凡遣使至朝廷・不須經繇各衙門・直詣御前・且有守鎮兵・有護衛兵・而又許歲時出城演練者・此大都開創之體制・然則謂換授爲祖訓・將議而行之・如前數者・獨非祖訓乎・亦將議而行之否也・而臣因有以知其不可矣・高皇帝之初・親王之祿五萬石・緞絹菜鹽之用・亦復萬計・不數年・而止給祿米・不給襍用・又不數年・而減爲萬石・又不能給・而代肅遼慶宣谷諸王・且歲給五百石・高皇帝令自已出・而前後已如此・夫祿與爵一也・乃祿猶可視物力爲虛盈・爵則名器所繫・一假不可復收・吳王几杖之賜・叔段京鄙之求・又將何所限量乎・當虜入河套・而襄陵王沖秋願率子孫及壻與總兵官從征請也・憲宗皇帝復書曰・朕已命將出師征討矣・茲得王奏・可見忠愛之忱・憂時之意・但宗室子孫・名分尊崇・難與總兵等官同事・自祖宗以來・藩邦無從兵共討之例・夫從兵共討・與勒兵備寇幾希矣・而先朝致謹乎此・今宗室中忠愛憂時如襄陵者不乏也・而其才能又以文武舉也・假設以此來奏・陛下又將何以復之乎・抑亦概許之否也・而臣固有以知其不可矣・親王之耳目・未免寄之長史・今也長史考察・不屬之該撫按・而屬之親王・親王以爲賢・長史不得而異同也・長史不得異同・而該撫按又孰從而核實乎・故親王以爲賢・核實賢則可・如或不然・廵方之參差・多有不便者矣・核實以爲賢・考驗賢則可・如或不然・館驛之伴送・多有不便者矣・考驗以爲賢至授職任用也・始終皆賢則可・如或不然・參劾之瞻顧・考功之連坐・多有不便者矣・臣又以知其不可矣・在外而八省之有王府也・在京而六部風憲衙門之多有關於王府也・進士舉人三年一試・貢士一年一試・將來銓注推陞・已不知何如其衡量矣・文武才能之目・是未可以數計也・旣皇皇而招之・將源源而來・懸人以待缺乎・懸缺以待人乎・抑權宜以處之也・而臣又以知其不可矣・

臣部諸務・經理宗藩・是其大端・故有善必揚・有請卽覆者・職掌之宜也・雖臣之愚・視篆三月・名封婚婣・惟恐後時・旌獎卹諡・惟恐缺典・條議恩詔・恤貧矜罪・惟恐不盡・而獨爲此換授一事・私憂過計・反復囁嚅以告同官・欲以入告者屢矣・又恐萬一有分涉離間之嫌・斧鑕不足贖罪・然臣參侍講筵・仰窺睿聽・雖迂疎無當之論・有涉忌嫌・尙且傾注不懈・矧茲事件・斟酌遠大・實非輕易・故寧冒昧・竭其狂瞽・否則陛下異日將謂臣在事之久・有所知而不言・言而不盡・尤斧鑕不足贖罪也・臣鄉之先達輔臣梁儲・當武宗皇帝威嚴・同列引避之時・代草秦王牧地一詔・竟以回天・爲事遂寢・臣每歎息當日感格之奇・轉成下濟光明之美・況今遇神聖之主乎・事卽少異・所以防微杜漸之意則一・伏惟陛下俯賜採納・敕下五府大小九卿翰林科道等官・各抒其議・以憑裁斷・或俟保舉知府州縣之法行之有效・然後推倣其意以舉宗才・亦未爲晚・臣愚不勝悚切祈懇之至・

與黃逢永書

自正月大宗伯以議南場不合去・而弟視篆禮官・夙號清閒・今上修明紀度・遇事求多・繁劇遂不後於諸曹・語人

曰・有能有不能・今益信然・弟頗竭不媿不畏之愚忠・董率司屬・刷剔左右・經以典例・緯之時務・而會合於天理人情・甫三月・而數年不决之議・未覆之案・疏通成就・不可枚舉・部中爲之一新・時值鳳陽陵寢之變・主上痛憤避殿・乃當軸惴惴獲罪・則欲狹小其事而彌飾之・愚謂人家邱隴・有傷其一坏一樹・未有隱忍而不發者・故不敢與雷同也・於是首請下罪己之詔・三難而三執前說・周咨九列・激昂呼籲於綸扉之中・條議十二欵・都中傭卒婦孺・舉欣欣有太平之望焉・此豈弟之能乎・然疏內請復祖制之舊・盡撤內遣・則不利於諸閹矣・大同縣兵官王楧・交結奧援・越俎藩封・而部不應條議束兵責督撫・糾參將領・而不利於諸鎭矣・唐王恃才騁臆・繫累地方官・變亂舊章・駸駸而請護衛・請牧地・靡所不至・愚在部每事裁抑・臨交印之日・猶草疏以寬盧御史等爲名・稱秦王以刺周唐二藩・而不利於二藩矣・綸扉此五公者・器界各別・每事主議・遂多參差・而弟屬門牆肺腑之交・其分等也・何所容其親疏・乃部務關涉・大費趨承・一惟是以冷淡應之・夫君明臣不良等語・亦待罪之恆言・而執之曰・此刺我輩矣・睥睨我輩之席矣・於是部中之事・不復望其覆庇・而且加以吹求・咸曰・此子才勝・我輩必迂曲以難之・難之不得・每票擬不允而上依議・票擬切責而上姑容・則又咸揣曰・此子簡用・殆將形我輩之短矣・而不利於票擬諸公矣・此皆弟之不能也・亦自諗此生性緣・決非容容旅進者等・或者主上注盼講筵・默鑒三月視篆之微勞・更有任使・捐軀報塞・則當搴裳而就之・請得離□插而握其吭・必歸命於我・淸肅中原・掃百萬賊寇而興農畝・張皇浙直閩廣間・使海波息而屬貢日來也・此亦弟之能者矣・使若呼吸先容・呈身自薦・而後得當・則又非弟之能矣・

王園老來・得兄書・言桑梓之事詳矣・謂衣冠之氣日盛・不能殺强盜・除贓吏而安生靈也・問二道二將・受誰氏之方畧而被虜・抑爲鄉紳所持而致然乎・姑輕國體以全生靈・則撫不得不成・撫成而生靈卽全乎・今之撫劉香・與昔之撫鄭芝龍・同乎否乎・同則芝龍之後有芝龍・必香之後又有香・何以待之・否則爲香計者・其何以就撫・曩者赤石岡之戰・去歲江門之事・萬目所睹也・有何奇妙・且撫則撫矣・鎭粤三載・張聲作勢・何所事事・道將擄去・亦已半年・方畧秘受・今芝龍何往也・皆謂有所持乎・能持之而使不撫・獨不有餌之使撫者乎・存留兵餉・富於天下・海舶關通者無算・輩入要途・兩察兩留・殆如響應・此其熟技・而兄目爲躁淸之麟角・亦無以服靜汚者之心矣・正使鄉紳同心・寧受持之名・而不受餌之實・則卽有牛毛・亦未必公行至此・且粵將之可用者・正爲其有所畏人之持耳・如其不畏・則吾不得而知之矣・嗟乎・異類且日接踵於天下而未已也・在關寧則靠祖大壽・在曹濮則靠劉澤淸・在海上則靠鄭芝龍・今又思劉香輩乎・無怪乎相率而爲異類矣・夫今之謀國・不能繩其不爲異類・而更進其爲異類・大抵皆然・又何怪吾兄憤激之談乎・將兄閉戶著書・其言則工・而以之寀量天下事・其行或礙・此亦有能不能之効・又所謂子爲我不能・我做子亦敗・門內語均不必示人也・

曩時長安・書多而不及買・今欲買乏之書・有書乏價・又限於携帶之艱・詩騷本草通速寄・必有以發我聞見・尊足漸

劾爲善・鹿角膠十兩・揀自陳二彬手・附寄用・

袁璽卿遺稿序

東莞簪紳推袁氏・袁氏之賢・璽卿太玉先生爲最著・璽卿起家廉吏・以强項顯・稍遷郎秩・即乞身侍尊人觀察先生・數四薦起・拜熹宗恩命・行踰嶺・仍乞歸・其門如水・非公正不發憤・晚而益勵・故璽卿稱賢於東莞・鄭人所爲賦緇衣・魯邦所以瞻巖巖也・

陳子曰・吾生雖晚・猶及璽卿焉・璽卿猶敎予會五羊・不旬月而訃聞矣・乃今始紬觀璽卿之遺稿・其防倭・修城・買官田・行保甲諸議・註尙書及道德之章・諸行能表裏・畧可互見・夫人不必皆孔子而文・不必皆詩書易春秋也・要於其可傳者而已矣・且孟軻氏之賢・其論性也・儒者猶以爲未至・而自謂善養浩然之氣・以知生心害政之言・後世踵之而不易・韓愈氏爲能推本之氣・水也言浮沉也・故論文一以氣爲主・貴能自樹立而不與世浮沉・丈夫之出也有爲・其退也有維・生也有以・而去也有紀・浮沉之人也乎哉・陶淵明詠荆軻・朱子以爲其露本色・夫荆陶不倫・亦已明甚・而朱子有見・比而同之・今試取易水之歌・與歸去來之辭竝陳・一唱三嘆・懍懍瑟瑟・果無以異也・斯可以證知言也已・若璽卿者・急流湧退・一介不苟・伯仲淵明・而胸嘗有物・引滿澆之・時露孤憤・猶有荆卿之風・論者不已將軌以中庸而有所不合・審是・則將脂韋容與煦嚅巢窟之爲盡善盡美耶・生者何算・而於璽卿偏興云亡之慨・又何也・葉公之好龍・漢帝之思頗牧也・人之好賢也皆然・璽卿居今之世・行古之道耳・今人未必知之也・然陳子不以其及也而弗古・故序其文・而以爲可傳者在此・

中洲草堂集序

詩三百篇・皆可歌可誦可舞可弦・古者太師世其業・以敎國子・成童以上胥往學焉・誦則習其文・歌則識其聲・舞則見其容・弦則寓其意・所敎樂無非詩者・故詩學素明・夫人而能爲詩・後世敎尨雜・學多鹵莽・即以詩取士・僅乃掇靑紫爲媚世之資・已乖采風遺意・況乎墨守專經・稍出緒餘・浮聲游響・一入仕宦・塵務縈心・偶有興會・不脫轉換套襲之語・宜乎退讓未遑・若且囂然自負曰・得岸舍筏矣・曰・登峯造極矣・浸淫于今・一鬨之市・羣逐之鹿・舉國若狂・胡顏之厚一至此哉・

弟喬生氏少通制舉義・即以詩問予・予未有以應・不數年・而善調詞曲・又不數年・而擬文選諸家之賦・亹亹數千言・以彼其才・咸有咸宜・歌雍舞勺・習而生巧・椎輪大輅・踵而增華・張融不因循寄人籬下・祖珽自成一家風骨・非夫胡寬之營新豐・優孟之貌孫叔者矣・毋論識者酷嗜其神駿・縱不識者未嘗不驚怖其江漢焉・安用爲兄者之私言乎・（此處疑有脫文）吁嗟命也・

先君以幼弟遺予・予多不逮・又生多患・以爲弟憂・凡予磔格不能塑之口者・而弟往往寓而爲詩・故自他人所見之爲宋艷班香者・而自予讀之・皆有蓼莪鶺鴒之深意・夫鶴鳴徹天・鐘動山應・物誠有之・況微辭相感動哉・楊子雲雅稾司馬之賦・爲甘泉羽獵以擬之・後悔其少作・乃云・雕蟲小

技・壯夫不爲・彼所謂壯夫之技・法言太元・君子尤訾其僭經・孰與文似相如之爲本色者・以弟年力充而有餘・俱不可量・使有進者・當知無後悔・雖然・凡物之情之貴之賤・不可以恒例也・蒲葵六角・一操王謝之手・而時價暴踊・陳顯達之誡休尙曰・麈尾蠅拂・是王謝家物・汝不須捉此・卽取於前燒之・若詩若賦・不宜爲顯達所賤・亦豈屑爲時尙所貴・吾且以喬生之集・爲玉律金科可乎・亦嘿然未有應也・

重刻南園五先生詩序

太史公謂齊魯文學・其天性・粵於詩・則有然矣・我國家以淮甸爲豐鎬・則粵應江漢之紀・風之所爲首二南也・五先生以勝國遺佚・與吳四傑・閩十才子並起・皆南音・風雅之功・於今爲烈・去城南山川壇數武・人得而指之曰・此五先生締社之所・夷攷其時・罹黨籍者二人・不仕者獨趙臨淸・亦就道不免・諸所著撰・散失固多・人皆稱南園五先生・而五先生不有其南園・其廢則爲總鎭行館・而其興則以祀宋之三忠・誦詩論世・可知已矣・五先生任草昧之功・而後世湮其已嚮之利・不得與王豹綿駒等・亦非所以妥忠靈也・假如聲音可以盡廢・則是五經當去詩・六藝當輟樂也・而可乎・此葛介龕使君修祀三忠・復惓惓不忘南園・而蔣南陔明府亟索五先生詩・手訂而剞劂之也・夫陳詩觀風・備諸古制・諮謀詢度・實系臣誼・自天子不巡狩・輶軒使者采覽方言・以被管絃金石・豈直存十一於千百者・故曰・醴酒之用・而元酒之尙・莞簟之安・而稾鞂之設・貴其始也・今天

下五言七言自矜名家者・非妖浮之音・則鞮鞻之樂耳・其去詩日益千里・兩公代興風雅・溯流窮源・樹之風聲・用意甚盛・因下訪山中・且余不佞可與言也者・而命余爲之序・

區太史集序

區海目先生以太史名粵也・其詩特盛・蓋家能誦・人能說矣・文多散軼不備・皆輔詩以行者・先生生前不輕可流傳・諸詩艸厪自序二篇耳・予不佞與先生二子遊好・以爲與於斯文者・得表其墓・今彙先生集而刻之・乃屬爲之序云・

惟太史之官・昉自三代・其所職掌・察天文・紀時政・至漢而司馬遷最著・遷之意・蓋欲紹明父業・而自謂文史星歷・近於卜筮・原不沾沾以其官著也・唐以翰林供奉爲華・選其時尙・迺耑工詞賦而畧於史乘・明興・罷丞相・置內閣・選文學侍從・備顧問・當入翰苑時・隱然已負公輔之重矣・纂修國史・特翰苑之一事・而太史之名・亦至今相沿以不衰・要而論之・在人不在官・

夫鄉邦勿論・凡文教之滲漉・科目之網羅・前乎先生・後乎先生之克是官者・比比無筭也・而先生獨以官名而不媿・猶之詩也・卽近代勿論・三唐所號爲耑門・自其盛者較之・凡以大家以正宗名者幾何人・人幾何篇也・如先生之心手相應・音節和諧者・蓋亦寡矣・故聽鐘呂之聲・然後知擊缶之細・視黼黻之文・然後知被褐之陋・古者列國大夫・莫不有賦詩以見志・而下逮於閨閣閭閣・二南之風・以周召名者・原厥始也・及治定功成・而雅頌作・大抵無慮出旦奭之手矣・孔子惓惓於正樂也・以宗國爲之先・魯之不及風而入

頌・斯孔子所謂正也・明興・自慶曆以變・庑言日出・雅義斯淪・得先生之力而振之・其言廓如・徵文獻者・以是集爲之指歸・又不啻存什一於千百・名實輕重・於斯論定而無疑矣・是故在宗國・則與任反正之功・在朝在廟・則與颺旦奭之盛・均各有攸當・毋曰子誠粤人也・知有區先生而已・崇禎癸未孟夏・翰林後輩鄉人陳子壯譔・

從乂軒記

禮部穿廊之右・所謂右堂火房也・齋于斯・省于斯・飲食甜息於斯・諮謀贊襄于斯・維時南海陳子承乏右堂歲餘・有修署之役・瓦墁堊飾方新・堂官執例請題榜・爰於其軒而題曰從乂・閣部公卿遇大典禮・借止斯軒・咸見名義・意之不得而難之曰・洪範五事言曰・從作乂・蔡氏順配五行・謂言揚火也・火以隸禮・而伏生傳又言屬金而視屬火・則甚矣五行之紛如也・子所職禮也・而獨取乎言之從・何居・曰・如以禮・則書所云夙應惟寅・直哉惟清・盡之矣・而予佐禮弗閑者・豈以謂是也・夫天下之不工言・莫予若也・予諦思之・夫從乂之義・而榜於是・將朝夕出入焉・而庶以自箴砭云耳・豈以謂是也・

且夫詞有簡而該博・理有精而旁通・一篇之中・所謂入用之德・乂此而己・所謂汝則從・龜從・筮從・卿士從・庶民從・從此而已・夫疇・天子之疇也・而臣分隸之於五事而舉一・誰曰不宜・且也官兼講幄・日說理陳義於上前・自堂牒散後・焚香而屛慮・訂擬疏講・先期封達・臆識靡遺・攷音而熟演之・以幾希乎啓沃之一堂・皆言之爲效也・夫是以仰而企也・無稽之言勿聽・而弗詢之謀勿庸・夫是以俯而致也・汝無面從・退有後言・堂此之時貌也・以肅思也・以睿視聽也・以聰明而哲謀・皆主德之所爲純備・而爲臣者之難以對揚也・則繇斯以談・五事之以敬用・而禮之無不敬也・舉而槩諸・又誰曰不宜・

客曰・雖然・子之齋省・飲食甜息・諮謀襄贊于斯也・不啻親・自都建而有部・有部而設左右・左右設而火房系之・而子於今處一焉・亦傳舍耳・徒以己之臆示・何也・曰・子所謂親・吾不知其親也・而所謂傳舍・又烏知傳舍哉・且夫人生百年・自釋褐以至懸車・多則數十年止耳・爲幸若事也者・雖傳親也・爲不幸若事也者・雖親傳也・是故入則父母而出則君・自玆而外・堂是皆孰視孰傳者・而寧獨一軒・即斯軒也・以爲親・前此者因是矣・後此者因是矣・如以爲傳舍・則前之人不及更矣・後之人又不暇更矣・夫然・而軒與名皆可永・於是畧詮其義・而命堂官頑可并書之・以記載事・

賢令李模德政碑

形家者言・培眞脈・蓄眞氣・融合流峙・乃蓄衍於人・人食山川以生・顧不翕藏凝固以厚其生・乃發地機・剔山骨・狃目前之錙銖・以害一方之風氣・非仁人之用心也・語有之・龍門鑿而帝德衰・九河徙而王迹熄・秦穿秣陵而天子氣黯・伏六百載・採金近畿・國家景命・凋殘方位・推而一鄉一邑・其報捷於影響・安可誣也・寶安地脈・自揭陽嶺支分・歷惠來海豐・沿海逆流千餘里・北旋而吸扶胥・盡於寶

安．內束東江．外矗虎門．作粤會左臂．石崗又從寶安來．脈百里．支度龍潭峽．屹起作障．散落寶潭蟠嶺等數十鄉．爲寶安邑城左翼．實則邑城居其委會．反擁顧之．環石崗十餘里．迎脈而托居者．富商大賈．甲於諸郡．邇來鉅公文人．奮茁浡興．肩背相望．其來脈諸山．多產良石．他邑土木營構．皆耽視之．守護稍怠．假權力以採伐者椎逐之．聲聞於數里．陵爲之谷．秀爲之瘁．於是諸鄉士民耆舊．相與訴之邑侯．時姑蘇李侯蒞邑．潔己如冰．愛民如子．下令如流水之原．特法如精鋼不可挫撓．廉訪輿情．卽爲禁止．海氛驟起．會城東南臨德諸要害．皆築臺貯火砲以禦盜舶．而虎門又創建城堞．公家採石之役四出．昔所耽視．復侈口藉手．稽且岌岌．山無全骨．

王君崇闇成進士．請假旋．率其鄉力訴於侯．爲之達於郡督．於藩憲大夫．於兩院使者．條悉居民所係之切．卒保無害．山雲鬱蒨．千百年得以緘鐍．環山而居者．千百世得以藩衍．皆侯賜也．侯之明德遠矣．衆僉謂不可無頌述以垂將來．欲勒片石．而崇闇以屬之不佞．不佞謂此萬口之祝．已踰貞珉．安用繪以毛錐．將欲後之蒞茲土者．思侯德澤之廣．能守其禁．今較若畫一．後有權力者．愓於侯而自爲計．毋毀人以自封．違衆以自贍．利一時以自促．千百年而片石在如侯在．則茲山恃侯以不泐乎．侯之文章名理．超軼時儁．眞誠愷悌．推赤飲醇．諸樹德除蠹．山岳不移．未易更僕悉．卽禁採石一班．可窺全豹矣．侯諱模．直隸吳縣人．乙丑進士．爲之頌曰．

山爲積德．嶽爲降神．毓秀靈通．乃衍其眞．誰葆元和．恃惟仁人．我東地紀．逆江而奔．支於石崗．赤嵲紫雰．萬人宅命．百世盤根．誰生厲階．乃加椎鑿．選墧而登．翼虎而托．地髓以搜．山骨以剝．數十餘鄉．如焞如熻．扼吭拊背．殘其脈絡．蔓引羣呼．喝而更作．賴我賢侯．照及窮陬．痌瘝乃身．周爰咨謀．監司行部．靡不茹收．爲民請命．去其凜憂．豪奸屛跡．善類有瘳．監之禁令．以永春秋．我侯德澤．保滋勿替．何以答之．自天錫類．如山不騫．子孫百世．嗟我人斯．胡不熟計．福報豈爽．萬命所係．愓於維桑．風於有位．

陸景鄴先生誄

原任陝西固原道參政贈大僕寺卿景翁陸夫子．去歲八月隆德之難．聞於京師．咸震悼朝著．其門生禮部右侍郎陳子壯．位向西．頓擗失聲．於是天子重行邺錄．而子壯視禮祇載仰承．是未可云師弟子之私也．御祭有制．皇哉厥辭．有司將致于靈次．大禮告成．敢又申以不腆之誄曰．

嗚呼．山摧水涸．九原聞矣．左抨右批．戈戟鏗矣．觸聲奮厲．髮髯新矣．一息千齡．而血新矣．嗚呼．斯之典職．以遲爲功．需才飲食．馬牛其風．雖不見聞．亦足以容．人皆云然．而怪莫同．

嗚呼．飛虎臉蛇．有繁其類．張吻磨牙．莫之或畏．彼亦一麾．此亦一隊．化爲犬豕．亦莫之制．婦女巾幗．亦莫之媿．惟靜甯之宵解．亟隆德之失利．豈犄角之不齊．咎長馭之憤轡．

嗚呼，鼂肩鶻搏．螽涌旁皇．闞滿繁弱．以獵四方．東

南傾蕩・西北簸揚・曹丕之才十倍・北海之志方剛・載笑載言・呼號激昂・紀其一二・云胡頡頏・蠕蠕緝緝・而孰與共營於此疆也・

嗚呼・辛酉之郵不識耶・日多事脊脊・何不艱險相置・少効褰革・徒窮食悠悠・髀肉旋生・將糜歲月・抵潯陽之九派・維江藩之磐石・紆鬱折而徙黔・力艱險其奚惜・揮萬衆兮若空・三山苗矣失宅・乍見日兮狺狺・陰其雨兮長積・鬼方不可與居兮・東又涉而曳擲・蹇不才放置於海濱兮・尾宋齊之餘跡・竝王裒而廢莪兮・咽馬援之哀笛・人生亦曷有初兮・貞九秋而遞迭・

嗚呼・靈出壽張・蒙來東平・擁鶩道左・洽祖于城・跨百雉而雲朔・綜曹□之風聲・思雋健其有餘・話彷忽乎未明・切反側之梯淥・創落酒而沾纓・欸徐中其云何・斯割矣而長征・

嗚呼・尧東之人・又不可與居兮・急牙璋於西陜・繇固原而耑鉞於甯夏兮・旋推轂而沮免・夏徂秋而焦鑠兮・頃升勺之餘喘・無翩翾其若縶兮・疊乎其浪淘之駭轉・終不忍見此度兮・寧一逝而莫返・

嗚呼・小憝何便・大哲何愆・溝谷嘯答・二弁在焉・光輝懍懍・風馬電鞭・曾不頓明・而達帝前・辛壬癸甲・委蛻猶鮮・桀膽頑顏・不其灰煙・

嗚呼・司稽山以歸來・窕秦關而婆娑・昔養士之孰存・伊襏弱兮滂沱・貊九閽之見別兮・曰忠烈之可嘉・慨聲容而飲食兮・吹竽笙而登歌・整冠裳而鐍縢兮・立翁仲之嵯峨・紛白榆之的皪兮・耿列耀以無磨・

嗚呼・莊爲施而寢言兮・牙因期而罷彈・彼屈子之得宋玉兮・魂又招搖於湘干・吾孰與脫屣而匍匐兮・將甜乎靈之所安・虞卒哭又近於婦人兮・臨西川而長嘆・嗚呼哀哉・尙饗・

西樵山賦

扶輿南海・精象四出・有樵伊西・維嶽屹崪・紆體勢于祝融・近曹幕之飛翥・表江介以拆規・落海滋而有措・統沙洲之疏遠・力盤盤于屈注・金甌偃以中央・菡萏萼其並吐・巊㟪岞㟧・鱗比雉連・臚七十有二・禮大科而君之・高拂星鶉之羽・長惴燭龍之視・齊日觀於朱明・泛東西之逸響・嫋蕭城之銑鑠・紛九疑而辨嫛・淩牂牁與溟渤・噏蜃灝乎三壺・亘歸墟于潮汐・閒鼓颶於天吳・一清渾其與剖・償目戰而魂徂・湞鬱涘其支曲江・門隘以羣趨海・青卑颰鶉隼・邛乎荒荒旅聚・獵獵津墟・孳孳遨遨・有蛭周廬・概乎猺蜑之族・馬人盧餘・翩丕光而參引・豈數目之能娛・

爾其玉廩鐵泉・雲谷雷壇・雙魚九龍・龍爪鷄冠・虎頭獅腦・五色巑岏・逖邇莫詔・變蔚多端・石則有錦・其或爲珉斯潤・孿拳奔駁・劍笏千仞・或周簷若笠・或一指能震・雲精瑤母金銀之宮・嘗有妙穎秘菜・鶴草仙茅・萬年之梃・不腐之叢・珍禽靈獸・集擾乎其中・雖虞衡其一二・等識界於蟣蠓・驕無人之射・馳子方之驄・無牝虛而不泬・區灊瀑以成谼・疏搖空之雁蕩・起架壑之枯舺・最坎窗之無底・掛碧玉於雙高・蟻蜷嶙而愁下・輕白馬之横濤・翻圭景於蒼涼・撞畏佳而嘯號・聳金鏞之特奏・非竽瑟之恒操・

若乃泉蒙百會・廣老雙流・神瀵聖水之無異・鄺經陸品

之失蒐・媾石林而節密・潔白雲於新湫・咄磑礰其斷落・往頂立而心抽・前事塞而□裹・擁籭綃之朶朶・耀璧鬟之零滑・浪黿花而幷簸・潑颱瀏其太侮・醋綏瀓又侵坐・招搖乎雲中之君・寄一琴之婀娜・曲曰・秋風吹兮菌芝生・藹袤昚兮颾輕盈・君不留兮憺往還・抗飛龍兮將安攀・玉瀨噫其利和・清枕延而再申・騁越有而歸無・切崴嵬乎火薪・厓鳥相以噴玉・鬆木鄧之紛紜・斯沕穆之幽夷・紫姑又邈矣遐振・睨丹砂之別館・鳧羽化之涓塵・揆人神之龐罔・耑炳靈乎哲神・來增城之芰祚・鼎方霍而嶙喬・達茲潤于聖涯・沛喬興乎嘉靖・有肆講而和易・緣糾禮而軒耿・博儒望于周程・逢英君若崇璟・斯既貫台辰之極式・南北之領・銀章賁殊・渥端君・走庶尹・固德彰所弗能檄・高臺所不得哂・謝菌轂之瑀璘・訂巖阿之逸叟・翳壇宅之郛郭・羣武步於靈壽・庸體理以無癯・遺一老耇・忺俶紀其適然・尤時壤之泰阜・分顧渚以連畦・漑穜稑而廣畝・原傶傶乎來牧・道盈筐之予婦・縱鷄犉於雲術・於虎豹其絕・夙通樵蒸於十邨・池飯□之胥守・歲三登而賜租・人互歌而擊缶・酎抱眞之域・指阮衡之間・强徵朝而操歷解・陳禮而稱書・笑南山之石爛・胡東海以就逋・數生初而無為・樂緩喘之須臾・須臾兮推遷・相茅兮聽居・叩郭立兮烟霞・搴四峰兮榛蕪・闃仰辰之珮響・詫耘耔於天湖・臨阮斧之甬棧・類劌骨而透膚・珍氛雺之蒸薇・欲小澤與俱汙・日蚩奔而獝竄・孰疆理之究圖・遂有躓高步于垂堂・量宿春而彳亍・窈霧交而烟扃・寒空菁兮積玉・遵故邱兮絕浦・亂采掇之心曲・余方迴飈飈於層城・薄閬風而一舍・然未㯹使糷融・揮夔魄其閃嚇・勝鰲頓之拍浮・格河魁於夙夜・鼎眞圖之陸離・屬挂傾而抵鏄・遲瘞理以兆褥・響膚寸於林下・外宛委之匿儲・班名紀於崧華・乃為頌曰・

安居石儼・截秋旻兮・飛瞻南國・越無垠兮・風捲海立・益見身兮・合體備德・燀彰影兮・職貢梯航・沃若興兮・中風禱孔・又生申兮・二儀旋轉・惟所臻兮・際彼扶光・合時禋兮・麐艅載游・華茂平兮・日居月諸・沐浴乎千春兮・

陳子升 字喬生・號中洲・南海人・子壯弟・年十六補郡弟子員・與同里黎遂球陳邦彥以文章聲氣遙應復社・福王時・舉明經第一・隆武改元・拜中書舍人・銜命入粵・汀洲陷・謁桂王行在・授吏部給事中・屢上封事・為羣小所嫉・出之外・桂王西奔・子升追不及・流落山澤間・久之得歸里・晚年與陳恭尹梁佩蘭往還酬唱・性喜音律・善鼓琴・畫法董倪・刻印追秦漢・時以才子目之・所著書數十種・有中洲草堂集二十三卷・今刻粵十三家集中・

刻印賦

印章之便者・莫如四面矣・六則妨持・兩則罕變・酌於行藏・四始盡善・若夫青田舊凍・美石勝玉・淨比荣心・潤同果熟・磨之方正・角八面六・隨手皆安・平心各足・罔事螭蟠・奚容斗覆・或方孔橫通・或混沌不竅・貫組何傷・待銘亦妙・小匠既治・名公始制・遡訪甘（廣東氏）何（雪漁氏）・邇推陳（元水氏）魏（石藏氏）・祉述秦漢・旁搜書契・龍信蠖屈・鳳儀虎勢・或蟲籀以間斯冰・或齋堂以參名氏・或陰文而配陽字・或道號而隆私記・油珠璀璨・鐵筆神麗・緩用勤拭・搜文游藝・故足貴也・彼夫刻意龜駞・殫精綰紐・不

解六書・徒作矯揉・玩物喪志・亦孔之醜・吾無取焉・（廣語）

何吾騶 字龍友・號象岡・香山人・萬曆己未進士・崇禎初・改庶吉士・累官至禮部侍郎・加尙書・與王應熊同入閣・以助文震孟忤溫體仁罷・北都陷・唐王召爲首輔・閩敗・奉唐王弟聿鐭至粤・與蘇觀生擁立之・廣州破・脫歸・桂王時・再入閣・尋罷・展轉募餉・奔走兵間・卒於軍・或謂其被執不屈死・史闕不能詳・故傳聞互異云・所著日講拜稽記四卷・周易補注四卷・雲笈軒稿二卷・皆未見・元氣堂集三十卷存・

漆侯建文光塔記

天地定位・山澤通氣・人參乎其中・形家者言・是有乘旺補虛之說・釋氏浮屠・遂爲中原文筆用・大江南北・所在標樹・不啻阿育王八萬四千塔矣・丹堊交施・魚龍張脗・百尺九級・秀入雲霄・其道可以發兩間之曜氣・躍人物之巨靈・雖然・宇內之爲浮屠者多矣・吉祥善事・亦未必一一劵持也・夫謂以甑甓爲之耶・以梗梓爲之耶・以金粟爲之耶・以其地之主宰之精誠爲之耶・大化之內・陰陽灌輸・剛柔磅礴・理氣日行・而人徒日盛・索甓於陶・誅材於山・課阿堵於强有力・斯已疏矣・中庸極言天地山水・乃其高明博厚悠久・皆歸於至誠・吾故曰・其地之主宰之精誠爲之也・則余有見於潮陽令漆侯之爲文光塔也・侯嘗令吾郡鳳城・其爲治也・靡鉅纖瑣・無不出眞誠者・邑城東故有青雲塔・侯每淸暇登臺・延見子矜・撫之敎之・俯仰徬徨・睬其將興・若在眉睫・自侯請沐未幾時・鳳運大昌・奇動宇內・乃侯再令潮陽・且已報政矣・治潮如其治鳳・而夙攬鳳塔於心不忘・

乙亥夏日・潮陽人士聚族而前曰・邑負洋抱江・南北延而東西銳・兩山拱夾・匪建塔其中・無以大振風氣・舊基泐矣・請新之・侯大喜曰・余志也・得請於諸臺・卽日筮吉鳩工・將興之夕・光氣流互・聲殷如雷・越旬地震・土中獲石函・有開元太平等錢千餘觔・中一文曰・天下太平・玉像三・銅像五・銀瓷像各有十六・如豆粟之珠數百・搥擊不碎・蓋佛舍利也・別有銅板方尺・刻紹興元年・衆緣爲泗州普照眞際菩薩建・侯皆封識余友人吳郡丞祖祠中・每發異光・塔基旣定・侯乃以前函復置其地・錢貝增焉・聞之佛法所藏・嘗有靈氣・曜於人文・舒爲國瑞・侯蓋取諸此也・越歲・塔七級・高一百六十尺・前樹兩坊・輝煌周道・其前爲祝聖習儀所・更故千佛寺大之・左右羣峰・煥麗相應・潮陽人士罔不歌且舞・顏曰文光塔・前後計費三千金・侯僅食潮勺水耳・而捐購將半・若是者匪夫甑甓・匪夫梗梓・匪夫金粟・有一寸皆侯之主宰之精誠造也・

嘗讀中庸・寶藏興焉・莫得其說・攷之史乘・如汾陰九鼎・雍畤陳寶・以及和氏璧璽・皆從精誠奮出・至如白馬寺東・夜有異光・三身迸現・江洲廬山・奇塔崇竦・咸觸實踏虛・疑鬼疑神・茲塔甫役・而光華陡發・雷電交章・寶藏之興・非天下至誠其孰能與於此・而後能與氣機隱吸・與兩儀翕動・補造化之缺・偏起兩間之未有・握魁斗而司鼎鼐・志壹動氣類如斯・故有令君之精誠爲之主宰・而文筆倂不在塔也・其道足以達重瞳・耀九垓・文光塔其象焉者也・邑人士應運大興・又有象焉者也・是役也・余同年省郎林公從更倡始・吳郡丞實董其事・矢精誠爲之・侯授簡且至・曰・潮

人士待興於相君一言・噫・余不敏・不覺在矦精誠揚詡中矣・是爲記言以復・

雪山禪師塔銘

嘗觀諸天人師佛・皆以感應作因緣・韶郡巖泉秀濯・梵刹特勝・曹溪其著也・顧英德又有西山西華寺者・南華以大鑑名・否則空山寂寥・千載罔聞・是南華自大鑑和尚始・西華之與南華並也・則自雪山和尚始・雪山歷覽天下・聲光日懋・自崇禎癸酉・始應西山之請・以甲戌春初至西華・寺闢自唐雲門嗣大容諲禪師・易世圮毀・師甫至・而伽藍龍象・峻閣崇樓・一旦煥然・五羊元象上座・道行超逸・屢爲余言雪山・丁丑・廣人士善衆敦請雪山・雪山期以菊綻至五羊・忽是秋微痾・作偈辭衆・更沐而逝・異雲繚林・四衆悼慕・若南華祖入涅時・請記於余・爲西華紀・實爲雪山紀也・

雪山諱通碧・字學庵・本秦川張氏子・幼而伯撫爲嗣・從客於吳京口・輒夢化人金身・眉目掀動・遂薙髮蔣山興善寺・腰舂年餘・次習昆尼部・一日・謂法弟雪坡曰・一大藏敎開方便耳・盍離諸緣習禪觀乎・甲子・爲姑熟梅大夫捨園掩關・偶動地怵惕・忽聞堂上鐘一鳴・如冰消釋・如土委地・有黃山普門大師叩關請曰・何不破此・師遽起・不辭主者竟去・丙寅・造楚之無念和尚・惡罵終日・師爲灑淅深悟曰・天下鷺鷥一樣白・已乃登匡山・見慧燈和尚於漢陽峯・叟造越湛然和尚・顧香爐謂曰・天下萬物・與此同樣・並蒂何分別・師遽起拜・湛然曰・不答而拜・拜甚麼・曰・待答話・堪作甚麼・因相示微笑・丁卯春・於金粟參密雲和尚・是年圓具畢・師問・三壇說戒・皆是方便・除却方便・請師速道・雲翹一足示之・師曰・猶是方便・雲曰・爾道方便・落在甚麼處・師向前作拈勢・雲拈捧師作禮己巳・命充維那・肅默竟日・一衆歎服・辛未・雲受淸天童・師復出・遍禮雲嶠大師諸老宿・前後多所參證・具載眞月性寬超何弟子語錄中・壬申春・結茅南岳祝融峯右・雖屛居窮谷・而至者駢肩・逮入英・往西華・廣度演法・四方走集・宏興楚江國王雅慕・遣餽錢帛・師散給寺工・無所藏貯・身自破衲・上堂隨衆饘飯・凡三年・余備覽雲山行繇・自雪山至英・而伽藍閣以成・良材瓦石・不鳩而集・不賈而足・飛甍流丹・邈若層霞・則是雪山有以感良材瓦石也・繇是觀之・雪山自秦而吳・而湖湘・而粵・所至善衆如水歸海・餽問殷勤・其以感應作因緣也明矣・銘曰・

佛有三身・曰法報化・是謂非身・凡所過經・雖然等自・身住意去・往而不返・然既歷矣・曰歷非在・歷如川流・安所復歷・若雪山師・安得不在・然既去矣・卓錫雲遊・名山是居・降生秦川・祝髮於吳・五羊祗迎・師已首許・終抵英州・寶刹長存・或出復往・究竟安處・日處卽無・厥因未了・應感雙去・而眉高廣・而目鶱舒・頤豐髯美・波瀾浩蕩・若谷傳響・雖有三身・終得不二・高山修林・蔭此妙麗・嵐峯朝暮・法華現在・

劉克平 字道子・番禺人・從化籍・父格・字豫誠・嘉靖庚子舉人・官信豐知縣・世稱强項令・歸與何維柏講學天山書院・卒祀名宦鄉賢・生有五子・克正克修克齊克治・而克平最幼・萬曆間・廩於庠・工詩古文詞・善六書花卉・中丞劉公以謫仙目之・克治著訂初學記及許氏說文・克平重加修訂刊行・性慷慨・嘗脫人於獄不令知・友客死・爲葬於父墓側・歲時祀之・後以兵憲李公聘修石室志・溽暑中感疾卒・

游羅浮山記

羅浮表五嶺東・桂樹神湖在焉・浮山自海外浮薄羅山・稱羅浮・亦曰博羅也・飛雲之頂・聚霞之峰・其洞穴句曲潛通焉・丹鳳之所浴・神女之所棲・爰有夜樂神鉦・黍珠竹符・是爲朱明耀眞之天・寶安之浦・鳳臺之陰・尹氏聚族而居・是爲緝溪・羅浮東道之所出也・去粤之會百里遙・將游羅浮・尹氏請期・期仲冬之月昴中・將發・伯氏少已・仲氏季德・概于朱叔祥氏・梁公益氏・朱季美氏・俱庚子戒行・候潮黃木・夜出扶胥・遂絕增江・距于緝溪見諸尹・尹崑美氏止吾屬休・出青衣爲吳歈娛客・越豔趙大家壓酒・丙午朏・發緝溪・尹崑選氏概于何愼皐氏・俱椷書於寶潭王以襄氏・期源頭會于藍田・黃頭郎乃駕凌風之舸・引編竹之纜・出棠梨・過黃家山・距于潭北・風雨霏霏・王以襄氏至・泊泊頭・潮落舟膠・霽・乃乘筍輿・跋出賣酒田・北望羅浮・去之三十里・雲封中・露其趾・谽谺紫翠相錯屬之・天山之西南・飛來峰之下・是爲梅花村・龐與虔氏築室湖洞・道假梅花村・遭于弇止吾屬休・休村中・村中人習與虔・乃供麋鹿之脯・赤黍之酒・缶繼葆桐之稻・筐繼游益・與虔行色愈王・夜分談・亹亹不休・晨晰步于隧四五里・藤木覆日・光窔遼如從綺疎中窺周除也・里許是爲朱明洞・爰有冲虛之觀・金闕寥陽殿在焉・爰有亭・先君景王瘞玉檢其中・文秘不傳・是爲玉簡之亭・亭西數武・爰有葛洪之祠・丹竇在焉・抳可已疾・取之不可得竭・爰有黃野人之廬・道士出見客・年耄覗卑・嚩之言・囁嚅喉吻間・苦宦遊人窶・無以爲禮・逋客假步山扃・諸祇送・道士宜苦之也・道士曰・唯唯・少戒僕夫之螫・徼福矣・敢言其他・觀西一徑・益盤紆・古木千章・怪藤絡繹・鼯鼠縱橫其上・東望麻姑玉女諸峰・峨峨天上・蘇元朗之所遊也・爰有通明之洞・伏獅之石・四里是爲青霞洞・有泉焉・出螭口・涓涓浸以波漾・時已冬・芙蕖千蓋・是爲通靈泉・去南不盡百武・爰有挂冠之石・石一砥一崎・崎高可數尋・砥坐人可百・頭陁而北二里是爲石洞・葉化甫之所主也・化甫在官中伎者・逃入洞・爰有逃庵・鄺仙之石在焉・莽蒼而澗・溯洄不盡百弓・是爲洗耳泉・泉源出夜樂・甘冽過通靈・夾石中汩急澎湃・下激尋丈・勢俏滙瀦・得一砥・列坐焉・左右供野豬之胾・珠黍之釀・觴諸子・樂甚・顧諸子歌・歌曰・曾岑累峰・其高嵯峨・天清地曠・無厭爾歌・驅逐光影・老則那歌・罷・復由路歸朱明・爰祀山靈・爇俎之薦脯・設酤奠缶・乃遂循于廡序・觀黎惟敬紀游・至歐楨伯碑銘・及觀朱叔子題埡壁・以無忘歲月・昏・道士止吾屬休・

晨晰・登于釣臺・臺高不三尋・下瞰・方瀲瀲水通・觀源合流・朱明修廣可三十尋・參鱻可百・石道士乃供洳澤之葵・與其酒脯・樂奏・終出銅魯銅龍朱錦之旛觀焉・魚一龍八・朱眞人壇下之所獲也・旛二一・先君肅皇之所鎭也・南度澗

西．折五里．是爲水簾洞．爰有書堂之坑．菖蒲之澗．留正之所廬也．縣溜百仞．穿石隙中．石奔逼礙．如無行道矣．入石鼠伏．出石騎踦．俯瞰旁谿．不復得正目．踵移則膝齧．膝受則肘挖．捭石捫天．僅乃任軀耳．季美公益僵．不復前．竟返．吾屬乃更作氣．上及池．是爲流杯池．池瀠水千斛．一石峙中如鏡．徑不五尋．一石承之．水出鏡下．四周皆石環焉．左右更供其酒脯．觴於池水中．風激石盤礴．觴御風行．不隨流靡．既酣醵．不知叫號逸態．盤鋒左右．敵罔靡徙．嘻．知之乎．曩在習家池上．吾家頌中．今者又常與來耳．客觴水誕．季德大嚼．不盡涓滴．乃意不爲水也．越更數石．是爲蝴蝶洞．爰有五色之蝶．葛洪遺衣之所化也．更上．是爲藥槽仙奕．石鑑在焉．穿林北．從菴中度．已度陁里許．得夷陸．諸不能從者合．乃西規二里．是爲御園．爰有寶積．延祥故寺之遺址．通公卓錫之泉在焉．飲之利人．蘇子瞻之所謂清冽冠東南泉水者也．

復西．是爲黃牛徑．爰有仙姑之祠．孤青之觀．就徑中蔀簷下憩．老人乃出見客．雙肩在頂．歡喜命諸孫止客休．供其酒脯．與其醇叔之飯焉．揵懸溜以代操杵．導客往觀之．送客徑口反．吾屬北．其坂剙崺里許．是爲羣牛之石．礅[illegible]半散可萬樣．伏者．仰者．犇者．駐者．屬者．决者．不復可數計也．過石里許．是爲金沙洞．劉晟之所宮也．行道益峭峻．膝在膺．手在股．髀不任則攀．指不支則跽．上里許．是爲五賢祠．祠前不盡百弓．爰百雲起門含陽門兩石．相翼望如闉．兩門前後．望如閤．錦繡掎其北．玳瑁翼其右．花首之臺．五龍之堂在焉．一水繞含陽而西．一砥可寬十畝．精瑩平潔．水枝流其上．如珠網施焉也．吾屬休．列坐網絲中．獵纓振力．且沐且澣．不清而入．潔清而出焉．祠西度省邱．是爲幽居洞．龐公直講堂在焉．爰有予所鉢盂．躭碧達觀．隗翠之巖．其水皆合流雲起之前．溢于黃牛．注于龜淵．其合處飛湍懸濤．漫崖冒谷．響應林木．游人入其間．疑弄潮兒．疑從化人遊．疑在廣寒作羽衣霓裳舞．疑在金銀臺逍遙．桃花水盛．當乃愈益變幻矣．既昏以褱曰．飛雲峭峻且倍蓰．願諸子以明日休．諸子曰．諾．

晨晣．無有願休者．獨崑還有倦態舍之．崑還遂求其先世墓廬於黃竹．吾屬相將而上．望上界朝靄鬱蒼．不得見．見前人則如飛鳥．顧屬者如淵魚也．前援後拒．踵創指掐．漢應生所謂目視而兩脚不隨者矣．乃今日得瞪視乎哉．日昃得息趾．是爲上界三峰．有泉焉．是爲泉源．其草樹鳥獸．非復齊州．當二山之奧．別有滙水焉．與潮汐應．是爲瑤池．是生靈壽杖．爰有聚仙之石．會眞之臺．鐵橋之所跨也．乃遂登于飛雲之頂．自金砂至飛雲．終日之力．經松岑百餘．夷頗十二．懸削十八．始之時．相望戔戔．不信謂終不墜也．及之．不復謂天不可升矣．濛汜之谷．羲和在焉．飛廉從東道來．淜滂熛怒．行具既至．遂少息．從者積薪縱火爲謔．咸陽之燼．建章之焰．膏薄脂林．照谿映谷．俯視下界．原燎野燒．倏忽變幻．如列星．如飛電．如劍光．如金銀氣．如赤城霞．如如來現佛燈．如無相三昧自在相．東若西者．遠若近者．卽山靈爲之矍踢矣．少焉．虎聲殷殷逼．左右色動．匡坐視東溟有光．透洶湧中．射峰巒如赭．視衣袂如茜．相對面如酡．則月將出也．見月紅者．白滅者・明冥者・瑩蓊薈閒如金錯・如文繡・如丹繪・視月亭亭如半璧・炘炘如冶金・曄曄如蝕珠・嘻・是常與李白賈淳詩者乎・已覺霜威入衣・乃少臥・空中聞鼓吹清遠・多石音・稍雜絲竹・須臾天雞號・羲和戒馭矣・朝靄中觀逾益奇・下界夜且未央・而盡目境・殆不翅五萬億里・梧桂衡岱峨眉王屋軋沕・其累黍耶・渤澥天池東南巨浸・亦復掌上幅楮耳・寓內融者峙者叢者紫者・皆置帶下・北俯山陰・乃嶔巖莫測・古木層陰・吞雲夢八九・猶古海島雲煙望見之已也・山陽則玉女麻姑・兒孫羅立・老人警節・列仙展軨・諸眞笏駕・黃龍伏轅下・丹鳳倚衡・白鶴黎乘・向所經歷瓠之瓣・其佳勝蒸之鸞耳・黎惟敬常曰・比從泰岳絕頂來・齊玉鵝耳・車馬之躪・斤斧之剝・無完膚也・嗟乎・此孰與雲母畜維・龜淵絡軸・北翼九疑之戶・南敞七耀之牖者哉・

於是顧諸子盟諸山靈・諸所擇地・而蹈貿名山者如此已・顧左右取綠綺鼓之・風喁喁以萬籟來和・更取鐵笛吹之・作裂石聲・風大起・揭柯揚林・乃下于瑤石之臺・飯泉源之位・東甌二樓・履綦間可一躍而至・公益季美謝不能從・邅復路歸金砂・吾屬星散而下・焚輪拂睫・雲冉冉礙杖・既止一峰・其嶢岑其銳處童石戴之・石側有磴道・僅茹踵・道盡・開突若樓居・是爲大石樓・朱明青霞石洞則其奧也・樓下是爲青羊夜樂之洞・神湖犀潭在焉・爰有集雞之壇・降麟之臺・萬年之松・龍公之竹之所生也・觀見季美公益如行蟻・附枝迴途下・低望一摟・是爲小石樓・仙人所常練鐵爲飛梁度者也・求之不得・遣一山中人縷級下尋・久之・呼不見・咸以爲舍身・比還・終不可得・乃顧諸子無憂・吾已令夔魖承杖猘狂侍屨矣・遂爭道而下・險絕非人境・舍山而澗・澗絕復山・人人瞪眙不自保・竟未昏・及之金砂・季美公益先至・仍觴於含陽之砥・須臾臥・大雨・萬壑如機絲・雲出沒如海濤・晨霽・乃騎至湖洞・與虔之所築室者也・七星之松・奉宸之橋・跳魚之石在焉・洞人供其虎腊貍肩・觴吾屬陂澤之上・漁蠡于淵・既鱠・洞人供其新醪・別與虔抵泊頭崑還・會颶風至・乘風過銅嶺・抵東莞之邑・休愼皋許信・信月晦歸・

僊鶴賦 並序

余再見中都劉少司馬于端・深相顧念・謂青蓮居士復謫人間・東吳黃兵憲亦謂才清神王・豈埃壒中物耶・其時幕府有雙鶴・命平爲之賦・其詞曰・

偉矣哉・幽經陽鳥・仙府之禽・雖同羣於鸞鳳・顧自養於火金・爾其鼎餤兮失候・霞觴兮污衣・同塵心之一染・與仙路而暫違・經蜀都而道紓・歸遼陽而世非・正虞益掩羅之日・漢帝誇胡之時・悲三面之徒解・何一目之我羈・頓天網於鄴下・獲前禽於渭湄・叫天閽之遼邈・就藩籠之喧卑・霜嚴沍而躅步・風憀慄以中肌・跱脩趾而延竚・鑑盤水以自娛・幸儔侶之尚在・觸四隅兮何爲・非我性之耿介・甘步矩而翔規・昔黃虞之至德・耀威鳳乎來儀・亮素質之淳朴・何玄黃之足奇・勞君子之眄睞・濫嗟賞於階墀・背汙澤而層構・鎩鸞翮其何辭・苟小流之靡擇・侶黃鵠於琳池・質縱輕於梁雪・名或重於周詩・匪同截于梟脛・亦何溷於羣雞・久摧頹而無負・將羊叔之見譏・睨支公而自悼・惜淩霄之異姿・

若夫霜靜曉砧．雲空秋罄．爽氣入裾．金風颸幕．聲哀厲而獮激．振孤高而窮漠．行人聞而鼓邁．居徒聽以歈樂．壯夫之唾壺忽碎．玄談之麈尾盡落．奚必聞雞之舞．何異感人之樂．徒觀其弄影崖梁之野．遺箭會稽之陽．褷素娥于上服．褐玄冥于裏裳．始櫛沐乎沆瀣．終憑陵於雪霜．循天綱而凌厲．匣坤軸以廻翔．陋化鯤之誇詡．笑卿木之勞攘．御輕風兮泠然．駕颸輪以徜徉．

於是將片雲兮共遠．邀遠岫兮我隨．聽玉簫於嬴女．叫商風於金徽．原蝘蜓胡能我嘲．陋梧桐胡能我棲．豈覆巢而始避．即君堯而巢居．窺萬有於一竅．同清冷而杜機．汚何知於浼我．亮雖染而不淄．爾其懸火齊之峨冠．振霜華之綺翼．先路而吳門曳練．翔集而海濤奔逼．脩吭戛擊于天球．衣裳或削於綠綺．彼陰陽之成具．詢至文之在此．是宜識天地于圓方．爲僊靈之騏驥．衞軒豈得而乘．潭粟奚緣而飼．去江樓兮煙渺．傲金穴兮霞舉．俄翼岱宗之壇．養靈三株之樹．當是時也．參軍搦管而失色．王子按經以何語．

蟠桃賦

東望沉寥兮．彪彪澌澌．靡屈靡抵．瀰漫布濩．忽焉則有．度朔之山．邺焉而巃．矗天樞．攝地紀．慌罔呑欣．掩乎軒轅．蒼龍之所麗也．孰樹之桃．而名之蟠．吾誠不知其所自始．曰．玉衡扤魄．精氣葢昷．抍獨萃於此．爾乃攢五襄．鷟嬋媛．三千里．萌扶桑．豪建木．翬散霧．聚星臨而雲踦．若夫朱英葳蕤而柯條捉也．燦焉若朝霞之煜目．弗駭也．瓊露浹焉．霖澍被焉．祥噫煦融．揭株振林滲焉．紛紛其披靡焉．三千歷年於是矣．爾其爲實也．鶉火飾質．黃龍贊朱．核若火齊．葉成緗綺．絳雪既溢．醴泉乍舐．濯痍蘖寒．孰不嘉該．桃之神異也．方夫樊網扳進．荼壘鬰矗．絕崖摧枿．東南之肆．夔魖頷蹟．咿嚘吁熾．咸既抶既搏．弗遑以詒．

及夫老子之西遊也．青牛既駕．青裙飄飖．紫梨共薦．紫雲岩嶢．于時西都陸沉．歲星之精．豈曰無良．列藉太精．匪偷匪獲．短人爰證．迨彼七月七日．厥實維七．喧囂之下．上乂鳥足．以留乎茲桃之核．緱山之翁．聞而笑之曰．此上清之奇珍．匪沆瀣之猗匹．得之足以豪．木羊尚可刻．何不薦食崑池之宴．弃山槐眉之側．載歌白雲．好獻玄璧．其樂無涯．其壽無極．曰．予小子敢述彩筆．

林挺 番禺人．萬曆間貢生．官知縣．

淇園集序

潘季子子遷好爲雅遊．嘗稱詩海上．於是有海上諸篇．在都人士口矣．昔其父光祿公亦以詩顯於嘉靖間．則與秘書黎惟敬虞部歐楨伯爲壇而盟．遂無人於五步者見其季子．二公輒灑然奇之．光祿有子哉．乃今而後徵也．所爲謳吟．無務彫琢．特芻狗去之．以故稿十一存耳．友人曾人倩畧爲編次．以余習於季子．因屬之敘．敘曰．

應龍乘雲．大鵬搏風．適奚有所假者也．弗假亦不成．若夫無翼而飛．惡乎假．驊騮騄駬．當其盛年．一日千里．遠矣有時而旣．若夫無足而行．惡乎旣．通其解者．上而敷圖至道．下而沉吟短篇．包括宇宙而無津涯．陶鑄人羣而無生滅・絡繹萬世而無上・莫不洋洋乎盛矣・吾强以廉之當世・可屈指而盡也・夫貴若鉅公・重其千金・予乎奪乎・曾不如片辭之榮辱・故曰・言爲政・涉世之日促・促則有所不及・忘世之日紓・紓則容與而有餘力矣・故曰・隱爲政・性潔者其詞峻・神曠者其詞疏・思深者其詞永・故曰・德爲政・有味乎・再三而未敢必然不也・

余往過大良・獨季子從余三人於稠人之中・余與語大悅・曰我聞之黎秘書・曰我聞之歐虞部・彼二公者・譬之九皐・先數子鳴・今黎秘書往矣・乃其篇章具在・流於後代未有竟其脩者也・歐虞部亦請老於海上・益爲海上援枹鼓・稍得超乘之士十數人・季子實肅部伍隨之・假令季子反其前矛以取華要・亦可以得志於當世・而季子有所不爲也・將養其餘勇・欲如前三事自比於素功・得矣・迺者進季子而揖讓於大歷開元諸公乎・不失爲儁行・進而卑呰六朝矣・又進而凌轢漢魏矣・力取不待年・奚禦哉・於是曾人倩請以是殺青・季子退讓曰・谿澗之竹・誠未可盡・幸無以是爲戮乎・彼其衷抑所謂鞠躬君子・靡可幾也・

南舟彙草序

子玉氏好黃老家言・常欲棲心於無爲・以故其詩文不求工・自說而已・於佛子書無所不窺・所至止僧舍中・焚香簪鐙・默坐逾旬・戶之外有所不知也・間謂予曰・學人求早悟・求眞覺・自吾游於內庭・而知物之果不吾勝也・汎然而已・亦靡不沛然順者・吾造次於是・顚沛於是・欲其少離焉不可得也・其所持論如此・予未敢以爲然・顧無以難其說・爲文汎濫百家・然罕見其讀書・詩多得於宴游・不作酬答語・或含毫思不屬・罷去之・諷之竟・不竟也・曰・吾希心冲夷・又烏能俳語以諧世・舍之傍有西樵山・巖巒多奇狀・暇卽挾冊倨其間・或忘朝脯・斯所謂遊於內庭者否邪・

早歲嬌嬌自喜・已乃頽然隤然・於物不復有異同・覽古人事・多所揚搉・詢時哲・第直視不答・時微笑而已・應賢科・乃絕不爲舉子業・有造之者・或不報・卽詈言繼至・遂自恕也・於物無所好・而獨喜嬉戲小技・家日窘・然不能以貧告人・躭嗜仙術・而排長生久駐之說・覃精往籍微旨・而與新安家時有牴牾・辨過堅白・與人言・直示兩端聽自決・不能詭隨・乃不喜忤人意・羣居終日讙呶・對婦稚反矜嚴・居約茹澹・得一肉・必均之賤者・此豈所謂物不能勝者哉・然君性多疏・疏則放・疏則倨・用是不能數數於世・將無借內觀以文其說・亦僕之所不能究矣・子玉十歲卽爲謳吟・率棄不錄・今年秋歸自金陵・予倒其篋・得詩若干篇・將收梓之・遽謂予曰・是其中多玩世語・子無重吾過・乃一二同好・竟不能用君之言・遂爲之引其端如此云・

小海珠記

蓋海王百谷・以其能大也・君子觀而樂之・至其澎湃稽天・奔雷倒峽・令人震蕩不怡・則孰與芳洲淺水・微波細浪・可以暢目宣懷・令人憺而忘歸・隱者之盤桓・斯可述也・

余蓋多孺朗治龍子之宫焉・往余過大良・汎鶴浦・弭檝蕉蠡之林・常低回於此而不能去・以爲造物留奇・馮夷選勝・獨未有人開曠土・結棟宇・據片石以分漁人之席・何

耶．亡何．余薄遊四方．凡十餘年往矣．則聞惟遷潘公鳩工聚材鼎栩於此．至其子孺朗之增而新之．周繚而垣．垣以外．多丹荔黃柑之屬．垣南爲巨門．黃太史倬星題曰「閒居舊野．面壯龍橋」．其潮汐直與池接．池中纍石成洲．延袤可百武許．東西設二埠門．東抱太陽．顔曰．朝日．爲逍遙福地．右挹嬋娟．顔曰．戀月．爲棲霞洞天．相對如闕．俱可繫舸停棹．躋而上．則清風亭．亭後爲服日樓．服日樓者．巋然中據．當公在日．詎不曰．吾百歲後．猶不忘此．即以爲湯沐地可也．今孺朗從而俎豆公焉．公若先命之矣．稍進爲精思門．達右徑而北．爲生洲洞．又稍進．爲羽翼堂．堂後丹荔垂蔭．列置石几．磴道鱗屬．可坐數十人．名爲小閬風．而醉石煉丹井以及釣臺轆轤．皆於此乎具焉．亭左旋而北．是爲長洲洞．修竹森然臚列．稍折爲小東林．林內堂曰漱潤．館曰烟霞．曰達生．房曰燕居．皆米繕部仲詔馬君伯起郭君子翼書．乃孺朗陶修地也．左折爲綠陰隄．委蛇數曲．自是漸登蘭皁．名花雜沓．古幹蚪枝．置以石几．灑然可坐可觴．更令人忘倦焉．

夫地非人不勝．人非地不因．兩相憑依．兩相藉重．儻所謂造物留奇．馮夷選勝．以待潘氏喬梓非耶．余雅負泉石之癖．因譚海珠之勝．不覺形留神往矣．故臥聽潮生．起視江月．吸沆瀣．觀朝霞．翫圖史以怡神．登高邱以騁望．或朋友過從．酒後耳熱而發清歌．鳥聲漁唱．天籟相答．斯時也．不知我爲若耶．若爲我耶．胸中別具一海珠．別具一堪輿．攬無窮而樂無際．余以是爲孺朗足多也．因紀其約畧如此．

朱完

字季美．南海人．萬曆間諸生．負文名．深於說文之學．能詩．工篆隸．兼擅畫墨竹．歐大任黎民表皆折年輩下交之．性閑靜．居粵城北郭之虹岡．栽竹數萬竿．梅數百株．閉門自娛．而問字索書者不絕．著有淸暉館稿．今佚．

嗇如園賦

鄧伯子南陽華胄．駿發郢都．勝情天逸．標韻風騷．游心物始．獨與道俱．爰作羡圃．於焉考廬．仙的聳乎北牖．神瀵涌於南除．覈元旨於柱下．錫嘉名曰嗇如．客有過而謚之曰．吾子負韜物之雅量．懷高世之英圖．將迯覽乎八荒．胡刪跡於一區．吾將進子以遊觀之郅樂．華詭之極娛．發子之覆．子欲聞乎．不腆大楚．實爲奧區．玉衡鶉火之次．赤館朱陵之墟．左獵雲夢．右眺荆巫．乘堅策駱．載馳載驅．窮日不足．卜夜有餘．奈何跼蹐蓬藋之下．若橛株拘．精疲於祕典．神蕊於玉書．胼胝皸瘃．無迺儢歟．

伯子作而言曰．噫嚱．若客所謂馳騁之娛．亦奚以爲．吾想夫蚡冒之奄有楚國也．肇土畫疆．篳路藍縷．作法惟涼．土木之侈．溢於後王．渚宮讞獄．章華鏘鏘．層臺九仭．飛觀百常．翼藻梲以横鶩．跨雲桀以高驤．被翠羽．刻龍章．挂曲璠．綴鳴璫．裂綈錦兮繡文埒．規雄虹兮嫋飛梁．復有秘閣邃闥．曲榭廻廊．或涼或燠．乍陰乍陽．誇大蒐於夢澤．詭艷詞於高唐．俄代謝之忽及．慨榮瘁之靡常．紅蘭既化．白露爲霜．玉甃蓮礎．灌莽荒岡．詎若吾廬．挹淸欲爽．雲霞在衣．風泉落掌．冥觀則萬古崇朝．臥游則十洲函丈．几上獨嗒然而噓．空中契泠然之賞．

及夫歌扇舞衣．裁紈列綺．淫冶繁華．豔如桃李．結幌流蘇．千重步障．紫絲十里．綷縩七寶之襦．纂組五文之履．舉華袿兮光風迴．動淩波兮香塵起．忽寒暑之迭更．亦煙消而雲委．莫不感行樂於當年．傷流光於逝水．予方攬薜芷以旌潔．擷留夷以信芳．揉秦蘅以紉佩．集芙蓉以爲裳．散芳襟於華薄．蔭翠幄於朱陽．叢桂發小山之馥．猗蘭吐大國之香．信夫薄榮觀而燕處．其樂洋洋者矣．

又若舞按陽阿．聲徵北里．激楚迴風．前谿白紵．含宮咀商．變以流徵．啓朱脣．發皓齒．采蔆燕於山間．詠芍藥於溱洧．已而曜靈西匿．戢嘽濛汜．逸響與梁塵共流．玉質偕歌臺俱圮．予方振天籟於空谷．舒鳳嘯於中林．擊泗濱之璐磬．撫彭澤之素琴．泉叩牝而諧調．風振杪而龢吟．豈羨夫驚心動魄．桑間濮上之音哉．

客曰．唯唯．否否．蒙竊未通．方今聖明在上．如日方中．懷才抱道之士．卬卬顒顒．若脩鱗之赴巨壑．鴻毛之遇順風．先生妙論．若高蹈之義則獲．而兼濟之道未宏也．伯子莞爾不答．抗音而歌．歌曰．治人事天．莫如嗇兮．蚤復重積．無不克兮．莫知其極兮．客喜而謝．泠然若灑．乃知先生非忘世者．

張鳴韶 順德人．萬曆間諸生．嘗遊羅浮．有宿飛雲頂候日詩．

贈温陵陳山人東歸序

温陵陳君旅寓吾廣．以倦遊東歸．其親友留之不獲．更爲贈言以送之．君之言曰．吾始而談藝於家．朋儕不吾棄．而吾獨遲留不遇．吾繼而浪遊於外．家且有餘貲矣．而吾獨以養親故．數遲戀不獲遍．吾嘗與知己講韜鈐．習劍術．同事者率皆入彀．而吾獨遲鈍不獲展．吾今髮種種矣．顧兒嗣未立．親舍在望．松楸日長．幸而遲暮不衰．回視仲長公理之書．於彼且遲而有餘愧．吾不能等吾生於齊陶之上．意亦息吾機於漢陰之間乎．三商而起．意未嘗不在鰲山麓也．不佞亟高君言而嘉之．雖然．而獨不聞梗楠杞梓之爲材乎．上以配明堂清廟．下以贍百工什器．然其始雜於蓬蒿．長於郊野．積月不加咫．積時不加尺．至數十歲．然後勁幹虬枝．侵雲薄日．于以待匠石之用．凡木不敢望焉．豈能屑屑且夕與靡草朝華計榮瘁哉．則遲之功大也．

君抱奇巖穴．獨行君子之德．垂老不倦．所著劍經射義拳法諸書．作述不出里閭．而名流縣寓．雖貴客虛左．將軍執轡．亦奚足盡君．余謂君之所待用者尙有俟也．異日舉丈夫子．芃芃蘭玉．充滿庭階．君且出其餘．爲國家北捍虜．東捍倭．以當萬全之託．其視鷹揚矍鑠尙且先之．夫積之厚．故其發之遲．發之遲．故其流愈遠．天之所遲君者．意將有待耶．君厚於植德．而拙於取用．急於修行．而遲於取名．其究顯揚明．盛日可俟也．今上蹄鞅徧天下．而不免莊舄其哀者．其視君寧無愧哉．余因君之言而喜君之實．有是遲也．雖謂之未遲可也．

順德方侯德政碑代

方侯令順德．既考績報政于朝．家宰並以牘上．特爲嶺南高第云・天子若曰・往嘉乃績・益懋厥事・以膺顯命・欽哉・于是推隆所生・並侯階勳・用旌侯德政・時朝議虛瑣垣以待・然以功令小需歲月・未遑也・越二載・侯視事如故・歲丙申春王三月晚・進不佞某受署邑庠事・未至粵・則聞粵中歲祲・黃埃數千里・民嗷嗷待哺・萑苻數起・江海之間・道路多梗・爲行旅憂・正賦不能供・至勞詔減田租・發倉廩以業貧民・佐以勸濟之粟・用是粵民稍稍安集・然道殣相望・瘡痍未起・呻吟之聲未絕也・逮至邑郊關・則老幼熙熙・行賚居送・不異平時・田疇之上・垂黃結穗・因作嘆曰・壯哉・斯縣蝗不入境・儔矣・其黃潁川之化乎・既至邑境・則道路益斥・甸人時廵行・垂櫜鞬・呰不保聚・海壖戍卒雖不廢防・亦無伏寇・肆歌巷謠・往往不輟・則又歎曰・媮哉・民斯賣劍買犢・儔矣・其龔渤海之風乎・入郭・則笙歌載道・商賈充途・隸人牧圉・各贍其事・父兄子弟・莫不稱詩・則又嘆曰・渢渢乎大風哉・斯家詩書而戶禮樂時矣・其言武城之教乎・且詣學舍・拜瞻宮墻・煥如也・高步堂皇・整如也・已集多士・課試文義・商榷古今・莫不循循雅飭・文有中州之氣・而矜節砥行・若有爲之培植者・然詢之而知侯鳴琴之暇・師帥我諸生有素也・於是喟然嘆曰・盛哉侯之德・斯愛人好士一貫之矣・其文翁之治行乎・治至是・美矣・無復加矣・由是日得嚴事侯・接見益親・聆政益熟・然侯方且沖然淡然・若不知有所謂恩德者・間叩之・則曰・余忝蒞茲土・享其祿秩・煩我百姓・趨事於余・侈矣・彌縫其闕・匡救其災・畧吾職而已・子弟中俊秀・思以善誘之而未逮・而又何功・侯之逡廵退讓若此・雖不見迹・而治理日流・籍籍口碑・具于士民之紀錄者固在也・會庠齋多暇・課文外進諸生而語政治・則羣然曰・無如我邑侯賢・間會父兄耆老・又則羣然曰・無如我邑侯賢・詢所以賢狀・咸曰・唯唯・語不云乎・何知仁義・饗其利者爲有德・吾儕小民亦既享其利・安敢無辭・往以歲之不虞・不腆敝邑・剪爲殍虜・實賴我方侯在事・勤恤民隱・與時消息・俾各有寧宇・雖則饑饉薦臻・然以吾縣視各邑爲特豐・則天地之靈也・侯之惠也・方歲且歉・米價騰倍・侯廵行鄉井・大家勸出粟・小家議賑貸・所得輸粟一萬五千有奇・並與倉廩俱發・然編戶之室・至有闔鄉無一稱飢者・侯令保里擇其稍貧者並以名上・無鄉不賑・無賑不均・獲濟者七萬餘・至今莫不舉手加額・祝稱有後也・

往者鄉落以歲飢多去爲盜・白晝攫金而羣行顛越・城內外亦戒嚴・侯申飭城守・立哨望之法・有警則與鄉夫協力應援・江外近郊・則哨船往來・分班直戍・羣盜用息・其間亡命作奸攻剽不休者・則廣詢博訪渠魁而後誅・衆證而後殺・時有縱舍・而不失於苛・至嚴保伍・飭吏治・選官兵・利器械・隱然有保障之風・是侯有大造於我斯民也・往者征輸多攬於豪儈者流・羨歸豪家・而虧折在小民・侯令小民得自輸納・賦役均平・民以稱便・且節省夫馬・裁革供應・清儉之風・孚於上下・民之戴之・若百穀之仰膏雨焉・豈惟一人之私・侯善政更僕未易悉數・茲特其大畧也・

未既・羣士復進曰・昔鄭有鄉校之議・齊有稷下之談・以諸生而稱執政・古道也・況侯實教我・惡可無辭・侯視民猶家・視諸生若子弟・今得執經問難於先生・而又得事賢大

夫・內外夾持・諸生幸甚・且無論侯之造就我多士・以今春秋駿奔在廟・廟宇飾矣・進講升堂・堂廡備矣・後有尊經之閣・前有梯雲之樓・左增啓聖之祠・右闢學宮之路・衆觀備矣・卽今士會於斯・朝夕游於斯・競於敎而勸於善・惟侯是賴・我諸生曷敢妄昧・不佞重聞羣言・益以前所聽睹・於是拜手稱曰・

昔召公化行南國・至愛其所憩茇之甘棠・必曰勿剪勿伐・頌之不已・而且愛之護之・侯之巡行施惠・德及貧窮・且救荒有法・民不告匱・其爲甘棠多矣・民當何以愛之・至於頌天德者又曰・豈弟君子・遐不作人・侯之樂育諸生・豈弟奚加焉・茲其作人者在矣・然非特施之一邑云耳・由此而勵相我國家・廣而布之天下・其爲士民之福・豈有涯涘哉・

霍尚守 字益方・南海人・諸生・隱居西樵・博學多才・著有西樵山志・粵東名臣志・阮志注存・又著有天下名山志・樵中藁草・未見・

與喬化論通志書

歸山浹旬・欲飛翰左右・詳論志事・第其說長・赫蹏難竟・屬者宗伯忠銘王公枉臨山房・首詢及此・聞新志體欲倣南都・驚曰・館閣諸公評京省志・兩廣爲最・湖浙次之・餘無稱焉・奈何舍此而倣彼也・不佞詢之陳勳卿曾計部・亦以爲然・夫省復分邑・人物析爲六科・割裂不已甚乎・

且名宦人物・世敎攸關・進退宜嚴・昔羅文恭先人列祀學宮・後有涼德而濫祀者・文恭曰・先人有靈・必恥爲伍・輒欲抱主歸・然則陸陸之流・卽陟巍科躋膴仕・亦何容假借令與高賢偃然並列也・不佞分司雄韶番連・名宦人物・參訂再三・無濫觴者・去歲章中缶宗師諄諄致戒・言猶在耳・而憲使王如水先生赴陝時・亦有難成之慮・可不深念哉・諸君開局日・猶抵掌辨論・今萎腇咋舌・何爲者也・足下爲詞壇盟長・以方頭著聲・非人趨而趨・人諾而諾者・胸中涇渭甚明・安得嘿嘿・過此晚矣・假令足下簪白毫・乘青驄・頡頏諫垣間・朝有缺失・或國是未定・竟亦默默已耶・足下所司名宦人物・願早定之・毋過顧忌・任事任怨・自昔然矣・不然・體裁未確・品隲復疏・兩載悠悠・徒糜公廩・何以復命于兩臺哉・

與林培之侍御書

足下去臘約春初入西樵・棲雲谷・爲不佞近鄰・乃竟不至何耶・豈楊酋逆命・震我邊陲・足下有請纓之思・故不暇踐泉石之盟耶・不佞計區區播州・曾不足當中國一郡・乃敢狡焉興戈・何異螳臂抗輪也・夫播州・唐以前張官置吏・徵租榷稅・不殊中州・自宋太祖閱輿地圖・執玉斧劃大渡河・始界而夷之・播遂爲楊氏世業・後雖置遵義軍名號・羈縻而已・嗟乎・宋之土宇・僨于耶律・蹙于完顏・幾固兆此乎・何者・開國之君而忍於棄帝王世守之土・又何怪其子孫延喘天南・不復致力中原哉・聞宋祖棄播之夕・大渡河欻陷六十餘丈・令播州一隅・不霑王化六百四十年・誰之咎也・今楊酋不思世享故壤・以身嘗法・意者天不忍夷播州・欲百萬生靈復覩天日耶・葉宮保鎭黔時・已知楊酋必叛・移文鄰鎭・預爲之計・陳勳卿亦謂向參蜀藩・楊酋來謁・視瞻異常・心

固疑之・二公可謂先見・然釜魚阱虎・竟何能爲・今陳將軍耀武海上・倭奴宴遁・朝鮮息肩・倘秉東方之捷・亟移師臨之・彼魄喪膽寒・勢自瓦解・何險之足憑也・足下謂然耶否耶・西樵林岫・杜鵑如織・春深花發・紅紫連空・七十二峯若衣錦繡而立招・偶登臺把酒・臨風侍衞・亦雄偉哉・足下卽未能鞏泉石之夙盟・亦何可不窺春山之巨麗也・

與譚永明論交阯書

不佞弱冠讀史・至交阯再失・邑邑不已・或撫案太息・尙在葉化父所見・足下論阯舊事・扼腕不平・知足下與不佞同此恨也・第足下知失交阯可恨・詎知其所以失者可恨乎・

昔漢武之平南粵也・開南海鬱林蒼梧合浦交阯九眞日南七郡・設交阯部刺史領之・張官置吏・輸租供賦・無異中州者四百餘年・建安末・張津請改部爲州・與十二州等・比孫權竊據東南・計目前而忘遠慮・輒中分南海桂林蒼梧三郡爲廣州・合浦日南交阯四郡爲交州・各置刺史・而交廣之勢始分矣・晉興・置交廣都督・持節統之・兼刺廣州・其勢雖分・而權尙合・故自六朝至于唐末・五百餘年・猶然爲中國藩服也・五季劉隱據嶺南・交阯道絕・地歸楊延藝・宋人不競・封丁部領爲王・李陳相繼・視爲世業・帝王舊物盡淪于夷・嗚呼・不可恨哉・

永樂中平陳氏・收復交阯・千載之奇勛也・倘于斯時地瀕廣東者・割二三郡隸之・瀕廣西者・亦割二三郡隸之・各置大帥・屯重兵固守其地・遙分其勢・令張英公世鎭・如沐西平故事・交阯之境・豈不若泰山而四維之哉・奈何策不出此也・馬騏貪暴而釀禍於先・王通棄地而委弱於後・柄國者復執賈捐之之說・交阯竟歸黎利矣・嘉靖中・黎莫變生・廷議征討・吾家文敏大司馬按兵境上・詔諭交人・以郡歸者授之郡・以州歸者授之州・令人自爲守・若廣西之土官然・可不血刃而定也・湛文簡權論策亦如此・人咸惜其議不行云・夫交阯十七郡・四十七州・一百五十縣・歲賦所入一千三百六十萬・舉八閩兩廣雲貴五省之賦・猶不足以當之也・乃宣德初・當國者棄之不啻弁髦・且旋師太遽・曾不少待・令中國官吏工商陷於夷中者無慮數十萬・計亦左矣・豪傑之士・惡得不痛恨哉・足下自謂規畫交阯・着論甚悉・不識可見示否・不佞稽羣詞・爲交阯通考・盡其顚末・家觀察索去・容取呈正・

翁襄敏公安邊記序

余聞胡患・蓋至周始熾云・朔方之城・仲吉甫之命・詩所詠可覩已・秦平六國・鼓積威・胡徙而北・遂築長城界之・雖罷敝黔首以趨於亡乎・然令後世可憑而守・論者不以人廢功云・漢唐而下・胡虜强弱・視中國盛衰・宋室不競・削於耶律・殲於完顏・折而入于蒙古・夫恢恢六宇・朔虜偃然臨之・此百王之深恥也・高皇奮起濠泗・電掃風馳・驅之大漠・所謂功高千古非耶・當是時・牝塞守在東勝・依河爲固・殘虜不敢深入・土木變後・虜漸南牧・而我退守延綏・西北失輔車之勢・王威寧余肅敏並著聲塞上・顧殫其智力・曾不聞奏一大捷・僅僅固吾圉耳・毋亦以險予敵・今昔殊勢哉・嘉靖中・套虜跳梁・邊事孔棘・閫臣戰守無策・屢獲重

譴・故邊閫有命・莫不惴惴惟任使是懼・獨翁敏襄公以雄才當之・功蓋可紀云・

余弱冠讀書西樵山中・葉計部化父棄官來棲・偕訂古今・至防邊大計・則亟稱翁公・且曰・邊閫重臣往往擁兵自衞・諜報虜至・惟武弁赴敵・勝輒攘封・敗輒委罪・甚且縱虜出入・掩敗爲功・上下相遁・曾有躬出禦虜介而先驅・若襄敏者耶・史臣謂嘉靖中・邊臣動合機宜・畫中綮窾・惟公一人而已・余稽輯公行事・爲安邊記・公開府宣大・偏保六載間・諸所注厝　悉具載焉・余觀公安邊之術・大都有十・選將校・撫士卒・固險要・飭守備・廣庤蓄・明賞罰・嚴詰邊・謹偵諜・獎豪俊・急救援・經畫布置・詳密周悉・豈非折衝之宏謨・保障之長策哉・乃其匪躬自矢・見虜必赴・決勝若神・即詩所稱赫赫南仲・文武吉甫・何以加焉・然公之崇勛偉伐・非獨著於西北已也・交南之役・公分部蒼梧・身肩其事・首誅土酋之外搆者・兩江積寇・以次剪平・尋募死士・間入莫氏僞都・盡獲要領・機算既定・則請大司馬帥諸軍臨之・莫氏震懼・束身歸命者・誰之力哉・西北之烈・何足以槩公也・

西樵玉池記

寶峯之南・有池天成・高出平地可三百仞・環以荒林・藤蘿虧蔽・非亭午日色不臨・遊人駭其幽僻・弗至也・余棲山二十年・亦莫之奇・辛卯秋杪・偶經池側・仰視東北隅・怪石隱隱藤蘿間・凝睇久之・嘆曰・此非凡境・天作地藏・蓋待人乎・柳子厚所稱西山鈷鉧潭諸勝・藉開闢力不少矣・乃斬荆榛・剗砂礫・曾不踰旬・奇態盡露・削壁飛崖・可喜可愕・遂悉力治之・夾池皆石也・兩岸玉立・紺碧交映・見者心曠神怡・余以池舊名洗硯・弗稱・更名玉池云・

東岸石室方丈・臨水而奇・是謂蓬萊巖・巖後古木參天・葱蒨蓊蔚・每當風候・樹聲玹玹・不啻萬鼓齊發・其巔多漆・秋後葉盡丹影・蘸池如浮錦・有怪樹曰魁・葉細而濃・蜷屈巖前・類人面壁趺坐・其枝飛跨池東如橋・登巖者伏而渡・巖之西北常產石芝・是謂芝林・探芝者乘桴而至・上多桄榔石梅醉芙蓉・有古茗十數株・並高丈餘・世傳種出顧渚・蓋唐末詩人曹松移植云・西南近岸有小邱・屹峙池中・若鳥展翅・余驅土林外・土盡石出・治爲釣臺・列石鯨爲坐具・登臺四望・碧水縈迴・勢欲浮動・奇葩異卉・點綴隔林・俯仰間令人塵襟盡落・釣臺西上・有石若犬・古樒交陰・題曰霍子讀書處・復治釣舸池中・旭日飛撓・景色如畫・余謂環池諸勝・已種種可人・其泛舸層巒之上・尤爲奇絕・較之曲溪輞川・當在季孟間・零陵之鈷鉧潭・殆瞠乎其後已・噫嘻・使余囿性靈・消磊塊・居西樵之中・而忘乎西樵之外者・非茲池耶・

西樵春遊記

談遊西樵者・左祖清秋・非以春多煙雨・巖壑凄迷・鮮苔積溜・登陟囏耶・然當春久霽・杖屨所臨・百卉効妍・紅紫夾道・若在錦繡中行・令人接應不暇・秋容惡能匹麗也・

庚子春杪・大宗伯忠銘王公歸自南都・道經三城・約爲西樵之遊・余受徵兩臺・有事粵乘・出山浹旬・公未余面・輒發

舟直指西樵．蓋意余在山中也．越二日．余始得偕城西．余乘舸追之．將至紫洞．阻淺不得前．詰旦．解青䊵揭而登岸．行里許．僦漁舟赴焉．比抵山麓．公已登山．遂趨而進．至雲路里．聞公偕袁中翰懋吉登聚仙臺．余不及返山院．徑詣之．公舉酒相勞．徘徊臺表．遙見疊巘排雲．澄江如練．嘆賞以爲奇觀．余曰．茲臺誰勝．觀限西南．大科峯當山之中．號稱絕頂．湛文簡臺其上曰見日．萬里山川．一瞬可悉．三城之樓閣浮屠．若隱若見．斯稱巨觀耳．其衡之紫霄．羅浮之飛雲耶．宜乘晴霽登之．遂取徑雷壇峯．經先曾大父墓．公偕懋吉謁焉．歷天峯．過五指石．石硉矹浮空．蒼古可愛．折而東北．陟大科巔．俯視七十二峯．尖銳若紫雲．駊騀若碧雲．雄特若雷壇．猶不敢鴈行．望諸郡名山．屛峙戟列．東則羅浮白雲．北則峽山庾嶺．西則鼎湖黃山．南則厓山曹幕崑崙．而金洲九江三漕臨江臺諸海．淼淼晶晶．如鑑如帶．悉在盼睞間．倚笻嘆賞者久之．遂觴於見日臺．盡歡而罷．

既下．出烟霞洞西．觀大科書院故址．轉雲路峯．經韓襄毅祠．遂趨九龍洞．從洞後捷徑而入．洞之兩崖．屈突成九龍．頭角崢嶸．狀絕雄壯．有飛騰勢．而通天巖玲瓏．巖石竇窅窱．怪跡駭人．則令從者探其奇．從巖下觀之．歷惜芳臺．沿澗出外洞．外尤幽雅．削壁巉嶒．鳴泉清駛．有流觴勝處．余所治也．兩崖之上．怪樹奇花．娟娟倒垂如畫．遂還石而坐．飛觴水際．公刻山高水長四字於壁．復從洞後還遊玉池．觀余讀書處．登釣臺．坐石鯨觴焉．東望石室．爽塏臨池．是爲蓬萊巖．巖後松桂交陰．翠色拂雲．每當風辰．山鳴谷應．不啻萬人鼓也．公聞葉計部化父．昔棲西樵．余常奕於此．命刻石曰爛柯處．玉池之西．踰林爲天池．余治釣舸其間．榜人艤俟．遂乘興夜泛．月出東林．光搖巖岫．飛橈往返．無異登仙．公謂曲溪鏡湖．殆難軒輊云．頃之．月色滿地．波光漾蕩．修蘿古木．影片片墜池中．余扣舷高歌．響震林樾．魚驚躍入舟．斫而膾之．咸譆呼稱奇．遊興轉劇．

余以郡君大夫所遣吏士．久歸池上．乃歸宴敦古堂．階前古桂．當春而花．芬馥滿庭．若爲勝會助歡者．月明如晝．花影玲瓏．移席花下．舉酒相酌．其樂陶陶．不類人間世．昔余登寶峯．獲怪芝．狀若老仙憑雲而坐．出以相贈．公嗟異．命曰雲仙芝．是夜宿毓秀軒．夜半．風雨驟至．林木皆鳴．公疑山靈妬客．不覺興嗟．余曰．不然．天久不雨．遐邇洶洶．環西樵而畝者以千萬計．公至而夜雨如注．澤枯潤槁．是公大有賜於疲癃也．公遜謝．晨興雨霽．顧雲烟渟瀯．石徑淒迷．余舉觴酎山靈曰．昔退之登衡岳宿．雲不靳一開．今山靈寧無意耶．願借晴霽．爲一日之歡．俄而雲歛烟消．林巒揚翠．南山爽氣．英英動眉睫間．余以聚仙臺曉景尤勝．昨遊當午．未盡其奇．更一臨焉．千山經雨．黛色如新．海門潮生．朝霞晻映．令人心曠神怡．下臺．循天池而西．登雷壇峯．壇畔杜鵑花大開．燦爛如錦．色映巖岫．而寶靈洞後．尤多異卉．紅白交輝．駐蓋望之．復從故道出長林東．直趨天峯．峯夾雙瀑．高數十仭．若銀河倒瀉．至雲谷．謁白沙陳先生祠．少憩息存堂．循石磴而下．出雲谷關．遊九曲溪．經湛文簡壁立洞．洞有湫崕．淙溜瀝・懋吉訝余山志不紀・余曰・此故石礦・殊非天然・昔文簡構面壁亭其中・一夕暴雨崩頹・石壓亭成粉虀・聞者寒骨・今巨石嵌空・厜巖欲近・寧知命者駐足處耶・遂趨噴玉巖・同玩水簾・值溪風驟起・泉隨風搖曳・其態轉奇・半酣・起觀壁上留題・黎惟敬秘書・梁思伯祠部・歐楨伯虞部・曾紀遊溪上・復踪跡之・巖之西・有文簡玉泉精舍・四面臨溪・景勝清絕・乃斷墉殘砌・半入荆蓁・悵然而返・掏泉瀹茗・飯于巖中・遂從齊雲峯循小科胡琴兩峯而北・經觀翠巖・伏虎臺・巖臺之側・並懸飛泉・滈滈淙淙・可人心目・轉入石泉洞・遊方文襄書院・天湖當其前・山以東・諸泉咸奔瀦之・湖上有亭・隔岸爲方子釣臺・

於時東莞蔡調元林和先借棲洞中・和先余故人・侍御培之仲子也・呼酒相留・觴行甫九・山嵐縷縷從石澗起・俄而瀰漫山谷・遂別二君・趣與人度留虹橋・出翳門關・關左諸峯・花綴丹崖・清麗奪目・既下山・遶金釵嶺而東・經木鄧井・瀏洌可鑑・木鄧子不知何許人・世傳其飛昇山中・此其丹井云・南上三百步・爲漱玉巖・上有玉湖・產蒲九節・茸茸可玩・徑滑不可陟・遂至方子山居觀焉・山居在雞鎮峯麓・文襄解相後所築也・左三百武爲龍井・泉瀧瀧出石龍口・上有寒泉亭・多古梅・幽雅可宴・前爲垂德堂・後爲寶翰樓・規制宏壯・登望者久之・轉遊澹然亭・還酌乎堂・老穉觀者如堵・蓋想公風采而至云・

是日擬遊碧玉白雲二洞・予謂二洞勝甲西樵・雨後溪聲如雷・飛瀑當更雄偉・遊不可失・顧日暮途殊・二美難幷・遂專意白雲・供張已具・忽雨色霏霏・千巖萬壑・盡入冥濛中・公曰・安知非山靈留俟吾異日耶・遂罷遊・馳至江濱而別・因憶去秋三城諸縉紳來遊・不及探碧玉石門・每爲之慨・今以雨故・幷白雲失之・豈一邱一壑造化不輕假人・如孫仲益所云耶・抑怪巖幻洞・天靳神剜・畀之幽人爲陶寫地・通顯者不宜兼有之耶・西樵之勝・不過四十里・峯巒七十二・僅等衡泰・何遊者數數・竟不能盡其奇也・

少傅吏部尙書廖僖靖公傳

廖紀字廷陳・陵水人・祖有能・徙東光・紀舉於順天・登宏治庚戌進士・正德中・累遷吏部侍郎・敭歷中外・所至有聲・嘉靖改元・晉南京兵部尙書・尋致仕・越二年・徵拜吏部尙書・會署丞何淵請立世室於太廟・崇祀獻帝・尙書席書張璁等深言其非・不聽・紀率九卿臺諫爭之・書璁等復抗疏力諫・其議始寢・尋陳三事・曰正士風・曰重守令・曰惜人才・上嘉其深切治體・加太子太保・在事三年・以疾乞休・晉少保・令馳驛歸・有司歲致廩役・爲人端亮古朴・一切世味不入於心・里居惟典籍自娛・孳孳著述・老而不倦・壬辰冬卒・贈少傅・謚僖靖・

廣西布政使李公鳳書傳

李鳳書字鳴岡・番禺人・其先大庾人・父賢・始屬籍番禺・兄鸞・登嘉靖辛丑進士・歷戶部郎中・嘗以經教授・成就甚衆・鳳書少從兄學・終身執弟子禮・丙午舉於鄉・後十年・登進士・知蕭山縣・鋤豪强・禁溺女・均賦役・士民感戴・頌聲載道・徙治劇餘姚・甫下車・茂著殲倭功・入爲大

理評事・治獄以不冤稱・遷登州知府・地瀕海・饒於魚鹽・歲羨數千金・一切麾却之・日理民事・惟務節愛・歷廣西布政使・所至以清介自持・不肯徇世・權貴媒孽其短・以老罷歸・官居二品・所業產不足糊口・訓家常以節儉・僕從衣服稍麗・必痛責不貸・兄子良柱・亦登萬曆甲戌進士・爲廣西參議・

張曲江詩集序

張曲江公忠孝絕倫・秀邁磊落・蓋千古偉人也・當其時・抗疏糾繩・抒猷調燮・韓宋之外・莫敢望塵後・乃其宏議卓識・察變未然・卽兩賢猶辟易云・邱文莊品爲有唐人物第一流・非過也・然上下古今・德茂者或文采未著・勳隆者或詞藻無聞・斯亦哲人微缺乎・德業文章・公蓋兼之矣・張說稱爲後出詞人之冠・徐浩亦謂其文如輕縑素練・二子詞林宗匠・非輕許可者・而亟稱若是・豈非百世公評耶・且玄宗亦能文之主也・嘆其文章獨步本朝・終身師之・不得其一二・則心服可知也・

公詩雄渾嚴偉・渢渢乎魏晉風哉・感遇十二篇・不減陶謝・而應制詠懷眺覽酬贈諸作・視王岑輩亦何遜焉・第集弢秘閣・世無從窺・邱文莊始錄而傳之・猶然未備也・余增闕正訛・彙爲三卷・藏之西樵・自觀而已・萬曆己亥・公之族裔有鳴韶者・過余山中・見而請曰・昔賢藏書・多托名山・夫藏之名山・重之也・播之人間・公之也・與其重之・無寧公之・先丞相節義勳庸・海內莫不聞・乃其麗藻雄章・輝映

雲漢・人希知之者・君倘公之・先丞相實受其賜・余重違其請・許焉・噫・頌詩想其人・庶幾穆然興景行之思乎・倘行之不師・而詞華是艷・則非余傳曲江公詩意也・

聖功圖序

聖功圖・蓋先文敏署宮僚日作云・公謇諤立朝・孤忠自許・先後所上三十餘萬言・比攝銓衡・秉公鑒拔・黜陟無所徇・權貴患厲已・輒思擠之・而南宗伯之遷亟矣・居三載・會有建儲之舉・許太宰讚薦公剛正不阿・忠直有識・宜爲宮僚長・肅皇帝可之・遂晉秩總宮僚云・公以皇儲沖齡・尚未出閣・作圖以獻・時鄒文莊守益・亦以吏部郎擢宮坊・甫思披瀝・獲覩斯圖・擊節嘆曰・先生之圖・美矣備矣・予何言哉・因加參訂・同疏進之・竟以圖涉規切・留中不行・蓋爲忌者沮云・

夫國儲天下本・宗社安危・億兆休戚・隱然係之・古之人・胎有教・襁褓有教・童稚有教・所爲維持於蚤者・罔弗至焉・非特長出就學・師保凝丞始重其事也・何者・青宮之修繕・卽紫極之經綸・養正育德・聖功伊始・其道惡得不豫乎・故致主者・不密牖納於儲養之日・而思廷諍於君臨之時・晚矣・今按斯圖・首孝行讓儉・次重祀勤民・次稼穡蠶織・次祖宗家法・終以商王訪道・寓神奇於糟粕・涵至理於象形・所陳儲養之術・抑何詳也・噫・玩象悟理・理得象融・卽古昔治平之矩・大都不出此・異日者聖子神孫・稽古

之餘・探及老臣遺書・安知斯圖非太平之一助哉・

朱國泰 里貫仕履未詳・嘗著防虜議・嶺南文獻采其文・稱爲名士・

防虜議

往閱西北捷書・俺答以舐犢之愛・傾心天朝・羣逆授首・授塞息肩・廟廊石畫・羈縻胡虜・欵布以來・由上谷至河湟・延袤萬里・居如堵・行如家・舉砂磧而黍苗之・真制馭長策也・然而竊有聞焉・善始者厪於終・周詢者謀諸野・敢以鰍生之見・用效杞人之憂・方今塞人荷戈・上則供師・內則供役・外則供市・困苦日加・饑寒日甚・然虜志日驕・虜形日變・虜勢日獗・萬一犬羊無信・安知今日馴烏・不爲他日封豕乎・九邊諸虜・俺答最雄・比之小王子吉囊・更難羈制・歲一入市・似凜凜遵約束・而黃把二酋・蹢躅邀索・實厥父陰主之情・甚險也・是以議防甚亟・大率不出戰守二策・然而齎空橐而戰・戰誰與先・畫空城而守・守誰與固・况執戰陣以授成・見爲挑憒・而執空約以控敵・見爲疎虞・所議以可戰可守・而無害於和者・曰垣臺宜復也・

在昔跨垣爲臺・臺高五丈・疏戶於中・居可百人・器械芻糧・預期儲備・無臨時輸輓之勞・有彼此交援之勢・賊無駐足之地・我有倚立之形・周垣三千餘里・築臺三千餘所・虜惴息不敢入塞・實天塹長城也・乃自軍伍空虛・守臺無人・因而頹廢・議者曰・既脩邊垣・無用此費爲也・不知垣高不距跛羊・澗又不容步武・列卒而守・暴露風沙・狡虜時乘・矢石交集・彼非石人・烏能歲月禦哉・是垣臺不可不復也・

曰內外宜守也・國家內設重關・外縣四鎮・獨宣府一鎮・爲京師北門・而延永之壤・南山之麓・陵寢在焉・昔自東路鎮南墩・與薊鎮火燄墩相接・塞其中空・乃自北而西・歷四海治一帶・共脩外邊一道・又自永寧墩至陸臺子墩・創脩內垣一道・外邊以捍北虜・內險以捍京師・內外犄角・首尾應援・玉壘金城・萬年長策・頃因併守南山・而內垣漸廢矣・議者曰・既守南山・無用內邊爲也・不知南山連接居庸・岡巒盤錯・無可駐足・而延永沃壤平原・虜若結營其間・分兵肆掠・則我跼蹐山中・宣府諸城潰矣・況大寧都司既徙・而左臂單寒矣・遼陽舊城既廢・而守望無益矣・開平移・至上谷之憂益逼・偏頭廢・而居庸之備益嚴矣・今不兼脩・內外不可不守也・

曰奸宄當詰也・正統己巳之變・孤叛喜寧・幾塵大駕・嘉靖庚戌之變・蕭芹丘富周厚邦奇輩・指揮勾引・反覆爲奸・而趙全呂老祖・家虜扳升之地・帳坐犬羊・以爲謀主・倘非計擒授首・我何日安枕乎・頃自議欵以來・中國無賴之徒・僞貨而逐馬市・虜且厭金幣矣・匿身以投沙漠・虜且知虛實矣・間有不軌・爲之鼓惑・是扳升扒沙之寇・以中國窺中國也・

曰將帥宜簡也・國家三面鄰虜・九邊星列・重兵棋布・統以大將・副以偏裨・監以憲臣・鎮以開府・聯以總督・無事則畫地以守・有事則犄角以援・地形兵力・備且周矣・然而號令不一・烽火不通・蹂躪相聞・雲翔相視・此何以故・將

無人也・其必氣厲青雲・心懷明月・神清而不可濁・操固而不可搖・視人猶己・爲國忘家・始克大將之任・大將得人・偏裨障伍・率歸號令・左右羽翼・率合謀猷・然其要則歸於朝廷之簡畀・上下一心・推誠相信・使之力無掣肘・倘不其然・貂璫遏於封章・權要束其羽翼・文吏爲之顯鑠・遊客爲之私螫・安望敵愾宣猷・委身抗敵也哉・

日士卒宜練也・方今墩臺垣堡・落落晨星・有名無籍・虛冒難查・間所應籍・不過疲軍弱卒・而談客家奴・包收頂補・平時旣失操練・臨時惟圖調募・豈國家歲輸邊糧・盡爲遊戲資耶・其必據日前以定冊籍・募土著以補空虛・練一土兵・然後撤一客兵・嚴私役之禁・除徵調之令・俾其出而操習・入而安家・心無故鄉之戀・身無跋涉之勞・戶卽爲兵・人皆樂土・而又倣古八陣之制・及諸葛武侯所制天地風雲龍虎鳥蛇大小陣法・教之諳練・然後可禦風沙・可防曠野・雖彼控弦鐵騎・我無辟易・雖彼煙塵蔽天・我無披靡・又何敵不可破・而塞不可守哉・

然其要則積儲宜先也・國家許市以來・歲費金錢三十萬緡・所省徵調費・不啻百萬・宜乎芻糧豐溢・衣甲鮮整者・然自鹽法壞而不脩・屯田廢而徒設・倉庫空虛・衣糧無給・九邊之士・枵腹露體・是以屯田不復・邊餉終難計也・夫鹽政開中・廢弛日久・未可卽行・而屯田舊額・興舉最易・誠以督屯多寡・爲邊吏殿最・歲遣憲臣・按籍而課覈之・將領之掊剝盡淸・豪强之典鬻盡復・間有侵占・執白簡以從其後・如在將帥偏稗・有能督田開荒者・課與首級同陞賞・而又先發瓊林之儲・代置耕牛之具・三年之後・纔以馬價之費・輸爲芻牧之需・繕甲脩械・次第更變・開中積穀・雍容舉行而已・乃當事見搗巢之有功・遂爲搜套之計・議復河套一帶・可得屯田萬頃・藉耕而守・倚河而壁・實天之限華夷也・不知河套久淪虜中・道路險阻・我已失其故步・大軍深入・邊餉莫支・捉襟露肘・豈能大創・孰若漸耕漸守・漸搗漸復・徐俟以有爲哉・方今九邊之防・不患險地之難守・而患將帥之難得也・

古寧野紀序

鄭敦復　萬州人・歲貢生・官福州通判・

夫傳世載籍・豈不浩乎博哉・而志其重也・嘗讀一統志方輿勝覽諸書・一開卷而天下山川・古今人物・與建置沿革之故・瞭如指掌・而興亡感慨・賢否勸懲繫之矣・志不重歟・蓋州統於府・府統於省・省則天下之大可通焉・故州志一修・而府志・而通志・而一統志・非茲其據乎・嘗曰・今日州邑志書・將來國家信史・然則志之所係・不啻重且鉅・明矣・雖文獻無徵・夫子致傷於杞宋・然非其人不修・非其時不修・二者因循・遂自置軍以來・千餘載無志聞・

正德間・有州庠一二老宿・會謀寫所覩記數條・余辛亥歲・幸在鄉官胡員外處見之・僅二十一二葉而止・所書往公行實・及州中事宜・屢屢數語・雖俚而核・猶可傳信・乃從斯歲・竊有志於斯書・時加諏訪・採新問故・逮乙亥歲・始成草創・名曰古寧野紀・不敢示人・又薄遊羊城・漂泊十年・購得通志交廣南越諸書百餘卷携歸・偶見州志新稿・大

異曩昔．皆盛稱各家父祖眷戚．仁義道德在上．本學李學正謂聖人書出在某家是也．可哂甚矣．豈足信哉．

己丑夏間．將舊紀從新裒輯．考閱諸書．參稽異同．本古正今．苴漏補闕．訂綴已就．錄今往者．諒無不備於斯矣．念余苦心垂二十年．尋有斯紀．自是而後．或值人時兩會．端可為纂州省實錄．不然．即撫州志．而斯紀亦可備觀覽．不無望於後之博雅君子繼而緒之．

古寧野紀舊序

復有狂疾．粗知章句．即妄意於域外之觀．以天下風俗．人材政事．山川名物．不得親諸見聞．為幾枉一生．猶之處家．凡家中之田畝．租甑．錢貫．絲縷．醬罌．臧獲之數．不知其有無多寡．胡以家為哉．本州志書．自古未刻．雖文獻不足．亦纂錄者之不足也．嘗謂有一毫媕婀曲護．憂毀畏譏之心．不足以與此．有一毫好惡喜譽．忌能病直之心．不足以與此．惟二者之心合．遂有宜書而不書．不宜書而書者．竟成各家之私書而已．欺己欺人．於一州之公論公道安在哉．

辛亥歲．州守俞公．欲修而未果．自是歲搜訪以來．二十餘載．無日不在此書．是以集先今見聞．刪其繁蕪．補其遺漏．因其原式．使文省事增．不敢迂泛．敘山川．要得關於險夷瀦洩之用．載風俗．要得與於觀風省方之實．紀人物．要得合於善者好之．不善者惡之之訓．至於壤．則賦額民數．署宇妖異之類．要得可窺古今．消息盈虛．人事得失．運化隆替．氣候節宣．世道升沉之變．猶家之記籍．籍其家之所有．咸切於治生者云爾．何所云云．二者之心．不與存焉．

或曰．子成此書．期於用乎．或有異議也．今顧誦孔子誰毀誰譽章．不休而已．答曰．余賤而未仕．陋而寡修．安能期於人之用．免於人之議．惟賴世之知言者為準．不知言而罪我者．吾不有也．但知處其家．求知家之所有．不失治生要務而已．若曰退托不敢．則他客到家．家中所有．客能盡知之乎．失今不籍．後代晚生末學．雖有聖人之資．亦限於耳目．而有所不知也．或曰．子言得矣得矣．因書之為古寧野紀敘．

劉　相　字良倩．香山人．生員．以辟薦授昭平知縣．升兵部職方司主事．相工古文詞．邑中碑銘傳記多出其手．卒年九十餘．

衆母菴豐盈井泉記

地靈蘊積之厚．俟時而洩．誠非偶然．必有關夫運會之賢．起而理物．然後扶輿貞淑之氣．發其所蓄．以呈厥瑞．董子所稱．醴泉出．朱草生．嘉木興．斯其應也．

邑侯胡中翁．質弘中而文彪外．敬天勤民．鳴琴伊始．建衆母庵於豐盈二峯之陽．以祀痘神．顧庵距峯麓．鑿井艱於及泉．挈瓶他往．操綆者苦之．一夕僧夢神指以泉源．詰朝．從廚左按夢鍤土尺餘．泉穴涓涓．坌湧不可禦．水色瑩澈．入齒甘芳逼人．品之．康王谷蘭溪石下水．似難優劣．

侯向癖嗜小嶺掬馨泉・玆井既闢・刻飲一惟此水・即或巡課農桑・出咨民瘼・諸凡往返・必計日載水俱行・不使擅臊移我・飲冰滋味・則侯之性也・昔范文正公知青州・有惠政・泉溢出如醴・遂以范名・李錫令虞城・治內井・清苦與錫宜・喜飲之・後名李令泉・庵之有玆泉也・得侯名而益著矣・方之若范若李・夫何忝焉・

廣東文徵

改編本卷十七

番禺吳道鎔原稿

明十二

洪錫祚 字耆藜・東莞人・天啓元年辛酉廣西籍舉人・官浙江・累擢按察司僉事・乙酉南京陷・魯王監國・內擢太僕少卿・力辭・既而唐王稱帝・閩浙水火・淸兵破金華・乘勝而南・閩中亦破・錫祚乃歸里匿跡・完髮於鄉之三寶菴以終・

上明魯監國書

殿下當大勢横流之日・不忍國祚淪胥・起兵江上・海內義兵・風起雲湧・此誠危忽存亡之秋也・然天下之士・感激公義・棄桑梓・甘鋒鏑・竭膏血・前仆後繼・不自珍惜・亦欲雪先帝之仇恥・衞國氓之一髮耳・今蘇松嘉湖・列營數百・浙西府縣・義旂高搴・首尾有相應之勢・一鼓作氣・此其時也・勤慈石浦之兵・銳氣可用・平湖義師・血戰方酣・殿下居中策應・宜簡舟師・絕流而渡・以攻其前・臣當選率精銳・糾合嚴衢之兵・以躡其後・杭州孤懸・進退兩顧・必不能守・然後渡三吳以窺白下・此上策也・

洪承疇新破江陰・銳氣雖盛・然吳中水師之潛據太湖者・實繁有徒・若遣使聯絡・以爲犄角・而另簡偏師・由嘉興以趨蕪湖・斷其運道・杭城坐困・勢必返救・大兵躡之・浙西可定・此中策也・

殿下不忍社稷傾覆・冀成中興之業・唐魯誼屬宗藩・奚必爭親疏先後之分・義兵正兵・皆爲國而來・奚必持分地分餉之議・倘我兵渡浙・定鼎金陵・大號自非閩人所能奪・若徘徊爭論・藩鎭中官・得制義餉・宏光故臣・不變鴞音・則義師解體・强敵方抵隙蹈瑕・坐收漁人之利・是曰下策・

伍瑞隆 字鐵山・香山人・天啓辛酉解元・授化州學正・累遷戶部員外郞・擢河南巡道・告歸・甲申國變・入金陵・與諸名士結復社攻馬阮・南都陷・避兵衡嶽・數歲始歸・淸師再入廣州・瑞隆被難幾死・尋放還・隱於邑南鳩艾二山間・築少城別業・卒年八十四・或言其晚學道・不知所終・所葬唯衣冠耳・工詩書畫・人爭寶之・王士禎盛稱其詩・查繼佐今釋皆極推重・所著鳩艾遺集・雩樂林草・凡十二種・多佚・近人鈔存詩文二卷・按永歷紀年謂・瑞隆丙戌降淸・今考正

何鼎新索畫記

何鼎新爲時彥風流第一・近又屬意寫牡丹蘭竹・未一年・而聲高郡之內外・蓋其蘊藉之靈・有以發之也・壬辰秋・客有告予者曰・衞夫人終爲逸少所掩・鼎新且將駸駸逼師・不但文章之光怪爾也・不知吾之喜而不寐・盖已久矣・是時鼎新居鳳山・不入城市・其所作蘭竹牡丹・皆於扇頭見之・頃十一月之旣望・予遽遭大難幾死・退而更絕人事・一

意筆墨・自癸巳元旦起・無日與夜・如對古人・念無與共幽獨者・因貽書招鼎新・而鼎新至矣・時三月十三日也・坐中偶及水墨之法・而鼎新之所領悟者・每高吾十倍・而猶不自信・欲吾多作以資發明・因援筆共得數十紙・以歸鼎新・

昔吳道子與楊惠之・同學字於張僧繇・而皆不自得・遂棄去字學・以僧繇字法・學僧繇畫・亡何・惠之見道子畫法日上・歎曰・吾將來必爲若人所掩・不足進取也・乃又棄畫・以僧繇畫法學塑・其後吳道子楊惠之・各爲天下第一・而皆出於僧繇之字・始知文章一道・師友相承・青勝於藍・冰寒於水・自是常事・韓山門人盧文長嘗謂予曰・聞師嘗學蘭於劉子清・學牡丹於趙裕子・得毋都叛去乎・予笑而然之・若鼎新者・他日必不叛予・直掩予則有之矣・是日同過者・李謀士安國・麥廷翮素仲・各有佳酒見遺・鼎新復贈美研・及手製良墨・坐中飲酒發研・安國銘而素仲刻・予磨墨揮毫・其間一波一點・一花一葉・皆諸子之靈也・

少城別業記

少城別業・在邑南樓下・故諸暨令毛赤城先生物也・毛公子數人・於吾爲通家子・又有及門之誼・以其地逼鳩艾山・挈其券以歸予・而屬邑大夫胡絅庵定其議・此殆如楊元獻陳公翰後・以先人舊好・出近城隙地相贈・爲吾補缺・邑大夫各如毛公議案存之・遂於己亥四月初九日・誅茅拔茹・闢戶於白雲坡前之右・將卜築焉・甥何天鑄楊易生乃倡一時聲氣・諸公勤其事・官喜吾之菟裘・而藉行其養老之化・以其文酒之交・因而訂談經考藝之樂・至此地居民商賈・則固諒吾之不材也・邑大夫乃復臨其地・詳爲指點・某爲亭・某爲臺・某爲室・爲戶・爲徑・因遂制文勒石・捐金鳩材・於園之西南以爲亭址・園地可半畝・取杜茅齋寄在少城限之句・題曰「少城別業」・聯曰・「城中城外・山北山南」・稍進曰「試一窺」・聯曰・「邀世外盟・得靜中賞」・折而左・爲第一關・曰「尋眞」・聯曰・「欲問酒塲詩國・請看流水桃花」・邑大夫所勒碑石在焉・循竹徑窈窕入・爲第二關・曰「爲君問」・又折爲第三關・曰「浣花」・浣則留・不浣則閉・又第四關曰「入林」・曰「忘光」・第五關曰「樂飢」・曰「選石」・而「蘭露亭」居其中・蘭露者・木蘭之墜露也・聯曰「身世浮沉外・乾坤想像中」・又曰・「一簾雲水・甘爲邱壑之民・半畝園亭・却得干城之地」・邑大夫窺吾深者・因爲額曰「五岳爲心」・而系二詩・過爲「野鶴臺」・聯曰・「伐薪斫泉・到處有名士・孤雲野鶴・何天不可飛」・歷野鶴臺南去則園也・園曰「且園」・聯曰・「道存東海・興寄西山」・園門內小屋・卽茶寮・砌城麓・一徑古木幽花・涼蔭蔽日・自疏櫺望之・眞如峭壁懸崖・青翠欲滴・聯曰・「綠天開一線・香茗醉千囘」・又曰「一鐺梅露蓮露海棠露・四座蘭風菊風桂樹風」・主人日與客煑茗於此・

徑盡入園・芭蕉枸杞・拂簷繞棟・梅竹圍其外・隨所宜・間植花菓・空其中以待月・右傍曲徑繞城下・一折爲「醉花臺」・聯曰・「一花一石・長醉長醒」・頂架草木・雜引藤蔓・傍西照也・一折爲「美人亭」亭另有記・不具錄・聯曰・「有靜女城隅想・作伊人水上觀」・又額其簷曰「聽仙

佛」・自爲應求・聯曰・「一卷周易・一卷楞嚴・一卷春秋・一卷莊子・十分山客・十分水色・十分酒思・十分詩情」・亭右背一井・曰「松花井」・間植數種松・前側一石如鯉形・號「朝天石」・非壇非案・亦壇亦案・可以迴月・可以歌風・可以體星辰・醉可以眠・可以咏・可以聽閒人說鬼・循而前・爲「瑤碧臺」・古石苔紋如織・在叢陰之下・相對爲「冰壺石」・籬花圍者三・上蔭修竹・

從此再歷「醉花臺」・過「綠天橋」・聯曰・「駕來只城隝・行盡卽羅浮」・盖築小石梁繞郭而溪・羣蕉覆其上・雜以飛蔓・碧綠相盪・天日爲之蔽虧・客行其中・無風而有風・有雨而無雨・籬邊燕語・城上人聲・都不知橋畔之有人也・稍前・闢一戶・聯曰・「橋盡疑無路・門開忽有天」・內以種梅花・因署「小羅浮」三字・聯曰・「驛使每憐花放後・美人原在月明中」・向住落霞山・與何相國・李大宗伯・何學博・家秘書梅園分賦詩也・念之凄然・輒成小羅浮一記・錄之壁・又題其後曰・「香中別有韻・淸極不知寒」・臺曰「香夢臺」・感師難舊事也・

落成之日・邑大夫率遠近縉紳士・咸載酒而登焉・曰・吾先王父忝與先生同籍・今三十九年矣・君等得與先生闢此地・以妥先人蘭臭之心・唯諸君子時携觴選韻・無間晦明風雨・以佐先生新興・余不佞幸甚・諸縉紳士曰・亦自愛其杞宋之文獻也・敬唯命・遂於是日開社賦詩・主人爲記・中瑤碧臺・綠天橋・各有小記・及助修親友題名俱別載・

惜士不遇賦 並序

古人之出處也由己・今人之出處也由人・由人者・招之則來・麾之則去・由己者・無心於功名・道可進則進・可退則退・其實由己也・由道也・孔子曰・用之則行・舍之則藏・又曰・邦有道貧且賤焉恥也・邦無道富且貴焉恥也・豈非由己由道之明訓哉・惟其間・有遇不遇存焉・惟人之用舍・世之理亂・同一感恩也・而大小異・同一知己也・而深淺異・當時孔子非不攝行相事・孟子非不爲卿・而要之不可爲遇也・自肅皇帝始・致辨於王皇二字之義・尊之爲師・而至聖大賢始一遇於千古之下耳・夫遇者非由智・非由力・非由期約・非由揣摩・而忽然遇之之謂・

易曰・遇主於巷・又曰・遇其祖遇其妣・不及其君遇其臣・此遇之義也・古人之義不一矣・或出或處・或默或語・豈不亦紛然其轍哉・而其間・高爵厚祿未必賢・一命不沾未必不肖・遇者一言之義・亦可容於暴主之朝・不遇者・全行之瑜・而不免棄於聖人之世・故或以大德而制於小德・或以長才而困於短才・或以經濟而屈於技能・或以文章而劣於佞幸・或以廉謹而棄於多慾・或以高閒而擯於喧囂・此在天則爲時・在人則爲命・馮唐李廣・兩無可事・當是之時・規不必圓・矩不必方・準不必平・繩不必直・吉凶悔吝・懸於奸邪僉小之手・自非有至人者揭日月而行・將萬古如長夜耳・

伯夷柳下惠・百世之師也・而使不遇仲尼・則不過東魯之逐臣・與西山之餓殍・此卞和所以抱泣・而務光所以

沉淵也・太史公曰・伯夷叔齊雖賢・得夫子而名益彰・顏淵雖篤學・附驥尾而行益顯・天地相遇・品物咸章也・遇之時義大矣哉・董仲舒儒者・所爲士不遇賦・哀思傷毒・司馬遷繼爲悲士不遇賦・陶潛又爲感士不遇賦・千古悲涼・唱和欲絕・余生也晚・無三子之才・而浮於三子之遇・因援筆而續其篇・使後之君子・鑒予之志・哀予之命・而因以弔三子之魂云爾・賦曰・

嘻・惜乎・傷心哉・士之不遇・若涉川之無舟・若遠行之失路・欲進不可・欲退未能・望河山而隕涕・弔風物而傷神・況安危之靡定・屬貧賤而無親・譬在鳥而爲鳳・超丹穴而高飛・却掩九苞而自晦・與鳥雀而同歸・譬在器而爲琴・張金玉而廻軫・却寂寞乎朱絃・避秦箏之豔引・譬在馬而爲駿・輕千里之行塵・却不逢於伯樂・服鹽車而苦辛・譬在蝪而爲龍・恨進修之未能・却德業之方成・屬躍飛之屢更・譬在衣而爲領・挈襟帶以無餘・却値綱維之廢・空存懷袖之書・譬在水而爲海・挹百川而會歸・却要荒而見棄・藏蛟龍而莫知・譬在山而爲岱・恣七十君之迭主・却一謝於秦皇・永難期於漢武・譬在金而爲鐵・發干莫之雄鋒・却埋光於豐獄・空流影於長虹・譬在土而爲石・亘五岳而崛起・却守其磑磑之節・莫顯其巖巖之理・譬在草而爲蘭・遡秋風而獨遠・却閉阿嬌於長門・而謝陳王於秋阪・譬在木而爲松・歷隆寒而不凋・却一落乎澗底・誰引手於青霄・譬在氣而爲風・洗天門於九重・却閶闔之深閉・扇靈陰於四封・譬在室而爲棟・抗一木而支厦・詎炎炎之將頹・致隆隆之撓下・譬在樹而爲果・剝方窮而復新・却失輿於君子・反得廬於小人・譬在筆而爲毫・寫鬚眉於影響・却墨海之無波・絕兔鋒之蕭爽・譬在體而爲眼・攝一身之光明・却浮雲之蔽日・望長安而涕零・

登蒼天而高舉兮・乘衆氣而徜徉・一覽而知山河之本末・再覽而周天地之圓方・彼帝皇王伯之各有所師兮・豈日月星辰之靡有所將・不降其志兮・不辱其身・夷齊以還兮・更屬何人・悲哉連與惠之中倫中慮・幸哉虞與逸之中權中清・仕止久速・不可以預期兮・往復平陂・不可以力爭・掩雲霞於天路・吸沆瀣於瑤京・諒斯人之飛舉・豈僕病而未能・擁四色之蓮花・列七重之寶樹・吾未適乎伊人・豈宵行乎而畏・露神龍之在九淵兮・竢風雲之推轂・黃鵠高舉於千重兮・詎無心於擇木・常魚之服・非白龍之可襲兮・雜縣之鐘鼓・非巖居之所欽・吾將建明月之旗・接囘風之軫・而息乎若木之陰・

朱實蓮　字子潔・南海人・天啓辛酉舉人・撫按以人才薦・官德淸縣知縣・以誤漕被劾・値流寇之亂・政府方事搜括・崇德令趙夔自縊死・實蓮曰・朝廷以民付我・今民旦夕死・而朝廷不知・無寬政・此守土責・遂自詣詔獄・獄中極陳地方荒苦・奏入・獄解・謫松江府照磨・超臨淮知縣・內擢・累官至戶部郎中・北都陷・陳子壯等起兵・以實蓮攝高明縣事・城破殉難・賜謚烈愍・所著冬青草・積雪軒集・未見・

獄中陳德淸荒苦疏

微臣聞之・水旱者・極憊之凶也・補救者・時亮之權也・去不忘憂者・職思之勤也・死不忘忠者・事君之節也・竊惟天災流行・何處蔑有・未有四五年來・饑饉洊臻・旱魃

嗣虐．孑遺靡定．降割繼行．井邑爲墟．民物將盡．如浙西之甚者也．追惟九年十年．浙右奇荒．亙古罕有．桑株砍伐．耕牛宰賣．迺至掘草鬻土．人類相食．小民死徙之餘．未獲安業．而十二年夏秋之蝗旱．冬月之霪雨又作矣．陰淫積久．淋潦非時．去年夏五月蛟龍水驟發．百川灌河．鳴山應谷．江浙蘇松常嘉湖數郡．稽天鉅浸．千里瀰漫．吳江德清．腰腹太湖．如坐釜底．苕霅諸水．與江海通波．於斯時也．城隅傾圮．隄堰潰決．廨署泛汪洋之浸．壇廟無暵乾之所．起視四境．穀蔬淪沒．室廬漂蕩．人畜蔽江流而下．帆檣緣木杪而渡．男號婦哭．天日爲昏．其有乘高駕浮．幸不卽斃者．無所得食．驚痌飢羸．有孩稚推棄於漲中．夫妻子母．枕藉待死於水涯者矣．微臣此時受任未久．四出拊循．測量潦勢．深者水可數尋．淺者猶至滅頂．坊廂如此．鄉堡可知．是以塘棲以西．尖山以北．千村萬落．烟火斷絕．傷亡死徙．民氣索然．甌之故者僉云．江浙水荒．創於萬曆丙午．慘於天啓甲子．然前此兩見．皆淹未兼旬．茲則奔騰數月．前此民戶蓋藏．尚足枝梧旦夕．茲則凶飢之後．元氣蕭條．歷數三十年來．上天降殃．虔劉下國．未有甚於此時者也．

微臣目擊情形．痛心酸鼻．自傷爲人司牧．政刑頗僻．措置乖違．無以導致祥和．復以招災速戾．使萬戶生靈．顚連若此．是時卽肆微臣於市朝．正溺職之誅．謝橫死之衆．是微臣所大願也．當已再四思維．圖拯救於萬一．顧迺納隍有願．起瘠無因．不避先發之嫌．而官庫如洗矣．欲倡富民之義．而大家中落矣．期霑抽分之益．而商船裹足矣．思乞鄰封之糴．而同病無門矣．四顧旁皇．搥胸飲血．不得已．兩申撫按．面要道府．籲懇丁糧漕白．一切奏蠲．發帑截運．以資接濟．是時非無尼微臣．怵微臣者．微臣以謂熙朝聖聖相承．勤求民瘼．深仁厚澤．二百餘年矣．高皇設預備倉．禦荒歉．地方偏灾．州縣不以聞者．許耆民申訴．處極刑．永樂中．河南飢．文皇治有司之玩泄者．榜示天下．宣宗皇帝聖諭．民飢無食．濟之當如救焚．拯溺何待勘爲．煌煌大訓．我朝鼎命之隆在此也．至謂籌餉方殷．浩費恐非朝廷意．是又淺之乎測皇上矣．皇上御極以來．以祖宗之心爲心．以天下之安爲安．迺者不因旱齋居避正殿乎．不賑延綏飢乎．不饒南陽粟乎．不普免山西新舊二餉乎．微臣方且恃天恩之有素．盼大吏之飛章．方且噢咻老幼．撫摩瘡痍．勉之以忍死須臾．慰之以大澤將至．而不謂漕兌嚴期．突然逼迫矣．揭參符劾．急如星火矣．微臣奉職無狀．法重命輕．欽奉嚴提之下．分宜速正刑誅．而必覥顏囚首．歸死司敗者．非有所願望也．

伏念唐石烈士．馬前一騶耳．尚思排豐碑．撞守卒．俾自致於萬乘之前．以鳴主將之勞烈．方今聖明在上．居高聽卑．坐使一方嚮隅．恩不下究．九重萬里．壅於上聞．萬物顚頞．而陽澤不施．羣方戴盆．而天光不照．汝身雖殲．汝罪不容誅矣．

且夫蘇浙數郡．錢漕金花銀之偏重．天下所知也．里下辦差．如解戶糧長馬船頭館夫．祇候檯柴脩倉接遞站鋪幃淺夫諸色目．又如寄養馬匹．黃穰苗撞竿等差徭．又有採買銀硃生漆鐵線香蠟金兩．取求之無藝．幫貼之煩猥．天下所無也．荒旱以來．帶征有三年五年．添派有助餉練餉．又天下所苦也．萬一賙恤無聞．追胥如故．虎冠之吏．敲吸爲能．藐爾殘黎．展轉之下．惟有逃亡．逃亡不能．因而鋌險．時事將有不忍言者．宋臣曾鞏之言曰．拯灾不力．小民或出無聊之計．有窺府庫．盜一囊之粟．一束之帛．彼知已負有司之禁．則必鳥散鼠竄．竊弄粗梃於草茅之中．以奸游徼之吏．疆者既嚣而動．弱者必隨而聚矣．不幸或連一二城之地．有枹鼓之警．國家胡能晏然而已乎．比者中原多故．風聲播流．保無有梟獍之徒．包藏禍心．乘間思亂．初猶煽切．繼且盜兵．褭誘漸繁．横流益潰．陝晉楚豫．其已事矣．是可不爲之寒心哉．語曰．失之東隅．收之桑榆．又曰前車覆．後車戒．前車覆而不戒．是後車又將覆也．是故欲回天意．先召人心．欲保東南財賦之疆．先予億兆更生之路．

伏願皇上獨斷聖衷．截留南漕米十萬石．准在淮南水灾駁放．仍提浙江存留銀十萬兩．火速散施．其科辦帶徵添派各官錢．暫從恩免．或仿宋范仲淹守臨安興工代賑故事．令飢民挑濬吳淞白茅兩江．赴役就食．若此則收行水之利．廣澤枯之仁．答列祖眷顧之靈．弭五行飢饉之患．塞姦人窺竊之竇．鞏皇圖保定之基．胥於此乎得之．孰與屯一時之膏．釀滔天之禍．而後悔無及哉．若此則微臣去職．爲不徒忠言爲有補．則雖膺大戮．伏斧碪．且將含笑入地矣．

梁元柱　字仲玉．一字森琅．順德人．天啓壬戌進士．入翰林．轉陝西道御史．魏閹欲見．峻拒之．大書二十字．不憂不懼．君子乃能遯世．患得患失．鄙夫烏可事君．値天變．抗言．削籍歸．與黎遂球陳子壯輩．詩酒高會．縱筆作畫．崇禎初．起原官．巡按雲南．尋病卒．嘗築園粵秀山南．濬池得奇石．配以古樹．謂皆偶然也．以偶然堂名集．又疏要四卷．皆未見．

上穹蒼告變疏

臣惟宇宙間陽能制陰．陰必不能亢陽．此天地之大義也．陽制陰則順而常．陰亢陽則逆而變．此天人不爽之徵符也．今日朝廷間．在族類．則君子爲陽．小人爲陰．在官府．則廷陛爲陽．禁密爲陰．在臣寮．則公卿百執爲陽．閹璫婦寺爲陰．

頃東廠逆監魏忠賢．罪惡貫盈．無君無天．神人共憤．且與奉聖夫人客氏互相朋比．結成建寧之釁．輦轂之下．敢怨不敢怒．廟堂之上．敢怒不敢言．獨臣堂官楊漣．首疏糾參．摘陳大罪二十四欵．侃侃鑿鑿．天鑒同昭．當斯時也．上帝爲之式憑．祖宗爲之假口．皇上不亟收爲讜論．竟以尋聲沽直斥．既而遍臺省諍臣．伏蒲聲呼．章滿公車．皇上又不早賜圜轉．並以同聲瀆擾斥．又既而部寺諸臣．危言叩閽．而天聽如故．又既而台輔諸臣．微諷納牖．而奉傳如故．夫忠賢一閹豎耳．舉朝之所非．在皇上不能獨是．普天之所同棄．在臣隣必非獨讎．何至煌煌天語．倚忠直於刑餘．槩牽誣之入告．幾於我父我母．我寇我讎．皇上愎諫日堅一日．奸竊寵榮．日專一日．忠賢盤據．日甚一日．宗社隱憂．日深一日．皇上固堯舜主也．一時舉動．不知何以若此．滿朝洶洶．屏息重足．半月之內．簾陛之間．煬竈蔽明．豐蔀掩晝．已形成一堅冰冥晦景象．人心爲之慄寒．祖宗爲之悽惘．天地爲之慘暗．於昨十四日．凄風暴雨．殞雹彌空．如拳如石．注擊移時．畿甸驚惶．不知所出．臣相顧錯愕．扼腕圖維．以爲近日朝廷．無事可以召變．則忠賢實致之．忠賢未必能動天．而皇上之庇忠賢實致之．皇上謂權奸不足疑．將天變不足徵乎．謂人言不足信．豈人心不足喻乎．皇上試對惕休咎之符．何以前十日躬虔露禱．而甘澍萬家．何以後十日．寵庇逆璫．遂晦陰六月．徵應之機．固的的不爽也．非乘此遣災修省．急攬大權．奮震天威．將忠賢立賜處分．令禁闥一清．隱憂永杜．將來人憤愈盈．天心日隔．宮掖之變．有不忍言者．臣即碎首剖心．願與李杜齊名．不能爲皇上効涓滴也．納諫除凶．於以回天永命．在聖明頃刻圖之耳．

黎遂球　字美周．番禺人．天啓丁卯舉人．授兵部職方主事．時流寇內訌．邊事日亟．詔舉經濟名儒．遂球被薦．以母老未赴．甲申．聞變痛哭．決意致身．乙酉．奉唐王命監廣東兵赴贛．城破．巷戰．與弟遂琪及僕盧從替梁羲陳廣金三十餘人同死．賜謚忠愍．著有周易爻物當名．四庫著錄．今刻伍氏嶺南遺書中．蓮鬚閣集十卷．刻入粵十三家集．

政教策

今夫教之與政．其始合也．其既分也．其究相反而不能相爲用也．則風俗之詭正爲之耳．然成風俗者本乎人心．則甚矣教之不可不重且慎也．夫人心正．斯上賞而勸之．罰而畏之．是以其善者．有興起鼓舞之意．其不善者．亦有憂思告戒之語．此其可與政合也．人心不正．斯上勸善．而飾善以應之．上罰惡．而匿惡以求免．甚而興善之典．則其取富貴之資．取富貴．則其爲惡之資．罰惡之典．則其私惡之資．交相惡．則其報仇之資．夫以王者在上．宵旰講求．不過爲奸人報私仇．淫人致聲色玩好．此所以有剖斗折衡之思．而急又出之亡爪遺簪之智也．正人心之教．可不重乎．

粵稽五教．在寬固其上矣．其載在周禮者．如飲射讀禮之典．又或董之以鄉之三老．夫在朝爲公卿．在野而稱老．日計朝廷所以嘉與斯民者而訓飭之．此周官之法所以不沒．其關睢麟趾之意也．降而秦法重而棄灰．至漢之倡優．皆爲后飾．取箒立而誶母．其故若不相蒙．而其道有相貫也．何者．徒法之行．或巧飾以爲得計．或投距告首．以爲鼇剔．此所以讒夫可昌．等威莫辨．盆水如劍之體不崇．而證父攘羊之以爲直也．如是有以解網弛禁之說進．益又不能．夫是辟興于叔世．而火烈糞鮮死．葢刑亂用重．理或有之．而不知皆權宜之計．非本論也．

洪惟我太祖高皇帝．廓清中夏．其時腥羶乍洗．如醉似醒．故所以治之不厭其詳．然猶聖製六箴有訓．鄉約有講．姓氏有正．音韻有書．敎之亦不厭詳．列聖相承．皆以刑賞而寓忠厚．此昭代之政所繇遠過周初．然其時人心醇朴．恒觀感知畏．邇者民滋巧僞矣．皇上勵精圖治．至頒明諭．與小學．重德行．舉山林隱逸．凡所以敎之者．何所不至．然而應之者或非所行．出之者或未必效．則愚生以爲非政之德衰・而躬行倡率之故宜講也・今民見士大夫之如是焉・而可以有爲於天下者・則亦何所不可從・而其不知有廉恥節義・則亦何所不可欲・故夫公卿者・士之倡也・士民之倡也・今誠有取與不苟之教・而理財之政可行矣・有讓善不居之教・而用人之政可行矣・有不忍害一物・不敢傷元氣之教・而郊祀大享之政可行矣・有同仇同生之教・而軍興之政可行矣・他如此者・畢以類應・亦惟皇上端之本・澄其源・崇政體以勵廉恥・愼功賞以抑奔趨・優祿人以堅介節・夫是以政與教合・而虞周之治興・刑罰旣清・禮樂扶進・愚生有以觀中興之盛矣・

官人策

執事策政教而繼之以知人官人・則誠愚生之所以在更端而可以暢言其故者也・稽古敷奏以言・明試以功・至于書升之選・六計之弊・法不啻詳・國家以科目取士・近於敷奏・其授之職而考計之・則明試也・雖然・祖宗朝諸名臣有不繇此者矣・其有繇此糊者・糊名易書・乃大異于諮詢參驗・即謂考察之爲明試矣・然而以政而學・彼公孫僑猶將惜之・矧其以政試乎・且也士一入官・則善事上臺・無失名譽・以是爲難・而爲之銓衡者・稍破格則人從求其故・求其故不以爲優異・以爲私庇也・夫然・則祁午之所可・又可知矣・而徒循資格・則人將安于故・安于故・或功名衰乎治郡・而朝氣讓爽西山也・夫然・而兒寬之所奏・又誰爲言矣・矧也考察之法・又不知其果可以得眞治行否也・其在內者・誠參用耳目可得矣・他如戶口不僞增歟・催科不日巧歟・蒼鷹乳虎・可

空案牘之山・而毆爵毆魚・不益萑苻之嘯歟・則是已製之錦・害仍甚於繭絲・鸞鳳之祥・栖或困于枳棘也・如此則暗中摸索・既一窮于科舉・按圖索驥・又一窮于考察・用人之效・可復覩歟・然使此法一變・而畫虎之害・恐更甚于刻鵠・則請求其不必變而可行無弊之策・

夫應科舉者士也・士之行己・不大著於學宮歟・與夫有司之耳目歟・高皇帝臥碑有制・列聖教養之法甚正甚詳・今誠重督學之任・嚴教官之選・參之以有司之見聞・鄉縉紳之熟習・執於選舉之前・悉其平日而品定之・事必有實・彙爲書冊・如某也節介孝友・德之選矣・某也博綜世故・可以理繁劇也・某也稽故討往・可以備顧問・某也摛華摭實・可以潤皇猷・某也慷慨有志節・可以當重寄・授節鉞・而其敗類不堪者・雖舉業文優・勿得與選・其不甚表見者姑與焉・而獲儁之後・即以此而攷實・次第以需事任・如此不惟官得實用・而且可風其餘・俾益相尚而不肯自棄・此寓攷察于科舉者・雖糊名猶師錫矣・其既也・則巡方之選・益不可不愼・古者巡五岳・覲羣吏・而皇上乃委之御史・御史公明・則百官見矣・故夫御史者・攬登車之轡則氣槩肅・辟郵亭之歌則耳目清・而後兔窮三窟・鬼絕揶揄・勿緣愛憎・勿徇毀譽・一本其所以效于民而措于國者以爲制舉・而內則有銓司以衡之・諸大僚以糾之・久任而共見之・是又不妨以所嚴于科舉者爲攷察・不糊名而糊名矣・

矧夫今之爲累・非積薪之弊・而人必有兼才・歷諸官之弊也・今誠于士入官之始・即覈其平日所優・分門別類・使之占定一職・積壘而日熟之・如周之六官・厥有專司・雖有

錄言太宗亦預聞之．果爾．則太宗即位時正宜舉其得位以正之唯一證據．昭示天下．而載之初修之太祖實錄．今太宗即位．即位時既無宣示此約之事．初修本太祖實錄亦無此約之記載．則知太宗預聞之說爲妄也．李燾亦辨之曰．「按太宗初疑趙普有異論．及普上章自訴．且發金匱．得普所書．乃釋然．若（太宗）同於床下受顧命．則親見普書矣．又何俟普上章自訴．且發金匱乎．」是則金匱之約之傳說．就其最初出現而未經李燾刪改之形式．又多一虛妄之跡．此其破綻四也．傳說中金匱之約與關涉此約之事．無一而非祕密者．金匱之約．祕約也．趙普開寶六年之自訴．太祖藏之金匱．亦一祕密文件也．趙普太平興國六年自訴．亦密奏也．何取乎祕密如此之多．蓋凡僞託之事．如作僞之時與所僞託之時相去不遠．必利於祕密不利於公開．因所僞託者若爲公開之事．則必有能反證之人．如所僞託者爲祕密之事．而得知此祕密者又爲作僞者本人或作僞者所利之人．則無人能反證矣．今祕密所關者．除死無對證之杜太后與太祖外．不出趙普與太宗二人．而二人者決不致反證金匱之約及與其有關之事明矣．此其破綻五也．以此五徵．吾人今可斷言．所謂「金匱之約」．乃烏有之事．

附記

宋有太宗以下凡十四君．除高宗在非常事變中繼統外．無論爲受禪與否．皆於即位之次年改元．蓋即位之時．以先君年號爲紀之年猶未盡．待其既盡．乃更始也．惟太宗獨於即位之年改元．即改太祖之開寶九年爲太平興國元年．而太宗即位已在十月矣．予舊以此明太宗與其兄不協後知昔人已有注意及之者．明鄭瑗井觀瑣言一．稱有宋史筆斷一書．「論太宗之事．……援其不踰年改元爲戕其兄之證．」而明陳霆兩山墨談卷十四云．「太宗……不踰年而改元．宋后崩殯於佛寺．皆五代故習．當時以爲固然．踵而行之．而後之儒吹毛索瘢．遂指以證其無兄之心．……此皆先入之疑勝．而不考之過也．」予謂五代衰世之習．宋以大一統之興朝．無取踵之．且何以有宋一朝．獨太宗沿五代之習．而他主不爾．他主便覺五代舊習之非．而太宗獨不覺．此則仍不能爲太宗解也．

金匱之約．清古文家惲敬亦嘗疑及之．惟僅疑約之內容爲飾說．而不疑約之本身爲僞託．此則爲太宗趙普所欺矣．惲敬之言曰．「夫太祖之傳位太宗．以太宗與聞乎禪代也．與聞禪代不可以示後世．則飾爲遞傳之說．遞傳之說不可以示後世．則飾爲長君之說．不然授受大事．太后何事眞冷時始及之耶．蓋此議之定也亦非一日矣．」（大雲山房文藁初集一續辨微論）此乃據司馬光涑水紀聞所記預定之傳位程序爲說．不知實錄國史所載無此預定之程序也．金匱之約其僞造之本來面目具於實錄及國史．考證此約．自宜依實錄及國史爲說．此約之僞託乃在德昭既自殺而太宗將要迫死廷美之時．斷無於此時僞託以爲太宗解之文件中反爲廷美德昭張目之理．紀聞所記．蓋又僞中出僞也．至惲氏「不可以示後世」之云云．眞迂儒之見．取國於他人孤兒寡婦之手而還防喪國於己之孤兒寡婦之手．此獨可以示天下乎．

中國民族前途的兩大障礙物

張蔭麟

（上篇）

桃應問（孟子）曰．舜爲天子．皋陶爲士．瞽瞍殺人．則如之何．

孟子曰．執之而已矣．

然則舜不禁與．

曰．夫舜惡得而禁之．夫有所受之也．

然則舜如之何．

曰．舜視棄天下．猶棄敝屣也．竊負而逃．遵海濱而處．終身訢然．樂而忘天下．

右一段想像的故事．故白屋詩人吳芳吉（碧柳）先生曾打算用爲他所擬作（不幸未動筆而死）一篇代表中國文明的史詩的開端．白屋詩人是對的．他因爲浸淫於「詩禮」太深．在不自覺中已攫住了中國民族精神（不管爲好爲壞）的一個重要原素．

我每逢諷讀孟子這一章便聯想起去年先後吸引我注意的兩宗事情．都是包涵有些悲劇成分的．

一宗是一個美國婦人的悲劇．發生在離我所居不遠的一個美國大城市．她爲了很複雜的原因．把兩個女同伴殺死．碎屍十數段．藏於皮箱．存入車站的行李室．經過很戲劇式的手續．她終於被安置在監獄裏．但她的供詞很閃爍．她的父親．一個平常的敎士．老遠地跑去探望她．最後勸她道．「你照實說罷．法律是你的朋友．不是你的仇讎」．

另一宗事情．卻遠沒有這樣動聽．值不得上報紙的．那是一位留美學政治的某甲的小小悲劇．不．嚴格地．應當說是他父親某乙的悲劇．某乙是一個縣裏的紳士．因爲縱匪而被拘在縣獄裏．縣長恰巧是我一位同學某丙的叔父．而某丙和某乙相好．於是某丙便接到一封轉託求情的信．訴諸於父子之情．訴諸於故舊之情．

時賢喜歡作中西文化的比較．我想．再沒有兩宗具體的事情可以更簡約地．例示中西文化的差別的了．

在這裏我並沒有表示絲毫對於某甲個人的非難．照中國舊道德的標準．他的行爲是完全對的．他的人生哲學．就是堯以傳之於舜．舜以傳之於禹湯．禹湯以傳之於文王周公．文王周公以傳之於孔孟．如是一直傳到他的．

回到桃應和孟子所擬想的故事．這裏涉及社會組織的兩個基本重要的問題．㈠法律與道德的關係．㈡個人的價值與地位．

孟子總算是受過法家的影響的了．所以他竟違反了仲尼譏晋趙鞅鑄刑鼎（見左傳昭二十九年）的精神．而有「徒善不足以爲政」的論調．在那個擬設裏．他不使皋陶枉法．也不使舜毀法．總算想了一個法律和私情兼顧的辦法．但他畢竟把孝德擱在法律之上．須知「竊負而逃」．也是犯法的行爲啊．可惜桃應沒有問下去．舜把瞽瞍「竊負而逃」了．皋陶應否再追究．倘然他知道了舜和瞽瞍的下落．應否去捉拿他們．若不去捉拿．他還是枉法．若竟捉拿了．他應當怎樣處置．而舜又應當怎樣對付．這些問題．我從初讀這章書起．一直問到現在．

但就一點而論．孟子的意見是很明顯的．違反國家法律的「道德」可以與它所違反的法律同時有存在的價值．換句話說．有些違反法律的行爲是德道的．必要的．雖然我們沒有取消它們所違反的法律的理由．這一個「雖然」十分重要．在另一觀點之下．我們也可以說．有些違反法律的行爲是道德的．惟如此．則它們所違反的法律本身是不道德的．應當取消的．這一種主張雖承認理想的道德可與現實的法律衝突．但並不承認理想的道德可與理想的法律有甚麼衝突．但孟子不見得主張「非救衞而殺人爲有罪」和「刦獄或竊囚爲有罪」的法律．應當取消．或應當受犯罪者的爵位或關係的限制．而他要使舜去竊囚．可見在他的道德哲學裏．理想的道德和理想的法律是可有衝突的．換句話說．照他的意見．有些違反合理的（不應當取消的）法律的行爲是道德的．

不過．那些行爲纔有這樣的資格呢．在上引的一章書裏．孟子涉及的是爲着父親的行爲．但是僅只這些行爲呢．抑或還有別些行爲呢．爲着兄或弟的行爲怎樣．爲着夫或婦的行爲怎樣．爲着其他親戚（如妻舅．妾舅等類）的行爲怎樣．爲着朋友行爲怎樣．這一層孟子卻始終沒有說到．

但在二千多年來中國士大夫所最喜歡講的「春秋大義」裏．對於這些疑問．卻有稍爲含糊的答覆．那是．

㈠爲尊者諱．

㈡爲親者諱．

㈢爲賢者諱．

這就是說．爲着這三種人．法律（甚至「名教」）得將就這．爲着這三種人．我們有時不妨犯法．而且必要犯法．不然．便是不道德的．在這個品字式盛行的時代．我提議替這條重要非常的「春秋大義」起個專名．叫做「三諱主義」．

我說．三諱主義有點含糊．自然「尊」字含糊最少．用春秋時代的話來說．天子和諸侯自然是至尊．卿大夫也很尊．所以．「刑不上大夫」．用現在的話來說呢．尊不尊的界限就不易劃分．但縣長以下似乎不算得尊．所以時常成爲彈劾的對象．縣長以上就難說了．「親」字很含糊．到底要親到甚麼程度呢．「賢」字更含糊．怎樣纔算是賢呢．又要賢到甚麼程度呢．還有．爲着他們的甚麼而諱呢．生命麼．財產麼．尊榮麼．安樂麼．抑或兼之．這些．無論在甚麼時代．都是要等名流們和武裝同志們去解釋的．三諱主義的含糊．就是三諱主義的力量．

是的．三諱主義是很有力量的．一直到現在．爲甚麼一個濫殺無辜的省政府主席可以千劾萬劾而安然無事．因爲他是尊．也許加上「賢」．爲甚麼一個包烟士被正式發覺的人可以安然做大官．因爲他是賢．爲甚麼一個失土的逃將不能懲罰．因爲懲罰他便間接直接牽涉到許多尊．親．而又「賢」的人．這類的例讓讀者自己去增益罷．支配現在中國政治的最大勢力．可說是三諱主義．

三諱主義是法律的最大讎敵．他在自覺或不自覺間給予違反法律的行爲以「道德的支撐」（Moral suport）和精神的慰安．它弄到今日中國「上無道揆．下無法守」．它弄到不拘甚麼主義一到中國人手．便成爲有害的招牌．它弄到稍爲廣大一點的組織對於中國人爲不可能．沒有法律的尊嚴．不會有公平的賞罰．沒有公平的賞罰．不會有廉潔的官吏．

不會有能戰的軍隊・而廉潔的官吏和能戰的軍隊乃是國家生存的鬪爭中必要的工具・三諱主義是法律的尊嚴的摧毀者・所以在今日中國生存的鬪爭中第一需要的心理改革是打倒三諱主義・我們今日所需要的口號不是「黨權高於一切」而是「法律高於一切」・便是黨權高於一切的大前提也在黨的法律高於一切・不然・黨權靠甚麽去維持・

林語堂先生是值得讚美的・他一切的嬉笑怒罵中包涵着一個極嚴重的提議・他有一句名語・「半部韓非治天下・」這的確是今日中國對症的藥・我不是說應用「半部韓非」便足以「治天下」・但至少非於「半部論語」之外加上「半部韓非」・決不足以「治天下」・我們絕對不能容許再有超法律的道德・我們要使「舜」聽「皋陶」把「瞽瞍」行刑・至多使舜當「瞽瞍」臨刑的時候多流一些眼淚・黑格爾全部哲學的最後結晶・就是把道德和法律合一・

我們且不必遠徵西洋文明・我國歷史上凡能起衰救弊存弱扶危的大政治家・像齊管夷吾・鄭子產・蜀諸葛武侯・明張江陵・以至晚清的曾左・莫不是靠「執法不阿」・靠「信賞必罰綜覈名實」的・而這與三諱主義的精神是勢不兩立的・尤其是當法律和社會思想已不承認有階級的分別的時候・

三諱主義在今日中國已沒有多少經濟或政治組織上的根據・我們去打倒三諱主義時所要對付的大體上是一種心理的惰性・它似乎是一種E.B. Tylor所謂「文化的殘遺」（Cultural rurviv-al・）一種W.F. Oglurn所謂「文化的滯落」（Cultural Lag）・一種「貴族——農奴」式的宗法社

會的產物・其中「爲親」的一「諱」也許有一些社會組織背景・那是下文所要討論的大家庭制・

（下篇）

我在上文曾說・桃應一章涉及兩個重要的問題・其一・法律與道德的關係・上文已經交代過・其二・便是本篇所要考慮的・個人在社會中的地位與價值・

在那章書裏・孟子簡直把個人當作他的直系第一代尊親的生活的工具・爲着父親的安全・甚至法律所不容許的安全・個人得犧牲一切・甚至他的帝位・爲甚麽要如此・從歷史上說・這顯然是父權的宗法社會的道德・孟子受了傳統觀念的支配而不自知・而經過了儒家的手・這觀念的威權益形鞏固・（讀者不要誤會儒家學說有其短處・也有其長處・此文只箴其短處立論・）「以孝治天下」「百行孝爲先」的訓條很鮮明的統制了三千年的中國歷史・自然・在理論上・孝的涵義是饒有伸縮性的・如「戰陣無勇非孝」之類・但事實上從父權的至高無上・而擴張到家族利益的至高無上・從個人之對直系尊親的工具性・而擴張到一個人對於家族的工具性・使個人在在以「身家性命」爲大前提・那是無人得而否認的歷史現象・自然・我們歷史上也有過「大義滅親」的事・但那是數世紀而一遇的曠典・

儒家之「擁護「家族中心」的道德也有其理論上的根由・那就是孟子所說的・「君子篤於親・則民興於仁」・容或有之・而篤於親的人不見得就興於仁・張宗昌便是一個很明鮮的例子・（但有許多人因此而稱讚他）・稍爲留心觀察

世事的人．當知這決不是一個例子．現代社會心理學上有一條可立的定律．對於一個團體的專心可使這個團體的分子對於別個團體的同情之擴張成爲不可能．當國步艱難．軍事緊張的時候．綰兵符的將領還要回故鄉省親——這種現象．非有「百行孝爲先」和「以孝治天下」的道德觀念是不容易解釋的．

曹孟德到底是一個看透了世情的奸雄．他在建安二十二年的求「賢」詔裏說道．「……吳起貪將．殺妻自信．散金求官．母死不歸．然在魏．秦人不敢東向．在楚．則三晉不敢南謀．……若文俗之吏．高才異質．或堪爲將守．負汚辱之名．見笑之行．或不仁不孝．而有治國用兵之術．其各舉所知．勿有所遺．」這只是上說一條社會心理學的原則的反面應用．在習聞了傳統的錯誤社會心理學的人．豈不會疑問．「不能孝的人怎能忠．」

讀者千萬不要誤會以我又在提倡討父仇的謬說．那絕對不是．我只要指出．父權中心或家族中心的道德．是無益而有損於國族的團結．在中國生存鬬爭當中．我們應當趕快舍棄家族中心的道德而代以國族中心的道德．它是中國民族前途的第二個心理的大障礙物．我們非打倒它不可．我並不是說．人們不應當孝．但至少在中國現狀之下．只能孝到不與國族的利益衝突的程度．我也不是說人們不應當愛家族（篤親）．但只能愛到不與國族利益衝突的程度．過此以往的要求．便是亡國的道德．

我們今後若想教孝的話．要教那「犯法辱親非孝」的孝．「戰陣無勇非孝」的孝．而不要教那爲親蔑義的孝．那使得父親犯法兒子要偸監的孝．但過去中國人所以爲百行先的孝．事實上只後一種孝．這種孝無形中給予了舞文玩法和臨陣退縮的行爲以「道德的支撐」和精神的慰安．

家族中心的道德觀．在今日中國．有其社會的背景．那便是大家庭制度．家族中．則對於其分子．尤其是有力的分子要求多．一個人對家族責任愈多．則其貢獻於國族．貢獻於文化的機會愈少．一個人念及家族的時候愈多．則其念及國家的時候愈少．柏拉圖在其「大公國」（不當譯作理想國或共和國）裏所以主張廢黜「守護者」（包括官吏和將士）的家庭組織．的理由即在此．大家庭制度的存在足以形成家族中心的道德觀．而家族中心的道德觀的形成又足以鞏固大家庭制度．故此二者可說是互爲因果的．

父權中心的孝．也有其大家庭制度的根據．家族愈大．則家長在其有工作能力時負擔愈重．而其自爲沒有工作能力時的設備愈難．故此中國有「養兒防老」的一語．一個兒子而成了父母「防老」的工具．從少至大．以此爲典型．以養以教．則其此後的人生觀如自淑而淑世的機會也就可想而知．大家庭制度確是國家主義的敵勁．「家庭的組織決定一個社會的性質．」Le Play 一派社會學是很值得研究中國問題的人特別注意的．

在中國的生存鬬爭中要採用柏拉圖的辦法自然是不可能．且非必要．只看我們有沒有法子去變大家庭的制度爲小家庭的制度．於此．我覺得有兩點很明顯．

第一．要使這種變遷在短時期（說五年．十年罷）內普遍全國或其大部分是不可能的．因爲大家庭制度在今日中國有其

經濟背景・

第二・靠心理的改造・在短時期內・使一部分人・尤其是有受中等以上教育機會的人・放棄家庭中心的道德觀・和大家庭的制度——那是可能的・而這些人應當是將來的生存鬭爭國族中領導的人物・

在解說這兩點之前・讓我在別的同類的問題上擧個例子・我想・凡稍爲研究和社會變遷史的人都知道・男女平等的道德和法律的普及是有其經濟條件的・工業化和都市化・我國未曾具有這些條件・都因爲外來思想的影響・已採用了大致上以男女平等爲原則的法律條文・其結果・大部分人民現在不知道這種法律條文的存在・更不用說去利用它・而知道利用新法律的是都市中或都市附近比較有知識的人或和比較有智識的人接近的人・推之・小家庭制度和國族中心的道德觀・在短時期中靠教育和宣傳的方法去推行・所得結果常不過爾爾・但若能爾爾・於國族生存的鬭爭當中已裨益不少・

我上文說・大家庭制度在今日的中國有其經濟的背景・那背景是甚麼・我想在一個可耕的土地不能滿足能耕的人的發展的小農國裏・大家庭制度似乎有存在的需要・爲甚麼呢・比如一個農人遺下三十畝田和一所房子給他三個兒子・一個老婆・假定那三個兒子都是習於耕種（這是很自然的）而不容易得到或租到新的田土・在這種情形之下・他們若共耕・同居・同炊・共養老母・並於農隙找些散工彌補・還可勉强支持・若各人分家立業起來・這四口子只好吃西北風了・當他們父親生時的情形也是如此・推之於小規模的家庭工商業・理亦如是・若我這般假說不錯・那麼・在這種經濟制度未改變之前・大家庭制度之建立打破和國族中心的道德之普遍地建立似乎是不可能的・我們稍觀西洋近世史・便知國族主義的國家的建立和工業化都市化相爲因緣・而經濟制度的改變是不能欲速的・

在中國民族生存的鬭爭當中・我們要在短時期內把這兩大障礙（三諱主義・和家族中心道德觀）減輕・只能藉賴心理改造・施於國內較易移轉的分子・有受教育機會的分子・而且心理改革也是消滅那兩種障礙的必要條件・否認心理改造的效力的人・應當同時主張廢除一切人爲的教育・然而有人能作這樣主張嗎・我也不是說・我們可以靠輿論和教育使現在操着大小政治權的一代人立即洗心革面・當我寫這篇文章時・我的眼睛是望着將來的・我唯一的信賴是曾滌生這幾句話所指出的眞理：

「風俗之厚薄奚自乎・自乎一二人心之所嚮而已・民之生・庸弱者戢戢皆是也・有一二賢且智者・則衆人君之而受命焉・此一二人者之心向義・則衆人與之赴義……衆人所趨・勢之所歸・雖有大力莫之敢逆……世教既衰・所謂一二者不盡在位・彼其心之所嚮・不能不騰爲口說而播爲聲氣・而衆人者・勢不能不聽命而蒸爲習尚・於是乎徒黨蔚起・而一時之人才出焉・」

曾滌生也很明白・後一種影響只能靠積漸而不能收急效・所以他結尾只得說：

循是爲之・數十年後・萬一有收其效乎・非逆覩已・

是的・我們惟有循着最有收效的可能性的途徑去「鞠躬

盡瘁」．未來的實效誰能「逆覩」呢．

燕肅著作事蹟考

（上）

在我國歷史中．以格物創物名世之士固寥寥．然此寥寥若干人．亦未受過去史家之充分注意．如北宋燕肅其一例也．

燕肅嘗重復發明久已亡佚之指南車．（按我國之指南車乃一種機械之結構．而非利用磁針者．三國時馬鈞．六朝時祖沖之皆嘗造之．經唐末五代．其法失傳．）其法岳珂愧郯錄（十三）及宋史輿服志並有記載．英人A.C. Maule嘗於通報爲文闡釋之．用知所載雖有缺略．法意尚可明瞭．此文予嘗譯載於清華學報．（第二卷第一期．）近者王振鐸氏於北平研究院史學集刊更爲此器之模型圖說．益周詳矣．關於此事．本文不復叙及．

宋史（卷二九八）燕肅傳（以下省稱本傳）稱肅「在明州爲海潮圖．著海潮論．」按海潮圖今已佚．惟海潮論尚存．宋姚寬西溪叢語（上）記「舊於會稽得一石碑．論海潮依附陰陽時刻．極有理．不知其誰氏（作）．恐復遺失．故載之．」其下全錄碑文．寬友王明清於揮麈錄（下省稱王錄）前錄四轉載此文．考定爲即燕肅之海潮論．蓋文中有「大中祥符九年冬奉詔按察嶺外．……洎出守會稽（越州）移莅句章（明州）之語．王明清云．「以眞宗實錄考之．大中祥符九年．燕肅爲廣東提點刑獄．遂取兩朝史傳觀之．果嘗自知越州．卷末又云．嘗著海潮論．海潮圖．並行于世．則知（原文作者）爲燕無疑．」明清所考．自無可議．

燕肅海潮論．爲我國科學史上一重要文獻．茲爲校錄於下．（現存此論有三本．一爲學津討原本．西溪叢語所載者．下文稱甲本．一爲學津討原本．王錄所載者．稱乙本．一爲四部叢刊續編翻汲古閣影鈔宋本．王錄所載者．稱丙本．下錄文中小注．除校語外．皆是原注．）觀古今諸家海潮之說（甲本說下有者字）多矣．或謂天河激湧（見葛洪潮說．）亦云地機翕張（見洞眞正一經）．（甲本作洞正二眞經）．盧肇以日激水而潮生．封演云月周天而潮應．挺空入漢．山湧而濤隨（施師謂僧隱之言）．析木大梁．月行而水大（見竇叔蒙濤志）．源殊派異．無所適從．索隱探微．宜伸確論．大中祥符九年冬．奉詔按察嶺外．嘗經合浦郡（廉州）．沿南溟而東．過海康（雷州）．歷陵水（化州）．涉恩平（恩州）．（甲本作思州）．往南海（廣州）．迨由龍川（惠州）抵潮（潮州）．洎出守會稽（越州）．移莅句章（明州）．是以上諸郡皆沿海濱．朝夕觀望潮汐之候者有日矣．得以求之刻漏．究之消息（息進消退也）．十年用心．頗有準的．大率元氣噓吸（吸甲本作翕）．天隨氣而漲斂．溟渤往來．潮順（順甲本作隨）天而進退者也．以日者衆（衆乙丙本作重）陽之母．陰生於陽．故潮附之於日也．月者太陰之精．水乃陰類．故潮依之於月也．是故隨日而應月．依陰而附陽．盈於朔望．消於朏魄．虛（丙本無虛字）於上下弦．息於輝朒（朔而日見東方）．故潮有大小焉．今起夜半子時．潮平於地之子位四刻一十六分半．月離於日在地之辰次．日移三刻七十二分．對月到之位．以日臨之次．

潮必應之・過月望（按望字當在月字上）復東行・潮附日而又西應之・至後朔子時四刻一十六分半・日月潮水俱復會於子位・（此下五十九字乙丙本無・）其小盡則月離於日在地之辰次・日移三刻七十三分半・對月到之位・以日臨之次・潮必應之・至後朔子時四刻一十六分半・日月潮水亦俱復會於子位・是（是乙丙本作星）知潮常（常乙丙本作當）附日而右旋・以月臨子午・潮必平矣・月在卯酉・汐必盡矣・或遲速消息之小異・而進退盈虛終不失其期也・或問曰・四海潮平・來（甲本無來字）皆有漸・惟浙江濤至則亘如山岳・奮如雷霆・水岸橫飛・雪崖傍射・澎騰奔激・吁可畏也・其漲怒（乙丙本作可怒）之理可得聞乎・曰或云夾岸有山・南曰龕・北曰赭・二山相對・謂之海門・岸狹勢逼・湧而爲濤耳・若言狹逼・則東溟自定海吞餘姚奉化二江・侔之浙江・尤其狹逼・潮來不聞濤有聲也・（也乙丙本作耳・）今觀浙江之口・起自纂風亭（屬會稽）・北望嶼大山（屬秀州）・水闊二百餘里・故（按故字疑衍）海商船舶怖於上潬（水中沙爲潬・徒旱切）・惟泛餘姚小江易舟而浮運河達于杭越矣・蓋以下有沙潬・南北亘連（連乙本作之・丙本作乏）・隔礙洪波・蹙遏潮勢・夫月離震兌・他潮已生・惟浙江潮水不同（乙丙本作未洎）・月經（乙丙本經作徑）乾（乙丙本乾作潮）巽・潮來已半・濁浪堆滯・後水益來・於是溢於沙潬・猛怒頻湧・聲勢激射・故起而爲濤耳・非江山淺逼使之然也・（乙丙本下有哉宜二字）

燕肅所予海潮現象之解釋・固不脫孔德所謂形而上學之附會・而去今日科學理論甚遠・然其解釋錢塘江濤所用方法・卻爲實證之方法・其駁或說謂江濤不由於「海門」之狹逼・亦符事實・近今地學之解釋謂巨濤乃江口驟狹驟淺所致・非僅由於江口之狹也・燕肅注意江口巨灘之存在・與巨濤現象有關・乃深刻獨到之觀察・巨灘爲口驟淺之因也・惟未明驟狹驟淺之影響・其解釋視現今地學猶有一間未達耳・然燕肅此文之最大貢獻・在其「十年用心・遍歷廣東及浙江海岸・於海潮現象與日月地相對位置變易之關係・作系統之觀察與記錄・並綜合其所觀察與記錄以爲定例・此在科學史上爲創學・所當特筆大書者也・

燕肅又嘗改良刻漏之法・本傳載肅上蓮花漏法・詔司天臺考於鐘鼓樓下・云不與崇天歷合・然燕肅所至皆刻石以記其法・州郡用之以候昏曉・世推其精密・則其法已盛行於時・歐陽修歸田錄二亦稱「其漏刻法最精・今州郡往往有之・」其刻石之文・今已亡佚（宋史藝文志著錄肅蓮花漏法一卷當即此文・）惟北宋吳處厚於青箱雜記・（下省稱吳記）卷九中・尚存其略云「燕公肅……任梓潼日・嘗作蓮漏獻於闕下・後作藩青社・出守東潁悉按其法・其制爲四分之壺・參置水器於上・刻木爲四方之箭・箭四觚・面二十五刻・刻六十（按此下當脫分字）・四面百刻・總六千分・以效日・凡四十八箭・一氣一易・鑄金蓮承箭・銅烏引水下注金蓮・浮箭而上・有司惟謹視而易之・其行漏之始・又依周官水地置泉法・考二交之影・得午時四刻一十六分午（按午似是半之訛）爲正南北景中・以起漏焉・以梓潼在南・其法晝增一刻・夜損一刻・青（原作肯）杜稍北晝增三刻・潁處梓青之間晝增二刻・夜損亦如之」・（據商務翻四庫本）・

蓋新漏法注意昏曉時刻隨季候與地域變異．而適應並指示之也．

東都事略（卷六十）燕肅傳（下省稱略傳）．及本傳並云肅嘗「造指車記里鼓車及欹器以獻」．按李燾續資治通鑑長編（下省稱長編）記仁宗天聖五年十一月「壬寅工部郎中直昭文館燕肅請造指南車．內待盧道隆又上所創記里鼓車．皆以其法下所司製之．」岳珂愧郯錄（下省稱岳錄）宋史輿服志並同．則肅未嘗獻記里鼓車．略傳及本傳誤也．又按釋文瑩玉壺野史一．「蘇翰林易簡一日直禁林．得江南徐邈所造欹器．……上……親試以水．或增損一絲許．器則隨欹．合其中則凝然不搖．」則是時欹器之制未亡．禁中亦自有之．云肅獻此器．疑亦誤也．

歐陽修歸田錄（下省稱歐錄）二云．「燕龍圖肅有巧思．初為永興推官．知府寇萊公好舞拓枝．有一鼓甚惜之．其鐶忽脫．公悵然．以問諸匠．莫知所為．燕請以鐶腳為鎖簧內之．則不脫矣．」按他書所記燕肅仕歷甚詳．無為永興推官之事．歐公所記當有誤．宣和畫譜卷十一燕肅傳亦記此事．而與歐錄異．似較得實．宣傳云．「嘗有造鼓既畢．而忘易鐶者．無因可使釘腳拳於鼓之腹．遂造肅請術．肅乃呼鍛者．命作大鎖簧入之．衆皆服其智．」

以上敘肅格物創物之智．然在肅造詣中．此特其小焉者耳．

肅亦為名畫家．北宋人以比王摩詰．郭若虛圖畫見聞志（下省稱郭志）．三稱其「善畫山水寒林．澄懷味象．應會感神．蹈摩詰之遐蹤．逼咸熙之懿範．」宣和畫譜稱其「胸次瀟灑．……與王維相上下．獨不為設色．」「宋史本傳稱其畫入妙品．圖山水罨布濃淡．意象微遠．尤善為古折竹．」據郭志．宣譜．及鄧椿（南宋人）畫繼（卷八）肅畫流傳之可考者如下．太常寺有肅所畫屏風．玉堂刑部．所居景寧坊第．及許洛睢穎洛寺壁畫皆有其壁畫．以上諸作．至宣和時．除睢穎寺壁畫外．皆已無存．肅畫並所藏古畫身後泰半取入禁中．故世間傳肅畫甚稀．其收入內府．見於宣譜者三十七軸．計春岫魚歌圖一．春山圖四．夏溪圖十．千秋山遠浦圖一．冬晴釣艇圖二．雪滿羣山圖三．寒林圖二．小寒林圖二．履冰圖一．江山蕭寺圖二．古岸遙山圖三．送寒衣女圖一．牀牛頭山望圖一．渡水牛圖一．雙松圖二．松石圖一．寫李成履薄圖二．雪浦人歸圖四．寒雀圖一．其為肅曾孫興祖所藏載於畫繼軸者凡八軸．忍事敵災星圖一．山橫幅圖一．寒林橫幅圖一．鷺鷥圖一．散馬橫披圖一．墨竹圖一．不知此四十五軸今尚吉光片羽之存否．望鑒藏家有以見告．

肅亦為一詩人．本傳稱其喜為詩．多至數千篇．惟宋史藝文志著錄燕肅詩僅二卷．其傳於今者．以作者所知．惟宋文鑑（卷二十二）所錄「僻居」一首耳．茲錄如下：

蓬茅城市遠．草徑接魚村．白日偶無客．青山常對門．
藥鑪留火暖．花塢帶烟昏．靜坐搜新句．冥心傍酒罇．

詩境沖恬．蓋與其畫境稱

肅仕履以幹練著．本傳載稱其知臨卭縣．縣民嘗苦吏追擾．肅削未為牘民訟．有速逮者．書其姓名使自召之．皆如期至．」又宋鄭克折獄龜鑑載肅「知明州時俗輕悍喜鬭．肅推先毆者．雖無傷必加以罪．後毆者非折跌支體皆貸之．於

是闢者爲息・」其官刑部時・於刑法上有一重要之建議・（詳長編卷一〇四及宋史刑法志）其言曰・

唐大理卿胡演進月囚帳・太宗曰・其間有可矜者豈宜一以律斷・因詔凡大辟罪令尚書九卿讞之・又詔凡決死刑・京師五覆奏・諸州三覆奏・自是全活甚衆・貞觀四年斷死罪二十九・開元二十五年才五十八・今天下生齒未加於唐・而天聖三年斷大辟二千四百三十六・視唐幾百倍・（今）京師大辟雖一覆奏・而州郡獄有疑及情可憫者・至上請・而法寺多舉駮・官吏率得不應得之罪・故皆增飾事狀移情就法・大失朝廷欽恤之意・望準唐故事・天下死罪皆得一覆奏・議者必曰待報淹延・臣則以爲漢律皆以季秋論囚・又唐自立春至秋分不決死罪・未聞淹延・以害漢唐之治也・

仁宗酌取其議・因詔令「天下死罪情理可矜及刑名疑慮者且案以聞・有司毋得舉駮・」因此令而全活者・宣和畫譜稱「至今何啻億萬計」云・又宋會要（刑法二之二十）記肅於仁宗景祐初「奏乞今後內外官司合用宣刺條貫・寫錄廳壁・朝夕看讀・」仁宗從之・是亦整飭吏治之善制也・

其他肅之仕歷詳於下篇

王荊公有題燕肅瀟湘山水圖詩・作於肅死後・於肅德行推崇甚至・茲錄之以殿上篇・

往時濯足瀟湘浦・獨上九疑尋二女・蒼梧之野煙漠漠・斷壠連岡散平楚・暮年傷心波浪阻・不意畫中能更覩・燕公侍書燕王府・王求一筆終不與・奏論讞死誤當赦・全活至今何可數・仁人義仕埋黃土・祇有粉墨歸囊楮・

（下）

前篇述肅之學術與事功・此篇考其家世・行年與仕歷・下文先節錄宋史本傳而以其他記載參校訂補之・

燕肅・字穆之・青州益都人・

按略傳作青州人・郭志作「其先燕薊人」・宣譜同・父峻・慷慨任俠・楊光遠反時・率其屬迎符彥卿・遂家曹南・

按宣譜・後徙居曹南・祖塋於陽翟・今爲陽翟人・

肅少孤貧遊學・

按本傳不詳肅生年・據郭志・肅卒於仁宗康定元年・據略傳・肅卒年八十・以此推之・肅生於宋太祖建隆二年・即公元九六一・

舉進士・補鳳翔府觀察推官・寇準知府事・薦改秘書省著作佐郎・

按寇準知鳳翔府在眞宗咸平三年至五年（據李燾長編）即燕肅四十至四十二歲・

知臨邛縣（中略）考城縣・通判河南府・召爲監察御史・準方知河南奏留之・

按準知河南府在大中祥符八九年間（據長編）・即肅五十五・五十六歲間・

遷中侍御史・提點廣南西路刑獄遷侍御史・徙廣南東路・

按據海潮論及王明清所引兩朝國史・肅自廣西徙廣東・在大中祥符九年冬・

還爲丁謂所惡・出知越州・徙明州・（中略）直昭文館・爲定王府記室參軍・判尚書刑部・

按肅判刑部・不知始何年・據長編・當在仁宗天聖二年

（六十四歲）九月以前．是月肅以判部之資格奏言．舊制．赦書集書吏分錄．字多訛誤．四方覆奏．或致稽違．因請鏤板宣佈．遂著爲定式．

建言（中略）州郡之獄有疑情及可憫者（中略）許覆奏．（中略）

按長編及宋史刑法志此事在天聖四年．時肅年六十六歲．

擢龍圖閣待制．

按此事史不詳何年．考愧郯錄紀天聖五年十一月肅上指南車事．錄其全銜爲定王府記室參軍工部郎中．直昭文館．則是時肅尚未爲龍圖閣待制也．惟李燾長編載天聖六年四月詔龍圖閣待制燕肅與直史館康考基同議蠲減三司歲所科上供物．則肅之擢龍圖閣待制．其在天聖五年十一月與六年四月之間乎．

權知審刑院．知梓州．還．同糾察在京刑獄．再判刑部．累遷左諫議大夫．知亳州．徙清州．歲歉．命兼京來安撫使．入判太常寺．復知審刑．肅言舊太常鍾磬皆設色．每三歲親祠．則重飾之．歲既久．所塗積厚．聲益不協．乃詔與宋祁同按王朴律．刻滌考擊．合以律準．試於後院．聲皆協．

按肅請刻滌太常鍾磬及按試律準事．據長編及宋史樂志．並在景祐元年．時肅七十四歲．

又詔與章得象馮元詳（定）刻漏．

按據長編．事在景祐二年四月．

進龍圖閣直學士．

肅進龍圖閣直學士．史不詳何年．吳處厚青箱雜記云．「本朝之制誥（誥字衍）待制止繫皂鞋犀帶．遷龍圖直學士．始賜金帶．燕爲待制．十年不遷．乃作陳情詩上時宰．詩曰．『鬢邊今日白．腰下幾時黃』．時宰憐其老．未幾．遷直學士．」按肅爲龍圖閣待制．乃始於天聖六年．閱十年則景祐四年．肅七十七歲．其遷直學士．當在此年．惟吳記又云．「燕公登科最晚．年四十六始用寇萊公薦轉京官……作直學士時已六十餘矣．」所記二事年歲皆誤．後事之誤．從上文可見．據本傳．寇準薦肅．乃在知鳳翔府時．按長編．準在鳳翔府任．盡於咸平五年五月．時肅尚四十二歲也．

知潁州．徙鄧州．官至禮部侍郎．致仕卒．（下略）

長編．仁宗寶元二年十月．禮部仕郎致仕燕肅言．每遇朝廷大慶會欲於在所通表章從之．則肅之致仕前此時甚近．當不出本年也．其上請致仕蓋在鄧州任時．禮部侍郎其致仕時贈官也．肅卒年八十已見前．

子度．

按度三任戶部副使．爲能吏．以右諫議大夫知潭州卒．宋史有傳附肅傳後．

孫瑛．

按瑛官至戶部尚書．死於靖康之難．宋史亦有傳附於肅傳後．

中國史綱上冊自序

這部書的開始屬草．是在盧溝橋事變之前二年．這部書的開始刊佈．是在事變之後將近三年．

現在發表一部新的中國通史．無論就中國史本身的發展上看．或就中國史學的發展上看．都可說是恰當其時．就中國史本身的發展上看．我們正處於中國有史以來最大的轉變關頭．正處於朱子所謂「一齊打爛．重新造起」的局面．舊的一切瑕垢腐穢正遭受澈底的滌蕩剜割．舊的一切光晶健實正遭受天捶海淬的鍛鍊．以臻於極度的精純．第一次全民族一心一體地在血泊和瓦礫場中奮扎以創造一個赫然在望的新時代．若把讀史比於登山．我們正達到分水嶺的頂峯．無論回顧與前瞻．都可以得到最廣闊的眼界．在這時候．把全部的民族史和它所指向的道路．作一鳥瞰．最能給人以開拓心胸的歷史的壯觀．就中國史學的發展上看．過去的十來年可算是一新紀元中的小段落．在這十年間．嚴格的考證的崇尚．科學的發掘的開始．湮沉的舊文獻的新發現．新研究範圍的墾闢．比較材料的增加．和種種輸入的史觀的流播．使得司馬遷和司馬光的時代頓成過去．同時史界的新風氣也結成了不少新的．雖然有一部分還是未成熟的果．不幸這草昧初闢的園林．突遇狂風暴雹．使得我們不得不把一個萬果纍纍的時代．期於不確定的將來了．文獻的淪陷．發掘地址的淪陷．重建的研究設備的簡陋．和生活的動盪．使得新的史學研究工作在戰時不得不暫告停滯．如其不至停頓．「風雨如晦．鷄鳴不已」的英賢．固尚有之．然而他們生產的效率和發表的機會不得不大受限制了．在這抱殘守缺的時日．回顧過去十年來新的史學研究的成績．把他們結集．把它們綜合．在種種新史觀的提警之下．寫出一部分新的中國通史．以供一個民族在空前大轉變時期的自知之助．豈不是史家應有之事嗎．

着手去寫一部通史的人．不免劈頭就碰到一個問題．以批評眼光去讀一部通史的人．也不免劈頭就碰到同一的問題．那就是．拿甚麼的「筆削」做標準．顯然我們不能把全部中國史的事實．細大不捐．應有盡有的寫進去．姑勿論一個人．甚至一整個世代的史家沒有能力去如此做．即使能如此做．所成就的只是一部供人檢查的「中國史百科全書」．而不是一部供人閱讀的中國通史．那麼．難道就憑個人涉覽所及．記憶所容．和興趣所之．以爲去取嗎．這雖然是最便當的辦法．我懷疑過去許多寫通史的人大體上所採的不是這辦法．無怪佛祿德（Freude）把歷史比於西文的綴句片．可以任隨人意．拼成他所喜歡的字．我們若取任何幾種現行的某國或某處通史一比較．能否認這比喻的確切嗎．但我們不能以這樣的情形爲滿足．我們無法可以使幾個史家各自寫成的某國通史去取全同．如自一模鑄出．除是他們互相抄襲．但我們似乎應當有一種標準．可以判斷兩種對象相同而去取不同的通史．孰爲合當．孰爲高下．這標準是甚麼．

讀者於此也許會想到一個現成的答案．韓昌黎不早就說過「記事者必提其要」嗎．最能「提要」的通史．最能按照史事之重要的程度以爲詳略的通史．就是選材最合當的通史。「筆削」的標準就在史事的重要性．但這答案只把問題藏在習熟的字眼裏．並沒有眞正解決問題．甚麼是史事的重要性．這問題殊不見得比前一問題更爲淺易．須知一事物的重要性或不重要性並不是一種絕對的情實．擺在該物的面上．或蘊在該物的內中．可以僅就該事物的本身檢察．或分

析而知的・一事物的重要性或不重要性乃相對於一特定的標準而言・甚麼是判別重要程度的標準呢・

「重要」這一概念本來不只應用於史事上・但我們現在只談史事的重要性・只探究判別史事的重要程度的標準・「重要」一詞無論應用於日常生活上或史事的比較上・都不是「意義單純」（Universal）的・有時作一種意義・有時作別一意義・因為無論在日常生活上或史事的比較上・我們判別重要程度的標準都不是唯一無二的・我們有時用這標準・有時用那標準・而標準的轉換我們並不一定自覺・唯其如此・所以「重要」的意義甚為模糊不清・在史事的比較上・我們用以判別重要程度的可以有五種不同的標準・這五種標準並不是作者新創出來的・乃是過去一切通史家部分地・不加批判地・甚至不自覺地・卻從沒有嚴格地採用的・現在要把它們盡數列舉・並加以澈底的考驗・

第一種標準可以叫做「新異性的標準」（Standard of Novelty）・每一件歷史的事情都在時間和空間裏佔一特殊的位置・這可以叫做「時空位置的特殊性」・此外它容有若干品質・或所具若干品質的程度・為其他任何事情所無・這可以叫做「內容的特殊性」・假如一切歷史的事情只有「時空位置的特殊性」而無「內容的特殊性」・或其「內容的特殊性」微少到可忽略的程度・那麼・社會裏根本沒有所謂「新聞」・歷史只是一種景狀的永遠持續・我們從任何一歷史的「橫剖面」可以推知其它任何歷史的「橫剖面」・一個民族的歷史假若是如此・那麼・它只能有孔德所謂「社會靜力學」・而不能有他所謂「社會動力學」・那麼・它根本不需有寫的歷史・它的「社會靜力學」就可以替代寫的歷史・現存許多原始民族的歷史雖不是完全如此・也近於如此・所以它們的歷史沒有多少可記・我們之所以需要寫的歷史・正因為我們的歷史絕不是如此・正因為我們的史事富於「內容的特殊性」・換言之・即富於「新異性」・眾史事所具「內容的特殊性」的程度不一・換言之・即所具「新異性」的程度不一・我們判斷史事的重要性的標準之一即是史事的「新異性」・按照這標準・史事愈新異則愈重要・這無疑地是我們有時自覺地或不自覺地採用的標準・關於這標準有五點須注意・第一・有些史事在當時富於「新異性」的・但後來甚相類似的事接疊發生・那麼・在後來這類事便減去新異性・但這類事的始例並不因此就減去「新異性」・第二・一類的事情若為例甚稀・他的後例仍不失其「新異性」・雖然後例的新異程度不及始例・第三・「新異性」乃是相對於一特殊的歷史範圍而定・同一事情・對於一民族或一地域的歷史而言・與對於全人類的歷史而言・其新異的程度可以不同・例如十四世紀歐洲人之應用羅盤針於航海・此事對於人類史而言的新異程度遠不如其對於歐洲史而言的新異程度・第四・「新異性」乃是相對於我們的歷史智識而言・也許有的史事本來的新異程度很低・但它的先例的存在為我們所不知・因而在我們看來・它的新異程度是很高的・所以我們對於史事的「新異性」的見解隨着我們的歷史智識的進步而改變・第五・歷史不是一盤散沙・眾史事不是分立無連的・我們不僅要注意單件的史事・並且要注意眾史事所構成的全體・我們寫一個民族的歷史的時候・不僅要注意社會之局部的新異・

並且要注意社會之全部的新異・我們不僅要注意新異程度的高下・並且要注意新異範圍的大小・「新異性」不僅有「深濃的度量」（Intensive Magnitude）・並且有「廣袤的度量」（Extensive Magnitude）・設如有兩項歷史的實在・其新異性之「深濃的度量」可相頡頏・而「廣袤的度量」相懸殊・則「廣袤的度量」大者比小者更爲重要・我們的理想是要顯出全社會的變化所經諸階段和每一段之新異的面貌和新異的精神・

假如我們的歷史興趣完全是根於對過去的好奇心・那麼・「新異性的標準」也就夠了・但事實上我們的歷史興趣不僅發自對過去的好奇心・所以我們還有別的標準・

第二種標準可以叫做「實效的標準」（Standard of Practical Effect）・這個名詞不很妥當・姑暫用之・史事所直接牽涉和間接影響於人羣的苦樂者有大小之不同・按照這標準・史事之直接牽涉和間接影響於人羣的苦樂愈大則愈重要・我們之所以有這標準・因爲我們的天性使得我們不僅關切於現在人羣的苦樂・並且關切於過去人羣的苦樂・我們不能設想今後史家會放棄這標準・

第三種標準可以叫做「文化價值的標準」（Standard of Cultural Values）・所謂文化價值即是眞與美的價值・按照這標準・文化價值愈高的事物愈重要・我們寫思想史文學史或美術史的時候・詳於灼見的思想而略於妄誕的思想・詳於精粹的作品而略於惡劣的作品（除了用作形式的例示外）・至少有一大部分理由依據這標準・假如用「新異性的標準」則灼見的思想和妄誕的思想・精粹的作品和惡劣的作品・可以有同等的新異性・也即可以有同等的重要性・而史家無理由爲之軒輊・哲學上眞的判斷和文學美術上比較的美的判斷・現在尚無定論・故在此方面通史家容有見仁見智之殊・又文化價值的觀念隨時代而改變・故此這標準也每隨時代而改變・

第四種標準可以叫做「訓誨功用的標準」（Standard of Didacticutiety）・所謂訓誨功用有兩種意義・一是完善的模範・二是成敗得失的鑑戒・按照這樣標準・訓誨功用愈大的史事愈重要・舊日史家大抵以此標準爲主要的標準・近代史家的趨勢是在理論上要把這標準放棄・雖然在事實上未必能澈底做到・依作者的意見・這標準在通史裏是要被放棄的・所以要放棄它・不是因爲歷史不能有訓誨的功用・也不是因爲歷史的訓誨功用無注意的價值・而是因爲學術分工的需要・例如歷史中的戰事對於戰略與戰術的教訓・可屬於軍事學的範圍・歷史人物之成功與失敗的教訓・可屬於應用社會心理學中的「領袖學」的範圍・

第五種標準可以叫做「現狀淵源的標準」（Standard of Genetic Relation with Present Situation）・我們的歷史興趣之一是要瞭解現狀・是要追溯現狀的由來・衆史事和現狀之「發生學的關係」（Genetic Relation）有深淺之不同・至少就我們所知是如此・按照這標準・史事和現狀之「發生學的關係」愈深・故近今通史家每以詳近略遠爲旨・然此事亦未可一概而論・歷史的線索・有斷而復續・歷史的潮流有隱而復顯的・隨着社會當前的使命・問題和困難的改變・久被遺忘的史蹟每因其與現狀的切合而復活於人們的心

中・例如吾人今日之於墨翟・韓非・王莽・王安石・與鍾相是也・

以上的五種標準・除了第四種外・皆是今後寫通史的人所當自覺地・嚴格地・合併採用的・不過它們的應用遠不若它們的列舉的容易・由於第三種標準・對文化價值無深刻的認識的人不宜寫通史・由於第五種標準・「知古而不知今」的人不能寫通史・再者要輕重的權衡臻於至當・必須熟習整個歷史範圍裏的事實・而就中國歷史而論・這一點決不是個人一生的力量所能做得到的・所以無論對於任何時代・沒一部中國通史能說最後的話・所以寫中國通史永遠是一種極大的冒險・這是無可如何的天然限制・但我們不可不知有這種限制・

除了「筆削」的標準外・我們寫通史時還有一個同樣根本的問題・經過以上的標準選擇出來的無數史實・並不是自然成一系統的・它們能否完全被組織成一系統・如是可能・這是甚麼樣的系統・上面說過・衆史事不是孤立無連的・到底它們間的關係是甚麼樣的關係・同時・歷史的「橫切片」的種種色色・容可以「一個有結構的全體之衆部分的關係」（Relation between parts of an organized whole）的觀念來統馭・但歷史不僅是一時的靜的結構的描寫的並且是變動的記錄・我們能否或如何把各時代各方面重要的變動的事實系統化・我們能否用一個或一些範疇把「動的歷史的繁雜」（Changiag historical-manifold）統貫・如其能之・那個或那些範疇是甚麼・

我們用來統貫「動的歷史的繁雜」可以有四個範疇・這四個範疇也是過去史家自覺或不自覺地部分使用的・現在要把它們系統地列舉・並闡明它們間的關係・

（甲）因果的範疇・歷史中所謂因果關係乃是特殊的個體與特殊個體間的一種關係・它並不牽涉一條因果律・並不是一條因果律下的一個例子・因爲因果律的例子可以復現的・而歷史的事實・因其內容的特殊性・嚴格地說・是不能復現的・休謨的因果界說不適用於歷史中所謂因果關係・

（乙）發展的範疇・就人類史而言・因果的關係是一個組織體對於另一個組織體的動作・或一個組織體對其自然環境的動作・或自然環境對一個組織體的動作（Action）或一個組織中諸部分或諸方面的交互動作（Interaction）而發展則是一個組織體基於內部的推動力而非由外鑠的變化・故此二範疇是並行不悖的・發展的範疇又包括三個小範疇・

(1)定向的發展（Teleological Development）・所謂定向的發展者・同是一種變化的歷程・其諸階段互相適應・而循一定的方向・趨一定鵠的者・這鵠的不必是預先存想的目標・也許是被趨赴於不知不覺中的・這鵠的也許不是單純的而是多元的・

(2)演化的發展（Evolutional Development）・所謂演化的發展者・是一種變化的歷程・在其所經衆階段中・任何兩個連接階段皆相近似・而其「作始」的階段與其「將畢」的階段則劇殊・其「作始」簡而每下愈繁者謂之進化・其作始繁而每下愈簡者謂之退化・

(3)矛盾的發展（Inconsistant Development）・所謂矛盾的發展者・是一變化的歷程・肇於一不穩定組織體・其內

張蔭麟

部包涵矛盾的兩個元素・隨着組織體的生長・它們間的矛盾日深日顯・最後這組織體被內部的衝突綻破而轉成一新的組織體・舊時的矛盾的元素經改變而潛納於新的組織中・

演化的發展與定向的發展・矛盾的發展與定向的發展・各可以是同一事情的兩方面・因爲無論演化的發展或矛盾的發展・都可以冥冥中趨赴一特定的鵠的・惟演化的發展與矛盾的發展則是兩種不同的事情・

這四個範疇各有適用的範圍・是應當兼用無遺的・我們固然可以專用一兩個範疇・即以之爲選擇的標準・凡其所不能統貫的悉認爲不重要而從事捨棄・但這辦法只是「削趾適履」的辦法・依作者看來・不獨任何一個或兩三個範疇不能統貫全部重要的史實・便四範疇兼用・也不能統貫全部重要的史實・更不用說全部的史實・即使僅就一個特定的歷史範圍而論・於此可以給歷史中所謂偶然下一個新解說・偶然有廣狹二義・凡史事爲四範疇中某一個範疇所不能統貫的・對於這範疇爲偶然・這偶然是狹義的偶然・凡史事爲四範疇中任何範疇所不能統貫的・我們也說他是偶然・這偶然是廣義的偶然・歷史中不獨有狹義的偶然・也有廣義的偶然・凡本來是偶然（不管狹義或廣義的）的事・謂之本體上的偶然・凡本非偶然・而因我們的知識不足・覺其爲偶然者・謂之認識上的偶然・歷史家的任務是要把歷史中認識上的偶然盡量減少・

到此・作者已把他的通史方法論和歷史哲學的綱領表白・更詳細的解說不是這裏篇幅所容許・到底他的實踐和他的理論相距有多遠・願付之讀者的判斷・

跋水窗春囈（記曾國藩之眞相）

甲戌冬・予遊杭州・於故書肆購得水窗春囈二卷・不著撰人・中頗記咸同間人物與事故・作者與曾文正甚接近・而觀察亦別具眼光・不隨流俗・所記曾事・雖寥寥數則・實爲曾傳之最佳而最重要資料・自曾氏之歿・爲之譜傳者不一・而皆出其門生故吏手・推崇拜之心・盡褒揚之力・曾氏面目遂在儒家聖賢理想之籠罩下而日晦・昔陳懷沖（已故）撰中國近百年史（中華書局版）・謂曾始辦團練・殺戮甚夥・時人有「曾薙頭」之號・予嘗讀而疑之・心念論語中「子爲政・焉用殺・」之語・意爲文正豈有讀論語不熟者・今覽此書乃無惑也・中記副將李金賜者・年未三十・勇悍絕倫・嘗戰敗陷賊中・旋逃歸・所屬營長某控其通賊・二人並解至東流大營・文正力辨李冤・謂營官誣告統領上司・判即正法・是日李來謁・盛稱中堂明見萬里・感激至於泣下・文正旋忽傳令・李金賜雖非通賊・旣打敗仗・亦有應得之罪・着以軍法從事・即派親兵營哨官綁至東門處斬・聞者無不駭愕・文正手段之辣・有如此者・

作者有一巧妙之觀察曰・「文正一生每三變・書字(1)初學柳誠懸・(2)中年學黃山谷・(3)晚年學李北海而參劉石庵・故挺健之中・愈饒嫵媚・其學問・(1)初爲翰林詞賦・(2)旣與唐鏡海太常遊・究心儒先語錄・(3)後又爲六書之學・博覽乾嘉訓詁諸書・而不以宋人注經爲然・又(1)在京時以程朱爲依歸・(2)至出辦團練軍務・又變而爲申韓・嘗自稱欲著「挺經」・言其剛也・(3)咸豐七年在江西軍中丁外艱・聞訃奏報

後即奔喪回籍・朝議頗不爲然・左恪靖（宗棠）在駱文忠（秉璋）幕中・肆口詆毀・一時譁然和之・……（文正）出山後以柔道行之・以至成此巨功・毫無沾沾自喜之色・嘗戲謂予曰・他日有爲吾作墓誌者・銘文吾已撰・『不信書・信運氣・公之言・告萬世』・……文正嘗言吾學以禹墨爲體・莊老爲用・可知其所趨向矣」・

文正之以老莊爲用・書中有一佳證・「辛酉祈門軍中賊氛日逼・勢甚急・時李肅毅（鴻章）已回江西寓所・幕府僅一程尚齋・奄奄無生氣・時對予曰・・『死在一堆何如・』衆委員亦將行李置舟中爲逃避計・文正一月忽傳令曰・『賊勢如此・有欲暫歸者・支給三月薪水・事平仍來營・吾不介意・』衆聞之・感且愧・人心遂固・」此非老氏所謂「將欲取之・必固與之」之一絕例乎・文正之以禹墨爲體・吾於書中亦得一旁證・「文正夫人……在安慶署中每夜姑婦兩人紡綿紗・以四兩爲率・二鼓後即歇・一夜不覺（已）至三更・劼剛（曾紀澤）世子已就寢矣・夫人曰・今爲爾說一笑話・以醒睡魔可乎・有率其婦紡至夜深者・子怒詈・謂紡車聲聒耳・不得眠・欲擊碎之・父在房中應聲曰・吾兒・可將爾母紡車一並擊碎爲妙・翌日早餐・文正爲笑述之・坐中無不噴飯・」富貴易改常度・觀婦可以知夫・吾故以此爲旁證・嗚呼・今之從政者何如・

上引文正（一生三變）條中・謂文正自稱欲著「挺經」・「挺經」者何・此非曾讀「庚子西狩叢談」者不知・叢談乃曾紀澤婿吳永所述・而劉焜爲之筆記者也・吳永曾居李鴻章幕府・鴻章爲之述文正舊事有云・「我老師（文正）的秘傳心法・有十九條挺經・這眞是精通造化・守身用世的寶訣・我試講一條與你聽・一家子・有老翁請了貴客・要留他在家午餐・早間就吩咐兒子前往市上備辦肴蔬果品・日已過巳・尚未還家・老翁心慌意急・親至村口看望・見離家不遠・兒子挑着菜擔・在水塍上與一個京貨擔子對着・彼此不肯讓・就釘住不得過・老翁趕上前婉語曰・老哥・我家中有客・待此具餐・請你往水田裏稍避一步・待他過來・你老哥也可過去・豈不兩便麼・其人曰・你敎我下水・怎麼他下不得呢・老翁曰・他身子矮小・水田裏恐怕擔子浸着濕・壞了食物・你老哥身子高長些・可以不致沾水・因爲這個理由・所以請你避讓的・其人曰・你這擔內・不過是菜蔬果品・就是浸濕・也還可以將就用的・我擔中都是京廣貴貨・萬一着水・便一文不値・這擔子身分不同・安能敎我讓避・老翁見抵說不過・乃挺身就近曰・來・來・然則如此辦理・待我老頭兒下了水田・你老哥將貨擔交付給我・我頂在頭上・請你空身從我兒旁邊岔過・再將擔子奉還・何如・當即俯身解襪脫履・其人見老翁如此・作意不過・曰・既老丈爲此費事・我就下了水田讓爾擔過去・下田避讓・他只挺了一挺・一場競爭・就此消解・這便是挺經中開宗明義的第一條・」吳氏續述云・鴻章語「至此而止・竟不復語・予俟之良久・不得已始請示第二條・公含笑揮手曰・這此一條・夠了・夠了・我不說了・」惜哉・此十九條秘傳心法・文正一生之處世哲學・竟只傳一條・然亦足耐吾人玩味矣・

從上所記・已略可窺見文正之爲人・於肅穆之中・實兼富於今人之所謂幽默・叢談又述李鴻章言・「在營中時・我

老師總要等我輩大家一同吃飯・飯罷後・即圍坐談論・他老人家又最愛講笑話・講得大家肚子都笑痛了・個個東歪西倒的・他自家偏一些不笑・以五個指頭作把・只管捋鬚・穆然端坐・若無其事・」此又文正性格一重要方面・在正式傳記中尋不出者也・

文正自言以莊老爲用・蓋有所指而發・實則其所爲用・乃老莊而兼申韓・又濟於知人之明・識慮之遠・處事之敏者也・予嘗謂李鴻章得文正之「用」・而無其體・故於晚清之世運・只能爲補苴罅漏之工作・而不能有所轉移・顧何以文正於李備致推重・以爲代己之唯一人・今讀水窗春囈所記・乃悉文正於李之所短・未嘗不灼知・顧知之而不能不付以天下之重・則甚矣才難不其然也・記云・文正「在東流・欲保一蘇撫・而難其人・予（作者）謂李廣（指鴻章）才氣無雙・堪勝此任・文正歎曰・此君難與共患難耳・……卒之幕府中無出肅毅右者・用其朝氣遂克蘇城・迨至撚匪肅清・淮勇之名遂與湘勇相埒・而文正處功名之際・志存退讓・自以年力就衰・諸事推與肅毅・其用意殆欲作退步計耳・乃自收復金陵以後・竟不休官林下・亦不陳請補制・以文正之塵視軒冕・詎猶有所戀戀者・豈其身受殊恩・有不敢言退……者乎・」此言可謂察隱・

水窗春囈既供給吾人以如是重要之史料・則其作者爲誰・宜爲吾人所亟欲知・惜原書不著撰人・予嘗屬同學友人李鼎芳先生考之・據其結論・作者乃湘潭歐陽兆熊・道光丁酉舉人・爲文正老友・嘗出入其軍幕中・則書中所記文正事正是第一手史料・宜爲吾人所寶重也・李先生之考證・精確不移・茲附錄於左・並志謝之・

（附錄）李鼎芳水窗春囈作者考

日者承張蔭麟先生借閱水窗春囈一書・張先生云・「此書購自杭州・余尚未盡閱・其作者猶未悉爲誰・閱後倘能考得之・希以語我・」予乃盡兩黃昏・畢讀斯書・中論洋務・論鹽法・及記曾左江羅諸人軼事・均頗有見地・足補史闕・作者蓋有心人也・爰爲考之如左・

（一）作者姓歐陽籍湘潭

本書上「夫人儉樸」條云「曾文正夫人爲衡陽宗人慕雲茂才之妹・」按文正夫人爲歐陽氏・（曾文正年譜卷一）・則作者爲歐陽氏之宗人・即姓歐陽也・又本書卷上「癸巳縣試」條記試場鬧事・作者「將結狀裂之・拂袖而出・」繼述縣令語云・「昨見裂結狀之毆（必爲歐之訛）陽生・視瞻非常・鬧事者必此人所使也」・此又作者姓歐陽之明證・

予觀書中多記曾左事・猜作者爲其同鄉・又因上引一條中言及主試縣令「有道光癸巳・靈穎生大令蒞潭」之語・猜作者爲湘潭人・又考書中「賑災良法」條有「道光二十九年水災・請於邑侯李寅菴・……作三等賑法」・及「同治元年……邑侯羅子鴻大令以予爲辦賑熟手」等語・檢湖南通志職官志・湘潭知縣目下有・

靈秀蒙古鑲黃旗進士道光十二年（壬辰）任

李春暄　四川內江進士道光二十八年任

羅才衍　江西建昌人同治元年任

作者爲湘潭人無疑・既知作者之姓名及籍貫・則其名字及事蹟不難考得矣・

跋梁任公別錄

友人張曉峯君摭梁任公先生未刊書札中數十事爲梁任公別錄．成以授予讀．此時爲此文．不禁起予空谷足音之感也．方戊戌前後．任公之在文界．何啻旭日中天．一篇之出．百數十萬人爭誦．曾不四十年．後生已罕或能舉其名．其一知半解者．甚且爲蚍蜉之撼．「或榮譽若天仙光寵．消逝時迅越流星．」歌德之詩．可爲任公賦矣．別錄引王文濡君「褒恤無典」之語．其辭若有憾焉．頗聞任公之歿．實曾有大力者建言政府．加之褒揚．格於吾粵某巨公而止．今某公往矣．軍興以來．寃親俱泯．黨外人物有聞於時者．政府例爲飾終．而未嘗見掩於一眚．況在任公．有大造於文教而無毫末之負於國家．思德追崇．爲之永念．以存直道於斯世．今正其時．輿言及此．跂望者不少人在．任公與初期黨人之關係．陳少白氏之興中會紀要．及馮自由氏之革命逸史．載之綦詳．後有作任公傳者．不可不考．任公與國民黨瀕於同流．而終於分道．師友之謫譴．固與有力．然任公之性格．亦於此見焉．世或惜之．然就任公之立足境言．無可惜也．

凡持一信念以易天下者．於其所係．勢不能變．變則如吳梅村所云．「一錢不值」矣．不事二主之義．非惟於君主之主有然．於主義之主亦有然．昔之創業帝王．於勝朝守節之士．固僇之辱之．及其修勝朝之正史．則必入之忠義傳．於舍舊謀新之俊傑．固寵之榮之．及其修史．則必入之貳臣傳．爲任公者．寧入主義上之忠義傳歟．寧入主義上之貳臣傳歟．不待智者而知所決矣．辛丑以後．任公雖羈海外．漸與若干朝士消息相通．桴鼓相應．今讀其雙濤閣日記（在飲冰室合集中首次刋布於其身後）而知之．辛亥變起後．袁世凱挽之入閣．雖不就．於清室猶睠然．時有一電復袁．爲之策劃．此電文近年始於清宮軍機處電報檔案中發見．載於故宮博物院所印之史料旬刋某期中．大意勸清室效法北魏以漢易胡故事．首去滿姓用漢姓．以與民更始．電末並附錄資治通鑑紀北魏事一則．策則頗迂．儻所謂無策之策歟．覆袁之役．任公之所抱負．於其與松坡軍中往還書札可見．此諸書札之原蹟．任公曾影印其一部分行世．（題蔡松波軍中遺墨．以紀念松坡者）顧所印不多．流布不廣．世人或罕見之．予記其中任公致蔡一札．大略悔往日欲用人而終爲人用之失計．勉蔡經營四川（時黎元洪已任蔡爲四川督軍）「莊嚴此土」．以爲其黨之根基．又滇人廖思暘所編護國軍戰史．亦載任公致松坡軍中一札之片斷．大略慨言當日軍途之窳壞．而謂欲了國事．非別造一有教育．有精神．有主義之師旅不爲功．至練兵之道．則取法乎近而合國情者．莫如求師於季清之曾胡云云．日後國民黨發展所循之路徑．任公其先見及之矣．使松坡不早死．天下事殊未可知．任公入民國來政治營搆之無成．非關人事．亦有天焉．

以言學術．世人於任公．毀譽參半．任公於學．所造最深者唯史．而學人之疵之者亦在是．以爲其考據之作．非稗販東人．則錯誤紛出．幾於無一篇無可議者．實則任公所貢獻於史者．全不在考據．任公才大工疏．事繁鶩博．最不宜於考據．晚事考據者．徇風氣之累也．雖然．考據史學也．

非史學之難・而史才實難・任公在「新漢學」興起以前所撰記事之巨篇・若春秋戰國載記（在飲冰室合集中首次刋布於其身後・世人注意之者甚少）若歐洲戰役史論・元氣磅礴・銳思馳驟・奔磚走石・飛眉舞色・使人一展卷不復能自休者・置之世界史著作之林・以質而不以量言・若吉朋・麥可萊・格林・威爾斯輩・皆瞠乎後矣・曾試自操史筆之人・讀此等書而不心折者・眞無目耳・昔任公之歿也・予亦曾爲文悼之（載當時天津大公報文學副刋）顧年稚無知・於其民國後之政治生涯・妄加貶抑・今讀曉峯兄別錄・一夕拉雜書此・聊以自懺云・

記廖燕的生平及其思想

明清之交・嶺表有一學者焉・孤掌高擎・毅然與根深蔕固一世奔從之傳統制度作戰・其在學術上之創建亦足以名家而不朽・而其人生既寒微不顯於當時・沒復湮晦不彰於後世・梁任公作近三百年中國學史・凡清初在學術界稍有建樹之人・類爲表暴・而斯人獨不與焉・其遺書雖通行於日本・在中國則孤本僅存・斯人爲誰・曰曲江（屬廣東韶州）廖燕・燕生於崇禎十六年・卒於康熙四十四年・自幼即穎悟不凡・嘗問塾師曰「讀書何爲」・曰「博取功名」・問「何謂功名」・曰・「中擧第進士」・燕曰・「止此乎」・師無以應也・既學爲文・竊有志于古・家貧無書・破產買數十百卷不足・因挾短蒯緱・走廣州城・聞有故家多書・上書請讀・期年讀其書幾遍・年十九補邑弟子員・三十以後父母相繼歿・時三藩變起・燕效力清軍・自述曰「時西南方戰爭・文字無所用・意亦不欲以文字見・因裂冠慷慨・投筆從戎・隨軍・寓一古刹・雖在戎馬之中・然身閒爲掛搭僧・觀階前蟻鬬・便復一日・無書可讀・因就板作書・板爲之穿」・旋復棄去・吳三桂圍韶州（康熙十六年）・燕率家人避亂土圍內・妻與二女相繼病死・燕亦幾不起・蓋備極顚連矣・自是家益貧苦・居窮巷茅屋中・訓二三童子自給・益努力著述・三年而二十七松堂時初集成・時燕聲譽漸廣・寧都魏禮父子不遠千里徒步來訂交・禮尤稱賞其文・郡守陳廷策亦極與相得・爲刻集行世・年四十四受聘爲曲江縣志分纂・年五十陳廷策遷署廣州・携之同往・未幾・陳入覲・欲薦燕於朝・相偕北上・途次金陵・燕抱病獨留・陳抵都・旋物故・燕聞之・遂絕意仕進・肆力著作・屯坎以終・

燕行爲多矯異流俗・晚年嘗向學使辭諸生・賦詩見志・並爲辭諸生說・有云「……此辭諸生・非辭功名也・功蓋天下曰功・名傳萬世曰名・……余習制擧有年・恐爲其所誤・因中道謝去・使得專心論述以冀有傳于後世……故余辭諸生・正不欲以諸生自限而爲求功名之地者也」・燕生平最仰慕金聖歎・北上折回時・嘗訪蘇州聖歎故居・而不知其處・因爲詩弔之・並作金聖歎先生傳・論之曰「予讀先生所評諸書・領異標新・迥出意表・覺作者千百年來・至此始開生面・嗚呼・何其賢哉・」自明以來・士以制義爲本業・外此無所謂學問・其能自振拔不爲所陷溺者蓋寡・其明目張膽・對於此惡制度施以有意識之嚴厲攻擊者・自廖燕始・廖以爲制義取士之爲愚民政策・等於秦始皇之焚書・其言曰「秦始皇以狙詐得天下・欲傳之萬世・以爲亂天下者皆智謀之士・

以爲可以發其智慧者莫如書・于是焚之以絕其源・……明制取士惟習四子書兼通一經・試以八股・號爲制義・中式者錄之・士以爲爵祿所在・日夜竭精敝神以攻其業・自四書一經外・咸束高閣・雖圖史滿前・皆不暇目・以爲妨吾之所爲・於是天下之書・不焚而自焚矣・非焚也・人不暇讀・與焚無異也・……他日爵祿已得・雖稍有涉獵之者・然皆志得意滿・無復他及・不然・亦已頹唐就老矣・尚欲何爲哉」・

燕之論性・於孟荀以下諸家皆施抨擊・而自樹一幟曰「性非無善惡・但不可以善惡名之・蓋善惡爲情・性發而爲情・譬如農人種穀成秧・則謂之秧矣・猶謂秧爲穀可乎・故謂性能生善惡則可・謂善惡爲性則不可」・「善惡畢竟是情不是性・若說是性・譬如人熟睡時・善念不生・惡念亦不生・此處遂謂無性可乎」・然則性之本體何如耶・「曰・性爲渾淪之稱・原解說不得的」・「善惡未分是性・善惡既分是情」・其於倫理實踐・則引伸其性論・而有復性之說・曰・「性聖人知其然・故略於言性・而詳言復性・言性祇言其端・言復必徵其力・端不易知・即智者而猶疑・力有可憑・雖愚人亦易盡也・……故孝可盡也・天下之人因而盡其孝・弟可盡也・天下之人因而盡其弟・以至忠信可盡也・天下之人因而盡其忠與信・則我雖不言性・而孝弟忠信性已復矣」・蓋燕以爲性之本體不可以言詮・而亦無言詮之之必要・

燕治學貴創・曰「天下古今之書・任他至奇至妙・讀得爛熟・到底是別人的・惟能評論今古・發抒胸臆・方是自家文字」・其於千餘年來在經傳樊籠內討生活之學問・根本鄙夷・其言曰「後世諸儒不能打破藩籬・別開手眼・祇將四書五經詮釋一番・自以爲聖道在是・且自負爲得聖道眞傳・是何異學步邯鄲・刻舟求劍・終身墮印板窠臼中而不知・悲夫・」燕頗富懷疑精神・嘗謂「朱註之謬誤極多・果可據耶・曷不求諸本經耶・」「求諸本經」・有清一代之漢學家能爲是者亦不過數人而已・燕批評宋儒每多中肯之論・如謂「宋儒將天字作理字解・豈彼蒼者天爲道理所結成之一物者耶」・又謂「制禮作樂・孔子已言之矣・因先朝制作而損益之・不過一有司事耳・即制作稍乖・於天下固無大害也・況不乖乎・宋儒每將此事說得驚天動地・不知何解」・又謂「聖經言正心誠意・是因言治國平天下而推原必本於正心誠意・非僅以正心誠意四字・即可治國平天下也・朱晦庵獨舉以爲言・其意何居・」燕論學最推崇王守仁・其爲王辨護曰「若謂先生之獨言致良知遺卻格物未免流入於禪・……何先生計擒宸濠時算無遺策・功蓋天下・自北宋以來以道學而建莫大之功者・先生一人而已・格物尚有大於是耶・至專主格物者莫如晦庵・而除卻論語注幾本經書以外・毫無功業可見・則又何說也・」此自非合於邏輯之論・而其薄著述而尊事功・頗與顏李學同轍・燕與顏元弟子王源交厚・蓋受其影響也・

燕於文學黜華崇樸・謂「昌黎見道未徹・原道原性諸篇膚淺已甚・要之起衰救弊則其文不可誣」・誠極中肯之論也・又以爲詩文須根本性靈情感・而痛惡無病呻吟・曰「世人有題目始尋文章・予則先有文章偶借題目耳・猶有悲借淚以出・非有淚而始悲也」・「詩道性情・彼此移易不得・方

張蔭麟

謂之眞詩。如陶靖節杜工部是已。若明之王元美李于鱗則集天下韵語偶以王李出名耳」。惟其根本性靈。故深鄙擬襲。此可於其論和詩一事見之。曰。無論所和佳不佳。而以我性情之物。供他人韻腳之用。性情之謂何。況時地異趣。必有格然不相會者。而步之趨之。牽强湊物。以求附其辭。象其意。全詩皆有人用而不有我存焉。雖不作可以也。且彼所欲言者已去。而我所欲言者無因。而因其已去之言。無者將之使有。以無病之心爲無端之歌哭。其詩未成。其所以爲詩者已先去矣。……甚者楊子雲之擬易。曹丕之篡受禪臺。皆和詩之屬也。……事不可襲。襲者爲拙。……萬事盡然。豈獨詩乎。」燕之反對因襲。固不僅在文學一端而已也。

不列顛博物院所藏中國寫本瞥見記

燉煌寫本之歸不列顛博物院者。至今尚無完全之目錄。而典守者既不選粹印布。復靳我國學人攝景謄抄。寶藏雖發而實等湮淪者蓋不少。羅氏鳴石室佚書。羽田氏燉煌遺書。及劉氏燉煌掇瑣所據。皆巴黎藏本。惟羅氏燉煌碎金中取英倫本。寥寥數小件耳。去歲秒。北平圖書館曾委託浦君江淸就近與該院東方部商攝景佛經以外諸寫本。典守者辭焉。而該院東方部固曾以同類之事有求於北平館而得友誼之襄助者也。攝景既不可。浦君請選借錄副。則不許入庫縱觀。但許逐件指索。然所藏但編號碼而無目。羅福萇氏所集不完全之目錄（見北大國學季刊一卷一號）又不著原號碼。故縱知所需。亦不知所索借。何況於寫本之未曾著錄者。浦君請盡義務爲其編目。則又見卻。夫然後知西方所謂漢學家之不能修而畏人修有如是也。是時予方過倫敦。作旬日淹留。鑒於典守者之吝。而暇日方無多。乃放棄抽繹秘文之願想。偶遊該院。於寫本陳列室內以時更換之展覽品中得覩燉煌寫本十數種。其間已頗有我國學人所未知之珍品。因略記之。以見該院蘊櫝秘藏之可惜。而可以使典守者不復爲「馬槽中之犬」。則國立文化機關之責也。

展覽品中最觸予目者爲一佳紙精寫之長卷中。屢見武后所制之奇字。其展開可得鈔錄之一段如下。

朝豎子去𠥱（按新唐書后妃傳作𠥱者疑是此字之訛）側能善作分別。永隆安社稷謹惟神皇。外氏楊氏也。羊有兩角。故曰兩角騏麟兒。世民太宗諱也。長大威儀成。獻者得官職者。此言神皇年幾長大威儀成就。有獻忠赤者咸賜官職。長享榮祿之應也。賢𢘑（此亦武后新造字。見新唐書后妃傳）今在朝者。此明當今在朝皆是賢㠯也。豎子去𠥱側者。言神皇聖察。鑒其善惡棄奸慝。淸肅朝行。故去豎子去𠥱側也。願能善分別永隆安社稷者。永隆之始庶人賢作亂神皇以至公馭物不私於子善能分別徙之巴州。故言永隆安社稷也。夫菩薩現身原無定准。隨機應變故現女身也。

問大聖懸記不明氏族詳觀女主乃有數𠥱何所准憑獨在今乙（亦武后新造字后妃傳作乙）答曰佛記王國位當六五。自漢以來迄於聖代女主。雖多並事之賔符合稱太后。不應經誥今之聖母神皇𤯔（亦武后新造字見后妃傳）膺佛記故經云女主自內遍閻浮提起諸寶塔盛弘佛事。又按而（后妃傳作丙）授聖圖云聖母臨人永昌帝業。永者長也昌者盛也。言（按天授聖圖。武承嗣所僞造。亦言武周受命之讖書。）

此卷陳列時其英文標記義為「頌武后文擁護其僭位者．時代七〇〇」羅目中之「武后登極頌德文」（季刊一卷一期頁一六七）當即指此．予按此「大雲經」也．舊唐書武后紀．載初元年七月．「有沙門十人偽撰大雲經．表上之．盛言神皇受命之事．制頒於天下．令諸州各置大雲寺總度僧千人．」又新書后妃傳．「拜薛懷義輔國大將軍封鄂國公令與浮屠作大雲經言神皇受命事．」此卷稱武后正作神皇．正言其受命事．而又多釋數語．其為大雲經無疑．此武周重要之文獻久至亡佚．且從不見著錄徵引者．今始復出也．此卷紙質既佳．書法復工飭．蓋當日制頒之本．彌足寶重．武后新造字後世傳刻多訛．不有此卷．何由證之．

戶籍一卷（原號碼S4172）節錄其一段如下．

戶何石住

都受田壹頃拾畝　請東河灌進渠地共一頃拾畝東至大渠西至荒南至官田北至高安三至道元年乙未歲正月一日人戶何石住戶

戶高安三　都受柒拾五畝（下略）

戶李興住　都受田拾陸畝（下略）

戶張富昌　伍拾伍畝（下略）

戶索住子　伍拾伍畝（下略）

按羅目（頁一六八．一六九）著燉煌戶籍七件．其一件注云「至道元年乙未歲正月一日人戶高安三戶」．即是此卷．至道為宋太宗年號．其元年當西元九九五．燉煌掇瑣錄戶籍二件．唯一件記時在「（唐昭宗）大順二年辛亥（西元八九一）歲正月一日」．與至道卷相距近百年．而程式如一．此值得史家注意之事也．

賣女文契一件（S1946）羅目著錄（頁一六七）．節抄其有史料價值之部分如下．

淳化二年辛卯歲十一月十二日立契押衙韓願定……今有家妮子名塩勝年貳拾捌歲……價生熟絹（各）五匹．當日現還生絹三匹熟絹兩匹．限至來年五月盡塡還……畫押者有（其花押從略）

買身女人

出賣女人娘主

出賣女人郎主

同商量人

知見報恩寺僧

知見龍興寺樂善安法律

契末有下列之批記．

內熟絹一疋斷出褐陸段．白褐六段．計拾二段各丈一丈二．比至五月盡還也．（其下花押）

據此文契似宋初貨幣猶未通行．民間財富往來以絹為主要媒介物．燉煌掇瑣中輯上册所錄契約中尚多其證．或疑此不過燉煌邊僻之區之特別情形．內地大都或不如是．予按唐律（疏義卷十二）有「諸同居卑幼私輒用財者十匹笞十匹」之文．若於本書或他書細加尋檢類此之文當尚多有．計財以匹．見於官書．則其時絹帛為通行之交易媒介明矣．劉道元君於其「兩宋田賦制度」中謂「天寶起了大的變化．由現物自足之的經濟轉變為貨幣交換經濟」（原書頁二）其言自非無據．然「轉變」之程度及轉變所及之地域實為一尚待研究

之重要問題・若就燉煌一隅而論似未甚受此轉變（如其有者）之影響也・

婦女尺牘程式一冊五葉（S5613）羅目著錄作「尺牘軌範」者或即此・錄其二通・一上翁姑者・一與夫者・（原冊葉二下至葉三上）燉煌掇瑣中亦有書範二通・一夫與妻者・一妻與夫者・可比觀焉・

婦人題上翁婆狀・與父母同

遠離已久・馳戀增深・不奉誨示・無慰下情・寒温伏維大君大家尊體動止萬福（如與父母云伏維耶娘尊體動止萬福）次郎（某郎）使君差使入京伏維　照察拜覲末由・伏深戀結・謹因使・謹奉狀不宣・次弟新婦再拜（與父母不宣某氏次弟娘再拜）大君大家几前耶娘几前某新婦狀封・

與夫書

辭奉久・馳仰增深・不枉近書無慰傾望寒温・惟動用珍勝即此大君大家動止萬福男女等無恙・兒蒙免未由展奉・但增馳系・謹奉狀不宣・謹狀　月日准上

與夫書題下有後來利用空隙之備忘記錄數行・注時爲「開平己巳七月七日・」記錄云「上酒曲子南哥子兩段ロ二急三慢二令至ロ各三拍單鋪雙補……」餘字太模糊・余不能辨・

望氣占書一卷（S3326・陳列時標記云時代七世紀）不詳撰人・有圖（狀氣之形）有說・茲錄其說二則如下・

凡郡邑有氣雜者・以色占之多青者・三公之氣也・多赤者太守之氣也・多黃者一人之氣也・多白者此下有賢仙士・多黑者此下有伏龍・不出百日有大水災・

凡人家行川野有此氣見赤氣・如辰蓋者其下・舊是君王之故墓必不得衝此氣・

解夢書一卷（S620）不詳撰人・羅目著錄作卜夢書（頁一六五）・錄其一段如下・

夢見蛇入穀道中富貴・夢見蛇遠人要富・夢見天魚落大富貴・夢見得龜萬人敬愛・夢見龜鼈必得官・夢見蛟龍必被貴人召及・夢見得生魚大吉利・夢見魚飛天必雨・夢見大蛇過得財吉・夢見王生貴子・夢見龍必富貴・一云生貴子・夢見乘黑馬財散・夢見乘驢騾有錢至・夢見羣羊百事皆吉・夢見乘青鳥有慶事・夢見解鬼欲得食・夢見乘紫鳥大吉・夢見牛入家喪禍來・夢見牛產所求皆得・夢見六畜共人語大吉・夢見黃牛宜田蠶・

類書殘卷（S2832）一・性質蓋與事類賦相似・其見於現在唐類書中與否予未暇考也・錄其一段如下・

○律師事　美玉三磨純金百練行（此下當脫一字）嶺外之松戒淨秋天之月○又德△乙德重神資法器天假宿負鵝珠之譽能全草繫之心廻四分之寶爲方之令德（此處疑有訛奪）將爲長輝法炬永曜昏衢豈爲忽輟慈光長歸大夜ロ囚產作事○惟靈貞踰南國資越東鄰全執天生自學（疑有脫字）班氏之風光於九族孟光之德福於六姻將爲諸天比壽始聖齊年何期天降斯禍靈爲灾囚產歸於巨夜嗟乎驪珠未見兮並驪龍沒子孼未分兮菓柯摧○原夫生滅理常終彝跡聖且未免人其若何是以元（此下當脫一字）與大患之嗟仲尼有逝川之歎去留運往其大矣哉・

碁經一卷（S5574）陳列時標記云「凡七章・時代約九〇〇」・此卷全好無缺・惟書法甚劣・不著撰人・以「碁經」爲名之唐宋正史藝文志均不見著錄・言圍碁戰術之書見存者

以此爲最古矣・卷末附有「梁武帝碁評要略」・按舊唐書經籍志有「梁武帝碁評」一卷・新書仍舊著錄・宋以後反佚・此附錄蓋碁評之節鈔・文詞不甚亨通必出俗手・然碁法書之內容可考者以此爲最古・全錄之如下・

梁武帝碁評要略・碁之大要・當立根源・根源之意以帶生爲先・根元既同引以陵敵・則我意銳而敵人懼也云爾・凡爭地校利而年均四等者・應比方彼我所獲多少・若我獲有宜雖少必取・彼得相匹雖大可遺・凡略道依傍將軍・又先爭彼此所共形處・將軍爲柱石・又如山岳・是以須先據四道守角依傍・彼碁雖小而有活形得不足以益我・死不足以益我若營攻擊容或失利云爾・凡行便既出手而無彼累爾・宜詳慎・謹錄先行之無可擇・又寘其尤・寧我薄人無人薄我・先行之謂也・凡行多欲籠罩局上以爲陣勢成則攻也大行粗遍當觀形勢・無使失局也・觀察既竟揮彼孤弱者當擊之・此有孤弱當生救之・彼見孤弱・我自强也・

寫本陳列室中・非燉煌文件之有史料價值而值得鈔錄者・有李秀成家書一通・封套並存・封面題・

內乙件　自杭郡鳳山門外發

太平天國辛酉十一年十月初三日封

遞至紹興郡

交與王相二殿下・容椿姪・發男等開拆

書之全文如下・

九門御林忠義宿衞軍忠王李　諄諭容椿姪容發男知悉・緣爾父在桐廬命爾隨陸主將隊後而行・緣恐該隊兵單令爾等爲其接應・先保蕭山而後攻紹興・以除浙省之羽翼・好早日成功也・十一月初一日接該主將於紹興二十九日紹興發來捷報云・稱紹興已克・投降者數千・爾等在後・亦到紹郡・已紮城內・閱悉之下・甚爲欣慰・今紹郡已得・杭郡指日可克・官兵自到杭郡以來・日戰日勝・城外妖穴・一概掃平・殺死無數・活拿者數千・自降者數千・已將該城圍困・內外不通・成功在即矣・爾等已過紹郡可與陸主將和儺斟酌好守紹郡・計克寧波・爾兵不足・已點吉慶元在後帶戰兵而來接應・一切已面矚該員協力助攻・聽爾鋪派・早成大功・國之幸也・凡事總與陸主將善爲計議・遵照而行・若各處平靜・回師之日・必與該主將商議如何守地・如何安民・必得穩固妥善方可回來・至父處軍務平寧・嘉興之兵已到朗・天安亦來有人足用矣・爾處紅粉砲壳多否・糧草多否・軍需有否・仰爾查明・城中婦女總要分別・男歸男行・女歸女行・不得混雜・如有不遵・爾可按法處治・方不負父之訓教・才爲國之良臣也・一切小心謹慎・以顧軍機是矣・爲此特頒諄諭・仰爾等遵諭而行・此諭・

太平天國辛酉十一年十月初三日

黎騷 一九〇五年生 一九六九年卒

字暢九．號蒿菴．以字行．順德人．以詩詞鳴於時．曾任上海申報編輯．社主史量才器重之．好研究版本．遇有秘籍．不惜解囊．庋藏漸富．詠爲絕句四十餘章．附以考訂．所著黎二樵年譜．三色版研究．蒿菴詩詞．石灣陶百詠等．並輯獨漉堂詩選行世．

心齋詩詞序

中戊寅之秋．日寇陷廣州．余奉母避居澳門．因得與畫人張谷雛．李研山．吾宗心齋游．南灣風月．東望雲帆．輒聯袂共賞．遂又得聞心齋之詩論．其言曰．詩之爲道．微妙難言．專一家者非一家．祖一代者綜異代．五聲集耳悅其和．五味在口嘗其甘．五色在眼取其妍．百花釀酒而益香．百藥成丹而致效．錯綜百家．不名一人．採之杜蘇．以固其根柢．糅之白陸．以廣其庭戶．絢之溫李．以增其藻麗．參之黃陳．以窺其奧窔．蹟之歐梅．以探其幽峭．滙衆之長．以蓄我勢．及其用也．如鹽在水．視之無形．如劍在匣．出之即飛．更以造物爲師．引時代爲本．不貌古人之衣冠．自成一己之言語．力去陳套．刻意務新．寫景必兼到乎情．使物我渾忘．抒情必言外寓物．如諫果彌甘．風月雲雷．第供揮洒．山川人物．來就馳驅．於其成也．如蘭子之七劍．其五在空．單父之百花．無一色同．安坐以肆應．八面玲瓏．此其所以爲詩也．心齋之言若此．亦猶岳武穆用兵．神而明之．寧拘於古人之兵法陣圖哉．厥後蹤蹟漸疏．偶或晤見．亦輒以詩爲談資．一日．偶遇心齋於李研山之石谿壺館．座中佳士．咸善諧謔．客有問心齋曰．尊號是取莊子唯道集虛．虛者心齋也之意乎．心齋曰．未盡吾意也．客曰．曩所見鈐書．首有碧海青天夜夜心之印文．得無以是爲心乎．心齋笑而不答．研山乃謂客曰．昔者張子野有張三影之稱．蓋子野平生所爲詞．凡有影字者無不佳．如雲破月來花弄影．嬌柔懶起．簾壓卷花影．柳徑無人．墮絮輕無影．今心齋所爲詩．凡用心韻者．亦靡不佳妙．如風葉有高思．江波無住心．教雲參世變．揮雨洗天心．涓涓野菊回幽淚．戚戚寒山見苦心．削蹟自荒喬木意．題詩聊補草亭心．乍聽後時黃鵠句．已低寒月隔江心等句．雲蒸霞蔚．氣象含弘．何必減張三影．由此心字詩．恆傳誦朋輩中．並以心齋稱之．座客恍然相視．莫逆於心．然此僅爲心齋之零珠片玉而已．其餘動心駭目之作．亦咸稱其所論．而不愧爲一世之詩也．慨自晚清以降國人之爲詩者．已厭於性靈之淺語．力求有以變之．於是舍唐尊宋．蔚爲時尚．但其流風每失於艱澀扭捏．非欠自然．便趨惡狀．與祖唐者之陳腐滯滑實殊途而同病．宜其爲知詩者所疵耳．心齋之論蓋本其心得．以堂正之陣旂爲偏弊之鍼石．心齋旁及倚聲．雖非專工．要不失爲當行．其所爲詞深沈激宕遠宗白石．近桃鹿潭．然都能入能出．不爲古人籬藩所囿．如鷓鴣天之終悲明旦．非今日眞恐寒花有碎心．臨江仙之蒹葭零露白楊柳．一生愁．揚州慢之嘆潮吞遠岸．教逝水何聲．試東望雲昏山斷．空守峯青．念奴嬌之追念舊日繁華．狂拋萬玉．傾命曾何惜．費盡才情誰則覺．袖裏芳心能繹等語．皆蕩氣迴腸之作．余愛心齋詞．能洗盡陳言．力除纖靡．出以沈鬱排奡之筆．所謂行神如空．行氣如虹者也．研山嘗謂文章公器．目所同睹．非曲意毀譽所可損益．余輒深韙其言．抑心齋之先德澤闓公．畢生致力於詩．有拙存堂詩二卷行世．蓋得少陵之神髓．而尤長於古風．所謂一門風雅．求之古今詩壇亦不數數見．余與賢喬梓兩代唱酧通好．因併及之．第七十八丁未寒食暢九黎騷於龍山蒿庵．

買書絕句小言

吾國具數千年之文化歷史．作者日新．因者踵接，凡金石書籍圖畫．以及陶瓷竹木．莫不有時代珍品．負重大價值．不獨我國人視爲承先啓後之文化遺產．即外國人研究世界文化者．亦咸對此加以深切重視．而懷抱異心者．更欲逐逐而目眈眈．過去國人間有以私利所蔽，不惜詭藏昧運相載以資外者．遂致一部分國寶已爲外國席上之珍．就以古籍一項而言．前清光緒間敦煌所出唐韻切韻兩種．爲五代所刻．民國間敦煌所出經卷，有唐懿宗咸通九年王價施刻金剛般若波羅密經及其他唐刻．爲吾國圖書發現最早之刻本．但今已爲外國圖書館所有．言之能勿憤恨而痛心．余二十年來．好研究善本書籍．圖書館裏．藏書人家．亦既稍得涉獵．而都市估肆．偶有所見．展讀經時．未忍釋手．輒不惜斥金得之．明窗淨几．俾資研賞．顧與藏書家之百宋面城相比．眞不啻小巫之見大巫矣．復以余性耽吟詠．因之研賞所及．對著者之身世文章．刻書之時代精麤．批校者之學問經歷．亦間爲之略加工夫．既詠以詩．又綴以考．雖未必得當．然積之漸久．已四十餘章，遂輯而錄之．署曰買書絕句．亦聊以記眼福云爾．豈敢云藏書哉．一九五八年黎騷暢九記於據梧尋夢室．

李惠堂 一九〇五年生 一九七九年卒

字光樑．別署魯衞．五華人．生於香港．年十四．入皇仁書院．因貧輟學．隨父從事建築．工餘努力自修．中英文學造詣頗深．能言善辯．具演說才．民國十一年．加入香港南華體育會．以足球技藝超卓．爲世倚重．獲選中國出席遠東運動會足球隊員．自此投入體育界服務．上海．香港．爪哇各地球會爭相延聘．馳騁球壇數十年．有中國球王之稱．二十四年．自滬南下．任職香港瑞典洋行．仍不脫蹴踘生涯．二十五年．入選中國出席柏林奧林匹克世運會足球代表隊隊員．三十年．日寇侵華．香港淪陷．敵酋慕其名．欲羅致之．惠堂凜然不爲動．幾經艱苦．始潛至自由區．先後在曲江．桂林．重慶．成都．內江．瀘州等地爲慰勞傷兵．安撫戰孤．舉行足．網球義賽百數十場．成績斐然．三十三年．國府任爲青年軍少將體育總教練．勝利後．返香港．從商．三十六年．退休球壇．然熱心體育活動如昔．歷充在港華人足球裁判會主席．中華遊樂會主席．國際足球協會副會長．亞洲足球協會副會長等．周旋於東南亞各地．馬來西亞開國元勛東姑拉曼極推重之．一九七九年病逝港寓．遺著有足球．足球經．足球基本技巧．足球規律詮釋．球圃菜根集．魯衞吟草等．

足球與我

自民國六十三年出版「魯衞吟草」一書後，因年事已高．體力衰退．近數年已無寫文章興趣．中國時報副刊囑我寫一篇足球往事．和對國內足球的觀感．我現仍在養病期中．勉爲其難帶病執筆．這並不是一篇甚麼了不起的文章．也不是名人自傳．不過是一篇跟足球有關很平凡的雜寫而已．

李惠堂

足球是我的第一生命，從我會走路的時候開始．到現在垂垂老矣．我仍然離不開足球．許多友好曾經對我說．如果你把精神．時間和心血貫注在工商業方面．已經是一個億萬富翁．

從事足球半個世紀的我．一生爲足球而奉獻．視富貴如浮雲．爲了什麼？坦率地說．足球給我的教育．比家庭比學校大得多．從球場內外我體會到如何處世待人．如何應事接物．養成我富貴不能淫貧賤不能移威武不能屈的骨氣．更使我在宇宙四方結交了良師益友．每到一地都有「海內存知己天涯若比鄰」的感覺．雖則在旁的事業我自認一敗塗地．但足球給我的裨益已足彌補我其他任何的損失．回首前塵．我絕不怨嗟更不後悔，假定造物者能夠賜我一個返老還童重新做人的機會．我一定毫不猶豫的再走以前所定的那一條路．

我要把以上的話作爲本文的開端．目的是希望後輩的球友．不要以爲足球只是一種普通的運動．它實在是人生哲學．有三個大目標．⑴求人格的修養．⑵求高尚的娛樂．⑶求身心的鍛鍊．再從比賽當中．可以養成忠勇．仁俠．機智．廉潔．知恥．明理．有恆．公正．服從．團結．涵養．守時．信義種種美德．

當我在五．六歲會走路的時候．喜與皮球爲伍．自幼體軀孱弱．但並不以體型瘦削自卑．家居香港大坑．暇輒與街坊鄰里小童在街頭以足球嬉戲．但我父嚴厲反對．要我好好的唸書．將來繼承父業．甚至時施夏楚．但我對足球已成癖嗜，十四歲升學香港皇仁書院．因勤練不輟．球技稍精．決心獻身體育事業．苦學求成．至十七歲，膂力增强．身體轉爲健碩．我父不但不再反對我踢球．而且成爲足球場上的忠實球迷．

十五歲．是我足球生命的正式開始．那年參加南華體育會夏令足球賽．首次踢大足球．並奪得兩屆冠軍．一九二二年加入南華乙組．翌年升上甲組．從此在足壇馳騁半個世紀．一九二三年第六屆遠東運動會在日本大阪舉行．我首次入選代表出外作賽．並奪得冠軍．賽後．那年七月十八日，是我難忘的日子．我國足球大軍首次出國作萬里長征．那時交通事業還未發達．我們一行搭乘輪船二十天才到達雪梨．三個多月比賽廿餘場．我隊八勝七和九負．當時我國足球寂寂無名．能有此收穫．已屬難能可貴．

從民國十二年以迄廿三年的十二年間．四次入選代表中華民國參加遠東運動大會．後期並擔任隊長．走遍東西南北．其間迭次代表香港南華會遠征南洋各地．在香港．經常入選爲聯隊隊長迎戰外國隊．球迷以「百步穿楊」一詞喩我球技．亞洲體壇人士以「球王」榮銜賜我．記得民國二十四年．代表香港參加第六次全國運動大會足球比賽．榮膺冠軍．決賽之役．我個人連射三球演出「帽子戲法」．於是有「三箭定天山」的美譽．次年（一九三六）又率領中華民國足球代表隊參加在柏林舉行的奧林柏克運動會足球比賽．是我國參加世運足球的首次．

在我的足球生命當中．亦有一些趣事值得一記．

（一）民國十二年我國首次遠征澳洲．那時僑居澳洲的僑胞不是種菜便是洗衣．外國人的心裏視我爲「東亞病夫」．又因爲很少與華人新青年有接近的機會．當我國足球隊還未抵澳以前・各地報章視爲不堪一擊的弱隊・其中刋出一幅漫畫・畫出一隊華人球隊拖着長辮入場・面容憔悴・骨瘦如柴・上面寫着「明天登場的中國隊」・我們看後非常氣憤・決定給外國人一種「新」的觀念・甫登場・我隊展開雷霆萬鈞的攻勢・不但制服鮮明・而且個個雄赳赳・精神威武・五分鐘內連入兩球・使在座的五萬觀衆目瞪口呆・終因體力不如人・以三比三和局終場・次日・那家報章立刻改變觀念・並讚揚「中國青年智勇雙全・球技驚人不可輕侮……」等語・這場比賽・我個人包辦三球・澳洲足球總會頒我金章・

（二）我從事足球廿六年・有錦標命運・香港第一屆聯賽和第一屆銀牌兩大錦標・我代表南華奪得第一次冠軍・上海華人足球錦標賽・我代表樂華奪得第一次冠軍・一九三三年雅加達華人足球賽・我代表南華首次奪標・默廸卡盃第一屆・我擔任香港隊教練奪得冠軍・第二屆亞運足球在岷尼拉舉行（第一屆我隊未參加）・我任教練亦首次奪標・

（三）一九四一年南華遠征南洋一帶・師至檳城・出戰海陸空軍聯隊・旬前我隊曾以二比四敗於星加坡的海陸空軍聯隊・而星隊却曾以一比三敗於檳城・照此類推・外間預測南華必定慘敗・當時大馬賭波風氣猖獗・軍聯成大熱門・想不到比賽展開・南華人人奮勇・個個爭先・十一比〇把軍聯殺得片甲不留・我個人射入七球・還把球門的網射穿了・累南華要賠償球門網・

（四）我雖則以擅射得名・但我曾在一場比賽中連失四次十二碼球・說起來可能沒有人相信・一九二九年・在上海華東華北分區對抗・大雨傾盆・球場盡成澤國・我一連踢了四個十二碼球都踢不到三尺遠・原來球在水面漂浮・水深沒脛・立足不牢・任你出盡氣力也不過踢到水花四濺・還有一九二六年港滬埠際賽中・滬方以五比四獲勝・五球中有四球是十二碼罰進・這是足球比賽中不容易見到值得一提的・在我半世紀的足球史上・所遭遇的萬事萬物不可勝數・最值得我回味的是・日本侵略中國・珍珠港事發・我在港就任後備消防區長・協助戰時動員・不久香港陷落・我以瑞典洋行職務纏身・未能得機遠離・次年春間・南京汪僞傀儡政府・力邀我入京主持體育事務・特派專使來港・以高位厚祿相許・復以專機奉迎・我本着漢賊不兩立・在暴力挾持下・乃星夜化裝逃出虎口・歷險奔返自由區・後在曲江・桂林・重慶・成都・內江・瀘州等地・爲慰勞傷兵・安撫戰孤・舉行足・網球義賽百數十場・其後・國府委任爲青年軍體育總教練・授少將官階・

一九五八年代表中華民國出席在瑞典舉行的國際足球協會同人大會・中共派出數代表在會議席上提出開除中華民國會籍・我以單刀赴會・舌戰羣衆・博得大多數會員國支持・因而推翻原案・並將中共五代表驅逐出場・獲得最大光榮的勝利・一九七四年國際足協召開同人大會・共黨捲土重來・陰謀排我・我又以中華民國代表身份前往西德出席・折衝於國際足壇・又使共黨陰謀全部粉碎・保持我國會籍・

抗戰勝利後・我已在半退休狀態・偶然在球場亮相・只是表演賽性質・但仍然是足球園地的園丁・不斷地耕耘播種・出任中華民國隊教練・榮膺兩屆亞運冠軍及三次默廸卡冠軍・出任亞洲足球協會義務秘書十二年・爲該會創辦人之

一・一九六六年出任國際足球協會副會長及技術發展委員會委員・亞洲足協副會長・成爲我國獲此國際體壇最高榮銜的第一人・

從一九七五年開始・我有一大半時間留在國內・受蔣院長之命推動我國足球運動・出任中華民國足球協會顧問及總教練・

談到我國足球水準・近年來在鄭爲元・華心權兩位大力推進下・無疑有了進步・而足球風氣亦逐漸推廣・但仍未能達到預期理想・主要原因是場地不足・缺乏師資・與外來隊切磋機會太少・

關於場地方面・一直以來沒有一個有夜燈設備的球場・廿五年前・我已向王叔銘將軍提出・一個國家的足球是否發達・從他們有否夜間比賽的設備可以看出・七二年我面謁蔣院長再度提出之後・台北市綜合運動場夜燈設備去年終於完成・但場地仍然欠理想・有些地方沒有草・且凹凸不平・比賽時容易受傷・皮球亦難以控制・練球的場地亦不足・這是發展足球的絆腳石・

國內現時亦欠缺大批資深的足球教練・深入農村學校工廠及軍旅各單位從事耕耘・近年來在鄭爲元總司令和足球協會幹部努力之下・已開始紮根・小童足球運動逐漸普遍・但質與量還是不夠・可能受到少棒的影響・

可喜的是在短短兩三年之間・我國女子足球成爲亞洲之冠・榮膺第一屆亞洲盃冠軍・去年出國訪問・橫掃東南亞・當局定於今年十月在國內主辦世界盃女子足球賽・此項盛舉成爲世界體壇所矚目的大事・希望我國女子足球員百尺竿頭更進一步・

在結束本文之前・我再重複說一遍・我願意畢生爲足球而奉獻・如果時間能夠倒流的話・我仍然是走這條路・

黃兆鈴

一九〇　年生　一九七七年卒

字應略・號少鶴・南海人・幼從鄉中宿儒遊・得植國學根柢・一九二三年至香港入漢文師範・畢業後以成績優異・留校深造兩年・一九二九年任教英皇書院・戰時回鄉設帳授徒・戰後復返香港任教官校・一生從事教育・循循善誘・及門桃李・蔚然成材・

金文泰中學簡史序

香港自闢埠以還・中外歸商・紛至沓來・我國人之居留是間者・多與異邦人士相接・是故熟習外文・誠爲當務之急・而學校之教・亦莫不以英文爲主・中文爲賸・寖假而莘莘學子・漸忘其宗邦文化・有心風教者・愍然憂之・迨一九二五年間港中名流馮平山・李亦梅諸君子・恐國學之將墜也・乃獻議教育當局・設立一特別注重中文之中學・對於國學之講授時間・比其他學科爲多・所用書籍・以經史爲主・詞章爲副・他如英算各科・則與英文中學大同而小異・庶幾本末不悖・體用兼賅・意至善也・教育司庵氏果納其義・即命故視學官李景康鳳坡先生主其事・一九二六年三月・乃底於成・假育才書社課室爲校舍・命名爲香港官立漢文中學（Government Vernacular Middle School）不期年而遷至薄扶林道西營盤小學舊址・規模大備・從學漸衆・一九四一

年日寇來侵・校舍遂毀於戰火・洎港土重光・本校亦於一九四五年十月間復課・以後校址凡三遷・校長之退休或升調者亦三易・一九六一年九月・新校落成・遂有今茲之新貌・溯自一九二六年以迄於今・其中三十五年間之過程・固多足述者・不佞一九二五年肄業漢文師範・翌年師範即與本校合併・同隸李校長鳳坡先生辦理・化雨春風・涵沐四載・戰後復員・濫竽其間・謬膺教席・今當新校落成啓用之際・羅校長嗣超先生命將本校歷史・略作紀述・使關心本校者・得知其梗概・且亦毋忘前人經營擘劃之功・爰將得自師友之賜言・以及平日之耳聞目見者・與夫歷年校刊之紀載・不憚覼縷・整齊比次之・誌其沿革・以備遺忘・編述次序・則以戰前・戰後・新校三段時期爲大綱・而以李・梁・謝・羅四校長之設施爲細目・率爾操觚・自多罣漏・尚幸讀者之指正焉・

李景康校長傳略

李校長景康先生・字鳳坡・粵之南海人・生於一八八九年・自幼在其珂里松溪鄉私塾肄業・專心致志・言笑不苟・問難質疑・出語每驚其長輩・咸歎爲非童稚所能道・稍長負笈香江・就讀聖士提反中學・民國元年・考獲英國牛津大學高等試文憑・中文科特著優異・值香港大學創辦伊始・乃入校攻讀文科・民四・以第一屆首名畢業・膺學士銜・民六・朱慶瀾任廣東省省長・創辦全省保衞團總局・以維治安・且通民隱・先生被徵任參議・朱氏去粵・先生來港就母校聖士提反中學教席・蟬聯五載・民十一年・因邑中紳商推轂・復返廣州任南海中學兼縣立南海師範學校校長・銳意興革・措置咸宜・成績卓著・邑人至今稱頌不絕・先生前後輸將設備費用・亦達五六萬金・民十三年・應香港教育司之聘・任本港教育司署漢文視學官兼英文視學官・港中人士・深慶得人・民十五年・本港政府徇紳商之請・亟思提倡國學・遂有官立漢文中學・（即本校之前身）暨官立漢文師範學校之創設・先生奉調兼長二校・迄民國三十年太平洋戰事爆發時止・在校凡十四載・先生辛勤擘劃・於國學尤爲注重・薦聘粵中宿儒多人掌教是間・如區大典・區大原・岑光樾諸太史・陳煜庠進士・羅憩棠秀才・良師雲集・遂使海隅・儼成洙泗・先生更以其不厭不倦之精神・躬親示範・循循善誘・其申述漢中創辦之旨・有曰「爲鑑於國學之凋零・學子每易忘其宗邦文化・故提倡中英文課程並重・庶幾體用兼賅・蔚爲有用之學」用能陶鑄本港一代之人才・識者稱其目光遠大・自是以來・漢中歷屆畢業同學・揚鑣分道・各有專長・蔚爲中英文化溝通之主幹・漢師同學・國學專精・現任本港中小學校之優秀國文教師・泰半出其門下・我國固有文化之維繫・承傳一線・賴以不墜・至兩校同學之服務社會者・或任教育官與校長・或任教師・或執業醫生・律師・工程師・會計師等・騰蛟起鳳・學擅專門・褒然成爲社會名流・桃李之盛・一時無兩・抗戰時期・先生返國・而兩校同學・素受薰陶・根柢深固・類皆深明大義・先後返國服務・或參加建設工作・或參與文化事業・或投筆從戎・同仇敵愾・如火如荼・而粵省當局・以先生學養深粹・德尊望隆・特聘任軍官訓練團教席・主講大學中庸・儒雅雍容・絃歌遍及軍旅・而

先生仍以其餘暇．兼任國民大學講席．作育英才．不遺餘力．嗣投余漢謀將軍麾下．掌理文書．隨軍轉戰贛南．繼任衢州綏署上校參議官．光復後返港．即息影寓齋．間與碩果詩社諸君子相唱和．優遊文酒．意興灑然．先生凡遇文教設施．與社團職務．無不樂於贊勷．勉任艱鉅．如民十三年在粵被選爲廣東全省教育會評議員．又歷充廣州南海中學校董．創辦南海石門中學．膺選校董．倡建馮平山圖書館及香港孔聖堂．兼任幹事值理．膺選僑港南海商會董事．創辦港大中文學院．任起草委員．及香港中文學會名譽會員．港大歷屆考試委員．此其卓著者也．居恆潛心國學．著述甚豐．擅詩文．工繪事．嘗著披雲樓詩草．七言律法舉隅．抗戰游草．及與區大典岑光樾兩大史陳煜庠進士等．合編國文模範讀本三冊．與張谷雛先生合編陽美砂壺圖考．葉譽虎先生爲之序．近著有儒家學說提要．剔取四書中之言道德性情．仁義禮智．孝悌忠信諸條．分類臚列．融會錯綜．以求貫通．推尋天人性命之旨．闡發倫常道德之要．尤爲有裨於世道人心．豈獨規規於詞章詩賦之緒餘而已哉．先生原配鄒夫人．早卒．繼室蘇夫人．上海啓明女子中學生．男公子六．曰尚毅．港大工科學士．執業畫則師．尚勇．尚治從商．尚沛．輔羣函授學校校長．尚平．港大工科學士．現留學美國研究院．攻讀碩士．尚信．港大醫學士．現任瑪麗醫院醫生．女公子四．曰綺棟．適柯．綺仙．現留學英國．綺櫻．適招．綺嫻．就讀本港．一九六〇年五月廿七日先生壽終瑪麗醫院．遺體奉移九龍殯儀館．廿七日舉殯．葬於荃灣墳場．本港教育名流．紳商碩彥．親臨執紼者．凡一千四百餘人．哲人頓萎．不特後學遽失瞻依．而廣大羣衆．亦咸痛驟推梁木．然而先生積厚流光．德陰自大．其哲嗣早已德建名立．繼美繁昌．先生庶可以無遺憾矣．

梁世華校長傳略

梁校長世華先生．廣東番禺人．爲晚淸兩度奉詔代表淸廷訪問英國皇室．並曾駐節德．美．日．秘．古．墨六國公使梁公誠鎭東之哲嗣．光緒之季．其尊人奉使美國．弭節華府．黃太夫人隨侍左右．己巳．先生誕生於使館．始齔．其尊人奉詔轉使德意志．挈先生與俱．於以遍歷歐洲名都大邑．少時已獲壯遊．其襟懷之爽豁可知矣．先生幼而好學．夙受庭訓．鼎革後．寄寓香港．遊於盧湘父先生之門．其學益進．繼而肄業於聖士提反中學．旋考赴英國牛津大學．精研歷史一系．其素志也．同窗知其於體育一道．亦頗擅長．每有各類球賽．輒使代表出席．往往奪錦歸．然亦不以是而損其研讀之功焉．師長咸交譽之．米喀爾薩勒爵士．尤爲盛加稱許．謂爲難得之才．卒業之試．以榮譽學位獲雋（後二年又考獲碩士銜）識者皆致賀．先生淡然置之．蓋不敢自滿也．公元一九二八年．學成歸國．時北伐成功．國內統一．留學生返自外洋者．學優則仕．朋舊中坐皋比．佩虎符．任要職．居顯秩者比比也．僉謂先生幼承家範．長遊異邦．識高而學湛．將克紹其先人之業．有大造於國也．交相推薦．必欲致之．先生別有卓見．不欲筮仕．翩然來港．獻身教育．在一九二九至一九四一年間．曾任教育司署督學之職．權位僅亞於教育司一等．視察東中兩區私校．一時在其轄下者・凡五百餘間・是職也・匪獨稽察各校辦理之臧否・抑須審覈各教師資歷是否與註册則例相符・責任既重・復易叢怨・而先生理繁治劇・情理兼至・數以千計之教師・無不交口揄揚・稱其處事之公・而又能同情於人焉・其孚衆望如此・故當教師會中文部成立之初・先生即被舉爲首屆主席・良有由也・一九四六年戰後復員・先生即奉派爲本校校長・當時百廢待舉・擘劃維艱・其始只有課室一椽・學子二十七名而已・惟經先生之努力經營・竟達至八百之數・春風桃李・秀發海隅・猗歟盛哉・先生遇同寅則和易可親・饒春風和暢之情・訓諸生則寬嚴相濟・有因材施教之法・故於一切校務・莫不順遂推進・使本校能與港地各優良學校比美者・豈屬倖致・計先生長茲校者凡十年・一九五七年九月一日卸職榮休・國文教師吳天任先生有詩送之曰・「起廢絃歌意・呈材日月功・告歸多士惜・深契故人同・咫尺停雲外・三千化雨中・還將世氛眼・蕭灑送冥潛・」

「告歸多士惜」・誠非虛言・尤以校中之莘莘學子・其去思將何已哉・夫人何氏・爲已故何東爵紳之女姪孫・世光先生之令媛・有子五人曰達民・任職香港名建築師甘銘公司・曰建民・精繪事・彩色畫尤爲特長・在國泰廣告社服務・曰逸民・畢業香港大學文科並考取教育專科文憑・任職官立夜師範英文部・曰超民・曰適民・俱在本港某大銀行當職・五子者・雖出世祿之家・絕無紈袴之習・壎篪並奏・爭戲綵於高堂・花萼相輝・毓奇芳於玉砌・先生老懷彌慰矣・先生雖已退隱・樹人之志・仍未稍懈・乃自創立克勞英文專修學校於西營盤・間復出其緒餘・與諸生習誦講貫・游於其中而親炙之者・獲益不尠・一九六一年・香港政府舉行戶口統計・徵聘先生爲戶口統計署副署長・蓋不以其既老而遂淹其材也・歷十餘月・即蕆厥事・至今復返其私校・掌理校政云・

梁世伯母黃太夫人九十壽序

軟紅塵外・金萱開九秩之花・寶翠園中・慈竹敷滿庭之蔭・萊衣燦錦・並擊雲璈・仙醴浮香・浥從菊井・帣韝鞠跽・有四世之孫曾・洗斝登堂・列闔門之車蓋・蘭陔絜膳・喜溢慈幃・樺燭高燒・光騰彩帨・此我梁世伯母黃太夫人・九秩榮慶之盛典也・太夫人名門淑媛・林下高風・內則素嫻・女儀是式・當梁先世伯震東公鼓莊生之缶・弦續鸞膠・而太夫人許梁氏之纓・卜諧鴻案・入門而後・宗族稱賢・廟見以還・姑嫜底豫・內而小姑娣姒・式彼徽音・外而戚黨鄉鄰・欽其懿範・詠沼采蘋蘩之句・貴不辭勞・歌葛縈樛木之章・恩能逮下・僉云有禮・衆曰惟賢・溯夫遜清季世・國步多艱・邊圉要盟・頻勞信使・震東公奉九重之綸誥・環八表之輶軒・剖竹分符・六國擁爲行人之俊・珠盤玉敦・四方服其折衝之能・學士既身綰銀黃・恭人亦躬膺翟第・高車駟馬・人誇蜀郡之夫・象笏金蟬・帝念鮑宣之婦・

而其哲嗣・世華先生・幼讀父書・少承母訓・橫經香島・負笈英倫・羣士許爲譽髦・三舍稱其上第・英年筮仕・曾復宗邦・壯歲移家・朅來海嶼・愛菁莪之樂育・得桃李以栽培・旋化雨者四十年・沐春風者三千衆・洎乎饘堂退食・猶復馬帳宏開・咸羨其教澤之涵濡・無異乎士林之稱頌・今看趨庭令子・俱如荀氏之龍・繞膝羣孫・將是薛家之鳳・亭

亭喬梓・俯仰相輝・葉葉芝蘭・蕚跗競秀・太夫人顧而樂之・怡然順矣・夫松茂柏悅・安貞本於地符・子孝孫賢・上壽資乎坤厚・是以年逾耄耋・而視聽不衰・齒近期頤・而神明自若・臺高走馬・却鳩杖而忘疲・談逞雕龍・極燕娛於暇日・詢世間之人瑞・直地上之行仙・

今歲仲秋之月・欣逢太夫人大耋之辰・兆鈐等居鄰孟母・里接賢人・夙與世華先生十載同寅・卅年莫逆・蘆花澗畔・常分剉薦之餐・石澳橋邊・曾侍竹城之戲・飫聞母德・彌式家風・因知恒春之樹・以愛日而常青・長樂之花・合承歡而逾茂・過蟾魄桂輪之夕・敞交梨火棗之筵・將斟酈泉之水・爲聖善綿齡・進婉衿之書・爲眉梨篤祜・匏宣瓦奏・資皇娥下酒之歡・雅頌俏歌・博天姥展顏之笑・

時歲次甲寅仲秋中澣穀旦

黃兆鈐　王樹

王樹

一九　年生
一九四八年卒

號雪溪・新會人・民國二十四年粵總戎招考記室・榮居榜首・受聘幕府秘書・抗戰時轉任國民大學教授・旋病卒・年僅四十餘・士林惜之・

弔黃花岡文

有生必死・何足動心・沒世無名・古來共疾・是以劉生慷慨・遺恨并州・文相從容・捐軀燕市・莫不厲長存之浩氣・懸萬丈之光芒・而人傑地靈・足壯山河之色・遺聲餘烈・彌增風景之思・若使綠水依然・青山宛在・而英雄事散・流沫披紛・能無慨乎・粵以辛亥之年黃花崗諸烈士・舉義旗於羊石・行爲世先・氣寒虜膽・疲兵再戰・恍同李尉之風霜・殺敵登陴・無殊申子之咆勃・全師盡墨・勇士喪元・欲有甚於求生・事非今之所有・嗚呼・烈矣・

昔杜陵謁蜀相之祠・韓公祭田橫之墓・猶望千秋而遙集・曠百世而相感・矧流風未渫・故老能言者歟・所望忠烈之魂・來歸息壤・歲時之奠・無恨首邱・幽光結而馨烈流・芳澤彰而名秀著・從此黃花瑟瑟・長爲晚節之香・白楊蕭蕭・非復愁人之樹・庇此貞魄・以壯山靈・蓋坏土埋忠・青山之事也・萬流仰烈・後死之情也・時因展謁・百感如沸・敢攄所懷・敬弔山骨・

羅香林　一九〇六年生　一九七八年卒

字元一．號乙堂．興寧人．畢業淸華大學歷史系．繼升研究院深造．爲陳寅恪朱希祖高弟．民國二十一年．受燕京大學國學研究所之託．至華南調查人種．觀察測驗．凡八閱月．九月．應中山大學之聘．任校長室秘書兼廣東通志館纂修．二十三年春任中山大學副校授．同年九月．改任中央大學歷史系講師．二十四年．兼中央古物保管委員會事．是年春館甥於朱希祖家．夫人朱倓女士亦善文．二十五年南下．復任中山大學副教授兼廣州市立中山圖書館館長．二十七年．廣州淪陷．隨校遷滇．並兼中大硏究院指導教授．三十一年．服務中樞．嘗參與北泉議禮之役．並兼中央政治大學硏究部教授．三十二年．與傅斯年．李濟．黎東方等．在渝發起組織中國歷史學會．勝利後．任廣東省政府委員兼省立文理學院院長．三十六年．專任中山大學史學教授．三十八年．遷居香港．任教各大專院校．應聘香港大學中文系講師．遞升中文系主任兼東方文化研究所所長．公元一九六八年退休．頒贈終身名譽教授銜．翌年．出任香港珠海書院文學院院長兼文史研究所所長．一九七八年病逝．香林著述甚豐．凡三十餘種．其較著者有中國通史．中國民族史．唐代文化史．唐代桂林之摩崖佛像．唐元二代之景教．唐代廣州光孝寺與中印交通之關係．粵東之風．中夏系統中之百越．百越源流與文化．流行於贛閩粵及馬來西亞之眞空教．藩鎭制度沿革考．蒲壽庚研究．劉永福歷史草．太平天國洪天王家世考．國父家世源流考．方志目錄．客家研究導論．中國族譜研究．顏師古年譜．民俗學論叢．香港與中西文化之交流．一八四二年以前之香港及其對外之交通．乙堂文存．乙堂文存續編．中國文化論叢等三十餘種及關於國父論文多篇．

釋氏

尚書湯誓．夏氏有罪．予畏上帝．不敢不正．孟子滕文公上．夏后氏五十而貢．殷人七十而助．區夏稱氏．由來久矣．中土傳疑時代．各首領與部落．多稱氏者．如伏犧．神農．女媧．燧人．其著者也．夏禹先世．所娶有西陵氏．蜀山氏．禹所娶爲塗山氏．其同姓諸侯．據史記夏本紀．有斟尋．斟戈．彤城．有扈．有男．及褒．費．杞．繒．辛．冥諸氏．居地多在川．陝．晉．甘．中原與東夷．則多稱方．鮮稱氏也．竊謂部落與首領稱氏．殆源於夏族．其他各族首領．殆後世依夏族改稱．非其朔焉．氏之原誼．自來學者．以爲即氏族之氏．姓氏之氏．而氏族何以稱氏．其文字何以作氏．則鮮解釋．今考說文解字氏部．巴蜀名山岸脅之旁箸欲墮曰氏．氏崩．聲聞數百里．象形．乙聲．揚雄賦．響若氏隤．許愼謂氏爲象形．而引巴蜀名山岸脅旁箸欲墮曰氏爲證．釋義頗諦．蓋氏本從厄從弋．同書厂部．山石之厓巖．人可居．象形．凡厂之屬．皆從厂．呼旱切．蓋山石崖巖．以上部突出．中成空穴．與岸脅旁箸欲墮同形．崖巖可爲民居．岸脅旁箸亦可居也．惟從弋之弋似亦象形．許氏所訓．似有未諦．弋所示何物．竊謂當於人類穴居野處時之情況求之．墨子節用篇．人之始生．因丘陵．掘穴而處．夫穴居巖處．須防惡獸攻擾．則護穴武器．實不可缺．而天然崖巖．未必即符分配．故居穴爭奪．因之而起．而護穴武器．遂與崖巖同爲安居條件．氏．文字從厂從弋．竊謂當爲立弋戈或戉於崖巖爲護衞之形．金文氏．皆作氏．厄象崖巖．弋象戈弋．依形究義．殆可信也．又巖穴大者．宜於聚族羣處．而以武器護穴．亦爲團體需要．故氏得引申爲部落通名．或氏族通名．夏后氏所由稱氏．殆即以此．而最早音讀．則必如氏至之氐・山居之底・說文解字氐部・氐至也・從氏・下箸一・一地也・丁禮切・蓋氏原有居止涵義・故引申爲氐至之氐・同書广部・底・山居也・一曰・從广・氐聲・都禮切・竊意底乃氏字引申爲部落通名後所衍生・惟人類進化至脫離穴居生活・或原有崖巖不敷同族聚處・而須另謀居地後・則原日崖巖・自必認爲祖宗所由發生・而演爲同族祀祖聖地・由首領引導祀祖・而氏遂又引申爲地祇之祇・與祇敬之祇・說文解字示部・祇・地祇・提出萬物者也・從示・氏聲・巨支切・而同一系統之人・則仍以氏爲通名・其首領爲一氏代表・且以守氏祀氏爲職責・故即以氏爲專稱・諸書所稱夏后氏・多指夏族全體・或夏族所建國家・然亦有專指夏族首領者・湯誓所云夏氏・即其例也・民國二十八年三月十日・

唐相國房融在粤筆授首楞嚴經翻譯考

羅香林

一・

廣州光孝寺有譯經臺及筆授軒・宋元祐間知府蔣之奇爲唐相國房融建，考乾隆顧光修光孝寺志卷二建置・「則天神龍元年・西域般剌密諦三藏・于此譯楞嚴經・中國之有楞嚴・自嶺南始・烏萇國經師彌伽・羅浮山南樓寺沙門懷廸譯語・相國房融筆授」・是譯經臺筆授軒所由建立・皆因房融曾筆授首楞嚴經翻譯也・首楞嚴經者・佛徒所謂諸佛之慧命・衆生之達道・教網之宏綱・禪門之要關也・自趙宋以來・爲之注釋疏解者無慮十餘家・其與中印佛教傳播之關係可知矣・

房融事跡・新舊唐書無傳・僅散見於本記及其他零星記述・故不爲世人所重・其筆授首楞嚴經翻譯・關係於唐代政治與中印文化者頗鉅・不容忽視・新唐書卷四則天本紀・長安四年十月・「壬午・懷州長史房融・爲正諫大夫・同鳳閣鸞臺平章事・」按鳳閣爲武則天自中書省所改稱・鸞臺爲尚書門下省所改稱・同三省平章事即任相職・又神龍元年・「二月甲寅・復國號唐・貶韋承慶爲高要尉・流房融於高州・」按則天於神龍元年十一月崩・惟先巳老病・政權既移・是年正月・張柬之以御林軍討亂・殺則天倖臣張易之張昌宗等・收丞相韋承慶及房融繫獄・皇太子復位・是即中宗・是房融被流・當在繫獄之後・其任正諫大夫同鳳閣鸞臺平章事・僅四月耳・

房融在廣州光孝寺筆授首楞嚴經翻譯之年代・諸書所記・殊有出入・宋沙門咸輝首楞嚴經義海卷一經文前題云・

「大唐神龍元年龍集乙巳五月巳卯朔二十三日辛丑・中天竺沙門般剌密諦於廣州制止道場譯・菩薩戒弟子前正諫大夫中書門下正章事清河房融筆授・烏萇國沙門彌伽釋迦譯語・」

又注文前論十門分別之八云・

「八・傳譯時年・……先是三藏將梵本汎海達廣州制止寺・遇宰相房融・知南銓・聞有此經・遂請對譯・房融筆授烏萇國沙門彌迦釋迦譯語・翻經纔竟・三藏被本國來取・奉王嚴制・先不許出・三藏潛來・邊境被責・爲解此難・遂即去迴・房融入奏・又遇中宗初嗣・未暇宣布・」

又顧光修光孝寺卷二亦云・

「考通志・唐房融河南人・聰慧好佛・武后時以正諫大夫同平章事・長安末・嘗至南銓・在廣州時・值天竺僧般刺密諦三藏・持楞嚴梵本・浮海而至・融就光孝寺譯出而筆授之・今寺中有筆授軒云・神龍元年五月・經成入奏・適武后崩・融長流欽州・徙高州死・後僧神秀・入內道場・見所奏經本・錄傳於世・由是楞嚴大顯・遂爲佛學之宗・」

是融於未遭流前・曾以南銓・先至廣州・因參加譯經・至神龍元年五月・始譯成入奏・考融由懷州長史拜正諫大夫同平章事・懷州在河北道・如其人曾主南銓・則似不在長安末年・又唐代考銓制度・自高宗上元二年・以嶺南五管黔中都督府・得即任土人・而官或非其才・乃遣郎官御史爲補選使・謂之南選・即南銓也・融於長安末爲相後・既非郎官御史之比・決無主南銓理・可知融於未遭流前・參與譯經一說・未必可信・若另據釋念常佛祖歷代通載卷十五・則謂融於遭流後始爲譯經・其文云・

「正月（按是神龍元年二月）流房融於高州・夏四月・融於廣州遇梵僧般刺密諦賫楞嚴梵夾至・刺史請就制止道場宣譯・融筆授・及譯經十卷畢・般刺復携梵本歸於天竺・」

按制止道場・即光孝寺・以此寺原稱制止王園寺也・房融筆授首楞嚴經翻譯之時間・當以後一說爲較近・

房融曾參與首楞嚴經之翻譯・自五季以來・歷爲方內外人士所艷稱・雖首楞嚴經之本身・容有人議其出於僞作・然無論爲眞譯與僞作・似皆與房融有關・梁庭柵南漢春秋卷九藝文・載五代林衢題廣州光孝寺一詩・中云・

「開池解記處翻苑・列樹今存建德門・無客不觀丞相硯・有人曾悟祖師幡・舊煎訶子泉猶冽・新種菩提葉又繁・無耐益州經卷好・千絲絲縷未消痕・」

按此所云丞相硯・即提房融筆授時所用大硯・此硯至今猶存・元吳萊南海山水人物古蹟記・載融筆授時曾刻銘於大硯・文云・

「南越王弟建德故宅・在西城內・吳虞翻移交州時有園池・唐六祖慧能・剃髮受戒・寺有壇・壇有菩提樹・房相國融・譯楞嚴經・有筆授軒大硯・融自刻・「大唐神龍改元七月七日・（按首楞嚴經義海題作五月）天竺僧般刺密諦・自廣譯經出此・」硯堅潤可愛・藏殿內・有屈眴西天衣・綉內相・大如兩指・」（信古閣叢書輯本）・

可知融筆授首楞嚴經之翻譯・在光孝寺曾留甚深印象・考光孝寺在唐曾一度改置大雲寺・而當時各地大雲寺之建置則與武則天之帝制自爲有關・融在光孝寺筆授首楞嚴經翻譯時・武后既以老病垂危・被迫還政・意者融被流後・仍欲爲之祈福乎・日僧元開唐大和尚東征傳・曾記廣州大雲寺事・其文云・

「……端州大守引迎・送至廣州・盧都督率諸道俗・出迎城外・恭敬承事・其事無量・引入大雲寺・四事供養・登壇受戒・此寺有呵梨勒樹二株・子大如棗・」

按廣州光孝寺以有訶梨勒樹著稱・故稱訶林・其他各寺・無訶子樹也・大和尚鑑眞・所至大雲寺・即光孝寺・無可疑者・按大雲寺之所由建置・實因武則天頒布大雲經而起・舊唐書則天本紀・天授元年七月・

「有沙門十人・僞撰大雲經・表上之・盛言神皇受命之

事・訓頒於天下・令諸州各置大雲寺・總度僧千人・」

資治通鑑天授元年七月亦云・

「太后頒大雲經於天下・僧法明等撰大雲經上之・言太后乃彌勒佛下生・當代唐爲閻浮提主，（胡三省注・釋氏以人世爲閻浮提制頒天下・尋敕兩京諸州・建寺藏之・」

又新唐書后妃傳高宗則天順聖皇后傳云・

「拜薛懷義輔國大將軍・封鄂國公・令與羣浮圖在作大雲經・言神爲受命事・春官尚書李思文・詭言周書武成篇・辭有垂拱天下・治受皇命之符・后喜・皆頒示天下・稍圖革命・」

可知大雲經爲武后命臣下與沙門等所僞造・爲一種政治運用之作品・蓋武氏本出自篤信佛教之家庭・而李唐各帝・除武帝外・繼亦提倡佛教・然因其本身與道教所推尊之老子同姓・每爲道士所依傍・常故有意仰佛・佛教地位在道教之下・故佛教中人・早思別爲抵抗・嗣見武后臨朝・遂爾奉爲宏法人王・其僞造大雲經・即變相之勸進表也・武后敕置各地大雲寺・即示國人以將奉天帝制也・自大雲經頒佈後兩月・武后即改國號曰周・立武氏七廟・以豫王旦爲皇嗣・改姓武氏・幷下詔列釋教於道法之上・其制曰・

「朕先蒙金口之記・又承寶偈之文・歷教表於當今・本愿標於曩劫・大雲闡奥・明王國之禎符・方等發揚・顯自在之丕業・馭一境而敦化・宏五戒以訓人・爰開革命之階・方啓維新之運・宣叶隨時之義・以申自我之規・雖實際如如・理亡於先後・翹心懇懇・畏展於勤誠・自今已後・釋教宜在道法之上・緇服處黃冠之前・庶得道有識於皈依・拯羣生於迴向・布造遐邇・知朕意焉・）（全唐文卷九十五）・

此爲佛教地位提升之表現・亦即武則天時佛教與政變關係之內幕・廣州光孝寺・唐太宗時・稱乾明法性寺・爲廣州唯一大寺・其曾受命改置大雲寺・自無可疑・房融之參加光孝寺譯經・似亦爲祈求維持武后地位・或爲武后解說之表現・以首楞嚴經雖以「先悟本心・建立三觀・修此三觀・還證本心」・爲思想骨幹・然經首以阿難嘗身墮淫室爲世尊說法出發・賢如佛大弟子之阿難・尚曾身墮淫室而爲佛說法出發・則其反應於世人對武后可能之觀感者・可知矣・

按房融甚有文學・素喜與佛徒往來・首楞嚴經於筆授者題銜・直署菩薩戒弟子・固無論矣・而宋會二百册道釋二三四・亦謂・「唐世翻譯有筆授官・以朝臣爲之・佛佗多羅之譯圓覺經也・房融爲筆授是矣・」可知房融筆授首楞嚴經翻譯前・且曾筆授圓覺經之翻譯・而全唐詩第二函第六册曾載房融謫南海過始興廣勝寺果上人房詩一首・亦可窺見其人之信佛關係・其詩云・

「零落嗟殘命・蕭條託勝因・方燒三界火・遽淨六塵情・隔嶺天花發・凌空月殿新・誰令鄉國夢・終此學分身」・

房融以懷州長史・一躍爲相・長史爲外官・從五品上・職級非高・其遽躋相位・實爲殊典・意者亦以先曾參與帝制・或與佛徒勸進關係・始爲逾格升擢乎・蓋房融本衣冠舊族・而又一家信佛・故與武后時政治易發生關係・據新唐書宰相世系表所載・知融家上世原與拓跋魏關係甚深・非其先原自東胡所改姓・即爲習染胡風之漢人・世系表云・

「河南房氏・晉初有房乾・本出清河・使北虜・留而不遣・虜俗謂房爲屋引・因改爲屋引氏・乾子孫隨魏南遷・復爲房氏・而河南猶有屋引氏・」

按融即自屋引氏所改稱之後裔・曾祖謨・北齊侍中・吏部尚書・祖恭懿・隨海洲刺史・父彥雲・生玄基及融與玄靜・融子琯・字次律・相肅宗・孫宗偃・御史中丞・乘秘書郎・孺復・容州刺使・曾孫啓・容管經略使・門庭頗盛・別書有稱融爲清河籍者・以清河爲房氏郡望所自出・非至融仍籍清河也・融子琯・并篤信佛法・新唐書卷一百三十九琯傳云・

「房琯，字次律・河南河南人・父融・武后時以正諫大夫同鳳閣書臺平章事・神龍元年・貶死高州・琯少好學・風度沉整・以蔭補弘文生。……琯有遠器・好談老子浮圖法・嘉賓客・高談有餘・而不切事・時天下多故・急於謀略攻取・帝以吏事繩下・而琯爲相・遽欲從容鎮靜・以輔治之・又知人不明・以取敗撓・故功名墮損云・」

可知融父子并躭志佛法・意其家風如是也・琯雖并好談老子・然觀其處多事之秋・而不急於謀略攻取・惟從容鎮靜以輔治・意其但取老子自然無爲之說・非益信道教也・房融筆授首楞嚴經・及其有關事蹟・可考者如此・當時梵筴東來之西僧般剌密諦及譯語之彌伽法師・其事蹟今難詳考・其同任翻譯之沙門懷廸・則見贊寧宋高僧傳卷三・及宋廣業羅浮山志卷五仙釋・要皆一時龍象也・

二

房融於神龍元年被流後・於光孝寺筆授首楞嚴經・事蹟既如上述・茲更進言首楞嚴經之眞僞問題・梁任公先生啓超古書眞僞及其年代・第二章僞書的種類及其作僞的來歷・曾頗論首楞嚴經僞迹・文云・「佛教本身・僞書亦復不少・佛經從域外收入・辭義艱深晦澀・不易理會・釋書比自己作書還難・大家都有這種經驗的・六朝隋唐之間・佛教盛行・眞的佛典・正確翻譯過來・一般人看不懂・於是投機的人・東拼西湊・用佛家的話・雜以周秦諸子的・看時易解・人人都喜歡誦・但不是佛經原樣了・……如楞嚴經・直到現在大家還以爲佛教入門寶籍・就是因爲其中思想・與我國思想接近・然而楞嚴經便不可靠」・

又云・

「十大弟子有一個叫做優波離・和波羅門教的哲學書優波尼沙只差一字・現在有一部楞嚴經起首就說・「如是我聞……優波尼沙說」・竟把反對佛教的書名・當做佛弟子的人名了・這種人名書名的分別・只要稍讀佛經者・便可知道・而僞造楞嚴經者・竟混而爲一・豈非笑話・」

又云・

「楞嚴經可笑的思想更多・充滿了長生神仙的謊誕話頭・顯然是受了道教的暗示・剽竊佛教的皮毛而成・……直正佛經・并沒有楞嚴經一類的話・可知楞嚴經是假書・」

是首楞嚴經確否自梵本譯出・頗成問題・然無論其爲眞譯與僞造・似皆爲盛唐以前所發見・唐釋智昇開元釋教錄卷九云・

「沙門釋懷廸・循州人也・住本州羅浮山南樓寺・其山

乃仙聖遊居之處・廸久習經論・多所該博・九流七略・粗亦討尋・但以居近海隅・數有梵僧遊止・廸就學書語・復皆通悉・往者三藏菩提流志譯寶積經・遠召廸來・以充義證・所爲事畢・還歸故鄉・後因遊廣府・遇一梵僧・齎梵經一夾・請共譯之・勒成十卷・即大佛頂萬行首楞嚴經是也・廸筆受經旨・兼詳綴文理・其梵僧傳經事畢・莫知所之・省因南使・經流至此・」

是首楞嚴經開元時・已頗流行・智昇所以未嘗言房融者・以融本止筆授非素諳梵本・曾任譯語・故可不爲題名・不能以其未與題名・遂謂與房融無涉也・至云未詳廸所遇梵僧之名・則疑智昇所本爲未載般剌密名字耳・

若謂首楞嚴經爲用佛家語氣而雜以周秦學說或思想之僞作・亦似與首楞嚴經中心思想不符・蓋首楞嚴經雖外表似極複雜・且由戒淫出發・然實際則如上述・以使信徒『先悟一心・依之建立三觀・修此三觀・還證一心・』爲思想骨幹・明釋德清（即憨山大師）首楞嚴經懸鏡云・

『而此經者・蓋以十味清淨法界如來藏眞心爲體・依此一心・建立三觀・修此三觀・還證一心・故曰從此法界流・無不還歸此法界・是以阿難示同未悟・不達此心・故一向多聞・未得無漏・不能頓拔生死之根・遂溺摩登淫舍之難・由是殷勤啓請三觀妙門・故我世尊先示一心・照明萬法・而首告之曰・一切衆生・生死相續・皆由不知常住眞心性淨明體・又曰・有三摩提・名大佛頂首楞嚴王・其足萬行・十方如來・一門超出妙莊嚴路・觀此二語・足見全經之旨……洎乎一往所答雖多方決擇・委曲搜揚・無非顯示一心之源・密陳三觀之體・（從初卷至四卷中）因之起行修造・勾引二十五聖・旁通悟入之方・敕選耳根・正是最初方便・（從四卷半至六卷初・）是使初心創志・則知觀相分明・然後任運一心・法爾淺深・具有斷惑證眞高下之用・（從七卷初至八卷中）・修斷已極・故結指觀門・使始終一源・不出楞嚴大定・故以經名・而繫之終焉・」

此種「先悟一心・建立三觀・修此三觀・還證一心」之佛法・宋人嘗稱之曰觀心說・雖宋明理學家間受其影響・然實與周秦心性思想有別・非唐時佛教徒竊取先秦思想爲之也・朱熹觀心說曾爲辨別・其文云・

「或問佛者有觀心說・然乎・曰・夫心者・人之所以主乎身者也・一而不二者也・爲主而不爲客者也・命物而不命於物者也・故以心觀物・則物之理得・今復有物以返觀乎心・則是此心之外・復有一心・而能管乎此心也・然則所謂心者・爲一耶・爲二耶・爲主耶・爲客耶・爲命物者耶・爲命於物者耶・此亦不待較而審其言之謬矣・或者曰・子之言・則聖賢所謂精一・所謂操存・所謂盡心知性・存心養性・所謂其參於前而倚於衡者・皆何謂哉・應之曰・此言之相似而不同・正苗莠朱紫之間・而學者之所當辨者也・夫謂人心之危者・人欲之萌也・道心之微者・天理之奧也・心則一也・以正不正而異其名耳・唯精唯一・則居其正而審其差者也・絀其異而反其同者也・能如是・則信執其中而無過不及之偏矣・非以道爲一心・人爲一心・而又有一心以精一之也・夫謂操而存者・非以彼操此而存之也・舍而亡者・非以彼舍此而亡之也・心而自操・則亡者存・舍而不操・則存者

亡耳・然其操之也・亦曰不使旦晝之所爲得以梏亡其仁義之良心云爾・非塊然兀坐・以守其烱然不用之知覺・而謂之操存也・若盡心云者・則格物窮理・廓然貫通而有以極夫心之所具之理也・存心云者・則敬以直內・義以方外・若前所謂精一操存之道也・故盡其心而可以知性矣・以其體之不蔽・而有以究夫理之自然也・存心而可以養性事天・以其體之不失・而有以順夫理之自然也・是豈以心盡心・以心存心・如兩物之相待而不相舍哉・若參前倚衡之云者・則爲忠信篤敬而發也・蓋曰忠信篤敬不忘乎心・則無所適而不見其在是云爾・亦非有以見夫心之謂也・且身在此而心參於前・身在與而心倚於衡・是果何理也耶・大抵聖人之學・本心以窮理・而順理以應物・如身使臂・如臂使指・其道夷而通・其居廣而安・其理實而行自然・釋氏之學・以心求心・以心使心・如口齕口・如目視目・其機危而迫・其途險而塞・其理虛而勢逆・蓋其言雖有若相似者・而其不同・蓋如此也・」（朱子全集卷六十八）（同治庚申紫霞洲祠堂刻本）・

朱氏於佛說之評議・雖未躋極則・然謂觀心說與先秦心性思想・本有歧異・則甚爲平實・可知所謂首楞嚴經與中國思想較接近・是以必爲僞書一說・未必能成立也・

若謂首楞嚴經充滿神仙荒誕謬說・是以必爲僞書・此論雖較爲有力・然亦不無可議・按首楞嚴經・未嘗直言神仙・特頗載秘密神咒・有類道教咒術・然說法而雜以神咒・本佛教密宗特色・非竊自道教・首楞嚴經全書・言灌頂者・凡三四處・故舊日沙門有判此經屬灌頂部者・日本大正新修大藏經・亦列此經於密教部・其中消息蓋可知矣・明末盧福熙序釋德清首楞嚴經懸鏡謂・

「首楞嚴者・大定之總名也・而世之受此經者・有不定之疑二焉・……二曰判經不定・五時四教之目・攝一切經・無不各從其判者・而獨此經最爲難判・環師判入般若・濬師判入方等・智圓諸師判入法華涅槃之間・夫不乏慧命・未獲法身・非般若矣・楞伽山上・破外自然・非方等矣・匿王父子・生不逢受記之年・非法華涅槃間矣・非頓非漸・非秘密・非不定・非藏通別圓・如眞覺百問所列・始終前後・恍惚難逢・其判經不定・起後世之疑二也・……乃今四衆之信憨師・如二師・則判以爲非一時頓說也者・願不足信哉・室羅筏城之說・一時也・迦毗羅城之說・又一時也・結集者直欲顯一心三觀之指・即十世古今不離當念・而例何足以拘之・昔者阿難與摩登伽・乘此咒心・一念薰修・超有漏而證無學・世尊將欲敷演大陀羅尼・先顧其多聞之習・種種開示・復劃落其所聞於佛・如語四衆文殊大慧比丘等・種種變法・使之泰然蕩然・皎然了然・而終則快然・於此金剛三昧聞薰聞修之秘・此唯能說神咒・若觀世音始爲當機・故歷選圓通・取其梵音潮音・一形一咒・可從中修證者爲法耳・……岳師判爲天竺灌頂部・誠有見於三藏所傳・必爲密宗・此之圓圓果海・詎有時量・而可以一時一教收之耶・或謂五密部中無此顯說・殊不知彼云夜啝・即如是我聞・我已聞佛金口誠言・曰灌頂章句矣・而維信受奉行・豈不謬哉・……」

是首楞嚴經爲總錄佛各時各地所說法之結集・不能以他經擬之・今觀此經第七卷所載大衆仰觀・一時聽佛宜說神

咒・咒文皆梵語譯音・

可逐原復按・非與房融同時傳譯諸僧・所能杜撰・故謂首楞嚴經多可笑思想而致疑其爲僞書者・亦非公允之論也・

至謂首楞嚴經起首即誤以反對佛教之書名當爲佛弟子名・而認之爲僞作明證・亦迹近武斷・今按首楞嚴經問卷乃云・

『如是我聞・一時佛在賓羅筏城・祇桓精舍・與大比丘衆・千二百五十人鶩・皆是無漏大阿羅漢・……其名曰大智舍利弗・此云口子摩訶目犍連・此云采菽氏摩訶拘拘羅・此云大膝富樓那彌多羅尼子・此云滿慈子・須菩提・此云空生優婆尼沙陀此云塵性空等・而爲上首・……』蓋非如梁先生所云『如是我聞・……優婆尼沙說』也・此「優婆尼沙」與佛十大弟子中之『優婆離』是否同爲一人・實成問題・以此經開卷所列諸大阿羅漢具名者不足十人・且如「摩訶拘絺羅」等・亦不在十大弟子之列言之・當是二人・考宋釋法雲編翻譯名義卷一・十大弟子篇・『鄔婆離・有翻化生・或翻上首・……或翻近執・……訛云優婆離・』與『優婆尼沙陀・此云塵性空』之高僧・絕不相混・且與『優婆尼沙』一名・多一『陀』音・不能謂其即爲自反對佛教之書名所誤用・若據此片而之詞・遂謂首楞嚴經爲僞書・說雖新穎・究未能成立也・

自房融於光孝寺筆授首楞嚴經翻譯・至開元後・遂大行於中國・歷宋至明・厥風未歇・而曾居住光孝寺諸大德・曾爲此經解疏者・則有釋德清與天然和尙等・釋德清爲明代學術最富之高僧・嘗著首楞嚴經懸鏡・及通議・最爲扼要詳實・萬曆二十六年・嘗入光孝寺講四十二章經・於光孝寺中

興・頗有關係・天然和尙・則本性曾・世爲番禺望族・崇禎癸酉嘗應鄉試中式・旋出家爲僧・値明亡・乃日與志士往來・思爲民族復興・嘗於光孝寺演法・緇素禮足・凡數千人・有叩則鳴・無挹不注・所著首楞嚴經直指・甚有聲譽・門人釋澹歸・嘗爲較閱・是首楞嚴經與光孝寺之關係・殆始終無間焉・

中國學術史上廣東的地位

廣東的學術・從歷史的演進看起來・大概可分四期・第一・自兩漢至隋・爲接受中原學術的時期・第二・自唐至宋元・爲冶合內外思想而自爲風尙的時期・第三・自明至清・爲嶺學系統成立時期・第四・自晚清至今日・爲科學發揚時期・

在第一時期・雖說完全是接收中原的學術・並沒有特殊的開創・然而也未嘗沒有重要的貢獻・那就是陳元父子提倡『春秋左傳』的運動・陳元爲蒼梧廣信人・廣信就是現在的封川縣・陳元的父親・陳欽・當西漢晚年・他同劉向的兒子劉歆・一同跟名儒賈護・研究『春秋左傳』・造詣很深・當時有『陳氏春秋』的名目・到了陳元・更是把『左傳春秋』這門學問・發揮得無微不至・他於東漢光武帝建武年間・和一般學者打算將『左傳』立爲國學・不幸爲博士范升所壓・陳元乃詣闕力爭・痛駁范升所說不對・卒之將『左傳』列爲國學・太常啓奏・以陳元爲博士・元以新與范爭・改以李封充任・當時反對的人還是很多・然而從此研究『春秋左傳』的就一天多似一天了・東漢以下・號爲通儒的人・差不多沒一個不曾對於

『左傳』下過一番功夫．就是我們用現代的眼光看起來．『春秋左傳』還是一部研究春秋時代歷史絕好的作品．除非不講春秋時代的歷史．要講便不能不研究『左傳』．至於從前的人的看法．那就更重大了．他們以爲『春秋左傳』是所以嚴夷夏之防．而主張尊中國攘夷狄的．這在中國民族思想的寄託上．確有絕大的供獻．中國民族每當爲外敵所壓迫時候．所藉以振發士大夫氣節的．都以『春秋』大義爲最有力量．而『左傳』更爲推廣『春秋』大義的功臣．『左傳』是有保存史料與團結民族力量與精神的功用．而『左傳』這門學問的列爲國學與推廣．則繫於陳元父子的闡揚與力爭．

廣東第二期的學術．範圍就更廣了．不過他們的貢獻到底是以禪宗的六祖盧慧能即心即佛的禪學爲最有價值．盧慧能是唐高宗時廣東的新州人．新州就是現在的新興縣．他是五祖宏忍的傳法弟子．相傳慧能是不十分通曉文字的．但是他有過人的器根．能夠體認出一種開悟頓教．即心即佛之法．以挽救當時內典支離繁複或漸次硬化的毛病．我們知道中國的佛教．自六朝以至唐初．他們的經典．已經是浩如淵海．非常難念了．而且他們的戒律更是繁複不堪．好像已經把所有的佛徒都送到一點生氣沒有的境地裏去．在這種情形下．聰明的人自然嫌他太過硬化．下愚的人又老趕不上．六祖盧慧能．看透了這點．他用取消問題的方法．提倡一種所謂『一切萬法．不離自性』的心教．他說．『自性本自清淨．自性本自不滅．自性本是具足．自性本無動搖．自性能生萬法』．只要我們能夠領悟本性．自然大家都能夠成佛．如果我們不識本心．那就任你怎樣的往外求法．也是求不到的．從前的佛家．多以戒定慧爲成佛的階梯．而六祖盧慧能乃說．『即心名慧．即佛乃定．定慧等持．意中清淨．悟此法門．由汝習性』．從前的佛家．大抵都注重解決問題．而慧能則主張取消問題．所以說．『菩提本無樹．明鏡亦非臺．本來無一物．何處惹塵埃．』在當時算是一種絕大的革命．一般人都稱他是禪宗的南派．從此佛教的思想解放．上智的有他展布的餘地．下愚的也樂得容易插足．禪宗的門庭也就一天天廣大了．而佛教別宗的門徒．也就往往爲所奪志．晚唐以後差不多都以禪宗的獨盛而歸於式微．

不但如此．慧能的禪學．就是對於中唐以後的儒家．也是影響很大的．我們知道自兩漢至南北朝的儒家經學．自經唐太宗勅修諸經正義．定爲說經的標準．表面上雖說經學大昌．然而實際上已經把經學的思想硬化着了．所以聰明的人都覺得不能滿足．有的乾脆就跑到佛家那路去了．後來到了李翱．他更大膽的把禪宗南派即心即佛之法．拿來解釋儒家的心性學說．李翱是韓昌黎弟子．韓昌黎雖是反對佛教而以儒家道統自任的文人．然而自經貶官潮洲刺史後．因爲曾經碰了盧慧能．能三傳弟子大顛和尚．告以一種『外形骸以理自勝』的彈法．到了晚年．已經把態度改了．他的弟子李翺更是因爲曾接受慧能三傳弟子惟儼和尚的禪學．禪化的程度比老師更深．他後來作『復性書』一文．大抵謂『本性明白．爲六情沾污．迷而不返』．所以要『返本還源．以盡性命．』他有一段說話．和六祖心教．很是相像．他說．『清明之性．鑑乎天地．非自外來也．故其渾也．性本不失．及其復也．性亦不生．』他所說的清明之性．即六祖所謂悟了的心．後來周濂溪．他一方面受着李翶一派性理學說的影響．一方面又直接聞道於禪宗南派的後人壽厓和尙．而體驗出一種新的性理之學．傳了程伊川．程明道二位大弟子．而程氏又傳給楊龜山．越數傳以至朱熹．時陸象山更積極的發揚即心即理的學說．而宋儒的理學．便把整個的中國都支配着了．法國的空前的革命運動．他們的思想背景．據現在專門學者的研究．都是曾受宋儒理學影響的．然而這種理學的發生．則遠紹於廣東盧慧能即心即佛的心法的召示．由此可知道盧慧能在中國學術史上貢獻的偉大了．

廣東第三期的學術．則一方面根據宋儒理學而有白沙學派的產生．一方面另受別的影響．而有陳蘭甫一派的樸學發生．一方面另受近代西洋學術的影響．而有康梁維新思想的發生與介紹西洋文化的運動．他們的影響都極大．陳白沙爲明成化宏治間廣東新會人．雖說他少時曾從吳康齋念書．然而他的學問．是在廣東這個環境自己體驗出來的．他的學問．以自得爲主．『以虛爲基本．以靜爲門戶．以四方上下往來今穿紐奏合爲匡郭．以日用常行分殊爲功用．以勿忘勿助之間爲體認之則．以未嘗致力而應用不遺爲實得』．他所說的『自得』是一種適當的態度．適當的境界．適當的氣象．適當的動作的滙合．他自己常說．『自得者不累於外物．不累於耳目．不累於造次顚沛．鳶飛魚躍．其機在我．知此者謂之善學．不知此者謂之善學．不知此者．雖學無益也』．他的用力以靜和疑問兩端爲法門．他教人以『從靜中養出個端倪』．爲入手工夫．以疑問爲長進的階梯．他說．『疑而後問．問而後知．知之眞．則信矣．故疑者進道之萌芽也．疑者覺悟之機也．一番覺悟一番長進．更無別法也』．他雖然因爲名位不大．眼前未見自己學說的大行．然而他有一位弟子湛甘泉．爲增城縣人．這人官品既高．又立志爲老師傳播學說．所以白沙的影響．也很是不小．尤其可令人注意的．就是王陽明．也曾受白沙學派影響的事例．王陽明沒有直接受過白沙的教育．然爲甘泉好友．陽明在京城研究理學的時候．恰好甘泉在翰林院做官．他就把白沙的學說告訴他．以共同擔任昌明聖道的責任相約．後來陽明貶官龍場驛丞．萬里投荒．靜中回想白沙『自得』的學說．忽一旦而豁然貫通．遂體驗出一種『致良知』的學說．自龍場回後．因爲弟子日多．功業日盛．學說因之大行．到了晚明益支配全國．其後他的學說並且輾轉至倭國．而構成倭國的心學．其『良知良能』與『知行合一』的學說．更爲倭人所重視．德川幕府時代．王學信徒中江藤樹．以『先躬行而後文藝』相號召．更和倭國近世的改革維新的方式有相當關係．至今大阪倭商尙每以心學號召國人．這可知陽明學說與白沙學說實際並不相同．然而陽明創立學說的發端．却以在湛甘泉處聞『白沙』『自得』學說爲機樞．這可知白沙學說影響之大了．

至於陳蘭甫一派的樸學．大抵以先生所做的『切韻考內外篇』爲代表．他取『廣韻』中所錄陸法言『切韻』的反切語．用綜合分析的方法．分『廣韻』所列的單字爲四十聲類．內清聲二十一類．濁聲十九類．這確是一個絕大的發明．後來黃季剛．錢玄同諸先生的研究隋唐音韻的聲類．也是照這方法下手．我們除非不講古代中國音韻的研究．要講他．便不能不重視先生的貢獻．至於康梁二先生在近代中國學術思想上的影響・那就更是一般人所同知了・康先生的著作・影響最大的爲『孔子改制考』和『新學僞經考』・他把儒家歷來所傳述的制度與經典・都給他一種特殊的看法和辯證・他說・『西漢經學・並無所謂古文者・凡古文皆劉歆僞作・劉歆欲彌縫其作僞之迹・故校中秘書時・於一切古書多所羼亂・劉歆所以作僞經之故・因欲佐莽漢・先謀湮亂・孔子之微言大義』・他又說・『孔子改制恆託於古・堯舜者・孔子所託也・其人有無不可知・即有亦至尋常・經典堯舜之盛德大業・皆孔子理想所構成也・又不惟孔子而已・周秦諸子罔不改制・罔不托古・老人之託黃帝・墨子之託大禹・許行之託神農・是也』・康先生這種學說・自然是太過武斷・在他不過是一種『變法維新』的手段而已・然而他的影響却不在於『維新變法』・而在於近日疑古風氣的啓發・『自新學僞經考』出版後・一般聰明的學子頓以爲『一切古書・皆須從新估價』・錢玄同顧頡剛諸先生的辨論古文・推原其始・多少也受有康先生的影響・康先生保皇的思想・自然是要不得的・然而他的學問却不可忽視・至於他的弟子梁任公先生・那就影響更大了・他是晚清提倡新學最有力的一人・他謂・『時務報』『新民叢報』『新小說』等專以批評時政・介紹西學・解放思想爲主旨・他的文章『平易暢達・時雜以俚語韻語及外國語法・然條理清晰・筆鋒常帶感情・對於讀者・別有一種魔力』・當時號爲『新文體』・最近三十年中國青年學子的文字和思想・差不多難得幾個不曾受他的影響・他雖然是康先生的弟子・然其倡導解放思想亦未嘗於『國民革命』無間接貢獻・梁先生自己嘗謂・『在思想界・其破壞力確不小・而建設則未有聞』・這是梁先生自己謙遜的說話，其實先生晚年所提倡的史學方法・實是中國學術史上一種很重要的建設・而自民國五・六年以至十一・二年的新文化運動・實際講起來・也是以梁先生的學說爲先河的・

廣東第四期的學術・是科學發揚時期・然而最重要的貢獻是國父所創發的三民五權的主義和民生史觀與知難行易的學說・三民主義爲融會中外古今學說・領導世界潮流・適合中國國情・以中國爲本位・以世界爲範圍・以人類大同爲鵠的的・關於政治實施・社會改革・人類進化的一種人文的社會的科學・他以民族民權民生三問題一同解決爲根本的精神・這是他與歐美各國所採主義最不相同的地方・國父以自己所創發的三民主義建立中國國民黨・又以中國國民黨的力量建立中華民國・而三民主義的最高鵠的・乃以人類的大同爲極則・中華民國的前途・自有其無限的光明・而所以建國的國父主義和學說・亦自有其空前的價值與無限的光明了・

廣東的學術是有其特性與前途的・『轉移風氣・有開必先・實大聲宏・與國同壽』・

廣州光孝寺之沿革

一

廣州自昔爲中外文化交流之所・而光孝寺又爲廣州四大叢林之首・法雨早施於六朝・禪風尤彰於唐代・氣象萬千・代有名蹟・亦治中印文化傳播史實者・所宜特爲注意者也・

按光孝寺在廣州舊城西隅・今其方位在惠愛西路以北・

羅香林

盤福路以南・豐寧路以東・海珠北路以西・由惠愛西路・北入光孝路・約半里・路末・即光孝寺・雖正門已改建洋樓・而內部殿宇・尚存舊制・入門爲洋樓・再進爲舊四天王殿・上懸『訶林』鉅額・明人區大相書也・

殿左右舊爲南廊・廊前廣場・左右古榕四株・枝幹橫空・濃陰蔽日・其西舊鼓樓處・今建爲西樓・樓前有唐寶曆二年（西元八二六年）大悲心陀羅尼經幢・其東・舊鐘樓處・今建爲東樓・廣場正中爲甬道・道盡爲臺・四週爲麻石欄干・中爲大雄寶殿・清順治十一年（西元一六五四年）平靖二藩所重修・殿前壁以巨木爲柱・雕木爲屏・飛簷科栱・形制古樸・殿瓦爲黃色琉璃・屋角處・上蓋翹起・左右牆壁接上蓋處・微向內傾・使重心穩定・蓋仿李唐建築云・（註一）・

大殿東・爲伽藍殿・明萬曆三十九年（西元一六一一年）・寺僧論田捐資重修・雖殿宇甚小・而風格與大殿仿・大殿後・東爲六祖殿・祀禪宗六祖慧能・清康熙四十一年（西元一七〇二年）・住持僧無際重修・今窗戶已毀・而四壁堅固・屹立未傾・六祖殿前・舊爲拜亭・上蓋已圮・右壁嵌明萬曆四十年（西元一六一二年）重修六祖菩提碑記・蓋以誌六祖嘗於樹下演法也・拜亭前・有舊遺菩提樹・巨幹排立・大十餘圍・雖非六朝舊物・而婆娑有緻・亦可愛矣・（註二）・拜亭石・舊有碑亭・今亦傾圮・其前爲六祖象碑・元泰定元年（西元一三二四年）・寺僧慈信立・像甚整肅・線條亦佳・碑陰刻達摩畫像・筆法略同・而樸厚少遜・像碑右・有舊遺石獸・狀似麒麟・而雕刻頗佳・殆宋以前物

矣・石獸右・爲六祖瘞髮塔・以石雜灰沙築成・唐儀鳳元年（西元六七六年）・住持僧法才募建・明崇禎九年（西元一六三六年）・給諫盧兆龍捐資修飾・塔凡七層・中實無空・高二丈許・髮塔右・有舊遺訶子樹・高二丈許・觀其枝幹・殆清代重植・非三國時舊物矣・（註三）・訶子樹後・今有凹字形廳房・廿餘年前所增建・非寺院舊物・六祖殿後・東有新建敎室・綠瓦紅牆・作殿宇狀・亦廿餘年前所建・軒敞堅固・惟無樓房・

大殿西北・舊有西廊・廊有南漢西鐵塔・今廊屋及塔頂已毀・而塔座及下截尚存・烈日嚴風・日加侵蝕・伽藍殿東・舊有睡佛閣・其下爲風旛堂・舊有天然和尚書風旛堂橫額・今睡佛閣與此寺中隔以牆・而由寺外左旁・另闢一巷・與佛閣相通・睡佛閣東・舊有東廊・廊有南漢東鐵塔・形制較西塔尤偉・今東塔完好・然與佛殿中隔以牆・與此寺亦不相通・而另闢一門・由海珠北路出入・東塔西北・舊爲蓮池・寬約一畝・清雍正間・住持僧敏言・建水亭其上・清風漣漪・殊增勝概・今蓮池尚存・而水亭圮矣・

二

按光孝寺地址・即西漢時南越王建德舊宅・南越於漢武帝元鼎六年（西元前一一一年）爲將軍路博德與楊僕所滅・建德既亡・宅亦寖廢・迄三國時・吳騎都尉虞翻・謫徙於此・多植蘋婆與訶子樹等・時人稱爲虞苑・翻雖謫放・而講學著書・自強不息・門徒常數百人・一時學風大盛・所著老子論語訓注・國語訓注・皆成於此・可知此宅・關係甚鉅・

翻後轉謫蒼梧猛陵・迄年七十・卒於謫所・時賢哀之・粵人後施虞苑於佛寺・榜曰制止・又曰制止王園寺・或曰制止道場・

按東晉安帝隆安中（西元三九七年至四〇一年）・罽賓國曇摩耶舍（Dharmayasas）尊者・來遊震旦・至止廣州・始於虞苑創建大殿五間・初名王苑朝延寺・劉宋武帝永初元年（西元四二〇年）・梵僧求那跋陀羅（Gunabhadra）・飛錫至此・復創戒壇・遂爲廣州佛教重鎮・迄唐太宗貞觀十九年（西元六四五年），改制止王園寺爲乾明法性寺・逮武后臨朝・以沙門僞撰大雲經・盛言神皇受命諸事・有制頒行全國・令諸州各置大雲寺・此寺亦改稱大雲寺焉・（註四）・武后既崩・寺復舊號・迄武宗會昌滅法・改法性寺爲西雲道宮・宣宗盡復佛法・復改道宮爲寺・迄宋太祖建隆三年（西元九六二年）・詔改法性寺爲乾明禪院・徽宗崇寧二年（西元一一〇三年）・復改乾明禪院爲崇寧萬壽禪寺・高宗紹興七年（西元一一三七年）・詔改萬壽禪寺爲報恩廣孝寺・二十一年易廣爲光・遂稱光孝寺焉・

光孝寺自昔爲名僧聚居之所・而其譯經事業・關係尤鉅・誠以象教東來・迹理並重・教迹以修持而推行・教理以譯經而首見・光孝寺譯經事業・上起東晉時曇摩耶舍尊者・下迄唐武后時梵僧般刺密帝三藏（Paramata）・三百餘年・西來僧侶・居此譯經・代不乏人・梵字講習・蔚然成風・而陳時印僧眞諦（Paramartha）・於此譯攝大乘論・唯識論・及俱舍論等・視玄奘譯唯識論等・且早一百餘年・又唐相國房融・於此寺筆受首楞嚴經翻譯・傳播特廣・影響亦鉅・

光孝寺以唐高宗時・六祖慧能在此演法・揭示『即心即佛』頓悟法門・於中國佛教傳播・放一異彩・而禪宗歷世大德・與海內嚮風之士・亦多以蒞寺巡禮爲幸・發潛闡幽・亦史學界所有事矣・

光孝寺大殿・有舊塑大佛像三尊・雖爲近所裝鑾・未見佳妙・然軀幹與面目輪廓・實甚健美・殆原爲名手所作・其殿壁舊有米芾榜書佛號木刻・懸掛殿屏・文曰『釋迦文佛』・『彌勒尊佛』・『阿彌陀佛』・每字徑尺・風骨韶秀・雖雕刻未精・略損氣韻・而格度尚存・與英德米書「寶藏」二字刻石・風格相仿・殆同爲米氏官英州浛洸尉時所書・後木刻爲好事者移置六榕寺客堂・高嵌堂壁・幸未摧損・顧未加題跋・過之者罕知其爲光孝寺舊物矣・又此寺至明清之際・住持僧尚藏唐禪月大師貫休畫羅漢像二軸・胡貌梵相・形容奇特・今此寺久無住持・貫休所畫・更不知流落何所矣・（註五）・抑此寺大殿後壁・左廂尚存古銅造像一軀・交手趺坐・眉目秀肅・形態端重・高八尺餘・以雕鏤作風觀之・殆亦唐物・雖無造像銘文・然無損爲藝林鴻寶也・

三

光孝寺之佳勝・及其與佛教發展之關係・如是重大・而自來學人・鮮爲有系統之論述・乾隆間廣州知府顧光・嘗修光孝寺志・亦僅就寺內一部分文獻・略爲叙錄・於寺外其他有關史傳・鮮所爬梳・且爲時代所限・無疏通致遠之識・眞相未爲盡明・闡發猶待後學・余偶因機緣・嘗假此寺爲所主

持之廣東省文理學院臨時校舍・（註六）・瀏覽所及・爰就經典移譯・攝論傳授・禪宗南派・密教傳播・高僧往來・嘉樹移植・與佛塔鏤刻・及小型木雕像等・略爲綴拾・以明此寺與中印交通之關係・及南方佛教發展之由來・蓋爲嘗假此寺以講學治事之紀念云爾・

附註

（註一）國立中山大學工學院建築學系・嘗於民國三十六・七年間・就廣州光孝寺爲調查測量・作細部研究・其負責教授曾對余言・該寺大殿形制・猶帶唐代建築意味・第迄今未見該研究報告刋行耳・

（註二）見廣東省立文理學院「文理學報」第一期劉棠瑞「光孝寺之觀賞植物」・

（註三）同註二・並見廣東省立文理學院「旬刋」第三期劉棠瑞「文理學院內之幾種古樹」・

（註四）見下文「唐相國房融在光孝寺筆受首楞嚴經翻譯問題」・

（註五）見一九五〇年十一月十九日星島日報「文史雙週刋」第五十一期余所作「光孝寺舊藏唐末貫休繪羅漢像考」・

（註六）參考廣東省立文理學院「旬刋」第一期「文理學院復員經過」（民國三十五年一月十五日出版）・

廣東省立圖書館所藏廣東族譜簡目

廣東省立圖書館雖創立頗早・然中間嘗一度歸併於廣州市立中山圖書館・故久無自建之新式館庫・自第二次世界大戰結束・日軍投降・粵省重光・省政府乃命杜定友氏・復置省館・仍以廣州市文德路前南園舊宇爲館址・會戰時駐粵意大利領事羅斯・所蒐集之廣東等省族譜・數百餘種・爲日軍所奪・已運存香港・省政府以此類圖書・爲地方要籍・與歷史文化・關係甚鉅・因命杜氏・赴港詢查・爲交涉運回・而省館遂於各類圖書外・復增族譜一類・時余亦于役廣州・方倡設廣東省文獻委員會・因議禮聘宿學徐信符先生（紹棨）等爲委員・並建議杜氏・聘徐先生爲編目主任・將羅斯舊藏族譜・就其屬於廣東各姓者・先爲編目・依杜氏漢字形位排檢法編列・越數月・目錄完成・即爲寫印存覽・計部數共二百三十九・種類共二百一十一・代表之氏族凡七十一姓・代表之地方凡三十二縣・其所編修・或屬於宋・或屬於元明・或屬於淸・爲鈔本而非印本者・至八十一種・茲以大陸劇變・該族譜無法再睹・該館寫印之目錄・亦日見稀少・爰爲轉錄於此・而稱之曰簡目・並略述其庋藏由來焉・一九六三年五月五日羅香林識・

號碼	名稱	地別	卷數	纂修人	版期	版別	冊數	備考
9	汪氏家譜	新會		汪嗣虞	咸豐	抄本	1	
53	潘氏典堂族譜	南海	6	潘文珮 潘燿華	民國十三年	刻本	6	
54	潘氏世系	番禺	1	潘福燊	民國九年	鉛印本	1	原名：河陽世系
55	潘氏族譜	番禺	7	潘達祥等	光緒八年	刻本	8	原名：番禺朱紫鄉潘氏族譜
62	凌氏族譜	番禺	12	凌鏡溪 凌煜勳	民國九年	鉛印本		
62.1	凌氏族譜	始興		凌元駒 凌江春	光緒廿六年	刻本		
63	馮氏家譜	番禺	1	馮文軒	同治	抄本		叙至民國
63.1	馮怡恕堂家譜	番禺	1	該堂	民國二十年	鉛印本		
64	馮氏本房世系	新會	1	馮章軳	乾隆四八年	抄本	1	叙至道光
72	冼氏宗譜	嶺南	9	冼寶榦	宣統元年	刻本	8	
72.1	冼氏家譜	南海	9	冼寶榦	宣統二年	刻本	4	原名：南海鶴園冼氏家譜
75	譚怡怡堂祠譜	佛山		譚鶴坡	民國四年	鉛印本	2	
76	譚氏族譜	高明		譚國邦	民國廿一年	鉛印本	18	全書18卷18冊缺卷1至9及卷11共10冊
77	譚煥文堂家族紀事續集	開平	1	譚維揚	民國廿三年	鉛印本	1	原名：煥文堂家族紀事續集
78	譚氏家譜	開平	1	譚祖輿	民國四年	抄本	1	

91	謝氏世譜	南海		謝錫璜等	民國十七年	鉛印本	5	原名：丹山謝氏世譜
91.1	謝氏世譜	南海		謝琨良等	民國廿年	刻本	4	
93	謝氏世譜	番禺	6	謝偉略	民國廿五年	鉛印本		原名：番禺芳村謝氏族譜
99	郭氏族譜	番禺	1	郭富謙	光緒五年	抄本	1	
99.1	郭氏懷江房譜	番禺		郭成輝等	民國廿一年	鉛印本	1	
101	郭氏族譜	南海	1	郭棪蒲	宣統二年	抄本	1	
107	顏氏家譜	廣東	4	顏時珣	同治十三年	刻本	4	
108	顏氏宗譜		1	顏端齊	清代	抄本	1	明代修清代抄本
12.4	鄺氏族譜	河源	4	鄺其峻	光緒廿八年	刻本	4	原名：河源鄺氏桃溪公祠族譜
152	胡氏四房譜	順德	8	胡壽榮等	光緒廿六年	刻本	8	原名：順德桂洲胡氏第四支譜
153	胡氏族譜	新會		胡頤	嘉慶五年	刻本	22	
154	胡劍峯公族譜	番禺		胡廣純等	光緒九年	抄本	1	
160	韓氏族譜	番禺		韓勉茲	咸豐九年	抄本	1	原名：紫□韓氏族譜（有蛀口）
186	杜氏族譜	番禺		杜振聲	道光八年	抄本	1	原名：江都杜氏族譜
195	林奉思堂族譜	番禺		林懋康	民國十六年	鉛印本	1	
195.1	林氏族譜	番禺		林翰高	民國十九年	鉛印本	1	原名：林光遠堂族譜
196	林昭茲堂族譜	南海		林高 林梁	道光廿二年	抄本	1	本名：林氏世系
196.1	林昭茲堂族譜	南海		林元侯 林建侯	康熙十一年	抄本	1	

197	林氏族譜	中山	3	林繼祺等	民國廿一年	鉛印本	3	原名：平嵐林氏族譜
198	林氏族譜	新會		該　氏		抄本	1	
198.1	林氏宗譜	新會		林從廸	咸豐十年	抄本	1	原名：新會沙岡林氏宗譜
198.2	林氏雙桂書院略志	新會	4	林大章	光緒二年	刻本	4	
203	楊氏家譜	中山		楊桂清	民國七年	石印本	1	原名：北山楊氏信海堂家譜
204	楊氏家譜	嶺南		楊秋田 楊開道	民國八年	刻本	4	原名：嶺南楊氏家譜
205	楊族家譜	番禺		楊國清等	民國廿三年	鉛印本	1	
223	歐陽氏家譜	中山		歐陽臣	咸豐九年	抄本	3	
223.1	歐陽氏通譜	嶺南		歐陽二西	乾隆五十六年	刻本	1	
226	張氏族譜	番禺		張耀文	民國七年	抄本	1	
226.1	張孝友堂宗譜	番禺		張德明	光緒廿三年	刻本	1	
226.2	張氏族譜	番禺		張德隆 張炳南	民國四年	鉛印本	1	原名：廣州番禺沙灣司歧山張氏族譜
226.3	張氏文獻公裔屯田使族譜	番禺	2	張成賓	乾隆卅八年	刻本	2	佳本
227	張氏族譜	新會		張德隆	嘉慶十九年	抄本	1	原名：新會張氏族譜
228	張氏家譜	新會		張鳳翎	萬曆四八年	抄本	2	原名：凌冲張氏族譜
229	張氏家譜	南海		張　屏	民國十九年	鉛印本	1	原名：南海城西堡眼氏家譜
233	張氏族譜		5	張以綸	宣統元年	刻本	2	原名：林塘張氏族譜
235	鄧氏族譜	嶺南		鄧達衍	光緒十四年	刻本	一五	

235.1	鄧氏聯修族譜	嶺南		該氏		刻本	1	原名：南陽鄧氏聯修族譜
236	鄧氏開宗族譜源流考	東莞		鄧月梯	民國十三年	鉛印本	1	原名：南陽鄧氏開宗族譜源流考
237	鄧氏蔭德堂家譜	番禺		鄧國猷	光緒廿二年	抄本	1	原名：番禺市橋房鄧氏蔭德堂家譜
238	鄧氏族譜	新會	5	鄧樹勳	同治十三年	抄本	2	原名：南陽族譜
239	鄧氏永錫堂族譜	順德	5	鄧廷梅	民國十四年	鉛印本	5	原名：順德水藤鄧永錫堂族譜
243	孔氏族譜	南海		孔聞章	民國	鉛印本	1	
244	孔氏家譜	南海	一五	孔廣鏞　孔廣陶	民國十八年	鉛印本	8	原名：南海羅格孔氏家譜
245	孔氏家譜	番禺	6	孔廣漢　孔廣伸	民國十九年	鉛印本	6	原名：番禺敦孔氏家譜
246	孔氏家譜	番禺	12	孔昭湘	民國廿一年	鉛印本	8	原名：番禺小龍孔氏家譜
246.1	孔氏家譜	番禺		孔廣熾	光緒廿三年	刻本	6	
251	孫氏家譜	番禺		孫文起	同治四年	抄本	2	回族
260	阮氏族譜	雲浮		阮麥秋	光緒廿九年	石印本	1	原名：吉隆阮氏家譜
260.1	阮氏族譜	新會		阮有才	光緒五年	抄本	1	原名：阮明安堂族譜
261	陸氏世德記	嶺南	6	陸師彥	光緒元年	刻本	6	
271	陳衷純祠族譜	興寧	5	陳伯疇	民國二十年	鉛印本	5	原名：興寧城內新街陳衷純祠族譜
272	陳氏族譜	南海	9	陳其暉	光緒廿三年	刻本	6	原名：南海金魚堂陳氏族譜

272.1	陳氏族譜	南海	4	陳萬豫 陳春發	民國六年	刻本	4	原名：南海鶴園陳氏族譜
273	陳氏族譜	台山	1	陳煜南	民國廿二年	鉛印本	2	原名：墩頭陳氏族譜
273.1	陳氏愷翁十世孫復新祖房之家譜	台山		陳熙中	民國十六年	鉛印本	2	
274	陳氏正派族譜	粵東		陳養性堂	道光廿六年	抄本	1	原名：粵東陳氏正派族譜
275	陳氏族譜	增城		陳慶新等	乾隆四五年	刻本	3	原名：增城沙隄陳氏族譜
276	陳氏族譜	清遠		陳大輔 陳其勳	道光廿年	抄本	1	
277	陳氏族譜	新會		陳紹臣	宣統三年	石印本	1	
277.1	陳氏族譜稿	新會		陳雲翥	民國元年	鉛印本	1	
277.2	陳氏族譜	新會		陳加璠	順治十三年	抄本	1	
278	陳氏族譜	順德		該氏	道光廿八年	抄本	2	
278.1	陳氏族譜	順德	24	陳迺珍	民國十八年	刻本	14	
302	鍾氏族譜	新會		該氏	民國廿四年	抄本	1	
339	侯氏族譜	南海		侯繼祿	民國廿二年	抄本	1	原名：南海亨田鄉侯氏族譜
340	伍氏族譜	嶺南		伍延珍	光緒六年	抄本	1	原名：重訂仕版伍氏族譜
340.1	伍氏闔族總譜	嶺南	10	伍瑤光	民國廿二年	石印本	15	原名：嶺南伍氏闔族總譜
341	伍氏家譜	番禺		該氏		抄本	1	原名：鰲山伍氏家譜
342	伍氏家譜	新會		伍學艮	同治九年	抄本		原名：綠圍伍氏家譜

349	何氏族譜	順德	6	何厚本堂	民國十二年	鉛印本	1	
349.1	何氏事略	順德		何厚本堂	民國四年	鉛印本	1	
350	何氏族譜	南海		何紹豪 何鉅釗	民國十八年	鉛印本		原名：南海荷溪鄉何垂裕堂族規族譜合刋
351	何氏家譜	南海	9	何毓楨	民國十三年	刻本		原名：南海烟橋何氏家譜
352	何氏全譜	嶺南		何麟角堂 衆值事等	光緒廿年	刻本	2	原名：廬江書院全譜
369	劉氏族譜	南海		劉廷鑑	咸豐十年	抄本	1	原名：萬安劉氏南海族譜
370	劉氏家譜	肇慶		劉顯揚等	民國十年	鉛印本	1	
371	劉氏族譜	興寧		劉雲山	道光八年	抄本	1	
371.1	劉氏集註重修歷代族譜	興寧		劉展程	宣統元年	刻本	1	
371.2	劉氏歷代族譜彙總	興寧		劉沐	民國八年	鉛印本	1	
371.4	劉氏族譜	興寧		劉鑑伯等		鉛印本	31	全書六七冊（缺三六冊） 內附文藝譜2冊
372	劉氏族譜	新會		該氏		抄本	1	
377	衛氏族譜	東莞		衛守正 衛呂仲	咸豐元年	抄本	1	原名：東莞茶園衛氏族譜全書6卷6冊
378	徐氏譜略	南海		徐公可	光緒	抄本		原名：東海徐氏譜略
399	繆氏族譜	五華		繆任衡	民國廿六年	鉛印本	3	原名：五華繆氏族譜
402	梁氏族譜	廣東		該氏	民國九年	刻本	1	原名：廣東梁氏千乘侯祠全書

403	梁氏家譜	南海	4	梁給	宣統三年	刻本	4	
403.1	梁氏支譜	南海	4	梁九圖	咸豐五年	刻本	4	
403.2	梁氏族譜	南海		梁當年	民國十七年	鉛印本	1	原名：南海泮塘梁衣德堂族譜一名梁肇基公族譜
403.3	梁氏家譜	南海	4	梁厚德	光緒廿年	刻本	7	原名：西樵梁氏家譜
403.4	梁氏家譜	南海	6	梁樂章	民國十三年	鉛印本	6	同右
403.5	梁氏家譜外集	南海	3	梁樂章	民國十三年	鉛印本	3	
404	梁氏族譜	順德	10	梁錫蓉	光緒廿二年	刻本	8	原名：順德歇馬鄉梁氏族譜
404.1	梁氏家譜	順德		梁煥章	道光廿二年	刻本	1	原名：碧灣梁氏家譜
405	梁氏族譜	中山	3	梁卓勳	民國十五年	鉛印本	3	
414	宋氏族譜	鶴山	20	宋章郁	光緒三年	刻本	二〇	
415	宋氏族譜	花縣	1	宋瀾章 宋韜才	民國十年	鉛印本	1	
416	宋氏書院房份簿記		1	宋廷桂	民國	刻本	1	原名：羊城魁巷宋氏書院房份簿記
429	高氏宗譜		2	該氏		抄本	1	
437	文氏通譜	嶺南	2	文鳳翊	光緒元年	刻本	2	
438	方氏家譜	南海		方菁莪	光緒十六年	刻本	8	原名：方譜宸翰
447	章氏家乘	廣州		章維煥	嘉慶四年	抄本	2	
459	曾氏家譜	南海		曾夢鴻等	光緒三年	抄本	1	
467	勞氏族譜	南海	5	勞獻琦 勞鴻勳	同治七年	刻本	6	

470	霍氏族譜	南海		霍尚守 霍熙	光緒廿八年	刻本	三	原名：石頭霍氏族譜
470.1	霍氏族譜	南海	11	霍承恩	道光廿八年	刻本	三	
471	霍氏族譜	南海	8	霍化鸞 霍啓均	同治七年	刻本	8	原名：上園霍氏族譜
483	聶氏家譜	南海		聶綽彝	道光十五年	抄本	1	
483.1	聶氏家譜	新會		聶祿初	民國廿四年	鉛印本	1	原名：河東都鹿頭崗聶氏家譜
485	曹氏家譜	番禺	4	曹秉濬	光緒十二年	刻本		原名：禺山曹氏家譜
485.1	曹氏家譜	番禺	4	曹秉濬 曹秉濂	民國八年	刻本	3	原名：重修禺山曹氏家譜
485.2	曹氏家譜	番禺	3	曹秉濬 曹秉濂	民國八年	刻本	2	原名：重修曹氏家譜 全書四卷三册缺卷三下卷
497	黃氏家乘	嶺南	7	黃培芳	道光廿年	刻本	6	
498	黃氏江夏合族譜	南雄		黃裳吉	萬曆七年	抄本	1	
499	黃氏家譜	南海	12	黃秩南	宣統三年	刻本	2	原名：學正黃氏家譜 節本缺卷3至6
499.1	黃氏族譜	南海	3	黃雲紀	光緒十三年	石印本	3	
499.2	黃氏族譜	南海		黃慶雲	咸豐四年	抄本	4	
501	黃氏族譜	順德		黃觀暢 黃廷暢	光緒廿三年	抄本	2	原名：梅月房譜
502	黃思廉祖族譜	高要		黃聖河	民國七年	鉛印本	3	
503	黃氏先三鄉賢年譜	中山		黃佛頤	光緒廿九年	刻本	1	原名：先三鄉賢年譜

504	黃氏族譜	寶安	2	黃漢 黃廷贊	同治十一年	刻本	7	
506	李氏族譜	南海		李應年	同治八年	抄本	1	一名：李申及堂族譜
507	李氏族譜	番禺 順德		該氏	光緒十六年	抄本	2	
507.1	李氏族譜考	番禺		李鄂	民國十八年	精抄本	1	此爲李忠簡公昴英之後裔
508	李氏族譜	番禺		李羣生	同治十年	抄本	6 1	原名：環瀾鄉應春公李氏族譜
509	李氏族譜	新會	3	李潤生	民國廿年	鉛印本	1	原名：東坑李氏族譜
509.1	李敦善堂家譜	新會		李裕堂	民國十五年	鉛印本	1	原名：新會七堡鄉涌瀝里李敦善堂家譜
509.2	李濳江公譜	新會		李雲芳	民國廿六年	鉛印本	1	
509.3	李氏家譜	新會		李景承	道光元年	抄本	1	
509.4	李氏宗譜	新會		李揚芳	民國十六年	鉛印本	4	原名：步雲李氏宗譜
510	李文莊公家乘	新寧	46	李蕚榮	光緒廿八年	刻本	16	
511	李氏家譜	中山	8	李善發	民國三年	鉛印本	8	原名：香山泰寧李氏家譜
512	李氏族譜	四會		李存誠 李德寬	光緒廿八年	刻本	4	
52.11	李氏家譜	四會		李善元	道光十五年	刻本	1	
513	李氏家譜	鶴山	3	李邦慶	光緒四年	刻本	3	原名：少尹世紀
516	麥氏族譜	嶺南		麥艮佐	乾隆卅五年	抄本	5	
517	麥氏族譜	番禺		該氏	光緒廿七年	抄本	1	
518	麥氏族譜	中山		麥祈	光緒十八年	刻本	12	原名：欖溪麥氏族譜

519	麥氏宗譜	四邑		麥汝球	光緒卅四年	抄本	2	
534	韋氏族譜	中山	12	韋英 韋紹康	宣統元年	刻本	12	原名：香山翠微韋氏族譜
536	翟氏族譜續編			翟富文	民國九年	鉛印本	2	
560	葉氏家譜	南海		葉紉蘭 葉官謙	民國十三年	鉛印本	3	
560.1	葉氏家譜	南海		葉灝明	民國十七年	鉛印本	1	
586	葉氏族譜	澄海	6	葉文馥	乾隆五十三年	抄本	6	原名：大觀葉氏族譜
588	莫氏族譜	南海		莫燮理	同治十二年	刻本	4	原名：顯承堂族譜
608	蔣氏家譜	中山		蔣永康 蔣汝慶	民國廿四年	鉛印本	1	原名：中山欖鎮蔣氏家譜
616	蔡氏遷粵家譜			蔡永建	光緒卅三年	刻本	2	
616.1	蔡氏族譜	嶺南		茶國賓 蔡錦	嘉慶十七年	抄本	1	
617	蔡氏宗譜	番禺		蔡子鄉 蔡少泉	光緒九年	刻本	1	
618	蔡氏族譜	新會		蔡渭	清代	抄本	1	
619	蔡氏家譜	南海	22	蔡鉉 蔡文俊	光緒元年	刻本	14	
620	蔡氏房譜淵源錄	順德	2	蔡爲鑫	光緒十四年	抄本	2	
635	蘇氏族譜	廣東		蘇艮駒	光緒廿六年	刻本	4	
636	蘇氏族譜	南海	10	蘇廷鑑	光緒廿五年	刻本	4	
637	蘇氏房譜			蘇玉書	道光廿四年	精抄本	1	原名：景瞻堂蘇氏房譜
654	吳氏族譜	南海	2	吳荃	民國十九年	鉛印本	2	原名：延陵族譜

655	吳氏家譜	三水		該氏	光緒廿五年	刻本	1	
659	吳氏族譜	四會		吳靜軒 吳大猷	同治六年	刻本	2	原名：四會窰村吳氏族譜
660	吳氏族譜	梅南		吳翰藻 吳錫章	民國廿一年	鉛印本	1	原名：梅南吳氏族譜
661	吳氏廟家譜	嶺南	2	該氏	清代	抄本	2	
662	呂氏家譜	嶺南		呂綽寬	光緒廿二年	抄本	1	
680	易修禮堂家譜	鶴山		易學清	宣統三年	刻本	1	
684	羅氏家譜	順德		羅雲舫	民國廿三年	抄本	1	原名：祚昌長房家譜
684.1	羅氏族譜	順德		羅佐勤	光緒廿二年	刻本	1	
693	蒙氏族譜	嶺南		蒙友仁	至正十一年	抄本	1	原名：宋朝蒙氏族譜
705	簡氏大同譜	粵東	13	簡朝亮	民國十七年	鉛印本	12	佳本
705.1	簡氏家譜	順德	3	簡瑞莊 簡朝亮	民國十七年	鉛印本	2	原名：順德簡岸簡氏家譜（佳本）
709	黎氏族譜	廣州		黎秉志 黎兆球	民國廿一年	抄本	1	原名：京兆郡黎氏族譜
710	黎氏家譜	南海		黎斯允	宣統三年	抄本	1	
711	黎氏家譜	順德		黎鎮	宣統二年	刻本	4	原名：東岸房黎氏家譜
747	龐氏族譜	南海	16	龐永釗	民國廿二年	鉛印本	16	缺第一四卷一四冊
747.1	龐氏族譜	南海	12	龐逸林等	同治十一年	刻本	12	
749	唐鄉賢祠族譜	嶺南		唐德新	光緒廿九年	刻本	1	
750	唐氏族譜	瓊州		該氏	清代	刻本	2	原名：藝文譜—傳芳集

765	廖維則堂家譜	南海	12	廖灼 廖景曾	民國十九年	刻本	14	
765.1	廖氏家譜	南海	2	廖文峯	嘉慶十一年	抄本	2	
766	廖氏族譜			廖鏡波	民國廿四年	鉛印本	1	原名：閩粵贛武威廖氏族譜
789	盧氏族譜	南海		該氏	光緒廿三年	抄本	2	
790	盧氏族譜	新會	6	盧夢禎 盧子駿	宣統三年	鉛印本	6	原名：新會蘆鞭盧氏族譜
859	關氏家譜	番禺		關蕙馨 關頌聲	民國廿六年	鉛印本	1	
860	關樹德堂家譜	南海	20	關兆熙	光緒廿三年	刻本	18	原名：南海九江關樹德堂家譜
860.1	關敦睦堂墓誌	南海		關富明	同治十年	精抄本	1	原名：南海九江璜璣關敦睦堂墓誌
870	余氏族譜		30	余振新等	光緒廿五年	刻本	2	
870.1	余氏家譜	台山		余章彥	民國廿四年	鉛印本	1	原名：下邳余氏源流本房世系譜
920	周氏族譜	番禺		周道平	光緒十年	精抄本	2	原名：晋江入粵周家族譜
921	趙氏玉牒譜	嶺南		該氏	道光十六年	抄本	1	
922	趙氏卜葬錄	番禺		趙贊勳	光緒	抄本		
922.1	趙氏族譜	番禺	5	趙英華	光緒十九年	刻本	5	原名：報本堂趙氏族譜一名清溪趙氏家譜
929	區氏家譜	南海		區麟暹	光緒五年	抄本	1	
929.1	區氏族譜	雲浮		區炳艮	民國十三年	鉛印本	1	原名：雲浮區氏族譜

929.2	區氏族譜	龍門		區錦川	乾隆五十一年	抄本	1	原名：龍門平陽區氏族譜
929.3	區氏林石公祖祠譜	嶺南		區作霖	光緒十三年	刻本	1	原名：區氏林石公家塾徵信錄
945	甘氏族譜	台山		甘暢謀	民國廿四年	鉛印本	1	
946	甘氏家譜	嶺南		甘暢謀	民國廿四年	抄本	1	
977	朱氏家譜	南海	12	朱宗琦	同治八年	刻本	12	原名：南海九江朱氏家譜
978	朱氏族譜	番禺		朱時豫	清代	抄本	1	
181	崇正同人系譜		15	賴際熙		鉛印本	10	

馮平山圖書館早期史略

羅香林

馮平山先生・諱朝安・廣東新會人・少從季父經商暹羅・後以丁艱歸里・逮服闋・即北溯大江・過武漢・逾三峽・入巴蜀・化居懋遷・資以日富・旋由穗垣・轉業香港・遂爲商界巨擘・生平樂善好施・尤熱心捐資興學・先後於本籍創立貧民義學・職業學校・及小學・於廣州捐建中山大學平山堂・爲附屬小學・於香港倡建男女義學三所・與孔聖會・華商總會圖書館・及籌集香港大學基金等・一九二九年・香港華人代表團周壽臣爵士・羅旭龢爵士等・方號召華人・協助大學發展・賴際熙太史・更從中申說・先生遂慨然出任籌建中文學院值理・並受推爲值理會司庫・時值先生七十壽辰・因思捐建中文圖書館・爲發展中國學術文化基礎・先期函告大學當局・謂有友人某君・願捐貲興建中文圖書館・徵求學校意見・大學當局・復函歡迎・初不意此某君即先生自身也・先生以當局既採納其議・遂公開表示其計劃・謂願捐贈十萬圓・爲建築中文圖書館・及設備經費・並另捐二萬圓・爲此圖書館基金・俾存入銀行・取息維持・大學當局・遂決定於般含道石水渠與哈爾敦堂西牆距離間・爲建築地址・至一九三一年・動工興建・先生更向各有關人士・徵求對圖書館設備等意見・蓋其期望至殷・故其盡力亦至夥也・惜天不假年・興工未幾・而先生於一九三一年八月二日・遽歸道山・所幸先生夫人及哲嗣等・能秉承先生遺志・努力赴之・卒使圖書館依期落成・因命名爲馮平山圖書館・香港之有現代化中文圖書館・蓋自馮先生捐建始也・全部建築・爲三層半之扇形樓宇・樓下半片倚山，半片爲儲藏及閱覽等室・一樓左右片爲普通閱覽室・有座位百餘・中爲書庫・及管理編目等室・二樓左右片爲特別閱讀室・及主任辦公室・中爲書庫・其書架皆鋼片製成・可歷久不變・各室皆陳列雅潔・光線充足・空氣流暢・爲藏修勝地・建築經費，計達十二萬零九百六十圓三角九分・皆馮先生所捐贈・

馮平山圖書館建築已成・以須增置圖書及其他設備・至一九三二年十二月十四日・始由港督貝璐爵士（Sir William Peol）・爲舉行開幕典禮・蒞臨嘉賓・有港政府輔政司蕭敦先生・華民政務司夏理法斯先生・及何東爵士・周壽臣爵士・羅旭龢爵士・曹善允爵士・周埈年先生・賓神父・與紳商名流等多人・大學副校長韓惠和爵士・偕全體教職員・及馮先生家屬等・悉參加典禮・貝璐總督・偕副官華爾泰・於下午四時蒞臨・由馮先生哲嗣馮秉華君・獻金鑰匙・啓館門・領衆入館・並爲馮先生畫像揭幕・即於閱覽室集會・初由馮秉華君報告伊父捐建圖書館經過・謂伊父創圖書館目的有二・一則使香港大學成爲蒐藏與保存中國古籍之主要重心・二則藉此鼓勵華人研究中國歷史語言與風俗習慣・期於中國學術文化有所貢獻・但仍須籲請社會人士・繼續捐贈圖書・以充實館藏・云云・末復致謝港督貝璐爵士・及大學副校長韓惠和爵士・與前任港督金文泰爵士・並其他協助人員・詞意懇摯・而港督貝璐爵士致詞・則謂・余今日主持馮平山圖書館開幕・及爲捐款人肖像揭幕・至覺榮幸・馮平山先生不幸逝世・不特爲本港一大損失・且於大學損失尤鉅・彼捐款所附條件・爲此圖書館應爲社會大衆・及香港大學教職員與學生而開放・迄大學董事會接納其捐款・及所附條件・馮先生復加捐五萬圓・爲圖書館基金・余忝爲大學校長・對此饒有價值禮物・感激至極・此禮物不僅贈與大學・抑亦所以公諸社會・凡蒙其惠者・不特須使之保持勿墜・且須使之繼而擴充・而大學得保持此適當之中文圖書館・自必與中國語言文學研究・發生更鉅關係・必如何於灌輸新知之大學各課程・設置講授中文之適當而有效之辦法・實一費思考之問題也・大學董事會・經委請特別委員會・研究將來講授中文所應採取之方法・由蕭敦先生主席・其報告書即將完成・於解決此類問題・必有相當獻貢・云云・繼由副校長韓惠和爵士致詞・略謂・馮先生捐贈圖書館・其理想在使之成爲中國國粹與思想之唯一寶庫・由大學管其鎖鑰・今後無論何人・如欲與館內所蘊智慧・覿面切磋・均得入館閱覽・去年法東方學家伯希和氏（P. Pelliot）蒞港訪余・檢視館藏書目・謂已足供研究中國學術之用・惟余意此圖書館之設置・貴能爲有生機之機構・非僅以庋藏印刷品而已・大學規程・文學院得設中國語文學系・前此文學院學生・對中文科目・似興趣不濃・惟吾人已決定自明年度起・須改組中文科目・成爲文學院重要學系・由一專任導師・負責管教・而此專任導師・且爲大學委員會一員・吾人目的・在使現代之中國青年・於獲致本大學文學士進程中・對於中國之語言文學・及其歷史上之哲學・理學・能有清晰理解・吾人深信本大學畢業生中・必有確欲藉此以構造中華民族未來之新命運者・明年三月・爲本大學成立二十一週年紀念・余願以此圖書館爲大學里程碑之一・使社會人士・得見本大學正向實現其使命之前途邁進焉・云云・

馮平山圖書館所藏中文書籍・一部分爲自大學『振本書藏』移存者・凡三萬一千一百六十三册・就中包括前港督金文泰爵士所贈古今圖書集成・及哈同夫人所贈頻伽精舍本大藏經・陳心農先生所贈四部叢刊・鄭愼之先生所贈道藏全書・鄒敏初・鄒醒初二先生所贈二十四史・郭輔庭先生所贈羣書二百二十種・一部分爲館宇建築後所續藏者・就中包括馮平山夫人所贈新書四千餘册・馮秉華君所贈影印四庫全書珍本・四部叢刊續編・萬有文庫第一二集簡編・宋藏遺珍・世界文庫等・及其夫人所贈宛委別藏・李子芳先生所贈四部叢刊三編・簡東浦・陳瑞祺二先生所贈叢書集成・徐信符先生所贈叢書七十四種等・其後由館中續購・或各方贈入者・亦日益增加・至太平洋戰爭爆發前・館藏圖書已逾六萬餘册・就中以各類叢書爲較多・日報期刊亦不少・此外則外間寄存書籍・亦有南海黃氏劬學齋藏書・凡一萬七千六百十八册・以詩文集爲多・南海羅氏敦復書室藏書・凡一萬九千三百零七册・以藝術金石書畫等書爲多・而徐信符先生南州書樓藏書・亦嘗一度寄存・至圖書編目・則採杜定友氏圖書分類法・查檢亦便・數年來・以林仰山教授・及大學當局・力主擴充中文設備・並大量增購中文書籍・平山圖書館所藏各書・迄一九六〇年止・其總量已逾十一萬五千册矣・

宋代香藥貿易史稿序

羅香林

治史以通古今之變・達中外之郵爲極則・故各大學史學系・其課程・於通史專史・斷代史・國別史外・每有歷史哲學・及中西交通史等・所由揚搉至理・擴張史實・意至善也・余自抗日勝利之年・出長廣東省立文理學院・仍兼國立中山大學史學系教授・即主張於二校加重中西交通史・及南洋史地等課程・而於所授隋唐五代史・及史學方法等・亦每學中外交通與文化交流諸關係・爲學子探討參證・會遭時難・故土重淪・余避居香港・仍以教學爲業・而舊籍散佚・研究幾輟・思之良自愧怍・

惟幸往日交遊・至港者衆・得慰岑寂・新結朋侶・亦多治史・興趣漸復・而門人林君天蔚・遂於各校講授史地之餘・撰作宋代香藥貿易史稿一書・都二十餘萬言・凡分三編・一序論・略述宋代與阿剌伯等國往來貿易・所由發達究竟・二總論・於香藥之種類・與其產地及運輸・以至香藥貿易與市舶司之關係等・皆博稽廣證・探釋靡遺・三分論・於各國香藥之入貢・與香藥專賣・香藥儲銷・香藥用途・及香藥貿易之影響等・尤悉心究求・闡發特多・而宋代與阿剌伯等國之經濟與文化交流關係・亦藉是得所考見・信乎其爲今日史學鴻寶矣・

夫香藥種類至繁・作用至夥・可爲防腐避垢・去疾治瘟・寓有聖潔之意・非第芬芳馥郁・足爲適性怡情而已・在昔化學香品未興時代・天然香藥・實與民生日用・不可分離・而中土所產者少・必常取給於外・是故海舶往來・每多香藥・而宋代對外貿易・亦緣是發達・宋史食貨志・謂宋代經費・茶鹽礬外・惟香利爲博・而其關係於對外與國家財計者之鉅・蓋可知矣・而自來治宋史者・未有以香藥貿易・爲探本窮源・撰作專書・以表白之者・獨林君勵志於流離艱難之際・不以世事危疑爲阻・爬羅放佚・以成此篇・學風寖

起・余能不爲之歡忻鼓舞乎・

抑林君治學甚勤・而更嗜宋史・及中西交通史等・余嘗與之論述治史理則・則見其大涵細入・言必有據・而其所已鳩集資料・研究已深・並將另撰專書・以與碩學鴻儒相是正者・更視此篇爲富・假之歲月・終必躋於極軌・則今茲史稿・又適足爲其史學大成之先兆矣・是爲序・一九六〇年一月二十日・

黃公度先生傳稿序

羅香林

昔梁任公先生爲嘉應黃公度先生撰作墓誌・謂黃先生所志所學・蟠天際地・曾不得以百一自見於時，其事業文章之在人耳目者・乃其生平所不屑爲・然且擧九州駿足十駕焉而莫之能追・則竊怪如黃先生・以一身繫國家之榮悴與學術之盛衰・而清史稿乃不爲列傳・僅略擧其出任舊金山總領事・與其在湘助行新政諸事蹟・附見陳寶箴傳而已・掛漏如是爲可慨也・

而清末民初・海內學人・亦鮮有爲文以闡述黃先生之學術志行者・迄新文學運動興起・績溪胡適之先生始於「五十年來中國之文學」一文・揭櫫清季詩界之革新傾向・而力證黃先生所詠・「我手寫我口・古豈能拘牽・即今流俗語・我若登簡篇・五千年後人・驚爲古斕斑・」諸語・謂乃首倡語體新詩之宣言・由是晚近所風行之新詩・導源寖明・顧胡先生雄文・終限於篇幅・於黃先生之生平志業與其學術文章之大用・尚未遑悉及也・其後八年・有尤炳圻與高崇信二君・於北平重印黃先生人境廬詩草・始爲撰作年譜・附於卷末・雖立意甚是・而識力未充・論述多謬・後又三年常熟錢蕚孫先生・始爲人境廬詩草詳作箋注・並冠以新撰「黃公度先生年譜」一卷・於高尤二君訛誤・亦略予更正・由是黃先生之詩學與略歷寖明・然年譜與詩箋・終限於體例・於黃先生之所志所學・亦未遑盡爲探索也・

今南海吳天任先生・奮志於胡錢諸先生之後・盡擧晚清國內外大勢・與黃先生之家世淵源・生平師友・與其爲國維新爲民拯命・爲世致治之志節大業・並其學術想・以至文章造詣・與新詩開創等・悉爲闡述・迄大陸變色・避居香港・而爲訪求同遷諸老・百方商討・以成「黃公度先生傳稿」・凡四十萬言・洪纖畢彰・無微不顯・凡昔梁任公先生所云蟠天際地・與九州駿足十駕焉而莫之追者・乃盡明焉・得不謂爲邇日史學之瓌寶也乎・

抑余於吳先生偉著・更有不可言喻之佩慰・蓋先君子希山公・嘗於民初膺選廣東省會議員・與副議長黃君選先生錫銓相友善・而君選先生則昔年嘗爲黃先生蒐集資料・以纂述日本國志者・其後又與黃先生門人楊徽五先生・共事於廣西龍州師範學校・所習聞黃先生之志業特多・故晚歲歸里講學・亦嘗擧黃先生所志所學・以勵學子・余少承庭訓・亦有志於闡述黃先生史蹟・其後肄業北平清華大學・又嘗聞梁任公師盛述黃先生與晚清關係・顧畢業離校・不數年後即以任教各大學・課務忙逼・不克爲黃先生撰作專書・日月易邁・莫遂宿心・每以爲愧・迄來香港・得聞吳先生鉅著完成・一時如釋重負・蓋以黃先生蟠天際地之關係・吳先生既爲發明・則駑緩如余・其職責自隨減輕・今香港中文大學出版

部・以吳先生此著貢獻特鉅・商爲刋行・吳先生屬余爲序・余文質無底・何足以序吳先生鉅著・然回思昔年梁任公先生與先君子所言・深知黃先生所志所學・久需闡發・而必俟乎吳先生乃始成書者・亦以見黃先生關係於國家與學術之大局全體・巍巍乎難以一方名焉・則包舉靡遺如吳先生之鉅著者・厥功偉矣・余又安能不爲一言以誌其景佩乎・一九七一年十月十七日興寧羅香林敬序・

刁成章太史百齡開一重宴瓊林榮慶錄序

民國五十九年十一月十日・爲刁成章先生百齡開一榮壽大慶之期・海內外交識・與各社團首長・羣集香港九龍瓊華酒樓・爲其稱觴祝嘏・余以後學・亦偕內子登樓叩賀・入門・提見禮堂有衣中國禮服・貌清神逸・儀度安詳・與其夫人並坐者・即刁先生也・亟趨前行禮・吉光照人・如臨靄月・內子謂・吾輩今日・其殆遇仙人也乎・既而羣賢命余致詞誘觴・余恭述刁先生事略・而歸證於刁先生學問之作用偉大・事功之影響偉大・人格之感召偉大・基此偉大自躋於榮壽無極・蓋由於刁先生所作育之人才特多・而爲刁先生祈永壽者亦特多・由於刁先生所拯救之僑胞特多・而爲刁先生祈永福者亦特多・而由於刁先生之天懷淡宕・所過者化・則爲刁先生祈天爵者亦特多也・吾見志士仁人有達於長齡大壽者矣・則於舉世共祝難老之仙人如刁先生者・其克榮壽無疆・可預言也・

余語畢・羣賢鼓掌・李大超先生適自臺北來港・參與壽筵・遽握余手・謂余所言・彼全贊同・以此知余所述・非以後學而爲私言也・頃者陳漢宗理事長與友人鍾益藩先生・謀集印刁先生百齡開一重宴瓊林榮慶錄・屬余弁首・余愧無新意・謹就祝壽日所言・重述如此・仍乞刁先生與羣賢教正焉・一九七一年一月二日後學羅香林敬序・

廣州羅氏豫章書院志叙例

我羅族得姓・肇於周初・受封宜城・國號曰羅・嗣徙枝江・再徙湘陰・子孫相承・因以國爲氏・並著宗譜焉・其後散處江・漢・襄・潭・豫章等地・而我豫章一派獨盛・宋南渡之變・避地遷粵・遞傳至洪德公一支・由東韓江而分佈潮循・貴公一支・由南雄而散殖廣肇・椒聊蕃衍・蔚爲鉅族・溯其流派・同出豫章・而茫茫數典・中致闕疑・歷歷近踪・枝柯斯接・所由興慨己・志祖宗源流第一・

本院經始於光緒十六年・閱一寒暑而落成・初・光緒九年・嘗僦公所於西關牛乳橋・以琳瑯寄廬爲名・旋徙魁巷・再徙清水濠・另設新公所於油欄門外・迺相陰陽・始更定今址・易今名・醵貲以興築之・蓋歷三遷之勞矣・今將前後籌建經過情形・以及屋宇界址神主・悉實此編・夫作始恆簡・踵事宜張・纘緒增華・則有屬矣・志書院建置第二・

祀者・所以昭孝事祖・通神明・仁人君子・履霜露而怵惕・及時以致蘋蘩・崇功報德・有慶同沾・本院春秋祭典・以至頒胙・莫不釐然有規・以俾率由・禮儀卒度・昭其不忒・詩曰・孝思不匱・永錫爾類・春秋匪懈・祀事孔明・其懍之哉・志書院祀典第三・

本院產業・始於公箱之權積・而將原置院址曠地・闢建

鋪業・挹注租值・以維院務於弗墜・先是・購有坐落天官里魚塘菜地及房屋・清水濠淩家大屋・暨仁濟街小鋪等・值政府開闢長堤馬路・須備價承領院前騎樓地・周章之急・舉以變賣・以資應付・故祇現存院前鋪業數幢而已・緬述往事・今猶惜之・而能善爲管理・增其收益・孳生不已・繼長加高・經費前途・庶有豸乎・志書院產業第四・

團體之固・賴有組織・組織所維・繫於定則・共是信守・莫或之渝・準繩以赴・其有利哉・本院暨理監事會章程・分別釐訂・頗臻詳密・今備此編・用式遵循・仍可隨時損益・因應環境也・志書院規章第五・

我豫章羅氏・自昔人文蒸蔚・遷粵以來・文風益盛・或科第連雲・或簪紱相望・並有名節・可爲世式・廣州豫章書院・雖創立稍後・而經營之始・即富文章・或題誌於楹聯・或記述於碑刻・勝利以還・宗人榮歸謁祖・點主陞龕・增題聯匾・茲悉爲采錄・非濫也・亦徵文考獻・發揚祖德之意云爾・志書院藝文第六・民國三十六年三月一日・裔孫香林敬撰・

興寧先賢叢書跋

右羅孝博先生遺著尚書大義述一卷・周禮學一卷・三禮講義四卷・荀子講義一卷・修身學一卷・蓋就先太夫子興寧羅補月先生獻修・曩於京師大學・及廣州國立中山大學等校・講授經學・所遺講章・謹爲輯錄而成焉者也・先太夫子昔肄業廣雅書院・初治毛詩・山長梁節盦先生鼎芬・以太夫子精思果力・屬治三禮・並易其字爲孝博・其後各地學者遂稱之爲孝博先生・太夫子既深治三禮・而又早以孝聞・故今茲所輯・在在顯示禮學與論孝精義・而全書亦遂以孝博先生遺著爲統名焉・夫禮者範身之具・所以整齊言動・維繫倫秩・而以興行起化者也・國家如無禮・則不足以立綱陳紀・振衰而起靡・社會如無禮・則不足以生聚友睦・相助而不悖・人羣如無禮・則不足以儆惰矯輕・永終而知敝・是故治世必以禮・而救世尤必以禮・太夫子之所由講授禮學・亦即太夫子所由經國濟世也・若夫孝道・則親親而外・立身爲要・昔賢遺訓・如徒好貨財・獨私妻子・縱耳目之欲・爲父母之辱・推而至於怯於公戰・認爲非孝・即是故也・太夫子教弟子以修身之學・即寓大孝於修身也・人如不欲究其所以爲人之道・而無意於經國濟世也・誠無事乎讀太夫子之書已・非然者・則信乎必有善於孝博先生遺著・而恐讀之或後焉・一九七一年六月二十七日羅香林敬跋・

香港崇正總會碑記

人情莫不親睦於所善・莫不涵育於所屬・我客家人士・僑居香港・由來久矣・早有各邑同鄉會設立・民國十年・同僑先進賴際熙・江瑞英・黃茂林・李瑞琴・廖新基・張玉珊・徐仁壽諸先生等・以同系人士・幾達二十萬衆・範圍與各邑同鄉會異・而時勢遷移・非團結無以適應環境・乃於五月二十九日・假座太白樓・集代表百數十人・商議設立崇正總會・以聯絡氣誼・考證源流・交換智識・共謀公益・振興工商・實行互助・爲宗旨・幾經擘劃・至十月・宣告成立・旅港同系・有統屬團體・實始於此・由是舉辦義學・培植同

僑子弟・編印月刊・傳播現代學識・設撫恤部・周濟貧苦同僑・設工商部・協助工商發展・越二年・編纂崇正同人系譜・又三年・建築摩利臣山道會館・迄抗戰軍興・復爲救濟難民・籌募救國公債・嘗於一日間・募集公債數十萬圓・中外嘖嘖稱譽・而與海外各地同系團體・則尤消息相通・關係密切・言英屬・則與星嘉坡南洋客屬總會等・言印尼・則與耶伽達華僑公會等・言暹羅・則與曼谷客屬總會等・皆爲聯繫進行・言歐美各地則與英之利物浦・荷蘭之洛塘・美之紐約・三藩市・檀香山・及古巴等僑胞・改組同系團體・設爲分會・風雨晦明・海宇無間・影響蓋尤鉅焉・當其初創立也・力紲費鉅・衆務紛然・而卒經李瑞琴・廖新基諸先生等・捐款倡導・基礎遂立・其後建築會館・盤根錯節・亦經賴際熙・李瑞琴・胡文虎・鄒敏初諸先生等・經營規劃・捐募鉅款・始以落成・而歷年發展會務・更賴各屆會長副會長・與値理會董・及全體會衆等・任勞任怨・戮力護持・始得推進・諸君子克己奉公・所爲竭誠盡瘁・豈有他哉・亦由篤於同系道誼・共凜世事艱難・知非力行互助・團結羣力・無以敬業安仁・維繫不敝耳・今本會成立適三十年矣・以我客屬人士・堅貞卓厲・必能葆此互助精神・邁行無倦・則繼自今事業與年俱盛・其貢獻於同系及國家社會者・將更無涯也・是爲記・一九五〇年十月十日・

丘滄海先生傳

丘逢甲・字仙根・一字仲閼・別字蟄仙・晚號滄海君・又號南武山人・臺灣彰化翁仔社人也・其先世由中州遷閩上杭・宋末有徵士諱文興者・文信國參軍也・少與鄉人謝翱善・信國勤王師起・與翱同策杖入幕府・信國既北行・與翱同返閩・道梅州文福鄉・悅其山水・奉親卜居・教授以隱・是爲鎭平丘氏始遷祖・謝翱且爲之兆・書創兆榜其居・寄詩有竟從萬山中・闢此遺民界・我昔爲之兆・知後將必大・諸語・其後代有聞人・清康熙間・渡海徙臺・遂爲臺人・蔚爲望族・父號潛齋・以詩書起家・至逢甲益顯・所居社處大甲溪旁・土番部落也・粵客籍闢草萊居之・故其俗堅苦耐勞・有文理・不廢武・

逢甲少負奇氣・軀幹魁偉・廣額豐下・目奕奕有光・議論風發・往往語驚四座・年十三・補博士弟子員・時吳子光設教呂氏筱雲山莊・藏書富・逢甲負笈從遊・博覽羣籍・遂以詩鳴海國・灌陽唐景崧・以翰林分巡臺灣道・獎掖風雅・歲試文生・拔其尤・讀書海東書院・厚給膏火・延進士施士浩主講・於是逢甲與新竹鄭鵬雲・安平汪春源葉鄭蘭等・肄業其中・旋膺鄉選・聯捷成進士・授工部主事・去官・歸爲崇文書院山長・及景崧陞布政使・邀逢甲以詩文相酬唱・無何・朝鮮事起・日人藉口東學黨案・進兵漢城・迫我宣戰・清廷以臺灣重鎭・命南澳鎭總兵劉永福・率師籌防・遷景崧爲巡撫・而北洋海陸軍相繼報敗・光緒二十一年三月・日軍破澎湖・旋清廷與日議和・割臺灣畀日・臺灣舉人會試燕京者・上書都察院・請止・不聽・臺人聞變・羣情激昂・逢甲與諸紳出謀挽救・電奏力爭・情詞惋切・謂割地議和・全臺震駭・自聞警以來・臺民慨輸餉械・無負列聖深仁厚澤・二百年養人心・正士氣・正爲今日之用・何忍一朝棄之・全臺

非澎湖之比・臣桑梓之地・義與存亡・願與撫臣誓死守禦・若戰而不勝・待臣等死・再言割地・亦可上對列祖・下對兆民・不報・惟飭撤回守官・逢甲長嘆太息曰・予固知必有今日也・然臺灣爲臺人所有・匪得任人私相授受・乃奔走呼號・倡建國自主・促景崧電劉永福・詢去就・復曰・與臺存亡・遂決計獨立・衆推逢甲起草法制・建臺灣爲民主國・五月初二日・逢甲率臺人・上總統印章・推景崧爲總統・景崧受之・建元永清・旗用藍地黃虎・檄告中外・以逢甲爲副總統・兼義勇統領・李秉瑞爲軍務大臣・俞明震爲內務大臣・陳季同爲外務大臣・姚爲棟爲遊說使・使詣北京・陳建國情形・部署略定・而日樺山資紀・率艦隊至矣・臺中兵弱・餉復不繼・乃乞援沿海各大吏・無應者・又使陳季同・介法人求各國承認自主・亦罔答・景崧固文吏・不知軍・官佐多外省人・時懷異志・臺存亡・置弗顧・惟以嬉遊爲事・先是・什長李文魁・殺副將方某於總統府・景崧不能制・反令充營官安之・軍士欺景崧無能・驕不可抑・逢甲憂之・時進策景崧・請嚴飭軍紀・景崧不能從・逢甲不得已・乃練鄉團備用・傾家資養兵・不足・則乞義士捐助・昕夕遑遑・未稍懈也・日艇已盛集・先發兵攻基隆・景崧命吳國華守三貂嶺・復命包幹臣助之・逢甲謂幹臣畏敵喜功・力阻・不納・國華至三貂嶺・遇日兵・奮勇與戰・殺其官佐數人・日軍驟潰・幹臣至・奪所獲日軍首級・冒爲己功・國華逐日軍・聞幹臣奪功・憤不可遏・急回兵追之・日人返旆・三貂嶺遂失・時基隆方危・分統李文忠・戰不利・景崧命黃義德屯八堵・義德性怯多詐・逢甲爭不可用・景崧不省・義德至八堵・見日軍勢盛・急馳歸・詭言獅球嶺已爲日據・八堵迫近敵人・不能守・日人懸六十萬金・購總統首・故急歸防亂・逢甲斥其僞・景崧默無一語・實則獅球嶺固未失也・義德歸・日軍垂手得之・義德之離八堵也・李文魁馳入總統府・大呼曰・獅球嶺亡在旦夕・非大帥督戰・諸將不用命・景崧見文魁入・悚然立・而文魁已至屏前・乃舉案上令架擲地曰・軍令俱在・好自爲之・文魁俯首以拾・則景崧已不見矣・次日城中聞日軍將至・互相驚擾・紛紛逃逸・傍晚潰兵入城・沿戶淫掠・客兵土勇復相殺・積尸遍地・總統府火發・景崧先携巡撫印奔滬尾・乘德商輪船內渡・時遊兵淫掠無厭・全城無主・逢甲急舉義勇剿亂・冀重振・顧府庫軍械入亂軍手・義勇不支・旋大潰・逢甲隻身逃鄉間・亂軍大掠三日・日軍未敢進・德商畢狄蘭・以書告之・始入・逢甲收拾散亡・義勇復集・伺日軍出・半途擊之・顧初值殘亂・軍容不振・交鋒未幾・復大敗・臺北遂爲日有・時永福守臺南・聞臺北破・景崧逃・衆推之爲總統・分汎水陸・策勵團練・日軍攻之・數月不能下・逢甲欲往依之・會道梗・不能行・而臺北已陷諸邑・聞臺南義聲・咸躍躍思奮・逢甲復與約・定期會師・圖恢復・爲日兵偵知・防範綦密・不得乘・日人復以臺灣自主爲逢甲所倡・欲得之甘心・逢甲乃潛身深箐窮谷・至臺南失守・始痛哭歸・時光緒二十一年九月也・

逢甲已內渡・家於原籍鎮平縣・自稱臺灣遺民・廣東巡撫許煒振・奏請歸籍海陽・旋主講潮州韓山書院・大吏屢招之不出・惟以興學育才・號召國人・光緒二十五年・於汕頭首創同文學堂・被推爲監督兼總理・延翰林院檢討溫仲和爲

教習・以經史及曆算理化諸學爲必習學科・嶺東新學・蓋自同文始也・是時學校初興・頑固者視新學如蛇蝎・而海曲隘士・又以主客之見・播弄風潮・逢甲悉力搘支・新學卒以大行・爭乞逢甲遙爲監督・粵大吏敬服不置・禮聘任廣府中學監督・兩廣方言學堂監督・羣士出其門者・悉端志勵學・有聲於時・光緒末・淸廷詔各省置諮議局・逢甲被推任粵局議長・立讜言・滌積弊・尤以禁賭案・爭之獨力・粵人至今稱之・是時種族革命・已日進展・逢甲睹狀・狂喜曰・是余志也・余謀臺灣自主不成・今自主行於祖國見之・死無恨矣・

粵省既獨立・推逢甲任教育司長・旋代表粵民・赴南京參政・被選爲臨時參議院議員・會疾發・倉卒南返・抵原籍・竟謝世・春秋四十有八・遺言當東向而葬・示不忘故國也・逢甲少耽詩・寢饋李杜蘇黃・去其膚而擷其英・卓然大家・既含哀東歸・感懷人事・悲涼慷慨・往往測身東南望・覺故國故鄉・掩映蒼煙暮靄中・迷漫不可睹・輒愴然涕下・時或酒酣耳熱・與二三知友・談臺中故事・虬髯畢張・怒髮上指・氣忿湧不可遏・交識哀而敬之・逢甲詩情・亦因是豪邁激越・有天風海濤・獨立蒼茫之慨・其歿也・粵士無老少悉含悲・及葬・執紼者數千人・臺遺民痛大難之未已也・哭之尤哀・嗚呼傷已・

逢甲資質穎異・八歲即能詩・日讀作不輟・積各體詩達萬首・甲午之役・與臺俱亡・茲所見僅嶺雲海日樓詩鈔十二卷・起乙未內渡・終辛亥革命・逢甲弟輯甫輯・又滄海逸詩一卷・興寧羅香林輯・蓋皆輯甫所未錄者云・民國二十三年三月二十日・

民族英雄黑旗軍劉永福

共和建國之四年・黑旗將軍年七十九矣・聞日人以二十一條・迫我政府・必承認・一時憤氣塡胸・白髮怒擧・面赤亮如重棗・目稜稜欲射人・抗電北廷・請纓與戰・會項城當國・謀帝制・無抗日意・置將軍電弗顧・翌年冬將軍遂憂卒・天下痛之・烏乎・如將軍者誠不愧爲民族英豪矣・當其助越守土・以偏師摧大寇・僇法將安鄴・李威・呂阿非利・法人百計誘之不動・既淸廷迫令歸國・復於臺合義民抗日・內靡饟・外靡援・猶相持・不肯休・至矢窮・始痛哭歸・年幾八十・未忘國難・烏乎・如將軍者誠可風矣・其傳曰・

黑旗將軍者・粵之欽州人也・姓劉・諱永福・一名義・字淵亭・先世居廣西博白・曾祖邦寶・祖應豪・父以來・悉業農・未仕・以來與弟以定・同遷欽州防城司・古森洞小峯鄉娶妻立業・遂爲欽人・道光十七年九月十一日・生永福・值家落・艱勞甚・未幾・以來迫挈家徙廣西上思廳・依從兄種坡爲食・旋移遷隆土司・永福漸長・以來授以拳術・年十五・任灘師・坐船頭・視灘灣環深淺・指揮船夫・渡險如夷・年十七・母陳氏歿・以來以定復相繼逝・零丁孤苦・惟漁樵自給・是時太平天國已奠都金陵・以反淸復國・號召寰宇・粵東西爲洪楊發難地・雖淸人統之・而會黨中人擧義應太平者・日以盛・永福習之・咸豐七年・永福年二十一・躍然有用世意・自奮曰・「大丈夫不能爲生靈造福・既可羞・況日夕啖稀粥・不能飽・又焉可鬱鬱居此乎・」遂與鄉人哥利等・留長髮投軍・隸吳元淸旗頭鄭三・爲先鋒・後投王士

林黃思宏等部・旋依元清子吳錕亞忠・受左翼大帥印・而清廷方乘破金陵勢・集兵掃粵西・錕不能拒・又乏饟・永福知不可爲・不能附清・思於越南謀立功自效・乃歃血盟衆・誓樹幟扶傾・爲越南剿白苗・清大難・却錕西行・由大嶺抵越蘇街・部衆黃守忠・農秀業・欲殺蘇街守者鄧志雄・擁永福主其地・永福阻之・反與守者結義爲兄弟・遂移師入六安・立中和團黑旗軍・時白苗分擾北圻・聞黑旗訊・集衆逾萬來撲・永福於山路密令裝竹菰槍・誘苗兵入・猛擊之・苗衆奔潰・觸槍輒倒・遂大敗・越民慶賀・爭齎糧糈・越帥黃佐炎・耳黑旗名・乞增募廣勇千人・專任剿匪・白苗督帶盤文義・踞河陽・所部漢將覃采元・與秀業有鄉誼・遂殺文義投永福・六安湅冷悉平定・越王阮時・嘉永福能・授七品千戶職・時同治八年・永福年三十三矣・

會保勝土霸何均昌・懼永福往攻・遣兵出龍魯・爲先發制人計，永福迎擊・破之，收龍魯・明年復敗之龍王廟・何氣沮・招盤輪四所部數千人・合謀守保勝・輪四者吳錕表弟黃崇英也・廣西鎭安人・與弟輪五、輪七・少隸吳錕部・錕敗・率屬退越南・輪四强悍多詐・據河陽・立黃旗・與白苗通・勢最盛・永福懼衆寡不敵・佯投之・旋潛去・輪四二度襲之・不能克・所部黃寶盛・通款永福・輪四退河陽・永福入保勝・農秀業應越將請・復攻輪五輪七於左大左祿・降其下何大張慶蘭等千餘人・永福遣秀業乘勢取河陽・會降衆叛・敗還・嗣清廷命提督馮子材出關・由孔板道攻輪四・遣使詣永福乞助・永福許之・率部由船頭墟進・遂破河陽・甫班師・輪四復起・連陷六安頓關・紅河糧道絕・永福不得已・移十洲・途經保勝・所部蘇街黃二等・新敗無饟・多散去・翌年春・越土著石幫子・擾十洲・永福破之・解猛禮圍・所饟漸集・逾年還保勝・七月・輪四圍龍魯・永福與戰・輪四創遁・明年輪四瘉・攻猛把・永福間道截之・輪四敗・然自頓關安平・至宣光興化太原諒山北寧水東東朝七省・仍爲所踞・越王命佐炎攻頓關・永福遣秀業守忠助之・破平安・抵里艮・遇關卡十三・攻不入・陷重圍中・永福睹狀・率壯士・裹黑旗・藏短兵・繞道襲首關・戮守卒・奪旗幟・破第二關・行十八日・十三關破・遂攻龍貢・翌年・再破輪四・佐炎喜・謂永福曰・「北圻長城・非公莫屬也・」由是永福聲威揚越・東朝吳鳳典亦率部五千人來會・而輪四於其間攻臨洮府・越兵不能支・佐炎促永福進・下湖寧立石・凱旋・越王授永福保勝防禦使・

同治十年・越法失和・法將安鄴・進陷河內・越王諭永福出兵・先是法人以傳教越南・寖假窺土地・咸豐七年・藉口越王殺教士・與西班牙合兵・率艦東擾・同治元年・取越南下交趾邊和嘉定定祥永隆等州・結西貢條約・認越南爲法人保護國・旋取安江永和二州・以下交趾不適航運・復攻北圻・陷河內・越王不得已・遣使詣永福乞援・永福憤・率部由興化抵懷德・而凌德選班晚・亦奮然率部投效・永福乃合佐炎所部・凡萬人・立營下寨・安鄴出撲・永福即率隊度橋與戰・冒死衝・法兵潰・永福壓隊窮追・逐北至河內西部・先鋒吳鳳典・擊安鄴・斃之・斬首數百級・法兵擐城守・經月・不出・永福備戰梯・選死士・將撲城・越王受法愚・遽與和・結法越親善條約・盡舉國權畀法・迫永福退山西・永

福痛惜・顧未如何・

是冬・輪四圍山西白樓社・總督陳平・乞永福援・戰一旬・圍解・然輪四猶據七省各州邑・永福三路討之・各殿越兵千人・敵望風披靡・月餘・盡平之・而輪四遽結法人・入敦江府・越王命尚書阮福說・率所部合永福環攻之・月餘未破・會黃旗逃卒・以輪四糧道告永福・永福遣部截之・輪四復退河陽・越王授永福三宣副提督・光緒元年・永福與佐炎・協攻輪四・破六安州・據鄉望第一關・諸將奮勇・連破七關・輪四出走・至溝龍河山徑・為守者所扼・不得度・妻妾自盡・輪四為所部砍傷・旋落傜人手・解河陽斬決・餘黨陳亞水・高十二・翁七・郭五・李亞生・大傢伙・乘官軍班師・奪諒山北寧太原河陽水巖等地・佐炎令永福剿之・而馮子材亦出關協剿・陳高糧絕・始潰・永福守河陽而令守忠鎮之・自回保勝・未幾・馮所部李揚才・搆兵反・走諒山・引法兵據北寧・佐炎遣使於北寧置黑旗行館・法官疑永福飛至・遽去・揚才攻太原・敗馮部黨敏宣・永福為畫首攻李軍總路口策・揮盧玉珍仰攻・玉珍創・永福率二百人猛撲奪之・入夜與馮軍左右夾擊・焚李營・李軍潰・翌年春・永福復往十洲・剿葉成林・及輪四餘黨高十二・盡平之・永福以北圻完復・請返粵・省祖墓・道經興化北寧南太廣安下淵河魯茫街・至欽州那良・入上思・所過吏民歡幸・郊迎・萬人空巷・當是時・婦人孺子・莫不知有黑旗劉將軍也・

會法人敗盟・出兵攻南定・越廷遣使詣欽・促永福籌戰・永福別國人・再出關・抵山西・而法人陷南定矣・佐炎等革職・永福以佐炎屢掩功・不欲受制・而灌陽唐景崧・方以上書論越事・得廷旨發滇南效力・途至越・與永福商大事・永福抗法志益決・於是有黑法紙橋之役・法軍李威呂為帥・取北圻・永福拔隊達丹鳳・向河內進發・法兵出城攻・永福分所領・吳鳳典楊智仁任左右翼・黃守忠鄧士昌任先鋒・兩軍交戰・黑旗初不勝・永福憤・揮衆衝・凌厲甚・自辰達未・斬首數千級・中一屍・袖飾七畫・驗之・李威呂也・於其衣・得筆記・謂法京廷議・獨己主戰・黑旗人少・不足畏云云・蓋不意竟以是死也・而永福所部吳鳳典・亦受傷・楊智仁且戰死・先是・法軍撲黑旗營・誓必勝・四月十一日・紛紛出城・旋斂去・諜報將大戰・左營管帶楊智仁・欽人也・請拒前敵・永福戒曰・「戰洋人・不可急・急則敗・」智仁憤・對曰・「見敵兵能忍者・非人也・雖死・請任先鋒・」十二夜五鼓・佐炎接密報・法軍准十三日平明・傾城戰・智仁聞・不造飯・率屬馳去・永福禁弗及・亟命吳鳳典伏道左為奇兵・黃守忠扼大道迎敵・自策馬出・智仁抵紙橋・分所屬為三隊・踞橋旁關帝廟・布陣以戰隊甫齊・而法兵抵橋東・槍砲齊舉・人語不能聞・一四畫首領・怒馬登橋・智仁發火筒炮擊之・人馬墜橋下・如齏粉・法軍席地飲・羣乘醉起・十人為隊・魚貫度橋・施連環槍・抄智仁・前仆後繼・無回顧者・一彈洞智仁雙股・左右尸壘・智仁堅不退・坐地輪開十六響槍・倒十數人・至十三響・敵彈中其胸・遂不支・法兵驅大道進・守忠不敵・永福聞報・冒彈至前陣・而仁死矣・永福悲痛・急揮守忠鳳典・整軍再戰・法軍乘勢前薄・永福令所部伏地佯敗・法軍謂黑旗怯且斃也・蜂擁進・永福一聲曰・「殺・」所部皆躍起・抽刀砍法軍・時

人馬擠塞・法軍槍無所施・首紛紛應刀落・始潰散・

是時・法軍仍續攻未已・大小數十戰・永福悉勝之・復殲法將阿非利・越王復佐災官爵・擢征北將軍・授永福三宣提督・封義艮男・督辦三圻宣光軍務・永福旋回丹鳳・閱二月・法復來攻・士昌暨守忠所部先鋒何四・皆陣亡・守忠欲少退・永福止之・卒轉勝・法軍不得逞・仍向越京總水口・攻安順三洲大炮城・陷之・進迫京城・越王懼・遽與法和・令永福退兵・永福不奉命・越王曰・「若不退・朕不認若越臣矣・」永福不得已・退山西・時清廷已令黃桂蘭岑毓英・駐兵山西・合黑旗約五千人・十一月・法軍來攻・永福迎戰・方捷・而黃部遽自潰・連岑軍・退興化・永福勢孤・不得已亦退・旋黃部退北寧・返諒山・而北寧興化相繼失・永福移屯頓關・築壘於寶河・岑拔隊回保勝・先是・光緒八年・清廷以越南事・與法使約・各守疆・不相害・十年二月・又立約・申前議・而法軍於六月敗盟・遽撲諒山・又發艦擾閩海・掠臺灣基隆・據福州馬尾港・又陷澎湖・朝野駭愕・大臣張樹聲・張之洞等・奏永福可大用・至是清廷諭曰・「越南爲我大清封貢之國・二百餘年・載在典册・法人狡然思逞・先踞南圻各省・旋又進據河內等處・越南臣民・闇弱苟安・私與立約・並未奏聞・法固無理・越亦有罪・劉永福雖抱忠懷・而越南昧於知人・未加拔擢・該員本係中國之人・即可收爲我用・著以提督記名簡放・並賞戴花翎・統率所部・出奇制勝・將法侵佔越南各城・迅圖恢復・」永福顧念時艱・不得已・受清諭・然對法仍自命越官・即誓師・檄中外・其略曰・「越南臣民・惟知有中國・不知有他國・故與各國絕不相通・蠢茲法人・逞其强悍・恃其機械・輒敢肆其蠶食・恣厥鯨吞・毒比長蛇・貪逾封豕・既竊踞乎西貢・又潛擾乎東京・外托保護之名・中懷叵測之志・自法兵東來之後・攻城掠地・荼毒越民・越南之倉庫・據爲己有・越南之關稅・收爲私藏・越南之城池・遭其蟠踞・越南之元氣・被其剝喪・招越南之叛民・以添其翼・隳越南之險阻・以快其心・我越人凡有血氣・莫不痛心疾首・透爪裂眦・永福以羈放之身・受越君恩遇・資以土地・授以甲兵・賴以保障東南・用資戰守・三軍之士・當知食毛踐土・恩義並隆・固宜激發忠義・競作干城・本提督率爾有衆・起而力爭・一戰而李威呂授首・再戰而寶滑遁逃・科列不得逞其兇・夏文不能施其計・今與爾衆・共伸天討・各奮神威・轉戰無前・有進勿退・得法人首一級・賞銀五十兩・賊目倍之・獲法兵艦一艘・賞如其船之數・燬鐵艦者倍之・功多有厚賞・不廸有顯戮・檄到如律令・」時法軍據三堀岑・所部丁槐攻之・陷城外天花營・永福截法軍糧道・將聚殲之・法軍恐・日夜以蠟封信竹筒中・連續千百・投之河・使達河內乞發兵救・永福知法援將至・密裝火筒藥數百管・埋左旭大茅山・引法軍交鋒・戰且退・俟法軍入・一炬發藥・火燃不可收・斃三千人・及法軍二次援至・永福以彈少・鳳典復不支・遂退清水溝・而岑軍亦敗於頓關・乃令永福撲臨洮府・永福遣所部與滇民軍祝春等千餘人・合臨洮義勇・攻之・法軍敗・泗水宵遁・

是時馮子材王孝祺・亦大勝法軍於鎭南・克諒山・追擊達北寧・法軍氣奪・而清廷以消息隔閡・昧事機・遽與法

和・止馮劉勿進・永福子材皆憤惋・先是・法軍破北寧興北後・直撲鎮南關・駸駸欲入桂・會彭玉麟張之洞・方總制粵東西事務・合奏起子材募勇禦法・子材至鎮南・築長牆關前隘・合王德榜・王孝祺・蘇元春・陳嘉諸軍・扼險守・十一年十二月初八日・法軍猛攻關・重砲機槍・連續進・彈煙迷天・不辨幟・牆後營壘且將燬・子材孝祺各刃退卒數十人・誓死守・法軍薄牆下・子材帕首・短衣草屨・率大刀兵千人・厲聲呼・一躍出牆外・全軍感奮・齊湧出・肉搏突衝・縱橫決盪・刀光破煙・與紙橋之役相輝映・法軍首落若墮果・遂潰退・子材逐之・初十日支文淵・十二日克諒山・分道復松慶長谷・當是時劉馮悉勝・法軍膽喪・越義民紛紛起・應劉馮・法軍狼狽・且不保・而和約反置越南主權不問・甚勒永福入關・時勢阻人・英雄坐困・雖孺子・痛之・

先是中法和議・法人據澎湖爲脅・謂永福一日不離保勝・則法軍一日不退澎湖・清廷怯與復戰・諭永福必速退・永福初怏怏・無返意・後粵督張之洞・遣使懇歸・永福條陳善後六年・之洞納之・永福簡所部得三千人・率以歸・九月抵百隘・十月抵邕・十二月達廣州・翌年三月・授南澳總兵・十三年・調碣石總兵・與水督方耀・詣京引見・清德宗殷殷問虎門形勢・旋回粵・應馮子材約・率眷自博白移欽・十六年回碣石・十七年移南澳・二十年・朝鮮事起・日人籍口東學黨案・進兵漢城・迫我國宣戰・清廷諭海陸軍分道進・並諭永福率勇隨臺撫邵氏濂渡臺・幫辦軍務・護閩海・八月永福抵臺灣・建堡壘・籌防戰・尋友濂被劾去・詔以布政使唐景崧繼任・景崧文臣・不知兵・懼永福・令率部駐臺南・而臺北反疏懈・日艦至・遂不守・

初・清廷以藩屬朝鮮事・對日戰・北洋海陸軍・相繼敗・二十一年三月・與日議和・割臺灣畀日・臺名士丘逢甲・率紳民・抗電力爭・清廷不報・逢甲集臺民・謀獨立・電永福・詢可否・永福覆曰・「與臺存亡・」五月・逢甲等遂立臺灣爲民國・改元永清・推景崧爲總統・部署略定・而日艦至・即發兵攻基隆・守將吳國華・以包幹臣掣肘・戰不勝・日軍破八堵・景崧未數日・逃歸・臺北入日軍手・橫暴無人道・淫掠恣所欲・永福聞報憤甚・決死守・時臺南無主・各紳民推代表・立議會・以總統印授永福・永福曰・「今日事・軍事也・土地存亡・民命關係・千鈞一髮・事在將兵得力・轉危爲安・不淪夷狄・總統印無能也・」越數日・議會再賫印永福・永福曰・「事勢如此・第一著・籌餉・餉用足・士馬肥・器械備・敵縱強・吾無畏也・若且回・有銀出銀・無米出力・速以來・拒敵保民・責吾任之・印吾不受・」議員等乃謀義捐應永福・幕客吳桐林・復進策・設官銀號・行紙幣・興郵政・嚴海關・規撫悉可睹・日艦密集・永福先於海岸・掘塹坑・以木桶去底埋塹內・中插竹籤・鋒利如刀劍・外蓋薄木・蒙草皮・狀陸地・驟踹及之・木翻人落・籤貫腹・輒就斃・日軍登陸・多墜坑死・乃發砲轟海岸・燬炮壘及塹坑・永福令義民扼陸以戰・日軍受阻・七月四日・僞臺督樺山資紀・移書永福・誘降日・永福正色拒之・即覆書曰・「大清國欽差幫辦臺灣防務・記名提督軍門・閩粵南澳總鎮府劉永福・覆書大日本國大將子爵樺山氏閣下・接閱來書・甚承獎譽・惟所言戰事・語多不悉・

竊維我大清國・仁政覃敷・感被中外・當今皇帝・尤以柔遠爲懷・故嘗遣使各國・結聯鄰好・至於貴國・同隸亞洲之士・共爲脣齒之邦・講信修睦・久載盟府・宜乎永遠勿渝・庶不爲他國所竊笑也・不意貴國・背盟負義・棄好尋仇・無端而奪我藩封・無端而侵我邊境・當是時・中國臣民・人人切齒・咸欲滅此朝食・以張我朝廷撻伐之威・適以當軸者・衰庸誤國・禁止各營接戰・免傷和局・致令牙山平壤威海旅順等處・兵機有失・非戰之罪也・當局者誤之耳・不然・貴國即率傾國之師・亦未必能入中國境地也・今四月・我大清國皇帝・不忍生靈塗炭・仍復大度包容・重修舊好・乃貴國佔據臺北・縱容兵卒・殺戮焚擄・無所不至・且有准借婦女之示・生民何辜・遭此荼毒・來書云・『開府臺北・撫綏民庶』・其即此之謂耶・抑別有所謂善政耶・自古興國之人・必先施仁布澤・而後可得民心・近日臺北時疫大作・兵勇死亡甚多・足見貴國日嗜殺千人・上天怒・而足下不悟・反以余背大清國皇帝之聖旨・來相詰責・甚矣・何見理之不明也・臺灣隸我中國二百餘年矣・先皇帝締造之初・不知若何經營・若何教養・始得化蠻夷之俗爲禮義之邦・余奉命駐防臺灣・義當與臺共存亡・一旦委而棄之・何以對我先皇帝於地下・將在外・君命有所不受・余豈懵然學古人爲哉・況臺南百姓・遮道攀轅・涕泣請命・余既不敢忘效死勿去之心・又何忍睹黎庶沉淪之苦・爰整甲兵・保此人民・成敗利鈍・在所不計・臺南一隅・雖屬偏小・而余所部數十營・均係臨陣敢死之士・兼有義民數萬・歃血枕戈・誓死前敵・糧饟已足・軍械胥精・內不虞竭・外不待援・竊以爲天之不亡臺灣・雖婦豎亦知其然矣・足下總督全師・爲一國之大將・長才卓識・超邁尋常・何不上儆天時・下揆民心・憬然覺悟・及早改圖・將臺北地方・全行退出・不惟臺民感戴弗忘・即外洋各國・亦必以足下爲能審事機・知進退・否則余將親督將士・尅日進征・恢復臺北・還之我朝・恐彼時・足下進退維谷・反獲不仁不智之名・與其後悔・曷不早圖・或從或違・悉請尊酌・」日得書・知永福不得動・益發兵攻臺南・永福悉力拒守・至九月・饟絕・永福知不免・顧不欲死日手・遂含哀乘英船德利士・渡海歸・時光緒二十二年九月三日也・

先是・永福覆樺山書後・徹夜與桐林議軍事・即令離臺・央大吏籌援・桐林渡海・詣福州謁邊制軍寶泉・之廣州・謁譚制軍鍾麟・往煙臺・謁李撫軍秉衡・山海關謁劉制軍坤一・天津謁王制軍文韶・南京謁張制軍之洞・徧走海洋・無應者・之洞謂日人方藉口東南督撫・暗助逆・阻和議・恐援臺・破邦交・與桐林譚終夕・計靡所出・既而嘆曰・「無已・促淵帥歸耳・」桐林乃電永福・勸急歸・而臺南義捐久不繼・官紙幣亦受阻・不通行・永福俯仰無措・決計內渡・會德利士首領英人某・以行獵・受嫌被逮・永福禮送出境・至是感動・願翼永福渡海・船近廈門・日艦猶追緝・然操率不能獲・永福間關抵粵・乞假歸欽・次年・譚氏令於南寧募舊部・得兵足四營・仍號黑旗軍・自是駐粵鎮撫・光緒末・會病發・遂辭官・隱鄉曲・每風日清和・輒扶杖出・山巔水涯・靡不履・所過・與耕漁子・譚往事・相聚飲・指陳時艱・聲震林木・浩浩不能休・聞者動容・懦夫爲立志・

壯士咸奮起・爭赴戎行・殉國難・

初清廷自宣統嗣位・執政者益昏弱・無能事・民族革命呼聲遍全國・三年秋・武漢義軍起・各省應之・匝月悉光復・永福聞報・不勝喜・即之粵會・旋赴港・粵都督胡漢民・以永福爲民族精神所集繫・即遣使乞出・任全粵民團總長・永福頷之・就職視事・訂條文・立紀律・以注力禦外・不同類相殘・相號召・會民軍饟乏・又雜沓・急切不可用・永福辭去・民國五年・卒於家・蓋憂死也・永福性豪曠・重氣誼・大義當前・冒死不少怯・忠貞在抱・歷變不渝宗・唐景崧之至安南也・百計勸永福・乘越難・僇其君・據其地・再抗法・謂事成・縣其地・自爲王・不成・猶愈任越人自棄之・永福曰・「臣事君・戒欺僞・欺僞尚不可・況身受國恩・職居提督・可反逆篡位乎・」景崧曰・「越今日・勢必亡・我不取・法指日攫之・君不忍僇越官・勸之交印・令出境可也・」永福曰・「越南乃中國藩屬・越有事・中國助之・理也・乘人危難・奪人土地・縱獲之・必不服・勢合法拒我・自王・我寧死・不爲也・」即拔隊・進丹鳳・合越兵祭旗抗法・卒冒死大勝紙橋上・天下不多永福英烈善戰・而獨多其濟弱扶傾・終始如一・維繫人道・屏障國族・爲可貴也・

永福天賦異常人・富識力・勇而智・毅而敏・威而和・志士多爲用・所爲皆足述・無債事・光緒二十四年・南海羅格圍關羅械鬬・粵督譚鍾麟・與大吏・失察受蔽・飭營官鄭潤材擊之・令永福往剿・永福至・察其誣・雖內外交織羅族罪・不爲惑・關羅卒以安・譚氏不謂然・永福曰・「如大帥意・十萬生靈・無辜斃矣・職頭顱固不保・大帥亦未便・如圍人眞反者・願以身殉軍法・謝粵人・」譚疑始解・蓋永福遇事沈思・故能洞明窔要・不爲時蔽・以崛起行伍・獨能平心體物・略無翳滯・人以此益多之・謂其得於天者厚・而又閱於世者深也・

故陸軍上將鄧公仲元傳

鄧公諱鏗・字仲元・世居梅縣金盤堡白沙坪・祖薰玉・商於惠陽淡水鎭・父麗川・世其業・母廖氏・庶母李氏・兄弟六人・公居仲・爲嫡出・九歲・隨父就學惠陽・稍長・肄業崇雅學堂・從宿儒楊壽昌・廖虛谷諸先生遊・而與歐華清李介石爲友・居嘗議論時事・憤滿淸無道・輒以民族革命相勉勵・淡水僻處嶺隅・而革命思潮・鬱勃獨早・公等鼓吹之力也・光緒乙巳・公年二十一・應考廣州將弁學堂・獲選・列步兵科第三班肄業・聰穎勤淬・試輒前茅・同學葉舉・熊略・饒壽平等・皆尊敬之・而樂與切磋・監督周善培・知爲英傑之選・尤器重之・翌年春・以優等卒業・留堂充步兵科助教員・兼公立法政學堂體操教習・旋代理區隊長・是冬充梅屬徵兵委員・遇興寧羅公師楊・方治東亞史・教授興民學堂・以民族革命諸旨・陶鑄羣士・爲語古今成敗得失・民族國家盛衰榮辱復興圖强之理・公默識之・丁未歲・充學兵營排長・代理左隊隊官・己酉充黃埔陸軍小學堂學長・庚戌正月廣州新軍之役・公先期至香港・爲趙公聲等策劃發動・既黨人事敗・志益憤發・辛亥三月・黨人黃公（興）・趙公（聲）與鄒公（魯）等・謀率同志・舉義於廣州・先期賃屋

聚居．而艱於覓店作保．公慨然命所營米肆爲之．曰．「即有不虞．毀家不惜也．」事敗以嫌疑亡匿香港．乃與羅公翼羣等．協謀倡義於惠州．及八月十九日．武漢起事．粵黨人益謀發難．議分省垣內外並舉義．省垣由朱公執信胡公漢民任之．省外議爲四軍．第一軍起東江．由公及陳公競存任之．第二軍起北江．徐維揚任之．第三軍起西江．蘇愼初任之．第四軍起韓江．張醁村任之．而姚公雨平．鄒公魯則於香港．籌策各方．九月九日．公偕陳公．潛入淡水．以民團發難．收繳巡防營槍械．隨進攻惠城．不利．退四大圍．得鄉團力．復返攻．佔領馬鞍山．會清提督秦炳直．計左師敗．義軍司令部進駐惠城．而公爲參謀長．知民軍力薄械窳．不足爲用．乃急收巡防營洪兆麟等四營．編爲一團．時省垣黨人．已以時局成熟．宣布獨立．推胡公爲廣東大都督．惟各屬民軍麕處一地．秩序未復．公乃以洪部慣戰營勇．先率鎭撫．並商請加編李濟民一團．爲陸軍第一混成協．公任協統．是時黃士龍．自高州歸．聯絡新軍．謀都督位．公稔知士龍爲革命黨仇敵．商之都督胡公．及陳公競存．先設軍團協會．聯絡各軍首領．以抵拒之．復收其新軍．編爲第一師．士龍不得逞．去粵．胡公擬以公任師長．公辭不就．以讓鍾鼎基．及陳公代任都督．令擴充第一混成協爲第二師．公又以師長讓蘇愼初．而就陸軍司長及稽勛局長職．處功名之際．能謙退自甘．人以此益多之．

黃士龍之離粵垣也．以黨人每破其詭計．懷恨不能平．乃暗煽各民軍首領．聯攻陳公．禍將作．公急建策擊破之．省垣轉危爲安．十數萬民軍．不匝月．次第解散．月省餉百數十萬．粵民之負擔減五之二．四月．都督胡公回任．公仍任陸軍司長．整軍除盜．多所擘畫．旋與羅公師楊．及韓人金復等．議移民東北．爲助韓獨立計．陳公嘉之．而羅公等遂於是冬出關．馳驅白山黑水間．民國二年．都督府改組．公出任瓊崖鎭守使．兼辦瓊崖民政事宜．除治軍外．復致力實業．教育．交通諸大端．時有販賣人口出洋者．公捕獲嚴懲．而以法領事有包庇行爲．亦交涉撤換．政聲由是益著．時陳公爲護軍使．綰全粵兵權．而袁世凱方嗾殺黨人宋公敎仁．解散國會．舉善後借款．欲帝制自爲．深以粵省民黨勢盛爲慮．乃使人造作蜚言．爲離間計．復以多金使黃士龍等．運動粵省軍隊．高級軍官多爲所惑．胡公知袁氏陰謀．急電公回省鎭壓．方公摒擋瓊事．預謀首途．而袁氏知詭計已售．遂罷胡公都督．以陳公競存繼任．及陳公繼贛寧宣告獨立．興師討袁．復急電公回商大計．公至粵垣．察軍心多變．欲調戍瓊部隊回援．未濟．而龍濟光已自西江入粵．公乃督師與龍氏戰於三水．方捷．而粵垣駐軍譁變．張我權自爲都督．公走香港．與姚公雨平等．謀說張．合謀拒龍．張不聽．遂爲龍敗．公奔滬上．十月與李愼逸女士結婚．同走日本．蓋是時．革命黨總理孫公及諸志士．皆東走日本．集議討袁．故公往之．三年三月．公奉孫公命．返粵舉義．乃促陸軍營長吳文華．發難於黃岡．王國柱發難於潮州．事敗．文華奔滬．國柱死之．團長鄧承昉．逃入江西．被執就義．公憤．謀再舉．而款奇絀．乃央羅公翼羣．往新加坡向華僑籌募．公復至日本．迨歐戰爆發．公回香港．遣洪兆麟等舉義於惠陽．與隆世儲部激戰於平山．洪傷手．兵敗・走香港・宋尚傑死焉・公乃與羅公翼羣・同往南洋・聯絡志士・四年・公自南洋還港・察知黨人龍俠夫有異志・將不利於己・復潛之日本・俠夫乃通港吏捕洪兆麟入獄・將引渡・公籌金營救得脫・公憤迭次義舉失敗・密遣鍾明光・羅劉胡鄧文烈高壽等謀擊龍氏及其爪牙・粵垣迭次發現炸彈案・皆公所使也・而尤以鍾明光烈士七月十七日炸擊龍氏案爲烈・死衞士十七人・龍氏傷左足・明光被捕・火油灌體・燒之氣絶・凌遲處死・而袁氏至是稱帝・封龍氏爲王・黨人由是益憤・

公在日本・力助孫公組織中華革命黨・遂奉命與許崇智等・赴南洋宣布黨義・並籌款討袁・是年回日覆命・適袁氏所設籌安會・遍布各省・公即偕朱公執信返港・商舉師討袁・號召粵東西北各江民軍・應者四起・而尤以惠州爲盛・雖終於以軍非節制・彈械不足・未幾失敗・然粵局由是搖動・五年公與朱公執信・謀討袁龍益急・潛往內地・並屬羅公翼羣及羅立志・李思轅等・圖汕頭・克之・鎮守使馬存發遁・因無大軍繼起・卒爲莫擎宇所佔・公入增城・督舊部統領徐連勝・乘機發難・擬沿廣九鐵路直趨燕塘・而徐部營長蔡炳寰・遽變志相拒・龍氏復增兵堵站・致不能舉・龍氏復遣使持二萬金・欲賄徐以害公・徐急遣健卒數人・護公出險・旋龍氏以各省反對帝制・粵人謀舉義者復日盛・乃僞倡獨立・遣使迎公等入粵・公等拒之・而徐勤湯覺頓等就焉・因有海珠會議之難・湯及譚學衡被殺・既而各省獨立・袁氏憂死・龍氏仍據粵會・滇桂軍急攻之・公屬羅公翼羣赴增城・促徐連勝攻石龍・克之・公等先後繼至・復進克博羅・時陳公已奄有惠州十屬・僅餘惠陽未下・而任學年佔領香山・隆世儲・胡漢卿佔領欽廉・車駕龍・鄒武等佔領高雷・聲勢甚盛・乃肇慶都司令部與龍氏媾和・龍氏遂移兵奪江門攻石龍・公與苦戰・支持匝月・兵疲彈缺・奉孫公命・棄石龍・走香港・旋之滬・羅公翼羣・率徐部走博羅・隨返增城・旋朱慶瀾任粵省長・粵局始定・六年・公以連歲疲勞・遂由滬之日本・藉事休養・且欲兼治彼邦政治軍事・

無何・公父麗川公卒於淡水里第・公星夜奔喪・哀毀成疾・時黎元洪任總統・段祺瑞爲國務總理・國會爲張勛迫黎而解散・舉國譁然・革命黨總理孫公・以段氏始終毀法・乃於七月十七日・率海軍南下・謀舉師護法・組織軍政府・促公匡助・公料理父喪畢・即應命入粵會・是年粵軍成立・陳公競存爲總司令・公就任參謀長・時粵軍號稱二十營・軍器不良・餉項支絀・而嫉視陳公者日思所以齮齕之・使不能成軍・軍政府更以岑春煊陸榮廷無意護法・改設總裁・時勢益非・公勸陳公忍辱負重・且稔知粵軍在省垣不能久存・乃決計移防外邑・七年・調駐潮汕・軍實漸備・遂定援閩之策・公以許公崇智・在閩有年・潛勢力甚厚・引爲支隊長・任左翼作戰・公率洪兆麟・羅紹雄・鄧本殷等部任右翼・陳公自督李炳榮・徐連勝・熊略等任中路・而蔣公中正則任支隊司令・以協同進戰・五月中旬・誓師入閩・左翼中路・頗勝利・連下武杭永三縣・惟左翼爲敵將臧致平所扼・寖以不支・公稟知總理・以破釜沉舟之志・悉力反攻・臧不得逞・時許部已下汀州各屬・中路反攻亦捷・直趨龍巖漳州・臧等知後路已斷・急泛海遁廈門・然粵軍卒以彈藥不繼・僅得閩

南二十餘縣而止・時革命黨人多集中閩南・革命空氣日濃厚・於黨義宣揚・地方改革・卓著成效・公乃建策練兵・復奔走粵滬閩浙・聯絡各方黨人・時粵垣爲莫榮新等所據・嫉視粵軍・乃令林葆懌・方聲濤等・共圖粵軍・粵軍爲自衞計・敗之於永春・革命黨總理孫公・痛莫等與北洋軍相勾結・特派朱公執信・廖公仲凱・致命陳公・回粵逐莫・陳公遲疑・公與許公崇智・率各將領・再三陳說・始決計南歸・公即日往福州・與李厚基約・以閩南交李・而李接濟粵軍軍費・並鞏固粵軍後方・即於漳州公園檢閱誓師・分三路回粵・以許公崇智第二軍・任右翼・以完全肅清韓江上游・佔領興寧梅縣爲目的・而公率第一軍大部任左翼・以直趨韓江下游爲目的・以葉舉率第一軍一部・任中路策應・而鄒公魯則以義勇軍名義・派譚啓秀蔣光鼐等・在潮汕聯絡饒光羅秉柔爲內應・故出師不旬日・而潮梅底定・乃集攻惠州・公軍抵淡水・爲林虎黃業興所扼・苦戰月餘不獲前・迨右翼軍再復河源・敵將沈鴻英莫正聰等敗退・馬濟林虎劉達慶等・亦退出惠州・公躡蹤追擊・由龍門平湖・直攻石龍・進抵省垣・莫榮新率殘部退桂・全省次第光復・革命黨總理孫公・及伍公廷芳・唐公紹儀等總裁・各回廣州・恢復軍政府・以陳公爲省長・公所部梁鴻楷以功升旅長・並調鄧本殷部陳修爵爲第三團長・陳銘樞爲第四團長・編爲第一師・公任師長・而陳可鈺・李濟琛・張發奎・陳濟棠・薛岳・繆培南・羅梓材・張浩東・蔡廷楷等各爲參謀長・參謀處長・參謀營連長等各有差・公爲之積極訓練・遂蔚然爲革命軍主幹・

十年公以粵人曩受暴軍蹂躪・元氣久傷・亟宜蘇息・以預畜革命實力・因建議陳公・務修明內政・與民生息・陳公韙之・是夏陸榮廷所部桂軍犯粵・大勢甚急・先是自粵軍回粵・由恢復軍政府以至成立正式政府・擧孫公爲總統・革命運動・進行甚順・北京徐世昌・無日不以消滅南政府爲念・而陸榮廷所部無日不欲恢復廣東駐地・兩相勾結・朋比爲奸・至是遂以大軍壓粵・陳公赴前敵指麾・直窺桂管・公留鎭廣州・及韶州告急・公提前部往援・時桂軍沈鴻英部已掠連陽諸縣・公以少擊衆・所向摧克・盡復所失縣邑・沈狠狽遁去・而桂軍劉震寰・亦事前以鄒公魯派范其務往說內應・故不數旬・全桂悉定・當公率師出援・高雷已失・三羅瀕危・藤縣未下・梧州未固・脫有挫折・廣州即非革命軍所有・故北江一面・關係綦重・公臨出發・語人曰・「此去十日可回・」後果如所言・公得勝・略部署・即調所部回省・北江父老子弟・以公軍紀嚴明・苦留暫駐・公以固省垣防務爲急辭之・而令各縣辦團自衞・時孫公方謀大擧北伐・後方餉械・多恃公籌給・陳公漸不謂然・十一年春・公以兼粵軍參謀長職・政繁任重・雖遇事持正・而諒解者鮮・別部不艮隊伍・懼爲檢擧・且刺刺不安・遂提呈辭職・陳公以未得替人不許・公不得已・仍昕夕焦勞・精神頗傷・乃以每日清晨散步公園・星期日涉遊郊野・以挹生趣・健體力・三月二十日・以公事赴港・翌日下午七時歸粵・既出廣九車站・將登汽車・突有凶徒・以手鎗狙擊・中兩彈・一掠小腹部・微傷・一貫胃部而出・公知凶手所自來・且身中要害・知不能免・命司機駛回省署・告陳公駛家人親友以後事・並言・「天下不能容好人・付之歎息而已・」隨舁往中法韜美醫院割

治・以創重・至二十三日午前五時卒・年僅三十八也・

時孫公所組織北伐軍・鑑於陳公不以北伐爲然・又阻公勿接濟・咸謂公死必爲其部人所指使・羣情悲憤・遂於三月廿六日・在桂林大本營會議・決計改道返粵・再謀北伐・陳公聞報・電請辭職・蓋自是遂以不得機敏如公者爲之維繫調協・寖假與孫公相水火・而終於叛黨矣・先是・陳公自閩返粵後・頗傾向聯省自治說・與孫公計相左・賴公抱負異常・篤信黨義・爲之疏解・粵軍遂得終爲革命主力・迨公被難・陳公部人遂與黨人背道而馳・革命大業・固蒙其害・而陳公亦寖以衰敗・可慨也・

公秉性跌宕・不事矜飾・崇議覈論・以譚笑出之・然詼諧中・實寓至誠・故賢士增其愛慕・宵小畏其鋒芒・雄傑消其畛域・部曲依爲父兄・天懷浩蕩・漠視榮利・每念湖山・翛然神往・嘗欲於西子湖畔・或五老峯間・結椽奉母・甘自韜伏・意嚮剛決・了無恐怖・騶從世習・尤所鄙惡・人或勸之・則曰・「怕死則不必作革命事業・大丈夫寧玉碎耳・何慮爲・」思致高尚・窮兵黷武・非所素願・而於民族國家・則不惜犧牲命以赴之・生平立志堅卓・守瓊崖日・粵難將作・語人曰・「予黨人也・身可死・黨不可負・袁賊三十萬金不能賄我・區區鎭守使足繫我耶・」六年・朱慶瀾長粵・欲公任以要職・公辭以非黨人・不欲共事・十一年春・嘗遊惠州西湖・語同行曰・「打破個人非分之權利與資產，爲予夙所主張・」蓋既確然不以虛榮奪其志・又進而排除私有權利・而爲民族國家主權集合是謀矣・軍人中高節遠矚・惟公爲最・公待人仁厚・律己廉潔・其在家庭・孝於親・友於兄弟・一門雍穆・州里矜式・與人交・志同道合・則傾愛彌篤・遇友患難・尤必百計以救之・如脫陳可鈺於港獄・卹鍾明光烈士之孤・不惜重費・送校肄業・視同親子・其著焉者也・其治家・計日節用・時以菲衣食勉家人・自爲軍官・餽遺無所受・請託无所聽・在漳二年・尤躬自刻苦・月受俸僅百二十金・平日即輕慢者・亦爲贊歎敬服・嘗語人曰・「近來人心・常以作官爲黷貨途徑・及其已得・則消耗於所嗜・即稍稍積聚・其結果不過增加自身罪惡・陷後人於有恃無恐・不克振拔之地而已・」聞者服爲名論・

公治軍・動靜有方・嚴明有紀・當其屈處閩南・養鋒以待・撙約公帑・而能使兵力日厚・兵心日固・民國十年・自韶州平逆歸省・尤留意訓練憲兵・及所部繼續設軍官教育班・及學兵營等・乃爲軍事週刊・以增官兵學識・又倡設飛機隊・雖衆論交非・而不爲所動・卒輔以鉅款・依期成之・唯公治軍有法・能以至誠感召所部・故入其轄者・皆堅貞卓勵・沉着善戰・革命黨人卒以之平定軍閥・抗拒强寇・使假公以年・其有造於民族國家人羣社會者・未有限也・公雅好學問・終身無間・幼年在校淬勵・有餘晷・則偕李介石歐金如輩・聘梁葆光專授英文・以爲求學基礎・及處要職・每晨起・必手英文一册・步至公園・讀於樹下・教授黃建勳・嘗驚其進步之速・爲得未曾有・公嘗語友人曰・「吾今三十八矣・自知習外國文字・不易收益・然以寶貴光陰・納諸不正當之途・則寧善彼・」又曰・「南北統一告成・吾即環遊世界・考察萬國政俗・故吾習英文・不能一日間也・」公生平・善事名儒宿學・雖軍書旁午・禮數不衰・而名宿亦樂於

交遊．期有以報之．方民國元年公初任陸軍司長兼攝稽勛局事也．值國步更新．法制未定．撫輯民軍．釐訂紀律．崇獎先烈．明德報功．政務叢沓．條綜不易．公乃延羅公師楊．咨詢顧問．旦夕研討．著爲鴻文．每一議出．報章宣揚．目爲名論．聲譽大著．政以易舉．及出爲瓊崖鎮守使．復納羅公建議．致力交通墾殖．開發利源．移兵爲工諸政策．用能矯然傑出．爲時模楷．而爲政通達．嚴而不苛．尤以禁煙賭案．持之獨力．民國十年．奸人違禁．販運煙土．價逾十萬．公偵悉捕獲．販者處重刑．鴉土悉焚於東郊．中外人士．嘖嘖稱快．凡煙賭巨案．悉付軍法．嚴鞫重懲．然其座右．則嘗自書銘曰．「罪疑惟輕．功疑惟重．」蓋其持法逐令．一本忠厚．苛察刻酷．所不爲也．公官至陸軍中將．遇難後．總統孫公．追贈陸軍上將銜．一子．名偉東．公殆時．纔六齡耳．

論曰．古今務爲練兵者多矣．大要以認取軍人天職．以捍世救民．忠心爲國．矢死靡他．爲精神信念．以深習器械．逐時創進．妙用戰術．逐地自神．厚以結納羣士．嚴以治理軍旅．爲運用方式．能是．則民族國家．長受其益．而日以强盛．不能是．則民族國家．未受其益．而其兵亦以敗壞．余次鄧公史事．觀其創建粵軍第一師．堅之以三民主義之信仰．持之以科學器械之精習．臨之以紀律典範之簡嚴．厚之以家人父子之存濟．而後知其果有大造於民族國家也．自鄧公之歿．其所部益奮勵以赴黨國所畀任務．雖組織以時拓展．幾經演變．而精神如故．仰賴政府與最高領袖．統率指揮．與其他軍旅協力同心．終以統一國家．完成國民革命．而其抗拒日寇．所至以堅强自顯至於今．效命於疆場者尤夥．敵寇亦懾於其威．蓋其精神足以感召之也．

羅嗣超

一九〇八年生
一九七二年卒

順德人．一九二〇年就讀香港皇仁書院．以第一名畢業．考取政府奬學金．免費升讀香港大學教育系．一九三〇年畢業．獲文學士．任教育才書社．官立初級工業學校．戰後復員．歷任各官立學校．及皇仁書院敎席．一九四九年升調教育司署教育官．五九年調任金文泰中學校長．升署理高級教育官．並兼任其他有關教育職務．其在校長任內．對於舊校之興利學廢．新校之策劃經營．莫不悉力以赴．平生不獨精通英文．中文根抵亦深．好爲詩聯．對文人教師．極爲敬重．

金文泰中學新校舍落成紀念特刊發刊詞

自昔化隆俗美．胥由敷教於膠庠．即今衞道明倫．端賴養才於學校．禮陶樂淑．何殊化雨乘時．面命耳提．宛似春風入坐．將欲振頽風．弭惡俗．非有一完美健全之學校．首爲之倡．其道無由也．

鼎革以還．曲學阿世者．逞趨新之說．棄先聖之言．以禮義爲封建之殘餘．以詩書爲古人之糟粕．學攻異端．罔知經旨．人皆舍舊．惟新是謀．浸及海隅．遂使學子漸忘其宗邦文化．有心世道者．急挽狂瀾．力支頽勢．此我校成立之所由來也．溯我校建立之初．得港中之紳商碩彥．竭力贊襄．而故校長李景康先生之擘劃經營．更屬苦心孤詣．一九二六年春．香港政府遂有漢文中學之設．此即本校之前身也．是時也．集勝清遺老於一堂．萃當世碩儒以共事．或則經經緯史・崇宗國之儀型・或則理化語文・灌異邦之精粹・雲蒸霞蔚・彪炳一時・雖在倉卒創辦之初・而仍有此赫赫之成就者・則前李校長之功爲不可沒者也・迨經兵燹之劫・校舍坵墟・良堪浩歎・一九四六年復課・梁世華先生董其事・踵前賢之步武・樹後學之楷模・其始也・課室一椽・學子二十有七・其繼也・班數二十有一・學子八百・弦歌重振・響徹雲衢・桃李成陰・芳流海澨・此又梁校長之功爲不可沒者也・一九五七年・梁校長年老告休・謝振有先生接長校政・興利起廢・固不硜硜於規隨・綱擧目張・猶是光揚夫統緒・歷時雖暫・成績斐然・此又謝校長之功爲不可沒者也・然而我校創立・已歷三十餘年・仍未有獨立之校舍・始則借用育才書社・繼而暫用西營盤書館・復課後・則由青年會・而工業學校・而堅尼地道昔日之日童書院・地方既已仄狹・遷徙尤屬靡常・苟非有寬宏之黌宇・固定之宮牆・將何以見其爲莊嚴神聖之場・而收其藏修息游之效哉・嗣超長校以來・兢兢業業・恐貽覆餗之譏・惕惕乾乾・深懼素餐之誚・對於校舍一事・更爲夙夜莫忘・曩經梁校長獻議於前・復由謝校長敦促於後・一九五九年・政府許以撥地繪圖・一九六零年・明令興工建築・嗣超於是奔走靡遑・籌商莫懈・誅茅闢土・鳩工庀材・一九六一年九月・新校乃告落成啓用・翬飛鳥革・邦人則樂觀厥成・壯麗巍峨・學子咸端其觀感・倘無表揭・曷罄歡欣・

常茲編撰年刊之際・乃商於同寅・成此特輯・聊資紀念・昭示來茲・或編校史以述其源流・或撫圖書以徵其文獻・至於校事紀載・學生課藝諸欄・仍援往例編輯・記錄必期翔確・蒐採務求豐盈・俾世人之愛護本校者・略知其沿革之迹・而後之負笈此間者・毋忘締造之功・與夫續長茲校者・將有所考覽・發揚而光大之・庶斯刊之與我校・同期不朽也・至若名儒俊士・惠我鴻篇・校友同人・襄其經費・文章則琳瑯滿目・珠玉爭輝・金幣則璀璨盈筐・賮琛並美・尤使嗣超三沐三薰・再拜以謝・

陳之邁　一九〇八年生　一九七八年卒

番禺人・生於天津・嶺南大儒陳澧之曾孫・慶和子也・幼承庭訓・日有定課・民國十七年・畢業於清華大學・旋赴美研習歷史與政治・十八年・獲渥海歐州立大學文學士・二十三年・獲哥倫比亞大學哲學博士學位・同年歸國・任清華大學教授・翌年加入為獨立評論社社員・佐胡適編獨立評論周刊・其後獨任其勞者二年・後歷任北大南開西南聯大及中央政治學校教授・二十七年・任職行政院參事及法制專門委員會兼任委員・蔣廷黻出使美國薦任參事・三十五年一月・任中國出席聯合國善後救濟總署副代表・緊急糧食理事會及其附屬稻米穀類肥料茶葉油脂等委員會代表・聯合國糧食農業組織中國代表・三十八年至一九五五年・均赴紐約參加□□出席聯合國大會代表團工作・一九五〇年・加駐美使館「公使」銜・自是歷任駐菲律賓「全權大使」・澳洲「大使」・□□出席第十六屆聯合國大會代表・駐日「大使」・駐教廷「大使」・兼駐馬爾他國「大使」・一九七八年辭職返・受聘為「外交部」顧問暨國際關係研究所研究員・同年病逝台北・之邁學者從政・尤長外交・課餘公餘撰文發表・以抒己見・遺著有中國政制建設的理想・政治學・中國政府・蔣廷黻的志事與平生・荷蘭高羅佩・澳紐之旅・舊遊雜憶・天主教流傳中國史・旅日見聞・中國繪畫（英文本）・中國書法（英文本）・說文聲表・及編東塾續集・

東塾續集跋

先曾祖東塾公文集已刊行者現有兩種・最早者為公門人梁鼎芬・陳樹鏞於光緒十二年所編刻之「東塾集」・收文一百二十四篇・分為八卷・流傳極罕・其後公門人廖廷相另編一種・亦稱「東塾集」・於光緒十八年由菊坡精舍刻印・收文二百二十二篇・分為六卷・此集流傳甚廣・民國五十五年並經沈雲龍教授收入其所主編之「近代中國史料叢刊」・由臺北文海出版社景印發行・廖刻所收之文遠較梁刻為多・梁刻所收之文大部分收入廖刻・但有十首未予收入・廖廷相所作跋文亦未提起梁刻・惟在梁刻與廖刻之外・公之遺文散在各處者・為數頗多・尤以公與友人門生論學之信札最夥・亦最有保存價值・近年來此項文字在各處屢屢出現・多經陳援庵（垣）及汪孝博（宗衍）先生予以鈔傳，汪撰「陳東塾先生年譜」並予引用・之邁於近十餘年來・戮力蒐求先人遺著遺墨・多承鄉先輩及戚友協助・亦獲得一部份・且有從來未經發表之原蹟數件・彌足珍貴・公於道光二十九年己酉（一八四九年）開始刻印「東塾類稿」・其自序云・

余自弱冠・始知讀書・賦性淺躁・多好而善忘・都無所得・今行年四十・所著書皆未成・其餘散佚・稍稍删改・感念平生師友・半為古人・未及質正・聊錄一通・欲就今日二三知己・定其得失・其篇幅粗完者為一集・總其零雜・別為札記・家之東偏・有一書塾・余七歲就傅處焉・今於此繕寫・輒以題其卷云爾・

「東塾類稿」・隨作隨刻・均為散葉・未予裝訂成書・咸

豐九年己未（一八五九年）・公五十歲時・將「東塾類稿」更名爲「鍾山集」・體例相同・此外尚有公手自删賸之文稿若干篇・存先叔慶貢處・編爲「東塾賸稿」一種・祇有鈔本・未經刻印・以上三種存稿・因均係散葉・分存各處・部分當已佚失・公本無意以文傳世・惟「自記」中有言謂・「生平不欲爲文章・然有爲先人而作者・及爲親友碑傳事蹟不可沒者・故過而存之」・爰本斯旨・將近年來所蒐得公之文字・彙集成編・定名爲「東塾續集」・其中均爲具有內容之文字・至於其主要內容已經編入「東塾讀書記」及全文已經收入其流傳較廣之刋物者・則不再錄焉・

東塾公於治學之餘・偶作詩詞・均經分別刻印・曰「憶江南館詞」一卷・曰「陳東塾先生遺詩」一卷・流傳頗廣・近年來復在各處獲見之詩詞若干首爲此兩集所未曾收入者・以其數量有限・未便刋爲專書・乃附錄於「東塾續集」之後・以資保存云爾・一九七一年曾孫之邁謹識・

景印先曾祖東塾公說文聲表跋

先曾祖東塾公・諱澧・字蘭甫・遺著中有「說文聲表」一種・爲公三十歲以前所作・初名「說文解字聲類譜」・嗣更名爲「說文聲統」・最後定名爲「說文聲表」・共十七卷・初稿旣成・原擬倩桂星垣（文燿）先生檢校一過・然後刻版・後因星垣先生有韶州之行・遂以底本送徐子遠（灝）先生・並囑其作箋・但無所成・咸豐三年・公循星垣先生之請・即付剞劂・乃於是年八月作自序一首・說明編者旨趣・但仍未即時刋刻・公歿後・是書賸本之一由公之門人廖澤羣（廷相）先生保存・送廣雅書局官刻・尚未着手而先生遽歸道山・先君（諱慶龢・字公睦）亦存有賸本一份・原擬在蘇州付刻・又以北返未果・稿存上海中國信託公司保險櫃中・民國二十六年・中日戰啓・干戈擾攘八年・該稿遂散佚無踪・先君於戰後家書中・一再提起刋刻「說文聲表」之事・有「此稿非刻不可」・「此事非汝不能辦也」・「先祖在天之靈當佑汝福壽也」之言・惟是時邁于役美京華盛頓・後調菲律賓馬尼剌・對此事實不知從何着手・每一念及・焦急萬分・其後大陸變色・更爲絕望・

一九六八年・北大同事張佛泉先生・任教於加拿大溫哥華英屬哥倫比亞大學・曾以該大學新近購入之宋元明及舊鈔善本書目一册見贈・余時任職東京・展閱書目・則「說文聲統」十七卷赫然在內・爲之狂喜・遂即馳書佛泉先生・請爲代洽全部景印・比蒙允諾・由該大學伍冬瓊女史任其勞・數月後即全部寄來・據該大學王伊同先生考證・此稿原歸徐信符（紹棨）先生之南州書樓・嗣轉歸姚鈞石先生之蒲坂書樓・於一九五九年由該大學購入・邁於獲得景印本後・當即函商該大學圖書館長史圖瓦・施託士（Basil Stuart-Stubbs）先生・請准景印發行・荷承於一九七〇年八月十日來函概允・先人遺命・遂得完成・如此奇遇・冥冥中蓋有呵護也・

此稿爲未定本・東塾公批注應查對之處數起・如第一卷封面上批注・第六、七卷封面上批注・又於致徐子遠先生信札中說明・標目「乃依賸淸之本編錄者・故與底本不相應・……恐有一聲全缺者也」（據原蹟）・賸本空白甚多・

係預留作箋注之用者．蓋公於致徐子遠先生書中有「弟（指徐）作箋即可寫於清本上」之語．茲爲節省紙張起見．已將完全空白之頁裁截．惟仍保留每目開始一頁之原樣．以存其眞．公在原稿所作批注．係用硃筆．景印不甚清晰爲憾．

曾孫之邁謹識

一九七一年一月廿七日

施肇基早年回憶錄跋

一九六〇年正月．我忽然收到施植之（肇基）夫人自香港寄來一册書．名爲「施植之先生早年回憶錄」．封面上有胡適之先生的題簽．右旁有施先生的全身畫像．深得施先生的神采．惜未標明是何人所畫．施先生曾爲此書寫一篇簡短的自序．說明胡適之先生曾勸他寫自傳．他遲遲未曾着筆．晚年他在「茶餘飯後之暇」追述往事．由傅安明（安）先生筆記下來．「以存掌故．……於余身後付印．分贈友朋．聊供玩賞．」書首另有胡先生的一篇序文．說明傅安明先生筆記施先生的口述．到一九五四年秋天．施先生大病之後．記憶力衰退．不能繼續．所以這本書所敘之事只到民國三年施先生第一次出任駐英公使之時爲止．施先生生於清光緒三年（一八七七年）．因此此書所記的是施先生生命中前三十七年之事．施先生享壽八十歲．他在我國外交上負重要責任之時期．是在民國三年到民國二十六年之間．可惜他在這二十三年間的事跡沒有能夠記錄下來．

一九六二年．我又收到施夫人自華盛頓寄來「施植之先生早年回憶錄」的英文譯本一册．英文題目爲．Sao-Ke Alfred Sze．Remini-scences of the Early Years．譯者爲Amy C．Wu女士．我曾將譯文細校一遍．深佩其譯筆忠實流暢．譯本除了包括施先生的自序和胡先生的序文外．並加了美國人洪貝克博士（Dr．Stanley K．Hornbeck）所撰一篇序文．洪貝克博士在清末留華多年．擔任浙江高等學堂教職．著有幾本關於遠東國際關係的書籍．傳誦一時．他後來擔任美國國務院遠東事務司司長．前後十二年．民國三十三年出任美國駐荷蘭大使．民國三十六年退休．在華盛頓居住．從事著作．多次撰文從國際公法觀點說明美政府不應承認中共政權．頗爲美國朝野所重視．洪貝克博士與施先生公私交誼既久且深．由他作序是很適宜的．可惜這篇序文很簡短．除了讚揚施先生的家世及爲人外．未及其他方面．大約是因爲限於本書的內容．

傅安明先生任職於我國駐美大使館多年．是施先生的部下．第二次世界大戰後他辭却了大使館的職務．留居華盛頓．在美國陸軍部地圖局任職．繪製中國地圖．他在公餘能夠根據施先生的口述．寫成這本書．是值得我們稱頌和感謝的．

傅先生從事此一工作時．我也在華盛頓．當時我也有意在駐美大使館的檔案中收集中美關係早年的資料．作些研究．駐美大使館館舍當時設於華盛頓西北區第十九街二〇〇一號．這所房子是清光緒二十三年（一八九七年）伍廷芳先生任駐美公使時所建築的．早年的檔案都保存在那裏．雖然很散亂．費些時間氣力總可以整理出來．因爲施先生遠在清光緒十九年（一八九三年）即到華盛頓擔任楊子通（儒）欽

陳之邁

差大臣的翻譯學生·其後兩度任駐美公使·且爲駐美第一任大使·最值得研究·我的計劃是先就檔案中關於施先生的部份整理出一個大綱·然後逐項向施先生請教補充他本人的經歷和感想·當時我曾簽請顧少川（維鈞）大使招聘兩三位留美學生在暑期中協助我從事這項工作·不料駐美大使館在民國三十六年遷移到華盛頓西北區麻省大道二三一號·這次館址的遷移是很有理由的·因爲大使館原址經過五十年的使用已陳舊不堪·附近一帶也頗形破落·而麻省大道正是各國使館林立之區·新的館舍雖非自建的·却是一位富豪過去的寓所·內外均相當的堂皇·但是在這次大使館的遷移中所有的舊檔一律裝入巨大的木箱中·搬到新址後堆在地窖裏·雜亂無章·什麼都找不到了·因此我的研究計劃也就根本無從實現了·

民國二十九年九月十八日瀋陽事變爆發·我國駐美公使館可以說是在一種眞空狀態之中·當時中國駐美公使出缺·由參事嚴鶴齡先生任代辦·嚴先生本是很有能力的·不幸他那時體弱多病·應付忽然劇增的館務頗感力不從心·爲了應急起見·他有意在留美學生中物色幫忙的人·我那時在紐約哥倫比亞大學研究院肄業·已通過博士口試·正在寫作論文·照哥倫比亞大學的制度·論文初稿教授是不予指導的·用意在訓練學生自己摸索·尋找資料·華盛頓的國會圖書館可以利用·且遠較哥倫比亞大學圖書館爲佳·我於是抱着靑年人「讀書不忘救國·救國不忘讀書」的一片熱誠·應徵到公使館工作·預備在國會圖書館附近租一間房間住下來·日間到公使館工作·夜間到圖書館研究·我是淸華官費留美學生·我到公使館工作的計劃很順利的獲得當時淸華留美學生監督趙元任先生的准可·於是我便在民國二十年的初冬到了華盛頓·

我到公使館報到·接見我的是一等秘書龔安慶先生·龔先生任職民初外交部·和我父親同事·我幼年時曾見過他·並且和他打過幾次網球·所以他接見我時倍覺親切·使我頓時消失了初次進入官府的驚惶·龔先生告訴我·我在公使館的名義是甲種學習員·工作是譯電和抄字·每月報酬美金六十元·我那時仍然可以照領淸華官費每月美金八十元·在美國經濟不景氣不情況下·物價狂跌·每月有一百四十元的固定收入·已是相當充裕的了·我的辦公室在館舍後面一間黑暗的房間裏·同在那裏辦公的·一位是主事盧心畬先生·一位是美籍打字員馬沙郎夫人（Mrs·Ethel Marceron）·盧先生是廣東人·專辦中文文牘·在館服務已多年·我初到時承他多方指導·尤其是教我如何譯電·使我衷心感激·

國難當前·駐美公使館這個空虛局面是應當急謀糾正的·果然在民國廿一年的早春·國民政府便任命施植之先生爲駐美公使·施先生那時五十五歲·正當壯年·但是在我國外交界中已是一位耆宿·他曾遠在民國三年擔任過駐英公使·在倫敦渡過第一次世界大戰危疑震撼的局面·他是我國出席凡爾賽和平會議的代表·曾協同陸徵祥·顧少川·王儒堂（正廷）等先生力爭山東主權·並且是主張拒絕簽署凡爾賽對德和約的一人·五四運動時我才十一歲·沒有資格參加·但是對於當時力爭國權的幾位外交大將·包括施先生在內·我早已衷心仰慕·施先生在代表我國出席凡爾賽會議後

不久即調任駐美公使（民國十年）·並在是年擔任我國出席華盛頓會議首席代表·爲爭取不平等條約的廢除·爲國家立下了許多汗馬功勞·代表我國出席華盛頓會議·簽訂九國公約·是施先生外交生活裏一個最高峯·當時協助他的美國教授韋羅璧曾著專書將會議經過詳細記錄下來（W·W·Willoughby·China at the Conference·The Johns Hopkins Press·1922）·施先生在華盛頓會議的輝煌成就使得北洋政府國務總理張紹曾延攬他爲外交總長·他在民國十二年初回國擔任此職·但只署理了三個多月·在是年四月間又回任駐美公使之職·他這次擔任駐美公使至民國十八年·前後有八年之久·事後我曾多次聽他在茶餘飯後談及他的經驗·北洋軍閥時代·內戰連年·政府不斷的更迭·究竟政局怎樣演變誰也弄不清楚·駐在國政府和人民來詢問時往往無從作答·程天放先生的「使德回憶」裏有一段說·北京政府時代造成了一批職業外交官·這些職業外交官向來認爲外交是他們的天下·不容旁人插足……中國傳統的外交官是不講思想·不談主義的·他們認爲外交官只要對外交涉奉命行事就夠了·國內政爭……在他們看來是和外交官毫無關係的事·（「傳記文學」第八卷第四期）·

施植之先生正是北京政府時代的外交官·他奉命出使英美·擔任中國的代表·他個人講不講思想·談不談主義·是另一回事·在國際公法上他的地位是中國元首的代表·在北京政府時代也就是袁世凱·黎元洪·曹錕·徐世昌·張作霖這些「中國元首」的代表·這是外交體制上的事實·他可以不幹駐外公使·讓這些軍閥派他們的嘍囉馬弁出使外國·他不忍出此而使中國在世界上丟人·所以他幹了·他既幹了·他就不能掛着「袁大總統」代表的名義在英美活動討袁·他也不能在英美反對曹錕賄選·或對直奉戰爭有所偏袒·他的內心是痛苦的·沉重的·但是我們應當感謝他們·在這個大混亂時代·仍然有他們這樣的人在國外支撐一個比較像樣的局面·北京政府時代駐外使館時常不能依時領到經費·館長就得盡力解決館員的生活·使館的開門七件事也得維持·這都不是容易的·也虧得有施先生這樣的人才使駐外機構不至於關門·程先生的外交生活比北京政府時代外交官的生活幸運多了·他代表的是國民政府·是有主義·有政策·穩定的·不欠薪的國民政府·他代表的是蔣主席·林主席·所以他的問題簡單得多了·因此他可以放手做去·其實北京政府時代的職業外交官國民政府亦多有擢用·顏惠慶·施肇基·郭泰祺·顧維鈞·鄭天錫·錢泰等先生·在國民政府時代都曾任過駐外使節·除了逝世的和年老退休者之外·在對共黨的鬥爭中他們也曾出過大力·顧維鈞先生就是一個顯例·可見程先生對他們的責備不見得公平·

民國廿一年·國民政府調派施先生重任駐美公使·我們聽到這位資歷湛深·德高望重的人來主持對美外交·眞是高興極了·何況國民政府在發表施先生爲公使之後又連續發表一批得力的館員·先後來到華盛頓·第十九街的陳舊館舍頓時活躍起來·顯得蓬勃而有生氣·來策應眼前的國難危機·

施先生到任之初·第一件事是分別接見館員·連我這個甲種學習員也單獨召見·這是我第一次見到施先生·也是生平第一次晉謁大官·心情眞是緊張極了·我進入他的辦公室

見到的是一位頭髮有些斑白・帶着深度眼鏡・兩手有點抖顫的忠厚長者・他用英文對我說話・大約是測驗我的英文程度・他首先對我說他和我父親是老同事・老朋友（其實他任外交總長時我父親在外交部任秘書・應該是他的部下）・然後問到我父親的近況和健康・可見他召見我前已經將我的來歷弄清楚了・他繼續對我說・今後我可以不必再做譯電和抄字的工作・我既通曉英文・又受過高等教育・可以改在新任一等秘書夏晉麟先生指導下做對外工作・尤其是草擬對外的函稿・我擔任這項新工作幾個月後・施先生又召見我・說我的工作做得不錯・故已向外交部保舉我爲三等秘書・並且已親函外交部長羅文幹先生推薦・他說明他此一舉動是爲中國外交界培植後起人才・並不是因爲我父親的關係・施先生這個推薦使我既感激又惶恐・因爲從甲種學習員到三等秘書是躍升四級・中間還隔着主事和隨員兩個階段・照通常的例規・每兩年遞升一次・也要六年時間・

隔了幾個星期・南京外交部的批示來了・我資格不夠・不能任三等秘書・也不能任隨員・只能任主事・施先生收到外交部命令後對我說・主事的地位太低・且不在外交編制之內・逐級遞升太費時間・不宜接受・我接受他的勸告・不久便離開公使館・於完成學業後返國・到國立清華大學教書去了・施先生第二度任駐美公使・至民國二十四年・公使館升格爲大使館・施先生被任爲大使・至民國二十六年五月全面抗戰開始的前夕・他卸任後返回上海居住・從事社會事業・他是時已年登花甲・他的志願該是從此息影林泉・貽養餘年了・

中日戰爭的爆發使中美關係日益密切・美國租借物資法案成立後・事務尤爲繁重・中國政府爲了使各項物資能夠源源輸入起見・曾在華盛頓設立中國物資供應委員會・英文名稱爲 China Defence Supplies・簡稱 C. D. S.・由當時外交部長宋子文先生主持・民國三十年並聘施先生爲該會副主任委員・施先生乃於是年六月再度到華盛頓擔任這項繁重的工作・一直到該委員會在民國三十六年裁撤爲止・在這個期間・施先生又在民國三十四年春被政府聘任爲中國出席國際組織會議（通稱爲金山會議）代表團高等顧問・這個代表團共有代表十人・以外交部長宋子文先生爲首席代表・其他九位代表則爲政府高級官員・各黨派代表和社會賢達・此外代表團有高等顧問一人・就是施先生・國際組織會議的唯一任務在製訂聯合國憲章・六月間各國代表在憲章簽字後即行散會・民國三十六年・供應委員會裁撤・施先生復於翌年應聘爲國際復興開發銀行顧問委員會委員・至民國三十九年退休・即在華盛頓留居養老・那時他已是七十三歲的高齡了・

我在民國三十三年六月・奉派任駐美大使館參事・我自戰時重慶飛到華盛頓後即去拜見施先生・那時他的住所在西北區第十六街二四〇〇號公寓中・施先生和施夫人見到我都非常高興・立即留我晚飯・從詳詢問我們別後十二年的狀況・在這十二年中我們沒有通過信・但是施先生竟知道我在清華和北大教的是中國政府的課程・並知道我在行政院所經辦的是地方行政的案件・施先生對我說・「我聽到這些消息・以爲你已放棄外交這一行了・現在你既又回到這一行・我感到很大的安慰・你在內政上有些經驗・對外交工作是很

有補助的．我認爲當年勸你回國是不錯的．」我在此後十一年中住在華盛頓．經常有空便去看着他老人家．幾乎每次他都和我侃侃而談．偶而留我晚飯．飯後打打橋牌消遣．在這幾年中我們所談的自然是國內國外的時事．他對於戰後的復興．共黨的作亂．美國對華政策等等自然十分關心．但是他的談話有一個極堪注意的特點．那就是他絕對不問及我在大使館和出席聯合國代表團工作的內情．在這一段期間中．駐美大使是顧維鈞先生．聯合國代表是蔣廷黻先生．我所擔任的是襄贊這兩位長官的工作．施先生不問大使館和代表團的內情．據我看來．有兩個原因．第一．他已脫離政府工作．不在其位．不謀其政．所以他從來不批評政府及政府官員的利弊得失．他絕不亂出主張．不發牢騷．更不罵人．這並不是他對國事漠不關心．只是因爲以他豐富的經驗深知外交的事務幾乎每一件都有其錯綜複雜的背景．而且都有其機密的部分．他既已不負實際責任．就不能盡量明瞭這些內情．單憑看報就濫發議論．批評指摘．不是無的放矢．便是有所偏差．第二．他深知我是外交官員．關於我所經辦的事．對外有保密的責任．他雖然不能認爲是純粹的外人．但他倘問我甚麼事我不作答既然不妥．我作答則又使我有虧我的職守．所以最好是不問．他這種態度是幾十年來從事外交工作所得來的修養．這個大原則在我們數十次的談話中他始終信守不渝．這眞是令人衷心佩仰的．

施先生一生最大的福氣是他有一位賢淑美麗的夫人——唐鈺華女士．他們是在光緒三十一年（一九〇五年）在上海結婚的．其後五十年相伴．夫婦的感情老而彌篤．在這漫長的歲月中．施夫人於主持家務之外．在倫敦．在華盛頓的社交中都有適度的活動．一方面輔助施先生廣交駐在國的人士．應酬交際．一方面則做得恰如其分．不窮酸．也不奢侈．處處顧慮到國家所居的地位．所有的社交場合絕不以豪華炫耀於人．而同時又使參加者有快樂親切之感．在這些方面施夫人的成就是卓越的．在華盛頓有口皆碑．施先生夫婦生有二子四女．長公子思明在英國習醫科．學成後到美國．受聘爲聯合國秘書廳醫務官．一直沒有間斷直至今日．次公子棣生在美國某商務公司任事．四位女公子我不大熟悉．只知長女公子蘊珍（英文姓名爲Mai Mai Sze）．曾將「芥子園畫傳」譯成英文．並作了一篇很長的介紹中國繪畫哲學背景的論著．於一九五六年在美國出版．這部論著單獨印成一册．「芥子園畫傳」的譯本另成一册．兩巨册合成一函．統稱「畫道」（"The Tao of Painting"）．印刷特別精美．並且有幾張中國畫的影印插圖．附在書內．可惜這些插圖只採自美國各博物館美術館的收藏．故宮的精品未被採用．近聞這部書已翻印爲紙皮本（paperback）．以廣流傳．

施先生的生命中經過我國近代歷史上幾次的巨變．辛亥革命．軍閥內戰．北伐成功．對日抗戰．□□叛亂．除了大陸變色時他已經退休以外．其他的巨變他都直接或間接參與．而且在危難之中有其貢獻．他之所以能夠有此成就．據我看來．應當歸功於他爲人處事的態度．鎭定．周密．實際．而且處處以大體爲重．不計較個人的利害得失．這本書裏敘述他早年的經歷．有兩件事最值得注意．第一件是他自述擔任京漢鐵路總辦革除積弊的事．他說．余到任後第一事．爲取消免票制度．有官吏來索免票者．余皆於個人薪俸中購票贈之……因之索者逐漸減少．增加路上收入甚多．

他在說這個故事並且解釋稱．「時總辦薪俸甚豐．月有一千元．」其實薪俸的多少與這件事沒有直接關係．因爲高薪只能說明他有經濟能力爲官吏買車票．並不能說明他肯從薪俸中拿出錢來爲官吏買車票．而且我們很可以想像得到．向京漢鐵路討免票的官吏中儘有薪俸比施先生還高的．這本書中另外一件值得注意的事是施先生在哈爾濱處理朝鮮志士安重根刺殺伊藤博文一案的經過．他說．事出．余派人到傅家甸電報局．傳令今日電報只許存收．不許發放．同時電告外務部．在此案調查清楚全案報部之前．請勿發表任何文件．若有人問及此事．政府千萬不可有「保護不周」之道歉語句．貽日人以口實……余乃到處設法．調查眞相．據刺客口供．高麗復仇團對於此事．籌劃多時……必置伊藤於死地．以復國仇……余查明此一口供非常確實．乃撰一報告電達外務部．並代撰英文通訊一篇……俟該通訊在北京刊出之後．余始解……「扣電」之禁令……故此次中國官方文報．爲此案之最先報導……日人查其口供係屬眞實．對我報導無法辯駁．故日方對於此案迄無抗議．

施先生處理這件突然發生而含有重大政治意味的案子．手法的高明．結果的圓滿．委實令人驚奇．那時他僅是三十歲出頭的人而能在遇到急變之時如此鎮定．好像早有計劃似的一步一步做去．終於達到使日本人不能乘機向我國責難的目的．正是他過人之處．

施先生從事外交工作數十年．但他不是一位所謂風雲人物．許多大事經過他手好像都顯得平淡無奇．一件一件的處理過去．聽不到他慷慨激昂的呼聲．他所努力所得的結果也不令人有拍案驚奇之感．他辦外交就好像栽培花木一樣．經常的照顧．澆水施肥．到時便會開花結果．欣賞花果者未必知道誰是栽培者．但栽培者是存在的．被欣賞的花果就是他存在的證明．用不着「多着痕迹．以取千名釣譽之譏」（施先生所作本書自序語）．國人幾乎人人知道顧少川先生在凡爾賽和會中的精彩表演．然而現在很少人憶及施植之先生是華盛頓會議我國的首席代表．但是施先生的功勞是有記錄的．在這些記錄裏施先生的姓名雖然不常出現．他爲國家爭到的利益則是人所共知的．我們很僥倖能夠讀到他生命中前三十七年的簡略紀述．我們在讀完這本小書之後．似乎應當從中國現代外交史中去追尋他生命中後四十三年的事跡．然後我們就能夠明瞭我國廢除不平等條約早年奮鬥的經過．並且可以看到今日中美合作前賢所奠立的基礎．

附歷任我國駐美公使大使一覽表

公使　陳蘭彬　清光緒四年（一八七八）至清光緒七年
　助理公使　容閎（一八八一）
公使　鄭藻如　清光緒七年（一八八一）至清光緒十二年（一八八六）
公使　張蔭桓　清光緒十二年（一八八六）至清光緒十五年（一八八九）

公使	崔國英	清英緒十五年（一八八九）至清光緒十八年（一八九二）
公使	楊　儒	清光緒十八年（一八九二）至清光緒廿三年（一八九七）
公使	伍廷芳	清光緒廿三年（一八九七）至清光緒廿八年（一九〇二）
公使	梁　誠	清光緒廿九年（一九〇三）至清光緒卅三年（一九〇七）
公使	伍廷芳	清光緒卅四年（一九〇八）至清宣統元年（一九〇九）
公使	張蔭棠	清宣統元年（一九〇九）至民國二年（一九一三）
公使	夏偕復	民國三年（一九一四）至民國四年（一九一五）
公使	顧維鈞	民國四年（一九一五）至民國十年（一九二一）
公使	施肇基	民國十年（一九二一）至民國十八年（一九二九）
公使	伍朝樞	民國十八年（一九二九）至民國廿年（一九三一）
公使	顏惠慶	未到任　嚴鶴齡任代辦
公使	施肇基	民國廿二年（一九三三）至民國廿四年（一九三五）
大使	施肇基	民國廿四年（一九三五）至民國廿六年（一九三七）
大使	王正廷	民國廿六年（一九三七）至民國廿七年（一九三八）
大使	胡適	民國廿七年（一九三八）至民國卅一年（一九四二）
大使	魏道明	民國卅一年（一九四二）至民國卅五年（一九四六）
「大使」	顧維鈞	一九四六至一九五六
「大使」	董顯光	一九五六至一九五八
「大使」	葉公超	一九五八至一九六一
「大使」	蔣廷黻	一九六二至一九六五
「大使」	周書楷	一九六五　……

這張表是我早年在駐美大使館任職時從大使館檔案中整理出來的，後來館舍遷移，檔案裝箱，未能詳爲核對・清代及民初的人物背景也沒有能夠查考清楚，尚祈史學界的朋友予以補充，則不勝感幸矣・陳之邁附記

陳蘭甫先生的家風

一九六七年二月四日・東京大雪之後・我以簡單的茶點招待日本的漢學家和東方學者・到有宇野哲人・他的兒子宇野精一・諸橋轍次・石田幹之助・加藤常賢・福井康順・阿部吉雄・嘉治隆一等三十餘人・他們見到我廳堂壁上掛着

陳之邁

先曾祖陳蘭甫（澧）先生的遺墨・獲知我是他的曾孫・乃當場決定請我作今年祭孔時的紀念講演・

日本每年祭孔是由漢學家組成的「斯文會」主辦・時間在公曆四月最後的一個星期日・今年爲四月三十日・地點在東京文京區湯島聖堂的大成殿・裏面供着孔子的木雕像・據說是朱舜水先生帶來日本的・大成殿也是他設計的・祭典參雜中日禮節・簡單肅穆・禮成之後・稍事休息・即在附近的禮堂舉行紀念講演・這篇是我的講稿・題目是「斯文會」指定的・原爲日文・茲承張起鈞兄來信索要此稿・謹誌其原委如上・

論中國近代學術史者一般認爲・在清代末期・廣東的學術有卓越的成就・當時廣東的幾位學者・在著述方面有重要的貢獻・在教學方面造就了許多人才・他們是學術的大師・也是教育上的人師・孔子是一位大思想家・也是一位大教育家・清代末期的廣東學者正是繼承了孔子這個偉大的傳統。

清代末期廣東一位傑出的學者是陳蘭甫（澧）先生・他是我的曾祖父・他於嘉慶十五年（一八一〇年）生於廣東省番禺縣・他在道光十一年（一八三一年）考選爲優行貢生・翌年應鄉試中舉人・其後他六次應會試不中・終身從事於讀書著述・他最重要的著作是「東塾讀書記」・後人因此尊稱他爲東塾先生・光緒七年（一八八一年）・兩廣總督張樹聲・廣東巡撫裕寬・聯名以「耆年碩德」・奏請褒異・奉旨恩賞五品卿銜・因此我家裏常稱他爲京卿公・

先曾祖學術的方面很廣・他最用功之處是經史・他嘗說・凡爲士人・必於四科之學擇其一科而爲之・將來乃成人

材・而四科之學・必求之經史・（「菊坡精舍講話」・原手稿・我現在存有八頁・）

他是清末的一位經學大師・他所著的「東塾讀書記」是大家所熟知・這部書原定爲二十五卷・先曾祖生前只刻成十五卷・其餘各卷的手稿・曾經他的門人廖澤羣（廷相）編輯・但未完全完稿・遺命稱爲「東塾雜俎」・我父親（名慶龢・字公睦）曾將手稿帶到北平・準備編輯印行・先父對於編輯工作異常認眞・至抗戰軍興・尚未編完・據汪宗衍先生所編的「陳東塾先生年譜」（民國五十三年香港商務印書館出版）說・東塾雜俎十四卷（北京古學院刊敬躋堂叢書本）・此書爲門人廖廷相編輯・尚未成書・稿存先生長孫慶龢許・（「許」疑爲「處」）一九四三年癸未・合肥王揖唐囑慶龢與紹興周肇祥校勘付梓……有揖唐序・肇祥跋・刻成不久・揖唐被逮・書印無多・知者絕少・

我曾函請汪宗衍先生收尋此書・現在尚無結果・汪先生本人也未見過・

先曾祖於著述有他特殊的見解・他在刻成「漢儒通義」後・致書他的朋友說・僕寓橫沙・景況粗適・漢儒通義刻成・惟未暇校對・多年心力爲此書・値此兵燹・故先印數部・分存諸同人處・將來校復未遲耳……近百餘年來・經學號稱極盛・然解其文字不復思其義理・其說曰不解文字・何由得其義理・然則解其文字者欲人之得其義理也・今不思其義理・則又何必紛紛然解其文字乎・僕之此書・冀有以藥此病耳・

他寫成「漢儒通義」後即著手作「學思錄」・即後來的「東

塾讀書記」・他說・學思錄通論古今學術・不分漢・宋門戶・於鄭君之學・朱子之學・皆力爲發明・而約之以孝經・論語二書・數年爲此・不及十之二三・大約最少亦須十年・乃粗可成耳・（以上兩段引自「致震伯賢弟書」・我現藏有原件・震伯爲黎永椿先生・）

先曾祖自印有一種稿紙・上面刻有「學思錄」字樣・他嘗命他的長子宗誼鈔錄書籍・每頁只鈔一段・他在「亡兒期年祭文」（「東塾集」・卷六）裏說・「所著學思錄・採取諸書多汝所鈔……切韻・聲律諸書・多汝所寫……」這些散頁・經他親自增刪・加上他的案語・有時用墨筆・有時用硃筆・然後分類裝訂成冊・積聚而成書・我現在藏有這種散葉數頁・是否我的祖父親鈔的則不得而知矣・

我的高祖名大經・又名立本・字翼亭・是一位讀書人・特別喜讀「資治通鑑」・先曾祖記其事曰・七八歲時・竊見先考讀通鑑・日夜不輟……先考遺書・四十餘年・屢更兵燹而未失墜……竊願終身敬讀之・傳之後葉敬守之・昔嘗課長子宗誼讀通鑑・未畢而宗誼死・今復課次子宗侃及兄孫慶修共讀之・吾陳氏子孫世世能讀之・則吾家之幸也・士有從吾游者・亦願人人讀之・則吾道之幸也・（「傳鑑堂記」・「東塾集」・卷二・）

「資治通鑑」成了吾家「子孫讀書者必讀一過」的書・吾家因而叫做「傳鑑堂」・先高祖以後各代陳家子孫讀過的這一部「資治通鑑」亦曾由我父親帶到北平・是傳家的寶・上面有歷代祖宗的圈點・平時用硃色・孝服時用藍色・我在十五歲時即奉父親之命開始讀這部通鑑・但是我對於「天下之治亂興亡」之理至今還是茫然・

先曾祖除了經史以外更旁及其他部門的學問・他嘗說・訓詁・考音・算術・律曆・地理之類・皆儒者之事・然必專門・乃能精通・僕未能也・（「致震伯賢弟書」・見前・）

他雖然這樣謙遜・他對於各項「儒者之事」・却都有過研究・也有過著述・例如他對於地理之學就這樣說・余喜觀地圖・常有此意・凡人天覆地載・故天文地理皆切實之學・人所當知者也・不出戶・知天下・且古今之事萬變・歷歷在吾目前・眞可樂也・知此則地理之學・可以悅心・（我藏有「陶靖節詩箋」一冊・其中有先曾祖許多批註・原本現在香港大學・我所有的是汪宗衍先生的鈔本・以上所引論學地理一節・係他在陶詩「讀山海經十三首」中「俛仰終宇宙・不樂復何如」兩句詩的眉批・

先曾祖對於研究地理主張精讀・他有「讀書十三首」詩・其中一首是・「我近少讀書・惟讀地理志・」「十目乃一行・不肯放隻字・」（東塾遺詩・）

他的精讀主義使他對「水經注」敢於下這樣的結論・酈道元身處北朝・其注水經北方諸水大致精確・至西南諸水・則幾乎無一不誤（「水經注西南諸水考」自序・）

同治四年（一八六五年）・兩廣總督瑞麟・廣東巡撫郭嵩燾・奉詔繪製沿海各省地圖・廣東省圖的繪製先曾祖曾主其事・

關於先曾祖對地理學的興趣・還有兩事可說・他對於「十目乃一行・不肯放隻字」兩句詩似乎很得意・乃自寫篆書請他的朋友何昆玉刻成印章・上鐫「十目一行」四個字・此外

陳之邁

他又以「水經注」一段寫成行書六屏・這兩件先人遺物現均爲我所收藏。

先曾祖早年喜歡作詩・後來放棄了・他自己說・少時喜爲詩・年二十四歲始棄・自此以後・興到爲詩者一年不過數首・亦竟有終年無一首・偶有應酬之作・皆不愜意・迫於不得不作耳・故皆不存稿也・（「默記」・這是先曾祖未成之作・北平圖書館有藏本・嶺南大學有鈔本・我的堂兄陳受頤曾將其輯刊發表於「嶺南學報」第二卷・第二期・）

後來先曾祖的門人汪憬吾（兆鏞）先生・即編「年譜」的汪宗衍先生的父親・曾將先曾祖的詩編成「東塾遺詩」一卷・收有二百六十餘首・但是我保有先曾祖的字幅與扇面・有寫其自作之詩者・有的尚未收入「東塾遺詩」之內・他雖然不自重其詩・後人總應該盡力收齊・

先曾祖也偶然塡詞・許多是他在旅行時所作・統稱爲「鐙前細雨詞」・自序上說・「江船雨夜・稍稍爲詞・以銷旅愁・」太平天國之亂・金陵被佔・因爲吾家先世爲江蘇上元人・他思念故鄉・乃將以後所塡的詞・手自刪定・題曰「憶江南館詞」・但是他也不自重他的詞・據我的叔祖父宗穎說・先京卿詞・存稿不多・遺命不必付梓・如海內有選詞者・付選刻數首足矣・但是他忠實的門人汪憬吾先生也將先曾祖的詞收集付印了・

先曾祖的著作尚有一部分未曾刊印・收集・編輯・刊印他的遺著・他的門人廖澤羣・汪憬吾兩先生有很大的功勞・上文提到我父親曾編印「東塾雜俎」十四卷・在此以前・我父親曾命先兄之達手鈔先曾祖所著的（「琴律譜」石印刊行・汪宗衍先生近來又將先曾祖「東塾集」未收的文字編成「東塾集外文」四卷・最近我曾以先曾祖的「老子注」手鈔本寄給張起鈞兄審閱・承他撰文介紹（「新天地」第六卷・第一期）・並蒙他推介給王雲五先生・這部小書不久即將由台灣商務印書館景印發行・

先曾祖終身讀書・手不釋卷・他所讀的書均親加圈點批注・有的在眉端行間・批注皆滿・先父嘗命我用正楷鈔錄這些批注・一來讀書・二來習字・可謂一舉兩得・記得有一部「韓昌黎集」・批注最多・經我鈔錄・留在北平・現已不知下落・另外一部「陶靖節詩箋」・批注亦多・現藏香港大學・我現在保有鈔本・其中有許多極寶貴的資料・因爲先曾祖極推重陶淵明・認爲他是孟子後最大的一位思想家・特別是在人生哲學方面・

以上是有關吾家的一些瑣碎事情・拉雜報告作爲中國一個讀書人家庭生活的一個描寫・以供各位漢學家和東方學者茶餘酒後的談助・先曾祖對於教門生教子孫讀書做人各方面留下許多寶貴的訓示・不能一一徵引・茲謹請以他所說的幾句話作爲結束・他說・顧嘗讀司馬文正公書儀・謂子孫保護先人遺書・視遺像尤重・蓋遺像其面目也・遺書則其精神也・況今兵燹之後・天下書籍刻板毀失殆盡・讀書者爲之浩嘆・然天下之人孰無祖宗・祖宗有遺書者・其子孫皆如泌沖・購藏而重刻之・則祖宗之精神得以長存・且人人念其祖宗・可以厚風俗・家家購刻書籍，可以助朝廷文教・此澧所敬仰而欲有言者・（「南海鄒氏重刻道鄉集序」・「東塾集」・卷三・）

記林白樂教授

陳之邁

抗戰期間・珍珠港事變以後・經一位美國記者的介紹・我初次見林白樂教授（Paul M・A・Linebarger）・我們相約在重慶上清寺一間小咖啡館晤面・談了半小時話・瘦長的身材・戴着深度的眼鏡・說話時唇音似乎有點困難・林白樂教授初次給我的印象・絕對不是一位軍人・而是一位有點恃才傲世的讀書人・從這個時候起・我和他似乎特別有緣分・重慶分手後・戰後我在華盛頓又遇到他・經常往來十年之久・其後我在菲律賓・臺灣・澳洲・都和他聚首多次・前後算來有二十多年・

林白樂教授的父親Paul Linebarger・譯名林百克・同中國革命有深厚的淵源・在二十世紀初年・林百克在菲律賓任巡迴審判官・在這個時候・他聽說到國父所領導的革命・深切同情・於是辭去了他的職務・為中國革命事業効力・他的宗旨是為中國革命作宣傳工作・喚起美國人注意並且支助中國革命・辛亥革命後他撰作一部書・「我們的中國的機會」・向美國朝野鼓吹中國革命・其後他又擔任「中國的民族主義者」月刊的編輯・為國父作國際宣傳・他最重要的著作是「孫逸仙傳記」・敘述國父的生平・自誕生時起至一九二一年・林百克寫這本書的時候・「許多日子同手創中華民國的偉人同居一起」・稿本並且「曾經過六次的校訂」（兩節均引自自序）・自是一部很有價值的著作・林百克是律師出身・他因此也幫助國父處理許多法律問題・

林白樂教授幼承庭訓・自少年起便對中國發生濃厚的興趣・他在求學時專攻政治學・特別着重亞洲各國的政治・尤其是中國政治・抗戰時間他到中國的時候・他已經出版了三本有關中國政治的書・對於中國國民革命表示深厚的同情・二十多年前他約我在重慶那家小咖啡館會面・就是他讀了我所寫的「中國政府」那部書・想和我談談・並且有意和我合作譯成英文・當時是戰爭期間・誰也沒有時間做這件事・只有相約在戰後再議・

在戰前林白樂教授獲得哲學博士之後・一度在哈佛大學任教・後來又轉到美國南部篤克大學（Duke University）任教授・戰爭結束後・他回到他的母校約翰斯・哈京士大學（Johns Hopkins University）任教授・是時這個著名的大學在華盛頓設置「高級國際事務研究學院」（School of Advanced Internation Studies）・林白樂教授就是這個學院遠東部門的主任・

戰後我在駐美大使館任職・在華盛頓・所以又有機會和林白樂教授時常晤面・那時他在華盛頓西北區第二十八街買了一幢房子・佈置得像一個圖書館一樣・四面八方都是書架・連樓梯旁邊也是書架・就在這個環境裏他從事寫作・到了週末便約請朋友來談天・我也時常是他座上之賓・在他家裏談天的人大都與中國有關・談的也大都是中國的問題・他當時一再向我提起譯書之事・我對他說・我寫的那部書是講訓政時期中國政治制度的・戰後中國即將步入憲政時間・中國憲法將釐定一套新政治制度・譯書三大本至少須一年時間・付印大約須八個月・刊出時很有可能便成明日黃花・還是不譯為妥・但是他總不肯罷休・於是又提議・全書縱不翻

譯．至少得寫一個節要．以作爲各大學「遠東政治」課程的參考書．後來我終於答應了．由我寫一文簡述當時的中國政府組織．由他寫戰後的中國政治發展．我們這兩篇文字都在「政治季刊」（Journal of Politics）發表．並經收入「戰後遠東各國政府」（．Post．war Government of the Far East．edited by Taylor Cole and John H．Hallowell．一九四七）一部書裏．果然成了若干美國大學的遠東政治的參考書之一種．

林白樂教授對於中國政治有他的看法．他認爲傳統中國政治雖然一直是君主專制政體．沒有西方的民權制度．但中國傳統「政治文化」却是大部分時間由文人執政的．宗教和寺院的勢力薄弱．社會階層彼此可以互通．常有「布衣將相」的事實．而且讀書人一般喜愛論政．就是歸隱林泉也是一種政治行爲．並且不是消極的．這些特色使他相信．中國早已具有憲政民主的精神．……一旦民主政治開始實行．很有希望取得濃厚的中國色彩．並且可以抗拒馬克思主義無情的教條．林白樂所謂民主政治取得「濃厚的中國色彩」是指三民主義而言．他早已研究三民主義．並且在一九三七年就寫過「孫逸仙的政治主義」（．The Political Doctrines of Sun Yat．Sen．）一本書．闡述三民主義的精義．認爲三民主義最能適合中國國情．無疑的他是深深受到他父親的影響．他們父子所期望的．努力的．是一個三民主義的中華民國．

在第二次大戰尚未結束之前．有一部分美國人便在吹捧中國共產黨．除了一些駐在中國的美國人之外．在美國爲中共宣傳的有三個主要的集團．第一．是美國共產黨和各種外

團組織．第二．是哈佛大學的一班教授．第三．是「太平洋學會」（Instiute of Pacific Relations．簡稱IPR）．這三個集團都擁有多方面的宣傳工具．不斷的發表文字．爲中共張目．美國人民對於美國共產黨的宣傳也許不致於過分受其蒙蔽．但是其他兩個集團就不同了．因爲組成這兩個集團的人大都是學術界知名之士．他們自命爲中國問題專家．發表的文字都披上學術論者的外衣．容易取信於人．因而效果亦大．這些人當時的中心論點是說中國共產黨並不是「眞正的共產黨」．而是「農村改革者」．說美國人民不但不必懼怕中共．而且應當督促美國政府支持中共．「支持中共就是支持中國受苦難迫害的人民」．

在林白樂教授的客廳裏．我們時常討論到這個嚴重的問題．對方是有組織的．有宣傳工具的．我們也得有組織．有宣傳工具．才能有效的對抗．當時有人建議在美國設立一個「遠東研究所」．並出版刊物．「以公正立場．發表言論．用以闢少數外人之妄言邪說．」當時贊助這個計劃的有許多美國名人．包括衆議員周以德（Walter H．Judd）．美前駐蘇聯大使蒲立德（William C．Bullitt）．美前駐華總司令魏德邁將軍（Albert C．Wedemeyer）．而美戰前駐日大使格魯（Joseph C．Grew）並且自動認捐鉅款．辦成這件事情．當時大家認爲主持這個「遠東研究所」最適當的人選就是林白樂教授．同時他們認爲中國方面也應當支持這個計劃．於是便以這個計劃送給當時的教育部長朱騮先（家驊）先生．說明中國政府如果拿出五萬美元來．格魯大使可以募捐同一數目．有十萬美元．「遠東研究所」便可以開張了．不

幸教育部以「目前政府外滙極端困難」·沒有拿出五萬元來·這個計劃便胎死腹中·

林白樂教授之全副精神貫注於中國問題·不幸造成他家庭的悲劇·他的夫人是一位很有才學的女子·但她的興趣不在遠東政治而在文學·她最大的志願是寫成一本暢銷的小說·原來林白樂教授本人也很有文學的興趣·在研究遠東問題之餘·喜歡用筆名寫「科學小說」（Science fiction）·任憑他的想像力飛騰·寫出未來世界的種種奇觀·人到了月球上怎樣生活·整個宇宙都有人時怎樣交通·食物的營養力劇增時人體是什麼形狀·想入非非·是他一種消遣·他的「科學小說」每一本都風行一時·爲他增加了許多收入·不幸他夫人的小說總沒有出版公司肯予出版·書稿一次一次的退回來·他夫人懊喪之餘·竟責備他費太多時間研究中國·不幫她潤色小說稿子·以致連遭退回·他們爲了這件事不時爭吵·有一次迫得林白樂說出一句不幸的話來·說他夫人「根本沒有文學天才」·他們夫婦就這樣鬧翻了·對薄公庭·結果判決離婚·他們所生的兩個女兒歸母親教養·父親只准偶往探望·

離婚對於林白樂教授是一個嚴重的打擊·他在戰時被徵入美軍·那時他的身體不及格當普通的士兵·於是他被派到心理作戰部門工作·他根據實際經驗寫成了美國軍用的「心理作戰」教材一冊·深受美國軍部的重視·所以他時常被召講授「心理作戰」·韓戰爆發後更爲頻繁·但是他無論怎樣忙碌·中國政治的研究是絕不放棄的·一九五四年·他和他的至友章楚先生（現在任職聯合國秘書處）合作寫成「中國的政府與政治」一本大書·配合另外一位美國教授所寫的「日本的政府與政治」一本書·合併刊出·稱爲「遠東的政府與政治·中國與日本」（Far Eastern Government and Politics·China and Japan·）一鉅册·林白樂和章楚合作的一部分共有二百五十三頁·分爲九章·夾敍夾議·從中國傳統政治·滿清時代·講到現在·洋洋數十萬言·可以說是他畢生最重要的著作·這是一本美國大學通用的政治學教材·以敍事爲主·以分析事實爲輔·但是在字裏行間我們可以窺見他本人的立場·第八章是討論□臺灣□□□□□□的·他讚揚近年來臺灣省建設的成果·而在結尾時則引用蔣廷黻先生一九五三年雙十年節的一篇演說·□□□□□□□□□

他關於中國政治的著作是學術性的·議論不多·但是在演講和談話時他總是談笑風生·才氣縱橫·大有「語不驚人死不休」的氣概·使聽者不免覺得他的意見不夠精審·多少年來我聽他談話·在大處他是絕不放鬆的·他早年堅決反對馬歇爾將軍到中國去試圖組成國共的聯合政府·他說的好像歐洲中世紀時有人試圖將羅馬教皇和回教教主聯合起來一樣·絕無成功的可能·其後他極力支持孤立□□的政策·如拒絕□□進入聯合國·嚴格執行對中國大陸禁運等·只是他的腦筋時常用在想方法出奇制勝·佔小便宜困惑對方·這恐怕是他喜歡研究「心理作戰」必然的結果·但方法太奇突有時是會叫虧的·眞正的勝利只有打硬仗才能取得·這一點他有時似乎忽略了·

林白樂教授研究中國的聲譽不限於美國·他兩度被澳洲

國立大學（Australian National University）延聘講學・一九六五年春・他第二度赴澳講學・我適在澳洲・多年未見・歡樂之極・特別是他這次和他的新夫人同來・他的新夫人也是研究遠東政治的・有博士學位，通印尼語文，專研印尼政治・已有不少專者發表・我見他們新夫婦志同道合・告訴我他們將到印尼考察・然後再到臺灣・我想起那一年正逢國父百年誕辰・他的家庭與國父有淵源・國內大學應爲他安排一次公開演講・紀念國父・他一口答應・並且說他有一個講演題目・就是說明在今日衆多的新興國家中・興盛的都在推行類似三民主義的政策・衰敗的則是在推行與三民主義相違背的政策・證明三民主義不但適宜於中國・並且適宜於所有的落後國家・我當時即寫信回國爲他安排這個講演・後來國內適通過授予名譽學位的法案・於是又改爲授予他以名譽法學博士學位・他後來到了臺北・寄我一信說「國立」政治大學決定授予他以名譽博士學位・但希望他在國父誕辰領受・請他十一月再到臺灣一次・他欣然同意・十一月十三日・他在臺灣領到學位之後・從東京寄澳洲一信・說接受這個中國學位是他畢生最大的光榮・謝我爲他作了安排・說回到華盛頓再寫信給我・後來他許久沒有來信・正在擔心・又看到臺北報章一段消息・說我政府授勛給他・並有一張照片是周書楷大使親自爲他配帶勛章・我於一九六六年三月三日去信爲他道賀・但未得回信・是年夏間我兩度回國・事忙也就沒有一再打聽他的消息・不料在八月間我收麼他夫人的電報・說他在八月六日與世長辭了・他夫人的電報並且告訴我・她本人已受聘爲大學教授・講授印尼歷史政治課程・將來必再來遠東

聚會・

林白樂教授的生活習慣相當怪僻・他瘦長的身材常常穿着剪裁奇特的衣服・衣料顏色與衆不同・而且常穿白色皮鞋・他的標誌是他的領帶・是在中國訂製的・深藍色上面繡着「林白樂」三個白字・是小篆體・他的視力不佳・但他喜歡買名牌的舊汽車・自己修理・馳騁於公路上・速度特高・旁若無人・他最快樂的事是和人談中國問題・滔滔不絕・談出一點好主意來便洋洋得意・他熱愛中國・熱愛中國人・我們很高興以人情味自詡的中國人沒有辜負這位忠誠篤信的朋友・

一九六七・八・六・

陳東塾先生遺著輯印記

先曾祖東塾公（諱澧・字蘭甫）・出生於廣東省城木排頭里第・除六次進京會試及兩度避兵亂於鄉間外・不曾離開廣州・故所有藏書及著述原稿均存於是・東塾公於光緒八年壬午（一八八二）歿後・大部份藏書及書稿由子孫及門人分存・小部份留在木排頭者則因民國十六年廣州亂事而焚燬・藏書及書稿分兩大部份・其一爲先父（諱慶龢・字公睦）所保存・其一則爲東塾公門人廖澤羣（廷相）先生所保存・先父爲東塾公長孫・所存較多・早年宦遊京師・全部帶到北平・抗戰期間・先父留在北平・先人遺稿・遺物仍舊保存・未遭敵軍損毀・

東塾公一生最重要之著作爲「東塾讀書記」・原分二十五卷・首先刻成者十六卷・尚有九卷仍待整理・而東塾公遽爾

逝世・東塾公遺命未刻印之九卷稱為「東塾雜俎」・由門人廖澤羣先生整編付梓・澤羣先生曾從事整編・惜未竟其功即歸道山・先父晚年對於整編「東塾雜俎」・繼任其事・幾經歲月・終於民國三十二年全部完成・遵遺命仍稱「東塾雜俎」・惟將原定之九卷擴為十四卷・此書係由「北京古學院」刋行・列為「敬躋堂叢書」之一・先父於戰後通信中曾提到整編此書・「甚不愜意・但亦無法」・最不幸者為此書雖經印行・但流傳極少・臺灣及香港均無從覓到・余以此書印行於日軍佔領北平時代・日本坊間或者有之・一九六六年・余奉命出使日本，乃遍訪東京神田區出售中國古籍之書店・並托請日本漢學家宇野哲人・諸橋轍次等先生代為尋訪・迄無所獲・一九七三年間・友人陳克文先生見到臺北「明倫出版社」出版之「陶淵明研究資料」・其中徵引東塾公有關陶淵明之評論數則・注明出自「東塾雜俎」・證明有人見過是書・當即托請鄉先輩梁均默（寒操）先生與「明倫出版社」聯絡・始知該出版社已經停業・主持人亦無踪跡可尋・惟有繼續探索而已・倘幸而有獲・自當洽商景印・以廣流傳・海內外人士如有藏此書者・萬乞見告・倘能見借重印・則感且無涯矣・

至於廖澤羣先生所藏東塾遺稿・自廖氏辭世後・亦遭散亂・但大部份存於粵東各藏書家手中・所幸東塾公之門人以及國學學者・每見此類遺稿・輒輾轉過錄・往往有數種之多・近來亦有經過編校而予以出版者・例如香港周康燮先生即曾編集東塾公有關姜白石詞之評論而成「白石詞評」一種・由香港龍門書店刋行・值此亂離之世・此項工作實極有其需要也・

東塾公嘗說：顧嘗讀司馬文正公書儀・謂子孫保護先人遺書視遺像尤重・蓋遺像其面目也・遺書其精神也・況今兵燹之後・天下刻板毀失殆盡・讀書者為之浩嘆・然天下之人孰無祖宗・祖宗有遺書者其子孫皆如泌冲・購藏而重刻之・則祖宗之精神得以長存・且人念其祖宗・可以厚風俗・家家購刻書籍・可以助朝廷文教・（南海鄒氏重刻道鄉集序）・「東塾集」・卷三・）

余秉先人遺訓・早有戮力蒐集東塾公遺著遺墨之志・祇因歷年戰亂・身在海外而未果・一九五五年余奉命「出使」菲律賓・一九五七年初・香港「星島日報」總編輯陳夢因先生前來訪問・當即托請在香港登報蒐求東塾公之遺著遺墨・其後收到來信謂已轉托陳荆鴻先生代為辦理・無刋登廣告之必要・荆鴻先生旋即來書云・「自經喪亂・國粹蕩然・舊籍搜羅・已感不易・與其登報徵集・不若私向朋輩訪求割讓・則刋費已足為購書代價矣・」

其後數日・荆鴻先生即為余蒐得東塾公已刋著作五種・並有東塾公所書篆書楹聯一副・行書楹聯一副，是為余收回先人遺著遺墨之開始・猶憶民國二十三年・余自美遊學返國・任教職於清華大學・先父曾賜予東塾公所書小楹聯一副・懸之書齋中・民國二十六年七月初・余奉召參加廬山談話會・會畢北平已經陷敵・未能再返清華・此聯遂爾亡失・今事隔整整二十年・東塾公之手澤又復出現於余之廳堂中・其興奮之情實非言語所能形容者・

余之有意蒐求先人遺著遺墨・經荆鴻先生之鼓吹・漸為香港及臺北友人所聞悉・以為其志可嘉・紛紛來函紹介・所

陳之邁

獲日增・陳克文先生・抗戰時期與余在行政院同事・大陸變色後執教於香港・對此事最爲熱心・除隨時留意代爲蒐集外・並爲介紹汪孝博（宗衍）先生・孝博先生爲東塾公門人汪憬吾（兆鏞）先生公子・累代留心粵東文物・孝博先生編有「陳東塾先生年譜」一種・收集已刋未刋資料最豐・書成之後・即以全部資料見讓・余收集之東塾公遺著遺墨遂頗有可觀・此外臺北及香港友人・如葉公超・梁均默（寒操）・張麗門（玆闓）・黃君翁（君璧）・趙葆全諸先生・更以所藏・或則以原件見贈・或則攝成照片寄來・於是余所有者・益臻完備・最可異者爲荷蘭籍漢學家高羅佩（Robert Hans van Gulik）大使・與余同任職東亞・某次渠往遊香港・見一殘舊之廟宇・門前懸有東塾公所書木刻楹聯一副・當即爲之攝影・歸東京以照片見贈・諸君子對余收集之先人遺著遺墨之諸般協助・實至可感・

先曾祖之遺著遺墨・以及生前所用之圖章石硯等等・依我國傳統習尚・固應傳之子孫永世保存・惟値此亂離之世・未刋之手稿尤宜儘量刋印・以廣流傳・藏書八萬卷之淸代人張海鵬曾說・藏書不如讀書・讀書不如刻書・讀書祇以爲己・刻書可以澤人・上以壽作者之精神・下以惠後來之沾漑・其道不更廣耶・過去二十年餘來・余收集東塾公之遺著遺墨既已達相當數量・每有閒暇・即從事於編整抄錄・先後予以刋行・惟是從事此項工作・有一先決問題・即是所集之遺著・既未於東塾公生前付梓・自含有未經完全審定之稿件・此類稿件是否應予刋印・自有商榷之餘地・嗣經再三考慮・認爲吾人研究一位大師之學問・固應注重其在學術上之

貢獻・同時亦應兼及其治學之過程・及其治學之方法・西洋人所研究歷代之學者・類多竭盡所能掌握其生平全部之資料・片楮隻字・絕不輕易放過・以求於闡揚其學術之餘・併及其治學之經過・甚且涉及其私人生活・以存其眞・爰本斯旨・決將余所存東塾公未經刋印之書稿文稿・分別刋行・分述如後・

「說文聲統」　東塾公著有「說文聲統」一種・又名「說文聲表」・爲三十歲以前所作・共十七卷・初稿旣成・原擬倩桂星垣（文燿）先生檢校一過・然後刻板・後因星垣先生有韶州之行・遂以底本送徐子遠（灝）先生・並囑其作箋・但無所成・咸豐三年・公循星垣先生之請・即付剞劂・乃於是年八月作自序一首・但不知何故・仍未刋刻・公歿後・是書謄本之一由公之門人廖澤羣先生保存・・擬送廣雅書局官刻・尚未着手而廖先生遽歸道山・此書另一謄本原存先君處・本擬在蘇州付刻・又以播遷未果・稿經交由先兄之逵存於彼所主持之上海中國信託公司之保險櫃中・民國二十六年・中日戰啓・干戈擾攘八年・該稿遂散失無踪・先君於戰後家書中・一再提起刋刻此書之事・有「此稿非刻不可」・「此事非汝不能辦也」・「先祖在天之靈當佑汝福壽也」之言・惟是此書原稿不知所向・對此事實感無從着手・每一念及・繞室徬徨・其後大陸變色・更爲絕望・民國五十七年・北大同事張佛泉先生任教於加拿大溫哥華英屬哥倫比亞大學・托便以該大學新近購入之宋元明及舊鈔善本書目見贈・余時任職東京・展閱書目・而「說文聲統」十七卷赫然在內・爲之狂喜・夜不成寐・翌日即馳書佛泉先生・請准將原稿全部景

印・比蒙允諾・並荷該大學圖書館長同意刊行・余獲景印本後・復承友人劉紹唐先生之協助・洽得臺北文海出版社主持人沈雲龍教授同意・即由文海出版社影印刊行・全書三册於一九七一年五月出版・此書之出版上距東塾公作序一百十八年・先人遺命・乃得完成・如此奇遇・冥冥中蓋有呵護也・

「東塾續集」　東塾公文集已刊行者現有兩種・最早爲公門人梁星海（鼎芬）・陳樹鏞兩先生所合編・於光緒十二年所刻印之「東塾集」・收文一百二十篇・分爲八卷・流傳極罕・其後公門人廖澤羣先生另編一種・亦稱「東塾集」・於光緒十八年由菊坡精舍刻印・收文二百二十篇・分爲六卷・此集流傳較廣・惟在梁刻・廖刻之外・公之遺文散在各處者・爲數尚多・尤以公與友人門生論學之信札最夥・亦最有保存價值・近年來此項文字在各處屢屢發現・多經陳援庵（垣）・汪孝博先生予以鈔傳・余近廿年來從事收集先人遺著遺墨・其中亦有原蹟數件爲前所未曾見者・公本無意以文章傳世・惟「自記」中有言謂・「生平不欲爲文章・然有爲先人而作者・及爲親友碑傳事蹟不可沒者・故過而存之・」余本斯旨・乃將近年來所蒐得之文章詩詞・彙集成編・共得文章信札一百零四篇・詩十二首・詞七首・均爲前所未曾發表者・定名爲「東塾續集」・由臺北文海出版社於一九七二年出版・以廣流傳・

「老子注」　余所收得之東塾公遺著中有「老子注」一種・爲手鈔本・後有石光瑛跋・說明是由汪憬吾先生所藏鈔本傳鈔・此書曾經他人屢屢著錄・但從未刊行・余獲得此鈔本後・當即商得王雲五先生的同意・於一九六七年由臺北商務印書館景印發行・並承當代專研老子之張起鈞教授・及編輯「中外老子著述目錄」之嚴靈峯先生爲之作序・汪孝博先生介紹此書曰・自注曰不作・故所注頗簡・間有每章僅注一條・或未有注者・然發明義趣深有裨於讀老子者・引用王弼・河上諸家舊注・采擇極嚴・

張起鈞教授則說・陳氏這本注解・內容豐富・乃是從各種角度來理解和研究老子道德經・而又從各種角度把他的心得・筆之於書・傳給後人・我們不僅可以得到很多寶貴的意見・增進我們對老子的了解・並且可因而管窺一代大儒治學的風範・眞是一舉而兩得・

「陶淵明集札記」　東塾公生平最愛陶淵明詩文・所藏陶集・一讀再讀・眉端行間・批注甚多・備極精彩・余於蒐集遺著遺墨中・獲得鈔本兩種・爲公之門人所過錄・其間略有出入・經過一番校對後・全部鈔錄・寄香港友人陳克文先生・再與其他鈔本校對・並加若干按語・編成即「陶淵明集札記」一種・由香港龍門書店印行・

「字體辨誤」　東塾公遺著中有「字體辨誤」一種・據汪宗衍先生考證・作於同治七年・分象形字誤・會意字誤・諧聲字誤・二字形近相混・上下偏旁形近相混等五類・每類舉出十數字爲例・皆以六書說明之・當係爲學海堂・菊坡精舍初學者所作・曾經刻印・僅寥寥數頁而極精彩・此作流傳不廣・一九七一年・臺北廣東同鄉會將編「廣東文獻季刊」・梁均默先生徵稿於余・乃以影印本寄去・刊於第一卷第二期・惜手民將頁次顚倒爲憾耳・

「引書法」　此作僅十條・每條十數字・旨在指示學生

撰作學術文字時如何徵引他書・以免暗襲之敝・國人從事學術著作一向不重視此節・輾轉鈔襲・讀者不知語出何人・引自何書・積敝已深・近年來採用西洋式標點・包括引號及脚註・始稍改善・實爲一大進步・東塾公雖未倡用引號脚註標明所引之書・但對如何引書則有極難明確之指示・實爲研究學問之基本訓練・此作曾經刻印・爰經予以影印・併同「字體辨誤」刊載於「廣東文獻季刊」第一卷第二期・

遺稿　東塾公生平讀書有得・即手記於小册中・或命長子宗誼鈔錄・所用爲自製之稿紙・爲貢川紙（竹紙）・長十三公分・寬九公分・上印有「學思錄」三字・「學思錄」即「東塾讀書記」及「東塾雜俎」之前身也・此項札記積逾千册・或存廣州木排頭里第中・或爲門人取去・民國十八年・書販多寶齋有七八百册・售價僅五百元・當時有滇軍將領廖行超・字品章・雲南人・購去最完整部分・百餘册・約當總數四分之一・現在下落不明・其餘部分則售予香港高隱岑（字蘊琴・廣東潮州人・）約五百餘册・交由崔師貫（字百越・廣東南海人）代爲保存・此批小册後由莫漢（字鶴鳴・中山人）出資一萬元・加以校輯鈔錄・由莫榦生・莫詠虞・利希慎分任校訂・地點在利希慎所有之「利園」・當時參預實際校訂工作者爲何藻翔（翽高）校經部・鄧爾雅校史部・崔師貫校子部・某君校集部・校訂工作・至爲繁重・校完之稿・僱人鈔寫・所用者爲青絲闌格紙・紙上板心刻有「北山堂」三篆字・「北山堂」蓋「利園」校書之處也・校訂工作・進行約兩年・利希慎氏不幸歿於意外・「利園」遂不能續用・高隱岑氏旋亦作古・兩年中・經部校成最多・集部似尚未著手・原定一萬元之預算祇用去四千元而輟・

「利園」校訂工作既輟・所有小册乃分爲兩部分・㈠已經校訂鈔錄部分約六百册歸鄧爾雅氏・鄧氏將其交容肇祖氏・容氏又以六百元讓予嶺南大學圖書館・嶺南大學於獲得此批小册後・即交國文系主任楊壽昌（果庵）教授・及余之從兄陳受頤教授整理・不知何故只有四百八十六册・與原數六百册缺一百餘册・據楊教授言・「遺稿各本・卷端標識・有默記・學思自記・學思錄序目・雜論學術・經史子集各種名目・其中所記・除讀書日課・生平志事・親友交遊情感外・十之九爲讀書記已成之餘稿及未成之草稿・」陳教授曾將小册子較完整者予以整理・陸續刊行於「嶺南學報」中・並印有單册・分贈好友・余今亦藏有數種・梁啓超・錢穆諸先生・於討論近三百年學術史時・對此項小册・備極重視・屢屢提及・㈡其未經校訂部分・據聞歸古直（公愚）氏・古氏後將其轉讓予國立北平圖書館・數年前余曾致函當時任國立中央圖書館館長蔣慰堂（復璁）先生・據覆中央圖書館善本圖書目錄中並無此一項目・此批珍貴資料殆已不知下落矣・

余近年戮力蒐集東塾公遺著遺墨・亦曾獲得此項札記數十頁・係用朱絲闌格紙鈔錄・板心刻有「學思錄」三字・鈔字非東塾公親筆・惟每篇均有東塾公親筆字跡・或用墨筆・或用硃筆・分別增删圈點・例如「爾疋說文韻書」之封面・東塾公即有長批・「此帙先要選定・下帙亦要選定・其不入選者另存之・其選定者排定之・以俟後有添入也・凡各小册內・恐尚多入小學類者也・」在另一小册之封面・東塾公說明取捨之分類・上取（上）・次取（中）・另存（下）・删（又

下）・根據此一分類・其他各頁即有「上取」・「次取」等字樣・余現所獲者雖是斷簡殘篇・然均是先人手澤・亦可略略窺見「東塾讀書記」著作之過程・而知梁・錢諸先生對此項小册之所以如此重視也・

批注之書　東塾公讀書・多作批注・綴識簡端・其中批注較多者一部分已經摘錄・編成專帙・如上述之「陶淵明集札記」・「白石詞評」等是・惟此外尚有許多批注仍存於書中・既未經付印・亦未經過錄・猶憶余兒時曾奉先父命過錄東塾公所批注之「韓昌黎集」等書・現已無縱跡可尋・比年以來・坊間不時有經過東塾公批注之書出售・每為美國及加拿大之大學圖書館所購去・惟余亦收回若干種・先人手澤・彌足珍貴・例如錢大昕所著之「三統術衍」四册・不但有東塾公親筆批注多處・且在阮文達公（元）所作序文之下鈐有「番禺陳氏東塾藏書印」之章・刻工極佳・而且罕見・又如王源之「居業堂文集」・為張南山（維屏）先生贈予東塾公者上有張氏親筆題記・自稱「珠海老漁・時年八十」・即咸豐九年・東塾公曾細讀此集・有眉批多處・字至工整・再如東塾公讀姜白石詞・固有批注・讀白石詩亦有批注・余蒐得錄本一種・惜字數太少・不能成書耳・東塾公之友人倪雲渠（鴻）・與東塾公時相唱和・倪之詩集曰「野水閒鷗集」之手鈔本三册・現在余手中・其中有東塾公之批注數處・與倪氏唱和之詩則已收入「東塾遺詩」中・此集尚有幾位粵中名宿之批注・如張南山（維屏）・王定甫（拯）・鄭小谷（獻甫）・汪芙生（瑔）等・自亦值得珍存也・

以上為余近二十年蒐集・整編・刊行東塾公遺著遺墨之經過大要・今後倘續有發現・自當賡續為之・學力不足・所能為者僅為盡力保存先人之手澤・實未敢稍加損益也・

國父的信徒威廉士

國父民生主義第一講有下列一段・

近來美國有一位馬克思主義的信徒威廉氏・深究馬克思的主義・見得自己同門互相紛爭・一定是馬克思學說還有不充分的地方・所以他便發表意見・說馬克思以物質為歷史的重心是不對的・社會問題才是歷史的重心・而社會問題中又以生存為重心・那纔是合理・民生問題就是生存問題・這位美國學者最近發明・適與吾黨主義・若合符節・這種發明・就是民生為社會進化的重心・社會進化又為歷史的重心・歸結到歷史的重心是民生・不是物質・

國父提到的威廉氏是誰・他的著作是何名稱・普通的書籍均沒有詳細記載・一九三一年我在紐約哥倫比亞大學研究院肄業・有一天我的政治學教授羅卓士（Lindsay Rogers）對我說・他有一位老朋友將舉行一個集會紀念國父・希望我去參加・我當即時答應並依時前往・原來那個集會是一位塞爾則（William Sulzer）先生所發起・到了二十多人・地點是在他紐約市的寓所裡・其中的陳設都很古舊・但相當的寬敞舒適・塞爾則先生已年近古稀・瘦長的身材・滿頭白髮・行動似乎有點不大方便・集會開始・塞爾則先生起立發誓・說他一生最大的幸運是有機會認識國父・他說國父早年往訪紐約・曾在他的寓所留宿・臨行時留下一副袖扣・他當時以這副袖扣取出來・給大家傳觀並說他將以之傳給子孫・

陳之邁

永遠紀念國父。他說國父是廿世紀世界上最偉大的人物。現在北伐完成。國民政府成立。制訂訓政時期的約法。國父領導的國民革命業已成功。因此他舉行這個集會。同申慶祝。他致辭之後即舉行茶會。大家閑談。我從來賓的口中獲悉。塞爾則先生一九一三年當選紐約州州長。後來因案卸職。退出政壇。即在紐約從事社會事業。

那次集會的參加者有一位威廉博士（Dr. Maurice William）。經塞爾則先生爲我介紹。我一聽到他的名字。便立刻想到民生主義第一講的威廉氏。故率直的問他是否認識國父。他答稱並不認識國父。但是他聽說他所寫的一本書「社會史觀」（"The Social Interpretation of History"）曾爲國父所引用。這個偶然的遭遇使我喜出望外。當即約期造訪。並以民生主義第一講有關部分譯出爲他送去。

威廉博士是一位身材短小。壯健精幹的中年人。雖然帶着深度頗高的玳瑁邊眼鏡。但兩目炯炯有光。他說話的聲音宏亮。言辭肯定有力。他住在紐約市西五十七街二百號。是一所古舊的房子。他是猶太人。原住舊金山。他少年到美東習齒科。畢業後就在紐約行醫。他接見我的地方就是他的診所兼住宅。看來它並不富有。他的收入料想只是附近一帶居民的診費。似乎不很充裕。那天我去拜訪他。談了些中國的時局問題。那個時候日本軍閥侵略中國的野心已漸顯露。但「九一八」事變尚未發生。威廉博士一再表示希望中國有一個長時期的和平安定。使得國民政府能夠有機會次第實行國父的理想和計劃。締造一個三民主義的國家。我問他著作「社會史觀」的經過。他很謙遜的說。那本書是他少年時（一九二一年）所作。並沒有引起學術界的特別注意。他說美國人是不喜談主義的。他的書早已絕版。他萬想不到國父看到他那本書。並且認爲他的理論和三民主義。「若合符節」。

我和威廉博士的談話只有短短半小時。即因有人來求診而終止。過了幾天我向羅卓士教授報告參加塞爾則先生紀念國父集會的經過。同時提及晤見威廉博士的經過。羅卓士教授頗感興趣。叫我去見哥倫比亞大學現代歷史教授蕭特維先生（James T. Shotwell）。向他說明這一段中美歷史的因緣。蕭特維教授除了擔任哥倫比亞大學歷史系研究部門的課程以外。並且是美國鋼鐵大王卡尼幾（Andrew Carnegeie）所損贈的「國際和平基金」經濟歷史部門的主人。所以他對我所報告的各點覺得有作深入研究的價值。一九三二年三月。蕭特維教授在哥倫比亞大學文科研究所發行的「政治學刊」（Political Sceens Quarterly）發表了一篇文章。題爲「孫逸仙與摩理斯．威廉」（"Sun Yat-Sen and Maurice William"）。其中除了敍述國父如何推重威廉博士的學說以外。並有以下幾段。

一九二四年八月。孫博士講述他的三民主義的第三部分。即是關於社會改革的部分。他的根據是威廉博士的理論……如此孫博士獨特的見解是導源於一位美國人對馬克斯的批判。而不是導源於馬克斯本人。因而使新中國所走的路線是肯定的反對□□主義的……

在現代政治思想中。很少有比這個問題更迫切的。這個問題不應當只從這兩位有關人物的角度來看。這種看法是錯誤的。孫博士與威廉博士思想背景有兩個決定因素。即中國與美國……從這個觀點來看·孫博士之在三民主義中接受了威廉博士的理論正足以說明社會史觀的理論根據·這個理論發明了政治運動的一個關節·不是在生產者和剝削者的階級鬥爭·而是在整個社會本身主要的需要·亦即是說消費羣衆的需要……

因此民生主義就確切的代替了社會主義和共產主義……從此我們看出·民生主義不僅是孫博士和威廉博士兩人意見的相同·而是美國與中國文化的合流·因爲在這兩部文化裏·消費者而不是生產者才是決定的因素……

現在已經到了認識威廉博士溝通中美文化工作的時候了·孫博士在三民主義中已有了這個認識·究竟威廉博士的貢獻如何·只有歷史才能顯示·

「九一八」事變發生後不久·我被徵調到華盛頓中國公使館去當臨時僱員·服務了八個月即行回國·因此也再沒見到威廉博士·也沒有和他通信·

一九四四年六月我奉派到華盛頓在駐美大使館工作·我從重慶乘美國軍用運輸機經過印度·北非·橫渡大西洋·而到達紐約·轉到華盛頓·是年秋間我赴紐約·再度去拜訪威廉博士·他仍然住在那個老地方·仍然爲鄰近一帶的居民治牙·我們兩人雖然只有十三年前一面之緣·但是他老人家還記得我·並即對我講說許多事情·他說在漫長的戰爭期中·他沒有一時一刻忘記了中國·在中國抗戰初起時他便參加發起捐助救濟中國難民的組織（United China Relief）·珍珠港事變後工作尤爲積極·但是這個組織不幸爲左傾份子所滲透·幾乎被他們所把持·他又說他組織了一個「中山學社」（Sun Yat San Group）·主持者是孫哲生（科）先生、張靜江（人傑）先生、李石曾（煜瀛）先生·吳秀峯先生任中國秘書處的秘書長·威廉博士自任美國秘書處的秘書長·美國秘書處就設在他的寓所·他對我說·「中山學社」的宗旨是闡揚三民主義·促進中美友好·但是他鑒於□□□□破壞抗戰的種種事實·以及美國許多□□份子對中國政府的惡意宣傳·他認爲當務之急是喚起美國人民警覺□□的威脅·因爲□□的陰謀·不但是要用武力奪取□□的政權·而且是根本反美的·倘若□□的陰謀得逞·「第三次世界大戰便不能避免了·」·威廉博士說這段話的時候，第二次世界大戰還未結束·許多美國人士正在爲□□竭力宣傳·而威廉博士卻獨排衆議·嚴厲的·正確的揭發□□的野心及其危險·眞是令人衷心的敬佩·然而他又說他人微言輕·□□的勢力波濤洶湧·唯一的辦法是聯合美國有力量·有名望的人士·發起全美性的組織·喚起美國的輿論·他願爲這個組織竭盡他的力量·

從這次重聚以後，我時常和威廉博士見面·我每次到紐約例必約會和他交談·他偶爾到華盛頓來也例必和我晤面·平時我們也時常通信·交換意見·一九四五年九月十二日他給我的一封長信可以看出他對當時時局的一般看法，茲擇數節如下·

在許久以前我便認爲在一個適當的時候·救濟中國難民組織應當予以改組·使其由一個慈善救濟的組織變成一個教育的組織·教育美國民衆認淸□□□□的威脅·這個時機現在已經到臨了……

我雖然是這個救濟組織發起人之一·不幸得很·我發現改組這個組織是辦不到的事情·因爲……這個組織已被□□及其同路人所滲透……而且主其事者有的是支高薪吃救濟飯的人……他們絕不肯容許這個組織變成一個以促進中美兩國人民加深瞭解的機構……

我經過深思熟慮之後·我堅決相信我們必須另起爐灶·從新做起·找有影響力的人發起一個新組織·標榜一套新目標……

我想這個新組織最好的名稱是「中美民主同盟」……我們可以請社會上最有名望的人來參加發起·如杜威博士·愛斯坦博士·蕭特維教授等……

這個組織將爲散佈眞理的大本營……因爲眞理是對抗左傾份子·親□份子所散佈的虛僞宣傳最有效的武器……只有愚昧者才會受宣傳的蒙蔽·只有教育可以救治愚昧·而教育正是「中美民主同盟」的最高目的……

現在共產的勢力已先聲奪人·而成立了一個龐大的宣傳組織——「民主的對華政策委員會」……這個組織在美國民間已發生了極大的宣傳作用……但共產勢力的成功正是對我們的挑戰·他們的勝利只是我們沒有努力的反映……

請讓我鄭重的聲明·倘若我們希望三次世界大戰可以避免·這個希望就寄託在美國開明的輿論·以光明代替黑暗是我們的工作·也是我們的責任……

威廉博士的呼籲得到了若干志同道合的支持者·其中之一是柯爾伯先生（Alfred Kohlberg）·他們聯合了若干有力的人士發起組織「美國對華政策協會」（American China Policy Association）·在紐約成立·社址在紐約西三十七街一號·柯爾伯先生是一位殷實的商人·經營汕頭的抽絲品而成鉅富·他熱愛中國·篤信民生·堅決□□·威廉博士和他通力合作·而使「美國對華政策協會」的各項主張在美國輿論上發生了相當的影響·

威廉博士所謂教育工作是多方面的·而且必須持之以恆·以眞確的·具體的事實一點一滴的傳佈·使美國人民明瞭□□勢力對中國·對美國·對世界的威脅·柯爾伯先生早年的工作着重在揭發「太平洋協會」之被□□及同路人滲透·發表了近千頁的文字·證明該協會對□□政府惡意宣傳的根由·柯爾伯先生對「太平洋協會」的宣傳戰鬥後來引起了美聯邦參議院司法委員會對「太平洋協會」廣泛深入的調查·威廉博士的工作則是在別的方面·一九四二年七月七日·即蘆溝橋事變的第五周年·美國政府發行紀念郵票·上面有國父和林肯的肖像·以中美兩國的兩位偉人象徵中美兩國民主的理想和友好的關係·當時我在重慶·但事後聽說這件事原是威廉博士所倡議的·每年到了雙十節·威廉博士例必事先和紐約各大報紙洽商·在國慶那一天刊登社論紀念中國革命·闡揚國父的思想·十幾年來威廉博士對這件事從未間斷·而且例必有成·後來威廉博士最主要的工作是促成美國退伍軍人協會（American Legion）的□□·他曾一再對我說明·這個協會有上一千萬會員·加上他們的家屬幾達美國人口三分之一·這是何等鉅大的力量·威廉博士不辭勞苦·奔走呼籲·作文講演·終於促使美國退伍軍人協會通過成立了一個「全美性團體聯合□□會議」（All American Conference of

National Organizations United Against Communism）·聲勢浩大·威廉博士即以「美國對華政策協會」代表的名義經常參加這個龐大的□□組織·

一九五○年六月·威廉博士應當時大韓民國大統領李承晚先生的邀請訪問韓國·我聽到這個消息當即勸請他務必訪問臺灣·承他欣然允諾·並即以許多有關美國□□運動的資料交我轉陳當時我國外交部長葉公超先生·威廉博士啓程之時·韓戰業已爆發·他以年近古稀的高年·不辭萬里行程·先到東京訪晤麥克阿瑟將軍·繼到漢城爲李承晚大統領的上賓·最後到了臺灣·我國政府及民間團體對他熱烈歡迎·特別是總統接見他·對他慰勉有加·他回到美國·興奮極了·並即到華盛頓來訪我·送給我一張總統和他合拍的照片·

威廉博士從亞洲返美之後·竭力支助大韓民國和美國抵抗□□勢力侵略的戰爭·他組織了「救助韓國孤兒」（Help Korean Orphans）一個團體·自任主席·奔走募款滙往韓國·這個組織雖以慈善爲名·其實他的目的仍在他之所謂教育功用·威廉博士終身的志願寄托在促進中美兩國人民的友好合作·他早年所倡議的「中美民主同盟」雖未完全實現·但是他以十分興奮的心情加入了于野聲（斌）總主教所倡組的「中美聯誼會」（Sino-American Amity）·而爲這個組織出力·例如一九五四年八月間·威廉博士代理「中美聯誼會」主席·曾親筆寫了一封略至幽默的信給我·要我設法使得當時在美國訪問的五位□□義士（即一二三自由日到臺灣的一萬四千□□義士的代表·張遵賢·趙金鍾·高振中·錢玉琪·胡安康）能到紐約接受「中美聯誼會」的歡迎·我當即復信告訴他·紐約本是五位義士訪問的都市之一·威廉博士乃聯合了二十二個□□團體·在一九五四年九月二十四日晚間舉行一個盛大的集會「向中國的□□英雄敬禮」·當晚演說的美國前駐日大使格魯（Joseph C. Grew）和衆議員周以德（Walter H. Judd）·在他們演說之後·五位義士魚貫出場·當時成千的聽衆全體起立鼓掌歡呼·眞是一個異常動人的場面·我當時坐在威廉博士的身旁·看見他感動得不免老淚縱横了·

次年我奉調駐菲律賓·在紐約曾和威廉博士珍重道別·以後就很少和他通信·一九六一年我再到紐約·發現他已經退休·早已回到舊金山故鄉了·是年雙十節·「中美聯誼會」舉行餐會慶祝國慶·我向許多朋友打聽·竟沒有人知道他的消息和下落·

威廉博士不是顯要的名人·他那本「社會史觀」也不被認爲是近代政治思想的鉅著·他年老退休之後連他的朋友也把他遺忘了·今年是國父誕生百年紀念·使我們懷念國父這位最篤實最虔誠的信徒·這位□□的先知先覺·這位終身以促進中美友好爲職志的工作者·

周康燮 一九〇八年生 一九八三年卒

字理堂・番禺人・初入廣州中學從師治文史・嗣考入黃埔軍官學校・第六期畢業・洊升至營長・不樂戎事・調軍事委員會政治部治文書・抗戰西遷重慶任中正日報主筆・復員後・仍主報務・旋至香港・偶撰小文登於報刊・多爲廣東文獻之作・並經營龍門書店・崇文書店・編輯出版文史書刊百數十種・深資學人參考・有聲於文化界・

粵軍之組成

粵軍・蛻變於廣東省長公署所屬之警衛軍・先是洪憲帝制發生・雲南首義・護國軍自滇取道廣西・沿西江東下・止於肇慶・廣東民軍・相繼發難於東江・南路・督理廣東軍務振武上將軍龍濟光・謀保其廣東權位地盤・卻待北洋政府援兵南下・虛與護國軍週旋・宣告獨立・許護國軍假道廣東北伐・由肇慶沿三水・清遠・曲江・南雄入江西・及袁世凱病歿・時護國第二軍李烈鈞部・師次曲江・龍濟光令南韶連鎮守使朱福全・斷絕李部給養・密電北洋國務總理段祺瑞・速調援兵入境・圖將在粵滇軍澈底消滅・遂啓戰端・朱福全獻城投降・滇軍揮戈而南・直趨源潭・清遠・入粵桂軍・駐肇慶者亦乘機入三水・與滇軍遙爲呼應・北洋政府・睹龍濟光軍事處居逆境・謀緩衝粵事起見・於發表全國各省軍民行政長官任令中・特任陸榮廷爲廣東督軍・朱慶瀾廣東省長・龍濟光兩廣礦務督辦・爲作釜底抽薪起見・令滇軍主將李烈鈞晉京・另候任用・又爲調虎離山計・另任陸榮廷暫署湖南督軍・陸未到廣東督軍任前・粵督由龍濟光代理・欲調北洋軍隊南下應援・朱慶瀾在粵事混亂中・自北京抵粵・履廣東省長任・陸榮廷亦自湘率師回桂・移軍東下・止於肇慶・準備履粵督軍之任・

此時廣東局面之解決難題・不在李烈鈞離粵入京・而在厚集重兵於肇慶之廣東陸督軍・段祺瑞以廣東形勢驟變・對派兵入粵計劃・遂告擱止・龍濟光侷促省垣・遭滇軍・桂軍大兵壓境・宣佈退駐瓊崖・就任兩廣礦務督辦職・省事善後・朱慶瀾負責清除各方障碍・將廣東防軍四十營・改編爲廣東警衛軍・充廣東保安警備・歸由省長節制・此四十營之警衛軍・其中二十營・即爲他日粵軍組成之骨幹・

陸榮廷旣履任廣東督軍・當時廣東全省兵力之分佈，除龍濟光之濟軍全部移駐瓊崖外・餘則有桂軍・滇軍・警衛軍鼎足而三・其他如李耀漢之肇軍・李福林之福軍・魏邦平之魏軍等・或爲綠林收編・或爲土著組成・貽禍桑梓則有餘・用之禦敵則不足・備位雜牌而已・

桂軍以陸榮廷爲首領・與譚浩明・陳炳焜・莫榮新・林虎・馬濟・沈鴻英等相結爲廣西軍事集團・世稱爲桂系者・民國四年（一九一五）冬間・洪憲帝制積極籌備時・桂系與進步黨領袖梁啓超密謀聯絡・合作討袁・同時又與北洋派督理江蘇軍務宣武上將軍馮國璋聯絡・袁氏死後・北洋派分化成爲直系與皖系・直系以馮國璋爲首領・皖系以段祺瑞爲領袖・段祺瑞位居國務總理・隱以北洋派繼承人自居・抱有以北洋派統一全國野心・正與桂系之大廣西主義互相矛盾・此時進步黨之梁啓超・轉化成爲研究系・依附皖系圖生存・不惜助紂爲虐・六年五月・段祺瑞因對德宣戰案・利用督軍團脅迫大總統黎元洪・張勳領兵北上・脅迫黎氏解散國會・桂

系施用其政治投機手段．乘時宣布兩廣自主．仍暗中聯絡北洋直系．冀圖於中取利．其勢力擴張最盛時期．據有兩廣．湖南三省地盆．

滇軍．於護國討袁戰事發生時．爲護國第二軍．轄第三．第四兩師（第三師師長張開儒．第四師師長方聲濤）．由李烈鈞自滇統率入粵．驅龍戰事結束．指定以北江爲滇軍防地．其編制組織．具兩重統轄編制系統．既隸屬於雲南督軍唐繼堯．但因駐地關係．又歸廣東督軍節制．莫榮新繼任廣東督軍．第四師長方聲濤與桂系勾結．所部奉命移駐西江．嗣莫以督軍名義．委任李根源爲粵贛湘邊防督辦並節制北江各部．雲南督軍唐繼堯．又加任李根源爲靖國聯軍第六軍軍長．時軍政府爲莫挾制．孫中山迫而辭大元帥職．張開儒通電反對．譴責榮新把持．開儒被囚免職．由繼堯派鄭開文繼任．

民國九年二月．桂系圖將在粵之滇軍併吞．命李根源將第三師長鄭開文．與靖國聯軍第六軍參謀長楊晋職務對調．事爲唐繼堯激烈反對．電免李根源軍長職．改派爲雲南參加軍政府建設會議代表．聲明「駐粵滇軍，由本督軍直轄．幷就近秉承李參謀長（烈鈞）辦理．」其後第四師改編爲海疆軍．脫離滇軍系統．隸李根源節制而爲桂系附庸．另成第四師．以朱培德任師長．保存建制．第三師拒絕調令．僵持至再．由岑春煊出而調停．仍存舊制．移駐湖南邊境．

警衛軍隸廣東省長公署．由省長朱慶瀾節制．朱氏來粵．爲北洋皖系入粵之先驅人物．其時直皖兩系．齟齬未顯．陸榮廷任廣東督軍期內．軍政．民政兩首長．已有傾軋．積怨至甚．及陳炳焜繼陸榮廷任．朱．陳水火．益不能容．警衛軍與滇軍聲援相結．爲必然趨勢．迨張勳入京脅迫黎元洪解散國會．擁清帝復辟．朱氏數遣代表至上海．敦請孫中山先生南下．倡導護法．段祺瑞忿罷朱慶瀾職．使與廣西省長劉承恩對調．目的在分散護法之有力支持分子．朱氏以廣東自主爲理由．拒不受命．時國會議員．亦相繼南下．在廣州集會．組織護法軍政府．推孫文爲大元帥．軍政大權．雖操諸桂系．陳炳焜意猶未足．必欲使軍政府解組而後已．因與陸榮廷議商．須將朱氏排斥離粵後．則國會議員無能爲力．遂以廣東省長職餌肇軍首領李耀漢．許其以廣東省長仍兼肇陽羅鎮守使職．由李耀漢逼走朱慶瀾．陳炳焜更藉口軍事時期．軍權須統一．省長公署節制之警衛軍四十營．應改隸廣東督軍署．朱以形勢逆轉．允將二十營移隸督署．餘二十營改編爲省長親軍．並從中山先生請．以陳炯明任親軍司令．事被陳炳焜反對．相持未下．已而陸氏保舉李耀漢爲廣東省長．北政府據以發表．至是朱慶瀾不得不去粵．親軍二十營．則劃由海軍司令程壁光節制．問題癥結．迄未解決．

是時國務總理段祺瑞．利用參戰名義．向日本大學借欵．欲以武力統一中國．調北軍兩師入湘．命傅良佐爲湘南督軍．吳光新統兵入川．馮玉祥部入閩．直逼西南．程壁光晤陸榮廷於廣西平塘．商議消弭兩廣內部隔閡．團結對外．在梧州召集軍事會議．孫中山派胡漢民代表出席．議定桂軍出師援湘．軍政府出師援閩．並同意調離廣東督軍陳炳焜．以廣惠鎮守使莫新榮繼其職．省長親軍二十營．撥歸陳炯明統率・中山先生委任陳炯明爲援閩粵軍總司令・命鄧鏗・許崇智助之・至是相持數月之省長親軍問題・得到解決・粵軍由是建立組成・其初期編制・

總司令　陳炯明
參謀長　鄧鏗
第一支隊司令　李炳榮
第二支隊司令　許崇智
第三支隊司令　羅紹雄
第四支隊司令　洪兆麟
第五支隊司令　關國雄
第六支隊司令　鄧本殷
總預備隊　熊略
警備司令　徐連勝

（中略）

粵軍援閩・初以第一支隊李炳榮取永定・總預備隊熊略出峯市・第二支隊許崇智窺上杭・參謀長鄧鏗率第三支隊羅紹雄・第四支隊洪兆麟及警備部隊徐連勝出黃崗・以窺詔安・於七年七月七日・發生接觸・被浙軍第一師童葆暄・在閩粵邊境發動反攻・進據廣東潮州屬之饒平各縣・潮汕震動・八月上旬・浙軍陳肇英倒戈投南・粵軍乘勝追擊・右翼軍先後攻下福建詔安・漳浦・海澄・漳州・中央軍下永定・龍巖・會師漳州・左翼軍佔武平・上杭・汀州・潦平・連城・寧洋・安溪・永春・總司令部於八月卅一日進駐漳州・分粵軍爲二軍・第一軍軍長・總司令陳炯明自兼・升許崇智第二軍軍長・續克永安・建陽・泰寧各縣・至是・粵軍駐

閩・分左右二翼・自泉州至江東橋一帶爲右翼・由陳炯明主持・自仙遊至泰寧一帶爲左翼・由許崇智駐永安主持・至是・粵軍由二十營擴展至一百餘營・編制自軍・師・旅下・以支隊爲獨立單位・每支隊轄四營至陸營不等・其軍・師・旅編制如下・

總司令　陳炯明
參謀長　鄧鏗
第一軍軍長　陳炯明（兼）
第一師師長　鄧鏗（兼）
第二師師長　洪兆麟
獨立旅旅長　李炳榮
　　　　　　翁式亮
　　　　　　熊略
第二軍軍長　許崇智
參謀長　蔣中正
獨立旅旅長　關國雄
　　　　　　許濟
　　　　　　謝文炳
　　　　　　孫本戎

清末民初廣東學校設施概況

（一）廣東近代學校制度之建立

我國近代學校制度之建立・嚆矢於咸豐九年（一八五九）・英法聯軍之役庚新定約後・同治元年（一八六二）・

總理各國事務衙門・奏請於京師設同文館・二年・於上海・廣州設廣方言館・五年・又在同文館設天文算學館・在福建設船政學堂・當時的教育設施・僅限於培養翻譯人才與造船・駕駛技術而已・

廣東素稱富庶之邦・凡百政之設施・儻有賢明之疆吏・身體力行・較之他省至爲容易・張之洞督粤・於光緒十三年奏設廣東水師學堂・爲各行省辦理海軍學校之倡・十五年又奏興廣雅書院・院中課士・分設經・史・理・文四科・且兼及時務・已足具近代學校規之雛型・成績斐聲中外・

甲午（一八九四）一役・喪師辱國・朝野志士・始有意於變法圖强・刑部侍郎李端棻・因受其妹婿梁啓超的思想影響・於二十二年（一八九六）上疏・力言過去敎之之道未盡・人才乏絕如是・主張推廣教育・普設學堂・但囿於朝議・未行・二十四年戊戌・光緒變法維新・四月廿三日詔定國是・「以聖賢義理之學植其根本・博采各學之切於時務者實力講求・以救空疎迂謬之弊・務求化無用爲有用・以成通經濟變之才」・（注二）創辦京師大學堂爲各行省倡・所有翰林院編檢・各部司員・各門侍衞・候補候選道・府・州縣以下各官・大員子弟・八旗世職・各武職後裔・其願入學堂者均准入學肄習・（注三）五月廿二日・又詔諭各直省督撫・謂・「開辦京師大學堂・入學肄業者由中學・小學以次而升・必有成效可覩・惟各省中學・小學尚未一律開辦・總計各直省省會及府・廳・州・縣・無不各有書院・著各該督・撫・督飭地方官・各將所屬書院處所・經費數目・限兩個月詳覆具奏・即將各省府、廳、州、縣現有之大小書院・一律改爲兼習中學・西學之學校・至於學校階級・自應以省會之大書院爲高等學・郡城之書院爲中等學・州・縣之書院爲小學・皆頒給京師大學堂章程・令其仿照辦理。」（注四）

尋輟於慈禧后第三次垂簾・卒釀成庚子（一九〇〇）義和團之變・迨和議將成・慈禧轉念政治上之積弊・深感三十年來之辦理西學・「徒學其一言・一話・一技・一能・佐以瞻徇情面・肥利身家・」（注五）著軍機大臣・大學士・六部・九卿・出使各國大臣・各省督・撫・各就現在情弊・參酌中西政治，舉凡朝章・國政・吏治・民生・學校・科舉・軍制・財政・當因當革・常省當併・各舉所知・各抒所見・（註六）

光緒二十七年（一九〇一）五月廿七日・江督劉坤一・鄂督張之洞應詔陳言・會奏變通政治籌議先務四條・一曰設文武學堂・二曰酌改文科・三曰停罷武科・四曰獎勵游學・其設文武學堂云・

今泰西各國・大率少年者先入小學堂・小學堂又分初等・高等兩種・小學成後・選入中學堂・所學門類甚多・名曰普通學・普通學畢業後・升入高等學堂・習專門之學・臣等謹參中外情形・酌擬今日設學堂辦法・擬令・州・縣設小學校及高等小學校・童子八歲以上入蒙學・十二歲以上入小學・三年而畢業・十五歲以上入高學小學・三年而畢業・畢業後本管府考之・分數及格者給予憑照・作爲附生送入府學校・

府設中學校・十八歲高等小學校畢業・取爲附生者入中

學校・習普通學・三年而畢業・學政考之・給予憑照・作爲廩生送入省城高等學堂・

省城應設高等學校一區・大省容二三百人・中小省容百餘人・屋舍不便者・分設兩三處亦可・非由中學普通學畢業者不能收入・擬參酌東西學制・分爲經學・史學・格致學・政治學・兵學・農學・工學七專門・亦三年而畢業・此七門學生・學法律者派入交涉局學習實事・亦名曰練習生・其餘五門學生・均隨其所願派入農・工・商・鑛四專門學・三年畢業後・農學派赴本省・外省開鑛之山・煉鑛之廠・考驗采煉・均名曰練習學生・亦均以實在出外遊歷練習一年爲度・……文武各門・均四年學成・先由督・撫學政考之・再由主考考之・取中者除送入京師大學校外・或即授以官職・令其效用・

大學校畢業・又益加精・門目與省城所設高等專門學校同・三年學成・會試總裁考之・取中者授以官・此大・中・小學等級年限之大意・」（註七）

同年八月・清帝遂有興學育才之詔・「著各省所有書院・於省城均改設大學堂・各府及直隸州・均改設中學堂・各州・縣均改設小學堂・並多設蒙學堂・」（註八）

時陶模督粵・於新政推行・未見積極・兼之各書院山長及頑固紳士・尚多把持盤據・致學務全無起色・（註九）綜觀光緒二十七、二十八兩年間・廣東書院改設爲學校者・不逾十所・如下表・（註一〇）

書院名稱	停辦年份	改設學堂名稱
潮州城南書院	光緒二十七年	小學堂
惠州豐湖書院	光緒二十七年	惠州中學堂
廣州羊城書院	光緒二十八年	停廢
廣州廣雅書院	光緒二十八年	高等學堂
南海西湖書院	光緒二十八年	初級師範簡易科館
瓊州瓊臺書院	光緒二十八年	瓊臺中學
瓊州雁峯書院	光緒二十八年	兩等小學堂

光緒二十九年（一九〇三）三月・岑春煊自川督調署兩廣・置學務處爲教育行政機關・各府州縣設勸學公所・對阻撓學務者嚴行驅逐・又值清廷迭頒詔令・准學堂提撥地方公款及借用菴堂寺觀・辦學者有此憑藉・故能於一・二年間學校如林・（註一一）此時期廣東之專上學校・除高等學堂一所・已於光緒二十八年成立外・其他次第新立各專上學校・則有

兩廣優級師範學堂——光緒三十一年（一九〇五）六月成立兩廣速成師範館・繼辦初級師範簡易科・旋改稱爲兩廣師範學堂・三十二年・改爲兩廣優級師範學堂・於廣州城東舊貢院故址・建築新校舍・分設文學・史輿・數理化・博物四科・四年畢業・並附設體育專修科及兼辦高等・初等小學・歷二年停辦・宣統二年（一九一〇）七月・增設附屬中學・分文科中學及實科中學・並恢復兩等小學・翌年一月・又增設附屬初級師範・民國建元（一九一二）・改爲廣東高等師範學校・分設文史・英語・數理化・博物四部・八年八月・增設社會科學部・十三年九月・歸併於廣東大學・以爲文・理兩科・（註一二）

廣東法政學堂——光緒三十一年（一九〇五）・廣東課

吏館改爲廣東法政學堂·初辦速成及講習科·速成科二年畢業·講習科半年畢業·隨辦特別科·三年畢業·宣統元年（一九〇九）·於會城城北建新校舍·民國元年（一九一二）改爲廣東公立法政專門學校·分設法律·政治經濟兩科·四年畢業·十二年八月·改爲廣東公立法科大學·十三年九月·併入廣東大學爲法科·（註一三）

廣東農業專門學校——宣統元年（一九〇九）·廣東成立農林試驗場·翌年開辦農業講習所及林業講習所·兩年畢業·民國六年（一九一七）八月·講習所改爲廣東公立農業專門學校·設農學科·四年畢業·十年八月增設林學科·十三年九月·歸併於廣東大學以爲農科·（註一四）

廣東公立醫科專門學校——宣統元年（一九〇九）·廣東名醫四十餘人·創立醫校於廣州城西·翌年遷址南堤·建築校舍·佔地三十九井餘·高凡四層·迄民國四年（一九一五）冬間立案·稱爲廣東公立醫科專門學校·四年畢業·民國六年改定爲五年畢業·十三年八月·改稱廣東公立醫科大學·六年畢業·十四年七月歸併入廣東大學以爲醫科·（註一五）

廣東工藝局附設工藝學——局成於光緒三十二年（一九〇六）間，由廣東勸業道主其事·校址在廣州增步·民國六年（一九一七）添辦新校·名曰附設工藝學·附屬於工藝局·定二年畢業·旋改爲四年畢業·並更名爲廣東省立第一甲種學校·民國十年高崙（劍父）任校長時·奉令裁局·僅辦學校·十二年改稱廣東省立工業專門學校·招中學畢業生入校肄業·（註一六）·

其他關於中·小學部分·以篇幅所限·容當另文記述·

註一：本文記述範圍·起清代季葉·迄民國十三年（一九二四）而斷·專上學校·以公立爲限·私立專上學校·以資料缺乏·未及備述·讀者諒之·

註二：據「光緒朝東華錄」二十四年四月乙巳上諭·

註三：同註二·

註四：「光緒朝東華錄」二十四年五月甲戌上諭·

註五：同上書二十六年十二月丁未上諭·

註六：同註五·

註七：見「劉忠誠公集」奏疏卷三十五·同見「張文襄公全集」卷五十二·

註八：見「光緒朝東華錄」二十七年丁未上諭·

註九：據民國十二年「廣州市市政報告彙刊」·廣州市沿革史路略」·

註一〇：據劉伯驥「廣東書院制度·書院制度之後替」·

註一一·一二·一三·一四·一五·一六·據民國二十四年「廣州年鑑」·

（二）民國初年（一九一二——一九二四）廣東學校設施概況

⑴教育行政——辛亥革命（一九一一）·廣東以陰曆九月廿二日（陽曆十一月十二日）獨立·舉胡漢民爲都督·分部辦事·內設教育部·以邱滄海（逢甲）爲部長·邱氏受事後·旋赴南京·由副長葉夏聲代理部務·民國元年「一九一二」一月·廣東教育部改稱教育司·饒芙裳·楊壽昌任正副

司長．四月一日．國父既卸臨時大總統職返粵．參議會復舉胡漢民任都督．五月．以鍾榮光任教育司長．裁去副席．內設總務．學校教育．社會教育三課．並增設廣州督學局．以何劍吳為局長．凡廣州城區內之中．小學校．撥歸督學局管理．八月．將各縣勸學所改組為縣督學局．十一月．廣州督學局裁撤．在教育司第二課內設地方股．綜理廣州學務．二年．癸丑革命失敗．龍濟光任粵督．將教育司併入省行政公署．改三課為兩科．第一科辦理總務．第二科辦理學校教育及社會教育．三年五月．北京公布省官制全國各省設巡按使．綜理全省民政．所有省行政公署原設之內務．教育實業各司．均應裁撤．於巡按使署設政務廳．廣東教育司．遂於是年裁司改科．隸巡按使署政務廳．以吳鼎新任科長．五年．護國軍興．龍濟光去粵．北京復變更各省官制．朱慶瀾為廣東省長．朱念慈繼任教育科長．次第規復各縣勸學所．獎勵體育．提倡女學．九年六月．楊永泰任省長．規復廣州督學局．仍委何劍吳主理局務．職掌如前．九年八月．粵軍回師．十一月克復廣州．十年三月廣州建市．督學局改隸市政廳．改稱廣州市教育局．許崇清首任局長．於局內設義務教育委員會．推行義務教育．提倡男女同校．（註一）

(2)學校概況——清末廢書院．興學堂．大．中．小學堂設監督．元年一月．南京臨時政府教育部定普通教育暫行辦法．將學堂改稱學校．監督改稱校長．中學校廢止文實兩科．改為四年畢業．廣東悉依照施行．光復之初．全省各屬學校共有若干．無從查據．元．二年間．各屬新增學校漸多．公立專上學校．已見前述．中學教育確實可徵據者．厥為十年（一九二一）六月廣東 教育會調查報告．如下．（注二）

學校名稱	校長姓名	學歷	學校班數	在校學生人數	畢業學生人數	職教員數	開校年月
高等師範學校附屬中學校	盧公輔	日本廣島高等師範	四	一七五	二六九	二四	宣統元年（一九〇九）七月
省立第一中學校	王仁宇	日本高等工業學校	八	三八二預科一六〇	二八六	四五	民國二年（一九一三）八月
省立廣州中學校	盧乃潼	前清舉人	八	三九二	八〇一	二五	光緒二十九年（一九〇三）正月
省立肇慶中學校	程錫祥	廣東高等學校	四	一三二	二七一	一六	光緒三十一年（一九〇五）八月

省立潮州中學校	張競生	法國巴黎及里昂大學	七	三一一	五一一	二四	光緒二十九年（一九〇三）四月
省立羅定中學校	陳伯宣	廣東高等師範	三	一一一	九四	八	民國元年（一九一二）六月
省立南雄中學校	林拔萃	廣東高等師範	二	六二	三四	一四	光緒三十年（一九〇三）七月
省立韶州中學校	葉浩章	北京大學	三	八一	一〇五	一四	光緒三十二年（一九〇六）八月
省立惠州中學校	苗致信	廣東高等師範	三	一一〇	一九八	九	光緒二十八年（一九〇二）五月
省立梅州中學校	黎貫	日本高等師範	七	三八九	五〇	七二	民國元年（一九一二）二月
省立高州中學校	歐鍾瑞	北京大學	四	一四五	不詳	二三	光緒二十九年（一九〇三）
省立雷州中學校	廖學于	廣東高等師範	二	八〇	一四四	一三	光緒二十九年（一九〇三）正月
省立廉州中學校	馬耀雋	日本早稻田大學	四	一四八	一七一	一五	光緒三十一年（一九〇五）三月
省立欽州中學校	章正樞	廣東高等師範	二	八四	五四	六	宣統元年（一九〇九）
省立瓊崖中學校	黃璆	北京大學	六	三三九	四五八	二一	宣統元年（一九〇九）
省立瓊崖東路中學校	周榮燊	廣東公立法政	四	二四五		一六	民國六年（一九一七）十月
南海縣立中學校	羅汝楠	日本宏文學院師範科	四	一六三	二六三	三六	光緒三十二年（一九〇六）十二月
東莞縣立中學校	張銓恕	日本明治大學	六	二一六	三二二	三三	光緒三十四年（一九〇八）正月

順德縣立中學校	陳器範	北京法政	四	八二	未詳	一六	宣統三年（一九一一）
香山縣立中學校	張丕基	前清進士	四	一三二	二〇六	二二	光緒三十四年（一九〇八）二月
新會縣立中學校	譚　鑣	前清舉人	五	二三三	二四二	一七	光緒三十一年（一九〇五）二月
台山縣立中學校	黃明超	廣東高等師範	四	一九四	一二四	一六	宣統二年（一九一〇）七月
高要縣立中學校	吳德元	前清廩生	三	六六	八〇	一三	光緒三十四年（一九〇八）八月
雲浮縣立中學校	葉湛蓀	廣東高等師範	二	九二	七三	六	民國三年（一九一四）九月
鬱南縣立中學校	謝茂瀾	廣東高等師範	二	四九	七五	八	民國二年（一九一三）四月
三水縣立中學校	吳朝亮	前清舉人	二	七七		九	民國六年（一九一七）一月
新興縣立中學校	葉庭輝	前清恩貢生	一	二八	一八	六	民國四年（一九一五）一月
恩平縣立中學校	鄭潤霖	前清舉人	二	九四		七	民國八年（一九一九）九月
開平縣立中學校	林善儒	廣東高等師範	二	九五		六	民國九年（一九二〇）四月
澄海縣立中學校	李景濂	前清附生	四	一二五	九五	一六	民國四年（一九一五）九月
潮陽縣立中學校	郭　經	日本法政	四	一二四	九八	一三	民國四年（一九一五）三月
揭陽縣立中學校	林毓芬	兩廣方言學堂	三	一一九	一四五	一二	民國三年（一九一四）九月

惠來縣立中學校	周之柏	前清舉人	三	一〇〇		八	民國八年（一九一九）
大埔縣立中學校	李景嵩	前清優附生	五	一三〇	六七	一四	民國三年（一九一四）九月
豐順縣立中學校	丁培珊	前清拔貢生	三	一〇八		一一	民國七年（一九一八）十月
五華縣立中學校	魏天鍾	前清附生	四	一四六	一三七	一四	宣統三年（一九一一）二月
平遠縣立中學校	陳國猷	廣東高等師範	五	二五〇	二七九	一五	光緒三十四年（一九〇八）二月
蕉嶺縣立中學校	李肅度		四	二三三	二三一	一三	光緒三十二年（一九〇六）閏四
興寧縣立中學校	劉師祐	廣東高等師範		一八三		一三	光緒三十四年（一九〇八）正月
海豐縣立中學校	戴德芬	廣東高等師範	一	四六	二五	一〇	民國二年（一九一三）九月
龍川縣立中學校	張鎮江	前清增生惠州師範學堂	四	一六二	七九	一二	民國二年（一九一三）九月
河源縣立中學校	潘維衡			三七		七	
和平縣立中學校	駱樹猷			七八		五	
茂名縣立中學校	盧家駒	兩廣師範學堂	四	一三五	二四三	二九	光緒三十一年（一九〇五）二月
電白縣立中學校	廖廸嘉	北京大學		一一二		一二	
化縣縣立中學校	宋其昌	廣東高等師範	二	七五	六六	一四	民國三年（一九一四）十月
信宜縣立中學校	陸覲光	前清舉人		一六八			
吳川縣立中學校	吳宜綱	北京大學					

廉江縣立中學校	鄒鶴年	前清拔貢兩廣學堂管理員練習所	二	五八		八	民國八年（一九一九）九月
陽江縣立中學校	譚鴻	廣東高等師範		一〇〇		一五	
陽春縣立中學校	敖和鈞	廣東警察學校	一	四八		一〇	民國八年（一九一九）八月
始興縣立中學校	饒振瀾	廣東高等師範	三	八五	四〇	八	民國四年（一九一五）八月
翁源縣立中學校	許賡梅	兩廣簡易師範	一	二五		六	民國六年（一九一七）二月
連縣縣立中學校	成應萬			一〇四		九	
靈山縣立中學校	劉運熙	前清舉人兩廣學堂管理員練習所		四九		八	
瓊山縣立中學校	王緒祺	廣東公立法政	四	一八九	一四八	二三	民國二年（一九一三）八月
文昌縣立中學校	符孔修	北京大學	四	二一六	一一八	一五	光緒三十四年（一九〇八）正月
以上公立中學共五十七間・以下私立中學十三間							
潮屬八邑旅省中學校	王鼎新	日本高等師範	二	五三	四五	一四	民國二年（一九一三）二月
番禺八桂中學校	陳崇鼎	前清舉人	四	一六一	二一四	二二	光緒三十三年（一九〇七）十月
梅縣東山中學校	葉成蔭	前清廩貢生	五	二三九	一八〇	一七	民國二年（一九一三）四月
新會岡州中學校	黃震川	前充新會勸學所長	四	一一三	三四	一五	民國四年（一九一五）九月
興寧興民中學校	羅師揚	前充兩廣方言學堂教員	四	一四四	一二一	一九	民國二年（一九一三）八月
茂名茂南中學校	潘贊銓		二	一二		八	

汕頭迴瀾中學校	曾籍雅			一〇三		一五	
廣州市南武中學校	何劍吳	前充廣州督學局長	五	一八三	四四	三五	民國元年（一九一二）四月
廣州市中德中學校							宣統三年（一九一一）
廣州市珠江中學校	李炳寅	美國偉波大學	四	九六	六〇	九	民國元年（一九一二）十月
廣州市坤維女子中學校	馬勵芸		一	二四			民國九年（一九二〇）始開班
廣州市述善中學校	梁詩耀	廣東高等學校	一	預科			
廣州市廣才中學校	任元熙	前清拔貢	一	預科			

從上表以觀·各學校成立先後·乃按年遞增·非率爾而就·他如師範學校·職業學校·以資料不足·未能爲系統概述·至小學教育·自民元以後·則有急劇之發展·廣東爲革命策源地·凡百庶政·較得風氣之先·甲午戰後·國人矢志圖强·更感於國民教育·必需普及·此種發展現象·乃爲適應時勢表徵·與君主專制時代·爲科舉功名而遣其子弟入學讀書之思想·完全不同·故全省小學校之發展增加·一日千里·其學校數量·學童人數多寡·據當時不完全之統計·有如下表·

年份	小學校數			學童人數		
	初小	高小	合計	初小	高小	合計
民元八月—二年七月	二·三九六	七八六	三·一八二	一〇六·八四二	三六·二六九	一四三·一一八
二年八月—三年七月	二·八〇五	五一〇	三·三一五	一三二·四九一	五六·〇五〇	一八八·五四一
三年八月—四年七月	三·九〇一	一·〇七四	四·九七五	一六五·五一三	四四·五八七	二一〇·一〇〇
四年八月—五年七月	四·〇九三	一·一〇〇	五·一九三	一六一·〇〇三	四五·九九八	二〇七·〇〇一
五年八月—六年七月	三·八六九	九六〇	四·八二九	一六八·一八三	三九·一四〇	二〇七·三二三
六年八月—七年七月	四·四八一	一·〇二一	五·五〇二	一八三·四一八	四五·二八六	二二八·六九四

從上表以觀・高等小學校數・民國元年有七八六校・二年僅得五一〇校・四年有一一〇〇校・五年則僅存九六〇校・又學童人數・四年全省高等小學生爲四五・九九八人・五年退減爲三九・一四〇人・跡其遞減原因・純爲受戰爭影響・二年癸丑革命・龍濟光軍隊入粵・五年護國戰事發生・滇・桂與濟軍相持於西・北江・時軍隊往來・咸以學校充營房・盤踞不去・學校經軍隊駐紮・圖書校具・析爲燃料・蕩然無存・學生離散・校員無法維持・物力潛銷・元氣剝喪・莫甚於是・

女子教育・在此時期中・發展較緩・清季末葉・廣東雖有女子師範學堂之設・堂初爲私立尚德女學・光緒三十三年（一九〇七）廣州知府崔炳炎・摺稟仿照北洋女子師範之例・由官開辦・然格於風氣尚未大開・爲父母者大都對其女兒就學讀書之念・不敵其防弊之際・民國建立・國父首以男女平等・教育平等倡召・國民囿於數千年男女限制思想未能驟革・故端有女校之設・如李蓮開辦女子體育・林麗文創辦坤德・黃少蘭創辦陶淑・盧淑英創辦正誼・羅廣居創辦培德・何智芳創辦漢英・均於民國元年三月至十月間開校・二年・教育司於女子師範學校內・設立保姆傳習所・足以表現當時女校一班・保姆傳習所僅辦一班・畢業後告停・迄九年六月・廣州督學局恢復後・於惠愛西路繼續設立・至公立女子小學・始建於元年將粵華女子小學・改組爲省立第一女子高等小學校添招高小班・五年・朱慶瀾任省長・提倡女學・於省會次第成立省立第二・第三・第四・第五・第六女子高等小學校・縣立女校・自元年後・香山・梅縣・高要等各縣・均有女子師範學校・新會有縣立女子師範講習所・番禺縣立女子高等小學校・則設於會城・其他各縣女子小學・因資料頗渺・未及備述・私立女校・光緒三十年（一九〇四）・劉佩箴・杜清持兩女士合辦廣東女學堂・開辦年餘・困於經費・由馬勵芸女士接辦・遂成坤維女學・且於九年開辦中學・教會創立者・其省會城西一隅・則有公益女師道根女師・國維女師・協和女師及路得學校・夏葛醫學等校・其他如潔芳女師・復禮女師・曹範女師・培道女中・眞光女中等・分布於省城區域內・此外尚有禮陶・嶺嶠・徽柔・始平・陶坤・艮玉・志成・坤儀等女校・均爲女子學校普通科・其設於城郊外者・尚有東山培賢女校・南關增沙之淑正女校・東較場之聖希理達女校・白米巷之聖神女校等・皆爲當時廣州女校概略・九年十一月・粵軍回師既抵廣州・省長陳烱明・令行高等師範學校・依照八年在山西舉行之全國教育會聯合會議男女同校一案・在高師預科招考女生七名・選錄四名・開廣東最高學府男女同校新紀錄・

註一・參考溫仲艮「十年來廣東教育之回顧」・文載民國十年（一九二一）七月「廣東省教育會雜誌」第一卷第一號・「東方雜誌十七卷二十號」・蔣永敬編「胡漢民先生年譜稿」・

註二・采自民國十年六月十五日廣東教育會調查部編「廣東全省中學校一覽表」・原刊「廣東省教育會議雜誌」一卷一號・

註三・參考溫仲艮「十年來廣東教育之回顧」・

黃耀燊 一九〇九年生 一九七六年卒

字廣厦．號少癡．三水人．榮康子．治詩詞金石．尤擅丹青．遺著有詞犀一卷．少癡詞稿二卷．刊印廣厦畫集若干卷．

少癡詞稿自序

美人芳草．屈子之所低徊．殘照西風．謫仙於焉感慨．好音不擇．天籟自鳴．秦聲載揚．用激已沮之氣．魯酒雖薄．聊澆未來之憂．窮谷日短．關門雪深．館借秋聲．譜傳琴雅．煙山表其姿．霞水輔其態．香絃欲語．別調鏘流．不自知情之何以深．意之何所寄也．僕人本蘆中．家臨江上．少習漁樵之唱．長爲汗漫之遊．耳聞箏笛．身閱滄桑．陽關一曲．何戡尚有舊人．赤壁孤舟．蘇軾不無新作．點點秋螢之火．所見酸辛．逐逐野馬之塵．半生牢落．蒼天豈云可問．流水不斷其愁．酒闌燭炧．喝明月其下來．啼鳥落花．送好春兮歸去．癸酉暮春少癡自序於羊城旅邸時年二十又五．

彭乃楨 一九一〇年生 一九七九年卒

字幹南．南海人．少從宿儒讀經史．能詩文．旋就學香港官立漢文師範學校．以多病．思習醫．轉入華南國醫學院．畢業後執業香港．曾參加國府中醫師考試．獲優等及格．列全國第二名．乃楨學養俱佳．濟世爲懷．提倡聖學．教人宗孔孟．重實踐．著有尚德篇．勸學篇．大學講義．傷寒論等．

爲金文泰中學校友會籌建中學向港中人士進言

敬告

僑胞父老賢達

頃承我金文泰中學校友會．以籌建中學輯特刊．徵言逮孤陋．乃楨不才．且有諸師長在上．奚敢言事．顧以會員受屬不得却．敢竭愚誠．捃摭舊聞．略陳鄙見．聊備偶遺．

大事有倡於近而取效宏．積之隱而流光著．期諸遠而影響切者．崇學敦教是也．圖之易舉．襄之易成．國脈之所寄．身家前途之所繫．失幾於綢繆豫立之時．雖疚悔於漂搖胥溺之後．無裨毀室取子之痛．不可不察也．

今集僑胞之志．捐絲粟之力．乘逋喘之餘．席劫外之士．建復興之業．有可以樹人材．搖聲氣．挽頹風．繫一國之魂．庇身家之安者．發展中文教育是也．

今浮寄孤懸．僑棲海隅．苟緩災厄者．豈以爲有磐石之固哉．人有毀家於盜者．暫庇諸鄰．不亟圖砥礪以自淑自存．謂可以委安天命．此非有他故．亦恐違自助人助之旨．今雖不在其位．不得謀其政．揚宗邦文化挽國運．非猶事之得爲者乎．吾聞需者事之賊．今日之事．稍緩則中躓．非所貴於雍容觀望之時也．夫巨浸滔天．一掌不沒．得暫寄而俟時者．此誠我族文化重養之基．國家元氣續絕蘇息之會．一線之機．不可以姑待失之也．不敢摭迂遠爲言．願就責力所及者爲言．

吾聞務本者知要．視遠者見大．觀微者知幾．達事者崇

彭乃楨

實・植才者垂裕・敦化者行遠・是故全身莫善於保族・保族莫大於興化・興化莫大於植才・今夫一介之士・不自重其身・雖愚者知其必辱・庸者哀其必危・至於立國不自重其族・自侮人侮・滅倫之禍已深・而賢者或不察其故・何者・明於近而忽於遠也・此雖人懷專門之藝・抱絕技之才・必不能挽民族之危亡・適促其速亡・何則・操刀爲門內之鬥・鋒轉利・藝轉高・自戕之禍轉烈・況又濟之以險詐・不如徒手搏擊傷人之爲緩也・四十年來・教育之破產・民族自尊心之喪盡・社會風氣・日趨下流・國勢日蹙・民生日敝・情甚於淪亡・未嘗不痛曩者之舍本逐末・見小失大・事不務實・數典忘祖・視固有文化如弁髦・廢道德倫理不顧而貽國家民族四千六百年來未有之慘變也・倡苟簡而賤力學・先技術而後人格・毀仁義而尚詐力・誣古訓而張誨淫導邪之說・謂可以革新圖强・此眞餐砒酖以求延年・行之數十年・效亦可覩矣・此誠國人所共見・有識者早占其必敗・寧不日夜扼腕而爲了痛心疾首乎・夫亡羊補牢未爲遲・雖遲・不猶愈於立視其死而不爲之所乎・失之於徙薪移突之時・過矣・廬黔垣赭・焦頭爛額而不悟致災之由・又足哀矣・若乃既悟而熟視無覩・失最後蘇息之機・此不止有坐昧先幾之誚・直恐有自絕者不續自沈者不可以拯之悲・

吾聞之・立國首重文化・惑世誣民者・必先毀其文化・教子女者・先陳祖德・虐奴婢者・先離絕其父母・使於其家世茫然・無所用其生心・內無親族外無戚友之援・然後驅而箠楚之・若牛馬然・是故虐之而不敢違・縱之而不敢逃・愚民之興役奴・其伎一也・是故志士復國・必反其道而行・先保其祖典・

昔者・吳與楚戰於柏舉・三戰及郢・昭王奔隨・蒙穀負雞次之典以浮於江・逃於雲夢・昭王返郢・五官失法・百姓昏亂・蒙穀獻典・五官得法・百姓大治・史稱其功多與存國相若・彼其以法典繫一國之輕重・擬諸今日固有文化所繫・猶蟻垤之於泰山・未可比倫也・

昔者・秦政爲暴・恐民議其後・引古以非今・因逞志焚書・六經諸子百家之說・其時莫可得言・尚猶職掌於博士・未即毀滅・及項羽屠咸陽・始付諸一炬・民間抱殘守缺・獨有魯諸生之輩・漢興・惠帝乃除挾書之律・文帝使鼂錯受書伏生・其後衆書往往頗出・武帝始置五經博士・終漢之世・諸儒掇拾・多出秦博士之遺・幾經校訂而後訓詁粗明・猶存今古文之說・莫能盡同也・魏晋以來・纘承勿替・微言大義・或未省究・宋儒推演義理・上接鄒魯・下疏考據・明儒繼之・雖易簡成風・彌尊德性・清儒集漢宋之大成・旁證鉤稽・古書之眞僞始辨・摧殘之易・而修復若斯之難也・秦以其流毒遺孽後世・梗我文化進步者二千餘年・

當隋之亂・王仲淹教授河汾褒揚儒術・羣才輩出・下逮唐興・房玄齡・杜如晦・魏徵・薛收之倫・咸出王氏之門・經綸締構・幾媲三代・今僑胞對外・猶自稱唐人・治化之隆・非儒效之明驗歟・

自胡元入主・許魯齋與姚樞・竇默講習蘇門・闡伊洛新安之緒・世祖以旃裘之君長・禮致再三・授國子祭酒・親選蒙古子弟受教・一時郡縣興學・民化其風・即童子亦知綱常爲生人之道・嗣武宗尊孔子爲大成至聖文宣王・仁宗益崇

朱子四書・首立於官・敦化不讓往昔・世傳九流十丐之說・未深考也・當此之時・八表昏淪・天崩地坼・獨斯文旋晦旋興・掩抑彌光・明失政權・潛起同化・三子之功・非垂裕行遠・騁殊軌轍者歟・

且夫有道之士・以天下為己任・守先待後而不辭・固已・獨暴君坑焚・未敢遽絕・異族專政・俯首向風服善・非猶有人之性存者乎・

自五四以來・標榜文化・文學革命者・摧殘固有・唯恐不力・至倡全盤西化之說・流風所靡・致後進於文化傳統・茫然無所接・誘導者以刺探幽隱比類疑似附會其說誣衊先祖為能・盲從者・但儇佻刻薄醜詆祖宗則沾沾自喜・此眞奴人子弟而先屏其家世絕父母者也・

今國家得橫繫五方縱貫今古者・賴有統一文字耳・文字隨時代孳乳・口語且逐山川為轉移・然文離俚而獨存・變不甚遠・語隨俚為流移・變速而大・今讀先秦兩漢雅馴之文・風格雖殊・意義可悉・若乃「夥頤」・「沈沈」・「阿堵物」・「寧馨兒」等語・非逐詞逢譯・難可遽詳・此特古人臨文博趣所為・若使全用俚俗・必積久愈不可讀・至於宋人語錄・雖近語體・究亦語文相雜・文多於語・非俚俗之比・故語體祇可為輔・文言不可不重・至於方言鄙語入文・難聽推行・今廢文言・專主語體・將無以維今古之貫通・是絕其承傳先代之經驗・他日口語又變・又絕後代對今之承傳・加以土語入文・改方塊為音・果行之・不數年・豈惟秦越異文・閩粵異辭・抑文字必縣異而鄉殊・變五千年文明國家為無文化歷史國家・裂一統大邦為億萬小邦・莫此為速・

吾聞求學首忌畏難・國文研習・本非甚難・惟專修文學・必求如漢之馬班・唐之李・杜・韓・柳・乃始甚難耳・若但求暢達・即文言寫作非難・往時見塾師教者・善教不過三四年・資敏者可觀・平庸・粗通矣・彼固專修一藝而易成・今中小學全程凡十二年・卒業後・文理通順・不數覯・此非文字之難・教之或未得其方・又業之不勤也・今中學生有以課餘補習國文者・得良師・不過二年・即文言為文・率有可觀・他科未受分心影響也・故知謂國文難習・不為也・非不能也・若以今日科目繁多為辭・則稍節遊蕩徵逐光陰・足應付之矣・今之詆方塊字學・謂外文易習・國文難習・遂以阻科學進步為中國文字咎・夫外語有由字首・字尾增減孳循而成・察其變化・往往大意可悉・然每一事物・往往表以一字・設有新事物・又須更立新字・故字彙不得不繁・且各科各有術語・持此科名詞・詢彼科學彼・往往不相通曉・夫既習普通文字・及修專科・又須默識新字・煩難幾同另習他國文字・惟獨中文不然・六書大法・幾等外語字首尾變化之用・而其日用單字・不過數千已足・自餘各科名詞・新事物名目・率就此常用字中取單字綴成達之・即非專門家讀之已可略會其意・不爾・亦當知音讀・詞雖新・字皆習見・不比新字難識・獨少數化學名詞不然耳・故中國字彙不繁・外文或較煩難・而不足碍科學進步・外國學者不以為難・今我國人不特文字難・無事不難也・長畏難之風・酖殺青年者・新文學運動階之也・夫難易亦何常之有・事凡・用小而功費則難・用大・雖費・非得已・不得諉諸難・乃併國族命脈所繫者而難之耶・且昔以文言為難・則語體為易・今文言幾廢・

則語體爲難．又將遷就之．循是而降．非廢絕文字不可．仍未足饜畏難之望也．又非廢絕百業不可．直返人類文化還諸鹿豕矣．

吾聞．化者．實而後華．先本而後末．古者．蒙訓先小學．灑掃應對之節．父兄師友之義．凡所以推己及人自卑而尊人．與夫先公後私之習．率先養成之稚齡．稍長習詩書仁義之說．講經世之務．凡以序社會．奮忠公之義．振集體和平精神者．不過取此措彼．本諸身家．推諸國於天下耳．善教者選材惟嚴．本末有序．要不外先道而後器．器而後華．道以明倫．器以致用．以道統器而器不爲害．故尚書禹謨三事．先正德而後利用厚生．至於文采．所謂華也．三事備．因其文而後品節之耳．詩文固亦載道之作．猶不敢先經史而誦習．恐華勝其實也．況餘事乎．今廢經．改史．誣古．獨沉溺於二三說部．剽取西洋文學皮毛．競詆文以載道之義．而獨倡純文學之說．然純文學．主情之作也．使情但放無節．安取放蕩之辭．若必期於正．則是道之所繫也．不反求諸六藝．寧有當乎．且但知陶情．不體諸人倫．不究心世務．終與實用有間．亦終無以淑其情．道德既喪．人慾橫流．是聲色當前．不惜縱慾敗度爲浪子惡少之行．邪說構煽．不惜躡．擔．從之．投火壑而不辭．雖家教嚴明．得自約其子弟．而血氣未定．邪風所煽．難禁誘惑．一傳衆咻．安能保其獨善．國學不修．義理不辨．志慮不純．隨物遷移．在彼固無足怪．然而禍隱於家家蕭牆之內矣．文化不揚．國族不保．身家不可以終保．

往者已矣．獨橫流方靡．固當亟圖其後．今當新校籌建伊始．前校長李師鳳坡於章程緣起中．已明示新校施教．將仿照漢中課程．且述昔年漢中創辦之旨．在鑑於國學凋零．學子每易忘其宗邦文化．故倡中英文課程並重．庶體用兼賅．蔚爲有用之學．而各師長文中．亦諄諄以國學爲重．記云．「發然後禁．則扞格而不勝．時過然後學．則勤苦而難成．」此雖中學教育．所繫風化非淺矣．

吾聞之．挽危貴及其時．救弊貴塞其源．繼述書弘其緒．誠能集衆擎之力．見幾而作．本育才興化之旨．兼保族全身之策．陟行遠自邇之途．體務本崇實之意．積厚以漸．擴而充之．恢而揚之．即蘇門之業不專美．浮江之典寧足道．河汾之光必可期．役奴之智計安施．魯生之厄何所慮．區區愚誠．敢獻言於僑胞．且以商諸有責者．

張宜　一九一二年生　一九七二年卒

女士字紉詩．南海人．受業於葉士洪孝廉．桂坫太史之門．潛心文學．習繪事．愛寫牡丹．曾遨遊大江南北．胸次不讓鬚眉．加盟廣州越社棉社．文思敏捷．戰後遷居香港．授徒自給．嘗挾藝走東南亞美洲等地．名噪一時．晚以詩畫自娛．著有張紉詩詩詞文集．南遊酬唱集．

清明上河圖記

古名都多矣．朝代迭遷．則爲丘墟．風土輿情亦隨之更革．雖或史乘可傳．而序錄必分事類．事類又必重者大者方獲載籍．後世讀之者．髣髴見其要耳．至若山川．城廓．宮殿．店舍．梵刹．橋梁．通衢．仄徑．花木．器用．舟車．

從鐘鳴鼎食之家以至賣卜・演武・商旅・役牛勞馬・雞犬豕羊・風俗習尚・用精詳合序之文無有・惟清明上河圖焉・上河云者・乃當時土俗所尚・若今之上塚然・東京夢華錄云・凡新墳皆用清明拜掃・都城人出郊・四野如市・往往就芳樹園囿之間・羅列杯盤・互相勸酬・抵暮而歸・乘輿以楊柳雜花裝簇頂上・四垂遮映・自此三日皆出城上塚・圖以汴河背景・考汴河自隋大業初・疏通濟渠引黃河通淮泗・每歲四時於河口均調水勢・以通船載・歲漕江淮浙米數百萬・以至東南所產・百物重寶・自此入京・公私仰給・故圖中人物如是其盛・汴梁豐贍繁華之都・而取材不偏於瓊臺羅綺笙歌・而暇豫者若無其事・僕役者若有責・水陸舟車上下之衆・人物熙攘動靜・不見重出・必自靜觀得之・圖爲北宋一朝・河南開封府汴梁一地・清明一日・而場面寬龐・筆下人態不一・物狀不齊・嘗聞品中西畫者言・中國畫但取意象・不如西洋畫之重實・則清明上河圖圖面不盈尺・長二丈・而人數逾四千・人形不及寸・小者才一二分・餘物稱是・而彌綸萬象・靡不盡肖神形・爲西洋畫所不可冀及・直可一矯夙見・

宋翰林畫史張擇端所繪原本湮滅已久・而傳說綦繁・有謂圖傳至明・爲宜興徐氏所藏・徐歸西崖李氏・李歸陳湖陸氏・陸氏子負官緡・質於岱山顧氏・有以一千二百緡購獻嚴分宜・後嚴氏圖書入大內・朱箑庵欲得之・當事者遂請發朱氏・萬金上價・小內臣知圖價重・竊之・當事者至・內臣亟以藏御溝石罅中・天忽大雨・驟漲沒溝・連二日夜・比晴索之・則已糜爛不可復理矣・又據蔣瑞藻小說考證云・清初李玉一捧雪傳奇・敘述明人莫懷古有三寶傳家・張擇端清明上河圖居其一・莫家裱褙工人湯某・勾結大奸臣嚴嵩父子・鼓動嚴氏奪寶・莫氏不忍舍清明上河圖・別以臨本與之・臨本中四人擲骰子・五枚皆六・一枚方轉動・其人張口喝六・及一隻麻雀腳分踏兩瓦・皆被湯某指出破綻・嚴嵩一怒・誣莫氏通倭論斬・家小代主赴難・湯某復指爲非莫氏正身・莫氏卒被緝歸枉死・此畫遂入嚴家・上二說已自異・餘說則不勝錄證矣・相傳元明以來仿製本十餘種・散藏中外國家・

今所記者・故宮博物院珍藏之清宮本・跋云・乾隆元年十二月十五日奉勅臣陳枚孫祜金昆戴洪程志道恭繪・於中華民國四十九年六月間・由行政院新聞局攝爲傳彩影片・用原名清明上河圖・加譯英文・並配中・法・西班牙語錄音・參與十一屆威尼斯國際影片展覽・則斯圖之妙・論者備知者衆矣・余得一豁鑑古之目・雖未獲覩宋翰林畫史原本・而考諸元祕府之虹橋・爲竹木奠築・船身長窄・首尾特高・清宮本之橋則土石所築・船身較寬・餘如城市等亦略異・意爲作者就所見識之現場命筆・爲具正觀感之作・設臨摹無異毫髮・非不可爲・或不爲耳・爲之則贋僞・豈足聲道・或謂乾隆本除人物作古裝外・其他皆屬宋元以後之事・僅襲清明上河圖之名・繪明清之際北京社會背景而已・宋翰林畫史・以當時當地目有其物・心有其情・物也情也・涵湛成象・有不能已於筆者而圖之・原本之可貴者在此耳・後世作者・亦以當時當地之目中物心中情所涵湛成象者・各取厥實・各存厥功・又奚必斤斤於汴梁北京而忍以襲名之辱哉・況上河風尚・爲千百年沿履之習・未有間代中替者・則斯圖萬古常新・其摹仿愈多・名價愈重・讀之者能屏除阿見・出於欣賞・則熒感

自息．各珍其珍．庶不負畫師孤詣矣．今讀清宮本．觸緒旁引．申爲謬見．至圖中風物．別爲清宮本清明上河圖後記焉．

清明上河圖後記

百畝負廓春田．楡柳盈陌．牧童一坐一伏於牛背．謳歌自若．曾不知歷古有興亡事也．不毛土阜上．聚童子三人．縱綫者手直舉．約綫則手低於膝．冠者五六人旁觀助勢．皆心逐鳶飛．不啻綫出己手．樂在己心．穿林而前．橋跨清溝．二遊人背立指點風光．數十武．乃瞻衡宇．雞犬相聞．此往則沿長河行矣．其南岸．官輿出城．儀仗先導．呵護步馬後之．途人辟易．道左別業．庭院深閴．比鄰老嫗躄躄焉隨女若媳攀屋脊遙望．其北岸泊一船．張傘立篷頂望者又四五人．蓋曠地劇場．方演酬神戲也．場下圍觀如堵．有立條凳者．攀竹棚者．使孩童乘肩者．靡不全神凝注．交驩喝采．百口同聲．僕御腳夫．以趕程不遑息．足雖前而回顧．及若干輩扶挈老幼後至．以爭趨聲色．河中糧船．合七八人牽纜甚力．船上又十數人喘息支篙．木筏亦然．知逆流而上且載重也．著岸船二．起卸紛如．苦力肩負重物登岸．大小車輛驢騾等．候僱散運於城內外．官船泊定．一人頬頤豐朗．袍帶雍容出艙．向候迎者相與平拱作禮．南北岸連以虹橋．石築．長可三十丈．橋路兩側各設店肆二十餘家．門戶齊一．所業異耳．橋頭賣卜．待決疑者若干人．茅茨腳店三五家．茶酒之餘．放論古今之行商坐販．不勝指算．大道輿馬絡繹往來．適豚奴驅豕隊過．乙乙之聲．混爲喧鬧．橋北

一人擊銅鑼引沐猴作戲．聚衆成圍．有並立獨立於牛背者．一牛逕行．被力牽使回．欲觀猴之衣冠取悅於人也．其右去十丈許．高臺聳焉．數人袒裼立臺上．持號角屏候四人．標錦拂颺．疑將競武．觀者評甲乙者咸集矣．臺後阡陌連山．無燕憩之所．故遊踪鮮至．而近村墟之綵樓酒肆．店舍旗亭．不讓橋南偏盛．既進城．則氣象頓殊．書坊．染坊．鞍轡弓劍．官窰瓷器．金銀食器．羅錦疋帛．膏丹丸藥．表揭書畫等專營正店．毗連成市．東西行板壁太平車．備驢二十四．分兩列．前行曳車．車後仍繫驢二匹．下險峻橋路時．勒使緩止者．輸物車也．置枸欄．垂絲錦箔者．宅眷車也．途人有仗策傴僂者．回路贈言者．色以喜者．趨以躓者．俯拾仰獻者．閭以內．則繞垣騎竹馬者．吹簫賣餳者．奕於堂者．讀於軒者．馬則金絡雕鞍．蹻嘶益態．或汗毛塵鬣．罷役於儈儈．京華熙攘．目爲不暇．移神右顧煙樹中．輿乘皆裝簇雜花楊柳．荷擔門外土儀隨之．（東京夢華錄云．抵暮而歸．各攜棗餶炊餅．黃胖掉刀．名花異果．山亭戲具．鴨卵雞雛．謂之門外上儀．）將暮．行人多自城中歸矣．始望千門宮殿其中綺紈金翠．相戲茵席上．鬥草也．蹋距也．弄衣帶也．理笙簫也．悉盡體態姸宜．御池柳下默立弔影者．問所思苦．不答．旋覩石壁署曰．「乾隆元年十二月十五日奉勅臣陳枚．孫祐．金昆．戴洪．程志道恭畫．」乃恍然悟向所歷者．圖也．考宋翰林畫史張擇端作清明上河圖．水陸輻輳．人物喧闐．盡北宋汴梁盛時偉觀．逮元明各代．繼作輩出．此迨清宮本也．八荒爭湊之承平充瞻景象．重爲後世嘖賞寄慕．則作者不惜瘁其心力．固足千古．而覽斯圖者．可不以守富貴爲怵惕耶．余視弱．不能盡發其廻巧獻技之致．抑恐

暫得於心目者・與日月相爲消長・貽他日悔・乃就筆記成・於時彷彿京塵市聲・猶在几硯間也・庚子七夕後・記於香港嘉璐璉山麓之文象廬・

劉伯驥□□□□年生 一九八三年卒

台山人・國立中山大學畢業・美國士丹福大學教育碩士・生平篤信三民主義・熱愛祖國・旅美數十年・除致力僑務外・勤治文史・於美國立國二百年紀念時・先後出版美國華僑史正續兩編・都百餘萬言・資料詳確・繼復搜集遺珠・輯爲美國華僑逸史・美僑先賢之艱辛歷程與其可歌可泣之事蹟・歷歷在目・可稱美僑全史・伯驥學貫中西・淹博典籍・恂恂儒者・淡泊名利・曾膺選美洲區立法委員而未就・著有廣東書院制度・春秋會盟及學術專著多種・一九八三年病逝三藩市・

六藝和西方通藝的比較 擇錄六藝通論

西洋七種通藝（Seven Liberal Arts）・遠古溯諸希臘羅馬・歷中世紀最爲發展・繼續以迄於近代・爲西方教育的傳統課程・七種通藝・貝休斯（Boethius, C. 475—524）把它劃分爲前三種（Trivium）・即文法・修辭・和辯證術・後四種（Quadrivium），即算術・幾何・天文・和音樂・這七種通藝的定義・文法・是正確說話的科學・及文學的基礎・修辭・是善爲辭令的科學・應付思想表達的形式・辯證術（或論理學）・是瞭解的科學・適應於爲考究與定義・爲解釋・和爲由僞辨眞・而爲科學的科學・算術・是數字的科學・根據它的本身而作數量的訓練・包括數字的要義和區分・爲幾何天文音樂的所需・並應用於商業・貿易和曆數的計算・幾何・一部份爲優異心靈的訓練・使智能敏捷和思想慧悟・一部份爲實用性・包括計算和量積・是不變的大小和形式的訓練・天文・是研究自然現象・授給星宿世界的法則・決定日月星辰的行徑・作時間的計算・音樂・是和音的實際智識・包括聲和歌・訓練音韻的諧和・及有關聲音的音律・這些通藝・爲西方各級學校的基本課程・且認爲智識的工具・故在希臘時期・視作研究哲學的準備・羅馬時期・是爲演講的準備・中世紀時期・用作訓練個人以達一種優良生活・並用爲神學的研究・這種通藝的採用・以中世紀爲最盛・普遍見之於基督教的預備學校（Catechumenal School），問答學校（Catechetical School），禮拜堂學校（Cathedral or Episcopal School）・僧侶學校（Monastic School）等・其後巴黎・牛津等大學・也以它爲基本課程・歷文藝復興・宗教改革・實體主義（Realism）時期・自然主義（Naturalism）時期，以至現代教育・如美國初期各大學的課程・都以通藝爲中心・並且其影響所及・包括意大利・法蘭西・德意志・英吉利・愛爾蘭・西班牙・東至拜占庭和敘利亞・前三種通藝所代表的是文法，文法是初級入學的階梯・後四種所代表的是數學・則屬於高的課程・至大學興起的時期・巴黎大學對於前三種・由文法轉而趨向於論理學・論理學和數學・爲推理的學科・故自中世紀以後・西方教育・即以論理學和數學爲骨幹・因此使思想精密・概念明瞭而正確・有思考力・判斷力・培植科學的基礎・要言之・西方七種通藝・是一種通才教育・爲純智識的訓練・所以七種通藝的傳統・歷二千餘年而不廢・

中國的六藝和西洋七種通藝・在古代教育的地位上頗相似・六藝也可以分爲禮樂的前兩種・射御書數的後四種・禮樂是完成人格的教育・射御書數是訓練技能的教育・論語・「君子博學於文・約之以禮・」（雍也）而以禮爲教育上最高的目標・故禮是陶鑄中國民族性的模型・影響二千年的教育・徐幹說・「凡學者大義爲先・物名爲後・大義舉而物名從之・」（中論）教育上偏重大義・而忽視物名・因此禮樂爲重・射御書數爲輕・自孔門教人以後・雖仍以禮樂爲中心・而射御書數不講・其精神完全放在六經書本之上・二千年教育・都朝着這個方向走・禮・本來是社會組織的綱領・樂・是調協這種綱領的方式・本身雖寓有教育的作用・但內容理論尙覺單調・未能成爲鍛鍊思想的工具・因此由六藝教育轉入六經教育・學藝思想・範圍縮小・中國科學未能發展・就是這個緣故・六藝教育・大部份雖屬於技能・古代民族・賴此技能以爲生存之道・可是六藝之中・推理的學科・僅限於數・而數已放在最後之一位・思想辯證的論理學・付諸闕如・在智識性質上・自然比不上七種通藝的完備了・七種通藝的文法和修辭・雖相當於六藝的書・但文法修辭的內容・仍以正名爲主・文法取其通理・修辭志在善辯・意義也和論理學相近・論理學的要義・柏拉圖說它是一切智識的最高研究・而爲科學訓練的基礎・至於後四種的算術・幾何・天文・完全屬於數學的範圍・音樂也附屬於數理之內・希臘的最高智力・偏注於數學・故古希臘的哲學家・也是數學家・在數學之中・尤其精於幾何・柏拉圖認爲幾何將引導心靈趨向於眞理・而創造哲學的精神・並且希臘的數學是獨立的學科・爲人民的科學・人人可自由來開發它・總括來說・西方學術是沿着論理學和數學兩條大道發展・迨其發展的結果・因而產生科學・中國六藝・雖然列有數學・它的地位・不及西方的重視・六藝課程・不過應付現實生活・其理想的遠景・寄托在禮樂之上・而缺乏深思鑽研的精神・古代東西民族思想的差異・可由這種學藝以審衡之・

葡萄牙人西美度（F. A. Semedo），明末留居中國・西紀一六四零年以意文著有中國偉大著名的君主國史（The History of that Great and Renowned Monarchy of China）一書，於它的特別的科學和通藝（Of Their Science and Liberal Arts in Particular）一章・列舉文法・論理學・修辭・算術・幾何・天文・和音樂・叫做中國的七種通藝・這種說法・並非正確・美國人馬丁（W. A. P. Martin），光緒六年・（西紀一八八零年）任京師同文館總教習・於其所著中國教育哲學與文學（The Chinese Their Education, Philosophy, and Letters）一書，認爲禮・樂・射・御・書・數爲周代的通才教育・聯想起和中世紀七種通藝的三科（Trivium）與四科（Quadrivium）相類似・馬丁氏的看法・較爲恰當・可是六藝和七種通藝的性質各異・因此應用爲學校課程的持續力也不同・假定由周初開始施行六藝教育・至平王東遷・「禮樂廢・詩書缺」的時候・六藝因而衰歇・則施教時間不過三百六十年・禮樂雖還留爲中國教育的中心・書數於後代也繼續講求・但六藝已不復完整地爲學校全部課程了・七種通藝・雖以中世紀爲最盛・表面上看・似乎也只施敎八九百年・但自中世紀以後・學校課程·仍不離這些學科·直至近代·像美國的哈佛·哥倫比亞·耶魯等大學的創立·特別標榜這種通才教育·可見七種通藝的影響力·較六藝爲大·

六藝的評價

世界古代各民族·因其生活方式·社會需要·思想發展·和教育目的不同·故學校課程有別·古埃及教育·授課有法律·醫藥·修辭·數學·天文·建築工程·文學·藝術·宗教等·印度的婆羅門學·有四吠陀論·分爲壽（養生繕性）·祠（享祭祈禱）·平（禮儀占卜兵法軍陣）·術（異能伎數禁咒醫方）·佛教創興·七歲之後·漸授五明大論·一爲聲明（釋詁訓字·銓目疏別）·二爲工巧明（伎術機關·陰陽曆數）·三爲醫方明（禁咒閑邪·藥石針艾）·四爲因明（考定正邪·研覈眞僞）·五爲內明（究暢五乘·因果妙理）（大唐西域記卷二）·希伯萊則音樂·詩·法律·天文·數學·古希臘時代·斯巴達教育·爲運動與軍事訓練·道德社會公民的習慣·法律·跳舞·音樂·初期雅典教育·爲讀·寫·算·音樂·運動訓練·軍事技能·公民道德·後期雅典教育·爲讀·寫·算·運動·文法·修辭·哲學·至於希臘的學者·蘇格拉底列課程爲體操·跳舞·幾何·天文·算術·心理·及倫理·柏拉圖定小學教育爲體操·音樂·及文學（文法）·中等教育爲算術·幾何·天文·及音樂·亞里斯多德對於中等教育的課程·第一爲實習性·體育及體操·第二·創造性·音樂·圖畫·第三·理論性·文法·修辭·辯證術·算術·幾何·天文·由上述的課程來說·從性質上分類·不外智仁勇三者·從內容上分類·則以文法·數學·倫理·和體育最爲重要·中國六藝·雖然因應當時社會的需要·也暗合民族智力自然發展的原則·如果保持平衡發展·不是偏輕偏重·那麼·中國文化自向另一方進展·故六藝對於民族教育的培養·可以說是相當完美·

六藝教人·陶冶民族性·是尚實的·勤勞的·進取的·鬬爭的·和深思的·禮樂是教人規規矩矩享受諧和的社會生活·淺近的地方·雖然爲日常生活的矩範·和社會交際的儀容·但精深處包括哲學·宗教·政治·法律·道德·倫理的意味·這些學科·統屬於禮樂的觀念和範圍之內·是以仁爲中心的·射御是教人端端莊莊的姿態·寓軍事於通常體育和運動競賽之中·雖不表露鬬爭的形式·而寓有尚武的精神·這和斯巴達教育相近·但中國以尚武僅爲教育的一種因素·並非像斯巴達放在第一位·柏拉圖認爲體操當作道德的及體格的訓練·性質上大部份屬於軍事的·射御的目的·也有些相似·它的鍛鍊體格·崇尚競爭·保持作戰的習慣·培養勞動的活力·而爲一種軍國民的教育·書數是教人讀寫和計算·純爲智識的範圍·每個人對於自己所應用的文字·必需了解精通·爲傳遞思想意志的基本工具·印度的聲明·西方的文法修辭·中國都把它包括在書之內·認識六書·釋詁訓字·漸進爲文學修辭·這是文字學習的階梯·同時每一個人·又需要學算·爲生活上必需的能力·高深的數學·爲測算天文曆數·建築工程·工匠製器·但通常生活上度量衡以至農事貿易·無一不需要計算·六藝有數的一門·證明古代應用數算·似很普遍·因有這種需要·數遂列入學校的課

程・古代的正德利用厚生的理論・後儒引爲實用教育的根據・故兵・農・錢・穀・水・火・工・虞之學・都是不離數理的・這樣說來・書數是學習智識的門徑・應付生活的技能・

世界教育史上・古代各民族・爲着環境上實際的需要・和思想自然進展的結果・都有他們自己的通藝・列爲學校的課程・中國古代教育・自然也是一樣・禮・樂・射・御・書・數・每一種學科・當然有它的價值・這些價值是陶鑄中國古代青年・團結於共同生活・而成爲有道德・有活力・有智慧的民族・孔門以四術敎人・後儒秉承孔子遺敎・以六經爲教育的內容・這是教育上一種高級專門的書本學問・等於私立的專修學校・與六藝原有的教育雖像有些偏差・但以禮樂爲中心・學旨總是相同的・其次・後代儒家・有主張理學的・是側重禮樂・而主張實學的・每側重書數・都包括在六藝之內・故六藝實爲中國古代教育一套完整的課程・當時列爲小學鄉學的教材・也是代表中國民族的基本思想・這是民族教育的一條大道・由道德・活力・智慧的三位一體・來構成這種通才教育・它的目的・不能說是不正確・它的內容雖然簡單・却具有充份的教育意義・這是研究教育史者所應重視的・

柳橙考證

十五世紀・歐洲南部始發現有橙・係由東南亞或中國所傳入・一五七九年・由西班牙人傳入佛羅里達・美國加州所出產的橙・想又由佛羅里達所移植者・這種美國橙・比新會

橙而形較大・汁鮮甜・中國人叫做柳橙或柳丁橙・有人認爲係貴州的黃果樹種・而由湖南辰谿所移植者・想係臆測之詞耳・

余撰美國華僑史・曾參考華人歷史學會一九六九年十二月之簡報（第四卷第十期）・引譯柳橙一段如下・

「加州最著名水果的橘子・叫做柳橙・是中國人廖振光（Lue Gin Gong）所栽植・廖氏於十二歲來美・四處謀生・曾遠至波士頓・他是一個傑出的果樹栽培家・經過他授花粉的工作・改良許多新品種的水果・包括蘋果・櫻桃・及桃・最特色則爲橘子・美國農務部特授以威爾德（Wilder）獎章・這是對於新變種橘子之首次及唯一的授奬・柳橙使加州及佛羅里達柑橘屬水果農業家擴大種植・發了大財・但廖氏本人・於一九二六年竟以貧病而死・」

這簡報根據英文資料而來・只是有聞必錄性質・不一定靠得住・亦無從考證・

族叔劉耀寰・民國初年來美留學・畢業於美國南方的威震尼亞軍校・由孫中山先生顧問馬素主持紐約民氣日報時介紹其入黨・大陸將淪陷時・承宋子文之邀・任廣東省第一保安師師長・部隊撤退至欽州時被俘・受毛共磨折廿餘年・前年底始釋放・旋由其公子申請來美奉養・他閱拙著・認爲柳橙栽植人是劉金纘並非廖振光・如是英文拼音 Lue Gin Gong 恐爲 Lue Gim Dong 之誤・亦未可知・耀寰叔對此事・特給余一短簡・說明其考證如下・

「尊著第六二四頁載錄柳橙栽植人爲廖振光・我認爲譯錯了・爲什麼・因爲柳橙創植人是劉金纘・他是廣東台山縣

橫湖鄉人．他的祖居舊屋仍殘存．當年辛亥革命後．族人劉栽甫等拆毁横湖廟．改建爲横湖小學．劉金鑽以他鄉間乳名劉亞濃捐助美金五十元爲建築費．我是當年高等小學學生．他的名字和他的個性．至今尚能記憶．中山大學農科教授劉榮基．亦曾在一九二五年間對我説及劉金鑽在華盛頓農場試驗劉橙的種植法（美國農務部特聘其到場實驗的）．經過一兩年時間進行試驗．沒有辦法找出他的種植劉橙的移植改良法．結果．最後把劉金鑽在佛羅里達州農園的橙樹移植到别的果園．亦得到一樣鮮甜的橙．又果熟還不自落．亦不在樹上變質（這樣免入冷庫收藏的費用）．所以得到美國農作物家的稱許．爲了紀念劉金鑽這樣發明的功績．就以他的名字「劉金鑽」名之．這是劉橙的眞實歷史．請參考更正．」

柳橙一詞．實際上來歷不明．今耀寰叔堅持柳橙原爲劉橙．其證明的資料．雖非十分充足．但截至現在爲止．柳橙的考證．仍以此説爲最詳實．況劉榮基當日亦來美專習農科園藝學．其説當有根據．似非道聽途説之談的．

宋代政教史序

劉伯驥

余平生讀史．最仰慕我大唐之雄風．嘗細考其遺規．揣摩其精神．而著唐代政教史．蓋欲供當今談民族中興者參考而引爲榜樣．此書流傳海内外．忽忽已二十年於茲．竊惟欲覩中國之强者莫如唐．唐人足跡遍天下．聲教訖於四海．而欲知此泱泱大國何以寖弱．遭罹外患何以如是頻且酷者莫如宋．是以治宋史而不治唐史．無以見唐代治運之隆．魄力之大．氣概之雄．崛起於中古時期．目空今古．然治唐史而不治宋史．又無以明宋人文治之盛．國勢之弱也．夷考其開國之初．導致中國社會踏進近世期．猶穿巫峽．越瞿唐．飛棹江陵．眼界大開．原野湖渚．目窮千里．回首羣山萬壑．驚流駭湍．與夫犯難冒險之狀．一變而處紆徐閒逸之境．風物恬熙．人文毓秀．景象大不侔矣．但民族所蘊抱慷慨豪越之氣．竟發洩而無餘．故唐代踔厲向外．宋代則沉潛向内．唐代能征服人．宋代則被征服於人．由此兩朝之觀摩比較．方知中國歷史之中期大轉變．乃强弱之樞機．盛衰之際限．然兩朝史實．尤當融會貫通．始能深切認識中國社會之根基．民族之本質．與思想文化之淵源．上承秦漢之質實．下啓明淸之虚文．繼往開來．爲最重要之過渡期也．一得之愚．本欲賡續前功．復撰宋代政教史．俾與唐代政教史並轡齊驅．互相發明．顧以他故阻延．致虚懸已久．事未果行．

八年前．余赴香港出席世界龍岡懇親大會．當趙氏宗親會歡宴席上．忝以世總名譽會長．承邀演講．查粤省台山新會兩縣之趙族．皆宋室之遺裔．太宗之後人．而爲厓山之役覆沒後僅存之血胤．經七百年之開枝發葉．生齒繁衍．人口逾十萬．比北宋全盛時之睦親宅子孫．誠不知增多幾千百倍．今龍岡集會趙族聚宴之地．又適爲當年宋帝昺即位之翔龍縣屬也．撫時追昔．感慨萬千．溯自臨安陷落．恭帝北轅．而忠臣義士．負幼主．冒風濤．浮海南來．以維護嗣統．雖顛播流離．不屈不撓．發揮堅苦卓絶之精神．爲天地保留正氣．傳至數百年後之今日．猶凜然不可犯．故凡愛宗族者應愛國家．愛國家者．尤應服膺我中華傳統之民族大義．余假此大好題材．特痛述宋人復國運動之壯烈事蹟．以勉我龍岡宗親．昔人相傳．曰思漢．曰思趙．豈可以歷史陳言視之哉．緬懷前烈．耿耿於懷．返美後．夙願不忘．遂蓄志完成此宋代政教史．以接唐史之續．且世亂方殷．謀國者尤當以宋爲鑑也．

然則以宋爲鑑者何．曰首從宋之敗亡爲訓．使人知所警惕而毋重蹈其覆轍也．勿以和議爲可恃．勿以錢塘爲樂土．勿以偏安爲自足．必須鼓其氣．奮其志．以慷慨矯頹唐．以剛勁治風痺也．嗟乎．南宋山河半壁．向使上下能臥薪嘗膽．發憤圖强．銳氣方張．誰得而亡之．惟宋人不知自愛．燕處危幕．苟且偷安．馴至姦佞竊柄．紀綱日壞．一息奄奄．亡象畢露．國事遂無可爲矣．雖然．有亡之象．未亡也．必有亡之理．如病入膏肓不可救藥．乃眞亡也．亡之理者何．曰爲政上蒙下蔽而已．夫上蒙下蔽者每起於忽微之中．而始覺於萌禍以後．蠹藏心腹．則朝廷全部受病．因而權姦之蛆生．庸佞之憑附．朋黨之滋熾．賢才之埋沒．爲一切禍國害政之源．是以蔡京藉之以導君於荒淫．秦檜假之以主和降敵．韓侂胄史彌遠憑之以擅權柄而排忠良．賈似道操之以不戰不和而誤國．巨浸滔天．皆用此術也．語有之．往車雖折．來軫方遒．國難當頭．臨深履薄．讀斯編者其亦瞿然有悟於以史爲鑑之義也歟．

夫宋史至難治也．誠以宋人典籍之浩繁．眞汗牛充棟．窮年涉獵．未易盡其涯涘．況官書私史．筆記稗說．類多謬誤參錯．眞僞難分．爬羅剔抉．辨惑恐誣古人．牽補推敲．望文常失眞義．徒主觀之臆測．或傳會以從盲．謂其無訛．豈可得哉．不佞尋章翻典．纂就斯篇．羅致史材．何辭於瀨祭．貫穿注疏．莫誚於蠹魚．記事不厭周詳．述言唯在質直．蓋以明一代之鴻典．溯千載之政教．究文運之興衰．論治道之得失．豈謂揚董遷之筆．敢期學周孔之心．顧謭陋粗陳．詞嫌錯落．或空疏失檢．字乖魯魚．此又蘄大雅之析疑．願鴻儒之匡正者也．

一九七一年四月二十六日

美國華僑逸史自序

台山劉伯驥序於美國舊金山希經廬

．史而曰逸者．史之餘也．古有逸詩．逸禮．逸雅．皆在正文以外所編從類之書．若久經散佚而復出之殘册．亦曰逸書．夫逸者遺也．撰史曰補遺者．與逸史之義相類也．

一九七五年．余應僑務委員會毛委員長濟滄之約．撰美國華僑史．五年之間．先後成初續兩編．逾百萬言．迨續編付梓後．尚覺有兩事待決者．一爲早期華僑史料．乘便掇摭．細大不捐．洋洋盈篋．一爲華僑歷史圖片．複製約有二百幀．得來不易．視同珍品．此兩者應如何處理．以竟事工．躊躇思慮．久未能忘．乃以後者擬彙爲美國華僑史圖解．藉資保存．前者則加以蒐羅一番．充實內容．復成一書．作爲初編之補遺．故曰美國華僑逸史．猶顧亭林所撰日知錄之餘之例也．

此書與初編．原連繫一貫．可相輔相成．治此書如忽略初編．淵源不清．固嫌孤陋．治初編而不復覽此書．又覺一管之見．以未窺全豹爲憾．向使當日有充裕時間．裁剪雍容．以前後所輯之資料．全部整理排鋪．則美國華僑史初編・可成兩册・條理分明・似較爲完整・通編一體・免病支離・今既被續編所隔・無法撮合・姑另撰一編・名曰逸史者・聊以別於初編焉・

竊思早期華僑史料・每隨時代而消逝・余於四十年前旅美之初・清季之僑民耆舊・尚多健在・先僑之遺風餘韻未泯・僑社風氣・仍古色古香・若訪問故老・或旁蒐史材・往事掌故・唾手便得・窮溯本末・當非困難・此時撰著美國華僑史・自較現在爲易・奈余因志趣所限・遂交臂失之・戰後以來・三十年間・不僅耆舊陸續凋謝・即使各會館・團體及文化機關・一有變革・典籍文件・往往棄如敝屣・是以爾後一二會館・欲編印會館志・半途放棄者・以文獻不足・考證無門故也・當余應約撰美國華僑史之初・以史料散佚・墜緒茫茫・多方蒐尋・極感困乏・今雖幸粗成・但深知時間價值・對於史料之存亡得失・實有連帶關係・故此類著述・皆得自灰燼之餘・脫使一二十年以後・不善檢存・則連此區區燼餘亦不可得矣・然則是書之作・對於華僑史事與僑社文獻・又豈徒限於補遺一義已乎・是爲序・

一九八二年

附美國華僑逸史　目次

美國華僑報業發展史略

一、僑報初創與起源

美國加州舊金山爲旅美華僑最初聚居之地・一八五〇年

（道光三十年）・加州正式歸入美國版圖・漸趨繁榮・中國人已有四千零二十五名・一八五一年・突增至一萬二千名・一八五二年・加州人口二十三萬三千八百五十六名・中國人佔二萬五千名・爲外僑團體之最大者・東西民族初到此正待開發之新大陸・互相接觸・競爭謀生・中國人因而與數量較多之愛爾蘭人・常常發生衝突・各拿出其本國文化技能爲圖存之武器・覓食之工具・白種人固然有其獨特之一套・中國人亦有其自己「守望相助・疾病相扶持」之一套・迫於實際需要・自然組成社會・在海外共同生活・因之・以所謂唐人街（Sacramento Street）爲中心之唐人埠・包括各縣各姓之僑衆・互保互助・自成爲典型中國人之獨立區域・「麻雀雖小・五臟俱全」・爲着渴求消息之傳遞與精神食糧之供應・報紙便應運而生・

一八五一年・史披亞牧師創辦金山新聞（Golden Hills News），是手抄石印單頁之華文報・以報導宗教消息爲主・一八五三年中英文之東方週報出現・主持人是基督教長老會華人長老黎森・該報算較爲正式之報紙・共印兩頁・第一頁中文・第二頁英文・手抄石印・後來改爲月刊・編輯人李根・一八五四年四月二十八日・金山新聞復刊・增至四頁・是一份週刊・由侯活赫臣公司石印・社址在卡李街（Clay Street）一六三號・一八五五年一月四日・史波亞牧師離開金山新聞而轉入東方週報工作・將該報之紙面增大・越兩年停版・一八六七年・有飛龍週報（California Chinese Mail）創刊・一八七四年・舊金山唐人新聞紙刊行・每份售價十仙・社址在華盛頓街七四四號・一八七五年・余貞將東方週報改組・加上「華記」二字・以資識別・版面清晰・逢星期五出版・每份售十仙・全年報費五元・社址在華盛頓街八〇九號・一八七六年・唐番新報出版・中英文合刊・社址在華盛頓街八二一號・銷行至一八八〇年停版・同時・又有唐番公報（The Oriental）・華美新報等・但創刊時期未明・一八七〇年代曾出現西方每日新聞一份・當爲華僑第一家日報・創辦人盧金蘇・刊至一八九四年停版・一八八三年・華美商報創刊・是中英文週報・逢星期五出版・由瑞記公司發行・出紙四頁・紙面闊大・每年報費五元・一九〇一年停刊・一八八六年・華記之東方週報再改組・易名爲東涯新錄・至一九〇三年亦停刊・此等僑報・殆皆爲週報・屬商業性質・刊載僑社新聞及趣談等・以娛閱者・例如華美新報・共分四大類新聞・即報應新聞・談笑新聞・遊戲新聞・近報實錄等・是時報人・生活相當清苦・一八七八年九月二日唐番新報發表一篇編輯人道白・略可窺見當時留美文化界之風情・原文如下・

「不佞學愧鴻遒・識慚蠡測・借筆管以博斗升・不過餬來驅我・藉文章爲謀福澤・豈知壯不如人・可謂粗通典籍・不致改媼爲溫・亦曾少涉縹緗・弗類呼紇爲核・幸值東人之德意・頓忘醜婦之效顰・爰煮字以爲餐・聊賣文以自活・倘邀青睞・何妨日往月來・青凜丹心・不勝朝乾夕惕・丙子新秋謝閑存軒謹誌」・

有政治性之僑報・始於世界日報之前身是文興報・創於一八八八年・石印・一八九一年改爲鉛印・一九〇六年大地震後搬往羅安琪・改爲憲政報・未幾・再搬回舊金山出版・

以華盛頓街八四八號爲社址・自康有爲梁啓超於光緒二十四年（一八九六）策動所謂戊戌變政失敗・逃亡國外・兩人曾先後來美・組織保救大清光緒皇帝會（民國元年改爲中國憲政黨）・大抵以爲政治運動・不可無言論之機關・一九〇九年將憲政報改組・易名爲世界日報・由黃吉耀爲總理・招牌及報名是康有爲手書・一九一〇年・鉛印小型紙十六頁・後改用標準型（即十七吋半闊・二十二吋高）・縮爲兩大張八頁・社址搬至都扳街（Grant Ave）七三〇號・一九一七年再搬至七三六號・初由梁君可・後由梁朝杰任主筆・朝杰爲台山人・光緒末舉人・曾受業於萬木草堂・是康有爲之門生・詞章深有造詣・散文亦勁拗平實・故能風動一時・報業發展頗佳・歲有盈餘・台山伍盤照・乃基督教徒・向教友集資・於一九〇〇年二月十六日・創辦中西日報・初爲小型・出紙六頁・至一九二二年改用標準型・兩大張八頁・一九〇六年大地震・搬往屋崙（Oakland）出版・其後復遷回・社址在沙加緬度街（Sacramento Street）八〇九號・以營業日盛・嗣購得同街七一六號地段・建築新社址・聘鄧翼雲爲主筆・全年報費六元・秉基督教中立姿態・不偏不倚・不涉於政治得失之糾紛・而由香港獨資拍發之專電・報導家鄉及國內重要消息・亦詳實可靠・爲僑界所信賴・故業務最爲發達・由洪門致公堂主辦之大同日報・一九〇三年創刊・由歐榘甲任主筆・因標榜反清復明・亦帶有政治性・該報紙型較小・闊十五吋・高二十二吋・出紙兩大張八頁・社址初在商業街（Commercial Street）七一三號・後選至天后廟街（Waverly Place）十六號・歐字雲樵・爲康有爲門徒・以能文稱・以洪門而右於保皇會・對孫中山先生革命運動・諸多詆毀・致公堂大老黃三德及書記唐瓊昌初勸其與中山先生合作・但歐奉其師康氏之命・堅不肯從・遂爲黃唐等所擯逐・由中山先生介紹在東京加入同盟會之劉成禺及黨人徐甘棠主持筆政・兩人富有文才・言論風發・其後蔣夢麟（筆名唯心）繼之・自該報筆政落於革命黨人之手・宣傳革命理論・一躍而起・而保皇會在美勢力・嘗利用洪門人士而跨籍者不少・自是大受影響・逐漸衰退・一九〇六年・由商家合資開辦之國魂日報誕生・聘開平縣舉人張啓煌爲主筆・只刊行四載・於一九一〇年停版・合併於世界日報・由華裔美籍民所組織之同源會・於一九二四年創辦金山時報（Chinese Times）社址在天后廟街一一九號・主持人爲林華耀・聘李伯賢爲主筆・該報以維護華裔美籍民之權益爲宗旨・

一九〇八年・土生華僑青年李是男、溫雄飛・黃伯耀・黃超五等五六人・有感於祖國滿清政府之腐敗・激發民族思想・遂創辦美洲少年周刊・從事革命宣傳・以溫雄飛爲總理・黃超五任總編輯・李是男任副刊編輯・黃伯耀任翻釋兼發行人・是時並發起組織少年學社・以花園角（Brenham place）十七號永生殯儀館爲通訊處・徵求同志・組設美洲同盟會支部・出版後・一紙風行南北美洲・適孫中山先山由歐洲行抵舊金山・見狀大加贊許・並建議改爲日報・乃親自領導李是男・黃伯耀負責進行・向各同志招股集資・一九一〇年三月・在卡李街八八一號創立少年中國晨報・由黃伯耀總理兼營業部主任・黃超五爲總編輯・李是男爲副刊及新聞編輯・黃芸蘇・崔通約・伍平一・張藹蘊等先後任主筆・以少年學社之英譯名爲少年中國會・即取其義定爲日報之名The Young China Morning Paper・當時世界日報・大同日報・中西日報皆在午間出版・故以晨報姿態出現・改爲清晨出版・於一九一〇年七月十六日（陽曆八月十九日）印發創刊號・該報創立後・第一第二屆總理・初由選出候選人三名・呈請孫中山先生擇一委任・當該報籌創之初・一方面招股集資・同時凡新入黨者例定認股一份（一元）・以資金來源關係・變爲商業組織・一九一七年・發生報務與黨務權限不清之糾紛・後由孫中山先生裁定用人行政歸股東・言論歸黨・事遂平息・孫中山先生逝世後・又以總理產生問題・引起風波・一九二六年（民國十五年）・黨潮發生・十一月七日董事會議決議所有該報言論及用人行政事宜・概由該董事會暫行主管・不受任何機關之命令或干涉・自是該報遂爲一獨立性之報紙・

一九二七年（民國十六年）・有美洲國民日報之創刊・初・中國國民黨於民國十五年元旦在廣州召開第二次全國代表大會・美國各黨部所選出之代表陳耀垣・譚贊兩人・返國後不出席代表大會・而擅自動用總支部款三千元・以參加並助成西山會議・由此事爲導火線・引起黨潮爆發・首由西雅圖（Seattle）分部倡議召開全美代表大會解決・羅安琪（Los Angeles）・波士頓（Boston）等二十一個分部響應・當時黨員大多爲青年・朝氣勃勃・勇往直前・卒於十六年元旦在羅安琪舉行全美代表大會・開會結果・產出總支部新執監委員・其提案申並通過組織純正黨報案（第十九號）與少年中國晨報收歸黨辦及改組爲黨報案（第二十號）・新選之執監委員既齊集總支部禮堂・但因受威脅不克就職・乃轉往屋崙分部舉行宣誓就職及重新組織總支部・自是美國黨部分裂・總部有兩個・僑社目之爲左右兩派・代表大會既通過組織純正黨報案・並選出趙朝亮等爲籌備員・而總支部復增聘陳伯興（披荊）・唐瑞年・黃君迪・朱貫日等爲籌備員・合共十三人・組織籌備處・由陳伯興任處長・時因黨潮關係・急於開辦・首由陳伯興個人出鉅資購買中西日報在沙加緬度街八〇九號之樓宇爲社址・重新購置印刷機鉛字・於六月十五日正式出版・由黃文山任總編輯兼主筆・黃氏有文名・言論爲各方重視・未幾去職・由黃仕俊繼之・國民日報之前身・原爲西雅圖之僑星週報・由西雅圖・砵崙（Portland）兩分部同志集資創辦・主持筆政者・先後有陳煊・黃二明（華表）・雷慶・馬典如・溫崇信・黃仕俊等・及黨潮發生・負責人馬典如等南遷舊金山・遂告停刊・但該刊立場・與國民日報銜接一致・

自由中國日報・一九五五年由吳思琦獲得美國自由亞洲協會資助五萬元及至僑界捐募一部份股本所創辦・初欲以供應中國留學生閱讀者・吳氏自任社長兼總編輯・社址在沙加緬度街七二五號・該報大致上與臺灣自由中國月刊相接近・印刷機鉛字・全部新購・版面亦最漂亮・惜無法維持・只經營兩年停閉・香港星島日報・一九六七年設美國航空版・舊金山社址在沙加緬度街七六六號・紐約社址在喜斯打街（Hester Street）一五〇號・每日紙版由航空運到・即行影印・爲小型紙張・供香港新移民閱讀・銷路甚暢・聞達八九千份・

週報方面・一九四六年有胡景南太平洋週報・一九六七年有劉池光東西報・中英文合刊・又有正言半週刊・黃毓樞主辦・一九六九年・有翁紹裘華聲報・純為替中共宣傳之刊物・一九七〇年有王家駿龍報（當年停版）・又有馮棟光僑光報・一九七一年有余世文文華週報・此等週報・業務首推正言報・而正言・僑光・文華三家之言論・皆採□□立場・

羅安琪有週報兩家・一為光大報・社址在重慶路（Chungking Rood）九四〇號，一九五〇年創刊・後改為新光大報・由朱箕活周大為等主持・現聘高敬恩為編輯・一為美華周報・社址在北休爾街（N. Hill Street）七六三號・一九五九年・由黃文山・陸幼剛等創辦・中英文合刊・為十六開雜誌型・一九六四年・由林蔭溥承辦・並自兼編輯・改為小型報・

紐約最早僑報之維新報・清末宣統年間由保皇會所創辦・由龔强立主持・為週報性質・入民國後・易名國權報・為中國憲政黨之黨報・未幾停閉・一九二七年・又恢復易名為公和報・亦週報性質・主持人李聖策・編輯洪少植・其言論曾擁護陳烱明及北洋軍閥・一九三一年停版・自第二次革命失敗・鍾榮光・謝英伯・黃芸蘇・鄧家彥・黃興及其他國民黨重要份子・先後抵美國・一九一四年（民國三年）・鍾謝到紐約・與紐約黨部革命先進趙積・吳朝晋・彭辛酉・趙經敏等倡創民氣週報・以討袁為目的・先組織民氣維持會・每份額捐二十元以為之倡・由彭辛酉主持・並向黨員及熱心贊助革命之僑胞集股・慘淡經營・由鍾榮光起草民氣報組織章程・推謝英伯為總編輯・趙經敏為總理・趙辭職・攻由吳朝晋充任・社址附設於包梨街（Bowery Street）十四號・於一九一四年正月二十四日・正式出版・一九一七年・孫科任繙譯・嗣兼任總理・並發行英文週刊・以資對外宣傳・社址遷往披路街（Pell Street）十六號二樓・時黎元洪解散國會・西南護法軍興・孫科歸國效力・趙經敏繼任總理・黃芸蘇・趙鼎榮相繼任總編輯・一九一九年・適馬素受孫中山先生專派為駐美外交代表・遂由馬素接任總理・總編輯為黃士衡・彭伯勳・一九二六年・美東黨部代表大會・議決改組為日報・派員向各埠黨員招股・一九二七年正月・遂正式改組為民氣日報・由譚漢聲為總理・黃文山為編輯・

中山週報・一九二七年由國民黨右派同志所創刊・清黨後改為中山晨報・一九二九年遭回祿・由黎彪等向全美黨員募股恢復・易名中國日報・主筆羅百練・張彝鼎・經理人鄺翥雲・許帝初・楊文伯等・因營業不前・拖欠工薪被封・一九三三年停版・紐約商報・創刊於一九二八年・初設於紐約報館之柏魯（Park Row）・為週報性質・半年後・改為雙日刊・陳紫培以創辦人兼任編輯・一九二九年秋・火災後遷往堅尼路街（Canal Street）一九六號・一九三〇年五月一日・改為日報・一九三一年由朱夏任總編輯兼主筆・陳紫培則任總經理・一九三二年秋・陳氏退股返香港・由當時全體工作人員承辦・在長期不景氣當中・艱苦奮鬪・卒能渡過難關・至一九四二年春・再遷往百老滙（Broodway）七號・時因第二次世界大戰方殷・工作人員紛紛被征入伍・至一九四四年四月・以人力短缺・不得已售與孟壽椿等之中美世界出版公司・改名美洲日報・繼續出版・但該報英文名（The

Chinese Journal），依然保存。五洲公報，一九三九年由洪門人士司徒美堂、梅友啓、阮快亭、劉恩初等創辦，主持人司徒美堂，實際上由劉恩初負責，主筆伍憲子。伍氏回國，呂超然繼之。華僑日報，其前身爲先鋒報，抗戰初期由陳其瑗創辦，山西人冀貢泉任主筆，一九三九年，改爲華僑日報，由梅參天等主持，爲共產黨機關報。

美洲日報初由孟壽椿創辦，但報業不振，無法支持，翌年，遂由譚贊、梅友卓、李覺之、方瑞雄等向全美國民黨同志集資，並由中央海外部附股，整理一番，改爲黨報，報務漸有起色。先後任總編輯者有梁聲泰、陳裕清等。該報爲美國最發達之黨報，置有樓業兩座。紐約新報，因民氣日報內部人事糾紛，一九四三年，余仁山、李苹之脫離該報而向全美同志招股所創辦，初時頗穩健，抗戰勝利後竟欲擁馮玉祥，言論左傾，大犯衆怒，余仁山被開除黨籍，報業無法維持，數年間，遂告停辦。一九五〇年，由徐堪、賴璉、陳慶雲等集資承購，易名爲華美日報，潘公展任主筆，初時維持極爲困難，人事調整多次，現時業務已趨穩定。

初，一九四一年，中國國民黨駐美黨務，自經特派員制整頓四年後，纔告統一。六月，召開首次代表大會，因選擇第十屆執監委員問題，黨潮復起。國民日報一系統，包括中央同志社及所謂左派同志，東有紐約民氣日報，西有國民日報，爲兩大支柱。英文名（The Chinese Nasionalist Daily）亦相同。尤其民氣日報，李惠連爲董事長，吳敬敷爲總編輯，嫻練能幹，報業蓬勃，歲有盈餘。而國民日報雖爲重心所在，但經一度凋殘，尚藉民氣日報之援助，自黨潮發生後，十一月，譚贊赴重慶，以出席國民參政會之便，向中央海外部部長劉維熾取得命令一紙，翌年返美，直交與吳敬敷，突然將其開除黨籍，圖作攘奪民氣日報之計。吳氏被迫去職，國民日報同志，盡力相助，俾其另創中美週報。而李惠連直派伍重光繼任總編輯，遂安定局面。吳氏經營中美週報（雜誌型），以內容豐富，戰時暢銷全美，業務發達，購置樓宇。一九五二年，再創聯合日報，社址在堅尼路街一九九號，銷路爲美東僑報之冠。一九六二年，梁聲泰與杜不朽等集資創立中國時報，但業務不前，維持困難。一九六四年，將該報售與陳兆瓊。陳氏計劃甚大，欲貫通東西，遂與黃仁俊等籌商擴大中國時報（China Times）之組織，總社設在紐約勿街（Mott Street）一〇五號，分紐約、支加哥及舊金山三個版，集中在總社編印，籍噴射機空運之便，當日運到分發。黃仁俊在美西集股參加，以國民日報爲舊金山分社之地址，一九六四年雙十節前正式出版，該報用五號字排印，而用兩色捲筒機出版，出紙三大張，在僑報中算是特色。董事長陳兆瓊，總編輯毛樹清，昔開辦之初，用費太鉅，維持不易，甫一年舊金山版停辦，只存紐約支加哥兩版，緊縮後業務始轉爲稍好。紐約另有黃天驥之大華旬刊（雜誌型）及羅中郎之華報（週報），現皆停刊。大華旬刊創辦有十餘年歷史，內容注重副刊趣談性質，曾銷行於全美各埠。

支加哥三民晨報，創於一九三〇年，初，一九二八年，中國國民黨三藩市總支部召開代表大會，支加哥代表譚贊，周字凡、黃逢等提出籌組三民晨報並章程草案，經大會通過・向全美黨員集股・每股五元・以四萬元爲額・是時・適受美國不景氣影響・僅集得半數・即行開業出版・爲流通美中一帶最重要之僑報・黃逢任經理・編輯部則由周宇凡主持・又有工商日報・是由僑商甄聖富・伍雅亭等爲助甄亮甫而組設・聖富供應資本並招收散股・於一九二三年創刊・由甄亮甫主持筆政・逢星期二・四・六出版・一九三六年遷址・易名中央日報・縮爲小型紙張・報業日衰・內容與印刷亦粗陋・其後又改爲中央週刊・及甄亮甫轉遷紐約・報務由工友主持・約於一九四三年間停閉・

二・報業興衰與變遷

僑報業務之興衰・繫於人事者半・繫於經濟者半・而尤以前者之影響爲最大・僑報之慘淡經營・具有相當基礎・一旦人事變遷・或主持乏人・或用人不當・則由盛而衰・由衰而至停閉・凡此事例・不勝枚擧・

大同日報自蔣夢麟去職後・由李伯賢・湯紀鴻・張香譜等繼任爲總編輯・是時・洪門份子多被國民黨吸收・其餘或老去・人數逐漸減少・勢力日弱・該報遂於一九二五年歇業・一九二九年・由薛伯聲・黃景華等着手恢復・以華盛頓街八六三號爲社址・易名爲公論報・易綺西任經理・崔通約任主筆・至一九三二年・以難於維持・復又停閉・全部鉛字與傢具售與國民日報・

抗戰初期・舊金山有僑報五家・中午・中西日報・金山時報出版・晚上八九時・則有少年中國晨報・國民日報・及世界日報出翌晨版・報紙之銷路・首推中西日報・金山時報

與少年中國晨報次之・世界日報及國民日報又次之・推銷地域・除美西外・更遍於美東・加拿大・少年中國晨報・國民日報及世界日報・以政治聯絡之關係・更遠至中南美洲如墨西哥・巴拿馬・洪都拉斯・智利・阿根廷・千里達・太平洋小島如大溪地・歐洲如倫敦・巴黎・皆有閱戶・加拿大・墨西哥各埠僑團活動之新聞・亦常寄稿請代發表・蓋舊金山爲美洲咽喉之地・與祖國僅隔太平洋・消息來源較捷・遂藉是以爲傳播之中心也・中西日報於抗戰初期前後・伍于衍當總理・梁玉璋爲總編輯・報紙銷路至廣・財力最雄・設備亦最新・一九四五年・伍氏辭職・謝炳光繼之・林若波改爲總編輯・然由於國民日報之崛興・影響各報銷路・該報生意亦同而逐漸萎縮・一九四九年・其當事人以各董事皆年老・而維持不易・遂決定出售・由周銳・葉樂等出價七萬八千元承購・以陳鐵民爲總編輯・是時大陸已變色・政府播遷臺灣・左傾份子紛紛露面・即以該報爲宣傳之機關・猶「人民日報」在舊金山之翻版・彼等感於美國國務院不斷發出同情中共之宣傳・以爲短期內情勢急轉直下・不作充實基金之準備・又因美國當局之追查閱戶・及僑界之普遍抵制・一年之間・無法支持・卒於一九五一年正月一日宣告倒閉・

國民日報歷由馬典如主持・一九三八年・汪精衛出走河內・旋發艷電・該報亦刊登・僑衆譁然・左派幹部同志・皆孫中山先生忠實信徒・大多愛黨愛國・忠貞不渝・對於汪氏投敵・極不同情・是時・中央海外部副部長蕭吉珊抵美宣慰華僑・洽商接收・交與黃君迪主持・黃氏遂電請中央派黃文山來任總編輯・中央以三民主義青年團欲在美發展・受黨中

一部份人阻撓．乘便加派黃氏兼駐美團部組織員．黃氏以責任繁重．特商請教育部另以名義派余出國襄助．一九四〇年二月．接理報務．黃君迪任社長．黃仁俊任總經理．黃文山任總編輯．余則任副總編輯．社論由黃文山．袁昶超及余三人分撰．另附設英文週刊．由陳參盛主編．陣容爲之一新．經半年整理與發展．業務逐漸安定．翌年春．黃君迪病逝．黃文山又以棘手萬端下組成美東美西兩直屬區團部．即行返國．人事遂再調整．以陳伯興爲社長．黃仁俊爲總經理．余爲總編輯．黽勉支撐．而伯興亦肯出資挹注．一切困難．幸能渡過．世界大戰既起．征兵急於星火．人力問題．各報均面臨危機．一九四三年以後．戰事方殷．交通困難．祖國新聞．幾乎中斷．遂購置最强力之短波收音機．每晨派專人收錄重慶廣播新聞．於是祖國消息．靈通而快捷．並改良印刷排版．美觀而新穎．又聘劉令爲推銷員．銷路達六千餘分．此爲國民日報之黃金時代．及馬歇爾使華．美國强迫中國容共．又肆意替共黨宣傳．僑胞心理動搖．業務開始受影響．一九四八年．余辭去總編輯職．由任家誠接充．翌年大陸變色．政府播遷臺灣．美國對華宣傳詆毁更烈．□□份子之活動．得其慫恿．如火添油．斯時國民黨同志．策動□□援臺工作．殆以國民日報爲中心．一九五二年．任家誠去職．余復任總編輯．以批評所謂第三勢力．引起與世界日報李大明論戰．喧鬧月餘．以擁護政府之切．故僑胞對該報印象．恒以代表臺灣目之．美國人士亦然．惟以局勢之惡劣．業務發展受限制．每年營業數字上雖差堪平衡．但缺乏現款周轉．七年之間．致負債萬餘元．一九五八年正月一日．孤軍奮鬬之餘．疲憊不堪．經營三十年之黨報．遂告停業．在美遠近同志親友．聞訊深爲惋惜．紛紛呼籲恢復．翌年復版．余不願再作馮婦．後因資金不足．只支撐十一個月．此焦頭爛額之言論機關．終歸歇業．一九六四年．曾一度倡議恢復．以承中國時報之約．利用該報設置分社．遂作罷論．

世界日報於抗戰初期．主筆梁朝杰所撰社論勿搭賊人船一文．僑界譁然．幾鬧起風波．時總理爲李澤田．乃由總編輯黃伯英兼主筆．態度趨於穩重．該報代表另一類舊派讀者．不受現實政治暴起暴跌之影響．平穩渡過戰時．抗戰勝利後．因美國以「民主」幌子凌壓中國．民主二字最爲時髦．中國憲政黨亦加民主二字．改爲中國民主憲政黨．由檀香山新中國報總編輯李大明主其事．旋與中國民主社會黨合作．一九四七年四月．國民政府改組．分配得要職幾席．伍憲子（在香港）爲國府委員．李大明爲政務委員．黃伯英爲立法委員．該報副刊編輯陳伯清爲監察委員．由是該報一易其數十年初衷．表示擁護政府．李大明返美．亦以不管部長名義晉謁國民黨總支部．以示友好．空氣一時和洽．爲前所未有．時檀香山富商陳滾出資購買該報本身所用之樓宇．加以整頓內部．由大明任社長兼總編輯．版面全盤改革．面目一新．增聘工作人員．另闢英文版兩頁．業務漸有起色．未幾．該黨與民社黨共同退出政府．該報故態復萌．又肆攻擊．及政府行憲．民社黨參加競選．復與政府合作．李大明不與焉．自是專對政府詆毁．無所不用其極．至大陸變色．李氏上□□□書．向其獻媚．當時因局勢動盪．華僑情緒．迷惘失常．該報大事煽動．銷路一度曾達四千餘份．然大明、之志頗大・一九五七年・復開設紐約版・因乏銷路・不旋踵關閉・損失數萬元・該報之經濟因而亦受影響・一九六一年・李大明病卒・主持筆政者・由張君勱・呂超然・曹桂芳等繼之・並由陳滾長子義生爲總理・對政治無興趣・該報遂一改大明作風・趨向中立・中國民主憲政黨・且因大明之死・「人亡政息」・殆同煙銷雲散・未幾・義生逝世・由其子中庸任總理・中庸乃土生・不諳中文・故該報態度・把捉不定・已而內部又發生兩派爭奪控制權・糾紛數年・乃至鬧訟法庭・業務一落千丈・負債纍纍・卒於一九六九年停閉・

上述三家老牌日報既倒・舊金山華文日報・只有金山時報一枝獨秀・該報自創立後・曾遇兩次經濟困難・卒能渡過・二十年來・由陳桂芳任總編輯・不偏不倚・老成持重・社論由四・五人執筆・陣容儼然・該報雖係代表華裔美籍民之立場・但對□□□□在臺灣之處境・作眞誠之維護・抨擊□□與臺獨份子・不遺餘力・最近美國欲與共黨締交及恢復通商・乃至倡兩個□□之謬論・該報連續著論痛斥・義正詞嚴・可稱爲全美僑報之冠・每日出紙三大張・銷路一萬一千份・業務亦空前之盛・少年中國晨報・歷史悠久・有相當基礎・雖受時局影響・處於逆境・仍有產業每年入息八千元之補助・可以維持無虞・惟未能撙節・致財政稍感拮据・然與未遭致命傷也・不幸於一九六二年間・編印英文週刊・耗損三萬餘元・負債日深・始露危機・又因半途罷撤董事長方玉明之職・索償欠款・而鬧訟敗訴・還款訟費等損失以十萬元計・破殘不堪收拾・一九七〇年・由臺灣「中央日報」及一部份同志僑胞集資・以十五萬元承購・改組後繼續出版・

紐約民氣日報・自吳敬敷去職後・繼任總編輯者・先後有伍重光・謝以正・翁紹裘（初由加拿大移美）・業務大不如前・董事長李惠連逝世・主持更乏人・一九四八年・向國民日報求助・遂由朱貫日前往主持・募集基金・改聘毛樹清爲編輯・差能支撐・其後毛氏辭職・貫日心力俱瘁・臥病經年・一九五六年逝世・由伍金維主理・日陷窘境・遂致停版・陳中海・伍士焜・蔡葆元等先後謀恢復・未成・因欠聯邦稅款四千餘元・卒由政府沒收・五洲公報由呂超然主持多年・內容遜於民氣日報及商報・而印刷亦粗陋・於一九五三年停版・一九六〇年・由劉興・黃植滋等向洪門人士集資恢復・易名爲民治日報・梁冷明任總編輯・因維持困難・一九六六年復停版・其後雖有謀復版之議・但不果行・

支加哥三民晨報・歷由周宇凡當編輯主任・爲美中美南一帶獨家之華文報紙・地位與任務・原極重要・抗戰勝利後・經理人黃逢・以該報用其名註册・根據法律・據爲己有・歷經國民黨總支部代表大會・議決派員交涉收回・以便整理・均無效果・該報既落於私人之手・不圖發展・加以受時局影響・業務日衰・美南一帶地盤・被聯合日報及世界日報所佔有・惟以因陋就簡・用人短少・費用不大・勉强支持・一九六二年・周宇凡退休回港・由潘賢模主筆政・此人一反該報原來宗旨・專辨論訕詆政府・素爲僑界所不滿・迨黃逢逝世・潘民與工友繼續維持多時・但負責難支・卒於一九六七年停閉・一九七〇年・梅友謀等集資萬餘元・租賃復版・易名爲美中日報・聘余光天主編・經營不及一年・於一九七一年正月歇業・

三・僑情與僑報之演變

華僑閱讀報紙・以時代背景・智識程度・及個人興趣之不同・故心理各異・華僑報紙・不只有時代之別・且有地域之殊・在一百二十年歷史過程中・報紙本身進步雖微・但由此領會其讀者智識程度與一般情趣・可劃分爲幾個時期・從比較中又可以體認華僑社會在文化方面實在已慢慢轉變・慢慢進步・由僑情可以促使僑報之演變・而由僑報之演變・又可窺見各時期之僑情・兩者互爲因果・實有連帶之關係・茲從讀者心理之傾向與僑報內容之表現・試列舉四個時期時期・分析言之・

大同日報・少年中國晨報・各有政治立場・而大同日報與少年中國晨報・鼓吹革命思想・頗能振靡一時・大同日報自劉成禺接長筆政・繼之以徐甘棠・劉徐兩氏・文翰翩翩・當日人才・可謂一時之盛・世界日報主筆政者爲梁朝杰・繼之以伍憲子・兩人以舊學勝・文章老練・爲僑界所欽崇・恒以老師稱之・當時黨報每延攬留學生操觚・文字粗淺・常爲伍氏所挖苦・在僑界傳爲笑柄・此則初期僑報重文之風氣使然・自討袁之役失敗以迄孫中山先生逝世之前・此十二三年間・爲國民黨在美之最盛時期・年甫弱冠之愛國青年・紛紛入黨・風起雲湧・曾達八千人・在僑社中形成一股洪流・轉移僑界風氣頗大・故當時黨報如少年中國晨報及紐約民氣報・逐漸壯大・其後黨潮爆發・兩派分道揚鑣・黨報增至五家・而不同政治立場之洪門與中國憲政黨・各只一家而已・然一般對政治無興趣之僑商・多閱中立性報紙・故中西日報最穩健・金山時報次之・紐約商報亦以中立姿態出現・斯時僑社仍守舊・言論常受限制・一言不合・便起風波・民國初年・崔通約在中西日報著文・以喫芋頭譏笑臺山人・譁然羣起抵制・其後解釋道歉・始寢其事・一九二七年・少年中國晨報惹起風潮最大・以發表黃曝寰之小評・譏諷中華總會館之暮氣沉沉・牽涉到臺山寧陽總會館・引起臺山人反感・幾經交涉・該報不甘示弱・且撰「火炎崑岡・玉石俱焚」一文反擊・臺山人遂策動全面抵制・中央函電交馳・調停無效・直至一九三九年・由黃君迪等任魯仲連・始獲解決・但該報遭受影響・損失已不貲矣・

一般華僑・好講究文字・頗重中國文學・一切希望與前途・寄托在祖國・向心力極强・不受外人之同化・對於祖國新聞・家鄉消息及政治言論・甚爲重視・然因交通關係・祖國新聞來源・甚爲貧乏・除在西報有時譯得一兩條關於中國之消息外・每日由香港雇人拍發一二百字之專電・以二號字刊登・算最爲珍貴・其餘皆爲美國或國際新聞・另闢祖國通訊欄・係由平郵所寄之香港報紙而轉載者・失去時間性・不管明日黃花・地方僑社新聞・多刊登來稿・千篇一律・副刊資料・剪裁於國內報紙・自撰者少・其中刊登一長篇小說・以吸引讀者之尋閱・此類報紙・皆用四號字排印・內容雖空疏・但以僑胞工餘閱讀・亦滿足其需要・戰前僑報・面貌大致如此・自第二次世界大戰爆發・香港淪陷・專電來源斷絕・舊金山各僑報乃裝置合衆社（UP）自動供報機・並訂購新聞照片・故各戰場消息・瞬息可達・而間有附圖・但該社所供應者・國際及美國新聞多・而關於中國新聞少・大抵

一九四九年後．改變供報辦法．每晨彙集遠東及有關中國消息之電報一束．直送各報．以爲補充．戰時有中華新聞社．分設於舊金山與紐約．但新聞供應薄弱．不足重視．國民日報與中西日報．收錄重慶廣播消息．較爲詳實．每日發表後．空郵供應紐約及加拿大各報．政府還都後．南京電臺播放力弱．收錄不清．自是廣播新聞停止．一九五五年起．每日由中華社供應有關中國之重要新聞．頗合僑報之用．自有噴射航空機．郵遞迅捷．港臺報紙．幾隔日可到．祖國消息之來源．更爲豐富．各報爲節省人力計．副刊及長篇小說．有在香港雇工編排．製成紙版寄美．翻鑄出版．通訊欄亦然．此法起於金山時報．而爲各報所仿用．近年更注重圖片．金山時報始置自動製電版機．世界日報繼之．每日出版．圖文並茂．三十年來．僑報在技術上陸續改善．比前誠不知進步幾許矣．

（二）當一九三二年一二八淞滬戰役．華僑抗日之意識．因受刺激而增强．渴望獲知祖國消息．各報曾搶購一空．迨七七蘆溝橋事變．展開全面抗戰．華僑更熱血沸騰．同仇敵愾．一致對外．僑報爲之領導鼓吹．不敢稍有拂逆．由於中央之威信日强．黨報地位增高．營業亦較前發達．商營報紙．漸起淡風．人心之趨向使然．此種熱度．維持到一九四八年而衰退．查抗戰八年．在海外僑報出力最大．世界大戰完訖．美國國務院都會通函各僑報．深謝支持作戰．並予嘉獎．

（三）自□□叛變．國內局勢日惡．□□故積極向海外展開活動．而美國亦替□□賣力宣傳．美國通訊社之電報．必有「觀察家」之言．對中國政府造謠詆毀．無所不用其極．海外報人．如由一九四六至一九四九年之四年間．凡看過合衆社由南京上海拍發之電報而不對其痛恨憤慨者．除非另有居心也．美國之助□□手段如此．僑胞即使不受□□之欺騙．亦中美國宣傳之毒．況客觀情勢之演變．又恰如其宣傳所預言．故自一九四八年以後．僑胞心理大變．意志動搖．翌年大陸□□．一般僑情．遂迷惘失常．李大明□□之言論起．世界日報於兩三年間．發展甚速．而黨報則大受影響．尤以國民日報□□言論最劇烈．態度最鮮明．所受挫折更大．大抵於一九五四年以後．因□□淸算慘酷．僑眷普遍受害．且自韓戰發生．美國態度．由助□一變而爲仇□．於是僑胞□□心理．油然復生．然尚多痲木．風痺不知痛癢．美西僑報．改用低調以迎合讀者．競載黃飛鴻．洪熙官等武俠小說．僑胞對於新聞寧可不看．但小說不可不讀．其地位似較社論尤爲重要．而社論之精粗得失．全不介意．此種反常心理．蓋時代使然．查僑報初興．因重視言論．主筆有特殊之地位．抗戰前後．特聘主筆者漸少．至此時主筆多由總編輯兼．全美僑報．現只華美日報一家．由潘公展任主筆而已．

（四）由一九六〇年起．情勢慢慢轉變．僑胞雖大多痛惡□□．而對政府因過去失望之餘．躊躇觀望．始由持疑而至信賴．美國陸續准許大批由香港臺灣之難民身份者入境．其中大多爲智識份子．對僑社似應有些影響．然而事實上並不如此．其唯一推動力．還靠政府本身有進步表現．使到僑胞恢復信心．而形成慢慢轉變．十年之間．僑團或僑胞個人赴臺灣觀光者・與日俱增・凡有民族意識之僑胞・其所期待者・皆繫於臺灣・此種心理・逐漸推廣・臺灣消息・遂爲僑胞所注意・僑報亦盡量供應・以滿足其需要・紐約中國時報・在此時期創刊・明顯擁護政府・居然能發展・舊金山之僑光週報・爲一强烈之□□報紙・創刊不及一年・銷行達五六千份・而同地之左傾週報・全無銷路・人心向背・由此可爲證明・此時僑報・其趨勢傾向・立場固然□□・而對政府仍須保留批評態度・並且內容充實・消息靈通・方能迎各讀者心理・適應讀者需求・故金山時報・聯合日報・與中國時報・其業務所以能發展者・即在於此・金山時報與聯合日報・與政府全無關係・地位超然・尤其聯合日報・常批評政府・但能顧全大體・對□□筆伐・毫不留情・臺獨份子在美活動・此兩報先後著論痛斥・使僑胞普遍認識・以漢奸目之・此等民族敗類・雖受美國人卵翼・但不敢向光・蓋有此輿論制裁之力也・

四、僑報前途之蠡測

華僑社會與祖國之聯繫・最重要是靠文化・其他因素・僅在其次・華僑社會維持文化之工具・一爲僑教・另一爲僑報・僑教施之於兒童・僑報之對象則爲成年之僑胞乃至整個華僑社會・精神食糧所繫焉・一紙風行・全僑貫通・事體之報導・意志之傳播・感情之溝通・使散居遼闊地域之僑胞・展讀報紙・猶晤言一室之內・凡有大事・消息既通・立得反應・故僑社任何活動・必須藉報紙爲之傳播與鼓吹・方能成事・散居中南美洲小國或美國小市鎮之僑胞・離羣索居・孤陋寡聞・其渴讀僑報也更切・要之・僑報實爲僑情報導・社會教育・與祖國種種關係通報之媒介・作用非常重大・

華僑社會進步雖慢・但不斷轉變・故僑報必須因應僑社之需要而存在・又必須適應僑社之轉變而存在・誠以美國華僑人數日多・智識日廣・能力日强・眼界日寬・今後之僑報・勢必趨向於內容充實而豐富之一途・講求新穎設備・注意新聞來源・力求雋永有趣之副刊・實際而有領導性之言論・方可以競存・凡簡陋而空疏之報紙・固難維持・即以欲求前進而言之無物之報紙・亦不易發展・何則・報紙之進步必須配合僑社之進步故也・況以物價之頻漲・工資之日高・三十年前有二千份銷路可以維持之僑報・今後以成本倍增・須銷三四千份方可支持・紐約僑報・排字工人兩三名已足・舊金山非五六名不行・紐約僑報經理人員爲一二名・舊金山三四名猶感不敷・故經營報業・舊金山又較紐約爲難也・在此情形下・舊金山經營日報者只得兩家（紐約爲四家）・而經營週報者凡五六家・以其成本輕而易舉也・然週報以時間關係・只重小品文字・僑胞所需要之新聞方面・自難與日報相提並論・今後僑報之趨勢・自然重質而不重量・從經濟觀點衡之・又當以企業經營而代替小型組織也・

曩者僑界恒作杞憂・以爲三二十年後・僑報不易存在・蓋以土生華僑日多・不諳中文・閱戶遞減・難於維持之故・雖然美國僑報・過去閱戶遍及加拿大・中南美洲・太平洋・大西洋各島・不僅限於美國・即就以美國本土而論・華僑人數比前爲多・年來新僑陸續入境・以數萬計・況仍源源不絕・需要閱讀僑報者大有人在・然則僑報尚有樂觀之前途・

自無疑義．惟因華僑社會續有進步．文化水準逐漸提高．生活方式亦日有變化．則此後之僑報亦宜不斷改進．方能應適僑胞之需要．促進華僑文化之發展．而更能開創其燦爛之前途者也．

（著者按．本文是參考聚芬樓主金山掌故．少年中國晨報五十週年紀念專刊．國民日報第六週年紀念特刊．並承周宇凡．黃芸蘇．劉興．余錦仕．朱耀渠．曹桂芳等先生供給資料．合併誌明）．

王興抗清義師紀

劉伯驥

（一）

明室自幽燕失陷．羣臣相率南奔．福王奠都金陵．繼嗣統緒．以維國祚．無如內則綱維不張．壬佞爭權．而外有如虎似狼之敵．乘勝直落．勢如破竹．迨揚州失守．史相國殉國後．國事更不可為矣．嘗覽荊駝逸史所載．清師入金陵．漢民陳案張燭．大呼「大清皇帝萬歲萬萬歲」．家家戶首懸一順字旗．民氣如此．毋怪以數十萬清師．便掃蕩中原．一敗而不可收拾也．然而自金陵瓦解後．魯、唐、桂諸王．先後立於閩、粵．義旗飈起．爭以勤王為事．兩粵子弟．不乏慷慨死節之臣．如東莞張家金、張家玉之死難．南海陳子壯之被俘．番禺龍眼洞之三年苦戰．壯烈犧牲．義無反顧焉．吾竊嘆幽、燕、豫、魯之士．事至望敵披靡．對勤王又無遙應．於是海隅一角．雖遺臣力謀恢復．詎敵騎乘虛掩至．喘

息未定．卒歸覆沒．夫當敗軍之際．中樞乏主．民心震惶．攜貳賊臣．又競為敵效死．「鑴功立石張宏範．不是胡兒是漢兒」．蚩蚩者不辨華夷．我民非我所用．是欲回天挽瀾．竟成絕望．金陵虎踞龍蟠．名都天險．重以江左英豪．可為佐用．尚不足以死守片時．況區區海澨．無異螳臂當車．論者謂明代之亡．在金陵出走．又結束其命運．嶺南旗鼓．直草莽落寇之餘．故史家對此民族掙扎之事．每闕而不載．有之亦略而不詳．觀台山（原新甯縣）王興起義復明之事．是其一例．

考王興起義．當唐王聿鍵在廣州覆沒之後．螻蟻之師．欲抗巨敵．事雖不成．忠勇可嘉．歷查明史．明季稗史．均闕載斯事．而南疆逸史．粵中偶談．倖存錄．紀變錄．明末紀事補遺等書．亦無其跡．零星史材．正如吉光片羽．豈王興是草寇之徒．而台山是蠻澨之地．不齒於士大夫耶．抑力小地微．聲勢不遠．操觚者未飫傳聞也耶．雖然．邑外之人以蔽於見聞者固矣．而邑中後學．日惟遠騖．鄉土史乘．罕乏披覽．對此可歌可泣之事．尚屬茫然．故老傳聞．漫無稽考．邑志採訪．亦略而不詳．余少就傅．則聞繡花鍼之名．獨未明其事．以為繡花鍼者．抗夫團娘子軍等領袖已耳．而孰知其轟轟烈烈有如是耶．瞽儒見解．輒謂草寇結黨．掠戮鄉閭．跡類佐明．實無大志．噫．明室以奸臣誤國．宗社蒙難．滿朝文武．當大樹零凋之餘．又未足以搘拄艱危．稍紓緩急．迨清師桴鼓直下．望風偃潰．民氣沮喪．蕩然廉恥．瞽儒不識大體．既無同仇敵愾之念．而對此博浪擊椎田橫伏劍之事．尚剌剌譏彈．亦見其惑矣．

宋明兩代・武功怯靡・異族憑陵・京國失陷・中樞出亡・而皆狼狽南竄・嶺表臣民・忠憤未平・多慷慨赴死・台邑地僻海隅・視爲蠻荒之地・然十室之邑・必有忠信・彼前則有伍隆起之斷頭・後則有王興之殉節・捐軀瀝血・懍存大義・民族危亡・共爭生死・所謂南人・男兒死耳・不可爲不義屈・吾於王興與焉・

（二）

王興者・據南疆繹史摭遺王興傳云・「王興爲漳州人・其先以世勛開鎮海疆・駐文村・爲藩籬之臣」・又據恩平縣志載・「王興即繡花鍼・福建漳州流民也・居那乾峒・剽掠地方・崇禎十七年・甲申夏五月・糾黨數千人・入城就撫」・查該志爲「康熙二十五年・伏莽初平・元氣方復・佟君爲宰・復毅然增修之」・所紀其事・似覺實據・惟其是否爲漳州人・尚未有確切佐證・溫丹銘著嶺東逸民傳則謂王興爲潮州人・與上說不同・樊封詩注謂興爲番禺人（番禺縣志謂縣南有王興墓）・少爲農・短小精悍・智計過人・羣呼爲繡花鍼・明亡・遂散家財・收納亡命・以圖恢復・四方歸之・先是・清順治三年十二月・總兵佟養甲・提督李成棟・定潮州惠州廣州三郡・傳檄到各縣・望風歸附・當廣州之陷也・明唐王聿鍵・大學士蘇觀生等皆死・唐王弟聿𨮁逃出・王興等以舟載之入海・奉以爲王・輾轉到台山・以謀根據地・時生員甄旭升黃履嘉等・結土寇王翥顏附之・聚衆萬餘・聲勢甚大・據肇慶府志所載・「順治三年十二月・撫賊王興破新興・擄明巡撫連城壁、知縣陳兆棠・留其黨薛子良闕自毛等守城・」此大抵由廣州出亡後之事也・

清順治四年正月・王興屯大營於大埔（自台山縣城適沖蔞・中途泥屋數間・參次夾道・其土名曰牛老域・聞即王興當日屯營之處云）・率衆萬餘・圍攻縣城・時清知縣方日榮甫蒞任・即被圍・共六十日・勢頗危・三月間・清將官張道瀛郝尚文到援・圍乃解・（按九朝紀事本末載・順治三年丙戌・大兵取廣州・四年丁亥三月・兵科給事中陳邦彥及新會王興潮陽賴其有・先後舉兵云云・殆亦指此事）・王興既退屯大塘・紮寨築欄・堅守爲持久計・張道瀛攻數次不下・時六村、田稠、冲柴等處・俱爲興聲援・故相持者數月・及清提督李成棟・率大兵繼至・布列四營夾攻・援者不能近・邑庠陳佩璿・引衆覘之・知不可動・遂引去・大塘附近皆邱陵小山・無巖隘之險可守・被圍日久・外援既絕・勢不支・遂破・殺獲甚衆・既而清總戎盧某由莘村直抵田稠・廣海守備楊永福率水師又至冲柴・鄉人惶恐・逃匿殆盡・據陳佩璿紀變錄謂平南兵弁三剿莘村・兩征文村・又謂以先朝學校・亦執銳從事・下三都諸鄉村・尚皆附之・可知當時亦非無公論也・興奔回海上・成棟招諭歸順後・遂班師・

順治五年提督李成棟・不樂受總督佟養甲節制・四月・因兵鼓噪・襲劫養甲・遂傳檄各屬・使附桂王朱由榔・於是綠林紛紛舉義・四處響應・迫縣令而去・七年夏・清總兵連得城・引兵南下廣海・兵勢頗盛・是時王興部衆據恩平縣城・八月二日・興執恩平縣知事鮑之奇而戮之・十一月・清總兵許爾顯督兵往圍攻・王興遁走北坭、姚村、塘砵・王興潛遁・其部衆吳亞大等被捕・十年四月・台山大饑・五月・

王興攻沿海各鄉・破廣海城・淸守備張登榮死之・自是興勢復熾・六月・其部衆中李耀斗・攻掠馮村峒・十一年・安西李定國・從廣西乘勝・擧高雷・進圍新會縣城・號稱二十萬・四方綠林皆附之・稱爲明故官將・台山知縣凌必顯受威脅・遂棄城去・有稱明官倪昆到縣復任・時淸廷大致已統一中國・獨粵南一帶・仍有反抗者・據肇慶府志載・順治十一年三月・李定國攻恩平・王興執知縣王奇應之・桂王由榔拜興爲虎賁將軍・是時王興勢力尚據有廣海・二月曾遣李耀斗佔石邊・攻大隆峒・十二月・李定國遇淸兵於新會・戰敗遁走・王興部衆亦由恩平撤回台山・

先是・台山縣文村擧人陳王道・倡築垣墉如城・環鄉四周以爲固・順治十一年春・王興既陷大隆峒・移師崙定・相察地形・不合・至是復攻文村・王道率鄉勇三百頑拒・且爲鄰鄉聲援・興患之・攻數月不下・時李定國攻新會・以桂王命遣使召王道爲官・王道聞命・即行至廣海・被人執畀興・乃錮居北坭・欲降之・王道罵不休・興黨謀曰・「王道所繫懷者文村耳・既陷文村・彼將焉懷」・興於是環攻益急・破垣而入・是時爲十一月也・文村在台山縣南部海晏都・處萬山之中・左聯戈嶺・右挹大洋・羊腸鳥道・一徑通入・刺竹坡塘・交相間隔・雖健卒短兵・亦未易得入・形勢天然・足以自固・興既破之・築寨其中・奉聿鐥爲王・仍用永曆年號・據南疆繹史載・「當永明遷播時・興奮勇帥其蠻部來應・累與淸兵戰・所向奏功・晋爵廣寧伯・及王入緬・南粵既定・興乃還守文村・且耕且屯・負固久持」・是時興實力頗大・東扼廣海城・北據大隆峒・憑文村之險以爲根據地・如虎負嵎・誠未可侮・順治十三年三月・廣海衞失守・被淸遊擊郭登等所復・十五年二月・王興外縱遊擊・北掠冲雲・然而外圍迭失・其勢亦漸促矣・

（三）

先是・淸兵方勘定瓊南・未暇及此一隅・順治十六年・粵地大定・淸平南王尚可喜親率將佐來征・分扼其運道・作長圍困之・相持半載・歷攻不下・可喜遣人招之降・不聽・是年大饑・八月・寨中糧且盡・而外無蚍蟻之援・孤軍奮鬥・既屬乏望・興遂遣其子五人・賫明之印敕令箭・至大營約降・可喜大悅・厚遣其子・興是夜擧家自焚死・聿鐥亦呑腦片而亡・

夷考王興起義・自順治三年廣州既陷聿鐥出亡起・至順治十六年・文村之役止・歷時十三載・大小戰役・不下千百・彼攻城略地・本圖進取・無如將材短缺・外絕應援・以當强悍之淸師・遂致無能爲力・果能整練勁旅・北略番順・南走三都・偏師雖小・退據瓊崖・與鄭成功之據台灣・互爲倚角・稍延歲月・捲土重來・尚有時機・惜乎有衆不及一旅・台山非久戰之地・孤懸掙扎・卒歸澌滅・哀哉・

抑聞當王興之被圍也・平南王幕下客金光者・字公絢・義烏人・有謀幹・興聞其名・使將卒謾罵曰・「若陳兵百萬亦奚益・可傳語爾軍中令金某來・則我出矣」・守陴者以告・金聞之・浩然請行・乃呼老兵一・跨羸馬爲導・至村口・村口之戍者見之・匆匆入・有頃・令易筍擧進・徑數里・甲杖糗茭之屬亞於山・興出迓問騎幾何・曰・「一」・從

者幾何・曰・「一」・興笑曰・「子何信」・曰・「君先我信矣」・已而設宴相款・興起揮淚曰・「曩者借兵雪故主讎・干戈奮揚・將士夌替・今而天不祚明矣・雖然・興豈能爲降將軍者耶」・語未既・突一人破扉出・則故侍郎兩淛學士王應華也・金與之有舊・携手載拜・於邑不能聲・於是金留村中・一飲凡三日・既而興復舉酒曰・「吾之所以必乞一客蒞茲土著・將以明吾不背故主之誠・而非甘爲爲孽云也」・即命其五子出拜・洗盞更酌・撚鬚裂眥・大呼曰・「興不能回天也・亦終必死而已矣・死而魂魄有靈・藉子以大明虎賁將軍之墓作十字碑則幸矣・」乃大集所部・給資使歸農・自召妻妾登層樓・手燃連珠砲・轟然震發而沒・嗚呼・王興之壯烈殉節・如萇弘碧血・文山正氣・歷數百年後・猶想見其當年雄風勃發・凜然不可犯也・夫邦國之仇・不共戴天・彼任外敵憑陵・伈伈俔俔將降服之不暇・或認賊作父乃至爲虎作倀者・誠不可同日而語矣・善哉南海陳恭尹先生作王將軍輓歌曰・

「南方有義士・姓王名曰興・十三學殺人・十五手搏狼・三十建義旗・姓名驚一方・天子錫虎符・作鎮鼉江陽・翠華日以遠・地絕軍彌張・百戰環岡州・九死扶殘疆・海濱富斥鹵・重林與連岡・高者掩雲日・遠而浮滄茫・煮波致財貨・鑄冶成刀鎗・宮室何所居・天家侯與王・藁粟何所饋・從駕子與娘・心膽何所贈・海內豪與英・獻客合浦珠・薰客珠崖香・客處未覺寒・襖褥先盈箱・客寢始覺單・妻妾忽侍旁・敵兵四面來・衆士各逞强・將軍躍上馬・命客持一觴・獨出揮長戈・兩目留電光・直取首來將・生挾歸戎行・顧飲所持酒・昔熱猶未涼・相持及三月・敵騎皆奔亡・來時三萬人・半還仍重傷・奏功自間道・涉瘴徂昆明・黃金三千鎰・玉帛各有筐・天駟方驅馳・下臣效芻漿・臣興昧死上・帝曰興卿良・賚爵列五等・高獸盤銀章・其文曰虎賁・將軍盪南荒・

敵人聞之懼・選士盈千旗・來者左右賢・其君督責之・不得此彈丸・若輩何生爲・上天仍助虐・其年兼荐饑・將軍察天命・命匠搜良材・斲以爲巨棺・綵翣懸葳蕤・約日出合戰・敵怯不敢來・堅壁十里外・迤邐興長圍・溝壘內外防・突援無所施・始得戊戌夏・兩及中秋期・戰士飯草土・抱骨還登陴・我乃報深恩・汝當存宗支・乃命幼子九・先出卑其辭・卜吉結歡會・敵將不致疑・是夜一更終・將軍訣所知・皎月當中天・千秋同此時・語已還閉門・沐浴更裳衣・夫人翠鳳冠・有母頭如絲・侍妾十五人・左右皆肩隨・肅肅何雝雝・俱集園東陲・上有古梅樹・樛結垂高枝・白石爲几席・月露明蒼苔・將軍命夫人・拜別向慈闈・拜異與將軍・四拜中間居・十五妾羅拜・窈窕無參差・夫人命斗酒・有脯形如圭・深藏待今夕・各當行一巵・巵盡且先起・母與君稍須・將軍與母入・燭影何迷離・夫人十五妾・自掛臨中閨・阿母大驚呼・將軍言勿悲・著我錦繡袍・麒麟當心開・戴我七梁冠・簪纓鬱崔嵬・玉帶與璽書・次第皆抱懷・置敕中堂上・中燭榮且輝・望闕遙謝恩・臣死有餘辜・下皆十二拜・天地及四隅・徘徊望西堂・有虎顧其兒・平生愛此圖・拜汝今同灰・卷圖附敕下・釋服趨房間・房中何穹窿・火藥堆如山・將軍踏小几・自解夫人繯・次及妾十五・列置火藥端・出戶

著朝衣・捧敕仍來還・一聲母急出・火烈燄貫天・雞鳴部曲入・白骨空巑坑・舉哀建素旒・合殮歸巨棺・敵人亦流涕・況在同肺肝・卜葬三山陽・隱約題墓門・陳子作輓歌・播之永不刊」・

嗟乎嗟乎・吾誦此歌・吾益知其爲人・志士仁人・大義未泯・寧斷頭瀝血以赴死難者・豈偶然哉・蓋慟國家之夷於夷虜・而舉國滔滔・靦顏降敵・是以激於義憤・矢志抵抗・生死與之・王興據守文村・抗清凡十餘年・忠貞之氣・可貫日月・如此壯烈・獨不傳於正史・寧不哀哉・

粵南倭患拾遺

倭寇禍粵・是順着地理形勢・沿海而來・先由潮州、惠州、粵海・以至高、雷、海南等屬・計自洪武二年（西紀一三六九年）起・至萬曆二十九年（西紀一六〇一年）止・二百三十二年間・倭勢時張時弛・正如廖永忠奏言・「竄伏海島・因風之便・以肆侵略・來若奔狼・去若驚鳥・」（洪武六年）其向廣東沿海騷擾與蹂躪的經過・可分爲三個時期・

第一・初期的侵擾

一・洪武年代倭寇首次犯粵・爲洪武二年・騷擾潮州、惠州等地・但當時明廷仍採和平宣諭的政策・令牠革心歸化・據籌海圖編所載・「時天下初定・海內乂安・倭夷竄發・濱海一帶・皆被騷擾・乃命行人楊載使日本・以璽書諭其國王・」然而這種綏撫政策・依然沒有效果・四年・倭勢又發・勾引海盜鍾福全等自稱總兵・挾船二百艘・侵入台山（新寧）縣的海晏・下川等地・經過廣州左衛指揮僉事楊景追捕・至陽江然後剿平・但這時倭勢已侵越粵海以南・南路各地皆受慘禍・故洪武八年・詔沿海各險要地方・建築衛所・以資守禦・已而倭寇深入海南・十一年四月・十九年五月・兩次騷擾儋州・二十年寇海口・二十三年又到侵擾・經海南衛僉事翟興生禽之・追獲其船・至洪武二十七年・倭勢益熾・八月・詔令天下備倭・鎮守凡二十一處・廣東設巡視海道副使一員・備倭都指揮一員・命安陸侯吳傑・永安侯張全等往廣東訓練沿海衞兵所官軍・以備倭寇・在瓊州昌江縣置海南衞・備倭指揮一員・專轄內外十一所・每所設官一員・督官軍船於所部海面巡視・如有寇警・即申報追剿・洪武三十一年・倭寇攻掠潮屬饒平東里・沿海居民・奔避城裏・東門百戶顧實開門延納・民免於難・餘三門緊閉・遂多遇害・

二・永樂年代這時倭勢又漸熾・蹂躪南路・七年十月・攻陷廉州・教官王翰被殺・九年三月・又攻陷海南昌化所・千戶王陷戰歿・官兵死者很多・城中人口・糧食・軍器・皆被劫掠・十九年正月・副總兵李珪敗倭於靖海海濱・初・珪以昌化的陷落・戴罪殺賊・乃率舟師大敗倭於此・生擒十五人・斬首五級・悉送京師・

三・宣德年代宣德元年・夷通事劉秀勾引倭舟於饒平澳港・威召鄉村・赴舟領貨名曰「放蘇」・所至抄掠・大城所危如纍卵・至上里・鄉耆陳彝集衆扼拒・倭寇空船來攻・鄉人携家避於蓮花鯉魚二山寨・相機下山驅擊・搥殺倭酋・死傷殆盡・倭舟即日遁去・八年・倭又犯瓊州昌化所・九年・據

清瀾所・千戶陳忠等戰歿・

由正統元年（西紀一四三六年）歷景泰、天順、成化、弘治、至正德十年（西紀一五一五年）止的七十九年之間・除了成化元年曾掠焚澄邁城・二年復登友石礮海岸備倭百戶項欽戰歿外・倭勢似乎稍衰・各地亦略爲寧息・但正德十一年・又掠澄邁・臨高・指揮徐爵督軍追至白浦洋大戰・賊潰・溺死無數・

第二・中期的猖獗

嘉靖之初・倭勢又漸盛・元年・新會盜起・引倭寇香山黃梁都・沿海居民・多遭殺戮・十年始平・嘉靖中以後・爲最猖獗・

一、潮惠的浩劫　嘉靖三十三年・海寇何八等引倭寇流劫福建・復回廣東・提督侍郎鮑象賢遣副使汪栢・指揮王沛・黑孟陽等督兵捕之・迫至廣海三州環・生擒二百一十九人・斬首二十六級・餘黨逃脫・已而海盜徐銓等又引倭自福建流突潮州・爲黑孟陽所破・追至潮州拓林等海洋・擒斬一千二百有奇・巨魁盡梟首・三十七年正月・倭船十二艘・賊衆八百人・自漳泉進犯揭陽縣的大井・蓬州・錢岡・鳳山諸村・適蓬州千戶所城崩・賊遂擁入・殺千戶李日芳等・提督都御史王鈁遣副使林懋等官兵及鄉民・將其擊潰・斬首一百七十顆・倭復竄漳州・奪船東歸・十月・倭寇又至・棄船登陸・沿途劫掠・駐箚澳頭・焚燒房屋・次早攻破惠來・歧石等圍・孫都司楊指揮統兵千餘追戰・指揮陣亡・同時・倭寇又自漳州至饒平・攻黃岡鎮・僉事經彥寀等大敗賊衆・俘斬一百四十六名・倭奔海陽的闢望港・十二月・海陽下外莆都又有倭自福建雲霄突入黃岡・與闢望港賊會合・分劫甲子・棉湖等處・官軍皆擊破之・其他另一股倭寇據惠來的莿隴・沿海劫掠・潮陽賊首白哨張阿公與倭接應・橫行攻劫・副營龍江市月餘・鄉民逃竄失所・三十八年正月・闢望港倭遁走大窖橋・二月・在黃岡被擊潰的倭賊・復趨揭陽圍城・經彥寀率師救援・鄉夫斬金甲賊酋一人・賊大敗走・俘斬無算・代僉事殷從儉乘勝逐北・倭望風而靡・黃岡鎮倭亦遁去・自倭變以來・軍勢於此稍振・十月・突有倭二百餘由港口燒船登陸・直追潮陽邑城・爲鄉兵所擊・不敢近・因掠鳳山諸村而去・十一月・倭千餘人自磊門登陸・攻海門所・官兵擊去・倭死傷甚多・加以南舟土目莫善與指揮孫敏等追擊・倭遁還平和・遲數天・串結盜魁許老等又犯潮陽・縣丞范南鄉等兵擊走之・賊由分水關犯南崗鎮城・通判翁夢鯉・指揮李榮・知縣熊炅・林叢槐等率兵追捕・倭竄至南洋灣・指揮馮艮佐・統目兵莫眞・莫善・分爲二哨・千戶黃昇等統募兵打手爲一哨・南洋三灣諸鄉又協助之・大破其衆・倭奔聚闢望港口・其後又出揭陽・蓬州・都水・沙村焚掠・皆被官兵所敗・十二月・倭掠隴外莆都・大多數則聚竄於平和營・赤寮村・及揭陽棉湖棉湖寨・已而又有新倭自福建雲霄突入黃岡・同時闢望港倭亦出掠於彩塘・與新倭合踪出犯・而棉湖倭突竄蘆清・官兵連戰皆破之・俘斬凡一百八十有奇・三十九年正月・倭爲官兵追急・移屯潮陽貴山都・屯指揮武尚文及鄉兵連戰皆捷・倭流劫古埕・無何・倭又遁往南洋灣・典膳秦金與官兵合擊・斬首三百七十・倭潰渡河・官兵邀擊・

復大捷・其後・祭江而來・誓復南灣之仇・尚文等官兵又大敗之・而古埕營倭出掠・亦被官兵擊敗・二月・倭復回和沙嶺・又竄大滘橋・官兵復勝之・倭又來掠・守備兵擊之・倭大潰・俘斬五百有奇・四月・僉事齊遇與海道參將會合・殘倭六十人・聞風悉遁・八月・潮陽賊張璉使其黨王伯宣串引倭寇由潮侵入海豐界・山賊方熾・倭警頻報・故時局異常驚擾・十一月・倭又掠饒平上里・士舍王眞擊走之・

四十年・饒平之役爲最烈・正月一日・倭自陷黃崗之後・即進攻饒平縣大城・由東北隅殺入・居民閉戶莫敢出・天明倭衆大至・城陷時・四棚居民悉避亂城中・倭恣意焚殺・積屍塞道・凡東里累世之蓄・圖書文物・悉爲灰燼・據城中凡三十餘天始去・四十一年・海盜林國顯・吳平等導倭入寇澄海縣・散屯各鄉・盡發士民塚・四十二年三月・又據饒平上底林家圍・四出抄掠・先是・揭陽倭勢亦熾・侵官溪・逼南崗・屯潮尾村・窺城劫掠・數月不退・正月竄至海陽・遠近震駭・三月乃大擧攻潮陽城・知縣郭夢得協同士民五百名守禦・分給鐵鏢數百・挾藤牌鳥槍往擊之・果大敗倭奴於城北・日暮乃收兵入城・分四門防守・未幾・倭悉集精銳進逼西南隅・以雲梯十道・攀堞而上・義勇莊淑禮胡世和・當先奮擊・斬殺倭奴數十人・身中鳥槍而死・其後倭賊復囊沙塡濠・造臨衝車以攻城・官兵以鐵鉤括囊盛松香油蠟焚之・倭多斃者・城南臨水・方舟可渡・倭又置連軸車於艦上・鼓噪而前・官兵夜伏水中・雜取亂石塞其下・使不能進・因以佛郎機擊之・舟車盡碎・鏖戰歷四十餘天・倭寇技窮・至五月始解圍遁去・此爲倭犯粵東以來・攻防戰役之最大的・四十三月正月・倭又犯海陽以巨賊吳平爲嚮導・沿鄉發掘墳墓・三月・侍郎吳桂芳・調糧兵四萬五千人・福兵一萬五千人・以總兵俞大猷統之・僉事徐甫宰監軍・以花腰蜂賊五百人爲前鋒・衝倭輒潰・七破其三・倭望見花腰蜂旗幟・輒股慄思竄・官軍乘勝追擊・一戰於泚水・神山溝・再戰於海豐大德港・連日破之・俘斬二千有奇・倭潰下海・忽遇颶風・覆溺殆盡・而吳平又挾殘倭流劫惠來縣境・笱廍竹埔雙溪地方・與降賊黃眞謀約星夜襲縣城・巡檢朱星曉破之・

從上面所載・倭寇在粵東潮屬蹂躪凡十年・浩劫殊重・此外・嘉靖三十五年和三十七年・倭曾先後侵擾儋州・澄邁等地方・而四十二年八月・又寇新會的崖門・進逼縣境・當道檄指揮陶燦會同鄧子龍擊走之・既而復逼台山（新寧）・子龍又馳赴臺山擊走之・是年總督張鳴岡檄澳門葡人法人等驅倭出海・不得窩容・海道俞安性追散倭奴凡九十八人還國・

潮・惠的浩劫・直至隆慶年間・還沒有寧息・二年・倭二百餘人・突至澄海外砂南灣・焚舟登岸・外砂鄉民盡格殺之・無一生還者・未幾・又陷海豐甲子所・千戶馬壽不爲備・城陷・龍溪居民受害最重・三月・又突至平山・初巡撫都御史熊桴遣把總周雲翔將兵八百人往禦・壁烏栢塘四十餘天・不敢前進・至三年正月・雷廉參將耿宗元謁熊桴・桴以其嘗禦倭於閩・使監雲翔軍・迫之過甚・雲翔叛・殺宗元・以其所劫物賂投倭・而誘以攻城・倭不信・盡斬其卒・已過半・置之別部・已而贛兵至・參將蔡汝蘭率領・同知方葉副

之・汝蘭駐惠州・撫循士卒・新旗幟・申號令・嚴偵候・五日發師・直搗鹽埠砦・而總兵郭成兵亦自潮來會・倭望見贑兵輒却・汝蘭疾戰大破之・走金錫・又破之・倭遁入海・奪艚船而去・俘斬倭及叛卒一千餘人・周雲翔亦在俘中・

二・粤海的侵擾・隆慶三年・海寇曾一本・欲窺廣州・復誘倭使據大鵬所爲援・倭取道海豐經平山欲往大鵬・迷失道・誤轉北向・由鐵岡渡沿途經小埔村・伊岡・佛嶺・鐵場皆罹害・既而過增城・阻沙子水・不得渡・會徵廣西・福建・浙江兵三萬人討山寇・副使江一麟伸威張子宏議且拒倭・總兵郭成將而前擊倭・倭既窮・乃傾其精鋭以迎戰官軍・官軍稍坐・倭亦遁還鐵岡・出白雲屯・參將謝潮追之・斬首數十級・至金錫・郭成又追之・倭入海奪舶而去・四年正月・倭寇二百餘人・從台山的西海登陸・寇海晏・雙門諸村・會同山賊五百餘人攻廣海衞城・値旗軍上梧州班・正月六日五鼓・滅火殺人・倭從西南入・千戶寧紹傑棄城遁・指揮王正・鎭撫周秉唐・百戶何蘭等戰歿・倭據城四十六天・殺戮三千餘人・官民房舍・焚燒殆盡・二月・肇慶同知郭文道率狼兵浙兵追倭於廣海・兩軍不和・故敗績・至翌年正月・倭寇猝至台山縣城・登山瞰伺・莆田姚侯豐城郭子龍射却之・遂掠矬峒而去・倭寇流劫東莞九江水鐵岡等村・百戶吳綸率鄉兵戰歿・其後郭成討走之・

三・高雷的蹂躪・四月八月・倭四十餘人・自高州蓮頭登岸・東奔至佛子屯・通判夏宗龍領募兵三百餘人・追擊之・將軍馬艮匯領兵自陽江遇於漂竹與敵・不克・又有倭百餘人・自白津來・與賊合於高岡・相引入山・寇大熾・於是分巡羅向辰調向五兵二千人・由指揮白翰紀率領勦之・遇於那臺・後倭趨直隴奪船而去・五年三月・倭二千五人自廉州奪船渡・突至瓊州海口所・據四門・大掠後・由文昌下場竊船而遁・十一月・倭攻臺山縣城不克・遂掠沙冲・獨岡・而已越蜆岡突至恩平・入總屯寨屠之・僅遺採樵數人而已・嶺南兵備陳奎追至總屯・戰敗而還・倭亦取道往電白・嶺西兵備李材・躡其後・敗之於那西・同時・倭賊二百餘人・自雙魚登岸・直抵電白莊峒・知縣蔣曉指揮范震不爲備・皆遁・城將破・神電衞指揮僉事張韜獨披甲與戰・倭彼此夾攻・韜呼援不至・撫劍嘆曰・「渠等偷生賣國・韜敢不死」・乃挾戈斬虜・竟遇害・軍民死者三千八百有奇・婦女投井縊樹・不計其數・倭寇數有五千・既大掠而去・李材追破之石城・設伏海口・伺其遁而殲之・奪還婦女三千餘・會奸人引倭自黃山間道潰而東・材聲言大軍數道至以疑賊・而返故道・迎擊盡殺之・又追襲雷州倭至英利・皆遁去・十二月・倭分二隊・一趨電白城・一直犯石城東門・屯東墟數天・移屯上縣村一夜・潛登城西北角・前後攻城甚急・典史徐鑑輔知縣韋俊民多防禦・卒保孤城・至十三日拔寨徑抵雷州西門外張官寨村屯住・六月正月・巡道李材至電白・見殘民寥落・遺骸遍地・室廬煨燼・不覺泫然・往歲倭患・潮惠爲甚・而有司防守加密・故倭遂西向神電・錦囊・相繼淪陷・遐邇大震・殷正茂蒞蒼梧・甫浹旬・率兵而東・檄總兵張元勳等引兵赴之・各道率所部以從・僉事李材監其軍・賊披靡四奔・官軍窮其所往・斬首千餘級・倭患悉平・餘黨奔雷州・與前倭合流・至徐聞海那里等村・官兵追捕・陸續收功・至樂民大山

劉伯驥

勦訖．閏二月．復搜餘黨於山藪盡滅之．是時海盜許萬仔率倭船二十餘艘於臨高縣石牌．新安二港．四掠鄉村．圍攻城邑．典尉林邦達厲兵負土塡太平橋障水灌之．賊還而東．遂併力東守．屢戰却賊．已而賊乘夜迫城．攀援而上．邦達親墜巨石殲其二渠魁．賊乃少退．天明．復大至．敵及亭午．矢石雨下．砲聲震天．復殪其醜徒．始解圍而去．

在粵海方面．倭勢猶未息．五年．倭又攻寶安大鵬灣所．舍人康壽柏禦之．時所城被圍四十餘天．賊具雲梯迫城．柏呼衆堅守．有登陣者手刃之．即碎其梯．圍乃解．八年．又犯東莞南頭．參將劉經緯督游擊韓沛追於烏豬洋殲滅之．

第三．末期的殘落

倭寇最盛於嘉靖．隆慶年間．至萬曆而勢稍殺．因爲那時在閩浙沿海．倭寇即大部崩潰．在廣東南路的騷擾．不過爲最後的餘燼．已無能爲力．元年．澄邁李茂以倭級來降．十一月．倭自北海奪船夜泊浦．兵道陳復升指揮夾攻．皆擒之．二年十二月．倭攻雙魚千戶所陷之．遂趨電白．總兵張元勳參將梁守愚破之於五藍．斬首五百級．隨追入山．悉擒之．十年五月．倭犯香山難拍村．香山所昭信校尉王言奮勇拒擊．生擒倭寇夏吻尾（花見）等二十餘名．斬首無算．二十六年四月．倭船十餘艘入犯潮惠屬拓林碣石．艫舳相望．是時惠潮兵備副使任可容條議勦倭事宜四欵．檄督將卒設法撻伐．沿海汎地．分佈捍禦．塡塞近海水泉以絕倭汲取．嚴禁居民出洋捕魚以杜接濟．復募勇士陳聰魏大亨等運籌設伏．委二指揮．一赴碣石．刻期督功．倭知有備．不敢竊窺內地．五月十八日．勇士陳聰設奇．僞爲漁舟誘倭．倭果追之．伏兵齊發．奮勇夾擊．生擒眞倭四人．眞賊首一人通事一人．被擄者四人．斬眞倭首級十五顆．奪回倭器贓物無算．二十九年三月．倭賊自遂溪屬淡水登陸．據龍鬱村．官兵進戰．多爲所勝．知府棄脩募兵防禦東山．參將鄧鍾督兵討之．雷境以安．四月．倭賊在吳川．登陸焚劫．嶺西道盛萬年購勇義配狼兵協力．出戰．賊宵遁．五月．又大擧寇雷州．萬年以戰艦六十艘．揚駛抵雷．倭方踞民廬轟飲．官軍從市口撤屋而焚．倭賊奔突不能出．皆被殲滅．

倭夷的禍粵．嘯聚而來．大則數十隊伍．船二三百艘．小則數十醜徒．思逞殺掠．地方驚擾．沿海居民死難和被擄者．爲數不可勝計．城鎭．房屋．田園．廬墓．以至文物典籍．都付諸煨燼．官軍痛勦．此來彼竄．疲於奔命．連年征勦．人力餉糈．亦致窮乏．而參與歷次戰役的指揮．千戶．百戶．兵目等．殉國者爲數不少．義勇士卒犧牲者也難統計．可是倭奴被官軍俘斬的．至少有九千人．當時倭勢所以這樣囂張的．

一．海盜嚮導內應．倭寇侵擾江浙閩沿海．皆串同海盜爲內應．進犯廣東也是一樣．故日本謂倭寇十人之中．中國居七八．那時的海盜．潮惠方面有許朝光．林國憲．吳平．曾一本．楊老．劉興策．鍾青山．何亞八．鄭宗興．徐銓．方武．張璉等．雷瓊方面有黎汝誠．許萬仔．莊酉．李茂．鍾福全等．這羣下海之徒．「倭寇之從海上來也．則爲之嚮導．其屯聚而野掠也．則又爲之爪牙」．故明林大春謂．「欲去倭賊・先絕海寇・夫海寇固未易絕也・延蔓既久・枝幹日繁・沿海之鄉・無一非海寇也・黨羽既衆・分佈日廣・自州郡至監司・一有舉動・必先知・……要知海寇未絕・山寇倭寇終無了期・蓋今日之倭・或由浙東・或由閩入・其道路通也・若不先絕海寇・則沿海之兵・豈敢捕賊者・其勢必聽其往來・盜掠剝取而無所忌・倭船一至・則爲東道主矣」・所以結延百數十年的倭禍而無法勦絕者・就是因有這些爲虎作倀之海盜的緣故・

二・官吏疏懶無備・倭寇飄忽流掠・每乘虛而入・沿海各地方當事者・下令各鄉築石堡・以資守禦・官兵募勇・四處應援・與當地鄉夫協同夾擊・然而各邑城壘衞所守吏・平時往往疏懈無備・有事或棄城遁走・以致倭寇乘隙攻陷・劫殺一空・迨援兵到時・則已遠颺海上・像嘉靖四十年饒平黃岡均被陷・隆慶二年海豐甲子所被陷・五年電白城被陷等例・都是因爲當時官吏不設備之故・同時像永樂九年昌化所副總兵李珪等擁兵不救・隆慶四年廣海衞千戶甯紹傑棄城逃遁・致誤戎機・衞所淪陷・倭勢因而坐大的・

鄧璣環先生評傳

（一）

台山縣境・今百峯山・大隆峒・上下川諸處・昔時皆爲傜籍人所居・大隆峒山嶺重疊・縱橫有六十餘里・差不多像盤谷一樣・雖然地勢那樣偏僻・可是清初居然產生一位名儒・即是鄧璣環先生・鄧璣環先生原來是傜籍人・在新寧縣志王暠傳有這樣證明・

「王暠……在政八年・實心爲政・百廢俱興・修學纂志・禮接士人・海晏大隆峒・傜籍也・文教未振・暠取鄧振翼爲首・率爲醇士・峒民由是向學・」

現在考查他的里居・就是在大隆峒的西邊東陽里・從前邑人想建先儒亭於狽狽逕山嶺・以留紀念・可是因爲盜賊太多・沒有着辦・自咸同年間土客交爭・戰禍慘劇・傜民被迫散去・於是田園荒蕪・變爲盜藪・只有信宜人到峒耕種・所以鄧先生的故居・也沒有踪跡了・趙魯庵先生曾說・「猶憶十年前・偶訪先生故居・數十里內・田園廬舍・蓬蒿沒人・寄耕此地者・皆自異縣・問其人則無有知所謂鄧先生者」・滄海桑田・百數十年人事便這樣變遷・璣環先生的生平事略・我們從縣志裏所見・

「鄧振翼・字璣環・大隆峒人・少貧・且居僻壤・鄉人無習學者・振翼生而好學・芻牧樵蘇・未嘗釋卷・年十七・縣試冠軍・見擯於學使・邑令王暠・嘉其篤志・召入署中肄業・用是益攻苦・自十三經注疏・至宋五子書・靡不研究・越數年・遊於庠・夏醴谷學使・目爲精熟宋儒性理・遂受餼焉・歲辛卯・以明經薦・甲寅任信宜教諭・年八十有五・卒於官・其爲學以敬愼爲宗・嘗得程氏讀書分年日程・奉以爲法・每日記其所誦所行・及朋儕門從談讌・至夜計之・無憾而後就枕・漏下三鼓・即復起・年八十後猶然・嘗謂理氣二字・至宋儒始闡發明徹・而氣則張子尤詳・每與生徒講論正蒙・必一字一句・反覆剖晰・以其未有注疏・較太極圖說易通等書・更難會悟云・平生坐立必端・無惰謾語・見者望而

知爲篤學君子．故雖僻處一隅．而聲氣之孚．遍於郡國．晚年膺鄉飲正賓．邑令南靈曾旌其門曰「邑之坊表」．輿論咸服焉．性廉靜．取與不苟．方從學王翯署中時．寧邑尚多未墾之土．王諭令繪圖呈升．卒以義命自安．不爲利動．及其卒也．宦橐蕭條．信宜學者思其德．爭醵金爲賻．家人乃得扶襯歸葬．所著有五經輯義．四書輯義．以子先卒孫幼．貧不能付剞劂．其發先儒所未發者．僅散見於南海勞潼所輯四書摘粹中．士林惜之．

邑內文獻．關於璣環先生的事略．除這篇傳之外．很少另有記載．我們想探考先生的生平．還是靠故老傳聞得到多少罷．

（二）

璣環先生的遺著．現在所存的只有趙魯庵先生所摘錄鄧氏四書輯義一書．南海勞潼氏所輯的也包括在內．至於五教輯義一書．沒有留傳．茲根據四書輯義來分析他的學旨如下．

（甲）宇宙論

璣環先生的宇宙論．是脫胎於邵周張諸子而來．邵康節的宇宙論．以虛爲基本．以動靜二力說明宇宙的一切．周濂溪的解釋．也與邵子相近．謂宇宙的本體即爲太極．而宇宙間的一切變化．均可用陰陽動靜來解釋．張橫渠謂宇宙的本體爲太虛．太虛所含有聚散兩種動力．即爲陰陽．天地之間只有這一氣的循環而已．元吳澄（草廬）也說．「自未有天地之前．至既有天地之後．只有陰陽二氣而已」．璣環先生的宇宙論．較近於張橫渠吳澄所說．他也把陰陽二氣來解釋．

「天地之體．不外陰陽二氣．其氣之靈者鬼神也．人之一身．不外陰陽二氣．其氣之靈者心也．知鬼神爲天地之心．則知心即人身之鬼神．天體物而不可遺．所以體之者鬼神也．仁體事而無不在．所以體之者心也……．」

他的解釋．是天人一體論．即謂天有陰陽二氣．人也有陰陽二氣．但氣有清濁的不同．所謂清．就是『氣之靈』者．他雖然沒有講到濁．但總可以言外見之．這與程伊川所說．『才要於氣．氣有清濁．稟其清者爲賢．稟其濁者爲愚』相同．總括來說．謂宇宙本體原是陰陽二氣的運行．氣之清濁．即爲善惡．天人原同一體．所以天地的心和人的心總是秉於善的．因爲善所以能體事體物．天地的善心叫做鬼神．人的善心叫做仁．

他謂陰陽二氣的運行．要有動力．才能化育．所以他說．

『元氣渾淪．上浮爲天．下凝爲地．地則有淵．天則有風．運行充塞．不然則空氣枯寂．無化育之機矣．惟有風淵．所以化育不窮．有自然之機．而莫顯於鳶飛魚躍』．

所謂「地有淵」．「天有風」．是二氣運行——動力的工具．而鳶飛魚躍．是二氣運行的象徵了．因此．宇宙本體的動力．只靠這二氣的運行而生．他說．

「舉天地人三者以明道之費．雖曰大莫能載小莫能破．亦安知天地之內．斯人之外．空虛浩渺之際．果有道以流行充塞於其間耶」．

這裏所說的「道」・即是陰陽二氣的代名詞・宇宙裏面・只充塞這陰陽二氣・由這二氣的運行・宇宙本體的動力才產生・

（乙）性論

璣環先生論性・是宗程朱的理氣二元論・這裏可以提供他的兩方面來說・

第一・客觀的知性

他根據程頤的「性即理」的思想（陸王之學卻主張心即理）・格物窮理就可以知性了・對於陸王的明心見性的主張・只認爲是禪家的思想・所以他說・

「章句虛靈不昧四字・虛以理言・猶張子太虛之虛・周子無極之無・不兼氣言・靈則兼氣言・朱子曰・「所擧者心之理也・能覺者氣之靈也」・於此可見蓋人心一太極也・虛者太極本無太極也・不兼陰陽言也・靈者太極之動靜生陰陽也・乃兼氣而言之也・禪家知空虛靈覺之爲心・謂明心即可以見性・而不知性即理也・天下無性外之物・亦無物外之性・非格物窮理之極・不與以知性・豈收攝精神・抱其虛寂・遂可謂見性哉・」

這種格物窮理・即窮理於物・就是客觀的方法・陸王的——或可說禪家的「明心」見性・即求理於心・就是主觀法或反省法・主觀法的缺點・就是太過空虛・自然比不上客觀法的較有實在性的・

第二・主觀的盡性

這裏所說主觀的就是由內心所發出的態度而言・他的盡性・守着儒家「執中」的態度・謂・「中庸之所以爲庸者・以其出於人情之至和」・這種至和・就是中庸的眞意義・同時這種至和・必須由「執中」的態度才可以領會出來・所以盡性最好的方法・便是執中・

「吾能致中（執中）・則有以全其受中之理・可爲天地之心・吾能致和・則有以鼓其太和之氣・可爲萬物之命・」

態度既然是這樣・但是又應當怎樣去體認或實踐「執中」・他說・

「以誠爲一篇（執中全部）之樞紐・惟能敬而後能誠・故始於戒懼・而終於篤恭・」

這樣說法・與湛若水之「隨處體認天理」的學旨相近・又與胡敬齋所謂・「端莊整肅・嚴威儼格・是敬之入頭處・提撕喚省・是敬之接續處・主一無適・湛然純一・是敬之無間斷處・惺惺不昧・精明不亂・是敬之效驗處」・有多少相像・因爲他也是以敬爲中心・而戒懼是敬之入頭處・篤恭是敬之效驗處的・

總括上面兩節——知性盡性來說・即是以誠敬爲盡性的態度・窮理爲知性的方法・這是由程朱學派思想的體系・以居敬爲「吹火」以窮理爲「加薪」的脫胎出來・

（丙）智識論——格物

璣環先生既然主張格物窮理・對智識論自然看得很重・他的智識論的老法寶・即爲格物・他解釋格物的內容・

第一・格物的意義

他說・「格物之格・即格於神明之格・物格之格・即神之格思之格・蓋事猶祭・理猶神明也・祭祀而不誠敬・不可以格神・處事接物不誠敬・豈足以見理哉・朱子曰・涵養須

用敬・進學在致知・夫涵養時固用敬・致知時分不可不敬也」・他把居敬放在格物的頭上・即以居敬爲體・以窮理爲用・朱子解釋居敬的工夫・爲存養與省察兩個步驟・即無事時存養・有事時省察・璣環先生以居敬—存養省察爲格物的先決條件・像上面他說的・即是以居敬爲內在性・爲蓄力・窮理爲外向性・爲樞機・因此・格起物來・要把握着蓄力爲先決條件・不過・這裏說法似和朱子的學旨有些相異的地方・就是用的輕重不同・朱子把居敬和窮理是處於互相聯繫的・互相發明的・朱子說・

「致知必須窮理・持敬則須主一・學者工夫・唯在居敬窮理・此二事互相發明・能窮理則居敬工夫日益進・能居敬則窮理工夫日益密・」

第二・格物的應用

一・教學上應用——「氣質之偏・病在於不自知・聖人所以爲善教者・能使其人之偏・使之自覺也・賢人所以爲善學者・覺則用力變化之・變化之盡爲大賢・其次爲賢者・又其次不失爲鄉邑之善士・不變者則庸俗而已」・這即由格物而自覺以變化氣質・與現在所謂教育能陶冶品性之說相同・

二・養氣上應用——「人之所爲・無論大小偏正・未有心動而能成者・未有心無主而能不動者・但所主之大小偏正・恒視其所知・即知之不可以不養・知言知之至也・養氣養之至也・所以獨得其正大而非入於偏小者所能及」・這即由格物而養「知」・養了「知」就能得所主之正大・不爲心動・這是養氣的根本・與現在那些從主義上訓練去鬥爭的相象・

三・義利上應用——「務財用之小人・即閒居爲不善之小人・非全無學術者・只格物之功未至・是以始於自欺・繼而欺人・終於欺國・是非之界不明・利害之原亦昧・以至菑害並至・豈其所欲哉・甚矣格物致知之功不容已也」・這即說格物能鍛鍊理智・可以分別是非義利・不幹小人的勾當・

第三・窮理與實踐

璣環先生所主張的格物・格物就要窮理・但窮理的步驟怎樣・窮理可分爲(一)積理・(二)融會・積理是集義・融會是貫通・所以他說・

「積理自少至多・用功自多反一・提出一貫・則學識皆爲有用・學識到融會之處・即是一貫・舍卻學識・無所謂貫・」

在前者是多聞廣識的方法・後者是由博反約的工夫・但是他的說法・還是在「知」的問題・謂能知到此・便能行到此・他說・

「知止知也・能得行也・二者之交・復有何事哉・而經於其分爲定・靜・安・慮四事者・蓋亦推言其所以然之故・非實有等級之相懸・爲終身經歷之次序也・蓋嘗即其所以然之故思之・知止者擧凡誠意以下六事之當止者・無不知之矣・無不知止・則無不得止・豈曰吾行乎此而後及於彼哉」・因爲這樣・所以定・靜・安・慮・只是在「知」上的過程・

「……然其內外遠近之分有不容誣者・如志無定而意何以誠・心或妄動・而何以克正・不能隨遇而安・身何以修・慮事不精詳・何以措之家國天下而無失・此四者之節所以分也」・

他對於知行的認識・在這裏分辨・「……定・靜・安・慮者・知中之所藏・意誠以下・得後之所施・知行各有序・彼此相資・後之儒者・或以為知行合一・或以為行過後知皆非也」・

總括來說・他顯然是主張致「知」・能「知」便是能得・所謂「行」・不過是「得後之所施」・是知了以後的事・姚江之學在致良知・知行本體原是合一而不可分・璣環先生雖把知與行貫通・但仍分為先後・與姚江學旨不同・他的求知之法・溯源於晦翁・故主張格物窮理的資料・不只在書本得來・而且還在實踐上去體認：

「……乃知古人道統之傳・不徒在詩書講樂之講求・而在日用常行之實踐・盡孝道者・不徒在綱常名教之大節・而在飲食嗜好之細微……」・

這樣一副小學的工夫・是宗晦翁的近思錄或五種遺規等得來・所以童蒙讀書・他主張從灑掃應對做起・

「今世子弟・不獨不為小學之事・並小學之書亦不讀之・……為父兄者・當體此意・教其子弟讀小學書・講明其理・不惟可以應試・而於人倫物理・亦可以通曉也・」

（丁）說仁

璣環先生的倫理觀念・由於他從制義上解釋經學・除有些理論的發揮外・其餘差不多以經學的見解為見解・最多只是申以自己的意思・畢竟逃不出經學的藩籬・儒家思想・以「仁」字為徹上徹下透表透裏的做主幹・一切倫理上政治上治學上都由「仁」字出發・璣環先生是一位恂恂儒者・他謂「人之善心為仁」・即以「仁」為倫理的中心・然而他解釋「仁」字・不只在倫理上是重要・而且在治學上更覺重要・

「為學莫先於為仁・而以孝弟為本・敦實行也・莫要於去不仁・而以戒巧令為先・去浮偽也・學者易犯之弊・一念之差・則入於邪僻」・

這裏說得仁字的意義・是多麼重大・得的方法・是在好惡上涵養出來・

「其好人也・好其仁也・由平日存理來・其惡人也・惡其不仁也・由平日遏欲來・好惡所在・原其仁所在也」・

這裏說存理・說遏欲・就是居敬的工夫・可知作的思想・處處都是印刻着理學的系統・首尾都成一貫・然而他說好仁・還是在好學上得來・否則・如果：

「從井救人之不可為・不待知者而後知・然不徒此也・不度時勢・不量己力・為人赴急難・往往陷於囚縶・則不免於愚矣・好仁不好學故也・」

所以如能好學・體認仁性之用・臨危遭難・不當憂懼的」

「……際遭變故・有非人力所能為者・則當盡其在我・聽其在天・從事憂懼・無益也・」

（三）

趙魯庵先生說・「藉制義以講濂洛關閩之學・吾邑先輩為然也」・是的・這不僅吾邑先輩為然・清初的學者・許多也是這樣・璣環先生是一位飽學的師儒・尤其為勤於治經的師儒・而深漬理學的氣息・故以程朱之學來解經・多能中肯・

劉伯驥

他・是台邑的鄉賢・慚愧得很・台山建邑不過三百多年・歷史既短・地理之僻處於南隅・一切文獻很貧乏・璣環先生之名・不在外人所稱道・也許他是一位貢生・又沒做過大官・峒中講學・師友不多的緣故罷・其實・他純粹是一位學者——淡薄自守畢生篤志的學者・尤其難能可貴・他還是一位傜籍的人・他的學問・完全有系統・很想在經學裏獨創一個境界出來・以大隆峒那樣窮鄉僻壤的地方・他們的傜俗又那麼負苦與鄙陋・而他卻能出類拔萃的踏進理學的大道・所以・環境不能限制天才・刻苦就能克服環境・讀了璣環先生的傳略・更獲得確實的證明・可惜他的著作・沒有整部傳世・後生小子・沒有傳述他的學旨・任他的畢生心血隨大隆峒的荒煙蔓草而澌滅・這又令人不勝增其欷歔罷了・

陳交甫先生評傳

（一）

談起台邑著名的師儒・誰也要推陳交甫先生了・他的傳略・見於廣東通志・

「陳遇夫字廷際（縣志作交甫）・新寧人・（矬峒都六村人）・學康熙庚午年鄉試第一（解元）・久之・當謁選・遇夫自以垂老・恐弗克報效・遂不仕・雍正元年・詔舉孝廉方正・邑令薦之・遇夫力辭・生平潔身砥行・敦崇禮節・淹貫載籍・論著卓然・撰正學續・以明漢唐諸儒學統相承・未嘗中絕・重訂楊起所輯白沙語錄・以明陳獻章之學・由博返約・非墮禪悟・別有詩文集・史見・古今文詞詩賦見・迂言等書・（共七冊）年七十有一卒」・

交甫先生的父親・也是一位儒者・「先府君性嗜書・於書無所不窺」・所以他自幼有艮好的家庭教育・而學問也自有其淵源・「予方六七歲・常隨先君子・坐北窗・臨池畔・折枝蘸水以畫字・寢食之外・未嘗一刻離」・不幸他在八歲的時候・遭着甲辰海氛作難・他的家世・起了重大的變故・一個詩禮的家庭・損失比別人自然多了・「先世藏書・自府君逝而失者十五六・繼以寇火之難失者又七八」・那時候・因海寇禍亂・徙海濱的居民於內地・「府君寄居城限・常忽忽不樂・……先世重器・盡委林莽・惟負藏書數簏以行・越四年戊申・疏解海禁・存者皆歸故里・而府君先逝矣」・可知在甲辰之亂的時候——約由八歲至十二歲間・他的父親就死去了・

然而他雖然是一個不幸的孤兒・卻能對學問下一番刻苦工夫・而以後學問的成就・也在此時去做初步的基礎了・「丁未之冬・予年十一・始學爲時文・……隨衆課誦・輒心所樂・間從先人篋笥中・得前明闈墨・喜其眞切・過目成誦・尤喜讀古文辭・……氣盛詞達・自不忍釋手」・因他有這好讀書——喜讀古文辭的嗜癖・而且當明末清初理學還沒有偃息的時候・這裏又曾經新會陳白沙先生揭豎過理學的大纛・尚有流風・所以他趨向於理學・有恰當的條件・「癸丑（十七歲）丙辰（二十歲）始出就試省闈・兩見黜・而十年以來・歲科諸試・輒遇賞識・許其筆堅氣勁・不墮膚庸・庚午（三十四歲）鄉薦北上・辛未（三十五歲）南旋」・這種自述・就是他博取科名經過的序幕・自此以後呢・「硜執之

性・好古成癖・生平見所未見書・不終卷不已・縱觀諸史・凡古人奇節偉行・成敗興廢・往往慷慨感發・寄興篇什」・是的・從前的學者・常常服膺這兩種條件・行己有耻——博學於文

而先生呢・因爲「行己有耻」・於是有「硜執之性」・因爲「博學於文」・於是有「好古成癖」・但是他雖有這孤直的性格・並不是鳴高以傲世・仍是在「通經致用」・用的是什麼・應世——修己

但所云「應世」・要有「用的環境」・如這環境不適當・不但沒有舒展你用的材幹・卻會動輒得咎的・反不如用於修己・這「窮則獨善其身」・輔翼名教・也是間接的應世之用・他根據這條原則・「邑令薦之・遇夫力辭」・他當時的答覆・

「遇夫幼涉經史・亦嘗有當世之志・顧鄙性疏率・不諳世事・動與俗違・讀書而不適於用・學古而不宜於今・此實冷暖自知・非敢爲虛飾也・

「但嗜古不必其宜今・修辭稍殊於建事・蓋有仕以爲人・有學以爲己・兩端未可同諭」・

爲人爲己・雖然是兩端的名詞・其實也只是一件事・理學家格外物與內心・總是一個道理・所以他謂「有待無待・本之於心」・就是這個意思・他的朋友張恒的序・可以作爲他生平的結論・「余讀交甫陳先生海角蓬書・其言高潔澹遠・以是覘其志之過人・其敘荻園也・洞然於得失廢興天人之際・何其達也・言必稱先人・而藏書繼志・蒿荻比擬・非孝思其曷能若是・其言進則欲樹偉蹟於天壤・退則欲修明先王之道・此豈佔畢章句之腐儒所能語哉・其敘待園也・有待無待・本之於心・何其言之精微也・其寄詠諸什・皆與序言相符・斯人也・吾樂與之交……」・

（二）

交甫先生經明而行修・故對時流士子的習慣・曾痛下這樣的針砭・

「士人束髮受書・所學何事・僅知有詞章末矣・習詞章而僅知應舉・抑又末矣・即有工拙・何足以概作者・獨是因題立義・代古人筆舌・亦略吐其胸中之藏・若乃惡古樸而喜纖佻・惡剛正而喜柔媚・惡眞愨而喜藻飾・其流弊將中於士習人心・非鯫生所敢安也」・

講起詞章之學・歷來學者都不很重視・他們認爲士子既器識之不講・而區區注重於文藝・那是學問的末技了・實際上理學考據家皆不主張詞章之學・尤其理學家・他們對於學術・總認爲有多少教訓的性質・特別這陸象山所持學旨・在「尊德性」・姚江之學・所倡知行合一・良知良能的主張・也是這樣・德性的解決・差不多就可以解決人生的一切了・究竟德性是甚麼・在當時陸子有這樣的答示・「此心即此理」・理可包括宇宙萬象和人情物理一切動靜的存性・而心就是支配此種存性的樞紐・或可說是體貼此種存性的理則・故說・「此心同・此理同」・

過去理學的源流・自宋代以降・至有明一代・都籠罩著於這種思想之下・可是清初的學者・像顏習齋顧寧人等對理學已發生了極大的反感・謂滿街滿巷皆聖人都是純盜虛聲的空論・其實理學源流・是在宋代「開創新生」的學問——即儒

釋混合的結果・然而交甫先生以爲聖道之不明・至宋代才發揚而光大之・宋明理學之產生・是一線的源流・並非雙線的混合・他所持的理由・

「釋氏心性之論與儒者異・只在源頭之差・靈臺湛然・至靈至靜・雖未嘗有人物・然天命之性・托處其中・凡天壤之理・千條萬緒・皆從此出・此儒者之學也・釋氏謂性的本來・原無一物・但寂之又寂・以歸於無・便是其最初之本體・不知聖人經綸萬物・亦只是率其性之不容已・非勉强添設而除卻後來經綸制作之功・……至其說之相近・則彼固未嘗不竊吾儒之似以亂其眞」・

同時他還竭力斥論佛釋・「……迨至宗杲（僧名）之徒・撇下看經念佛・只說無事省緣・靜坐體究・漸漸纔逼將來・直欲奪儒門之席・故自宋以後・儒學之士・排擊佛教・遂並儒者之說見性說見心說坐靜說良知・皆以爲近佛而詆之攻之・不遺餘力・且以比孟子闢楊墨也」・

本來儒學的孔子勸學而不尊性・故謂性相近也・習相遠也・唯上知與下愚不移・其於性之爲善爲惡・未及質言・至子思之道德推原於性・說人類之性・本於天命・具有道德的法則・率性而行・是爲道德・始有性善的傾向・至孟子更進而確定之・叫做善・自茲以後・學者談性・斤斤不已・尤其朱陸之爭・像朱子說・

「自子思以來・教人之法・惟以尊德性道問學兩事・爲用力之要・今子靜所說・專是尊德性事・而熹平日所論・卻是問學上多」・

交甫先生折衷其說・有這樣主張・「從來性本一原・道無二致・惟學者求端用力之地則不同・……後之儒者・其性各有所偏・因其所偏・强人之所不能・故成者卒少・而其弊也・至於分別門類・而不復合・如朱陸之說是也」・

他不同意於門戶之爭・而以全該其偏・殊途而同歸・皆爲聖人之徒・這種見解・元吳澄也倡論過的・故交甫先生對於理學的派別・認爲・

「大抵從事聖人之學者視其志・視其學・不當於語言文字間求之・新會姚江・皆質之高明者也・故其學近於陸・白沙穎悟・陽明剛果・至於立言・則不能無偏・第其志其行・皆不詭於聖人之道・則皆聖人之徒也」・

（三）

現在追溯交甫先生的道學思想・歸納起來有兩點・

第一・以自然爲宗

交甫先生很推崇白沙之學・白沙之學・以自然爲宗・而要歸於自得・自得故資深逢源・與鳶魚同一活潑・而還握造化之樞機・這種自得要怎樣・以虛爲基本・以靜爲門戶・以四方上下往古來今穿紐湊合爲匡郭・以日用常行分殊爲功用・以勿忘勿助之間爲體認之原則・以未嘗致力而應用不遺爲實得・交甫先生追踪白沙・篤信白沙・而推崇白沙・所以他的詩・「草木生陽春・有命受於天・詎能邀雨露・造物本無偏」・這是一種自然論的歌詠・其待園記的命名謂「人與山川兩相待者也」・也是一種自得之學・他謂白沙・

「白沙天資高明・胸中無纖毫滯礙・而涵養學問・又足以達之・故能直寫性眞・無復雕鏤粧點習氣」・

「白沙所謂求典册非錯用也·窮理也·靜坐非別尋門路也·玩索涵養也」·

宋明理學家·沒論他們是說敬·說誠·說見性·說理氣·這種演釋法的研究·說來辯去·如繭絲牛毛·實際上都嫌空疏·中世紀歐洲的寺院士林派論經·也是一樣·在明儒·曹月川說事心·薛敬軒貴實錢·吳康齋重克己·胡敬齋主敬·而白沙先生主靜·或謂他主靜近於禪·或謂他明心而不見性·交甫先生替他辯護·」

一·由博返約之功·天資高穎·少及下學工夫·往往說向上一層·非以禪悟·

二·伊川教人靜·晦翁恐人差入禪去·故少說靜·只說敬·學者須自量度如何·若不為禪所誘·仍多靜·方有入處·非偽也·

三·儒者觀聖道·顧心解力行如何耳·不必泥於一字一句·以相指摘也·如以為辭也·則養出端倪·始然始達之說也·虛圓不測者·求放心之說也·自然為宗者·勿忘勿助之說也·

交甫先生對於白沙先生·雖沒有親炙躬受·而精神上對其推崇備至·無異私淑弟子·故交甫先生以自然為宗的學旨·是受白沙先生主靜說所影響·

第二·以實踐為用

交甫先生經世的思想·還在正學續及史見二書·他自己說·

「性無他好·好著書·謂元明以來·襲宋儒訓詁而蔓衍之·其說愈長·辯駁多而致用少也·作漢唐正學續·好讀史調作史者·是非混淆·則蕪雜而多誤·作史見」·

他的史見·沒有什麼稀奇之處·至於正學續一書·就是他努力於翼道的貢獻·他謂「正學續者·取其續正學於不絕也·續正學所以續道也·——唐續晉·晉續漢·聖人之道行於天下·未嘗絕也」·張啓煌先生也有這樣的喻說·「明道千鈞也·漢魏以來諸儒·其一髮矣·論輕重·千鈞與一髮殊等·論絕續·一髮與千鈞同功」·這可知他的正學續的含義了·

莫儉溥 一九一五年生 一九七四年卒

字劍甫·番禺人·香港官立漢文師範學堂、國立中央大學畢業·考試院高等文官考試及格·曾任監察院人事室主任·國立中央大學講師·考試院高等文官考試襄試委員·抗日軍興·赴難入蜀·勝利後專心教育·歷任香港敦梅中學校長·香港漢文師範同學會學校監督·兼中國書院·孔教學院等校講師·生平好著書·喜吟詠·嘗與耆老組國學演講會·嘉惠士子·著有儒家天人哲學·周易明象·經訓·史學選篇·中國科學史編年·文品富言等·

王弼明象篇旨與闢偽之研究

（摘自莫氏王弼明象篇集說）

篇旨

王弼明象篇「魚兔筌蹄」之喻·雖出自蒙莊·而其根本精神·則自繫辭上傳第二章及第十二章·必先讀此二章·然後王弼「得意忘象·得象忘言」之說可知也·

莫儉溥

（一）觀象繫辭之原則——易繫辭上傳二曰．「聖人設卦（卦）．觀象（象）．繫辭（言）焉．而明吉凶（意）．剛柔相推而生變化（六爻之動）．是故．吉凶者．失得之象也（由有失得．故吉凶生）．悔吝者．憂虞之象也（失得之微．足以致憂慮而已．故曰悔吝）．變化者．進退之象也（往復相推．迭進退也）．剛柔者．晝夜之象也（晝則陽剛．退極而進也．夜則陰柔．進極而退也）．六爻之動．三極之道也（六爻．初二爻爲地．三四爻爲人．五上爻爲天．此明剛柔相推而生變化．而變化之極．復爲剛柔．流行於一卦六爻之間．而占者因得所值．以斷吉凶也）．是故．君子所居而安者．易之序也（卦爻所著．事理當然之次第）．所樂而玩者．爻之辭也（玩味爻辭．觸類見機）．是故．君子居則觀其象而玩其辭．動則觀其變而玩其占（謂其所值吉凶之決也）．是以自天祐之．吉无不利．」

卜以決疑．因機進退．故曰「自天祐之」．險夷不滯．窮通分定．故曰「吉無不利」也．

（二）言．象．意之作用——繫辭上傳十二曰．「子曰．書不盡言．言不盡意．然則聖人之意．其不可見乎．子曰．聖人立象以盡意．設卦以盡情僞．繫辭焉以盡其言．變而通之以盡利．鼓之舞之以盡神．」王弼曰．「故立象以盡意（得意）而象可忘也．重畫以盡情．（得情）而畫可忘也．」

故得情可以忘畫．得象可以忘辭（言）．得意可以忘象．占卦之用．在明吉凶．觀變化．知進退存亡而不失其正．不必執着于言．亦不必拘泥于象．但求會意．斯見卦爻之義．神而明之．存乎其人．

故王弼曰．「言者所以明象．得象而忘言．象者所以存意．得意而忘象．」猶獵者設蹄以捕兎．得兎而忘蹄．漁者設筌以捕魚．得魚而忘筌也．

（三）忘言忘象——反言之．執着於言（卦爻繫辭）．不可得象．拘泥於象．不可得意．言與象不過工具．其目的乃在意．猶筌與蹄不過工具．其目的乃在魚兎．漢儒治易．舍意而執着言象．猶舍魚兎而空守筌蹄也．「忘」只是不執着．不拘泥．不是舍棄．陶淵明自謂「好讀書．不求甚解」．是能忘言．忘象者也．「每有會意．便欣然忘食」．是能得意者也．故王弼曰．「得意在忘象．得象在忘言．」

（四）不以言害象．不以象害意——孟子曰．「說詩者．不以文（字面也．望文生義之文）害辭（句語也）．不以辭害志（本義也）．以意逆志．是爲得之（用自己切身的體會．去推測作者本義．才對．）雲漢之詩（詩經大雅雲漢篇）曰．「周餘黎民．靡有孑遺．」信斯言也．是周無遺民也．」（萬章篇上四）．朱注．「言說詩之法．不可以一字而害一句之義．不可以一句而害設辭之志．當以己意迎取作者之志．乃可得之．若以其辭而已．則如雲漢之詩所言．是周之民．眞無遺種矣．惟以意逆之．則知作詩者之志．在于憂旱．而非眞無遺民也．」

說易或占卜者．亦不可以言害象．不可以象害意．忘言以求象．忘象以求意．不穿鑿．不附會．不拘泥．義斯見矣．

（五）觸類取象．合義爲徵——周易卦爻．有取象（近取諸身・遠取諸物）・有記事（如箕子・文王・殷高宗等）・亦有逕下斷語（吉凶悔吝）者・就象本身言・有物象（如馬、如牛）・有事象（如・有不速之客三人來）・就象之作用言・則爲象徵（如健・如順）・天地萬物・社會萬事・不可備舉・同一事物・亦可徵數義・故王弼曰・「觸類可爲其象・合義可爲其徵」・

（六）反對存象忘意——明象篇之本志・在駁斥漢儒治易・執着于象・案文責卦・僞說滋蔓——廣象・逸象、互體・卦變・五行・爻辰・消息・升降——徒亂人意・一失其原・則穿鑿附會・難可紀極・縱或復值（偶合）・而義無所取・由於「存象忘意」之故・今人有以鐵板神數治易者・亦有以天文數理言易者・甚至以原子科學言易者・所謂「一失其原・巧愈彌甚」者也・

（七）言・象・意之內容——聖人設卦・由卦立意・由意生象・由象生言・故占得卦爻・可尋言以觀象・尋卦意以見所求之義（卜以決疑）・伏羲畫八卦・因而重之爲六十四卦・八卦之象・天・澤・火・雷・風・水・山・地是也・六十四卦之象・觸類旁通者也・如雲（水）雷爲屯・山下出泉（水）爲蒙・雲（水）上于天爲需・天與水遠行爲訟・八卦爲大自然之現象・六十四卦則推及社會人事之現象・

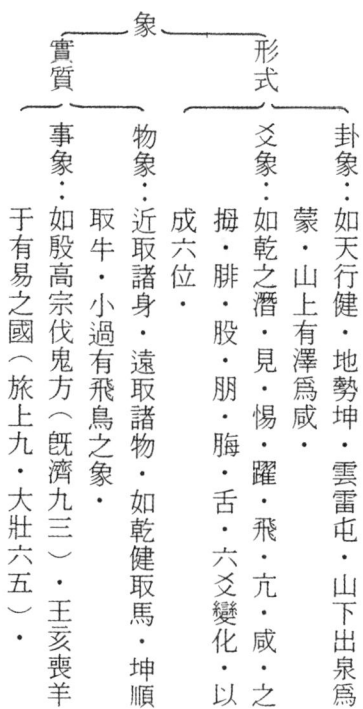

象
- 形式
  - 卦象：如天行健・地勢坤・雲雷屯・山下出泉爲蒙・山上有澤爲咸・
  - 爻象：如乾之潛・見・惕・躍・飛・亢・咸・之拇・腓・股・朋・脢・舌・六爻變化・以成六位・
- 實質
  - 物象：近取諸身・遠取諸物・如乾健取馬・坤順取牛・小過有飛鳥之象・
  - 事象：如殷高宗伐鬼方（既濟九三）・王亥喪羊于有易之國（旅上九・大壯六五）・

言者・文王周公所繫之辭（卦辭及爻辭）・明象者也・而意存焉・（另詳下文「十翼」節・及「釋言」章）

「意」與「義」本可區別——「意」包括卦意與爻情・即王弼所謂「立象以盡意・重畫以盡情」者・「義」是占者所欲決之疑・即王氏所謂「忘象以求其意・義斯見矣」・又「縱或復值・而義無所取」之「義」字・

但王弼往往將「意」與「義」混用・如：「觸類可爲其象・合義可爲其徵」（占驗例證）・又曰・「義苟在健・何必馬乎・」「義苟應（平聲）健・何必乾乃爲馬・」此等「義」字・可解作「用意」或「原則」・

乾文言上九・王注・「夫易者・象也・象之所生・生於義也・有斯義・然後明之以其物・故以龍叙乾・以馬明坤・隨其事義而取象焉・是故初九・九二・龍德皆應其義・故可論龍以明之也・至於九三・乾乾夕惕・非龍德也・明以君子當其象矣・統而舉之・乾體皆龍・別而叙之・各隨其義・」

既曰．「象生于意」．又曰．「象生于義」．是意與義不分也．

（八）象以求意與巧愈彌甚——王弼明象篇．末一句．據唐石經本及聚珍仿宋本．皆作「忘象以求其意．義斯見矣」．香港大學一九五五年初版「中國文選」下編．手民漏去「忘」字．坊本沿誤．强解爲．「形象是用來取意念的．概念才因而表現出來」．「必須從象以求意．易之義理才可見．」與王弼「得意在忘象」之旨背矣．編者饒宗頤先生亦認爲應作「忘象以求其意．」

又明象篇「巧愈彌甚」句．邢璹注．「一失聖人之原旨．廣爲譬喻．失之甚．」把「愈」字解作「喩」字．在文辭上似較通．但「巧喩」僅能指廣象與逸象．「巧愈」可包括互體．卦變．五行．「彌甚」猶言「僞說滋漫．難可紀矣」．「巧愈彌甚」者．謂漢儒說易．存象忘意．執馬爲乾．案文責卦．廣象．逸象．互體．卦變．以致推演五行．鑽入牛角尖去．立說愈巧．去聖人之原旨彌遠．其病在遺健順而空說龍馬．猶之乎失魚兎而空守筌蹄也．

（九）易學革命——王弼是易學第一位革命家．革去漢儒治易．執着於象（易象學）之弊．王氏不爲繫辭傳以下作注（今本韓康伯注）．是其高見．程頤是易學第二位革命家．革去宋儒治易．執着於數（易數學）之弊．程氏亦不爲繫辭傳以下作注．與王氏之揆一也．

朱子學宗程頤．惟其治易．不幸以折中派自任．曰．「易之有象．其取之有所從．其推之有所用．非苟爲寓言也．然兩漢諸儒．必欲究其所從．則既滯泥而不通．王弼以來．直欲推其所用．則又疏略而無用．二者皆失之一偏．而

不能闕其所疑之過也」．（朱子語類）．其謂王弼「疏略而無用」．非通達之言也．

王弼「直欲推其所用」．乃繫辭傳「君子居則觀其象而玩其辭．動則觀其變而玩其占」之旨也．王弼說「意」．殊不疏略（參考下文「得意」章）．說「象」疏略．即不執着．不「滯泥」．正其高明之處．宇宙萬象．世事萬變．古文簡略．古獻難徵．執着於言．固扞格而不通．執着于象．必支離而附會．運用之妙．在乎一心．神而明之．存乎其人．故卜得「往亡」．而廟算勝者可解爲「我往彼亡」．夫何患焉．」隨九四「貞凶」．又曰「何咎」．蠱初六「無咎．厲」．又曰「終吉」．无妄「元亨利貞」．又曰「不利有攸往」．頤上九「厲」．又曰「吉．利涉大川」．大過上六「凶」．又曰「无咎」．晉上九「厲．吉．无咎」又曰「貞吝」．又曰「征凶」．姤初六「貞吉」．又曰「有攸往．見凶」．節上六「貞凶」．又曰「悔亡」．未濟六三「征凶」．又曰利涉大川」．諸如此類．惟忘言乃可得象．忘象乃可得意．王注對「言」對「象」疏略．方見有用．獨運匠心．會意見義而已．一執象存言．即「無用」矣．朱子本義中．執着于象之處．多不可解．後人强解朱義．終不能明也．

例如．大壯六五．「喪羊于易．无悔．」朱注．「封體似兌．有羊象焉．外柔而內剛者也．獨六五以柔居中．不能抵觸．雖失其壯．然亦無所悔矣．故其象如此．而占亦與咸九五同．（咸九五．咸其晦．无悔）．易．容易之易．言忽不覺其亡也．或作疆場之場．亦通．漢食貨志．場作易．」

按大壯六五．「喪羊于易」．乃殷先王亥故事．山海經大

荒東經・「王亥託於有易・（爲）河伯僕牛・有易殺王亥・取僕牛・」史稱有易（國名）殺殷侯子亥（1985 B.C.）・殷侯微以河伯之師伐有易・有易殺其君綿臣（1981 B.C.）・郭璞注引古本竹書紀年・「殷王子亥・賓于有易・而淫焉・有易之君綿臣・殺而放之・是故殷主甲微假師于河伯・以伐有易・遂殺其君綿臣也・」楚辭天問篇・「該（亥）秉季德・厥父（殷侯甲微）是臧・胡終弊於有扈（王國維謂應作有易）・牧夫牛羊・」由此知殷王子亥・客居有易・爲河伯牧牛羊・始喪其羊・幸以身免・破財擋災・故曰（無悔）・其後淫焉・乃爲有易國君綿臣所殺・沒收其牛羣・殷侯伐有易而殺其君・以報怨也・王亥淫于有易・致召殺身之禍・其始不容于父而居于外・蓋有由矣・此楚辭天問・「該（亥）牧牛羊」之答案也・參考・王國維「殷卜辭中所見先公先王考」・及顧頡剛「周易封駁辭中的故事」・

大壯䷡六五・本記事之爻・朱中乃取中爻三至五之約象・兌☱・謂「兌有羊象」・此執象者也・解易爲「容易」・固誤・然謂「或作彊場之場」・是其能存疑也・按・京房謂「中爻自二至四爲互體・自三至五爲約象」・二者均可以「互體」稱之・詳下文「闢僞」章・

（十）忘象不是無象——亦不是捨象・棄象・祇是不拘泥于象而已・張惠言曰・「易而無象・則失其所以爲易」是也・

饒宗頤先生云・「無象則易理無所附・猶之不能離事而單獨言理也・然自易傳說卦・侈陳易象・取譬益遠・一卦一爻之取象・類可取同性質之事物以比況之・漢人言易・末流泛濫・象外生象・穿鑿附會・益不可紀極・至王輔嗣出・推（摧）陷而廓淸之・其言曰・（易者・象也・象之所生・生于義也・）則重義而輕象・以爲義得而象可廢矣」・（中國文選下編・明象篇解題）・

饒先生敢于批評易傳說卦・與余謂十翼（易傳）非孔子所作・殊塗同歸・但謂王弼「重義輕象」・以爲義得而象可廢」・直是把忘象之「忘」字・解作「輕」字・「廢」字・與邵康節解作「捨」字・王晦叔解作「棄」字・同屬誤解・此一千七百事來爭執之源也・（說詳下文「闢僞」章及「集評」章・十翼非孔子所作・見拙文・序朱任安先生周易正傳匯參・載孔聖堂一九五八年聖誕特刊）

程頤曰・「理無形也・故假象以顯義」・朱子治易・乃操戈入程子之室・曰・「王弼伊川・其意直以易之取象・無復有所自來・但如詩之比興・孟子之譬喻而已・如是・則說卦之作・爲無所與于易・而近取諸身・遠取諸物者・亦賸語矣・故疑此說亦若有未盡者・因竊論之・以爲易之取象・固必有所自來・而其爲說・必已具于太卜之官・顧今不可考・則姑闕之・然亦不可直謂假設而遽欲忘之也・（朱子語類）・朱子此語・正好以顧炎武之言答之・

顧炎武曰・「夫子作傳・傳之更無別象・其所言卦之本象・若天。地・雷・風・水・火・山・澤之外・惟頤中有物（曰噬嗑）・本之卦名（小過）有飛鳥之象・本之卦辭・而夫子未嘗增設一象也・」又曰・「聖人立言取譬・固與後之文人・同其體例・何嘗屑屑于象哉・王弼之法・雖涉于元虛（・此語有問題・參考上文第一章導言「王注獨冠古今」條）

然已一掃易學之榛蕪・而開之大路矣・不有程子・大義何由而明乎」・（日知錄）・

文中子曰・「九師興而易道微」・謂易之互體卦變也・朱子求其說而不得・故曰「未盡」・又曰「姑闕之」・夫道不遠人・人之爲道而遠人・不可以爲道・不廓清漢宋象數之僞說・易道何由而明・何由而行乎・

〔註〕「九師」・謂漢荀爽等九家易說・隋志有「九家易解」・陸德明曰・「荀爽九家集注十卷・不知何人所集・所稱荀爽者・以爲主故也」・其序有荀爽・京房・馬融・鄭玄・宋衷・虞翻・陸績・姚信・翟子元等九人・注內又有張氏・朱子・並不詳何人・除京房外・八師皆東漢時人・

西漢有二京房・（A）京房・武帝時・（140-87 B.C.）爲大中大夫・出爲齊郡太守・治易・爲淄川楊何弟子・梁丘賀嘗從學易・漢書梁丘河傳・顏師古注・「此爲別一京房・非焦延壽弟子」・（B）京房・字君明・頓丘人・本姓李・推律自定爲京氏・好鍾律・知音聲・治易・其說長於災變・各有占驗・師焦延壽・延壽常曰・「得我道以亡身者・京生也」・漢元帝時（48-37 B.C.）以孝廉爲郎・出爲魏太守・果以上封事言災異・爲石顯讒誅（37 B.C.）・房傳易學於殷嘉・姚平・乘弘等・由是有京氏之學・房自著「京氏易傳」・漢志有京房易十一篇・七錄有章句十卷・隋志有錯卦・妖占・占事守林・飛候・及飛候六日七分・四時候・混沌・委化・逆刺・占災異・馬氏通考又有易傳積算法・雜占條例等書・今所采者・大抵皆章句中語也・

九師中之京房・指焦延壽弟子・

王弼提出「觸類可爲其象・合義可爲其徵」之原則・以批評漢魏諸儒執象變以說易之弊・象之作用・只在說明卦義・如乾爲天・宇宙運行不息・日往則月來・月往則日來・日月相推而明生焉・寒往則暑來・暑往則寒來・寒暑相推而歲成焉・此天行健之自然現象也・聖人法天・故勉「君子以自強不息・」此社會文明進化之原動力也・然天道幽遠・非一般人民所易明白・故借物取象・以爲馬有行健者之義焉・然行健者非只馬・如吾人認爲駱駝有刻苦・耐勞・重任・致遠之德・合於「健」義・則以駱駝取象亦可・故曰・「義苟在健・何必馬乎・類苟合順・何必牛乎・」大壯九三有乾・亦云羝羊・坤卦无乾・象亦云牝馬是也・「爻苟合順・何必坤乃爲牛・義苟應（平聲・應該）健・何必乾乃爲馬・」遯无坤・六二亦稱牛・明夷无乾・六二亦稱馬是也・馬抵是有乾卦「健」義之一種動物・而說易者乃以馬代表乾之一切・「定馬於乾・案文責卦・有无無乾・則僞說滋漫・難可紀矣・」

象有不足・於是廣象（說卦八十一章・及荀九家補象）・廣象不足・又求逸象・象仍不足・轉求互體・「互體不足・遂及變卦・變又不足・推致五行・一失其原・巧愈彌甚（韓康伯注・一失聖人之原旨・廣爲譬喻・失之甚矣）・縱或復値（偶合）・而義無所取・蓋存象忘意之由也（失魚兔則空守筌蹄・遺健順則空說龍馬）・忘象以求意・義斯見矣」（王弼明象）・

象傳釋經・雖根據卦象・然其意在于標明大指・提要析

義・其中如・日月四時・王公聖賢・百穀草木之類・多連類及之・不必盡取本卦之象・小象亦然・至于文言繫辭・其文皆泛言易義・又非彖象可比・荀虞諸家・必字字求象・・同於釋經・穿鑿瑣碎・殊失傳文之意・

下文就王弼明象篇所擧出魏漢晋儒執象・互體・卦變・五行等方法・以說易之弊・分別論之・

逸象

象及廣象・已見上文「釋象」章・至於逸象說易・託始左國・左傳引逸象・如・坤・土也・離爲牛・國語引逸象・如・坤・土也・震・元・震・長也・震・車也・震・子强・坎・衆也・坤・母老・解者已不能盡通・後儒變本加厲・於是有說卦廣象・孟氏逸象（近儒考定爲虞氏逸象）・荀爽九家逸象・易林逸象・古文字逸象・今約其數・乾八十二・坤一百三十・震五十八・巽四十五・坎七十五・離三十・艮五十三・兌十八・支離破碎・穿鑿滋生・逸象之數字・根據清人黃汝成日知錄集釋・若益以淸儒胡渭，張惠言・孫星衍・方申・近人尙節之（秉和）・于思泊（省吾）之陸續發掘・逸象之數・當不止此・

顧炎武日知錄曰・「聖人設卦・觀象・而繫之辭・若文王周公是已・夫子作傳・傳中更無別象・其所言卦之本象・若天・地・雷・風・水・火・山・澤之外・惟頤中有物・本之卦名（噬嗑）・有飛鳥之象・本之卦辭（小過）・而夫子未嘗增設一象也・荀爽虞翻之徒・穿鑿附會・象外生象・更於傳中生象・以同聲相應爲震巽・以同氣相求爲艮兌・水流濕・火就燥爲坎離・雲從龍・則曰乾爲龍・風從虎・則曰坤爲虎・十翼之中・無語不求其象・而易之大指荒矣・豈知聖人立言取譬・固與後之文人・同其體例・何嘗屑屑於象哉・王弼之注・雖涉於元虛（儉案・元虛乃指理論化）・然已一掃易學之榛蕪・而開之大路矣（原注・王輔嗣略例曰・「互體不足・遂及卦變・變又不足・推致五行・一失其原・巧愈彌甚・」儉案・所謂易學之榛蕪者指此・）不有程子（程頤易傳）・大義何由而明乎・易之互體・卦變・詩之協韻・春秋之例月日・經說之繚繞（即廣東話・了矯・矯强也）破碎於俗儒者多矣・文中子（隋人王通）曰・「九師興而易道微・三傳作而春秋散」・」

互體

互體說易・亦始左傳・莊公二十二年・周史有以周易見陳侯者・陳侯使筮之・遇觀䷓之否䷋・曰・「風爲天于土上山也・」杜注・「巽變爲乾・故曰風爲天・自二至四有艮象・艮爲山・」孔疏・「二至四・三至五・兩體交互・各成一卦・先儒謂之互體・」觀六四變爲九四・從二至四互體・有艮之象・

朱子語類云・「繫辭傳雜物撰德一節・先儒解此・多以爲互體・如屯卦䷂・震下坎上・就中間四爻觀之・自二至四爲坤・自三至五爲艮・故曰・非中爻不備・互體說・漢儒多用之・左傳說占得觀卦一處・亦擧得分明・看來此說亦不可廢・」

南宋張栻（南軒）曰・「王輔嗣（弼）・胡翼之

莫儉溥

（瑗）・王介甫（安石）三家說易・不說互體・然雜物撰德・具于中爻・互體未可廢也・

案・繫辭下傳・「若夫雜物撰德・辨是與非・則非中爻不備・」崔憬注云・「言中四爻雜合所主之事・撰集所陳之德・能辨其是非・備在卦中四爻也・」杜預（元凱）在左傳莊二十二年注・「易之爲書・六爻皆有變象・或取互體・聖人隨其義而論之・

漢人說卦・多用互體・可以荀爽・虞翻爲代表・魏晋學者因之・其根據即在繫傳「雜物撰德・非中爻不備」・及左傳所載古辭・其說大要如下・

（A）按之易解・自二爻・三爻以至四爻・五爻・皆可以互爲取象・如泰䷊互歸妹䷵・謙䷎互師䷆是也・

（B）漢儒詮蹇䷦・解䷧卦辭「利西南」・謂坎☵・震☳二卦皆以乾畫居坤體・故曰「利西南」・與說卦傳「乾父・坤母・一索・再索・三索」之象・合之於經・如・乾爲馬・震坎得乾體亦爲馬・坤爲牛・離艮得坤體亦爲牛・

（C）又如蒙䷃以艮得乾體・爲「金夫」・噬嗑䷔以離本乾體・爲「金矢」・夬䷪以兌得坤體・爲「自邑」・井䷯相互・斯陰陽老少之交相資也・

再以十辟卦推之・五陽辟・以震兌與乾坤合而成・五陰辟・以坎本坤體爲「改邑」・鼎䷱離本乾體爲「金鉉・玉鉉」・如此之類・皆以爲本於乾父坤母之象・

（D）又謂爻辭多取變象・以卦爻既變・即有所變之象・變象亦實象也・如師䷆六五變坎䷜・故有「禽」象・泰䷊九二變互坎䷜・故有「河」象・頤䷚六四・震上六變離䷝・故有「視」象・易中取象多如此云・

（E）又有就卦之半體取象・如・坎爲「雨」・兌上半坎・下畫陽・則曰「不雨」・坎爲「月」・巽下半坎・上畫陽・則曰「月既望」・坎爲「豕」・巽下半坎・而上一陽・則曰「羸豕」・坤爲「帛」・艮下半坤・而上一陽・則曰「束帛」之類・

「半象」・之說・虞氏屢言之・注小畜卦辭云・「需上變爲巽・上變爲陽・坎象半見・故「密雲不雨」・」則半象乃漢魏相承之舊說也・

（F）又有合本體互體取象者・如蒙六三・以艮爲「金夫」・互坤爲「躬」・三變互兌爲「見」・則掩坤象・故曰「不有躬」・困九二至四互離・離爲坎「妻」・三入其宮・有坎無離・故曰「不見其妻」・

如虞仲翔（翻）解需䷄・訟䷅兩「小有言」曰・「震爲言・震象羊見・故小有言」・解小畜䷈「尚德載」云・「坎爲車・積載在坎上・故曰尚德載」・鄭康成（玄）解噬嗑䷔上九云・「離爲槁木・坎爲耳・木在上・故何校滅耳」・皆用此取象・以左傳「火焚其旗・川壅爲澤」之說推之・義例亦合・

八卦之中・乾坤純乎陰陽・故無乾體・若震巽艮兌・分主四時・而坎離居中以運之・是以下互震而上互艮者「坎」也・下互巽而上互兌者「離」也・若震巽分乾坤之下畫・則上互有坎離・艮兌分乾坤之上畫・則下互有坎離・而震艮又自相互・巽兌又自以巽艮與乾坤合而成・乃「夬」「姤」近乎純乾・「剝」「復」近乎純坤・故無互體・而艮兌之合乾坤也・爲「臨」爲「遯」・則下互有震巽・震巽之合乾坤也・爲「大壯」爲

「觀」．則上互有艮兌．至乾坤合而爲「泰」．則下互兌而上互震．坤乾合而爲「否」．則下互艮而上互巽．（以上爲十辟卦．合乾坤爲十二消息卦）．「坎」「離」于十辟雖不預．而以既濟．未濟自相互．是陰陽消長之迭爲用也．

漢晉儒無不言互體者．至王弼（輔嗣）．鍾會（士季）始力排之．然亦終不能紬也．晉書荀顗嘗難於鍾會「易無互體」．見稱於世．其文不傳．南宋王炎（晦叔）嘗問張栻（南軒）曰．「伊川（程頤）令學者先看王弼．胡瑗（翼之）．王安石（介甫）三家易．何也．」南軒曰．「三家不論互體故爾．」朱子本義不取互體之說．惟大壯六五云．「卦體似兌．有羊象焉」．不言「互」而言「似」．似者．合兩爻爲一爻．則似之也．又謂．「頤初九．靈龜．是伏得離卦」．然此又創先儒所未有．不如言互體矣．大壯☳☰自三至五成兌☱．兌爲羊．故爻辭並言羊．朱子晚年謂從「左氏」悟得互體．而服漢儒之善于說經」者．有自來矣．

王應麟困學紀聞云．「京氏謂自二至四爲互體．自三至五爲約象」．又康成易注序云．「鄭康成多論互體」．以互體求易．左氏以來有之．凡卦爻二至四．三至五．兩體交互．各成一卦．是謂一卦含四卦．繫辭謂之中爻」．所謂「八卦相盪．六爻相雜．唯其時物．雜物撰德」是也．王弼尚名理．譏互體．然注睽六三云．「始雖受困．終獲剛助．」睽自初至五成困．此用互體也．弼注比六四之類．或康成之注．

顧炎武．「夫子未嘗及互體．後人以「雜物撰德」（繫辭下傳九）之語當之．非也．其所論二與四．三與五同功而異位（繫辭下傳九）．特就兩爻相較言之．初何嘗有互體之說」．余以爲十翼未必孔子所作．乃商瞿以下西漢經師之講章．王弼．程頤不注繫辭傳以下．蓋疑之也．

清人汪琬（堯峯）曰．「易之取象不同．

（A）有取半體者．如小畜三四．得坎之下二畫．則象辭稱其「密雲不雨」也．

（B）有取似體者．如頤稱龜．大壯稱羊是也．

（C）有取互體者．如震九四互坎．則四爻稱「遂泥」是也．

（D）有取伏體者．如同人內卦離．伏坎．則稱「大川」是也．

（E）有取反體者．如鼎內卦巽．正兌之反．則初爻稱「得妾」是也．

（F）有取互變體者．如乾九三互變離．則三爻稱「終日」是也．」

聖人取象畫卦．因卦作易．詎精心結撰．有如此者．此王弼所謂「案文責卦」．「縱或復値．而義無所取」者也．象數學者．泥象論文．爻象之義．倘與所論不値．則多設狡兔之窟．以濟其窮．古自我作．是謂之「誣」．

卦變

卦變之說．始於漢易之言剛柔往來上下相易之說．而且著者．賁之象也．賁☶☲彖曰．賁．亨．柔來而文剛．故亨．分剛上而文柔．故小利有攸往．天文也（朱註．先儒說「天文」上當有「剛柔交錯」四字．理或然也）．文明以止．人文也．觀乎天文以察時變．觀乎人文以化成天下．」虞翻（仲翔）曰・「泰上之乾二・乾二之坤上・柔來文剛・陰陽交・故亨也」・荀爽（慈明）曰・」此本泰卦・謂陰從上來・居乾之中・文飾剛道・交於中和・故亨也・分乾之二・居坤之上・上飾柔道・兼居二陰・故小利有攸往矣・」王弼曰・「剛柔不分・文何由生・故坤之上六來居二位・柔來文剛之義也・柔來文剛・居位得中・是以亨・乾之九二・分居上位・分剛上而文柔之義也・剛上文柔・不得中位・不若柔來文剛・故小利有攸往」・孔疏云・「陽本在上・陰本在下・應分剛而下・分柔而上・何因分剛向上・分柔向下者・今謂此本泰卦故也・若天地交泰・則剛柔得交・若乾上坤下・則是天地否閉・剛柔不得交・故分剛而上・分柔而下・」

蘇軾易傳曰・「一卦之變爲六十三卦・豈獨爲賁也哉・學者徒知泰之爲賁・又烏知賁之不爲泰乎・凡易之所爲剛柔相易者・皆本諸乾坤也・皆三子（陽）三女（陰）相值之卦也・凡三子之卦・有言剛來者・明此本坤也而乾來化之・凡三女之卦・有言柔來者・明此本乾也而坤來化之・蠱之象曰・剛上而柔下・賁之象曰・柔來而文剛・分剛上而文柔・咸之象曰・柔上而剛下・恆之象曰・剛上而柔下・損之象曰・損下益上・益之象曰損上益下・此六者適遇而取之也」・

程頤易傳曰・「剛上柔下・損上益下・謂剛居上・柔居下・損於上・益於下・據成卦而言・非謂就卦中升降也・卦之變皆自乾坤・乾坤變而爲六子・八卦重而爲六十四・皆由乾坤之變也・」

顧炎武曰・「卦變之說・不始於孔子・周公繫損之六三・已言之矣・曰・「三人行・則損一人・一人行・則得其友」・是六子之變・皆出於乾坤・無所謂自復・姤・臨・遯而來者・當從程傳・」（日知錄・原注・蘇軾・王炎皆同此說・）

江永曰・「彖傳有言剛柔往來上下者・虞翻謂之卦變・本義（朱子）謂自某卦而來者・其法以相連之兩爻・上下相易取之・似未安・今考文王之易・以反對爲次序・則所謂往來上下者・即取切近相反之卦・非別取諸他卦也・往來之義・莫明於泰否二卦彖辭・否反爲泰・三陰往居外（上卦）・三陽來居內（下卦）・故曰小往大來・泰反爲否・三陽往居外（上卦）・三陰來居內（下卦）・故曰大往小來・彖傳所謂剛來柔來者本此・」

方申爲卦變即易所謂剛柔往來相易者・如否泰二卦・彼此正其陰陽爻畫・兩兩相反相對・故曰卦變（周易卦變舉要）・

是卦變自某卦來之說・漢魏諸儒無不據以釋經・程蘇易傳始力闢其說・朱子本義於釋彖傳如訟・泰・否・隨・賁之類・偶一及之・而於啓蒙未嘗言及・今本義卷首卦變圖・不知何人附益・考之本義・原本無之・而其說實原於漢易・宋王炎（晦叔）卦變論・謂其說不聞於先儒・而言於邵雍（康節）・至漢上朱震從之者・非也・

五行

五行出於洪範・與八卦無涉・至漢焦贛・京房推廣金・木・水・火・土五行以爲象・用五行生尅之法說易・

五行相生者．金生水．水生木．木生火．火生土．土生金．

五行相尅者．金尅木．木尅土．土尅水．水尅火．火尅金．

乾兌納金．震巽納木．坎納水．離納火．坤艮納土．（宋人趙彥衞．雲麓漫鈔卷十一．納甲例說並圖）

說八卦而取象於五行．其數少三．於是金木土各配二卦．水火各配一卦．牽附無義．而五與八之配合．非四十不能一周．其間彼此參錯．必至卦無定象．

汪琬謂「畫卦時．中國尚無金．故卦象亦無之」．庖羲氏尚在石器時代．八卦安得取象於金．繫辭下傳二所舉十三制器．（一）罔罟取離．（二）耜耒取益．（三）日中爲市取噬嗑．（四）（五）衣裳取乾坤．（六）舟楫取渙．（七）服牛乘馬取隨．（八）重門擊柝取豫．（九）臼杵取小過．（十）孤矢取睽．（十一）宮室取大壯．（十二）棺椁取大過．（十三）書契取夬．其中刳木爲舟．剡木爲杵．掘地爲臼．皆用石斧．非金器也．鄭注「介于石」．作「碩于石」．是其證也．史稱黃帝鑄鼎於荊山之陽．祇係傳說．

重卦以後．爻象始有金．如．屯九三．「見金夫」．噬嗑九四．「得金矢」．六五．「得黃金」．姤初六．「繫於金柅」．困九四．「困於金車」．鼎六五．「黃耳金鉉」．當時之金．祇係黃銅．五帝時代用赤銅（純銅．較軟）．夏商用青銅（銅加錫成青色）．西周用黃銅（銅加鋅成黃色）．東周用白銅（銅加鎳成白色）．乃進入鐵器時代．據此．則爻辭之作．當在周公時代．較早則未有黃金．較遲則提及不會如此之少．

乾爲金．爲八卦中之金．兌爲金．爲五行中之金．如此取象．豈不支離．乾爲金已非古．而況配置五行於八卦間乎．恐三聖復生．亦茫然也．

綜而論之．學易而欲明象．必先打破傳統枷鎖．清明在躬．志氣如神．瞭解初民生活．思想．與社會條件之限制．參考古今可徵足信之文獻史料．揭出周易之本我面目．取其格言可訓者．然後易道易知易從也．

二千年來．學者浪拋心力於象數之學．自取困惑．徒亂人意．侈陳天道而易與人事疏．智者過之．愚者不及．索隱行怪．後世有述焉．吾弗爲之矣．今之治易者．當從考證與義理．兼採古代社會史觀點．亦庶乎其可矣．至於窮神知化．惟盛德者能之．學者不必馳心於虛渺也．

何覺　年生　一九八二年卒

字蒙夫．順德人．國立中山大學理科畢業．好文學．收藏鄉邦文獻甚富．抗戰時．無錫國專遷桂林．曾任教其間．來港後執教柏雨中學．聖保祿書院及樹仁學院等校．

陳巖野先生錦巖墓地考

余居錦巖．已歷三世．地鄰陳巖野先生故居．民國二十七年．華南相繼淪陷．余方講學國立廣西大學．遂與名山成久別．八年南歸．劫後山川．傷心怵目．尤以先生墓地爲念．有以增城錦巖兩墓地爲問．不揣固陋．輒爲考證．學殖荒落・文獻不足・雖嘗試爲之・未嘗不懍懍也・謹案陳巖野先生墓地・見於典籍者・最初有獨漉堂集・惟只言增城之墓・未及錦巖・乾隆羅天尺五山志林載先生完節後・由羅炳漢收葬・而墓地不詳・至咸豐順德縣志・始載錦巖葬處・顧靡詳終始・知者憾焉・

民國二十二年・重修錦巖之墓・邑人簡朝亮先生撰重修文・據斷爲疑塚・於其沿革・固未及也・考此墓原有短碣・題曰「陳巖野先生墓」六字・道光間猶存・厥後墓上建廬・碣遂私毀・（據陳淦撰化柔堂集・同治間印本）道光三十年庚戌重修・至咸豐四年五月十六日工竣・未及立碑・而洪楊兵事日亟・故無重修碑記可考・（陳淦撰重修錦巖陳巖野先生墓雜記・文載化柔堂集・）先是故老相傳・巖野先生墓地在錦巖珠璣渡・昔爲明增生羅炳漢故園・炳漢字文昭・大艮北門羅氏子・爲先生摯友・任俠尚義・即五山林志所載・秘密收葬先生遺體之人也・會重修邑志・里人陳淦（舉人）與其事・採訪所及・遂與先生族孫少海（字量平）倡議發掘・既醵金贖屋地・約里中紳耆陳族父老咸董其事・發掘時里人尚能指點舊碣所在地・破土無棺郭・但有四塊石圍護忠骸・備見零亂・殆當日秘密槀葬之地也・於是僉議重葬・以彰忠烈・是役會葬者萬人・里中士紳・陳族父老咸參與・盛以朱棺・衣冠依明制・奉柩遊行全城・家戶焚香・禮儀隆重・封樹馬鬣・墓地照舊向・遵古制也・（據盧林英縣志採訪册・盧爲生員・大艮北鄉人・世居錦巖・任縣志採訪・採訪册今存縣圖書館・）至是錦巖一墓・載在邑志而彰聞於世・又考先生完節後其長子恭尹（字元孝・號獨漉子・與屈翁山・梁藥亭稱嶺南三大家）避禍匿增城湛家複壁中・更名曰陳鞠・（見南疆逸史）八年始出・先生之遺體・傳係由羅炳漢秘密收葬・（據羅天尺五山志林曁大艮北門豫章羅氏族譜・羅炳漢傳・）一說由其故人嚴龜年刻沈香爲首殮焉・又上書當道・求其元復刻沈香爲身・禮而葬焉・（據不窺園集曁大艮東門五峯嚴氏家乘嚴龜年傳・）按羅炳漢嚴龜年均大艮人・又同爲先生摯友・殆二說同爲一事・非有二致・要之恭尹於先生完節之後・匿伏八年始出・至丁酉始營增城之墓（據獨漉堂集）則在前必有一度厝葬之所・與當日友人仗義秘密收葬之說・於理尚符・況羅天尺乾隆間人・爲時不遠・又世居錦巖・平日博雅多聞・所載必有依據・及後陳淦陳少海均里中通儒・又董修邑志・自未至貿然從事・則錦巖一墓・其非疑墓可知矣・

復考陳恭尹請卹疏有云「二十八日執至法場・五木慘具・從容慷慨・顏色不變・西望向闕稽首・遂被兇害・斷割四肢・首傳邑郡・」之語・（據獨漉堂文集）可見先生受磔後・因傳首邑郡而歸元故鄉之大艮城・顯然可見・及後一度爲友人仗義收葬之說・於理亦合・又考陳恭尹獨漉堂文集所載請誥命疏有云「粵左反正・始得歸具棺襟・爲臣父發喪・下體遺骸・總不可問・」顯見恭尹出複壁後・曾未求得父之下體遺骸・大抵被磔後・斷骨殘骴・不忍卒認・亦理所必然・世所傳忠骸分葬二地之說・出自陳恭尹之口・見於請誥命疏・自非外人所可置喙者矣・以理推之・先生就義後・羅炳漢收其斷骨殘骴・秘密葬於錦巖・及後傳首邑郡而歸元於大艮・乃得葬其元而營增城之墓・於理可信・本來增城之

墓・既屢見於陳恭尹之獨漉集・至民國二十一年重修增城之墓・復掘出陳恭尹手書壙志・且有原日墓碑・則增城之墓・無可置疑・要亦另爲一事・獨是考證錦嶺一墓以理推論・可爲葬先生下體遺骸之碧血荒塚・而增城一墓・只葬其元・於理甚合・邑先輩岑仲勉先生謂獨漉堂修墓詩有「舊宅諸峯下・寒江繞郭長……不爲營先塚・何因對故鄉・」之語・實可爲旁證・蓋錦嶺爲陳恭尹出生之地・至今有生我廬存焉・即舊宅也・諸峯即大艮之五峯・寒江即鑑江也・更足證者惟大艮乃有郭城・故繞郭即繞大艮城之北郭・理甚顯見・而獨漉年譜・誤以爲沙潤・沙潤安得有郭城・此是確證・明指大艮・況陳獨漉世居錦巖・自可稱之故鄉矣・則修墓時來往奔走於錦巖，於理應無異議・可引爲旁證・岑先生之論允爲的論矣・

夫陳巖野先生・生爲河嶽・歿爲日星・宇宙之大・何莫非先生精神浩氣所寄託・墓地之分而爲二・無在而不也・語曰「祭如在」・又曰「信以傳信・疑以傳疑・」斯可矣・抑余重有感矣・先生起自草野・未受寸恩・時會艱虞・臨危授受・其抵抗外患侵略・爭取國家民族獨立自由・舉世已知之矣・若其忠義之節・自未可限以當日君臣制度・及淺狹民族觀念視之者・所謂國家興亡・肉食者謀・天下興亡・匹夫有責之義非歟・今天下糜爛・民族危亡・外患日深・殷憂未已・他日讀者・應知余心固非爲好事計也・同里後學何覺拜撰・

劉錫基 年生 一九六□年卒

字衡戡・台山人・國立中山大學文學士・曾遊朱子範之門・得其薪傳・文辭瑰麗・善撫碑隸・惜孤僻自許・不永於年・

白鶴草堂詩詞初稿跋

梅上神山翼然・有縹渺飛樓屹峙・署曰白鶴草堂者・主人方昌其町畦自闢之拳派・授徒衆歷數十載・著望未有艾・而乃悅莊生說劍之趣・復著劍說・析拳經・不故步自封・以閎絕技・若前人之爲也・因又署小樓曰聽劍・此其術通於道者耶・將昭其實而自樂耶・主人究心武備・擅醫名海內外・而於文事行草書・入明人之室・居常溫經研賦・根極始末・亹亹光新・上下議論・宿學儒生・每爲心折・多識草木鳥獸蟲魚之名・而咸遺其澤・瑰奇幽邈・醞釀深厚・益發爲詩歌以鳴天趣・而意度夷曠・外和而內嚴・其周贍他人之急・行善如弗及・夷險一致・以不欺爲本・苟當理・雖艱鉅勇而自任焉・匪躬之奉・則泊如也・由是及門知所嚮而信其行・抑又於詩導之矣・

嗟夫・詩心聲也・所以持其志而祀其私也・主人特識遠志・固不以文字求・使無詩焉・其傳世也必矣・今讀所爲詩・古體蒼英堅拔・神似青丘・而高者薄漢魏三唐・近體則出入玉谿樊川東坡劍南誠齋・足以追配少陵・然率以氣行・多寫其浩然之胸臆・本其胎息・離其窠臼・然不以摸擬爲能・視戚施之士・風推浪旋・無以自拔・而猶自矜創獲・其小大之不同量爲何如耶・間又爲詞・取則東坡稼軒白石・豪

邁沉遠・挹之無窮・余近年得陪杖履・主人視之若骨肉・每侍討論・以盡悉其學術之原本・辛卯三月・值主人懸弧之辰・倡諸同學・將壽此集於梨棗・藉當奉觴掬脂之義・以爲九如之頌云・董刊校之任者・受業潮陽馬壁魂諸君・述其事者・受業台山劉衡戩也・

龍思鶴先生紀念集跋

思鶴龍丈既歿・孤子與余搜遺篋得生平詩草稿廿許帙・尋預追思會・親友輩致賻移刋遺箸・欲以永丈之精神者・而唯龕吳先生實爲之倡・余佐役簡擇・付胥鈔梓行・所選多丈酬贈游舊之作・已足傳丈之梗概・而見丈之性情・若悉印則卷帙夥頤・固將有待矣・

丈爲學務實用・於體國經野之大端・靡不稽討・而工藝屯墾農桑・及歷代荒政所由設施而通其變者・究之益詳・負詞章書法賞鑑名・早歲翊贊革命・揚歷粵軍至久・裒所見聞・擬輯爲粵軍志・文獻足徵・迄未成書・庸是增歎・

余廿年前識丈於香港・視爲小友・癸丙之際・與丈流寓韶關坪石・洎播越東江諸縣・踪跡尤密・邇蛩距相依・游詠無虛日・前塵往影・隱約已若隔世・丈足跡徧南北・迭鳴琴粵省諸劇縣・多惠政・咸爲士民所謳頌・所著雙清白齋詩・以一時一地・輯次爲集・謂以詩爲日記・不名一家・篤老無間・舉世局變幻・民生疾苦・畢宣於吟諷・讀其詩而悲其志焉・爲人嚴於自律・嫉邪惡・然實和易・未嘗立厓岸・接其容貌・亦誠摯而粹溫・可謂坦然潔白君子人已・子雲新逝・元伯遽亡・復誦茲編・連犯無極・乙未六月・通家弟劉衡戩・」

黃範一先生七秩壽序

高要於南朝梁時・因南齊舊制設郡・五代南漢時稱端州・宋至道三年置府・清順治初仍明制・領州一縣十・高要屬肇慶府治・兩廣總督駐節於此・其地位西江徑之鼎湖山七星巖・壁立千仞・獨挺雄奇・仙靈窟宅・神明奧區・天地之壯觀勝概在焉・羚羊峽以上・高山夾岸・逶迤於肇慶盆地・原隰平衍・其民樹惇而不佚游・徧得山川之氣・足以傳世・公卿才士・雲起蔚薈・李北海包孝肅之遺風餘烈・猶有存者・人物桀然能與諸名郡比隆・豈不殊絕矣哉・

範一黃先生・世箸籍縣城東隅・王父奕周公・清孝廉・父子光公・清貢生・以鴻儒聞・先生實紹其美・方出羣類・事母篤孝・未嘗有華矌之氣・既卒業軍官傳習所・清季・國父孫公起中國同盟會・先生加盟・胡命傾覆・大建中夏・不失舊物・然曾不旋踵・神姦竊柄・先生銳身任國事・參佐粵軍北討・更與護法之役・少壯發舒・有澄清之志・九年・粵軍回師・任義勇軍總司令部第三支隊司令・輔翼鄒公海濱也・兼中國國民黨廣東支部高要分部部長・十年・任石龍鼇廠及東稅廠總辦・凡榷政利病・析及杪忽・所行悉具條貫・一方稱艮吏・十年・陳炯明畔・國父以非常大總統被迫離粵・先生走臺灣日本・闡揚黨義・十三年・大元帥府成立・任中央直轄第四軍副官長・十五年・策謀芟鉏北洋軍閥赴上海・居兩歲・南歸・十七年・參第五十九師及西北綏靖公署余公幄奇幕・所在建功・二十年・第一軍鞠旅贛南勦共・任

新兵訓練主任．二十五年．在廣州市創立民族日報．道民族大義．要以振發抗戰爲鵠．二十六年．任廣州特別市黨部特派員．時方議制憲．膺選充國民大會代表．抗日軍興．任廣東省人民購機委員會主任委員．倭蹂廣州．至香港創立時事晚報．二十九年．膺選充國民參政員．連任兩屆．漢廷論議．有似汲黯．聲情激烈．洞中肯綮．資樞府采擇焉．三十四年．任廣東省政府委員．直國土光復．盡心撫字．未嘗近名．三十五年．廣東大水成災．民懼爲魚．任救災委員會委員．盛德在抱．萬物知春．三十七年．任國民大會第一屆代表．訏謨定命．陳義侃侃．壹意公忠．期不負國族．洎夫大陸變色．栖遲香海．廻翔神鯤．精純貞幹．數十年猶一日也．

歲陽在屠維．歲陰在大淵獻．涂月十九日．先生躋大耋．朋輩當時奏酒爲壽．雖然．爲壽者在寧其心．盍疏先生行事爲序以詔乎世．僉議曰宜．

先生素任俠．樂助人．排難解紛．有似魯連．節衣食以賙卹族姻．諸公益施予．其豪行可述者多矣．致虛守靜．不攖其眞．澹泊自若．故能持形以度亂世．緣督以養其生也．佐其鄉余公幄奇幕最久．處常應變．旁皇周洽．導揚威命．然後談笑尊俎．粵中將帥成國勳者殊衆．先生所漸遠矣．固爲國族表儀．微特光寵一省一邑而已．是當揭之壽言．不敢爲緣飾也．

德配廖夫人．淵靜裕和．秉義率法．善持門閭．克符賢匹．公子匡原世講．承家學．唐山交通大學工程學士．美國密西根州立大學工程碩士．英國註册則師．執則師業於香港．力倡體育．績行翹異．女公子二．皆適佳壻．現有孫一．喜氣肅雍．以德致福．有自來也．某等或昔年袍澤．或誼切枌榆．或同氣連枝．或曾侍杖履．以謂先生早植德本．動箸於國．經略閎遠．自視乃不恃其業．不有其功．不伐其行．塵芥外物．深固根柢．庶可以祝其長世．計其事尤足以振發文章．今爲祝者．非琱琢曼辭以貢諛．而紀其卓然動人資矜幕有副於成德者．故擧是義相屬以辭發之．未爲泰褒．祝哽有辭．古之制也．遂書以爲序．

陳居霖 □□□□年生 一九八二年卒

清遠人．艱苦力學．詩文均深於情韵．旅居香港．以醫濟世．著有居霖詩文稿及醫籍若干卷．

求慊齊尺牘序

夫人生羈旅塵途之際．往往欲求師友平居相處．謦欬言談之跡而不可得．何其艱也．而乃託物興懷．因言寄意．千里而不隔者．非筆札不爲功．古人云．一紙書賢於十部從事．其以此耶．

予獲師凹圍夫子三年矣．比以貧窶故．出爲傭書．猶時時相過從．每聆其講論道藝．輒如春風時雨之薰澤．使人欣感興歎而不能已．天下紛爭．迄無寧日．夫子孤芳自賞．不苟求合於世．所爲詩文．一洗晚近蕪穢之習．往嘗得覽其尺牘．覺其風流文采．能融會古人出之．擧凡悲歡離合．身世閱歷．俱形諸筆下．讀其文．可以參稽其事蹟．想見其爲

人・昔日之名家書簡・亦不過是・吾是以知夫子之造詣・匪近世之士・徒斤斤於文辭藻麗・曉然炫耀於衆者・所能望其項背也・

嗚呼・士君子懷才抱道・不得志於世・窮居蟄處・輒以著述自娛・吐其胸中孤憤不平之氣・其名往往歷千百世而不朽・以視世之乘凌亂・僭高位・暴戾恣睢・不轉瞬而飈捲雲滅・湮沒無聞者・又何如哉・然則夫子雖生於干戈擾攘之世・能卓然不倚・文章道德・因不待是書以傳・而是書之傳・而傳且久・又烏待予文爲輕重也・丙子蒲節日清遠陳居霖謹序・

求慊齋文集跋

世之能古文者鮮矣・即有之・亦皆鄙俗蕪穢・不知義法之所在・不過欲博取聲譽・以炫於人而已・況今異學奮興・士品龐雜・文風委然不競・非有根源道義・融貫經史者・孰能起而振之耶・

吾師黃祝蕖先生・固以詩文名當世・余自去歲得從之遊・見其日惟手經史・口孔孟・著書自娛・不以利祿膺其心・撓其志・近且輯其所爲古文凡六卷・名曰求慊齋文集・識之者皆以爲簡古純粹・有古名家遺範・必傳無疑・是豈徒博取聲譽以炫於人者所可同日而語哉・余雖不知古文・然於是集獨嗜之篤也・

夫自唐韓愈氏起・力矯排儷之習・兀然以古文鳴・宋歐陽修氏踵之・其後人才輩出・肩項相望・若明之歸震川清之方望溪姚惜抱・皆能以古文義法衍導後學・今文風又稍稍頹矣・起衰振靡・繼軌前哲・其何人歟・其何人歟・微先生其誰與歸也・廿四年乙亥冬十一月清遠陳居霖謹跋・

溫中行　一九一八年生　一九八五年卒

原名必復・以字行・光緒癸卯進士肅之子・夙承家學・淹通經史・尤精春秋三傳・晚年居香港・歷任官立中文夜學院・樹仁學院等文史講師・著有强志齋詩文集・課詩簃答問・古文學今譯・三字經今譯等・

公羊傳之三科九旨

引言

公羊爲春秋三傳之一・文字頗多・今何以獨講三科九旨・蓋春秋之爲書・宏深奧博・而亦有微言大義・先明乎此・始可觸類旁通・執簡馭繁・三科九旨・即微言大義之具體說明・但漢劉歆云・「仲尼沒而微言絕・七十子終而大義乖」・（見移書讓太常博士・漢書藝文志亦引之・）可知去聖愈遠・乖絕之程度愈深・於此而公羊家有三科九旨之說・以釋春秋・使微言絕而復續・大義乖而復正・則其可貴爲何如・且微言大義・羣經皆有・而春秋特著・史記十二諸侯年表序・「……興於魯・而次春秋……七十子之徒・口授其傳指・爲有所刺譏褒諱挹損之文辭・不可以書見也・」……夫不可以書見・只合口授其傳指・即微言所在・又孟子・「……孔子曰知我者・其爲春秋乎・罪我者其爲春秋乎・」「其事則齊桓晉文・其文則史・孔子曰其義・則丘竊取之

矣」・史記太史公自序・「春秋文成數萬・其指數千・……是非二百四十二年之中・以爲天下儀表・貶天子・退諸侯・討大夫・以達王事而已矣」・孔子世家・「……乃因史記作春秋・約其文辭而指博・故吳楚之君自稱王・而春秋貶之曰子・踐土之會・實召周天子・而春秋諱之曰天王狩於河陽・推此類以繩當世・貶損之義・後有王者舉而開之・春秋之學行・則天下亂臣賊子懼焉・」案・知我罪我・竊取其義・其指數千・約其文辭而指博・貶天子・退諸侯・討大夫・其義行而亂臣賊子懼・即大義所在・而所謂三科九旨・與此多合・況其系統井然・條理清晰・有爲此所未及言者・則彌覺其可貴矣・故講公羊・必須講三科九旨・

公羊之傳春秋

漢書藝文志・春秋類・有公羊傳十一卷・自注・「公羊子齊人」・顔師古注・「公羊子・名高・」唐徐彥公羊傳疏・「公羊高五世相授・至胡毋生・乃著竹帛・題其親師・故曰公羊傳・」徐疏又引・「戴宏序曰・子夏傳於公羊高・高傳與其子平・平傳與其子地・地傳與其子敢・敢傳與其子壽・至漢景帝時・壽乃與齊人胡毋子都・著於竹帛・」據此・則首傳春秋之學者・爲公羊高・筆之於書者・爲公羊壽與胡毋生・其所以五世皆口耳相傳・即史公所謂「爲有所刺譏褒諱挹損之文辭不可以書見」之意・且即此・亦足以覘其確有微言大義・又孝經鉤命決・「以春秋屬商・以孝經屬參・」孔子世家・「至於爲春秋・筆則筆・削則削・子夏之徒不能贊一辭・」夫孔門高足甚多・而獨稱子夏不能贊一辭・蓋子夏以文學見長・其傳春秋・至合情理・而戴宏子夏傳於公羊高之言・諒必有來歷・微言未全絕・大義未全乖・正賴此耳・

三科九旨

何謂三科九旨・據徐疏引何休公羊文謚例・「總言之・謂之三科・科者・段也・析言之・謂之九旨・旨者・意也・謂三個科段之內・有九種之意・新周・故宋・以春秋當新王・一科三旨也・所見異辭・所聞異辭・所傳聞異辭・二科六旨也・內其國而外諸夏・內諸夏而外夷狄・三科九旨也・」疏又引宋氏之說云・「一曰張三世・二曰通三統・三曰異內外・是三科也・九旨者・一曰時・二曰月・三曰日・四曰王・五曰天王・六曰天子・七曰譏・八曰貶・九曰絕・」二氏之說・宋氏較勝・故清孔廣森作公羊通義・即用之・蓋張三世・即所見異辭・所聞異辭・所傳聞異辭・通三統・即新周・故宋・以春秋當新王・殊內外・即內其國而外諸夏・內諸夏而外夷狄・此三科言所寄・時・月・日・王・天王・天子・譏・貶・絕・之九旨・即大義所寄・茲循序釋之如下・

張三世

春秋於隱公元年・「公子益師卒・」公羊傳・「何以不日・遠也・所見異辭・所聞異辭・所傳聞異辭・」公羊學家（史記儒林列傳・「言春秋・於齊魯自胡毋生・於趙自董仲舒・……孝景時爲博士・漢興・五世之間・惟董仲舒名爲明於春秋・其傳公羊氏也・）董仲舒春秋繁露・「春秋分十二

世・以爲三等・有見・有聞・有傳聞・有見三世・有聞四世・有傳聞五世・故哀・定・昭・君子之所見也・（何休公羊解詁・「己與父時事・」）襄・成・宣・文・君子之所聞也・（何注・「王父時事）僖・閔・莊・桓・隱・君子之所傳聞也・（何注・「高祖・曾祖時事・」）所見六十一年・所聞八十五年・所傳聞九十六年・三世之分如此・張者・張大・張明之意・於何張之・於運用各種不同之書法而張之・解詁・「於所傳聞之世・見治起於衰亂之中・用心尚麤觕・故內其國而外諸夏・先詳內而後治外・錄大略小・內小惡書・外小惡不書・大國有大夫・小國略稱人・內離會書・外離會不書・是也・於所聞之世・見治昇平・內諸夏而外夷狄・書外離會・小國有大夫・宣公十一年・秋・晋侯會狄於欑函・襄公二十三年・邾婁鼻我來奔・是也・至所見之世・著治太平・狄夷進至於爵・天下遠近大小若一・用心尤深而詳・故崇仁義・譏二名・晋曼多・仲孫何忌是也・所舉各項・按之春秋經文・皆確實有據・至書法所以有如是之異者・蓋欲借事實以寄託其最高之政治理想也・大抵所傳聞世・見治起於衰亂之中・是爲據亂世・（何休云・「傳春秋者非一・本據亂而作・」）所聞之世・見治升平・是爲升平世・所見之世・著治太平・是爲太平世・由遠而近・羣化漸進於美善・故所傳聞世爲遠・擬之據亂・所聞世較近・擬之升平・所見世更近・擬之太平・雖揆之事實・由隱至哀・世事日非・本不合孔子三世進化之理想・但公羊疏於「著治太平」之句下・即解謂・「當爾之時・實非太平・」賈逵亦謂・「世愈亂・而春秋之文愈治・」然則以據亂・升平・太平三世・比附於所見・所聞・所傳聞三世・只是以事明義・善讀者・自不至膠執一端・疑爲矛盾・且證之他經・亦可互發・如易言「變動不居」・「日新之謂盛德」・春秋三世漸進之義・實與之合・又禮記禮運篇・有小康・大同之說・若並春秋之三世而言・則據亂世等於孔子所處之時，升平世等於小康・太平世等於大同・只禮運所云・是追溯已往・春秋所說・是展望將來・正合相提並論・可知張三世之義・確與易禮相通・絕非孤立・論語・「天下有道・丘不與易也・」孔子棲棲於列國・其志無非欲易天下・易之之道・在撥亂反正・故公羊傳・「君子曷爲爲春秋・撥亂世・反諸正・莫近於春秋・」（見哀公十四年・太史公自序・亦引此語）撥亂即離去據亂世・反正即漸進升平世・以歸於太平世・於此正可見孔子之思想進步・蓋方在據亂・已懸想升平・未到升平・已預計太平・大抵孔子觀象於天・觀法於地・又得一百二十國寶書・窺悟自然現象・參透社會動態・天文人文・既瞭如指掌・遂從而奠定其與時偕行之政治見解・固不肯落在時代之後・更要領導時代而前驅・故借張三世之義・以發明抱負・孝經鈎命決・「孔子在庶・德無所施・功無所就・志在春秋・行在孝經・」斯可證也・三科九旨・首曰「張三世・」誠得孔子之用心矣・

通三統

何謂通三統・三統・蓋指夏商周三代受命爲王・而創制立法之統緒・如夏正建寅・爲人統・商正建丑・爲地統・周正建子，爲天統・「通」謂變通・貫通・白虎通義・王者所以存二王之後·何也·所以尊先王·通天下之三統也·明天下非一家之有·敬謹謙讓之至也·」是「通三統」一詞，先儒已據公羊家而筆下於別書·春秋繁露三代改制質文篇·則更詳言之·曰·「春秋應天·作新王之事·時正黑統·王魯·尚黑·絀夏·新周·故宋·」又曰·「春秋上絀夏·下存周·以春秋當新王·……」孔子世家·「據魯·親周（古「親」字通「新」字·）故殷·（宋爲殷後·故殷即故宋·）」此宋氏通三統之所本·通三統之事如何·據三代改制質文篇·「王者之法·必正號·絀王謂之帝·封其後以小國·使奉祀之·下存二王之後以大國·使服其服·行其禮樂·稱客而朝·故同時而稱帝者五·稱王者三·所以昭五端·通三統也·……」其意殆謂周武王不欲私有天下·克商後·仍封夏代之後於杞·商代之後於宋·其土則大國·其爵則上公·又尊爲賓客而不臣·既可服其衣服·行其禮樂·當然可用其建丑建寅之正朔·（中庸引孔子曰·「吾說夏禮·杞不足徵也·吾學殷禮·有宋存焉·吾學周禮·今用之·吾從周·」亦夏商周三禮並稱·）故謂之三統·至於夏商以前歷代之開國者·自亦有大功德於生民·武王本「善善及子孫」（公羊傳昭公二十年·「君子之善善也長·惡惡也短·惡惡止其身·善善及子孫·）之義·亦封五帝之後爲諸侯·而領土較小·至五帝以前之歷代·謂之九皇·年代較遠·則只封其子孫以附庸之國土·九皇以上·謂之六十四民·年代尤遠·其子孫遂降爲平民·不再封土·此自是先王崇德報功·不忘追遠之制度·且天道循環·盛極則衰·九皇·五帝·三王之尊稱·並無固定·宛如輪序而推遷·又如祖廟之親盡而祧毀·今既假設魯爲新受命之王·則自應變通周之三統·變通者·即新周·故宋·以春秋當新王·蓋通三統是綱領·新周·故宋·以春秋當新王是條目·三者是一貫性·而尤以「春秋當新王」爲主·原夫孔子生當衰亂之世·欲撥亂反正·則非有另一新的明王興起·從而創立一種天下太平之法制不可·春秋既屬魯史·故假設魯爲一新受命之邦·是即所謂以春秋當新王·（或稱「黜周王魯」）公羊傳疏明言·「以魯隱公爲受命王·黜周爲二王後」·即其義也·然王魯亦非眞以魯爲天下王·特欲明仁道之美·而寄之於魯耳·其尊周室固自若·（如成公元年·春秋書·「王師敗績于貿戎·」公羊傳·「……然則曷爲不言晉敗之·王者無敵·莫敢當也·」僖公五年·春秋書·「公及齊侯·宋公·陳侯·衞侯·鄭伯·許男·曹伯·會王世子于首戴·公羊傳·「曷爲殊會王世子·世子貴也·世子·猶世世子也·」僖公八年·春秋書·「公會王人·齊侯·宋公·衞侯·許男·曹伯·陳世子款·鄭世子華·盟於洮·公羊傳·「王人者何·微者也·曷爲序乎諸侯之上·先王命也·」細玩傳意·可知第一條經文·是尊周王·第二條經文·是尊周王之世子·第三條經文·是尊周王之使者·其他尊周室之經文·不勝枚擧·）且何休言·「惟王者改元立號·春秋王魯·故得改元·託王非眞·故雖得改元·不得改正朔」·託王而非眞王·語最精確。或疑公羊傳無黜周王魯之明文·只何休解詁言之·遂詆休爲公羊罪人·以爲此實非常可怪之說·蓋亦未思是語而已·且大經學家董仲舒·大史學家司馬遷·既已明言在先·何但深責之何休邪·夫魯既被託爲新受命之王·則周自被黜爲勝代之後·其地位略等於商後之宋之在周世・宋則又退而等於夏後之杞・革故鼎新・理屬自然・非常可怪云乎哉・茲以春秋經文證其義・隱公元年・春秋書・「公及邾儀父盟於昧・」公羊傳・「……曷爲稱字・褒之也・……此其爲可褒奈何・漸進也・」何休解詁・「漸者物事之端・先見之辭・去惡就善曰進・譬若隱公受命而王・諸侯有倡始先歸之者・當進而封之・以率其後・」此王魯之證・新周者・魯國既屬新受命之邦・則周自成爲新的一上代・故曰「新周・」宣公十六年・春秋書・「成周宣榭災・」公羊傳・「……外災不書・此何以書・新周也」・蓋春秋詳內略外・故例不書列國之災異事件・但周雖新近黜爲王者之後之國・而地位究高於列國・故特書其災・以示重視二王之後之國・（周以杞宋二國爲夏商二王之後・春秋王魯・則改以宋周二國・爲二王之後）此「新周」之證・故宋者・「故」與「新」相對・往日杞宋相較・則杞是故・宋是新・今既王魯黜周・則周是新・宋是故・於是有故宋之稱・但宋雖是故舊・究仍屬二王之後・故受春秋尊重・而記其災異・如僖公十六年・春秋書・「隕石於宋五・是月・六鷁退飛・過宋都」・公羊傳・「外異不書・此何以書・爲王者之後記異也・」又如襄公九年・春秋書・「宋火・」公羊傳・「外災不書・此何以書・爲王者之後記災也・」夫外災不書・外異不書・而特爲王者之後記災・記異・是故宋之證・故宋二字・公羊傳雖無明文，但穀梁傳・「外災不志・此其志・何也・故宋也・」（襄公九年）公・穀並稱・其見解有甚接近者・今亦曰故宋・可見故宋二字之有來歷・總之治國者・對於前代及當代之制度文爲・自應斟酌損益・務期達於至善・治道始可無偏・故孔子說夏禮・學殷禮・學周禮・（中庸）顏淵問爲邦・子曰・行夏之時・乘殷之輅・服周之冕・樂則韶舞・」（論語）亦是此意・此爲通三統之第一義・至於三王之運・如循環無端・終則有始・窮則返本・所謂「四海困窮・天祿永終・」可知天命靡常・不能永遠歸於一姓・白虎通義固云・「明天下非一家之有・敬謹謙讓之至・」是爲通三統之第二義・公羊家以爲三科之一・良有以也・

異內外

何謂異內外・「內」有親切・詳備之意・「外」有疏遠・簡略之意・「異」謂用各種不同之書法・以表示其內外之微旨・據春秋成公十五年・書・「叔孫僑如・會晉士燮・齊高無咎・宋華元・衞孫林父・鄭公子鰌・邾婁人・會吳於鍾離・」公羊傳・「曷爲殊會吳・外吳也・曷爲外也・春秋・內其國而外諸夏・內諸夏而外夷狄・王者欲一乎天下・曷爲以內外之辭言之・言自近者始也」・春秋繁露王道篇・「內其國而外諸夏・內諸夏而外夷狄・言自近者始也・」可見公羊・董生於殊內外之義・同一說法・但此須與「張三世」「通三統」之二科貫穿而言・蓋內其國而外諸夏・是據亂世之書法・內諸夏而外夷狄・是升平世之書法・至夷狄進至於爵・天下遠近大小若一・乃太平世之書法・內其國之國，乃指魯國・春秋王魯・故假託魯是京師・爲發佈政令之總樞紐・推而及於諸夏・再推而及於夷狄・諸夏是指位於中原之地・而文化水平較高之諸國・如齊・晉・宋・衞等便是・夷狄指楚・吳・越・及位於邊鄙之地・而文化水平較低之蠻夷戎狄・「內」者記錄其事宜詳細・責備其罪惡要緊嚴・外者記事宜略・責備宜寬・此躬自厚而薄責於人・先正已而公正人之意・故內其國・是欲使京師（即魯國）樹立一良善之政治標準・蓋據亂世理應如是・至內諸夏・則京師法良意美之政治・已化及於諸夏之邦・但此只屬升平世之景象・郅治尚未臻極軌・必至天下遠近大小若一・始屬太平世之景象・其時夷狄已脫離野蠻・而進至諸夏之文明生活・則全中國無復有侵略殺伐之禍・亦無復有不平等之患・而成一大同社會・異內外之最後標的・即在於此・大旨既明・茲更就何休解詁所擧・分析其義・何氏謂・「所傳聞之世・內其國而外諸夏・內小惡書・外小惡不書・內離會書・外離會不書・」蓋據亂世政治未上軌道・自難以嚴格之尺度・求備於諸夏・故書魯之小惡・如離會之事・至諸夏之國・雖有此小惡・亦不書・如隱公二年・春秋書・「公會戎於潛・」便是離會・以當時之事勢推測・列國當亦有類此之擧・但春秋絕不書其事・蓋所傳聞世・見治起於衰亂之中・用心宜麤觕也・但於所聞之世・見治升平・政治應較進步・故合由魯國行事之正・而感化於諸夏之行事亦正・必如此・諸夏始能表率夷狄・如仍有離會之事・便是小惡・春秋即直書其事・例如宣公十一年・（所聞世）書・「晉侯會狄於欑函・」故曰內諸夏而外夷狄・至於太平世・則表示政治已臻至善之境・由京師至於諸夏・由諸夏至於夷狄，都一體同化・故曰・「夷狄進至於爵・天下遠近大小若一・」例如哀公四年・（所見世・即太平世・）春秋書・「晉侯執戎曼子赤歸於楚・」哀公十三年・書・「公會晉侯及吳子於黃池・」即夷狄進至於爵・（莊公十年・公羊傳・「州不若國・國不若氏・氏不若人・人不若名・名不若字・字不若子」・吳楚戎曼之國君爲子爵・可見稱「子」・是進至於爵・極其尊貴・）蓋夷狄前雖被抑於文明大國・而今諸夏之政治修明・夷狄亦感受德化・銷其侵略野心・而隆於禮義・進至與諸夏有同一之文化水平・故不復與夷狄視之・此吳楚亦稱爵之義・（吳楚非眞能敦禮義者・春秋借事明義・以示太平世無復有夷狄之惡行・即全中國一視同仁耳・）孔廣森公羊通義・「春秋爲後王大法・建首善自京師始・而四海之內・莫敢不正・若乃殊方別俗・被之聲敎・羈縻弗絕而已・故所聞之世・始內諸夏・所見之世・始進夷狄・操之有序・大學所謂家齊而後國治・國治而後天下平・其義然也・」異內外之旨・得此語而益明・

時・月・日

「時」謂四時之時・月謂某月・日謂某日・蓋春秋上據天時之運行・而定出記事或詳或略之準則・事有宜從簡略記載者・則以時記・如隱公二年・書・「春・公會戎於潛・」六年・書・「秋・宋人取長葛・」是也・事有宜從詳細記載者・則以月記・使人知其事發生之月份・如隱公四年・書・「九月・衞人殺州吁于濮・」莊公十年・書・「冬十月・齊師滅譚・」是也・事有宜更詳細記載者・則以日記・使人知此事發生在某日・如哀公十一年・書・「夏五月・公會吳伐齊・甲戌・齊國書帥師及吳戰于艾陵・齊師敗績・獲齊國書・」又如桓公五年・書・「春・正月・甲戌・己丑・陳侯鮑卒・」是也・至於人之棄世・只合在某一日・今甲戌至己丑・相距

溫中行

六日・究竟卒於何日・未免使人懷疑・公羊傳乃云・「曷爲以二日卒之・怴（狂）也・甲戌之日亡・己丑之日死而得・君子疑焉・故以二日卒之・」可知春秋書法之尊重事實・絕不臆斷・韓愈謂・「春秋謹嚴・」於此可見一斑・

王・天王・天子

春秋對於周王之稱謂・或曰王・或曰天王・或曰天子・如莊公元年・書・「王使榮叔來錫桓公命・」隱公七年・書・「天王使凡伯來聘・戎伐凡伯於楚邱以歸・」成公八年，書・「天子使召伯來錫公命・」是也・何以有三種不同之稱謂・據成公八年・公羊傳・「其言天子何・元年・春・王正月・正也・其餘皆通矣・」蓋以爲元年春王正月之「王」字・是經常書法・並無特殊涵義・但其他・王・天王・天子之稱・則表示互相貫通・各有譏刺是非之作用・因其時吾楚之君亦僭稱王・故於一統天下之周王・冠以「天」字・以示係受天命而爲王・如書「天王使凡伯來聘・」是名符其實・最正確不過・至於召伯來錫公命・却稱天子者・蓋錫命乃王者以高貴之衣服・賜予有大功勞之諸侯・用示尊寵・今魯成公幼年繼位・雖在位八載・究非高齡・且亦未有大勳於王室・今周簡王輕予榮典・實有濫賞之嫌・故改稱天王爲天子・以明其行事不合・至於「王使榮叔來錫桓公命・」而竟削去・「天」字者・艮以魯桓公爲弒君之賊・無王之人・倘上有明主・在所必誅・今周莊王竟以特殊之榮典・追賜之於身後・殊屬大謬・尚書・「天命有德・五服五章哉・天討有罪・五刑五用哉）・（皋陶謨）可知王者之行刑賞・當根據天理・不應以私人之喜怒而濫施・莊王此擧之爲悖天・自不待言・故春秋削去「天」字・以見意・孔子曰・「必也正名乎」・（論語）莊子・「春秋以道名份・」天王既爲天下共主・故於其稱謂・嚴正示義・正其本・萬事理・則其下之諸侯・大夫等・自可一體類推・九旨之中・所以標王・天王・天子之三項名稱也・

譏・貶・絕

孟子曰・「孔子作春秋而亂臣賊子懼」・（周敦頤曰・「誅死者於前・所以懼生者於後也・」晋范寗曰・「片言之貶・辱過市朝之撻・」（春秋穀梁傳集解序）欲證明此語之實然・須於九旨中之譏・貶・絕尋索・何謂譏・據解詁・「譏猶譴也」・蓋即譏刺・譴責之意・如桓公十五年・春秋書・「天王使家父來求車」・公羊傳・「何以書・譏・何譏爾・王者無求・求車・非禮也・」又文公九年・書・「毛伯來求金・」公羊傳・「何以書・譏・何譏爾・王者無求・求金・非禮也・」便是・或疑求車・求金・本屬小事・何亦致譏・劉向說苑於此・早有解釋・據云・「周天子使家父毛伯求金於諸侯・春秋譏之・故天子好利・則諸侯貪・諸侯貪則大夫鄙・大夫鄙則庶人盜・上之變下・猶風之靡草・」所論正矣・然則公羊以春秋書求車・求金・爲譏責周王之貪利・實得孔子之用心・何謂貶・據解詁・「貶猶損也・」蓋降低・黜退之意・而比之「譏」・尤嚴重・故貶諸侯則去其爵而稱人・使由大國降爲小國・貶大夫則去姓氏而但稱名・使由大夫降爲庶人・如僖公廿八年・春秋書・「楚人・陳侯・蔡侯・鄭伯・許男・圍宋・」公羊傳・「此楚子也・其稱人何・貶・曷

為貶．為執宋公貶．故終僖之篇貶也．」此貶諸侯之例．又如隱公四年．春秋書．「翬帥師．會宋公．陳侯．蔡人．伐鄭．」公羊傳．「翬者何．公子翬也．（據「公子翬如齊逆女」——見桓公三年．——可知翬即公子翬）何以不稱公子．貶．曷為貶．與弒公也．」此貶大夫之例．蓋既削去公子二字．則亦庶人而已．何謂絕．據解詁．「絕者．國當絕．」公羊通義．「絕者．諸侯有罪．當絕其世．」蓋謂取銷其國君資格．而繼承君位之系統．從而絕斷之意．比之「貶」．尤為嚴重．如桓公六年．春秋書．「蔡人殺陳佗．」公羊傳．「陳佗者何．陳君也．陳君則曷為謂之陳佗．絕也．曷為絕之．賤也．其賤奈何．外淫也．惡乎淫．淫於蔡．蔡人殺之．此絕諸侯之例．司馬遷所謂．「貶天子．退諸侯．討大夫．以達王事而已矣．」（太史公自序引董仲舒語）得此而證據益明．蓋書天王使家父來求車．是貶天子．書楚人．陳侯．蔡侯．鄭伯．許男．圍宋．蔡人殺陳佗．是退諸侯．書「翬帥師」．是討大夫．董子．公羊所言．若合符契．故譏．貶．絕．列為九旨之三．

結語

三科九旨之義．已如上述．總括言之．則「張三世」為黜野蠻而入文明之進化論．「通三統」乃主張統治者須有大功德於生民．且可隨天命人心而革命易位．固尊前代．亦冀來者．而不私於一姓．（易革卦．「湯武革命．順乎天而應乎人．」孔子韋編三絕．而贊易．其主張革命．自有根據．但革命要有「文明以說．大亨以正」之條件．否則今日某甲侈言革某乙之命．明日某丙又侈言革某甲之命．既非順天．又非應人．則革命只是犯上作亂之代名詞．而為春秋所必誅者耳．）「異內外」．乃樹立標的．由近及遠．精神在先正己而後正人．時．月．日．乃上奉天道．訂正紀載人事之宜詳宜略．王．天王．天子．乃示正名之義於最高級人物．譏．貶．絕．乃運用天子之權於春秋．既「春秋．天子之事也」（見孟子）之意．夫三科九旨之義蘊如此．公羊家獨表而出之．玩春秋之微言大義者．其可忽諸．

公羊傳之佳作

公羊傳之性質．本屬經學．然其文學風格．亦有甚高之獨特造詣．故范寧云．「公羊辯而裁．柳宗元論文．曰．「參之穀梁氏以厲其氣」．（與韋中立書）公穀並稱．文筆最近．吾人亦可改曰．「參之公羊氏以厲其氣．」茲選錄傳文三則．庶為一臠之嘗．

（一）隱公元年．春秋書．「元年．春秋．王正月」．公羊傳曰．「元年者何．君之始年也．春者何．歲之始也．王者孰謂．謂文王也．曷為先言王而後言正月．王正月也．何言乎王正月．大一統也．公何以不言即位．成公意也．何成乎公之意．公將平國而反之桓．曷為反之桓．桓幼而貴．隱長而卑．其為尊卑也微．國人莫知．隱長又賢．諸大夫扳隱而立之．隱於是焉而辭立．則未知桓之將必得立也．且如桓立．則恐諸大夫之不能相幼君也．故凡隱之立．為桓立也．隱長又賢．何以不宜立．立適以長不以賢．立子以貴不以長．桓何以貴．母貴也．母貴則子何以貴．子以母貴．母以

子貴」・

此則用問答禮・以解釋經文・自是五世口耳傳受之眞・而分析周密・如滴水不漏・具有明朗・曲折・鈎深之三種風格・所謂「辯而裁」者也・

（二）閔公二年・春秋書・「冬・齊高子來盟」・公羊傳曰・「高子者何・齊大夫也・何以不稱使・我無君也・然則何以不名・喜之也・何喜爾・正我也・其正我奈何・莊公死・子般弒・閔公弒・此三君死・曠年無君・設以齊取魯・曾不興師・徒以言而已矣・桓公使高子將南陽之甲・立僖公而城魯・或曰・『自鹿門至於爭門者，是也』・或曰・『自爭門至於吏門者・是也・』魯人至今以爲美談・曰『猶望高子也・』」

此則既解書法・又詳事實・或用反襯之筆・以示結構之曲折・或用簡潔之語・以避免冗長・叙事既畢・又寫事後之追憶・使文情跌宕・餘韻悠揚・一種懷古向往之氣氛・躍然紙上・讀之・自易使人對於齊侯君臣之所爲・發生好感・而春秋褒揚高子之用心・亦遂大白・

（三）僖公十六年・春秋書・「春・王正月・戊申・朔・霣石於宋五・是月・六鷁退飛・過宋都・」公羊傳曰・「曷爲先知鷁而後言石・霣石記聞・聞其磌然・視之則石・察之則五・……曷爲先言六而後言鷁・六鷁退飛・記見也・視之則六・察之則鷁・徐而察之則退飛・五石六鷁何以書・記異也・外異不書・此何以書・爲王者之後記異也・」

所謂霣石記聞・故先言霣而後言石・六鷁退飛記見・故先言六而後言鷁・均言之成理・解經至此・可謂心細如髮・毫無遺憾矣・

送林君德銘南遊畫展序

藝不精則行不遠・見聞局則難以善厥事・故史遷廣鶩・文愈雄深・蕭子雲善書・百濟來索・今林君浩然圖南・意在斯乎・君品端學粹・能醫又能畫・廿載前・楊雲史・朱聘三諸丈・已爲文張之・比年避地香澥・世變日紛・內美日茂・感於物而動乎中者・一寄諸畫・造微探妙・駸駸乎幾於道・憶昨爲畫展・觀者踵接・余因窺其藩・而難爲言・

大抵窮六法之秘奧・吐胸次之朗潤・元氣淋漓・栩栩可掬・寫菊託高蹈之致・寫荷標君子之格・畫雞尤獨步・將雛念母・以煦以慕・使人朏生凱風南陔之思・程子謂「觀雞雛可識仁」・夫讀畫亦然・寫鳶飛魚躍之生・寓尙德勝殘之計・善讀者・當有以得君於毫楮設色之外矣・

君將過星洲・歷庇能・走怡保・抵吉隆坡・挾所製以餉彼方人士・閎中肆外・振雅化於遐圻・用心獨何偉・聞彼邦多佳士・重毫素・聲應氣求・宜獲賞音而有合・踵接來觀之盛・豈止香島而已・藝精行遠・吾於是覘之・

且南溟離火文明之位也・林壑靈秀・波濤百態・蠻花怪羽牖其視・雲物渺幻盪其胸・凡齊州所乏・而負茲異土者何限・君胥吐納往還・攝之筆下・直以造化爲師・他日載譽歸來・愜心名作・寧不我投・所謂恢見聞以善其事者非耶・

曩余亦行萬里・乃志事無成・以糜於斯・送君行而瞻望弗及・尙何言哉・第相知在夙・君固起吾疾・可吾文・誠喜其颺藝逮遠・類子雲所能・更藉多聞以彰之・意亦無殊於史

遷也．於其別．贈之以言．

屛山讀書記

新界位九龍北．棋峙於馳道而號巨鎭者．可十數．元朗爲大．環元朗而簇然成村落者．可十數．屛山爲大．

余寓此數載．止酒息交．澹若老衲．然懼暇豫之日偷也．授徒之隟．恆銳意於讀．詩之節．書之則．易之頤．春秋之卓．讀而人基斯立．老之潔．莊之越韓非之截．晦翁陽明之篤徹．讀而道味斯博．曰馬班．典而腴．曰韓柳．曄而渠．曰李杜．擢而敷．讀而文瀾斯袤．屛山城闉之隔．逸籟之饒．大塊噫氣．時則爲風聲．泉懸澗激．時則爲水聲．芳林春鬧．時則爲鳥聲喞喞．霜砌時則爲蟲聲．或孤響或叠奏．胥有助於書聲．而遐作焉．

念幼時侍先公．受羣經．服不勤也．長事先師研理學．昏無得也．逮疲蹇修途．有拔則駕．又擠以躓．所遇無可喜．用惋悔厥昔．欲重委己於學．而歲益往．世益變．生計益朘其心力．又何以償宿願．補昨非．今幸山居竊暇．篝燈開卷．恍接兒時．然十年浪走．河山異而父師失．又可惆矣．

語云．「讀萬卷書．行萬里路．妄不自揆．抗志在荏．爰由粵浮海．歷淞滬．抵津沽．入薊出關．訪三衞之遺墟．乃屯剝疊丁．流遷至此．萬里之遊．欲續何緣．然而人事菀枯．天道乘除．萬卷之讀．造物者殆不余靳乎．

抑余又有辨．或謂書記姓名．不求甚解．其矢也膚．瓜鎭心．錐刺股．其病也苦．獵瑣文而蠹大義．其害也支．漁浮艷而蔑性眞．其弊也靡．余懲是四者．沈潛以深．優遊以懌．守約而碎屛．黜華而實擧．取徑如斯．庶無大過．嗟乎．駸駸去日．徒遺其悲．茫茫來日．事未可知．惟頌讀與哲人期．舍屛山而又奚適也．於是乎書．

水樓記

黃君子實．南來都講．賃宅港西．居之安．號曰水樓．旣延予登．曰願有記．余惟樓在水街．復臨海．錫名也宜．及周旋極目．衆妙迭獻．則樓雖小．有足稱焉．蓋倚山而蘊負厚．面海而眼界曠．市遠則塵囂不擾．台閣旁列．森若賓衞．則翼然而氣類不孤也．於是戶敞而嵐光入．簾動而潮音至．霞日發其朝．煙月烘其夕．居者可窅然忘世紛．此一勝也．馮平山圖書館百步之遙．學海書樓半里之近．君博覽能文．將東壁視是．又一勝也．或疑樓固標勝．誠難得主而副之．今君績學宏敎．非蘊負之厚乎．宦遊吳蜀．飛渡遼薊．非眼界之曠乎．棲心峻潔．滋垢曷侵．集良朋．論大道．氣類豈其茶．則配是樓之勝矣．樓慶得主．人慶得所．又何羡於齊雲結綺之高麗者耶．抑樓以水名．余請誦觀水之術曰．觀載舟覆舟之勢殊．乃愼所肆應．觀濫觴成江之勢漸．乃集義崇德．或盈科而進．或涸可立待．則務本而戒淺嘗．知無分東西．則强立不反．凜滅頂惟危．則懲忿窒欲．觀驚濤飛瀑澄潭冰河之象異而性同也．於是仕止久速隨其時．喜怒哀樂中其節．至若左右逢源．斯自得也深．不舍晝夜．斯悟道也徹．此智者所以樂水歟．矢四瀆五湖．君昔是經．今避地卜宅．仍水以名樓．水哉水哉．契亟觀之旨哉．余友君久．

直而恭．介而融．勵四方之志而有容．知非欲居安而老於斯樓者．焦之廬．歸之軒．微尚存焉耳．爰綴所聞．用諗知己．君讀書多．閱世達．倘亦莞爾而韙吾言也乎．甲午十月溫中行．

廣東文徵續編作者姓氏檢目

以姓氏筆劃多少爲序

八畫

十二畫

廣東文徵續編第四册終

總編纂　許衍董
參　閲　汪宗衍
　　　　吳天任
校　勘　何幼惠
助　校　李鳳琪

編纂後記

一、本書乃繼番禺吳道鎔太史所輯「廣東文徵」而作，蒐集近百數十年間我粵知名作者三百四十餘人撰述，撮取其有關學術思想及歷史文獻之選文一千四百餘篇，纂輯而成，名曰「廣東文徵續編」。庶供考鑑現代政治得失，探討學術源流，訪求山川人物，研究地方掌故者之參助。

二、本世紀前後，爲中國歷史上最大變遷時期，而其變革推動力，實策源於廣東。以一省而影響全中國全民族，是以一省之重獻，不啻一國之重獻。

三、本書登名作者涵蓋廣泛，有革命家，亦有保皇黨，有翰苑中人，亦有新文學家，及政治外交科技藝術，以至釋道雜家，無不甄采。雖或未臻周遍，而學術思想，派系源流，政治演變可觀其概。

四、本書採錄名家作品，以起自清代末祚，迄今一世紀間之已故作者爲限。凡吳輯已登者，不再贅錄。人以文傳，文以經世，徵文之旨在此。

五、文體分類，大致與吳輯相類。凡文獻足徵之各體文，不論駢散，文言，語體，皆所網羅。

六、作者排列先後，大致以生卒年次爲序。生年相同，以先卒者居前。如生卒年未能確定者，謹以見聞就其年輩推算，而比附之。

七、我粵近代人才輩出，不少知其名而無法得其文者，滄海遺珠，有餘憾焉。

八、世亂頻仍，藏稿不易，廣求鄉賢遺文，輒訪諸作者親裔，多無以應。偶有所獲，片羽吉光，彌足珍貴。

九、選輯文篇，除平日彙存者外，多從友好錄副見惠，並向香港大學馮平山圖書館，中文大學圖書總館，廣東中山圖書館，廣東文史研究館等機構蒐集而成。在此深致謝意。

十、錄文之前，先附作者小傳，俾閱者得知其時代背境及身世大略，藉悉文章命意。所引事跡，間有與其他傳記稍異者，折衷考定，是在史獻諸家。

十一、小傳資料來源，多採自信史，或爲知見親舊，務求嚴謹翔確，不偏不倚，力避詖詞。疏忽之處，仍待識者指正。

十二、傳記資料，訪尋探索，較集文尤難，其查訂作者生卒年分，常有與他書相差數載，多本引證，頗廢推斷。

十三、文章甄選及小傳敘述，均蒙汪宗衍吳天任二先生不辭繁瑣，逐一校訂，往復商討。二三年間，函札盈帙，或頻以電訊參詳。二老愛鄉精神，殊堪感佩。

十四、全書載文，每篇略爲分段，並加句讀，以便閱者。

十五、近時漢文排版，幾全用日製電腦植字，其字種與漢字筆劃間有略異，雖經更正，手民輒以艱於另製，照舊印出，然與文義無關，遂亦仍之。

十六、校樣數易，勘對倍勞，人手無多，錯漏難免，訂誤補正，俟諸異日。

十七、册末附作者姓氏檢目表，以姓氏筆劃爲序，系以撰文所載册數、卷數、頁數，俾供查覽。

十八、編纂任重，衍堇力荏才荒，有負所託。是編之成，罣漏仍多，大雅識者，幸祈教正。

十九、終卷第四册本應上年底出版，乃爲印店愆期，迭勞各方垂詢，承委員會命，順此告歉。

一九八九年一月　許衍堇謹識